中国人工智能立法专论

张凌寒／主编

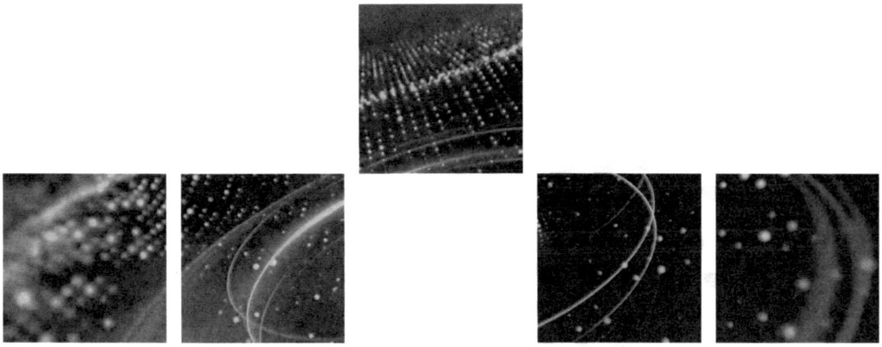

A SPECIAL REPORT ON
ARTIFICIAL INTELLIGENCE LEGISLATION IN CHINA

法律出版社 | LAW PRESS
北京

图书在版编目（CIP）数据

中国人工智能立法专论 / 张凌寒主编 . -- 北京：法律出版社，2024（2025.6 重印）. -- ISBN 978-7-5197-9775-1

Ⅰ. D922.174

中国国家版本馆 CIP 数据核字第 2024376FE2 号

中国人工智能立法专论
ZHONGGUO RENGONG ZHINENG LIFA ZHUANLUN

张凌寒 主编

责任编辑 朱轶佳　周恩惠
装帧设计 鲍龙卉

出版发行 法律出版社
编辑统筹 司法实务出版分社
责任校对 李慧艳　王晓萍
责任印制 胡晓雅
经　　销 新华书店

开本 710 毫米 ×1000 毫米　1/16
印张 34.5　　**字数** 505 千
版本 2024 年 12 月第 1 版
印次 2025 年 6 月第 2 次印刷
印刷 北京虎彩文化传播有限公司

地址：北京市丰台区莲花池西里 7 号（100073）
网址：www.lawpress.com.cn
投稿邮箱：info@lawpress.com.cn
举报盗版邮箱：jbwq@lawpress.com.cn

销售电话：010-83938349
客服电话：010-83938350
咨询电话：010-63939796

书号：ISBN 978-7-5197-9775-1
定价：132.00 元

凡购买本社图书，如有印装错误，我社负责退换。电话：010-83938349

本书编委会

主　编：张凌寒

编　委：杨建军　程　莹　赵精武

韩旭至　郑志峰　徐小奔

序　人工智能时代法学学者的回应与探索

当今时代，人工智能浪潮席卷全球，深刻地推动着人类生产方式的变革以及社会秩序的重构，特别是其所开启的碳基生命与硅基生命的对话，更将在人类历史长河中镌刻下前所未有的深刻印记，意义之重大，或许将远超我们今天所有的认识与想象。

法与时转则治。随着人工智能技术的飞速发展，我国的人工智能立法大幕已然徐徐拉开。《生成式人工智能服务管理暂行办法》开全球之先河，人工智能法连续被列入国务院年度立法工作计划，起草部门明确表示“人工智能立法工作正在有序推进中”。与时代同行，与国家立法同向，是法学研究者的基本担当。法学历来是一门经世济民、治国安邦的学问，作为身处这一伟大时代的法学学者，我们该有何为、又当如何为？

今年以来，有幸向许多尊敬的前辈老师请教、与优秀的同仁伙伴交流，“AI善治学术工作组”开展了系列活动，在此过程中，我们深刻地认识到，人工智能发展这一国家重大战略的实施和重大制度构建迫切需要法学学者提供理论支撑。法学学者应研究如何为人工智能产业发展供给制度，合理设定人工智能技术责任，确保人工智能系统运行的安全底线……回应人工智能时代“生产关系如何适应生产力发展”的理论命题。

九层之台，起于垒土。回答宏大的时代之问，更有赖于学界同仁的涓滴探索。在时代使命的感召下，《法律科学》勇立潮头，在年初率先开启并引领了“中国人工智能立法专论”的系列专题讨论，旨在于推动扎根中国大地、立足中国国情、解决中国问题的人工智能法学理论研究。一年以来，《法学论坛》《法学评论》《华东政法大学学报》《现代法学》《探索与争鸣》等众多知名刊物也以相关专栏等形式积极组织人工智能法治领域的专家学者展开深入研讨。《中国法学》《法制与社会发展》《中国法律评论》《东方法学》《数字法治》《人民论坛》等也密切关注这一议题，分别以期刊文章、主题圆桌等形式推动学术交流对话。人工智能立法已日益成为法学界的研究热点，也必将成为当前乃至今后较长一个时期法学界持续讨论的重要主题。

承蒙相关刊物和优秀作者的信任支持，我们得以编纂完成了这本《中国人工智能立法专论》，对选列的文章再梳理、再加工、再组合，力求凝练智慧、增进共识，在为国家立法进程提供智力支持和理论回应的同时，也蕴藏着我们上下求索的学术愿景。我们坚信，现代西方法学话语体系和法学研究范式在工业革命和工业文明背景下形成发展，而中国自主法学知识体系必将在信息革命时代和数字文明背景下迎来难得的发展契机。我们期待，当我们以敏锐的洞察眼光、严谨的治学态度以及勇于创新的探索精神，持续深入研究人工智能法治领域的各种复杂问题，积极构建具有中国特色、符合时代需求的人工智能法学理论体系时，必将有助于促成中国本土的法学理论研究在人工智能时代实现从世界法学的“跟跑者”到“并跑者”再到“领跑者”的历史性跨越。

何其有幸，我们是见证者，是参与者，更是建设者！

——本书主编 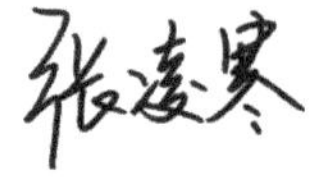

经过亚里士多德、莱布尼茨、图灵、香农等先哲的努力以及逻辑学、数学、神经生理学、语言学、计算机科学等人类知识数千年的奠基，人工智能在 20 世纪正式步入了科学研究、技术开发和社会应用阶段。进入 21 世纪，人工智能发展突飞猛进，技术日新月异。自 2015 年开始，世界各国围绕人工智能的研发展开了激烈的竞争。人工智能的研究、设计、开发、部署、推广和应用，既是一个科学技术问题，也是一个需要法律制度规制的问题，更是一个由伦理准则引导以促进科学技术服务于人类福祉和发展目标的价值选择问题。诸多学科为人工智能的研究和开发投入了巨大智力，法学研究自然不能缺位。总体上看，人工智能技术和产业的发展需要在三个层面进行宏观考量。一是遵循伦理正当性。发展“以人为本”“可信赖的人工智能”“负责任的人工智能”已经成为全球的基本共识。二是法律规范性。人工智能技术的发展离不开科学合理的顶层法律制度设计。人工智能技术的发展衍生出了许多新的问题，如法律责任问题、权利保护问题、技术和社会风险治理问题等。为此，立法应预先做好妥当规制，给出合理的制度应对方案，使人工智能发展能够在法治轨道上行进。三是国家在宏观政策和技术应用开发实施方面，从法政策高度，综合考量世界格局、本国战略、经济社会发展现状和趋势，做好部署，以平衡人工智能技术的创新、发展、促进国家竞争力的提升、维护人类福祉等诸多基本目标。

在全球人工智能迅猛发展的关键期，中国法律学人积极投身“国之大者”，从人工智能发展的法理、宏观定位、具体制度设计等不同层面开展研究，共同为中国人工智能立法奉献智慧。现在呈现在大家面前的《中国人工智能立法专论》，即是数十位法学学者一年来学术研究的智慧结晶。期盼这本文集能够发挥抛砖引玉之功效，为中国人工智能技术发展、法学研究、立法制度设计、产业发展和国家竞争力的提升，开启研究的新大门；为中国人工智能法律规制方案的形成，当好铺路石。

——《法律科学》主编 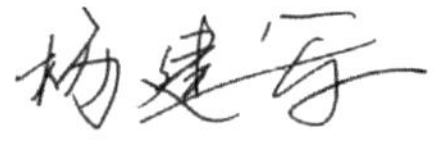

随着网络化、数字化、智能化的飞速融合发展，人类逐渐步入数字化生存的时代。人机交互关系日益复杂，伦理风险、极化与异化风险、规制与责任风险日益显著，逐渐突破了现有制度框架，因此，对人工智能进行有效的风险防控和法治化应对已成为当务之急。当前，世界各国都在利用人工智能来加速产业升级和治理能力现代化，从技术鼓励、政策应对逐步走向制度规制。中国的数字社会治理逻辑，必然会在当下的法治建设进程中获得实践性展开。首先，应当确立智慧社会治理的新理念、新思维；其次，探索智慧社会的基层治理体制机制，更重要的是，加快构建一体融合的法律体系；最后，探索适应智慧社会发展要求的规制策略。《中国人工智能立法专论》一书从中国人工智能立法的逻辑体系入手，在兼具原则性和方向性的指引下，展开对知识产权制度、风险监管与责任制度等关键制度性问题的深入研讨，具有深刻的理论启发性与重大的实践意义。认真对待当今信息革命，遵循数字社会治理逻辑，积极推进包容共享型法治建设，是中国自主性法治道路的必然选择。

——《华东政法大学学报》主编

在人工智能时代，如何立足数字技术前沿、着重关注人工智能立法研究的最新成果，积极为解决人工智能所带来的理论焦点、实践难点提供理论支持和智力服务，是当代学术界值得探讨的重要任务。人工智能技术的迅猛发展，正以前所未有的力量重塑着我国的社会结构与治理逻辑，改变了我们的思想理念和行为模式。对人工智能立法的讨论，无疑已成为当下法学研究的重要课题。《中国人工智能立法专论》一书，详细介绍了人工智能可能带来的法律挑战，涵盖了从理论到实践的人工智能立法路径，是一部将人工智能与法治研究进行深度融合的佳作。在人工智能立法路径的建设中，需要抓住科技革命的新机遇，探索适应我国国情的规制路径，助力在法治轨道上全面建设社会主义现代化国家。

——《法学论坛》常务副主编

在当今时代，人工智能以前所未有的速度重塑着社会的方方面面。随着人机交互的不断深化，人工智能带来的算法歧视、职业冲击、立法监管等问题日益凸显，对其进行法治化治理刻不容缓。人工智能立法作为前沿且关键的议题，备受中国法律界重视。《中国人工智能立法专论》一书从中国实际出发，深入剖析立法逻辑体系及法律规制路径，为解决人工智能实践发展中的热点法律问题提供了有力的理论支撑与实践指引。希望未来能有更多的法律人投身于人工智能法律规制的探索中，为数字中国的建设注入新的活力，推动数字社会在人工智能的浪潮下稳健前行。

——《中国法律评论》常务副主编

在数字化浪潮的推动下，人工智能对人类的工作与生活带来了广泛且深刻的影响。随着数字技术的迭代升级，人工智能正全面融入人类经济、政治、文化、社会、生态文明建设各领域和全过程。同时，也带来了一系列治理挑战，如数据安全、产品责任、风险治理等问题。《中国人工智能立法专论》一书的出版，正是对这一时代课题深刻洞察与积极回应的体现。本书不仅在有效应对人工智能发展所带来的新挑战，提高我国在全球数字领域的影响力方面起到一定积极作用，同时也为塑造我国数字社会的法治秩序贡献了重要的智慧和力量。

——人民法院出版社丛书编辑部兼《数字法治》
编辑部主任

人工智能治理是国内外共同关注的焦点，不同国家和地区都在推进人工智能治理的立法和实践。加快人工智能立法步伐，引领人工智能产业的加速发展，是我国在百年大变局中能够适应世界发展潮流和大国复兴的重要抓手。尽管关于人工智能的统一立法呼之欲出，但依然面对许多困境与挑战。如何让我国的人工智能立法更好地适应技术的动态发展、产业迭代、风险治理的不确定性以及背后复杂的利益关系，需要学界结合人工智能实践进行更深入更细致的研究。当前人工智能立法在立法原则与立法进路上应该说达成初步的共识，坚持发展与安全并重，坚持技术伦理价值对齐，坚持包容审慎监管等原则。但这些原则如何通过具体的规则落地实施则任重而道远。这些问题的研究离不开学界的鼓与呼，法学期刊是学者发声的重要阵地，理应担负起推动人工智能立法向纵深发展的使命。《法学评论》有幸曾刊出相关文章，反响甚好，期待越来越多的法核期刊能够加入，能够将人工智能立法研究得更深更细更实。

——《法学评论》编辑 張素华

前　言

我们正处于从网络时代迈向智能时代的关键转型期，以基础模型、生成式人工智能等为代表的新一代人工智能大幅加速了人类社会的智能化变革，但也带来了诸如虚假信息、算法黑箱、歧视偏见等风险挑战。人工智能的法律治理成为全球性议题，人工智能立法在各国快速推进。先于欧盟《人工智能法》，我国已于前期出台实施了全球首部生成式人工智能专门立法《生成式人工智能服务管理暂行办法》，并已进一步在国务院立法工作计划列入“人工智能法草案”。与之相应，国内人工智能立法的学术研讨如火如荼，持续深入和拓展。为回应人工智能治理需求，服务立法实践，2024 年 3 月，“AI 善治论坛 人工智能法律治理前瞻”专题研讨会在北京召开，会议正式发布了由中国政法大学、西北政法大学、西南政法大学、华东政法大学、中南财经政法大学、北京航空航天大学、中国信息通信研究院七家单位学者组成的“AI 善治学术工作组”撰写的《人工智能法（学者建议稿）》。建议稿描绘了我国未来人工智能法的宏伟蓝图，引领了人工智能立法的学术研讨，并为学术界、实务界的互动交流提供了重要平台，在国内外产生了较大的社会影响。以建议稿的发布为契机，围绕我国人工智能立法的理论和实践问题，学者展开了热烈的学术研讨，研讨主题既包括立法模式、体例架构等关乎立法逻辑和体系的宏观问题，也包括训练数据、风险规制等覆盖关键治理环节的微观问题。鉴于此，“AI 善治学术工作组”精心选取了 2024 年度在知名法学期刊公开发表的 28 篇代表性学术论文，从理论探索、监管重心、产业聚焦的视角，围绕中国人工智能立法的“逻辑与体系”、“监管制度”和“知识产权制度”三大主题展开，全景呈现我国人工智能立法研究的现状及发展态势，并展望勾画了未来研究的方向及重点。

一、我国人工智能立法的逻辑与体系

“我国人工智能立法的逻辑与体系”主题板块共收录论文 13 篇，主要探讨我国人工智能立法的定位和目标、模式和路径等基础性问题，具有固本培元、提纲挈领之功用。

（一）立法定位和目标

关于立法定位和目标，目前已探讨问题主要有二：第一，立法定位及其现实依据。学者认为，人工智能法应当定位于基本法并充分发挥其高阶引领作用，具体应采取“立总则、廓主线、留接口、适时灵活推进”的“总则式”进路（张凌寒）；人工智能立法应当包含促进法、安全法与程序法的三重定位，在促进法层面以鼓励性、任意性规范为主，在安全法方面应建立两级风险模式，在程序法方面应规定人工智能的统筹协调部门（周辉）；我国在实践中快速形成了两种不同的人工智能立法定位，一种是科技、产业发展定位；另一种是信息内容管理定位，前者导向于技术发展和产业促进，后者导向于信息治理和内容管理，用信息内容管理定位和规范人工智能，相当于将新质生产力纳入上层建筑管理，必然产生各种错配现象，我国应将人工智能纳入前沿科技和新质生产力范畴进行定位，以推动科技创新和产业创新深度融合（周汉华）。第二，立法目标及其实现框架。学者认为，人工智能已经成为当前国际技术竞争与规则竞争的关键领域，“不发展是最大的不安全”，我国应当高擎发展旗帜，系统部署促进人工智能技术产业发展的专门制度，充分促进人工智能技术在生产生活中的应用（张凌寒）；人工智能法应当以发展与安全并重为指导思想，以促进研发应用与防范主要风险为二元立法目的，构建具有体系性的发展促进制度，明确赋能增效的正面激励规则并提供减负支持（张新宝、魏艳伟）；围绕技术促进之目标，我国应当避免单一治理范式的不足和局限，构建“风险预防—市场激励—创新资源保障”相结合的综合治理框架（赵精武）；此外，人工智能的有效治理是法律、伦理、市场和技术标准等多种工具融合运用的结果，法律并非唯一有效的工具，应当推动科技伦理的法治化（赵精武）；可信人工智能是中国人工智能立法的重要方向，可信人工智能法律建构之关键在于遵循以人为本、人类主导、技术中立等外在准则和透明、安全、可问责等内在准则(杨建军)。

学者之共识在于,普遍承认人工智能法具有风险治理(安全)和技术促进(发展)的双重属性,并认为在当下科技变革和国际竞争之特殊时代,我国应将人工智能法主要定位为“技术促进和产业发展法”,以法律制度破除发展桎梏、推动技术进步。学者之分歧则在于分析框架和论证逻辑,部分学者立足于我国人工智能产业“领先的追赶者”的独特地位,推衍出发展为先的立法目标和包容审慎的治理原则(张凌寒);部分学者则以我国人工智能治理实践中快速形成的两种立法定位为逻辑起点,深入分析二者优劣,并结合技术特性及治理趋势,深刻论证我国人工智能法的合理定位(周汉华);部分学者则以安全风险预防、市场激励创新和创新资源保障的科技创新治理分析框架论证我国人工智能法之科学定位和发展范式(赵精武);还有学者另辟蹊径,通过可信人工智能的理论检视和制度建构,破除人工智能发展应用之最大障碍,以从根本上推动人工智能技术的应用和发展(杨建军)。应当说,关于我国人工智能立法的定位和目标问题,学者之间已经达成较大共识,未来应进一步细化“实现框架”,求同存异,凝聚共识。

(二)立法模式和路径

关于立法模式和路径,学者观点存在明显分歧,大致可划分为两派观点。一派赞同集中统一式立法模式,主张制定综合性的“人工智能法”,具体路径上通常秉持务实主义态度,建议以“总则式”为框架体例,以“廓主线”为主要内容,以“留接口”解决容量问题,当全面立法条件尚不成熟时,建议通过灵活的形式载体,以小快灵立法、全面性立法乃至法典化等形式适时、稳步推进(张凌寒);为构筑人工智能发展的制度优势,我国应当在人工智能这一新兴领域进行统一立法,“人工智能法”应当是我国人工智能领域的基本法律,旨在定基调、明方向,仅对立法目的、调整对象、基本原则、重要制度以及一般规则等基础性问题予以明确,具体的细节制度应在时机成熟时、实践检验下通过行政法规、部门规章等规范性文件以及国家标准等确定(张新宝、魏艳伟);也有学者对统一立法框架进行了细致分析,主张嵌入“系统—控制论”原理,整合领域立法素材,并以人工智能“研发—生产—服务—使用”节点为横轴,以“具体风险控制”

和“抽象权利保护”两种控制模式为纵轴，构筑人工智能统一立法线索（陈亮、张翔）。

另一派则赞同分散场景式立法模式，主张对人工智能风险实施场景化规制，将人工智能风险还原到具体的行业、整体产品与已有的法律关系中，利用已有的行业和领域性风险监管以及现有的法律关系对其进行监管（丁晓东）；建议以解决具体问题为目标进行分散式立法，保持灵活性、小步快跑，可由全国人大常委会就人工智能安全与发展涉及的重大原则问题先制定一份法律问题的决定，明确基本原则与方向，然后通过不同部门法的“立改废释”分别推进（周汉华）。虽存有上述分歧，学者们仍然达成了部分共识，即强调在当下阶段保持立法的灵活性，先以“总则”、“原则”或“框架”等形式明定方向、凝聚共识，防止超前立法阻碍技术进步。应当说，我国人工智能立法模式和路径的选定是一个重大的理论和实践问题，未来有必要继续深入探讨，力求在立法模式、立法路径和立法时机等关键议题上逐步达成共识。

值得一提的是，为集中回应我国人工智能统一立法中的重大理论问题，《探索与争鸣》编辑部特邀请《人工智能法（学者建议稿）》起草专家举行圆桌会谈，就关键事项展开深入讨论。同时，为推动核心命题的充分沟通和交流，进一步凝聚共识，《人工智能法（学者建议稿）》起草组专门邀请《人工智能示范法（专家建议稿）》起草专家一并参与研讨。除关于立法定位和进路的充分论证外，与会专家还对人工智能统一立法的治理框架和支撑制度进行了深入探讨。在治理框架方面，学者认为，中国人工智能立法应当厘清一个基本误区，即人工智能不能被假定为生成式人工智能，人工智能的技术路线与应用方式十分庞杂，应当对其进行适当区分，采取分层多支式的治理框架（苏宇）；人工智能的开发者与开发活动、提供者与提供活动、使用者与使用活动、监管者与监管活动，构成了人工智能法调整对象的主客坐标，建议关注人工智能法对外的空间效力边界及其对内的与人工智能要素法和人工智能应用法的协调（郑志峰）。在支撑制度方面，学者认为，我国人工智能立法应当高度重视数据的基础性地位，应当从建立完善的数据伦理体系、推动数据技术的负责任创新、迈向数据法律的整体性治理三个层次推进全面、系统的数据治理体系建设（许身健）；应当融入伦理治理元素，通过施行养成主义而非决断主义的理念，将科技伦理框架有序转换为法律治理方案（张龑）。大体而言，圆桌论坛达成了三个层次之共识，一为统一立法之共识，即建议采取集中统一式立法模式规制人工智能活动；二为立法定位之共识，即特别强调人工智能法之技术发展和产业促进定位，谨防立法过度对技术发展之阻抑；三为具体制度之共识，学者在人工智能的诸多具体制度上达成共识，包括分类管理制度、个人权益保障制度、国际合作制度等。同时，分歧在所难免，主要集中于制度设计层面，包括分类管理方案、个人权益类型、国际合作模式、发展支撑措施等。未来，学者有必要在统一立法范式下深化对体例构建、制度搭配和规则设计的研究，取长补短，精益求精。

二、我国人工智能立法的监管制度

一般认为，人工智能的监管制度包含直接和间接两种工具和方式，前者以公法方式于事前、事中进行直接的风险规制，后者则通过事后的民事责任分配间接引导风险的预防及应对，二者相辅相成，有序协作，共同构筑起人工智能风险治理的完整体系。例如，欧盟在制定《人工智能法》的同时亦在推进《人工智能责任指令》和《产品责任指令》的制定或修订。鉴于此，本书将本专题进一步划分为“风险与规制”和“责任制度”两个板块，共计收录代表性论文 8 篇。

（一）风险与规制

关于风险与规制，目前已探讨问题主要有三：第一，风险规制理念和体系。学者认为，面对人工智能技术带来的安全风险，我国应当更新规制理念，引入包容审慎和风险分级分类等先进理念，建构合作治理体系，给予地方政府必要的自主权和政策空间，厘定行政部门的职责权限和协调机制，构建“受规制的自我规制”体系（宋华琳）。第二，风险规制策略。学者认为，欧盟集中统一式的风险分级分类方案具有不科学、僵化等问题，与人工智能的风险特性并不相符，引发了诸多难题和不确定性，我国应当坚持对人工智能风险的场景化规制策略，将人工智能的应用者或其构成的产品作为风险规制对象，而对人工智能系统及其提供者，则主要关注国家安全、重大公共安全规制与其他领域的自我规制（丁晓东）。第三，大型语言模型和生成式人工智能的风险规制。学者认为，大型语言模型的风险规制应当平衡多方面目标，控制超量安全冗余与刚性法律责任，开展分层治理，实现风险控制义务的区别配置与重心后移，推行深度治理，建立主被动结合的新型信息收集制度，奉行敏捷治理，建立轻量级规制工具箱与快速互动机制（苏宇）；生成式人工智能的四大技术特点带来了新型治理挑战，即强人机交互挑战技术的可信可靠性、新信息呈现形式危及人类主体性、语料强依赖性影响内容生成质量和基础设施属性带来更大安全威胁，立法应当推动平台合规落地机制，加紧落实科技伦理要求，聚焦新兴重点问题，优化数据标准体系，推动多方数据流通共享（程莹）。

总体而言，学者对于本议题仍存有较大分歧，在分析框架、论证路径和最终观点等层面，均有明显差别，这凸显了人工智能风险规制的复杂性，未来有必要持续推进本议题之研讨。不过，也应看到，学者在风险规制方法论上亦达成了部分共识：第一，人工智能的风险与规制应当充分尊重技术特性，服从技术规律，风险规制策略应当契合人工智能技术开发和应用中呈现的风险特性；第二，人工智能风险规制应当充分尊重本土需求，立足现实国情，注重利用既有治理经验及资源，“以我为主，为我所用”。风险规制是人工智能立法的基础性问题，未来有必要围绕风险规制的理念、策略、方案和规则等多个层面持续开展深入研究，筑基立法。

（二）责任制度

关于责任制度，目前已探讨问题主要有四：第一，产品责任。人工智能产品责任针对人工智能生产研发端的风险损害，解决的是生产者一方的责任承担问题。学者认为，在人工智能产品缺陷判断上，技术性标准的制定应当特别考量人工智能产品的新安全需求，对不合理危险的认定需要综合产品说明、其他产品的影响、自主学习、升级更新等主客观因素；因果关系的认定需要区分辅助型与替代型人工智能，合理判断人工智能自主行为与使用人行为是否构成替代原因，同时引入因果关系推定规则；在免责事由方面，后期缺陷抗辩规则的适用需要考虑人工智能产品的升级更新、自主学习的特点，对发展风险抗辩规则的适用宜通过区分不同风险的人工智能、设置跟踪观察义务等方式进行限制，但无需创设单独的开源抗辩规则（郑志峰）。第二，应用责任。人工智能应用责任针对人工智能部署应用端的风险损害，解决的是提供者、使用者一方的责任承担问题。学者反对整齐划一的归责思路，主张引入基于风险的类型化思维：对于高风险人工智能，建议确立无过错责任；对于有限风险与低风险人工智能，建议分别适用过错推定责任与过错责任，以实现风险与归责的动态平衡（郑志峰）。第三，归责原则。学者认为，人工智能民事责任之认定应当综合运用各类归责原则，不应排除特定归责机制，以实现风险与收益的精准匹配（郑志峰）；应当充分认识无过错归责的特殊价值，无过错责任与人工智能发展之间具有“反直觉”关系，无过错责任不仅制度成本更低、救济效果更好，而且结合责任规则影响注意水平和行为水平的原理，其未必会导致对人工智能创新活动的过度抑制，反而有助于维护社会对人工智能产业及人工智能监管体制的信任（戴昕）。第四，“避风港”规则。学者认为，网络时代设立的通知规则是极具价值的“避风港”规则，可以直接适用于生成式人工智能侵权，而非类推适用，同时，“必要措施”之认定应当进行适度调整，以回应生成式人工智能参与下的场景变迁（徐伟）。

学者基于不同视角和方法就人工智能的责任制度问题进行了深入探讨，虽有分歧，但也达成了两点共识：第一，反对“整齐划一”的归责方式，主张基于风险的不同类型和水平，综合配置各种归责机制（包括一般过错责任、过错推定责任和无过错责任），尤其不应排斥特定归责形式（如无过错责任）的运用；第二，强调民事责任科学分配之于技术创新的有效引导，偏重从政策激励视角研究责任规则的设置，如无过错责任之合理运用、通知规则之正确适用、缺陷认定标准之适度更新等。未来，学术研究仍应从以下三个方面深入和拓展：其一，进一步探讨不同归责原则在人工智能应用场景下的功能和定位，形成科学完整的归责配置体系；其二，除通知规则外，进一步探讨其他“避风港”规则的适用和设置；其三，进一步探讨特殊应用场景，如自动驾驶、辅助诊疗下人工智能民事责任的认定，实现一般原则与特殊规则之衔接。

三、我国人工智能立法的知识产权制度

“我国人工智能立法的知识产权制度”主题板块共收录论文 7 篇，主要探讨人工智能开发和使用中的两大核心知识产权问题，即开发阶段的人工智能训练

数据的版权属性和使用规则问题，以及使用阶段的人工智能生成内容的可版权性和著作权归属问题。鉴于此，本书将本专题进一步拆分为“训练数据”和“生成内容”两个板块，分别讨论。

（一）训练数据

关于人工智能训练数据的版权属性和使用规则问题，学者普遍承认其之于人工智能开发的极端重要性，建议通过必要的规则协调或法理阐释保障训练数据之获取和利用，但在具体政策建议上存有明显分歧。

多数观点主张通过对著作权法合理使用规则的释明及协调，保障人工智能训练数据之合理获取。学者认为，及至人工智能时代，训练数据的获取和利用仍然符合著作权合理使用的“三步检验法则”：第一步，模型训练在技术链中处于底层支撑地位，在人工智能发展中发挥基础引擎作用并具有普惠性，保障模型训练的技术实现具有更优位的价值位阶，符合正当目的标准；第二步，此种使用不会影响原作品的正常使用，并且在其他著作权保护机制的配合下也不会不合理地损害著作权人的合法权益；第三步，从利益平衡的角度来看，著作权人可以通过在数字作品上设置技术措施来限制自动抓取以防对其造成不合理的损害（徐小奔）。进言之，在著作权合理使用框架下，我国应当审慎认定训练数据版权侵权及责任承担方式，以“实质性相似”标准界定训练数据使用合理性的边界，同时完善版权作品相关方利益分配机制，实现版权方和使用者等主体间的利益平衡（张凌寒）。

少数观点则主张人工智能训练之作品使用不属于著作权法保护范围，可得豁免版权规则之适用。学者认为，生成式人工智能数据训练中的作品使用具有“非特定性”，不指向具体而特定的单个作品，从功能阶段上看，属于生产过程性的中间使用，从后续效果上看，对于生成式人工智能这一基础工具具有增强效应，故应将其界定为“非作品使用行为”而排除在著作权权利范围之外，同时，生成式人工智能应用对著作权人并未造成整体激励的削弱，只是导致了激励行为的结构性调整，因而无须将著作权保护延伸至数据训练予以补偿（刘晓春）。

此外，还有学者从训练数据有效供给维度探讨了中文训练数据语料库的建设问题，认为中文数据语料总量相较英文数据语料严重不足，这成为我国人工智能技术进步和产业发展的重要掣肘，为此，我国应当通过司法判例明确网络数据来源合法性认定条件，协调版权规则确定线下数据使用合理性制度边界，构建开放机制满足公共数据参与语料库建设需求，协同促进跨领域数据流通交易规则建立供给激励，多方破除制度障碍以应对产业发展需求（张凌寒）。

未来，围绕人工智能训练数据的利用规则问题，仍有待从以下三个方面深入和拓展：其一，明确并阐释人工智能训练数据利用机制的最佳法制路径；其二，深入探讨训练数据保障和知识产权保护的平衡机制，设计更加完善细化的认定及限制规则；其三，探讨人工智能开发场景下训练数据版权保护的替代性机制，尤其结合最新的技术进展及措施，探寻更具变革性的解决方案。

（二）生成内容

关于生成内容，目前主要探讨两大核心问题：一为人工智能生成内容的可版权性问题，二为人工智能生成内容的著作权归属问题，前者分歧很大，针锋相对，短期内难见其共识，后者基本达成共识，区别仅在于解释路径和设计细节。

关于人工智能生成内容的可版权性问题，存有两派对立观点。一派观点认可人工智能生成内容的可版权性，这是目前国内的主流观点，但在具体论证逻辑和路径上存有差别。有学者从人工智能生成物与普通作品之比较出发，认为著作权法应当给予人工智能生成内容以平等保护，理由在于，人工智能生成内容与人类作品在客体外观上具有一致性、在经济利益上具有同质性且符合著作权法激励创新的制度目的，这是二者得以获得平等保护的前提基础，并且，通过著作权法平等保护，可以降低法律制度摩擦成本，打造统一的著作权交易市场，鼓励标识真实来源并塑造人工智能生成内容市场价值（徐小奔）；AIGC 是人类智力活动和智力劳动的产物，与自然人从事创造性行为所得的结果存在实质性相同，符合受知识产权保护的客体的条件（冯晓青）；有学者基于“思想—表达”二分框架，认为人工智能生成内容属于“表达”范畴，具有可版权性，但具体能否赋权则应依照“独创性”标准进行个案认定，越能体现使用者个性化表达的生成物，越有可能构成作品（朱阁），问题之关键不在于用户与生成物之间是否隔着 AI 系统，而在于用户是否直接触发创作行为并贡献足够多的独创性表达（崔国斌）。也就是说，重点在于确定自然人在 AIGC 中的贡献及其比例，而无须专门创设全新的著作权体系（熊琦），个体可能对自己撰写的指导人工智能的“提示语”拥有著作权，但若其中的某些文字是为实现特定操作所必需的撰写方式，则可能因思想与表达合并而无法得到排他性保护（张吉豫）；还有学者从产业发展维度进行论证，认为赋予 AIGC 相应的知识产权保护有利于鼓励用户更多地利用人工智能从事知识创造活动，促进相关智力成果的传播和利用，而这反过来又有利于促进对人工智能的研发和投资（冯晓青），引导资本不断向人工智能产业注入，从而推动产业良性发展（郭禾）。

另一派观点则明确否定或反对人工智能生成内容的可版权性，主要有两种分析框架。第一种基于传统的“思想—表达”分析框架，认为人工智能生成物属于“思想”范畴，不受著作权法保护，理由在于，用户贡献（如提示行为）不能决定构成内容的表达性要素，无论是设计算法和训练人工智能的研发者，还是输入提示词的用户，都不可能决定生成式人工智能自行产生的形式上接近于人类作品的内容，用户贡献仍然属于“思想”，而非“表达”（王迁）；第二种则基于经济建模的动态分析框架，认为不宜赋予人工智能生成物以版权，开发者和用户无须通过 AIGC 著作权获取激励，相反，设定著作权将产生长期的不利影响，对 AIGC 实施著作权保护，虽可直接提高市场对 AI 的需求，但也会导致人类创作内容的供应减少，这将不利于 AI 模型的进一步发展，从长远看将阻碍 AIGC 的生成（张湖月）。

由上可见，学者关于人工智能生成内容可版权性之分歧，主要在于两个层次。第一层次之分歧在于人工智能生成物应划归“思想”还是“表达”范畴。多数学者主张人工智能生成物构成“表达”，进而探讨版权赋予之“独创性”标准问题，少数学者则明确主张人工智能生成物属于“思想”范畴，从而根本否定其可版权性。深究其理，两派分歧之实质在于用户利用人工智能之提示是否构成著作权法上的“表达”，利用人工智能工具之内容生产，与传统上利用画笔等创作工具之内容生产，是否具有法律上的同一性，进言之，提示行为是否对最终生成物产生足够的控制力。“思想”派认为，人工智能生成内容具有随机性，用户提示行为无法控制和决定，因而仅为创作提供“思想”，而不可能构成“表达”；“表达”派则认为，用户提示行为通过多个维度、多种方式影响内容生成，最终生成物可以蕴含用户的个性化表达，因而可以构成“表达”。因此，两派观点的最终分歧在于用户对人工智能生成过程和结果的控制程度，而这事实上受到技术发展水平、用户使用方式等多种因素的影响，具有很大的不确定性和解释空间，难以简答回答。第二层次之分歧则在于，若认可人工智能生成物的“表达”属性，从政策目标出发，是否应当赋予其著作权。多数学者认为，赋予人工智能生成物以著作权将提供用户使用激励，推动人工智能的技术开发和产业发展，相反，若著作权法对于 AI 协助创作作品持歧视态度，则会造成市场摩擦和割裂，损害市场效率，违背立法初衷。部分学者则认为，不对人工智能生成物进行版权保护，不会影响用户的使用行为和技术的持续开发，不会阻碍人工智能产业发展，著作权保护从来不是人类创作者使用生成式 AI 的激励来源，相反，若赋予人工智能生成物以著作权，短期内可能会激励用户使用，长期将导致人类自主创作的高质量作品的大幅减少，进而导致优质训练数据的稀缺，最终降低 AI 模型质量及用户使用意愿。不过，这是否可简单归结为短期效应和长期影响的差别，仍待进一步的研究和观察，因为“长期不利影响论”的立论基础亦遭到反对派的强烈质疑。

关于人工智能生成内容的著作权归属问题，学者之间基本达成共识，普遍认为应将著作权赋予 AI 工具的使用者，而非开发者（或研发者），认为这是最符合商业实践和政策目标的制度方案，分歧仅在于分析框架和设计细节。有学者借鉴法律主体利益实体功能与法律推理功能分离的规范原理，参照著作权二元主体结构机制，将人工智能拟制为形式主体并使著作权利益向人类集中，并通过共同创作、委托创作等既有法理将著作权原始分配给人工智能的人类使用者（徐小奔）；还有学者建议通过将署名和其他著作权进行分离的制度设计，确认生成式人工智能的特殊标识义务（署名），贯彻诚实信用原则，并将生成式作品的其他著作权分配给使用者，由此构建恰当的人工智能生成内容的权益共享和激励机制（张平）。

未来，关于人工智能生成内容的可版权性问题，学界仍有必要进行深入的理论探讨，建议从更多维度和视角展开论证，凝聚更大共识，逐步破解这一重大基础理论问题，而关于人工智能生成内容的著作权归属问题，后续研讨则应集中于规则设计的科学性和可操作性上。

通过以上 28 篇代表性论文的分析及评述，虽无法囊括中国人工智能立法研究（2024 年）的全部细枝末节，但亦可大致窥见其全貌及趋势。总体而言，学者对中国人工智能立法已经达成了诸多方向性共识，包括：中国人工智立法应当注重对技术创新和产业发展的保障和激励，谨防立法之技术阻抑效应；中国人工智能立法应当立足本国实际，理性看待国外经验，并保持必要的灵活性；中国人工智能立法应当尊重技术规律，契合人工智能风险特性；等等。同时，关于中国人工智能立法的诸多具体问题，如立法模式选择、风险规制路径、民事责任分配、知识产权保护等，学者观点分歧较大。鉴于此，中国人工智能立法的未来研究应在凝聚更多方向性共识的基础上，继续拓展和深化相关具体制度的研究，廓清争议，服务立法。“百家争鸣、百花齐放”本为学术研究之生命力所在，分歧和争议不可避免，任何立足事实和逻辑之研讨均是对中国人工智能立法事业之积极贡献，期待学者在观点交锋中淬炼真理、拨云见日。

目　录

逻辑与体系

知识产权制度

训练数据

“人工智能立法”圆桌

逻辑与体系

中国需要一部怎样的《人工智能法》?
——中国人工智能立法的基本逻辑与制度架构

张凌寒*

一、中国人工智能立法应当遵循的基本逻辑

中国的人工智能立法具有不同于其他领域立法的独特之处,因此需遵循以下三个基本逻辑。同时,人工智能立法因其调整对象人工智能技术的跨国性、涉及国际竞争的复杂性、对中国治理主张的代表性,将成为涉外法治领域的重要组成部分,在制度设计上需具有高度的国际竞争视野。

(一)人工智能立法应能适应高度的不确定性

与传统立法相对稳定的社会关系与调整对象比较,人工智能立法需应对人工智能发展的高度的不确定性。

第一,技术飞速发展给调整对象带来的不确定性。为了适应科技的飞速发展,我国的科技立法一向以"小、快、灵"为特点,其中,"小"意即调整对象精准,既指规制的技术聚焦,也指立法仅限于部门职能。然而,人工智能立法面临着新技术迭代升级和产业快速增长。从纵向来看,人工智能相关学科发展、理论建模、技术创新、软硬件升级等整体推进引发了技术的链式突破,人工智能立法需从之前网络立法关注的应用层面拓展至技术研发层面与要素治理层面。从横向来看,人工智能立法推动着经济社会各领域从数字化、网络化向智能化加速跃升,需对广泛的应用产业落地带来的社会深度变革予以回应。在时间维

---

* 张凌寒:中国政法大学数据法治研究院教授、博士生导师,联合国高级别人工智能咨询机构专家,《人工智能法(学者建议稿)》起草专家组牵头专家。

度层面，人工智能的技术迭代以周或月为单位，科技研发“千帆竞发”。在社会应用层面，人工智能正迅速嵌入社会生产生活，Gartner 预测，到 2026 年超过 80% 的企业将使用生成式人工智能的 API（应用程序编程接口）或模型，或在生产环境中部署支持生成式人工智能的应用，而在 2023 年年初这一比例还不到 5%。〔1〕与此相比，人工智能立法周期可能以年为单位计。这意味着人工智能立法应当对调整对象的不确定性具有高度的适应性，能够有效包容未来可能的技术发展。

第二，产业迭代带来的调整社会关系的不确定性。随着生成式人工智能的广泛应用，通用人工智能已经初现端倪。这不仅意味着技术的迭代革新，而且意味着法律调整的社会关系的深层变革。近十年，数据、算法、平台是我国人工智能治理的主要对象，平台则是人工智能治理的核心。这是由于，在数字社会生产中，平台已经成为汇聚用户生产的信息内容和调动生产资源要素的社会生产组织者，平台责任的丰富过程，则是平台逐步在数字社会生产中组织更多社会资源、加强数字基础设施建设与增强对生产要素控制力的过程。〔2〕然而仅 2023 年一年，通用人工智能发展出现重大进步，大模型可广泛赋能千行百业，形成了“基础模型—专业模型—服务应用”的分层业态，改变了以平台责任为核心的制度体系。〔3〕生成式人工智能大模型的通用性，使其在技术垂直类领域的应用也将快速多样化，既往监管模式可能会应对不暇。面对生产力发展带来的生产关系变革，我国的人工智能立法应能够包容产业迭代带来的社会关系的不确定性，需要立法者拿出较高的智慧。

第三，法律应对风险的种类和程度的高度不可预见性。目前，人工智能技术发展的速度超出了社会预期，社会治理体系并未做好充分的准备。人工智能技术除了可能加剧已经被认知和识别的歧视、滥用风险，在目前阶段带来的风

〔1〕 See Gartner, *Gartner Says More Than 80% of Enterprises Will Have Used Generative AI APIs or Deployed Generative AI-Enabled Applications by 2026*, Gartner（Oct. 11, 2023）, https://www.gartner.com/en/newsroom/press-releases/2023-10-11-gartner-says-more-than-80-percent-of-enterprises-will-have-used-generative-ai-apis-or-deployed-generative-ai-enabled-applications-by-2026.

〔2〕 参见张凌寒：《平台穿透式监管的理据及限度》，载《法律科学（西北政法大学学报）》2022 年第 1 期。

〔3〕 参见张凌寒：《生成式人工智能的法律定位与分层治理》，载《现代法学》2023 年第 4 期。

险种类和程度也具有高度的不可预见性。此外，网络诈骗、虚假新闻、舆论操纵、人工智能替代人类导致大规模失业等既有被认知的风险也引起了人们的广泛担忧。既有的经验和制度并不足以全知全能地应对各种高度不可预见的风险。人工智能立法应对风险的措施如何确保既不给人类带来灾难性风险，又不过度限制技术发展，成为立法的核心议题。

相比调整对象与社会关系相对稳定的传统立法活动，人工智能立法需同时应对调整的对象、调整的社会关系以及相应风险的高度不确定性，除了对已有风险的准确认知，还应很好地适应技术在未来发展中产生的各种不确定性。这是我国进行人工智能立法制度设计应遵循的底层逻辑之一。

（二）人工智能立法需明确回应本土的治理需求

中国的人工智能立法需立足中国实际，回应中国的治理需求。中国的人工智能技术与产业与欧美的人工智能技术与产业相比，具有独特的国际地位，制度环境与欧美的制度环境相比有较大差异，既往的由下至上的工程化立法也决定了我国《人工智能法》的角色与作用不同于欧美相关立法的角色与作用。

第一，人工智能立法需符合我国技术产业发展的独特国际地位。“世界领先的追赶者”是我国人工智能技术与产业发展的独特地位。一方面，世界上有实力独立拥有自己的人工智能技术与产业的国家寥寥可数。另一方面，我国的技术水平距离美国仍有较大差距，具有迫切的追赶需求，因为人工智能发展直接关系到国家经济发展、政治安全与国际地位。与其他通用型技术相比，人工智能建立在大模型、大参数、高算力和大数据的基础上，不仅产业融合程度高且易于形成垄断，因此人工智能技术发展水平已经成为国家实力的关键指标。基于此，我国人工智能立法需充分考虑我国技术产业发展的独特地位，既要体现出技术领先的世界大国对于人工智能技术发展风险的担当与责任，也要以支持和促进产业发展作为我国人工智能立法的主旨。

第二，人工智能立法需考虑我国本土的制度环境。人工智能立法重要的基础因素是本土的制度环境，包括“一个组织所处的法律制度、文化期待、社会规范、观念制度等‘广为接受’的社会事实”,[1]人工智能产业发展的主导逻辑是市场逻辑,但同时人工智能研发与应用等行为在世界各国不同程度地受到国家治理逻辑的影响。有国外学者认为中国对数字经济和数字社会的管理模式为“国家驱动模式”。[2]此观点虽有一定的偏颇之处,但一定程度上反映出相较于欧美,在我国的本土制度环境中,进行人工智能研发、应用的科研机构与企业等在与政府的互动关系中,会受到更强的政府影响,更易于发展出国家治理意愿驱动下的制度安排,并采取相应的行动机制。基于此,我国的人工智能立法更需既体现科技立法的前瞻性,又应增强监管的稳定和可预期性,避免陷入“一放就乱、一管就死”的两难境地。

第三,人工智能立法需考虑我国相关制度的前期基础。《人工智能法》既应是对既往网络法治和科技领域立法的总结,也应扩展调整范围,增加制度治理的维度,以形成更高层级的体系化法律制度。我国人工智能领域的立法一直秉承工程化思维,立法设定总体目标后,往往采用“急用先行、务实管用”的思维,同步建设多项制度。早在 2017 年 7 月,我国《新一代人工智能发展规划》即提出人工智能治理的“三步走”规划,以 2020 年、2025 年为时间节点,计划在 2030 年完成总体目标,“建立人工智能法律法规、伦理规范和政策体系”。已经出台的《数据安全法》《个人信息保护法》等法律,《互联网信息服务算法推荐管理规定》《互联网信息服务深度合成管理规定》《生成式人工智能服务管理暂行办法》等部门规章,都体现了这一立法思路。随着近年来国内治理进程的加快,客观上,我国已经是世界范围内唯一一个系统建设覆盖政策规划、科技伦理、法律、行政法规、部门规章与技术标准全位阶、多层次人工智能治理制度的国家,特别是制定公布了世界上第一部实质生效[3]的生成式人工智能治理法规。基于总体规划,我国的人工智能立法一方面需要承继我国已经实际建立并在实践

[1] 周雪光:《组织社会学十讲》,社会科学文献出版社 2003 年版,第 72 页。

[2] See Anu Bradford, *Digital Empires: The Global Battle to Regulate Technology*, Oxford University Press, 2023, p.80.

[3] 与我国的《生成式人工智能服务管理暂行办法》相较美国的《关于安全、可靠和可信地开发和使用人工智能的行政命令》只针对浮点算力在 10 的 26 次方以上的模型适用,目前并未有生成式人工智能大模型落入合规调整范围,通俗地讲,其各项规定只针对“未来”的基础模型。

中运行良好的具体制度,另一方面需修正“急用先行”可能带来的与技术发展和社会经济状况不尽适应的具体制度,尤其是要协调人工智能立法与其他法律的关系,推动人工智能立法迈向体系化、协调化。

(三)人工智能立法需具有合作博弈的国际视野

人工智能技术具有很强的跨国性,人工智能立法的国际竞争具有高度的复杂性,并应很好地回应国家治理的主要主张,因此人工智能的立法需要具备广阔的国际视野。我国的人工智能立法一方面应对域外的遏制予以回击,另一方面需推广理念制度,是涉外法治建设的重要领域。

第一,中国的《人工智能法》需充分考量设计法律的涉外溢出效应。2023年,很多国家开展了人工智能治理活动,出台大量法规、政策、指导性文件,国家的竞争重点已从科研投入、产业布局和市场争夺进一步延伸到国际规则制定和国际治理影响力领域。有专家认为,在全球 AI 合作治理缺席的情况下,中、美、欧三方主要力量可能会向全球推进各自对人工智能时代的不同愿景,争夺对未来技术的控制权并扩大自身在数字世界的势力范围,其他国家则面临进入哪个势力范围的选择。〔1〕很显然,率先出台法规具有较强的制度溢出效应。人工智能竞争不仅是前沿技术之争,而且是规则先发优势之争。我国的人工智能立法,需充分考量如何设计我国人工智能治理规则的溢出效应与全球影响效应,为此,相应的治理规则确立应能够准确判断关键技术走向和发展趋势,并有针对性地进行规则制定和竞争力量布局。

第二,《人工智能法》应成为中国人工智能治理理念、制度规则的代表作。中、美之间在人工智能治理理念和措施上存在共识,也存在较大区别。在理念上,中国《全球人工智能治理倡议》和多份立场文件主张立足人类共同福祉,“以人为本”;〔2〕美国的《关于安全、可靠和可信地开发和使用人工智能的行政

〔1〕 See Anu Bradford, *The Race to Regulate Artificial Intelligence*, ForeignAffairs (Jun. 27, 2023), https://foreignaffairs.com/united-states/race-regulate-artificial-intelligence.

〔2〕 例如,《全球人工智能治理倡议》提出,发展人工智能应坚持“以人为本”理念;《中国关于规范人工智能军事应用的立场文件》提出,坚持以人为本,秉持“智能向善”原则;《中国关于加强人工智能伦理治理的立场文件》提出,积极倡导“以人为本”和“智能向善”理念。

命令》则明确主张美国国家利益本位，“确保美国在 AI 领域的领先地位”。中国《全球人工智能治理倡议》主张关注发展中国家的利益，支持各个国家在人工智能领域的发展权；美国则专注于其盟友（like-minded）利益，主张合作建立国际框架来管理全球人工智能的发展和应用。在具体制度上，美国的《关于安全、可靠和可信地开发和使用人工智能的行政命令》强调关键基础设施和仅与政府分享的安全“红队测试”标准（通过即为安全），反对披露模型权重等技术信息。中国目前的生成式人工智能大模型监管则主要聚焦透明度制度，如备案制度要求披露包含语料库来源和内容权重等多维的技术信息。[1]由此可见，中国人工智能的治理理念、治理主张均有独特之处。中国的涉外法治建设不仅应立足于建立健全反制裁、反干涉、反制“长臂管辖”等阻断域外不当法律管辖和适用的法律制度，而且应成为体现中国人工智能治理理念、主张与规则的代表作；不仅要有力应对遏制和打压，而且应成为中国人工智能治理的国际制度名片。

第三，《人工智能法》需对国际合作与博弈议题作出回应。人工智能给我国发展带来了机遇，但也面临被个别国家通过“污名化”以阻碍我国企业“出海”发展、参与全球科技治理的情形。中国的《人工智能法》相较既往的立法，更应重视对国际合作与博弈的议题回应。一是在国际合作层面，立法应以平等互惠或平等互利为原则，聚焦具体领域的国际规则制定以及国际合作与交流。二是在国际博弈层面，需回应可能的“长臂管辖”与制裁打压。各国高度重视人工智能立法对域外效力的争夺，中国的人工智能立法可以合理拓宽域外管辖范围，通过管辖权条款赋予中国执法机构和司法机构域外管辖的权力。

不断提升的科技创新实力对我国参与全球科技治理的责任担当也提出了更高的要求，立法既要考量并设计我国《人工智能法》的外溢效应，成为传播中国理念与中国制度的名片，也要对国际合作需求与日趋激烈的国际博弈作出响应。

---

〔1〕 参见全国网络安全标准化技术委员会：《生成式人工智能服务安全基本要求》（TC 260-003），载全国网络安全标准化技术委员会官网，https://www.tc260.org.cn/upload/2024-03-01/1709282398070082466.pdf。

二、中国人工智能立法制度选择的理论考量

在互联网治理与科技治理中,中国累积了较为丰富的本土经验,形成了自己的法治理念。中国如果在人工智能规则竞争中成为领跑者和主要规则制定者,立法的制度选择必然需要基于自身本土特点做好理论考量:第一,对我国网络、科技治理的制度安排和规制实践进行学理化、逻辑化和系统化的总结提炼。第二,批判性吸收外来学理,合理借鉴域外制度,完善本土法律制度。第三,在从规则遵守者到规则制定者视角转变下,对人工智能治理这一全球公共性法治议题给出更好的理论回应。

(一)提炼网络立法中应对技术发展不确定性的经验

本土法治实践是中国人工智能立法的经验来源。在人工智能法的立法中,我们可充分借鉴既往法治实践中累积的应对不确定性技术发展、社会关系和风险的经验,准确判断当下的技术发展阶段和未来走向,进行回应性和前瞻性立法。

既往的治理中是如何应对技术发展带来的诸多不确定性的?我国的互联网治理是典型的可供制度借鉴的对象。全面回顾我国网络法治发展的三十年,我们可充分观察和提炼我国的规则制定者为应对技术带来的新问题而不断回应、调适、改变和完善制度,最终引导技术朝着合理方向发展的制度经验。早期,互联网作为单纯的信息技术,围绕信息的生产、传播和使用展开。中期,数字经济兴起后,互联网平台依托开放模式将社会各类生产要素逐步数字化,并依托算法进行信息的分发、匹配,发展成为兼具市场与企业二元属性的社会生产组织。近期,平台经济具备规模后,大型互联网平台逐步形成稳定的数字社会生产结构,一方面,进行信息基础设施建设;另一方面,通过完善制度维系架构的相对封闭以获得竞争优势和经济权力。与此相适应,早期,法律将互联网视作信息传播工具,网络治理基于网络信息传播权为主的知识产权制度进行构建。中期,法律将技术系统视作数字市场机制,一方面,将线下市场中的主体审核、合同纠纷处理、交易金融服务等机制移植到线上;另一方面,注重处理诸多

市场要素数字化引发的新问题，从版权、隐私、劳动者权利、合同、垄断、竞争等角度予以一一回应。后期，将互联网平台系统视作社会生产组织者，一方面国家权力介入社会生产组织过程，对平台进行穿透式监管，推动平台反垄断、强化平台的主体责任；另一方面注重通过制度保障社会生产组织者的合法权益，如推进信息基础设施建设，推动数据要素获得法律承认，司法中注重保护企业数据财产权益等。中国在网络法治体系发展进程中形成的可供人工智能立法参考或借鉴的经验主要有以下两点。

第一，网络治理的“小、快、灵”立法表面上是通过位阶较低的规范来应对技术高度发展带来的不确定性，实则是法律制度不断调整对于技术的定位，进而作出制度上的回应。科学立法的首要问题是确定调整对象的性质，准确把握立法调整对象背后的规律和本质。但人们对事物的观察和思考并非完全客观，制度观察者、制定者常常有自己的立足点。网络法治发展形成了对具有高度不确定性对象立法治理的方法论，即立法者首先对技术性质进行判断，并根据立法需求确立治理理念与制度体系架构。

第二，网络治理的制度只有具备高度迭代演化的能力，方可有效应对技术治理需求的不确定性。网络法治在实践中逐步通过以下方式来实现对不确定性的包容：一是以具有高度开放性的科技伦理入法来应对风险的不确定性。伦理学与社会学的讨论往往先于法律的规定，但在人工智能治理领域这一情况被改写。二是以具有迭代演化能力的制度应对技术和规制需求的不确定性。如评估制度已经成为互联网治理的基础性手段。目前我国互联网治理领域法律制度中的评估种类与名称多样，有风险评估、影响评估、安全评估等。这些经验均可为人工智能立法所吸纳。

如何对人工智能作出法律性质的判断，并进行相应的制度设计，才能够应对技术发展、社会关系变革和潜在风险的不确定性？很显然，人工智能不应再被视为单纯的技术或工具，而是社会生产方式与社会关系重大变革的驱动力，法律需基于“生产关系适应生产力发展”作出系统性回应。

（二）优化建构与借鉴并重的法律制度生成机制

中国人工智能立法需要直面独特的本土实际与治理需求，思考何种机制下生成的制度能够最大限度地合理回应中国独特的治理诉求。与此同时，人工智能产业的相对发达是我国人工智能法本土制度生成的现实基础，人工智能法的系统科学研究，则是建构中国法学自主知识体系，推动中国人工智能立法完善的重要理论基础。

既往的法律建构是如何处理法律借鉴与本土法律实践的关系的？我国技术治理和互联网领域治理的三十年经验是极好的观察对象。我国的《个人信息保护法》在制定过程中曾一度存在"走美国路线还是欧盟路线"的讨论，最终的法律文本则在一定程度上体现了"布鲁塞尔效应"的示范效应。我国算法治理的三年规划与相关法律文件，被西方智库与媒体广泛关注，被认为"随着世界各国政府加大对大型科技公司的监管，中国将成为一个潜在的开拓者"。[1]我国在网络法治领域开创了一系列独特的本土化制度，这些制度的生成经验可成为人工智能法制度生成的重要参考。

首先，中国本土制度建构离不开对外来法律制度的借鉴。随着对于西方中心主义和世界法治模式是否存在"一尊"的反思，中国法学理论与法学制度开启了从"中国特色"走向"自主"的转型。[2]技术治理法治体系的建设肇始于对美国互联网法律制度的借鉴，同时中国根据自己的实际进行了制度设计和调试。我国互联网治理领域的法律建设，无论是对产业发展法域还是对制度设计占据优势法域的学习，都一直保持扎根本土的理性。人工智能领域的法律借鉴，也必须考虑中国产业独特的国际生态位，谨慎学习国外的人工智能治理制度，避免法律发展与产业实践出现障碍。

其次，中国本土特色制度生成中的内在驱动力量。迄今为止，中国网络治理与技术治理中已经形成了一系列具有中国本土特色的制度。这些特色制度是如何生成的？除了监管部门基于自身职能的大力推进，人民群众切身感受和社

---

〔1〕 2021 年 10 月 13 日，美国媒体《华尔街日报》发布题为《算法大战在中国拉开帷幕》的文章，提及中国互联网监管机构在该年发布的两份文件，并称中国启动了一项全面的三年计划，以规范算法的使用，"随着世界各国政府加大对大型科技公司的监管，中国将成为一个潜在的开拓者"。

〔2〕 参见张生、孙烁：《法律史学科与建构中国自主法学知识体系：历史检讨与学科使命》，载《中国法律评论》2024 年第 1 期。

会舆论的推动亦是我国本土制度生成的重要力量。监管部门的推进、社会舆论的推动力量，未来势必会直接影响我国的人工智能立法，也一定会有效推动各相关部门监管需求与产业发展的平衡。

最后，产业发展和技术实践需求在规则形成中扮演了重要角色。在以往的技术治理规则形成过程中，产业界和技术界发挥了重要作用。人工智能治理制度的形成离不开产业、学术、监管的密切交融和互动，尤其是产业界在相关制度生成中的作用更加应该得到重视。例如，对于人工智能安全的认定和评价，既要跟进技术发展，了解和识别可能的风险，又要依赖企业自律形成产业发展的自我监管制度。未来，产业界在人工智能立法中应提供更多的经验智慧，而立法者也应对产业创新保留一定的容错空间，合理设定责任豁免制度。

法律制度的生成机制，不仅是制度文本的撰写，更是制度环境的合理建构。人工智能立法领域本土化的法律制度的生成，既需要扎根本土实践，与国情紧密衔接，也需要重视产业和民众在现实生活中的基本要求，还需要重视前期立法基础，构建人工智能法律领域的中国自主法学知识体系。

（三）统筹涉外法治建设的多维制度资源

人工智能法是我国涉外法治建设的重要领域，关乎国内法涉外制度建设和参与国际规则制定两个方面，也是“建设中国自主法学知识体系”，并推动中国成为世界法学理论贡献者的重要发力方向。为此，需要系统研究我国涉外法治建设中可资借鉴的各种制度资源。我国涉外法治发展的重要目标之一是“建设建立健全反制裁、反干涉、反制长臂管辖等阻断域外不当法律管辖和适用的法律制度”，为此，相关制度的构建应从《反外国制裁法》《反出口管制法》等法律的制定和完善开始。涉外法治建设隐含着“本土—外来”“东方—西方”的底层二元逻辑，这是相关法律制度建设中应当关注的基本逻辑。

其一，中国现代化的发展路径、指导思想、实现目标与西方（欧美）存在较大差异，具有中国特色的话语体系和制度如“和平共处五项原则”“人类命运共同体”“中国特色大国外交”等均可成为我国人工智能治理领域涉外法治建设的基本理论资源。以人工智能领域世界各国和多边组织普遍接受的“以人为本”伦理原则为例，美国的“以人为本”原则落地为法律制度，具体体现在信息主体知情、选择、拒绝、救济的权利上；我国的“以人为本”原则的落地除尊重信息主体知情、选择、拒绝、救济的权利外，还设计了对用户的“防沉迷机制”等具有中国特色的制度。在人工智能治理领域，我国涉外法治建设既要借鉴外来制度，也应具备涉外法治建设的主体意识。在涉外法治建设中，需重视全球治理的“南方”法治资源。我国《全球人工智能治理倡议》中将“发展权”作为参与国际规则制定的重要指导思想。未来我国的产业“出海”，应全面考量亚非拉发展中国家、与传统西方政治制度和文化不同的欧洲国家、价值和文化体系不同于西方的其他发展中国家，重视这些国家在人工智能法律发展中的内在需求。

其二，抓住参与国际规则制定的机遇，紧跟国际规则制定的目标。国家竞争力的胜出最终依赖于全球博弈视野下的国家能力的相对优势，这既包括技术与产业优势，也包括制度治理优势，尤其是一个国家参与全球治理的能力。〔1〕参与国际规则制定的目标如何设定？首先，要将可能存在对抗的领域，通过法律制度完善，推动问题的常态化解决。有学者指出，面对外部法律风险和挑战，我国经常避免以法治方式正面解决纠纷，更依赖于双边谈判、临时应对、政治妥协和经济交易等手段，法治反击和反制的案例在实践中并不多见。〔2〕中国涉外法治建设应该建立一套妥当的、符合国家利益和国际法治价值的管辖攻防体系，兼顾短期防御与长期防御、个案防御与体系防御、有效防御和适度反击。〔3〕其次，在各领域的国际标准和规则制定中，大力宣传国家的核心理念，同时应充分关注其他国家的治理诉求和治理逻辑，并将其吸纳至中国人工智能治理理念之中，进而为制定符合大多数国家利益的国际人工智能规则做好理论准备。

中国的《人工智能法》应成为“重点领域、新兴领域、涉外领域”立法的一张中国名片，兼具前瞻性、科学性和国际性。人工智能立法需要充分发掘既往网络法治实践中积累的本土经验，形成扎根本土的深厚理论。我国网络法治发

---

〔1〕 参见薛澜：《新兴科技领域国际规则制定：路径选择与参与策略》，载《人民论坛·学术前沿》2023年第19期。

〔2〕 参见王嘉：《论加强涉外审判中的国际法研究和运用》，载《大学》2021年第50期。

〔3〕 参见何志鹏：《涉外法治中的管辖攻防》，载《武汉大学学报（哲学社会科学版）》2022年第6期。

展的三十年提供了丰富的应对科技快速发展带来的调整对象、社会关系和风险不确定性的经验，也诞生了一批在中国国情与制度环境中生成的有效的法律制度，这些都构成了人工智能立法重要的理论来源。中国的《人工智能法》在统筹国内法治与涉外法治建设的过程中，应充分重视全球“南方”法治知识资源，并明确参与国际规则制定的目标，共同推动《人工智能法》成为构建中国自主法学知识体系与制度的典范。

三、中国人工智能立法的目标与制度架构

中国需要一部什么样的人工智能法？国内学术界和政策界存在大量争论，国际上也有多个国家和国际组织为我们提供了参考和范本。现阶段中国的人工智能立法，目标定位需明确为高擎发展旗帜，建立人工智能技术产业健康发展的良好生态；制度设计应彰显人本主义，既确认既往实践中形成的良好制度，也要在未来制度设计中贯彻人文关怀；在框架体例设计上，应选择“总则式”体例，廓定立法主线而不必急于“毕其功于一役”；在制度设计上，应重点回应现阶段本土产业发展和治理需求，并为技术和社会发展的不确定性留足制度空间；在推动的步骤进路上，国内立法推进速度宜与参与国际人工智能治理同步联动，既适时建立国内制度体系，也应积极参与国际规则制定。

（一）定位：高擎发展旗帜

发展与安全是技术立法的永恒命题。在全球激烈竞争格局下，不发展是最大的不安全。在立法基本逻辑的厘清中，一方面，我国人工智能产业“领先的追赶者”的独特国际地位要求我们在技术和产业的国际竞争中必须以发展作为制度设计的主要目标；另一方面，面对技术发展和技术可能带来的不确定性风险，立法既需要观察技术的进一步发展以明确其未来前景，也需要通过技术发展来回应和解决人工智能的安全问题。基于此，我国人工智能立法的目标定位为高擎发展旗帜，既要体现对技术产业发展的促进导向，也要推动人工智能在生产生活中的合理应用。这意味着《人工智能法》不仅要设立专门的推进发展的制度板块，也应设置监督管理、责任制度设置等内容。

第一，《人工智能法》中应设立“发展与促进”的专门板块，体系性地部署

促进人工智能技术产业发展方面的制度。科技创新需要外力的介入，需要法律为其搭建公共基础服务的制度。基础模型等技术的发展既需要海量算力、数据要素的支撑，也需要国家层面的法律制度的支持。我国一向重视人工智能产业发展的促进工作，唯有通过《人工智能法》这一针对性强、位阶较高的专门立法，才能够制度化实现如下目标：一是在法律层面明确国家和地方政府将人工智能发展纳入本级国民经济和社会发展规划。二是通过法律制度建立算力基础设施建设和算力资源调度利用的制度。三是相比普遍的科技促进，应强化专门针对人工智能算法、模型、芯片等关键技术发展的制度保障。四是针对人工智能的发展需求，明确政府推进数据要素的供给机制，进一步确立和扩展在《生成式人工智能服务管理暂行办法》中提出的“公共数据池建设”的发展促进机制。五是明确人工智能技术发展与知识产权制度的协调应通过法律制度来协调解决。这直接影响了生成式人工智能训练数据和生成物的保护问题，也与相关产业的发展密切相关。

第二，《人工智能法》的相关制度应充分促进人工智能技术在生产生活中的应用，避免设立“高标准严要求”的监管制度。人工智能技术与产业的长远有效发展，更有赖于其充分地融入社会生产生活，成为推进社会发展的动力。为此，一方面需要反思现阶段的制度对于法律责任的设置是否有利于保障产品和技术的发展，另一方面需要打消公众对人工智能产品服务的安全顾虑。以法律责任的设置为例，如果生成式人工智能代表未来生产力的发展方向，其发展的社会成本即包括合理的法律责任。〔1〕生成式人工智能的专业模型在发展早期应设置一定的免责规则，甚至立法应当为其提供设计精巧的“避风港”规则，降低企业履行注意义务的成本。为此，立法对人工智能的研发和提供行为设置义务的数量和范围要合理。

（二）主旨：彰显人本主义

《人工智能法》的立场主旨应彰显人本主义。“以人为本”的理念已在我国一系列立场文件中得到多次表达，未来应更加具体地落实到法律制度设计中，

---

〔1〕 See R.H. Coase, *The Problem of Social Cost*, The Journal of Law and Economics, Vol.3, p.1-44(1960).

彰显人本主义。人本主义与技术理性相对。技术理性，是指人类追求技术合理性、规范性、有效性和理想性的抽象思维活动、智慧和能力。[1]它以数学的结构来解释世界，只注重功能和操作、只关心其实用目的，把事实和价值、技术实用价值与技术应当遵循的伦理、道德严格区分开来。人工智能时代，过度地追求技术理性可能在使机器日益“人化”的同时，人也在被“机器化”，这一过程包含了人的数据化、数据的商品化、人的客体化以及人的意识的客体化。这一过程也在逐步消解人的主体性——从技术改善人类生活，到技术重新设计人类，再到可能迈向消亡的人类的灭绝。[2]基于这种担忧，我国在《全球人工智能治理倡议》中提出，“发展人工智能应坚持‘以人为本’理念，以增进人类共同福祉为目标，以保障社会安全、尊重人类权益为前提，确保人工智能始终朝着有利于人类文明进步的方向发展”。“以人为本”的人本主义理念具体落实在人工智能法律制度中，应包括以下三个方面的内容。

第一，设立“权益保护”专章，特别彰显“以人为本”的人本主义理念。《人工智能法》应以安全与发展为理念，社会各界、研发者和服务提供者应更多关注促进发展的制度体系建设与监督管理机制的设置。在整部法律的制度设计中，应当将个体权益保护作为专门的章节，更加完整地构建人工智能时代个体权益保护的制度体系。由于公法保护缺乏灵活性、前瞻性，政府部门也往往囿于资源限制无法充分对其进行规制。赋予个体使用人工智能产品和服务时获得私权救济的路径，既可以实现对层出不穷的新场景下技术“探路人”的法律保护，也可以有效弥补公法保护的缺陷，扮演权利宣示与权益保护“最后一道防线”的角色。由于私权救济是唯一能够由个体主张而启动的制度，《人工智能法》中的权益保护专章更需被重视，以保障救济路径的通畅。

第二，涵盖更广的个体权益保护范畴。在人工智能技术无法充分实现可视化与被解释的预设前提下，从保护个体权利角度出发，应当防止人工智能技术

---

〔1〕 参见刘渊：《数字化改革“三个理性”的认知逻辑》，载浙江省社会科学界联合会官网，https://www.zjskw.gov.cn/art/2021/12/29/art_1229561326_43907.html。

〔2〕 See Charles T. Rubin, *Eclipse of Man: Human Extinction and the Meaning of Progress*, Encounter Books, 2014, p.1-200.

对个体意思自治、个人信息及人的主体性等其他合法权益的不当限制或损害。例如，当前对个人信息与数据的保护制度，更多关注主体是否知情同意、数据是否真实、个体是否可以自由修改与删除数据。《人工智能法》中的权益保护应涵盖更多的内容，关注人工智能产品和服务对个体权利、人格尊严和人本主义的影响。人工智能时代的人格权问题、人的自主决策（自治权）、人类主体性保护等问题应在制度设计中予以体现。

第三，关注和重视社会弱势群体的权益保护。数字技术并不是中立的客体，它们被赋予了与性别、社会阶层、种族民族和年龄相关的意义。〔1〕《中国关于全球数字治理有关问题的立场》强调，各国应致力于向本国不同人群，特别是社会弱势群体，提供持续、稳定、普惠、开放的数字产品和服务，应加强对老年人、妇女、未成年人、残疾人、贫困人口等群体的数字技能培训，维护和促进有关人群的发展权。贯彻这一立场，人工智能立法就应当做到以下四点：一是人工智能设计应该以适应人的需要为标准，人工智能产品或服务的研发者、提供者应提供适当的人机交互方式，便利用户使用。二是保障老年人、妇女、未成年人等社会弱势群体的权益，设置适老模式、女性模式、未成年人模式等专门的保护制度。三是重视人工智能对劳动者可能产生的影响，关注劳动者在人工智能时代参与劳动规则制定、劳动自主性等相关权益的保护。四是增加获得帮助权，涉及个人重大合法权益的人工智能产品或服务，人工智能产品的提供者应当对个人、组织提供帮助，加强技能培训。

（三）框架：立总则，留接口

《人工智能法》面临的重要挑战是如何解决技术、风险和社会发展不确定性等问题。《人工智能法》如何容纳和化解高度不确定性的诸多风险？这一问题可通过《人工智能法》的框架体例来解决：以“总则式”为框架体例，以“廓主线”为主要内容，以“留接口”解决容量问题。

第一，《人工智能法》应确立“总则式”的框架体例，定位为人工智能治理

〔1〕 See Halford S. & Savage M., *Reconceptualizing Digital Social Inequality*, Information, Communication & Society, Vol.13, p.937（2010）.

的提纲挈领制度。立法既要满足人工智能治理的紧迫问题，又要为未来的发展留足空间；当下的《人工智能法》拟涵盖迫切需要认定的核心问题。《人工智能法》的调整对象是治理人工智能技术、产业和应用全链条以及在此基础上形成的复杂系统与社会生态；立法不能抱持"毕其功于一役"的理念，试图去涵盖所有人工智能技术、要素和应用等不同维度的治理规则。社会各界无论是否支持启动制定《人工智能法》，《人工智能法》都应在重要问题上达成最大共识。《人工智能法》不仅关系着我国未来人工智能产业发展、技术和社会治理体系变革，而且应为人工智能时代个体权利的保护制度体系定调，绘制人与技术的合理关系图谱。正是因为《人工智能法》的重要性，现阶段的《人工智能法》立法应参考《民法典》的立法经验，采用"总则式"体例。[1]正如《民法总则》被认为应确立我国应奉行的立法哲学，通过确立民法立法目的、基本原则、法律制度，来表达对时代所面临问题的基本看法和态度。[2]"总则式"体例的《人工智能法》同样应确立人工智能的立法目的，人工智能技术、产品与服务必须遵循的基本原则，基本法律制度应遵循的一般性规则，表达我国人工智能治理的基本理念与基本立场。

第二，《人工智能法》应以"廓主线"为主要内容。主线是指人工智能治理的基本框架脉络，应该在《人工智能法》中得到确定。《人工智能法》的基本框架脉络可包括一般原则、促进发展、权益保护、安全义务、监督管理、国际合作、法律责任等若干板块内容。这些板块可能成为章节抑或法条，但基本能够统领和涵盖当前和未来一段时期人工智能治理的主要问题。这些章节的内容排列可考虑按如下顺序设置：一是确立《人工智能法》的立法目的、基本原则，作为统领性章节确立中国人工智能治理的基本立法目的和立法态度；二是将促进发展

〔1〕 2015 年 3 月，《民法典》的编纂工作正式启动，根据安排，编纂工作采取"两步走"的思路进行：第一步，先出台《民法总则》；第二步，编纂《民法典》各分编，适时出台《民法典》。2017 年 3 月 15 日，第十二届全国人大五次会议通过了《民法总则》；《民法总则》是《民法典》的开篇之作，在《民法典》中起统领性作用；《民法总则》规定了民事活动必须遵循的基本原则和一般性规则，统领《民法典》各分编，各分编在总则的基础上对各项民事制度作出了具体规定。

〔2〕 参见央广网：《民法总则草案首上人大常委会审议》，载全国人大网，http://www.npc.gov.cn/zgrdw/npc/lfzt/rlyw/2016-06/27/content_1992349.htm。

内容排列其后，强调本法促进发展的主旨；三是将权益保障置于安全义务之前，明示以人为本的立法主旨；四是将安全义务和监督管理并列安排，安全义务章节设置人工智能产品、服务的研发者和提供者的安全义务规范，监督管理章节设置监管部门的规制措施；五是国际合作，我国现行法律中已有七部法律设有国际合作专章的立法例，人工智能立法中的国际合作应聚焦国际规则制定以及国际合作与交流的开展；六是法律责任，设定人工智能产品与服务的行政责任、民事责任与刑事责任等。这样一条主线基本覆盖了人工智能治理的主要制度，彰显了将人工智能作为生产方式和社会治理系统的综合治理思路。

第三，《人工智能法》要“留接口”解决容量问题。一部《人工智能法》无论如何“大而全”都无法涵盖人工智能时代技术产业和社会生活方方面面的问题，这既是由人工智能技术的战略意义决定的，也是由人工智能技术发展的不确定性决定的，具体而言，一是处理领域立法与通用立法需要“留接口”。人工智能领域已经深刻影响到了教育、医疗、金融、交通等领域，这一趋势未来还会继续延续。诸多社会生活领域的具体规则的制定，只能交给专门领域立法解决，《人工智能法》只能在寥寥条款中对关键领域问题予以强化，此谓留足“领域接口”。二是处理现有制度与未来发展需要“留接口”。以往法律处理不确定性问题更倾向于使用模糊术语进行表达，扩张其适用范围，《人工智能法》立法中可预留授权的制度接口，将技术、要素与产品应用的规制部门确定，将位阶较低的制度授权细化。未来基础模型如果实质上构成关键信息基础设施，则应承担相应的法律义务。在满足一定的产业发展条件后，立法可改变对法律义务与责任的设置，当下的制度设计可预留未来变化的制度“授权接口”。

（四）制度：治当下，谋长远

《人工智能法》的制度设计既应注重“治当下”，还应兼顾“谋长远”，具体制度的设计需平衡发展和安全，对发展需求和安全隐患均予以考虑和回应。既应解决人民群众、国际社会迫切关心的问题，也要从宏观上把握规制的尺度，特别是技术带来的生产激励、公平分配等问题。

第一，确立多元治理框架。治理主体的多元化是实现科技立法与决策民主化的必然要求，多元化的治理框架还可有效提高治理的科学性和包容性，防止单一利益需求主导国家治理秩序。我国已经积累一定的主体多元化的治理经验，但要避免多元化治理模式流于形式、真正实现“包容共享型法治”。《人工智能法》中应明确国家支持人工智能的主管部门、行业组织、企业、教育和科研机构、有关专业机构等在人工智能安全风险评估、防范、处置等方面开展协作。国家鼓励建立人工智能行业相关组织，加强行业自律，制定行业规范、行业准则，发布行业最佳实践与合规指引，为企业合规和使用者权益保护提供指导。鼓励人工智能主管部门、相关行业协会、市场开发与共享人工智能安全监测技术工具和手段，构建良好的人工智能监管技术生态。

第二，合理设定分类分级认定规则。在欧盟的系列立法推动下，人工智能依据风险的分级管控已经成为各国监管普遍采取的手段。2023 年欧盟《人工智能法》将人工智能风险等级划为四类，并扩大了人工智能高风险领域的分类范围，将对人们健康、安全、基本权利或环境的危害考虑在内；对高风险人工智能系统采取多项监管措施，并且新增规定了部署商的义务，体现了折中草案对于人工智能监管趋势趋严。

第三，建立人工智能动态监测、预警、响应机制。人类与人工智能未来将长期共存，技术与风险的不确定性将是技术治理的常态。应对这种“常态”，应在《人工智能法》中建立人工智能风险的动态监测、预警、响应机制。如国家设立人工智能专家委员会，定期通报人工智能技术的发展、部署和应用，并且动态监测风险、共享风险评估、实施安全事件报告、建立应急响应机制。这一系列风险监测、预警、共享、报告和响应的机制体制将成为能够长远监管人工智能风险的制度。这一制度将有助于公众更好地了解人工智能，并推动国际社会就人工智能进化的速度和影响达成共识，逐步建立标准，以更加科学地衡量人工智能对社会生活各个领域产生的影响。

第四，对当下和长远发展的人工智能治理共性问题作出制度回应。从当下来看，人工智能与知识产权的紧张关系成为世界各国立法面临的问题。基于我国当下“世界领先的追赶者”的角色，立法应尽快协调人工智能产业发展与知识产权保护制度，为技术产业高质量发展创造条件。从长远来看，通用人工智能实现初现端倪，如何治理具有比人类能力更强大能力的技术系统成为各国必须通力合作的议题。《人工智能法》宜预留通用人工智能的规制条款,对于未来可能出现的非限定任务的、多领域通用的强大人工智能系统设置更高的安全规范。

第五,根据现行技术产业发展阶段探索新型监管制度。“沙盒”监管允许企业在真实的市场环境中测试产品、服务或商业模式,同时又能将新技术潜藏的风险控制在一定范围。为支持人工智能创新发展,相关部门可以探索人工智能产品与服务监管的试点机制,设定监管试点的准入条件、试点范围与期限、试点的运行规则等,明确试点目的、定期与试点企业展开技术交流和治理经验共享,为人工智能研发提供必要测试环境的同时提高监管机关自身的监管能力。对初创企业、小微企业等难以获得专用设施、缺乏财力人力的市场主体,可以适当减轻或豁免其进入试点的条件。

(五)进路:适于时,宜于世

人工智能的发展存在诸多争议。“法与时转则治,治与世宜则有功”。所谓立法适于时,是指根据社会需求择机推进国家层面的人工智能治理框架,综合性的人工智能立法宜择机出台。所谓立法宜于世,则是指立法应回应全球“南方”的发展需求,实现《人工智能法》与《全球人工智能治理倡议》的联动。

一方面,当立法共识尚未充分形成,全面立法条件不成熟时,可采用灵活方式推进国家层面人工智能治理。科技立法相对传统法律部门创制具有更强的时效性,故人工智能立法应借鉴前期的立法经验。中国的《人工智能法》可以通过灵活的形式载体,以“决定”等法律性文件、法律乃至法典的形式逐步迭代递进,这样既可以提高治理体系的敏捷程度,也有助于最大限度地化解法律滞后与技术创新的固有冲突。

另一方面,在国际层面倡导人工智能发展权。我国在《全球人工智能治理倡议》中提出,各国均有“平等发展和利用人工智能的权利”,主动为国际人工智能治理规则的形成贡献中国方案,为技术后发国家谋求主动提供了可借鉴的制度路径。国际合作应同时兼顾横向合作与纵向合作。横向合作旨在确定覆盖人工智能整个社会技术环境的最低要求,凝聚全球人工智能治理共识。但人工智能算力基础设施建设、人工智能标准制定和人工智能数据安全治理等事项还有待更深入的国际合作。[1]

人工智能时代已经到来，中国的《人工智能法》的出台还有多远？围绕中国《人工智能法》的立法，本文从基本逻辑、理论考量、目标主旨和制度架构等角度进行了初步思考。笔者确信，中国应当有一部《人工智能法》来彰显立场，为技术产业发展保驾护航。也只有在法律这一位阶层面制定人工智能法律制度，才能够统筹协调并确立国家层面人工智能治理，真正实现立法先导，发挥法治在人工智能发展治理领域固根本、稳预期、利长远的基础性作用。

（《法律科学（西北政法大学学报）》2024 年第 3 期）

〔1〕 See Brookings Insitution, *Toward International Cooperation on Foundational AI Models*, WITA (Nov. 16, 2023), https://www.wita.org/nextgentrade/international-cooperation-on-ai.

我国人工智能立法基本问题研究

张新宝* 魏艳伟**

引言

当前，我国人工智能步入了以大模型开发为主导的发展阶段。在国家战略引领下，我国人工智能产业构建了以应用需求为牵引、立足自主创新的完整技术体系和产业创新生态。〔1〕面对全球日益激烈的人工智能治理之争，我国一直高度重视构筑人工智能领域的规则优势，早在2017年《新一代人工智能发展规划》提出的“三步走”的战略目标中就明确了立法步调，〔2〕近几年来，国家立法规划和工作计划也持续布局人工智能领域立法。〔3〕2024年3月13日，欧洲议会

---

* 张新宝：中国人民大学法学院教授、博士生导师、中国人民大学网络信息法中心主任，教育部长江学者特聘教授、国家万人计划哲学社会科学领军人才，中国法学会常务理事及学术委员会委员、中国法学会网络信息法学研究会副会长及学术委员会主任。

** 魏艳伟：中国人民大学法学院博士研究生。

本文主题由张新宝提出，框架结构和主要观点由张新宝和魏艳伟共同构思，初稿由魏艳伟执笔撰写，双方共同修改完善文章内容。

〔1〕 参见中国新一代人工智能发展战略研究院：《中国新一代人工智能科技产业发展报告2024》，载微信公众号“人工智能观察家CINGAI”2024年6月25日，https://mp.weixin.qq.com/s/VZpRI-3lLX_acX25bUv8Fg。

〔2〕 2017年7月8日发布的《新一代人工智能发展规划》(国发〔2017〕35号)指出：“第一步，到2020年……部分领域的人工智能伦理规范和政策法规初步建立。”“第二步，到2025年……初步建立人工智能法律法规、伦理规范和政策体系，形成人工智能安全评估和管控能力。”“第三步，到2030年……建成更加完善的人工智能法律法规、伦理规范和政策体系。”

〔3〕《全国人大常委会2020年度立法工作计划》《全国人大常委会2021年度立法工作计划》《全国人大常委会2022年度立法工作计划》《国务院2023年度立法工作计划》《全国人大常委会2024年度立法工作计划》依序提出：“重视对人工智能……等新技术新领域相关法律问题的研究。”“加强……人工智能……等新技术新应用涉及的相关立法工作。”“加快……人工智能……等领域立法步伐。”“预备提请全国人大常委会审议……人工智能法草案。”“研究……人工智能健康发展等方面的立法项目。”

审议通过了全球首部人工智能监管法规《人工智能法》。该法案以防范人工智能风险为主要定位，标志着全球人工智能监管新浪潮的到来，也掀起了对人工智能监管路径选择、方案建构的新一轮讨论。

综合来看，当前，我国已初步具备并不断积累人工智能专门立法的一定基础。在治理规则方面，我国已初步形成了以国家政策文件为引领，以网络信息等领域立法为主体，以针对“生成式人工智能服务”“深度合成”“算法推荐”等问题的部门规章、地方性法规和国家标准等为枝干的规则框架，具有一定相关制度上的立法准备。同时，国内学界就是否对人工智能进行专门立法已达成初步共识，涌现了大量对人工智能治理问题（目标、原则和方法等）[1]和部分对人工智能立法问题（立法定位、法律属性和制度架构等）[2]的讨论研究，并已出现了两部人工智能立法建议稿，[3]具有相当的理论储备。

尽管关于人工智能的统一立法呼之欲出，但面对技术控制的科林格里奇困境（Collingridge’s Dilemma），[4]如何让我国的人工智能立法更好地适应技术的动态发展、产业迭代、风险治理的不确定性以及背后复杂的利益关系等，仍需要进一步研究。基于此，本文立足于我国国情和制度特点，对当前人工智能立法在立法目的、立法技术进路以及主要利益关系等方面的基本问题进行研究，提出学术建议供参考。

---

〔1〕 法学视角下的讨论主要包括马长山：《人工智能的社会风险及其法律规制》，载《法律科学（西北政法大学学报）》2018 年第 6 期；张文显：《构建智能社会的法律秩序》，载《东方法学》2020 年第 5 期；张凌寒：《生成式人工智能的法律定位与分层治理》，载《现代法学》2023 年第 4 期。

〔2〕 相关研究主要包括龙卫球：《科技法迭代视角下的人工智能立法》，载《法商研究》2020 年第 1 期；侯东德：《人工智能法的基本问题及制度架构》，载《政法论丛》2023 年第 6 期；张凌寒：《中国需要一部怎样的〈人工智能法〉？——中国人工智能立法的基本逻辑与制度架构》，载《法律科学（西北政法大学学报）》2024 年第 3 期。

〔3〕 一部是 2024 年 4 月 16 日发布的《人工智能示范法 2.0（专家建议稿）》（该建议稿的起草组在此之前还分别于 2023 年 8 月 15 日、2023 年 9 月 7 日发布过此建议稿的 1.0 版本和 1.1 版本），另一部是 2024 年 3 月 16 日发布的《人工智能法（学者建议稿）》。

〔4〕 科林格里奇困境（Collingridge’s Dilemma）是技术哲学家科林格里奇提出的，指技术控制的两难困境：如果考虑到技术可能产生的负面结果而对其过早实施控制，技术可能难以发展；但如果随着技术的发展实施控制过晚，则技术可能会成为整个经济和社会结构的一部分而难以控制。参见 David Collingridge, *The Social Control of Technology*, St.Martin’s Press, 1980, p.11。

一、二元立法目的

（一）坚持发展与安全并重的二元立法目的

习近平法治思想指出，既要善于运用发展成果夯实国家安全的实力基础，又要善于运用法治方式塑造有利于经济社会发展的安全环境。[1]发展和安全是数字经济的根本支柱，[2]作为辩证的整体，安全是发展的前提，发展是安全的保障。“统筹发展和安全”是我国当前科技法治的重要目的和原则，[3]对于我国人工智能立法具有根本意义。

我国人工智能立法应当以习近平新时代中国特色社会主义思想特别是习近平法治思想为指导，以统筹发展与安全为基本遵循，不宜以单纯的风险防范为单一的立法目的，而应以促进研发应用与防范主要风险为二元立法目的。首先，在全球人工智能竞争格局下，促进发展与防范风险实为秉要执本的一体两面，发展即最优和最稳定的风险防范路径，风险防范亦是发展的底线要求，二元立法目的是契合我国人工智能治理需求的价值定位。其次，面对人工智能技术发展和风险样态的高度不确定性，仅凭借单一的风险管制式立法或产业政策激励立法，都无法有效应对颠覆性技术带来的挑战，立法应当在尊重人工智能科技进步、鼓励创新的背景下，通过法律规范的合理预期引导人工智能发展的方向和限度，发展激励和风险治理应当协同互补。最后，我国在人工智能领域，既有技术先发优势，亦有国家制度优势，将促进发展作为人工智能立法的基本目的之一，有利于发挥立法在增进科技治理和产业发展政策的效能、激励科技成果转化、推动关键要素供给方面的体系性与规范性优势；同时，将防范主要风险作为人工智能立法的基本目的之一，是“以人为本”理念下保障公民合法权益的必然要求，既符合法律作为传统风险控制手段的特性，也有利于在非传统风险领域中引导建构相应的动态敏捷治理范式。

---

〔1〕 参见《习近平法治思想概论》编写组：《习近平法治思想概论》，高等教育出版社 2021 年版，第 282 页。

〔2〕 参见周尚君：《习近平法治思想的数字法治观》，载《法学研究》2023 年第 4 期。

〔3〕 参见《科学技术进步法》第 5 条。

（二）"发展"：促进研发应用

1. 构建具有体系性的发展促进制度

作为发展数字经济的主要路径，人工智能创新发展需要建构切合产业特点、回应实践需求的促进制度，其应当具备一定的体系性。第一，促进制度大致体现为"赋能"与"减负"两个方向，即人工智能立法一方面应当规定正面激励人工智能研发和应用的制度，另一方面应当提供包括减少合规成本、适当在税收上给予扶助等在内的减负支持。第二，促进制度应当考虑人工智能产业的分层业态特点以及产业链的结构和价值属性，能够涵盖数据、算力、模型、硬件、应用场景等关键要素和环节，既包括宏观机制上国家机关对人工智能科技资源的供给和合理配置，也包括具体制度上对关联利益主体的权益保护、协调和行为激励。第三，在具体的制度设计上，促进制度应当在吸收国内外科技激励法治有益规则的基础上，基于人工智能科技的特点和治理需求来探索、适用开放性的新制度。

2. 赋能增效激励

具体而言，正面激励措施主要包括：

第一，构建数据、算力、算法和模型等基础要素和技术以及关键软硬件研发等方面的基础设施保障制度和创新发展规则。明确各级政府机关应科学制定人工智能发展规划，建立和完善相关宏观协调机制（设置专门机关等），〔1〕合理配置人工智能科技资源，促进重要科技资源（公共数据、开源模型等）开放共享，推动产学研深度融合。

第二，专门制定促进人工智能创新与科技成果转化的税收优惠政策和规则。一般而言，包括丰富税收优惠方式、推动税收优惠环节前置、建立风险投资上的税收激励机制、加强对中小型创新企业的税收激励力度等。除此之外，也可以对人工智能公共利益属性明显的特定环节（安全治理、开源研发等）提供一定的税收优惠激励。〔2〕

〔1〕 参见李玉香等：《科技成果转化法律问题研究》，知识产权出版社 2015 年版，第 203~205 页。

〔2〕 例如，《人工智能示范法 2.0（专家建议稿）》第 22 条（税收抵免优惠）。

第三，加大对人工智能领域基础科学研究和应用技术研发方面经费的财政补贴。例如，对特定领域内安全可靠的人工智能应用提供政府采购支持，同时拓宽增加科技投入的渠道和方式，如允许技术研发机构向社会募集资金，鼓励设置各类科学、创业与创新基金等。

第四，在人才培养与激励层面，建立合理的科技奖励法律制度，提升国家与地方各级政府对科技人员和转化人员的评定机制和激励水平，推动相关科研单位对科技成果转化人员激励措施的规范化，健全科技成果转化奖励方式（股权奖励等）[1]；加强人工智能领域高端人才的交流引进，完善人才服务保障机制；明确并保障科技成果的知识产权归属，丰富人工智能科学技术成果转化途径，简化科研单位和科技人员转化科技成果的程序，优化科技成果转化效益的分配方式。

此外，还可以基于特定目的综合应用上述措施，例如，支持应用于公益领域的人工智能的研发，加大对中小型创新企业的激励力度等。同时，应支持引导适应人工智能治理需求和特点的新型机制，包括以技术促进技术发展等，如开发人工智能保险产品，[2]推进人工智能在政务服务等领域的示范应用，[3]建设人工智能应用场景联合研发平台，[4]建立人工智能需求响应平台[5]等。

3. 提供减负支持

人工智能立法应通过明确相关主体的权利、合理设定相应的义务和责任规则、丰富包容审慎监管工具以及鼓励引导行业自治等方式，降低研发主体等的合规成本。除税收抵免等具体优惠措施外，减负支持主要体现为：首先，人工智

---

〔1〕 参见尹锋林：《科研能力转化、科技成果转化与知识产权运用》，知识产权出版社 2020 年版，第 140~142 页。

〔2〕 例如，《人工智能法（学者建议稿）》第 26 条（保险激励）。

〔3〕 例如，《人工智能法（学者建议稿）》第 28 条（产业场景培育）。

〔4〕 参见北京市发展和改革委员会等：《北京市推动“人工智能 +”行动计划（2024—2025 年）》，载北京市发展和改革委员会官网 2024 年 7 月 18 日，https://fgw.beijing.gov.cn/fgwzwgk/2024zcwj/bwqtwj/202407/t20240726_3760264.htm。

〔5〕 参见城建设计：《城建设计集团 MaaS “需求响应式公交平台” 亮相 2024 世界人工智能大会创新引领未来智慧公交新模式》，载微信公众号 “城建设计” 2024 年 7 月 5 日，https://mp.weixin.qq.com/s/YVNonMxCPadG_nierqAVMQ。

能立法应合理界定规制范围,[1]明确相关主体的权益、义务和(尤其是研发环节的)相应利益协调规则,减少研发主体在研发过程中不必要的义务门槛。其次,研发应用环节相关主体的义务和责任应当成比例,与其权益和控制能力相称。[2]最后,善用包容审慎的监管工具。例如,利用监管沙盒制度,通过在开发和投放市场前建立受控的实验和测试环境,双向加强研发应用主体和监管机关对人工智能应用的利益、风险和影响的理解,从而促进人工智能创新。

(三)"安全":防范主要风险

1. 构建重点突出的风险防范制度

"安全"同样是人工智能立法的重要目的。一般而言,"安全"至少涉及个人利益、公共利益和国家利益等维度的考量,包括国家安全、公共安全(程度上可进一步区分为重大和一般等)、非公共安全等分类。人工智能立法在安全目的上的最大挑战即建构风险治理规则,然而人工智能风险不限于传统可计量的物理风险,其具有高度的不可预见性,故立法不能寄希望于"毕其功于一役"实现对人工智能风险的完整规制,而应构建重点突出的风险防范制度。第一,风险防范制度既要基于"风险"本身的性质出发,考虑风险的发生概率、危害范围和程度等,[3]也要考虑风险的事前和事后规制效益,合理配置义务和责任规则。第二,应基于人工智能研发和应用的特点,既要明确当前需重点防范的风险,同时也要动态开放地研判、防范新的潜在风险。第三,"安全"目标的实现,并非旨在百分之百地规避风险,而是旨在将风险控制在合理的范围内,故风险规制应从单一的具体风险管控,转向促进多元主体协同治理、风险有效分级分类规制、全周期治理和形成有效的可问责机制。

---

〔1〕 例如,欧盟《人工智能法》第2.6条、第2.8条、第2.10条规定,条例不适用于"专门为科学研究和开发目的的人工智能系统或人工智能模型及其输出""人工智能系统或模型在投放市场或提供服务前的任何研究、测试和开发活动""在纯粹个人非专业活动中使用人工智能系统的自然人部署者的义务"等情形。我国现有的专家学者建议稿中,《人工智能法(学者建议稿)》第95条(除外条款)则选择排除了"自然人因个人或者家庭事务使用人工智能的""人工智能的科学研究活动""免费开源的人工智能"等情形,除外适用范围更宽泛。

〔2〕 参见欧盟《人工智能法》前言第(109)段。

〔3〕 欧盟《人工智能法》第3.(2)条即将"风险"界定为"发生危害的可能性和危害的严重性的组合"。

2. 动态科学研判风险

在法律语境中,"风险"一词通常被限制于"科学"证实的范围内,因此,过去法律重点聚焦于健康、环境等领域的"物理风险",并形成了稳定的调整范式;〔1〕但人工智能等数字技术的发展,改变了(或者说延展了)传统"物理风险"的范围、程度甚至样态,如产生更难以控制的公共风险,〔2〕且这种变化是动态的。同时,人工智能发展并非简单线性的,其中最复杂的并非没有人类参与的技术,而是深深嵌入相应人类网络的技术。〔3〕换言之,人工智能风险存在相当的伦理化趋势。

由此,人工智能立法应明确当前需重点防范的风险,同时设置有利于动态开放识别、防范新风险的规则接口。第一,人工智能立法应当对危害国家安全、公共安全的风险以及违反公序良俗的伦理风险等进行研讨和界定,设置专门的制度进行防范,提升预防风险与化解风险的能力。第二,人工智能立法应当设置预防人工智能风险的通常基准,明确关于人工智能的稳健性和网络安全水平的一般规则和基本要求,以及通过后续立法等对人工智能安全的标准化要求,增强系统与应用的安全性与可靠性。第三,基于人工智能与产业发展融合并为高质量发展提供新动能的实践特点与需求,人工智能立法可以设定不同领域或场景下的一般规则或基础风险防范要求,以及为加强对潜在风险的预防能力,对于系统性风险等新的潜在风险,人工智能立法可以留予一定的授权立法口径。

3. 包容审慎规制风险

欧盟《人工智能法》基于风险分类的监管逻辑,根据风险发生危害的可能

---

〔1〕 参见赵鹏:《科技治理"伦理化"的法律意涵》,载《中外法学》2022 年第 5 期。

〔2〕 一般认为,20 世纪的传统公共风险(核技术、大规模消费品生产、工业污染和危险物质等)具有依托大规模实体基础设施的特点,故其来源和地点仍相对可控。但鉴于人工智能技术的隐蔽性、分散性、离散性和一定程度的不透明性,对其风险的有效控制将十分困难。参见 Matthew U. Scherer, *Regulating Artificial Intelligence Systems: Risks, Challenges, Competencies, and Strategies*, Harvard Journal of Law & Technology, Vol.29, p.369–373(2016)。

〔3〕 线性发展观(the myth of linear progress)认为,技术会从人类直接参与发展到人类远程参与,最终发展成完全自主机器人。这一观点被认为是关于机器人和自动化技术的三个典型错误认识之一。参见 David A.Mindell, *Our Robots, Ourselves: Robotics and the Myths of Autonomy*, Viking, 2015, p. 8。

性和程度，将人工智能的相关对象（包括实践、系统和模型，并以系统为主要规制对象）分为禁止的人工智能实践，高风险的人工智能系统、特定（意图与自然人直接互动的）人工智能系统和其他人工智能系统，以及通用人工智能模型。除禁止具有不可接受的风险的人工智能实践外，欧盟《人工智能法》主要针对高风险的人工智能系统实施上游治理，规定了严格的审查要求以及事前、事中和事后的规制义务等，对高风险的人工智能系统以外的人工智能系统仅规定有限的合规义务或允许自由开发使用，同时对通用人工智能模型规定了特定的风险防控规则。[1]当前，国内学界对欧盟风险监管方案不足之处的讨论主要包括以下三点：一是认定标准和监管成本过高；[2]二是针对人工智能系统、通用性大模型的一体化分类不符合人工智能风险治理的特点；[3]三是整体上风险防控方案不够全面充分且责任部分失衡。[4]

对人工智能技术风险存在技术主义和制度主义两类认知方式。技术主义视角更侧重于人工智能风险和人的互动过程，主张关注风险于应用中的场景化特征；制度主义视角更关注风险与基于组织的决策、行为之间的内在关联，更偏向于整体上的全面横向监管。[5]欧盟的风险监管方案明显体现制度主义视角下全面横向强制性监管的特征，当前对此风险分级分类方案的批评意见也多基于对此方案效能的质疑或主张风险场景化治理的偏好。相较于欧盟的风险分级分类方案，当前国内专家学者起草的两部人工智能立法建议稿都试图建构更符合我国国情的风险分级分类方案，在分级上主要采用更为宽松的两分思

---

〔1〕 参见欧盟《人工智能法》第二章“被禁止的人工智能实践”、第三章“高风险人工智能系统”、第四章“特定人工智能系统的提供者和部署者的透明度义务”以及第五章“通用人工智能模型”。

〔2〕 参见张凌寒：《中国需要一部怎样的〈人工智能法〉？——中国人工智能立法的基本逻辑与制度架构》，载《法律科学（西北政法大学学报）》2024 年第 3 期。

〔3〕 参见丁晓东：《人工智能风险的法律规制——以欧盟〈人工智能法〉为例》，载《法律科学（西北政法大学学报）》2024 年第 5 期；刘金瑞：《生成式人工智能大模型的新型风险与规制框架》，载《行政法学研究》2024 年第 2 期。

〔4〕 参见皮勇：《欧盟〈人工智能法〉中的风险防控机制及对我国的镜鉴》，载《比较法研究》2024 年第 4 期。

〔5〕 参见朱旭峰、楼闻佳：《发展还是监管？人工智能政策的国际比较研究》，载《学海》2024 年第 4 期。

路,[1]同时,在分类上还考虑对特殊应用场景予以特别规定,[2]体现了既具备宏观协调的统一规制规则,也考虑重点领域和应用场景的风险规制立场。

总体而言,为打造可审核、可监督、可追溯和可信赖的人工智能技术,我国人工智能立法在风险规制上应当坚持包容审慎的态度:第一,风险治理无法仅依赖于行政监管,而应当以多元主体协同治理为准,构建以政府监管为主导、行业企业自律、社会协同参与的多元治理体系,故除必要的监管规则外,应更多鼓励行业制定更及时和敏捷的自律规范、标准,公开有利于企业自我合规的示范性案例等。第二,科学设置风险分级分类管理规则,动态科学研判风险,明确对重点风险的监管要求,并且通过科技伦理审查、强制性风险评估或管理备案、动态监测预警和响应等机制,强化对风险的动态敏捷监管。第三,遵循人工智能全生命周期治理的逻辑,引导全流程中相关主体的风险管理应对机制的建立,并且针对人工智能应用的特点,加强相关主体对投入市场后的人工智能应用的监测管理义务。第四,尽管受预防性法治理念影响,相较于事后救济,对数字技术风险的规制更关注事前预防,[3]但在事前规制机制以外,还应当建立有层次的问责机制,设立专门机关增强监督效能。同时,综合使用软硬法手段,不同人工智能义务主体承担的责任应当与其投放人工智能的目的、其对人工智能的控制能力、人工智能涉及领域等相称,从而合理设置责任和留予适当的责任豁免空间。

二、立法技术进路

(一)"人工智能法"的立法层次

综合考察当前全球人工智能领域的立法实践,以欧盟为代表的统一监管立法模式,通过更具体系性的规范内容和由专门机构统一监管等方式,实现对人

〔1〕《人工智能法(学者建议稿)》对"关键人工智能"的界定以及义务和监管等的特别规定体现了两层分级,《人工智能示范法 2.0(专家建议稿)》则在"人工智能管理制度"专章规定了"负面清单管理制度"。

〔2〕参见《人工智能法(学者建议稿)》第六章"特殊应用场景"。

〔3〕参见赵精武:《论数字法学的概念与研究定位——兼论我们需要什么样的人工智能法》,载《华东政法大学学报》2024 年第 4 期。

工智能领域的整体规制；而以美国为代表的以创新驱动为基准、主要依靠软性规则引导市场主体行动的模式，则主要依赖较为分散的各类法案实现对人工智能重点场景或相关问题的专门治理。为构筑人工智能发展的制度优势，我国应当在人工智能这一新兴领域实现立法的体系化，而在立法技术上，跨法律部门的领域性立法，需要具有整体性、符合多元治理方向的立法设计。相较于体量庞大、过细过严的欧盟《人工智能法》，当前我国人工智能立法并不追求一次性形成囊括所有人工智能问题的“大而全式”的法律，而应当考虑如何推动形成立法层次合理的规则框架。

关于我国人工智能领域的立法布局，当前主要有如下五类观点：(1) 主张人工智能立法分为两个层次，基础层次为具有公法面向的国家安全、网络安全和个人信息保护等现有涉及人工智能关键要素的立法，第二层次为基础层次之上的人工智能法内容层次。〔1〕(2) 主张人工智能立法应遵循现有的科技法制框架，形成包含科技市场法、风险管制法和科技政策法在内的专门科技立法层，以及针对应用领域和功能的人工智能具体应用立法。〔2〕(3) 主张人工智能立法应为包含风险规制、产业促进、技术标准三个层次的领域法，形式上表现为以基本法（以风险规制为主要内容）为主体，以产业促进法和技术标准法为分支。〔3〕(4) 主张人工智能立法应按照“总—分”式层次，现阶段应先行制定具有统领性、总纲性的人工智能法律总则。〔4〕(5) 主张人工智能立法包含产业促进法和风险治理法两组规范类型，前者包括市场法和政策法两个方面，后者包含人工智能科技、人工智能要素和人工智能应用三个基本层次。〔5〕前述观点在人工智能立法基本范畴上差异不大，基本都认同人工智能立法至少应当包含产业促进和

---

〔1〕 参见陈吉栋：《人工智能法的理论体系与核心议题》，载《东方法学》2023 年第 1 期。

〔2〕 参见龙卫球：《科技法迭代视角下的人工智能立法》，载《法商研究》2020 年第 1 期；龙卫球：《人工智能立法的“技术—社会 + 经济”范式——基于引领法律与科技新型关系的视角》，载《武汉大学学报（哲学社会科学版）》2020 年第 1 期。

〔3〕 参见胡铭、洪涛：《我国人工智能立法的模式选择与制度展开——兼论领域融贯型立法模式》，载《西安交通大学学报（社会科学版）》2024 年第 4 期。

〔4〕 参见张凌寒：《中国需要一部怎样的〈人工智能法〉？——中国人工智能立法的基本逻辑与制度架构》，载《法律科学（西北政法大学学报）》2024 年第 3 期。

〔5〕 参见郑志峰：《人工智能立法的一般范畴》，载《数字法治》2023 年第 6 期。

风险治理两个方面，但在具体层次或构造上有所不同。若不拘泥于如何划分具体的立法文本，前述建议皆可以为规则的体系化提供一定参考。

目前，我国对于新兴科技问题的治理具有较明显的治理事项分散、专门规则急用先行且层次不高（多为部门规章）的特点，这既是科技立法需面对的适应性和连续性挑战，也是应对技术更新、产业迭代等带来的不确定性时的慎重使然。由此，也释放出现阶段人工智能立法最大的需求，即优化立法层次，统合并协调涉及人工智能要素的已有规范，为人工智能领域的立法体系化提供具有方向性的基本规则，同时厘清人工智能治理的本质逻辑。由此，现阶段拟制定的"人工智能法"〔1〕一方面应当具有一定的统一性和专门性，能够明确人工智能法律规范的基本范畴、统合人工智能治理的基本需求；另一方面应结构科学、内容适当，能够为后续立法或进一步细化规则提供指引和充分的调适空间。具体而言，"人工智能法"应当是我国人工智能领域的基本法律，旨在定基调、明方向，仅对立法目的、调整对象、基本原则、重要制度以及一般规则（包含权利、义务和责任）等基础性问题予以明确，具体的细节制度应在时机成熟时、实践检验下通过行政法规、部门规章等规范性文件以及国家标准等确定。

（二）"人工智能法"的立法特色

现阶段，全球人工智能治理处于从软性规则治理转向硬性规则建构的浪潮中。欧盟在成文立法上的积极态度与"领跑"身姿，包含了其对在人工智能领域借由规则制定能力再现数据领域《通用数据保护条例》的"布鲁塞尔效应"的期待；但鉴于其立法对人工智能技术创新发展的限制程度，现阶段似乎难以实现其旨在通过法律理念、法律制度上的潜在影响形成的超国家法律效应。除此之外，美国、新加坡等国家尚未出现综合性或全面性的立法文本，仍以政策、文件或软性规则为主。〔2〕就本质而言，立法与否以及如何立法是一国法治发展需

---

〔1〕 需要说明的是，当前是否称谓"人工智能法"还不明确，为行文方便，本文依国务院立法规划中的用语，以"人工智能法"代指现阶段拟制定的人工智能领域的立法文本。

〔2〕 当前，美国在联邦层面仍以软性规则治理为主，行政命令亦主要规制人工智能应用中的特定信息共享问题，州层面的立法则以消费者保护为主要内容。新加坡等国则主要依靠倡导性的治理框架。英国、日本等国正在积极推进本国监管方案的形成。

求和能力的问题。我国在人工智能技术发展上具有一定优势和影响力，在已有制度基础和理论储备上显现出综合性立法之可行性。人工智能立法在建构治理规则、制度等时，应当融通本国自主知识体系和部分国外经验资源。现阶段拟定的“人工智能法”，可以发挥显现我国当前法治发展能力的立法特色，具体而言，体现为以下三方面。

第一，现阶段拟制定的“人工智能法”，应当旨在解决深嵌于中国本土社会的人工智能治理问题，体现中国特色的法治理念。发展与安全并重是对中国人工智能治理需求的精准概括。因此，不同于以防范风险为主要目的的强监管立法路径，也不同于以市场理性为主要工具的弱立法路径，我国人工智能立法应当充分发挥本国的制度优势和已有的通过法治激励科技的经验，探索建立和完善具有体系性的发展促进制度。在防范主要风险的问题上，我国人工智能立法亦应充分考虑本土社会语境。例如，在国家安全方面，生成式人工智能领域的技术渗透风险以及现代数字技术和资本的紧密结合，会在生成式人工智能技术的价值预设、传播以及应用过程中给国家意识形态带来安全风险，〔1〕立法应当关注构建保障主流意识形态安全的机制。又如，我国在科技应用综合治理思路上有高度的“以人民为中心”的追求，针对大众关切的问题和领域，形成了未成年人互联网特别保护、一键关闭算法推荐服务、深度合成生成内容标识义务等制度。人工智能立法应当继续坚持以解决人民的直接、现实利益问题为实践路径，吸纳、提炼和建构适应本土治理需求的规则和制度。

第二，现阶段拟制定的“人工智能法”，应当在本国产业和技术实践需求、实在法体系与规范的牵引下，立足于中国自主的法学知识体系，同时适当将域外的法律实践经验作为研判本国问题的一定论据。在中国自主的法学学科体系的自我革命和自我完善过程中，数字法学等新兴“领域法学”学科，具有对应法治实践不同领域的“实用性”，显示出从“部门法学”向“综合法学”发展的转

〔1〕 参见孙诚钰、王永贵：《生成式人工智能应用引发的意识形态安全风险及其应对》，载《南京社会科学》2024年第5期。

变。[1]"人工智能法"作为新兴领域立法，在立法背后的知识供给上，同样应定位于领域法学的特点，以问题导向和目标导向为主，回应如何引导人工智能发展和如何因应人工智能冲击的双向挑战，并且适应我国已有的网络治理、个人信息保护、数据安全保护等方面的法律制度。同时，一般认为，法典化、体系化程度较低的部门法（或领域法）往往受比较法的体系约束更弱，即不会特别偏向于已有的成文法文本，而更多功能性地观察动态的法律和实践，与其说依赖形式论据上的借鉴，毋宁说利用域外法治中有用的分析框架。[2]例如，过去我国在个人信息保护领域，就于防御性的隐私权和支配性的个人信息自决权的传统路径中，建构了适宜本土、平衡个人信息保护和数字经济发展的个人信息保护制度。人工智能立法在规则设计上需要平衡共性和个性之间的关系，即以中国实践经验为基础，通约具有相同特质的认知、判断和行为方式，沉淀和明晰适宜本土的个性规则。[3]

第三，现阶段拟制定的"人工智能法"，应当具有国际视野、彰显本国理念，释放出规则形成在人工智能治理上的域外效应。就具体规则而言，受限于现实要求、效力层级等因素，当前已有规则针对的仅为在中国境内提供相应服务的情形，[4]而"人工智能法"应当在相应规定中合理扩大域外管辖范围，[5]以增强规则的域外效力。此外，释放出我国人工智能立法的域外效应，并非指刻意地推广法律制度和理念，而是以法律制度层面的包容性为基准，[6]发挥我国在人工智能科技实力、市场体量以及企业影响力等方面的优势，在积极参与国际规则制定的同时，促使国际性大企业等主体改变过去以西方规则为主的合规策

---

〔1〕参见莫纪宏：《"法学学"视野下中国法学"三大体系"构建的方法论路径》，载《法制与社会发展》2023年第6期。

〔2〕参见宋亚辉：《迈向自主法学知识体系的比较法研究范式——以2003—2022年的比较法论文为样本》，载《法学研究》2024年第1期。

〔3〕参见何志鹏：《中国自主知识体系建构的国际法学维度》，载《政法论坛》2024年第3期。

〔4〕例如，《互联网信息服务算法推荐管理规定》第2条、《互联网信息服务深度合成管理规定》第2条、《生成式人工智能服务管理暂行办法》第2条。

〔5〕例如，我国现有的两部人工智能立法建议稿都将在境外发生但影响本国国家安全等利益以及个人、组织合法权益的人工智能相关活动纳入调整范围。

〔6〕参见车丕照：《中国的法律大国地位问题》，载《上海政法学院学报（法治论丛）》2023年第4期。

略。在人工智能发展的不确定性前，治理规则同样形塑于主权国家间的平等互动。对于发展人工智能，立法应当坚持以人为本、智能向善的立场，通过推动人工智能能力建设方面的国际合作、加强面向发展中国家的合作与援助等，促进技术和价值观上的相互理解。

（三）"人工智能法"的立法技术

"人工智能法"的立法技术，应既体现对一般意义上构建人工智能领域法律秩序的考量，也包含对具体规则的结构安排、概念选择、语词使用等的斟酌考虑。一般而言，粗放型立法技术有助于快速构建框架型秩序，而精细化立法需要更长期、反复的立法实践，适用于构建更高程度的类型化行为模式。[1]鉴于人工智能立法的实践需求和技术条件，当前立法处于构建框架型秩序以使人工智能在一定方向和合理限度内发展的阶段。面对人工智能发展的巨大潜力和潜在风险，一方面，应当慎重考虑如何从初期的软性规范过渡到硬性规则，以真正构建人工智能发展的基本秩序；另一方面，此种外部秩序的构建，应当从技术发展不确定性的前提预设出发，旨在提供最基本的制度环境和可预期的信息支撑，[2]从而为数字社会留予合适的发展空间。框架型立法下规则的修改成本往往会更高，故更需要发展具备动态性和弹性空间的条款。当前人工智能立法的难题同样包含立法技术上的挑战，制定"人工智能法"应当注意以下三个方面。

第一，"人工智能法"应当凝练实质法律问题。数字社会发展会产生新的治理需求和模式。过去，与人工智能问题相关的立法实践和研究范式大多集中或定位于数据、算法以及特定应用场景，多利用急、快、灵的小切口立法；但当前体系化立法的定位，意味着需要在更宏观、统一的视角下建构人工智能治理框架，而非亦步亦趋地回应每一个新兴技术。立法应善于在已有的立法资源中识别、提炼或吸收成熟的原则和规则，同时适当借鉴域外成功经验。

第二，"人工智能法"应当着力于实现有效的规范性指引。当前，人工智能立法的重点在于提供基本的指引和预测，需要明确技术内涵、安全要求以及可

---

〔1〕参见王起超：《粗放和精细：论立法技术的秩序建构路径》，载《河北法学》2021年第5期。

〔2〕参见金梦：《数字时代科学立法的法理研究》，载《中国法学》2024年第4期。

以融入法律制度的伦理基础等，立法行文、措辞应当明确、有针对性。在立法的陈述体系中，概念的一般性与概念特征的融贯性程度正相关。〔1〕一方面，人工智能立法中存在法律概念界定上的问题，这一点对建构我国数字法学话语体系亦有重要影响。最基本的问题是，如何基于人工智能的本质属性和核心特征等明确“人工智能”的法律定义？人工智能的法律定义会明确法律规范的适用范围，影响法律秩序的涵摄范畴。例如，欧盟《人工智能法》利用了“系统”“实践”“模型”等属性表述，加之对关键特征（自主性、适应性等）的描述，〔2〕意图在大的法律框架内实现对专用人工智能系统和通用人工智能模型的分别规制。目前在我国，“人工智能”这一词汇的语用驳杂，缺少一致的法律定义。然而，法律定义并非一味追求教义学上的精准，关键在于能确立恰当的概念外延，故需要在内在逻辑、谱系脉络、价值理念和现有立法素材中作有效梳理。法律定义的选择可以形成界分“人工智能法”与关于人工智能相关要素的法律规则的实质性标准。〔3〕而对相关（义务）主体的概念选择或建构、定义，亦是如此。〔4〕另一方面，对相关主体的权利、义务以及责任的设置应当比例相称，在考虑人工智能发展业态和传统的监管机制之间衔接效率的同时，基于相关主体既是规制对象亦是激励对象的特点，明确不同技术风险类型、强度下的主体义务。

第三，“人工智能法”应当体现立法的体系性和协调性。一方面，立法的体系性意味着，“人工智能法”应当在统合人工智能的研发和应用过程以及各类关键要素等的逻辑下，形成以人工智能治理为核心的规则框架。人工智能领域立法涉及网络安全、数据、算力、算法和实践应用等多个方面，并关系到个人信息、数据、算法、深度合成、生成式人工智能等领域的诸多已有规则，故当前的“人工智能法”应当从人工智能的属性和特征出发，以识别、建立人工智能治理逻

---

〔1〕 See Robert Alexy & Aleksander Peczenik, *The Concept of Coherence and Its Significance for Discursive Rationality*, Ratio Juris, Vol.3, p.140(March, 1990).

〔2〕 参见欧盟《人工智能法》第3.(1)条对“人工智能系统”的定义。

〔3〕 对“人工智能”法律定义的具体讨论，可参见陈亮、张翔：《人工智能立法背景下人工智能的法律定义》，载《云南社会科学》2023年第5期。

〔4〕 基于我国人工智能发展战略目标中“形成人工智能安全评估和管控能力”的要求，当前的两部人工智能立法建议稿都是从如何设置“义务”的角度来界定不同主体的。

辑下的规则为核心，对于跨领域的特性下不可避免地涉及的仅与人工智能某一要素有关的规则，妥当适用援引的立法技术，在减少法律的不确定性的同时，避免法律规范无用的重复。另一方面，立法的协调性意味着，应考虑人工智能治理实践的特殊需求，尤其是在牵涉与在先权益保护规则的协调问题时。例如，当前，对于人工智能数据训练阶段的数据获取问题，刚性适用现有的个人信息保护、知识产权保护等方面的规则，可能会对人工智能的研发应用质量的提升构成法律障碍，且此等障碍亦并非在利益衡量的基础上保护私人权益的最佳方式，故仍应通过建构例外规则或特别规定等方式，协调平衡不同利益主体之间的关系。此外，“人工智能法”作为领域性立法，会横跨传统部门法，而法律规范的横向衔接效率亦是法律融贯性之重要基准。例如，涉及人工智能的部分责任规则可能会体现在其他已有的精细化立法，如民法、刑法等，以及之后续造的细节性制度中，因此，应尽可能保持法律语言的一致和通顺，降低法律适用成本。

三、主要利益关系与制度设计

（一）坚持以人为本

“以人为本”是我国对人工智能发展的基本立场，〔1〕其应当是贯穿我国人工智能立法始终的价值目标。在过去以软法为人工智能治理主要路径的阶段，以人为本的人工智能（Human—Centric Artificial Intelligence，HAI）是全球通行的人工智能治理原则，亦被表述为人工智能发展的核心伦理原则。其通常包含两个方面：一方面，人工智能发展的本质目的应当是服务人类、尊重人类尊严和个人自主权；另一方面，人工智能的运行方式应可由人类适当控制和监督。〔2〕其隐含了两条实施路径：其一，人工智能的设计、开发和应用的内部过程应当合乎伦

〔1〕 参见国家互联网信息办公室：《全球人工智能治理倡议》，载中华人民共和国国家互联网信息办公室官网 2023 年 10 月 18 日，https://www.cac.gov.cn/2023-10/18/c_1699291032884978.htm。

〔2〕 参见欧盟人工智能高级别专家组编写的《可信赖的人工智能伦理准则》中的第一项准则“人类代理和监督”。“以人为本”作为发展人工智能的立场，还被解释为至少包括生命伦理学的四项原则——尊重自主原则（Respect for Autonomy）、不伤害原则（Nonmaleficence）、有利原则（Beneficence）、公正原则（Justice），并在此之上辅之以新的可解释性原则（Explicability）。

理和法治；其二，应当通过外部的硬性法律规则或软性规范以及相应的审查监督机制等，使人工智能的发展过程可被人理解和控制。

"以人为本"的理念对于人工智能立法基本原则的确立具有重要意义，无论是以权利保护为基准的治理原则，还是以满足应用领域的实质需求为基准的治理原则，[1]本质上都要求人工智能发展的实质目的是增进人类福祉，都要求人工智能以可持续和环境友好的方式被研发和应用。当前国内学界发布的人工智能立法建议稿在基本原则设计中，大多参考了伦理治理路径下对于建立可信赖人工智能的原则性要求，如公平公正、公开透明、可解释、人工可控、安全、可问责等。[2]同时，鉴于人工智能伦理融入法律的路径包含软法化方式以及利用关于共同体伦理的自我规制机制，[3]"以人为本"作为伦理原则的展现，还会被直接填充入"人工智能法"，典型如被直接规定为一项原则和关于绿色原则的规定等。[4]

同样，在个人与自动化（或自主性）机器及其背后的利益主体之间，存在越发巨大的数字信息、资源和技能上的差异，进而产生公平、非歧视以及弱势群体保护等层面的问题，人工智能立法应关注这种差异和背后潜在的社会风险。当前学界也越发关注技术、伦理与法律之间的融贯性规则的建构，尤其是凝结内在体系中价值理念的一般原则，应当具备真正的可操作性而非仅停留在价值宣示层面，[5]即原则的规则化问题。由此，在"以人为本"的理念下，人工智能立

〔1〕 See Alessandro Mantelero, *Beyond Data: Human Rights, Ethical and Social Impact Assessment in AI*, T. M. C. Asser Press, 2022, p. 142-144.

〔2〕 参见国家新一代人工智能治理专业委员会:《新一代人工智能治理原则——发展负责任的人工智能》，载中华人民共和国中央人民政府官网，https://www.gov.cn/xinwen/2019-06/17/content_5401006.htm；国家新一代人工智能治理专业委员会:《新一代人工智能伦理规范》，载中华人民共和国科学技术部官网 2021 年 9 月 26 日，https://www.most.gov.cn/kibgz/202109/t20210926_177063.html。

〔3〕 参见李学尧:《人工智能伦理的法律性质》，载《中外法学》2024 年第 4 期。

〔4〕 无论是在立法建议稿中还是在学术研究中，对于人工智能立法原则的表述均分为直接体现政策目标的原则（创新发展、安全、协同共治等）和体现"以人为本"理念的原则（包含对已有伦理规范中准则性要求的吸收）。当前，学界对人工智能法基本原则的实质内容和范围存在一定共识，差别更多地体现在如何对基本原则作更有层次的梳理与表达上。

〔5〕 参见方新军:《融贯民法典外在体系和内在体系的编纂技术》，载《法制与社会发展》2019 年第 2 期。

法至少还应具备以下三个方面的规则设计。

第一，人工智能立法应建构应对算法歧视等长远、隐蔽的伦理风险的规则。相较于人类主观意图造成的显性歧视，人工智能算法等造成的隐性歧视将会产生更大的伦理风险。因此，在确定公平公正的基本原则的基础上，还须设立有效的反歧视机制规则，包括明确针对人工智能算法歧视的审查机制，在风险影响评估等中增强歧视识别基准的可用性，如动态建构差异化的受保护特征清单等，[1]在后续的细节制度或示范性流程化规范中都应贯穿此价值要求。

第二，人工智能立法应当在切实保障相关主体合法权益的同时，确保人工智能可问责、可救济。充分尊重并保障各群体的合法权益，既包括明确人工智能研发者、运营者等利益主体的合法权益、义务和法律责任，还包括利用有效的救济机制保障人工智能使用者和其他受影响者的合法权益，以及对基于年龄、生理状况和人工智能的特殊社会影响等产生的数字弱势群体的权益进行特别保护，如鼓励、支持适应数字弱势群体接入能力的人工智能产品或服务，规定针对未成年人使用者的防沉迷规则等。

第三，人工智能立法应当回应数字鸿沟下的数字教育和数字信息获取问题，一方面，明确国家机关在提升国民数字素养、分享人工智能风险信息和应对方法等方面具有提供服务或作出一定行动的职能；另一方面，通过设置合理的信息披露义务（亦称透明度义务），要求具备人工智能技术能力的主体在开发、应用等阶段对受影响者提供必要的信息和说明。当前，已有规范就自动化决策、算法推荐、深度合成、生成式人工智能等问题规定了相应的信息披露义务，主要在于解决服务提供者与使用者之间的信息不对称问题。[2]人工智能立法应当吸收并进一步补充、完善，建构更具有体系性的信息披露义务规则，既包括特定主体对使用者、社会公众以及监管机关等的合理信息披露义务（将更多体现为硬性规则），也适当考虑人工智能价值链中的相关参与者之间的必要（主要是与风险相关的）信息披露义务。

---

〔1〕 参见张欣：《算法公平的类型构建与制度实现》，载《中外法学》2024年第4期。

〔2〕 参见《个人信息保护法》第24条，《互联网信息服务算法推荐管理规定》第16条和第17条，《互联网信息服务深度合成管理规定》第17条，《生成式人工智能服务管理暂行办法》第10条。

（二）协调相关权益

人工智能的研发和应用必然涉及多元主体的利益。为发挥立法在人工智能治理领域的积极效用，人工智能立法应协调好多元主体间复杂的利益关系。人工智能立法协调相关主体权益，以促进人工智能的研发和应用、防范人工智能主要风险的二元立法目的以及以人为本的理念为基本指引。面对数据质量会对人工智能的性能和效果产生决定性影响的现实，人工智能立法应协调人工智能研发者、运营者在人工智能数据训练等方面的利益与在先的知识产权、个人信息权益之间的关系。已有的权益保护制度不足以适应人工智能的研发和应用现实中利益主体的需求，人工智能立法应当在保障个人私权免受不当侵蚀的前提下，支持人工智能算法和基础模型等的创新发展，针对当前数据获取等方面的难题，适当建立例外规则或责任豁免规则，建构适应人工智能发展需求的新制度：

第一，建立适应基础模型数据训练和模型发展的个人信息处理制度。促进人工智能发展需要减轻传统个人信息保护领域对个人同意的路径依赖，〔1〕如适度放宽个人信息处理的目的限制原则，建立个人信息处理同意的集中获取规则，强化告知的有用性以适当减轻同意的形式要求，引入新的个人信息处理合法性事由〔2〕等，将个人信息保护的重点从收集端的事前限制，适当转移至强化人工智能责任主体合规处理信息、利用数据的环节，如实施强制性个人信息影响评估并进行全周期监管。

第二，建立与人工智能发展相适应的知识产权规则与配套制度。当前人工智能的研发和应用过程中既涉及数据获取阶段使用作品的合法性问题，如在输入端使用他人作品时能否构成合理使用，也涉及后续利用阶段人工智能生成内容的著作权问题，如生成内容的可版权性判断、版权归属，以及当人工智能生成内容与他人作品相同或实质性相似时是否构成侵权。立法可以通过增加“数据挖掘”作为合理使用的特定情形等方式，减少提升人工智能数据训练质量的法

〔1〕 参见丁晓东：《论人工智能促进型的数据制度》，载《中国法律评论》2023年第6期。

〔2〕 参见张涛：《生成式人工智能训练数据集的法律风险与包容审慎规制》，载《比较法研究》2024年第4期。

律障碍，但此等使用不应当影响对作品的正常使用，不应当损害著作权人的合法权益。同时，应通过相应的技术措施和信息披露等方式降低侵权风险。可以通过建构一定的法定许可（或强制许可）规则并完善相应配套规则，支持利用人工智能生成内容进行科学研究和文化创作活动。

第三，探索建构促进人工智能产业发展的权益分配或利益分享机制。例如，针对高质量数据供给不足问题，探索建立公平公正的人工智能训练数据开放使用机制，保障人工智能领域的数据要素供给，鼓励相关主体开展大数据与人工智能技术的协同研发、大数据与人工智能产业的应用融合。又如，针对对研发主体的激励不足的问题，明确人工智能研发者、运营者等相关主体在人工智能的研发和应用过程中的合法权益，如知识产权、数据财产权益等。再如，构建人工智能生成内容的多方权益共享机制和算法模型流通中的利益分享机制等。

（三）维护竞争秩序

“竞争”是预设了竞争主体的存在、多元化和相互之间的利益冲突和争夺的动态开放过程。只有确保竞争者的多元和市场的开放，竞争的“对抗”特性才会在“知识发现”上形成对竞争者的激励机制，创造一个有可能刺激创造性突破的环境。在集中度高的市场环境中，纯垄断者往往缺少进行最优水平创新的激励。但如果竞争性市场中的企业能呈现多元化趋势，那么，即使市场中不可避免地存在规模巨大的企业，此类企业受对创新的激励的程度也会更高。同时，竞争性市场中的创新水平也取决于企业享有创新成果的程度。〔1〕因此，为确保人工智能产业生态的良性发展，需要构建主体多元、利益分化、市场开放的竞争秩序，〔2〕推动市场主体走向效率和技术进步。

当前，人工智能发展存在潜在的技术垄断风险。整体来看，一方面，人工智能研发的投入成本高，加之专业芯片、算力、大规模数据和专业技术等关键要素多被集中控制于少数科技巨头企业手中，降低资源质量和赋能价值的同时，

〔1〕 参见［美］克里斯蒂娜·博翰楠、赫伯特·霍温坎普：《创造无羁限：促进创新中的自由与竞争》，兰磊译，法律出版社2016年版，第10~11页。

〔2〕 参见兰磊：《论反垄断法多元价值的平衡》，法律出版社2017年版，第13~14页。

易形成相关产业的进入壁垒;另一方面,在当前人工智能的“模型—服务”业态下,前端开发的累积优势会通过规模经济和网络效应等进一步辐射至下游应用市场,使优势方在人工智能相关市场中得以巩固或扩大市场力量,进一步加剧市场壁垒、损害竞争。此外,人工智能应用也会带来对竞争秩序的挑战,尤其是算法共谋行为,即经营者利用算法在信息获取、传递、分析以及自动化决策等方面的优势,以更隐蔽的方式达成合意。算法共谋会引发市场失灵等负外部性问题,典型情况如通过基于高级分析或机器学习技术的定价算法,经营者可以对市场需求、竞争对手的行为以及市场趋势作出快速回应并优化定价,此种动态定价技术在提升决策效率的同时,也强化了经营者之间的相互依赖效率,便于其在市场上形成隐性共谋。垄断行为的长期后果不仅包括价格提高,更包括失去创新。〔1〕尽管针对算法带来的新型垄断难题,当前已出现一些专门的应对措施,〔2〕但在当前的反垄断规制框架下,对此类共谋行为仍然存在认定和归责方面的难题。对于此难题,学界关注到了相关法规应扩大主体认定范围、明确共谋信息交流认定方式、确立算法垄断行为规制标准、形成算法透明度要求规则和专门性监管执法工具等应对方法,〔3〕这些都需要人工智能立法在治理规则上先作一般性统筹。

保护良好的人工智能生态系统、维护人工智能市场的竞争秩序应当考虑:第一,在宏观层面制定并完善竞争政策,推动智能要素的基础设施建设和形成数字资源调度利用制度,有效降低市场进入成本。第二,人工智能立法应充分考虑人工智能产业分层业态,形成鼓励公平交易、自由选择的基本竞争原则,对利用人工智能实施的垄断行为、不正当竞争行为作出一定专门性规定,并授

〔1〕 参见[美]莫里斯·E.斯图克、艾伦·P.格鲁内斯:《大数据与竞争政策》,兰磊译,法律出版社2019年版,第324页。

〔2〕 例如,在算法治理方面,《互联网信息服务算法推荐管理规定》对算法服务提供者不得利用算法实施一定垄断行为和不正当竞争行为等作出规定。在反垄断规制方面,先后制定或修订的《国务院反垄断委员会关于平台经济领域的反垄断指南》《反垄断法》《禁止垄断协议规定》都增加了对利用算法进行一定垄断行为的禁止性规定。

〔3〕 参见殷继国:《人工智能时代算法垄断行为的反垄断法规制》,载《比较法研究》2022年第5期;陈兵:《数字经济下算法共谋风险及反垄断法规制进路》,载《法学论坛》2024年第4期。

权细化规则的制定，在鼓励实施包容审慎监管的同时，善用软性规则加强对企业进行自我审查和合规整改的引导。第三，提高反垄断和反不正当竞争执法水平，综合运用事前、事中及事后规制工具，提升市场监管措施的区分度和颗粒度。第四，探索新的动态监管机制，如监管沙盒，通过适当监管、一定豁免和引导企业自律管理，降低中小型创新企业风险合规的成本，鼓励研发、应用与监管机制上的双向创新。

(四)推进涉外法治

人工智能的机遇、风险和挑战本质上是全球性的，人工智能治理需要(尤其是在基本安全层面)达成全球共识和加强国际合作。在日益复杂的地缘政治背景下，人工智能发展也被赋予了国家间竞争的意义，人工智能技术先发国家具有将技术优势转化为制度权力的机会，当前人工智能国际治理迈向了主权国家战略博弈的新阶段。〔1〕人工智能立法应妥善应对国际竞争与合作的内在张力。我国一直积极参与人工智能全球治理，先后发表或参与签署了《全球人工智能治理倡议》《布莱切利宣言》《中法关于人工智能和全球治理的联合声明》《加强人工智能能力建设国际合作决议》等文件，彰显了我国坚持发展以人为本、智能向善的人工智能和相互尊重、平等互利的立场，表明了我国积极参与推动形成具有广泛共识的全球人工智能治理框架和标准规范的态度。〔2〕

我国对推动人工智能治理国际合作的立场包括：第一，在人工智能治理框架层面，倡导建立全球范围内的人工智能治理机制，支持在充分尊重各国政策和实践的基础上，达成具有广泛共识的全球人工智能治理框架和标准规范。参与推动确立与人工智能安全相关的硬性规则；鼓励符合发展需求的各类倡议、原则共识、技术标准指南等软性规则共用共享；推动跨国技术合作，分享人工智能的测试、评估、认证与监管政策实践，确保人工智能技术的安全可控可靠。第二，在人工智能能力建设方面，推动人工智能能力建设方面的国际合作，同时加

〔1〕 参见薛澜、赵静：《人工智能国际治理：基于技术特性与议题属性的分析》，载《国际经济评论》2024年第3期。

〔2〕 参见习近平：《团结协作谋发展 勇于担当促和平——在金砖国家领导人第十五次会晤上的讲话》，载《人民日报》2023年8月24日，第2版。

强面向发展中国家的合作与援助，弥合智能鸿沟和治理差距。第三，在促进基于技术和价值观的相互理解层面，尊重各国在开发和利用人工智能技术方面的权利平等、机会平等、规则平等，反对任何形式的歧视；坚持在相互尊重、平等互利的基础上推动制定数据保护规则，加强各国数据与信息保护政策的互操作性；在人工智能技术、产品和应用的国际合作中，互相遵守对象国的法律法规和适用的国际法，尊重其文化传统和价值理念。

同时，在人工智能治理领域的主权国家战略博弈中，面对不友好国家干涉我国内政、针对我国实体和个人实施单边制裁或其他歧视性的禁止、限制等措施，我国根据实际情况采取相应反制或对等措施。当前“人工智能法”可以对此制定一般性规则，统筹指引后续立法和执法等。一般而言，制度型反制措施包括立法型反制措施、执法型反制措施和司法型反制措施。[1]在法律和政策框架层面，我国当前已有《反外国制裁法》《出口管制法》以及商务部发布的《不可靠实体清单规定》《阻断外国法律与措施不当域外适用办法》等，并需在实施中提升威慑力，尤其是改变国际性大企业行为的后果参数和合规策略。[2]同时，在立法型反制措施短时间内无法迅速实施的情况下，应当提升执法型反制措施的效能，在实践中通过适当行使自由裁量权，合理解释法律法规及部门规章，妥当厘定其域外效力，增强中国法域外适用的实效性和威慑力，推动人民法院跨国司法治理权的发挥；[3]进一步完善反制裁工作协调机制、具体执法程序等方面的相关配套制度；[4]提升反制能力与水平，防治数字霸权，维护国家安全。

四、结论

面对全球日益激烈的人工智能治理之争，在大规模集中立法浪潮下，如何找到适应中国国情和需求的人工智能立法方案，是亟待明确的重要问题。当

---

〔1〕 参见沈伟：《金融制裁和反制裁法理研究》，上海交通大学出版社2022年版，第22~27页。

〔2〕 参见何为、罗勇：《制裁与反制裁》，当代世界出版社2022年版，第92页。

〔3〕 参见霍政欣：《国内法的域外效力：美国机制、学理解构与中国路径》，载《政法论坛》2020年第2期。

〔4〕 参见霍政欣：《〈反外国制裁法〉的国际法意涵》，载《比较法研究》2021年第4期。

前，统一的人工智能规范阙如，而现有规则面对人工智能问题仅能分散、碎片化适用，需专门立法回应社会关切、引导科技治理。在人工智能技术发展具有不确定性的前提预设下，现阶段应优化人工智能立法层次，以推动人工智能领域立法的体系化为方向，坚持问题导向和目标导向，先搭建人工智能领域的框架型法律秩序，释放法律规则在提供稳定的制度环境和可预期的信息供给方面的基本效用，为容纳、适应日益智能化和自主化的人工智能应用实践以及后续动态科学立法留予空间。

我国的人工智能立法，应当在推动人工智能创新发展和风险治理深度协同的基础上，形成契合定位的规则框架。应以发展与安全并重为指导思想，以促进人工智能研发和应用、防范人工智能主要风险为二元立法目的，既规定促进人工智能研发和应用的正面激励制度，亦在简化合规、责任适当豁免等方面为相应主体提供减负支持，并且不囿于一体性的规制方案，建立符合我国国情的风险防范机制。在人工智能立法涉及的主要利益关系上，“以人为本”是人工智能立法应当坚持的基本理念和伦理原则，并且贯穿于涉及伦理治理、私权保障等方面的规则建构中；应协调好人工智能相关主体之间的权益；应构建并维护主体多元、利益分化、市场开放的人工智能竞争秩序；应积极开展国际合作，统筹推进关于人工智能的国内法治和涉外法治。

（《法制与社会发展》2024 年第 6 期）

论我国人工智能立法的定位

周汉华*

一、人工智能立法的两种不同定位

新一代人工智能快速发展，如何定位人工智能及其立法成为无法回避的重大时代问题。受我国互联网治理体制的影响，实践中快速形成两种不同的立法定位。

（一）科技、产业发展定位及立法部署

2017年，作为世界上最早制定人工智能发展战略规划的国家之一，[1]我国发布《新一代人工智能发展规划》（以下简称《发展规划》），从加快建设创新型国家和世界科技强国的角度进行系统部署，明确科技引领、系统布局、市场主导、开源开放四项原则，要求以提升新一代人工智能科技创新能力为主攻方向，发展智能经济，建设智能社会，维护国家安全。在部署推动人工智能科技与产业发展的同时，《发展规划》基于对人工智能可能带来的问题的深刻认识，明确人工智能法律法规、伦理规范和政策体系的“三步走”建设目标，列举了需要具体立法的领域。

《发展规划》发布之后，科技部、工信部、国家发改委、公安部、中科院、国家标准委等相继制定推动人工智能发展、防范人工智能风险的各种政策与规范性文件。上海、深圳制定了促进人工智能产业发展的地方性法规，浙江、广东、

---

* 周汉华：中国社会科学院法学研究所研究员。

〔1〕 See Stanford Institute for Human-Centered AI（HAI），*The AI Index 2024 Annual Report*，Artificial Intelligence Index（Apr. 22，2024），https:// aiindex.stanford.edu/ wp-content/ uploads/2024/04/ HAI_AI-Index-Report-2024. pdf.

北京、成都、杭州等多地制定了促进人工智能研究与产业发展的政策性文件。国务院2023年、2024年连续两年将人工智能法草案列入年度立法计划。十三届、十四届全国人大常委会立法规划均将人工智能立法列入其中。

推动科技、产业发展定位的人工智能立法活动,体现出发展优先,以改革创新促发展,有效防范和化解风险的立法思路,也是当前各国对人工智能立法定位的共同做法。不过,由于新一代人工智能(《发展规划》称之为"自主智能")仍然属于新生事物,没有现成经验可资借鉴,这类立法活动仍然处于萌芽和探索阶段。党的二十届三中全会决定要求,"完善推动新一代信息技术、人工智能等战略性产业发展政策和治理体系",为人工智能立法和治理体系完善明确了方向。

(二)信息内容管理定位及立法部署

新一代人工智能,尤其是ChatGPT所具备的内容生成能力,使从互联网信息内容管理角度来界定和规范人工智能成为另一种立法思路。在ChatGPT推出之后不到一年,我国互联网治理主管部门迅速出台《生成式人工智能服务管理暂行办法》(以下简称《暂行办法》),被学者称为世界上第一个生成式人工智能法律规范。[1]通过与《网络安全法》、《个人信息保护法》、《生成式人工智能服务安全基本要求》(以下简称《安全基本要求》)等法律和规范性文件衔接,《暂行办法》对我国人工智能的管理部门、执法主体、法律依据、执法程序、法律责任等予以明确,突出体现了生成内容全覆盖、生成过程全流程管理两大特点。

按照《暂行办法》第2条的规定,利用生成式人工智能技术向我国境内公众提供生成文本、图片、音频、视频等内容的服务均属于其适用范围。2023年4月发布的《暂行办法(征求意见稿)》第6条规定,利用生成式人工智能产品向公众提供服务前,应当向国家网信部门申报安全评估,并履行算法备案和变更、注销备案手续。这一规定体现了将生成式人工智能服务提供者作为信息内容生

〔1〕 参见张凌寒:《中国需要一部怎样的〈人工智能法〉?——中国人工智能立法的基本逻辑与制度架构》,载《法律科学(西北政法大学学报)》2024年第3期。

产者管理的基本思路。这一条经修改后成为《暂行办法》第17条,并加上一个申报安全评估和备案的前提条件——“具有舆论属性或者社会动员能力”。但是,第17条恰恰说明不具备前提条件的人工智能服务仍然在该规章适用范围内,只是不需要申报安全评估和备案。由于舆论属性或者社会动员能力的标准与范围均具有一定的模糊性,目前大模型备案实践中,是否需要备案,需要与主管部门咨询沟通,面向公众的大模型均可能被认为具有舆论属性或者社会动员能力。

我国对于互联网信息内容有成熟的管理经验,《暂行办法》将预训练、优化训练等训练数据处理活动纳入管理范围,构筑事前、事中、事后全流程管理的整套制度。尽管《暂行办法》囿于立法权限只能要求大模型安全评估和算法备案,但《安全基本要求》通过严格的规定,实际上使安全评估成为事实上的事前审批。[1]并且,《安全基本要求》将管理环节从应用向研发延伸,比以往的全流程管理链条更长。

科技、产业发展定位的现行规定主要是鼓励类、促进类柔性政策文件,高层级立法尚未启动。相较之下,《暂行办法》已经形成从法律、规章到技术文件的一整套较为完备的规范体系,对相关主体更有现实意义和影响力。

二、信息内容管理定位的问题分析

(一)信息内容管理定位的由来

ChatGPT出现前后,[2]国外出现的几起深度伪造名人的网络事件,引发各界高度关注。《暂行办法(征求意见稿)》发布前后,法学界较为密集地发表了一批讨论信息内容与意识形态安全方面的研究论文,这些论文的关注重点与之前

---

〔1〕 根据国家网信办官网发布的信息,截至2024年4月2日,通过大模型备案(安全评估)的共117件,而通过深度合成服务算法备案的仅第5批就有394件。两个数据之间的差别说明,部分大模型服务提供者不能通过大模型备案。

〔2〕 对于2022年11月ChatGPT出现之前生成式人工智能发展线索的勾勒,参见李白杨、白云、詹希旎等:《人工智能生成内容(AIGC)的技术特征与形态演进》,载《图书情报知识》2023年第1期。

对人工智能生成内容的研究有明显的差异。[1]

有学者担心,"由于大模型具有的重大影响及其本身难以克服的局限性,可能会给信息内容治理带来显著风险"[2]。有学者忧虑,"以 ChatGPT 为代表的生成式人工智能基于西方价值观和思维导向建立,其回答也通常迎合西方立场和喜好,可能导致意识形态渗透"[3]。有学者认为,人工智能生成内容的主要风险"很大程度上来源于生成式人工智能被用于'深度伪造'的能力"[4]。有学者强调,"生成式人工智能可以通过其强大的算力合成假文章、生成假新闻等制造各种事实性错误,此外,不法人员会通过利用深度合成技术生成的虚假信息,来实施侮辱诽谤、造谣传谣、侵犯个人隐私甚至是通过深度合成技术仿冒他人实施诈骗等行为,严重扰乱网络传播秩序和社会秩序,这些因人工智能生成内容导致的滥用风险给当前的网络治理工作带来了极大的困难"[5]。

对于类似研究结论,已经有学者指出,有关风险的研究与预测"大多还是停留于猜想和假设阶段,尚未实际发生,关于这些风险的发生概率同样未有定论"[6]。然而,学术界的这种担心,一定程度上反映着全社会面对陌生事物的共同焦虑和不安,也直接催生了信息内容管理定位的形成。

(二)信息内容管理定位的问题分析

"本质上,机器学习系统就是进行观察和预测的程序"[7]。这样,就可能

〔1〕 人工智能生成内容在 ChatGPT 出现之前已经存在,自 2017 年以来持续进行研究的主题主要分为四类:一是人工智能生成内容的权利属性解读;二是人工智能生成内容的知识产权保护研究;三是人工智能生成内容的技术开发与应用;四是人工智能生成内容的价值评定与风险防范。参见杨敏然、张新兴、陶荣湘:《现状与趋势:国内人工智能生成内容(AIGC)研究透视》,载《图书馆理论与实践》2024 年第 2 期。

〔2〕 支振锋:《生成式人工智能大模型的信息内容治理》,载《政法论坛》2023 年第 4 期。

〔3〕 商建刚:《生成式人工智能风险治理元规则研究》,载《东方法学》2023 年第 3 期。

〔4〕 姚志伟、李卓霖:《生成式人工智能内容风险的法律规制》,载《西安交通大学学报(社会科学版)》2023 年第 5 期。

〔5〕 毕文轩:《生成式人工智能的风险规制困境及其化解:以 ChatGPT 的规制为视角》,载《比较法研究》2023 年第 3 期。

〔6〕 赵精武:《生成式人工智能应用风险治理的理论误区与路径转向》,载《荆楚法学》2023 年第 3 期。

〔7〕 [美]哈尔·阿伯尔森、肯·勒迪恩、哈里·刘易斯、温蒂·塞尔泽:《数字迷城:数字时代下的生活、自由和幸福》,陈颜译,现代出版社 2022 年版,第 343 页。

会生成符合规律(可能性)但不符合现实的内容,也就是这个领域常说的幻觉(Hallucination),而幻觉只能降低不能完全消除。加上受限于发展阶段、语料的数量与质量等各方面条件的限制,大模型发展之初生成内容的准确性、可靠性不可能尽善尽美。

在我国,信息内容安全有比较明确的共识和边界,核心是意识形态安全,集中体现为《网络信息内容生态治理规定》所界定的20类"违法不良"信息。有学者测评发现"ChatGPT更容易出现中文的常识性和知识性错误","ChatGPT可能编造虚假信息,并且其输出通常是真实信息与虚假信息的混合"[1]。不过,仔细分析类似测评报告可以发现,测评中发现的这些问题绝大部分是技术能力不成熟导致的回答不正确现象。将大模型存在的准确性、可靠性问题全都归为信息内容风险,明显存在对风险程度的夸大。

对于大模型的准确性与可靠性,服务提供者有强烈的内在激励去不断完善,以形成自己的核心竞争力。人工智能预训练语言模型的发展呈指数型增强,参数规模的增长也呈现这种规律。双指数型增长意味着改进的速度非常快。将对信息内容管理的特定要求延伸适用于所有生成内容,不但存在以偏概全的前提缺陷,也会抑制或者阻断服务提供者的内在激励。人工智能需要尽可能扩大语料来源和规模,在不断的训练中提高准确性和可靠性。《安全基本要求》适用于所有生成内容,生成过程全流程管理,会导致合法合规训练数据不全面甚至枯竭,更加远离提高准确性和可靠性的目标。因此,完善人工智能治理体系,必须按照党的二十届三中全会决定"完善生成式人工智能发展和管理机制"的要求,严格界定信息内容管理的领域,实现信息内容管理与科技经济管理的分离,以实现治理机制的精准化、科学化。

(三)生成式人工智能为违法不良信息治理带来前所未有的机会

进入自媒体时代之后,内容生产从传统的PGC(Professional-Generated Content,专业生产内容)向UGC(User-Generated Content,用户生产内容)转

---

〔1〕 张华平、李林翰、李春锦:《ChatGPT中文性能测评与风险应对》,载《数据分析与知识发现》2023年第3期。

变，通过作为双边市场的平台进行传播。由于用户数量巨大，违法不良信息难以追溯，即使追溯到也很难问责。正是在这种背景下，我国设立网信部门并以平台主体责任为中心全面构建网络综合治理体系。然而，由于平台主体责任属于第三方责任，在流量经济的诱惑下，平台难免会以技术能力不足等各种理由打“擦边球”。由数量有限的大模型生成内容，某些特征更类似于重新回归PGC时代，大模型成为“下一代网络入口”和“超级媒介”。[1]大模型向使用者提供服务，不具有双边市场特征，不能再打“擦边球”。

无论如何，相较于海量的自媒体用户，大模型服务提供者的数量有限，执法部门完全有能力监管这些主体并发现违法行为。并且，与小范围编造、传播违法不良信息难以被追究违法责任的自媒体用户相比，大模型生成违法不良信息一旦被追溯会面临严重的违法后果，被追究直接责任而不是第三方责任。这样，大模型服务提供者会内生防范违法不良信息的强大动力，主动呵护大模型。[2]即使大模型因为技术不成熟或者使用者的恶意诱导、攻击生成一些违法内容，受众只是终端使用者。终端使用者如果将生成内容加以传播，不但会受到现行网络综合治理体系的约束，还会自我暴露其恶意诱导、攻击行为。内容生产的这些根本性变化，为实现党的二十届三中全会决定提出的“推进新闻宣传和网络舆论一体化管理”提供了有利的外部条件。

从美国和欧盟的经验来看，新的管理方式主要是两种，一种是要求大模型对其生成内容加标识（水印），另一种是引入对抗式的“红队”机制。对大模型生成的图片、音频、视频、文本等添加标识，尊重大模型使用者和其他网络用户的知情权添加标识有助于执法部门对各种生成内容溯源并问责，维护市场秩序与社会秩序。[3]对于大模型服务提供者而言，添加标识能提升生成内容的辨识

---

〔1〕 喻国明：《AIGC 传播时代》，中译出版社 2024 年版，第 20 页。

〔2〕 2023 年 9 月，微软对用户使用微软 Copilot 服务的知识产权纠纷发布支持承诺，如果微软的商业用户因为使用 Copilot 或者微软 AIGC 服务产生的作品被控侵犯版权，只要客户使用产品中内置的安全措施和内容过滤器，微软将为客户出庭辩护，并支付任何不利判决引发的赔偿或和解费用。

〔3〕 帕斯奎勒教授认为，标识机制相当于机器人第四定律，对于问责不可或缺。See Frank Pasquale, *Toward a Fourth Law of Robotics: Preserving Attribution, Responsibility, and Explainability in an Algorithmic Society*, Ohio State Law Journal, Vol. 78, p.1143–1255 (2017).

度和市场影响力，并不完全是负担，也会有相应的收益。[1]

2023年，时任美国总统拜登发布14110号人工智能行政命令，强调“本届政府会帮助开发有效的标识和内容溯源机制，以便美国人民能够判断内容什么时候是由人工智能生成的，什么时候不是。这些措施会奠定极其重要的基础”。欧盟《人工智能法》第52.1(a)条规定，“生成合成类音频、图片、视频或者文本内容的人工智能系统(包括通用人工智能系统)提供者，应保证人工智能系统的输出以机器可读的格式进行标识并可发现为人工生成或控制”。该法第52条第3款规定，“生成或者控制面向公众发布、关涉公共利益事务文本的人工智能系统部署者应披露其文本为人工生成或控制”。另外，对于高风险的人工智能系统，欧盟《人工智能法》第49条还详细规定了对系统添加评估合格标识的要求。

“红队”机制类似于信息与网络安全领域的“白帽子黑客”，通过第三方机构或者执法部门的对抗式检测，验证大模型是否存在安全漏洞或者违法违规行为。[2]不同于一般的行政监督检查，“红队”机制的目的在于改善大模型安全性能，增强对社会的透明度，消除公众顾虑，构建共治体系。因此，这一机制会广泛调动尽可能多的产业力量从社会视角加入安全治理，构建开放而非封闭的治理体系，共同防范各种已知或者未知科技风险。美国总统行政命令的解释是，“人工智能‘红队’机制通常由专门的‘红队’采用对抗方式执行，以发现人工智能系统诸如有害或者歧视性产出、不可预测或者不理想的系统行为、局限或者与系统滥用有关的潜在风险等漏洞与弱点”。欧盟《人工智能法》附件Ⅸa第2条第4款也规定了“红队”对抗测试(red-teaming test)方式。对大模型进行持续的对抗式检测，这也是自媒体时代无法想象的治理机制。

按照政府监管理论和成功监管实践，不同监管手段之间存在很强的替代效

---

〔1〕 正因如此，美国政府在2023年7月宣布与包括OpenAI和Google在内的七家主要人工智能公司达成“自愿承诺”，这些公司承诺增加对水印研究的投资。2023年5月9日，我国抖音平台发布《抖音关于人工智能生成内容的平台规范暨行业倡议》，要求为用户提供人工智能生成内容水印功能，以区分机器生成作品与人类作品。

〔2〕 对“红队”机制作用机理与有效性的实证研究，参见Deep Ganguli et al., *Red Teaming Language Models to Reduce Harms: Methods, Scaling Behaviors, and Lessons Learned*, arXiv(Aug. 23, 2022), https://arxiv.org/abs/2209.07858。

应,将可相互替代的监管手段叠加到一起使用,不但不能增加合力,反而可能会相互抵消。标识机制本质上属于以信息公开透明替代事前审批的现代监管手段,[1]其作用机理是通过标识对服务提供者形成信息制约与社会共治机制,[2]以替代政府机关的事前许可。

我国最近几年一直在引入和推行深度合成内容的标识机制。《互联网信息服务深度合成管理规定》第16条要求深度合成服务提供者对使用其服务"生成或者编辑的信息内容",应当采取技术措施添加不影响用户使用的标识。在推进这项工作的过程中,业界反映文本因为原始信息量太小加载标识有困难,对音频、图片、视频加载标识的积极性也不高。作为妥协,《暂行办法》第12条规定,提供者应当对"图片、视频等"生成内容进行标识,等于放松了对文本和音频的要求。这样的妥协不但使两个规章的表述与适用范围不一致,也折射出业界对于标识工作的积极性不够。

业界积极性不够,客观上是因为添加标识在技术上有一定的难度,会增加企业的成本。不过,在《暂行办法》《安全基本要求》确立的生成过程全流程管理制度之下,即使业界投入大量资源开发、采用标识机制,仍然不能豁免诸如备案、语料安全等各种硬性义务。因此,业界对于标识机制必然缺乏主动性。想要跳出恶性循环,就要遵循激励相容的行政管理基本原理,区分事前、事中与事后机制并处理好相互之间的关系,体现事后机制优先、信息披露等柔性机制优先等基本原则,[3]使标识机制成为全流程管理的有效替代。[4]如果服务提供者能够采用标识机制,就不需要叠加其他的硬性管理制度。在生产力与生产关

---

〔1〕 对"以风险披露助推"的监管理论分析,参见刘鹏、张嵛楠、王力:《基于风险的政府监管:理论发展与实践应用》,载《中国行政管理》2024年第3期。

〔2〕 阿西莫夫机器人三定律针对的是机器人,没有针对背后的设计者、部署者、运营者。对机器人运营者施加信义义务、透明度要求的理论分析,参见 Jack M. Balkin, *2016 Sidley Austin Distinguished Lecture on Big Data Law and Policy*: *The Three Laws of Robotics in the Age of Big Data*, Ohio State Law Journal, Vol. 78, p.1217-1241(2017)。

〔3〕 "在传播领域,自愿披露应该优先被考虑"。参见[美]凯斯·桑斯坦:《标签:社交媒体时代的众声喧哗》,陈颀、孙竞超译,中国民主法制出版社2021年版,第278页。

〔4〕 人工智能背景下以"助推"推动监管创新的论述,参见 Michael Guihot, Anne F. Matthew & Nicolas P. Suzor, *Nudging Robots*: *Innovative Solutions to Regulate Artificial Intelligence*, Vanderbilt Journal of Entertainment and Technology Law , Vol. 20, p. 385-456(2017)。

系、经济基础与上层建筑二元划分的框架下，人工智能只能纳入科技、产业发展的新质生产力范畴进行定位，以推动科技创新和产业创新深度融合。有必要更加重视互联网治理与人工智能治理的差异，在区分信息内容管理与科技经济管理的基础上，按照党的二十届三中全会决定“健全因地制宜发展新质生产力体制机制”的要求，推进人工智能治理体系改革与法治建设。

三、人工智能立法的科学定位

新一代人工智能通常划分为预训练和投入应用两个阶段，以便高效开发和部署大模型。在预训练阶段，大模型需要在大量数据上进行训练，让模型学会生成或预测数据的一般性特征。在投入应用阶段，预训练好的模型被进一步调整或微调，用于各种生成任务，如文本生成、图像生成、音乐创作、数据增强等。

（一）预训练阶段的问题及法律定位

预训练阶段，核心是数据。利用互联网海量的训练数据，必然引发与数据权益人（最为典型的是版权人、个人信息主体）的各种权益冲突。需要从法律上为大模型训练数据提供依据，否则整个人工智能产业发展无从谈起。同时不能无视版权人、个人数据主体等合法权益人的权利保护需求。为此，必须在原则可用的前提之下，为数据权益人留出技术可行情形下必要的例外排除机制，形成“原则可用、例外排除”的运行结构。从理论上分析，数据具有公共产品所具有的非独占性、非排他性特点，[1]从公开渠道爬取、使用、学习数据，一般并不构成对其他主体数据权益的侵犯。同时，对海量已公开个人信息的大批量处理，通常不会产生识别特定个人的风险。

美国在大模型研发与应用方面处于全球领先地位，除经济、技术实力以外，其版权法律制度对于合理使用、互操作的支持，[2]政府机关公共档案自由使用制度，政府数据开放制度等，客观上都有利于训练数据的高效使用。美国学者

---

〔1〕 See Michael Guihot, Anne F. Matthew & Nicolas P. Suzor, *Nudging Robots: Innovative Solutions to Regulate Artificial Intelligence*, Vanderbilt Journal of Entertainment and Technology Law, Vol. 20, p. 385–456 (2017).

〔2〕 参见周汉华:《互操作的意义及法律构造》，载《中外法学》2023年第3期。

清楚地意识到，如果美国法院不支持有利于机器学习的合理使用制度，创新就会转移到其他国家或者完全停止。[1]可以预见，国际竞争会加快制度演进与扩散趋势。当然，美国需要为“例外排除”提供法律依据，尤其需要保护个人信息权利。欧盟为营造有利于创新的法律环境，于2019年修改的《数字单一市场版权指令》，第3条、第4条既为科学研究目的进行的文本与数据挖掘规定了版权保护例外或限制，也为著作权所有者明确保留提供了通道，正在朝“原则可用、例外排除”方向发展。欧盟《人工智能法》第12(c)条明确排除该法适用于投入部署或服务之前的研发、测试等活动，并明确将算法改进当作持续“学习”的过程，不构成人工智能系统的重大改变，不需要再履行合规评估手续，目的也是为推动大模型发展。不过，欧盟《一般数据保护条例》对已公开个人数据的处理的要求非常严格，不利于训练数据的有效使用。[2]

我国《著作权法》缺乏对大规模训练数据原则可用的明确授权，也缺乏政府数据开放和互操作的规定。《安全基本要求》对语料范围的限制更会实质性限缩预训练数据的范围。从比较视角来看，无论是原则可用还是例外排除，我国都有很多现实问题需要解决，[3]明显滞后于美国、欧盟的制度建设。

(二)投入应用阶段的问题及法律定位

投入应用阶段，面临三个层面的法律问题。首先，必须回答人工智能生成物应如何定性，是否应享有权利保护，如果受保护谁是权利人，造成侵害如何划分责任等一系列基础问题。对这些基础问题的回答，会直接决定人工智能治理与立法的不同路径。其次，自主智能的出现，必然对歧视、隐私、安全、就业、教育、社会保障、法律程序、国际关系等各方面产生深刻的连锁影响，“具有广泛的

---

〔1〕 Benjamin L. W. Sobel, *Artificial Intelligence's Fair Use Crisis*, Columbia Journal of Law & the Arts, Vol. 41, p. 45–97 (2017).

〔2〕 欧盟学者分析后指出，即使最强调个人数据保护的欧盟，也需要新的法律和伦理框架来迎接人工智能的挑战。参见 Robert van den Hoven van Genderen, *Privacy and Data Protection in the Age of Pervasive Technologies in AI and Robotics*, European Data Protection Law Review, Vol. 3, p. 338–352 (2017)。

〔3〕 我国预训练数据存在的法律风险分析，参见吴静：《生成式人工智能的数据风险及其法律规制——以 ChatGPT 为例》，载《科技管理研究》2024年第5期。

社会溢出效应，在政治、经济、社会等各个领域都会带来深刻变革”〔1〕。最后，自主智能的出现，预示着更为强大的通用人工智能不再遥远。远超人类智能的通用人工智能一旦出现，究竟会对人类文明带来哪些方面的重大风险，都是必须未雨绸缪的问题。〔2〕

自主智能的投入应用，会使人工智能的透明度与可解释性成为必须回答的问题。问题在于，“更复杂的模型可以提供更好的性能，但往往比更简单的模型如决策树更不容易解释”〔3〕。深度学习之外的其他人工智能方法可能更易于人类理解，但在处理复杂数据方面又不那么有效。〔4〕

总体而言，预训练阶段的问题认识相对已经比较明确，各国的措施正在趋同化，而对于投入应用阶段三个层面的问题认识分歧都非常大。例如，对于人工智能生成物是否应该享有版权保护这一基础问题，我国知识产权法学界有截然不同的观点。反对的观点认为机器不是法律保护的主体，因而不能将其生成物认定为著作权客体；赞成的观点则主张应当以生成内容本身的独创性来判断其是否构成作品，创作者身份不应是作品受保护的构成条件；此外，还有各种折中观点或解决方案。〔5〕国际上也一直有类似的争论与解决方案讨论。〔6〕在我国，持赞成观点的学者更多，较为普遍地认为“人工智能生成内容的可版权性标准应该从作者身份转向独创性”〔7〕，并赋予其版权保护。〔8〕

---

〔1〕 贾开、蒋余浩：《人工智能治理的三个基本问题：技术逻辑、风险挑战与公共政策选择》，载《中国行政管理》2017 年第 10 期。

〔2〕 “我一直在苦苦思考这个问题。我们可以采取哪些行动来最大限度地减少人工智能的风险，确保人类意识的赓续？”（[美]沃尔特·艾萨克森：《埃隆·马斯克传》，孙思远、刘家琦译，中信出版社 2023 年版，第 589 页。）

〔3〕 Stanford Institute for Human-Centered AI（HAI），*The AI Index 2024 Annual Report*, Artificial Intelligence index（Apr. 22, 2024），https://aiindex.stanford.edu/wp-content/uploads/2024/04/HAI_AI-Index-Report-2024. pdf.

〔4〕 See Davide Castelvecchi, *Can we open the black box of AI?*, Nature, Vol. 538, p. 20-23（2016）.

〔5〕 参见张平：《人工智能生成内容著作权合法性的制度难题及其解决路径》，载《法律科学（西北政法大学学报）》2024 年第 3 期。

〔6〕 See Haochen Sun, *Redesigning Copyright Protection in the Era of Artificial Intelligence*, Iowa Law Review, Vol. 107, p. 1213 - 1251（2022）.

〔7〕 李扬、涂藤：《论人工智能生成内容的可版权性标准》，载《知识产权》2024 年第 1 期。

〔8〕 专利权领域的同样讨论，参见管荣齐、王晶晶：《生成式人工智能的专利法律问题思考》，载《南京邮电大学学报（社会科学版）》2024 年第 2 期。

理论上的分歧，必然会映射到法律实践中。我国司法实践中，对于人工智能生成物的可版权性问题，就出现过不同的判决。在“菲林律师事务所诉百度公司著作权侵权案”〔1〕中，法院判决认为自然人创造完成应是著作权作品的必要条件。在“腾讯公司诉盈讯公司侵害著作权及不正当竞争案”〔2〕中，法院判决认定涉案文章是由原告组织的主创团队利用人工智能软件 Dreamwriter 完成。在“李某诉刘某侵害信息网络传播权案”〔3〕中（该案也被称为中国首例人工智能生成图片著作权纠纷案），法院认定原告对人工智能生成图片进行了一定的智力投入，包括设计人物的呈现方式、选择提示词、安排提示词的顺序等，具备“智力成果”的要件。知识产权法学者吴汉东教授梳理我国司法实践后得出结论，“可以认为，中国法院对人工智能生成作品采取了有条件保护的司法原则”。〔4〕

美国版权法并未明确规定版权作者只能是自然人，后来由负责版权登记的美国版权局将版权作者限定为自然人，并因此不对人工智能生成物进行版权登记。至于美国国会、法院，均尚未有机会对人工智能生成物是否享有版权以及版权归谁所有作出决定。〔5〕不过，根据美国联邦最高法院过往坚持版权作者必须是自然人的立场，可以推知其不会支持人工智能生成物的可版权性，这与我国法院有条件保护的司法原则正好相反。

然而，在人工智能技术快速发展的背景下，法治与治理机制久拖不决或者长期模糊不清会直接产生各种负面影响，因此，对于人工智能基础问题正在快速达成共识与公共政策选择。2020 年，美国专利和商标局、欧盟专利局和英国高等法院均在具体案件中否决了人工智能系统作为发明者的专利申请，否定了

〔1〕 参见北京互联网法院民事判决书，(2018)京 0491 民初 239 号；北京知识产权法院民事判决书，(2019)京 73 民终 2030 号。

〔2〕 参见广东省深圳市南山区人民法院民事判决书，(2019)粤 0305 民初 14010 号。

〔3〕 参见北京互联网法院民事判决书，(2023)京 0491 民初 11279 号。

〔4〕 吴汉东：《论人工智能生成内容的可版权性：实务、法理与制度》，载《中国法律评论》2024 年第 3 期。

〔5〕 See Victor M. Palace, *What if Artificial Intelligence Wrote This: Artificial Intelligence and Copyright Law*, Florida Law Review, Vol. 71, p.217-242(2019).

人工智能生成物的可专利性。[1]从中可以看到，将人工智能生成物归入公有领域，不享有任何版权或者专利权保护，正在迅速成为普遍的发展趋势，基础问题正在快速达成共识。曾经的中美两国立场差别，正在成为中国与美国、欧盟（以及其他国家）之间的路径差别。[2]并且，美国、欧盟的实践取向已经比较明确，而我国理论界与实务界的认识分歧依然非常大。

知识产权领域人工智能生成物的非权利化安排，与其说是知识产权领域的技术问题，不如说是人工智能与人类关系的基本原则问题。人工智能的最大挑战在于其“涌现”或者“生成”能力，可以创造新知识。目前，在图像分类、视觉推理和英语理解等方面，人工智能已经超越人类，其也会逐步在其他领域实现对人类的超越。

既然智能体能够自主决策，比人类更聪明，必然会追问的是，是否应该赋予其法律主体地位。智能体不具有法律主体资格，仍然是各国共同坚持的基本原则，也是大部分专家的立场。[3]在人与智能体的关系中，以人为中心是不证自明的真理。无论智能体多么聪明，法律的根本问题仍然是“当机器人和智能体创造利益或造成伤害时，如何在人类之间分配权利和义务”[4]。欧盟官方研究报告曾经提出“电子人”概念，但认为在当前的法律框架下机器人的责任应由其设计者、制造商、操作者或所有者承担，而不是让机器人承担。[5]智能体不具备法律主体地位，其生成物当然不具有权利化属性，这是以人为中心的必然要求。[6]

---

〔1〕 See Haochen Sun, *Redesigning Copyright Protection in the Era of Artificial Intelligence*, Iowa Law Review, Vol. 107, p.1213-1251(2022).

〔2〕 “任何情况下，人工智能生成作品都不可能在新加坡得到版权保护”。参见 Dorian Chang, *AI Regulation for the AI Revolution*, Singapore Comparative Law Review, p.130-170(2023)。

〔3〕 欧洲专家的意见，参见 Gerhard Wagner, *Robot, Inc.: Personhood for Autonomous Systems?*, Fordham Law Review, Vol. 88, p. 591-612(2019)。

〔4〕 See Jack M. Balkin, *The Path of Robotics Law*, California Law Review Circuit, Vol. 6, p.45-60(2015).

〔5〕 See *Report with Recommendations to the Commission on Civil Law Rules on Robotics*(*2015/ 2103*(*INL*)), European Parliament(Jan. 27, 2017), https://www. europarl. europa. eu/ doceo/ document/ A-8-2017-0005_EN. html.

〔6〕 “著作权法以鼓励创作为目的，只有人才能理解和利用著作权法的激励机制，因此只有人的创作成果才能作为作品受到著作权法的保护”。参见王迁：《再论人工智能生成的内容在著作权法中的定性》，载《政法论坛》2023 年第 4 期。

（三）我国人工智能立法的基本定位

上述分析表明：(1)无论是理论研究还是制度建设，我国都面临不少现实问题。在人工智能加速发展、国际竞争更为激烈的背景下，我国人工智能立法需要尽快提上议事日程，厘清人工智能发展的基础问题，凝聚共识，明确权利义务关系，任何拖延或者无所作为都会错失时机。同时，由于人工智能仍然处于发展过程之中，溢出问题与终极问题仍然没有达成共识，具有很大的不确定性；即使达成共识的基础问题领域，通常横跨不同法律部门，需要根据不同问题分别设计相应的法律制度与实施机制。因此，我国人工智能立法需要保持灵活性、小步快跑，避免“一刀切”立法造成难以挽回的负面影响。(2)需要将人工智能作为前沿科技和新质生产力来定位和把握立法，在全面梳理不同层次挑战与风险的基础上，尊重科技本身规律，充分发挥法治、技术与物理架构、科技伦理、技术标准、行业自律、市场竞争、国际合作等多种治理机制的作用，进行整体制度设计与回应，发挥制度合力，避免定位偏差与认识错误导致的“头痛医头、脚痛医脚”现象。(3)就实现路径而言，可由全国人大常委会就人工智能安全与发展涉及的重大原则问题先制定一份法律问题的决定，明确基本原则与方向，然后通过不同部门法的立改废释分别推进。既要清理、废止不利于人工智能发展的规定与做法，澄清模糊认识，又要确立有利于推动人工智能安全与发展的观念、规范与制度。可见，人工智能法是“产业促进法与风险治理法的协调”[1]，需要多方参与。

2024 年，通过世界上第一部也是至今唯一一部“人工智能法”，被我国一些学者作为需要制定人工智能法的例证，并提出不同版本的专家建议稿。[2]其实，欧盟的做法不具有普适性，很难借鉴。欧盟作为高度一体化的区域性经济政治组织，其立法带有法典编纂功能或者“一揽子解决”功能。欧盟《人工智能法》的全称为《人工智能与修正欧盟某些立法的法》，有大量与欧盟其他立法以及成员国国内法相互衔接的规定，第七章第 75 条到第 82 条更是对欧盟其他相关立

---

〔1〕 郑志峰：《人工智能立法的一般范畴》，载《数字法治》2023 年第 6 期。

〔2〕 参见杨建军、张凌寒、周辉等：《人工智能法：必要性与可行性》，载《北京航空航天大学学报（社会科学版）》2024 年第 3 期。

法的具体修正规定。包括我国在内，一般的国家立法既不需要也不可能具备这样的法典编纂功能。

分析立法背后的逻辑可以发现，欧盟《人工智能法》聚焦于从产品责任角度防范高风险人工智能系统可能造成的损害，绝大部分内容均属于产品安全与责任法的范畴，以解决“现行欧盟(产品)安全立法适用于产品而不适用于服务，并原则上不适用于基于人工智能技术的服务”“欧盟产品责任立法只规定生产者责任，将供应链上其他主体的责任交由成员国责任规则调整”等问题。[1]欧盟形式上是统一立法，但调整范围有限，并不覆盖人工智能安全与发展的很多领域，包括前述的人工智能生成物的可版权性、可专利性等基础问题以及溢出问题。有论者因此指出，“关键在于欧盟《人工智能法》是否真的带来产品法的力量和优点，以扩大欧盟对智能组件产品的不断改进实践，还是该法律仅成为旨在事后攻击少数精英参与者的门面立法”[2]。相较之下，美国 14110 号行政命令采用的是典型的确立基本原则后全面推进的方式，对超过 50 个联邦机构布置了 100 多项落实行政命令的具体任务，[3]在广度、深度与影响力方面都要比欧盟《人工智能法》强很多。2024 年 5 月，美国参议院跨党派人工智能工作组发布路线图，延续采用分散立法推进人工智能安全与发展的思路。[4]

为避免统一立法阻碍人工智能发展，代表欧盟 14 个成员国的官方文件明确提出，“我们应该转向软法解决方案，如自我监管、自愿标识和其他自愿做法，以及健全的标准化程序，作为对现有立法的补充，以确保满足基本的安全和保障标准。考虑到我们正面临快速发展的技术，软法可以让我们从技术中学习并

---

〔1〕 See EUROPEAN COMMISSION, *White Paper on Artificial Intelligence - A European Approach to Excellence and Trust*, European Commission (Feb. 19, 2020), https:// commission. europa.eu/ system/ files/2020-02/ commission-white-paper-artificial-intelligence-feb2020_en. pdf.

〔2〕 See Meeri Haataja & Joanna J. Bryson, *The European Parliament's AI Regulation: Should We Call it Progress?*, Amicus Curiae, Vol. 4, p.707-718 (2023).

〔3〕 See Laurie Harris & Chris Jaikaran, *Highlights of the 2023 Executive Order on Artificial Intelligence for Congress*, Congressional Research Service (Apr. 3, 2024), https:// crsreports.congress.gov/ product/ pdf/ R/ R47843.

〔4〕 See The Bipartisan Senate AI Working Group, *Driving U. S. Innovation in Artificial Intelligence: A Roadmap for Artificial Intelligence Policy inthe United States Senate*, U. S. Senator Chuck Schumer of New York (May 15, 2024), https:// www. schumer.senate.gov/imo/media/doc/Roadmap_Electronic1. 32pm. pdf.

识别与之相关的潜在挑战”。[1]德国政府的立场是，“联邦政府正在倡导并努力建立一个适当的监管框架，在此框架内扩大并在必要时进一步发展现有的高质量基础设施，以在适当时反映人工智能的具体问题”。[2]可以看到，不同于欧盟个人数据保护立法前后世界各国相继跟进立法所产生的“布鲁塞尔效应”[3]，欧盟《人工智能法》出台后，在欧盟内部至今也没有跟进立法。日本经济产业省组织的专家组经研究后得出结论，“目前，对人工智能系统具有法律约束力的一般立法被认为是不必要的”。[4]

几年前，英国上议院人工智能特设委员会经过广泛听取各方面意见后就得出结论，“在这个阶段，针对人工智能的全面立法是不合适的。我们认为，现有的行业监管机构最适合考虑可能需要的后续立法对其行业的影响”。[5]印度的思路与英国大致相同，除确立统一的数据保护法律制度以外，更多发挥领域法律的作用。[6]在信息化立法方面一直走在各国前列的韩国于 2019 年 12 月发布《国家人工智能战略》，2020 年 12 月发布《改善人工智能法律、系统与监管路线图》，2023 年 5 月公布《数字权利法案》，一直采用的是分散推进立法的方式。[7]新加坡目前也没有任何特定的人工智能立法计划。[8]目前，除欧盟外，世

〔1〕 See *Innovative and Trustworthy AI: Two Sides of the Same Coin*, Vláda eské republiky (Oct. 6, 2020), https:// vlada.gov.cz/scripts/file.php? id=275575.

〔2〕 See *Artificial Intelligence Strategy of the German Federal Government*, The Federal Government (Mar. 26, 2021), https:// www.ki-strategie-deutschland.de/ files/ downloads/Fortschreibung_KI-Strategie_engl.pdf.

〔3〕 苏可桢、沈伟:《欧盟人工智能治理方案会产生“布鲁塞尔效应”吗？——基于欧盟〈人工智能法〉的分析》，载《德国研究》2024 年第 2 期。

〔4〕 See *AI Governance in Japan Ver. 1. 1*, *Ministry of Economy*, Trade and Industry (Jul. 9, 2021), https://www. meti.go.jp/shingikai/mono_info_service/ai_shakai_jisso/pdf/20210709_8.pdf.

〔5〕 See *Al in the UK - ready, willing, and able?*, United Kindom Parliament (Apr. 16, 2018), https:// publications.parliament.uk/pa/ld201719/ldselect/ldai/100/100.pdf.

〔6〕 See *National Strategy for Artificial Intelligence*, National Institution for Transforming India Aayog (Mar. 13, 2020), https://www.niti.gov.in/sites/default/files/2023-03/National-Strategy-for-Artificial-Intelligence.pdf.

〔7〕 See Hwan Kyoung Ko & Il Shin Lee, *Analysis of AI regulatory frameworks in South Korea*, Asia Business Law Journal (Apr. 15, 2024), https:// law.asia/ai-regulatory-frameworks-south-korea/#.

〔8〕 See Dorian Chang, *AI Regulation for the AI Revolution*, Singapore Comparative Law Review, p. 130-170 (2023).

界上尚无任何主要国家已经制定或者打算制定统一的人工智能法。

四、推动我国人工智能法的范式变革

面对人工智能的全面性、颠覆性挑战，法律制度必须进行彻底改革与重构。然而，多主体分别推进法治变革的最大问题在于，如果缺乏明确认识和有效统筹，极有可能出现实践中已经有所体现的难以形成合力甚至相互冲突的结果。因此，必须首先明确“怎样在具体规则中凸显人工智能的规范特质”，[1]然后才有可能推动立法系统变革。

回顾人类法律发展历史，哪个国家能率先发现并确立基本规则，哪个国家就有可能引领人工智能法整体范式变革。[2]法治范式变革涉及整个法治体系的系统联动，其影响与范围比立法定位都要大得多。

如果对各国人工智能法治实践进行理论抽象，可以发现，新范式的基本规则其实已经初具雏形，最大特点表现为“非对称性”。

（一）预训练阶段“原则可用、例外排除”的非对称性

“原则可用、例外排除”呈现典型的非对称性，价值判断与选择非常明确。[3]“原则可用”意味着除法律明确禁止公开的数据（国家秘密、商业秘密、个人隐私）外，其他合法公开的所有数据原则上均可以用来进行训练，包括版权作品、已合法公开的个人信息、公共数据和其他数据等。采用“原则可用”概念而非著作权法学界通常采用的合理使用概念，一是因为预训练阶段的数据不只涉及版权作品，还涉及版权作品之外广泛来源的数据。采用合理使用概念会局限

---

〔1〕 陈亮：《人工智能立法体系化的困境与出路》，载《数字法治》2023 年第 6 期。

〔2〕 日本经济产业省组织的专家研究小组认为，基于规则的传统法治在立法、执法、管辖、监督等方面均面临挑战，应该确立基于结果的法治，政府和私营部门共同制定标准、指导方针和其他软法，以支持企业努力实现法律规定的目标。See Study Group on New GovernanceModels in Society 5. 0, *Governance Innovation ver. 2 - A Guide to Designing and Implementing Agile Governance*, METI（Jul. 30, 2021）, https://www.meti.go.jp/english/ press/2021/0730001.html.

〔3〕 韩国正在推进人工智能领域全面的负面清单管理制度和“先批准后监管”法律范式变革。See The Government of the Republic of Korea, *National Strategy for Artificial Intelligence*, Ministry of Science and ICT（Dec.17, 2019）, https://www.msit.go.kr/eng/bbs/view.do?sCode=eng&mId=10&mPid=9&bbsSeqNo=46&nttSeqNo=9.

于版权法，限缩讨论与制度适用的范围。二是因为即使对版权作品，采用合理使用概念也无法反映大数据时代对于版权作品的预训练需求。[1]有学者指出，我国 2020 年第三次《著作权法》修订采用“半封闭式”的限制和例外模式，制度空间有限，人工智能创作中对版权作品的利用很难通过“三步检验法”的检测和过滤。[2]“原则可用”意味着要跳出我国《著作权法》限制与例外立法模式的束缚，除公开的著作权作品原则上都可用于训练外，还应确立互操作制度，为采用技术手段绕过权利人对接口设置的技术措施爬取数据提供法律依据。“原则可用”也意味着要加大公共数据的开放力度，建立免费、无歧视、高质量的公共数据开放制度。

“例外排除”包括两类，一类是法律明确禁止公开的国家秘密、商业秘密、个人隐私等数据；另一类是数据权益相关人单独提出并且技术上可以排除使用的数据。对于第一类已经有相关法律规定，实践中需要进一步明确其标准、边界与程序，防止制度过于模糊。第二类属于人工智能时代的新挑战，需要在著作权法、个人信息保护法、公共数据开放立法中为权益相关人维护自己权益设计相应的制度，实现制度之间的平衡。不过，数据可用是原则，排除使用是例外，应该在所有制度设计中得到体现。

（二）投入应用阶段“有义务，无权利”的非对称性

无论是具身人工智能（人形机器人、无人驾驶汽车）还是非具身人工智能，造成违法损害后果必须承担责任是没有争议的问题。对于有害或者高风险的人工智能系统，法律还会禁止或者施加事前监管措施。结合人工智能生成物非权利化安排，这种“有义务，无权利”的格局呈现突出的非对称性特点。表面上看，非对称性不同于法律面前一律平等、权利义务一致性等基本法律原则。然而，两个阶段的非对称性结合到一起，预训练阶段的数据原则可用，生成物进入公有领域、人人可用并重新投入训练，正好实现良性循环和相互证成，是最合理

〔1〕 对美国著作权法合理使用原则无法适用于机器学习的分析，参见 Benjamin L. W. Sobel, *Artificial Intelligence's Fair Use Crisis*, Columbia Journal of Law & the Arts, Vol.41, p. 45-97（2017）。

〔2〕 参见林秀芹：《人工智能时代著作权合理使用制度的重塑》，载《法学研究》2021 年第 6 期。

的制度安排。[1]

如何确定智能体造成损害的法律责任非常复杂，必须结合不同应用场景，在实践中逐步明确认定标准和划分原则。由于大模型服务不具有双边市场特点，其运行模式不同于连接供需双方的平台经济模式。大模型服务提供者必须为智能体造成的损害承担直接责任而非第三方责任，不能搬用网络法中的“避风港”规则。即使大模型开源，也只能免除某些透明度义务，不能免除造成损害的法律责任。但是，大模型自主决策是大模型与使用者之间互动的结果。如果对大模型的责任设定过于严格，极易诱发使用者的逆向选择，以谋取各种不当利益。在使用者恶意行为的情况下，大模型服务提供者实际上是在为使用者的行为担责。除了大模型服务提供者与使用者外，还包括预训练阶段的数据创建者、数据管理员、模型创建者等不同主体，需要结合不同场景区分责任承担，[2]较线下侵权责任主体认定要复杂得多。另外，智能体自主决策机理不同于人类，不能直接搬用一般法律规则或认定标准。因此，在认定生成物是否构成抄袭、复制方面，应尊重其规律，否则会制约大模型的发展。

智能体的出现，已经引发各种深层次变化并催生出既不同于现代法，又不同于网络法的人工智能法。现代法、网络法与人工智能法三大范式叠加、交织并共同发挥作用，是当今时代这一领域的最大特点。把握人工智能法非对称性特点，加快推动法治范式变革，是迎接时代挑战的必然要求。

（《现代法学》2024 年第 5 期）

〔1〕 如果赋予人工智能生成物著作权，“与其获得大量著作权作品进行训练与利用的权利并不匹配”。参见丁晓东：《论人工智能促进型的数据制度》，载《中国法律评论》2023 年第 6 期。

〔2〕 See Michael D. Murray, *Generative AI Art: Copyright Infringement and Fair Use*, SMU Science and Technology Law Review, Vol. 26, p.259-316 (2023).

可信人工智能发展与法律制度的构建

杨建军*

一、以可信为基础构建人工智能治理法律制度为什么是必要的

人工智能技术发展突飞猛进，在诸多领域取得了令人瞩目的成就。但是，人工智能的发展，却因为技术的复杂性、风险的不完全确定性、技术滥用、法律规制的缺位等因素，还未完全赢得社会的信任。

（一）人工智能发展中还存在侵蚀其可信性的诸多因素

其一，人工智能技术发展还存在诸多可知或不可知的风险。当前，人工智能存在失控性、社会性、侵权性、歧视性、责任性五个方面的伦理安全风险。[1]一项针对 14~28 岁中国青年的关于人工智能的调查结果与谷歌学术指数的比对结果显示，人们对人工智能的担忧，焦点主要在于其可能导致战争、操纵舆论、加剧环境破坏、用于犯罪、武器人工智能化、冲击民族文化、影响隐私与伦理、导致失业、大数据杀熟、人工智能军备竞赛、贫富分化等。[2]显然，这些情形直接影响了人们当下对于人工智能技术的信任，也表明人工智能的"可信"问题还没得到解决。

其二，人工智能技术还不完全可信。（1）人工智能技术还未真正达到人们想象的进步和发达的程度，总体上还处于专用人工智能而不是通用人工智能发

---

* 杨建军：西北政法大学长安学者特聘岗位教授、博士生导师，《法律科学》主编。

〔1〕 参见全国信息安全标准化技术委员会秘书处：《网络安全标准实践指南——人工智能伦理安全风险防范指引》第 3 条，载全国信息安全标准化技术委员会官网，https://www.tc260.org.cn/upload/2021-01-05/1609818449720076535.pdf。

〔2〕 参见于洋：《中国青年视角下的人工智能风险与治理》，载清华大学战略与安全研究中心：《人工智能与治理》，中国社会科学出版社 2022 年版。

展阶段。人工智能固然能够在围棋等特定领域获得快速精准的处理优势，能处理特定情形下的问题，但能处理全新问题的通用人工智能目前较为缺乏；目前的人工智能无法应对特殊情境下的“异常值”问题，如能够在天气良好的情形下处理高速公路驾驶问题的人工智能不一定能够应对城市道路的复杂情景；目前的人工智能总体上还难以达到“安全、聪明、可信”的标准；人工智能理想与人工智能现实之间还存在鸿沟，如人工智能虽然可能在与人类谈论家庭问题，但其实它根本不懂家庭。[1]此外，人工智能还存在超归因错误、鲁棒性的缺失、高度依赖大数据训练的人工智能无法适应全新的环境、容易导致社会偏见、错误的数据会引发回音室效应、数据可能被公众操纵、偏见叠加、容易陷入错误目标陷阱、被用于非法目的伤害公众[2]等不足。(2)深伪技术加剧了人们对真实性瓦解的担忧。实践中，“基于深度学习的深伪(deepfake)技术可以在图像和视频中实现‘换脸’，达到以假乱真的程度”“人们借用深伪技术和配对训练可以生成视频，让人带表情地说话”；普通人很难通过声音、表情和嘴型变化辨别视频的真假，而这些技术如果被用于普通人身上，则可能导致污证、勒索、欺诈、恶作剧的泛滥。[3](3)技术安全问等题未完全解决。人工智能的技术安全(数据安全、网络安全、算法安全、隐私安全)，应用安全(智能安防、舆情监测、金融风控、网络防护)，法律与伦理(法律法规、标准规范、社会伦理)等问题，均未得到有效解决。[4]此外，生成式人工智能会衍生出传播虚假信息、侵害个人信息隐私、偏见歧视等问题，给大数据和人工智能产业的安全发展留下了隐患。(4)与人工智能技术关联的问题是，人工智能的良好运行高度依赖个人信息和数据，而个人信息和数据管控本身还存在诸多问题，如 App 违反合法、正当、必要的原则收集与所提供服务无关的个人信息，“强制授权、过度索权、超范围收集个

〔1〕 参见[美]盖瑞·马库斯、欧内斯特·戴维斯:《如何创造可信的 AI》，龙志勇译，浙江教育出版社 2020 年版，第 17~20 页。

〔2〕 参见[美]盖瑞·马库斯、欧内斯特·戴维斯:《如何创造可信的 AI》，龙志勇译，浙江教育出版社 2020 年版，第 27、37~43 页。

〔3〕 参见于江生:《人工智能伦理》，清华大学出版社 2022 年版，第 143、146 页。

〔4〕 参见何积丰:《安全可信人工智能》，载《信息安全与通信保密》2019 年第 10 期。

人信息”大量存在。[1]

其三，人工智能应用不当导致了侵权，致使人工智能不完全可信。2019年，脸书通过人工智能封停了54亿个虚假账户，这些虚假账户大多是由程序自动创建的机器人程序，它们违规发布恶意信息，操纵舆论氛围、传播虚假信息，人工智能与人工智能之间的斗争不断升级。[2]此外，还存在不合理运用人工智能技术和人工智能技术遭到恶用、滥用的情形。如人脸识别技术的广泛普及，使人脸数据采集变得轻而易举，引发了民众对面部数据泄露的广泛担忧。[3]最新的报道是，“上海已在全市严禁酒店强制刷脸”。[4]这实际上是对此前大规模违法行为的一种纠偏。

其四，人工治理的技术使用存在与其宣示的价值取向不一致的情形，损害了人工智能发展的价值基础。人工智能在技术发展存在极大不确定性的情况下就使用，易导致“恶性竞争、误用、滥用甚至恶用”。[5]“人工智能在其中所起的作用是根据你的点赞、评论，以及你点击的相关的阅读链接等行为去分析你的偏好，然后寻找到你也许会喜欢的新消息”“向你展示你喜欢的东西，隐藏你不喜欢的”。[6]

其五，规制人工智能的法律还不可信。传统法律主要是为规制人的行为制定的，无法适用于对人工智能新技术的监管。面对一项新技术，国家直接监管人工智能的法律规范阙如，且人们担心过于严格的法律监管会阻碍人工智能的

---

〔1〕 参见中国网信网：《中央网信办、工信部、公安部、市场监管总局联合开展“App违法违规收集使用个人信息专项治理”》，载中央网络安全和信息化委员会办公室网，http://www.cac.gov.cn/2019-01/25/c_1124042585.htm。

〔2〕 参见王振、惠志斌主编：《全球数字经济竞争力发展报告（2020）》，社会科学文献出版社2020年版，第178~180页。

〔3〕 参见王淼、杨捷：《人脸识别发展与监管研究》，载赵岩主编：《人工智能发展报告（2020-2021）》，中国工信出版集团、电子工业出版社2021年版。

〔4〕 央广网：《多地严禁酒店“强制刷脸”专家：“刷脸”没必要延续，风险高于收益》，载百家号“央广网”2024年4月25日，https://baijiahao.baidu.com/s?id=1797280693394448377&wfr=spider&for=pc。

〔5〕 曾毅：《人工智能的全球合作不会是“零和博弈”》，载清华大学战略与安全研究中心：《人工智能与治理》，中国社会科学出版社2022年版。

〔6〕 [英]迈克尔·伍尔德里奇：《人工智能全传》，许舒译，浙江科学技术出版社2021年版，第276~277页。

技术创新，而规制隐私、安全、公平竞争等领域的法律，尚无法完全适应人工智能发展与规制的需要。〔1〕规制人工智能的法律不可信，还源于传统法律难以有效规制人工智能，以及新的法律跟不上人工智能技术发展的步伐。

总之，技术和法律的发展还处在双重不确定性中，人们自然难以建立起对人工智能及规制人工智能的法律的全然信任。而一项不可信的技术，会解构它的存在和发展的价值基础，导致它的发展丧失道义正当性。

（二）人工智能法为什么要强调信任

信任，是人际关系得以长久维系的桥梁，是社会关系得以拓展的基础，是社会发展的内在条件，更是建立高效社会组织的基本前提。

1. 信任是社会合作得以进行的基础

人类最早的信任可能来自生物基因，为了维系直系亲属的生存尤其是后代的生存，人们会选择信任“一个由 1–10 个人组成的群体（大约是我们的直系亲属的规模）”；单个人之间的信任也许容易建立，但是，更大规模的信任即群体的信任的建立是困难的，因而，早期，人们多选择信任自己的部落成员；人类的信任史是从一对一关系开始的，之后通过市场、宗教和政府逐步建立了较为广泛的信任；而现代国家成功的一个关键就是，“人民‘信任各种制度以及这些制度下的法治，并且不担心自己的财产安全’”。〔2〕信任是一种社会资本，“信任的作用像一种润滑剂，它使一个群体或组织的运作更有效率”。〔3〕

2. 信任成功与否取决于信任拓展范围的大小

人类社会的信任总体上经历了“从一个依靠关系和信任来加强合作的社会进入一个由市场和法治对合作进行协调的社会”的历程；“技术的发展将我们的信任圈从我们的直系亲属和部落拓展到了国际社会中越来越多的区域”。〔4〕

---

〔1〕 参见［英］瑞恩·艾伯特：《理性机器人：人工智能未来法治图景》，张金平、周睿隽译，上海人民出版社 2021 年版，第 4 页。

〔2〕［美］本杰明·何：《信任：经济中的人际纽带》，高李义译，中国原子能出版社、中国科学技术出版社 2024 年版，第 47、56~58、69、97、103 页。

〔3〕［美］福山：《社会资本》，载［美］塞缪尔·亨廷顿、劳伦斯·哈里森主编：《文化的重要作用：价值观如何影响人类进步》，程克雄译，新华出版社 2010 年版。

〔4〕［美］本杰明·何：《信任：经济中的人际纽带》，高李义译，中国原子能出版社、中国科学技术出版社 2024 年版，第 107、142、167、181~182 页。

总体来看，一项技术能够拓展的信任半径越大，就越容易成为被世界大多数人接受的技术。人工智能的信任拓展，是一个复杂的过程。“人机之间信任链的产生过程常是：从陌生—不信任—弱信任—较信任—信任—较强信任—强信任……”〔1〕特定国家的人工智能技术，无法不受世界上最发达的技术影响。人工智能技术的竞争是全球性的，从很大程度上讲，人工智能技术竞争的结果很可能形成“赢家通吃”的局面。因此，人工智能的发展，不仅要追求进步，而且必然应追求“最优”。

人工智能技术的发展程度，不仅是由技术决定的，而且是由规制人工智能的伦理、法律等规范决定的。技术和规范共同推动人工智能发展的水平和高度。那些真正发展得良好的技术，必定也是法律保障有力、遵循了良好伦理规范的技术。由此，人们对人工智能技术的信任就建立在保障人工智能发展的伦理规范和法律规范的基础上。

二、人工智能获得社会信任的法律基础

（一）人工智能的信任需要法律来保障

其一，传统社会基于血缘等关系构建了人际之间的信任，人与人之间的信任多建立在熟人关系基础上。其优点是熟人之间需要进行的是多次博弈而不是一次行动，不足之处在于信任范围非常小。这是因为，传统社会中人们的交往和合作主要建立在熟人的基础上，工商业不发达，人们需要拓展的交往半径也不需要太大。社会普遍化信任的匮乏，或者说人与人之间缺乏普遍信任，导致社会的“信任半径”非常狭小。〔2〕这种对家庭以外成员的低信任度状况，既是由熟人文化传统决定的，也是由小农经济特点决定的。

其二，近现代社会，法律力图建构的是一种打破血缘关系、促进陌生人合作的普遍信任机制。法律追求普遍性，强调法律面前人人平等，要求任何人无论

---

〔1〕 刘伟：《人机智能的分界》，载清华大学战略与安全研究中心：《人工智能与治理》，中国社会科学出版社2022年版。

〔2〕 参见［美］弗朗西斯·福山：《信任：社会美德与创造经济繁荣》，郭华译，广西师范大学出版社2016年版，第73、85、89页。

其所处的地位或处境，都必须服从法律和法院的司法管辖权。[1]现代社会共同体合作的基础，主要建立在平等交换、契约自由基础上。以平等交换为核心内容的国家法律制度，奠定了陌生人之间市场交往的信任基础。

其三，人工智能时代的信任须建立在人工智能技术安全、确定性的法律管控和社会伦理引领的基础上。技术是人工智能获得可信的载体。技术视角下的人工智能信任建立在人对技术的信任基础上，使人相信人工智能技术属于"似人的技术"；技术视角下的信任主要是指"个体对信息技术的功能性、可靠性和有用性的信任信念"。[2]从应然角度讲，人工智能要获取整个社会的信任，最为基础的是，它要向整个社会展示出自身的技术是首先可信的——不仅技术的确是智能的，而且是向善的，至少不能是作恶的。在人工智能技术背景下，人工智能的可信问题就首先被转换成了一个技术问题，即可信计算的问题。信息安全的最新国际标准 ISO/IEC 15408 将"可信"界定为："参与计算的组件、操作或过程在任意的条件下是可预测的，并能抵御病毒和物理干扰"，且这种计算机系统的这种可信从用户角度来看应当是可论证的。[3]可信计算的平台的基本特征包括"真实报告系统的状态，同时绝不暴露自己的身份"，而要实现这一目标，平台必须具备三个基本特征：(1)保护能力，核心是建立平台屏蔽系统保护区域，确保数据的访问须经过授权，以控制外部实体对敏感数据的访问；(2)证明，即能够确认信息的正确性，"外部实体可以确认保护区域、保护能力和信任源"；(3)完整性的度量、存储和报告，"其基本原理是一个平台可能被允许进入任何状态，但是平台不能对其是否进入或者退出了这种状态进行隐瞒和修改"。[4]

以上三种关于信任的"理想类型"的共性在于，都力图建立人与人之间的信任关系，以推动符合时代需要的社会合作。差异在于：(1)血缘关系、家族

---

〔1〕 See Albert Venn Dicey, *Introduction to the Study of the Law of the Constitution*, Liberty Fund, 1915, p.114.

〔2〕 杨文君：《共享经济：来自平台技术信任的研究》，经济管理出版社 2022 年版，第 18 页。

〔3〕 参见刘振鹏、张彬：《可信网络与可信云服务》，科学出版社 2020 年版，第 11 页。

〔4〕 参见刘振鹏、张彬：《可信网络与可信云服务》，科学出版社 2020 年版，第 12 页。

关系等具有鲜明的自然、天然属性，因而建立于这些因素基础上的人际信任范围具有天然的有限性，信任辐射的半径较小。与自然因素相伴的问题是，基于传统社会人际因素建立的人与人的关系往往是不平等的。等级性、差异化的人际信任关系结构，也决定了人与人之间的信任虽然紧密，但信任范围必然十分有限。(2)现代法律制度的平等性特征使其具有拓展更大信任半径的内在因素和可能。平等性是经济契约得以成立的基础，也是长久性互惠人际关系得以实现的基础。进入GATT和WTO时代，部分国家依靠双边或多边条约、区域协定、国际规则，开拓了超越国家领域的法律合作范围，市场化的信任得以大幅度扩展，信任合作具有了超越国家地理边界的可能。依靠法律对产品生产质量或服务质量的管控以及法律对平等交易的保障，市场合作具有了无限可能。(3)人工智能产品或服务的信任关系建立，离不开契约型法律制度的基本保障。但人工智能技术背景下的信任还有其独特性，本质上涉及人对技术的安全性、技术对个人信息保护的程度、技术被运用的价值正当性等一系列技术问题的信任。要完成人工智能产品或服务的可信交易，需要满足两个基本条件：一是公平的市场交易制度，二是可信的人工智能产品。复杂的是，人工智能的可信，至少在目前，还无法完全依靠人工智能自身建立起来，还需要依靠法律制度来保障，需要妥当监管的法律制度为人工智能的可信予以背书。

(二)法律保障人工智能可信的关键在于捍卫现代法治的传统和宪法确认的公民的基本权利

人们对人工智能技术的信赖，建立在人工智能技术的安全性、保障和规制人工智能的法律制度的正当性、规制人工智能发展的制度的价值正义性、人工智能技术的实践运作对人类基本价值追求和人的基本权利维护的有效性的基础上。智能技术被用于数字治理，可提升治理的效能，但智能技术的运用涉及社会发展、技术创新、伦理维护，行政效率等多维度价值。[1]人们的担心主要涉及以下几点：一是由于认知不能，人类无法预知人工智能的风险；二是没有合理的

---

〔1〕 参见杨建军：《数字治理的法治进路》，载《比较法研究》2023年第5期。

管控标准和法律制度，人工智能技术风险不能够得到很好控制；三是虽然预知了风险，也设定了法律制度，但是无法合理预知制度能否管控技术风险；四是由于法律制度设定偏差，导致法律设定的监管人工智能的目标难以实现；五是由于技术不透明，且技术问题属于专业问题，一般公众无法合理判断一项技术是否被合理利用。作为一项具有高度不确定性风险的技术，人们担心企业或者社会管理者不能很好地管理人工智能的社会风险，而给自己、社会或者人类带来不可逆的社会风险或者损害。因此，人工智能的发展和规制人工智能发展的法律制度须具备价值正义性。人工智能技术本身不足以完全促进人对人工智能技术的信任，但合理的法律制度设定可保障这种信任的达成，提升人对人工智能技术的信任度。制度视角下的技术信任实际上是通过法律制度对信任关系的重新构造，完成了对陌生人之间信任的关系的构造与拓展。

在支撑人工智能信任的技术维度、法律维度、伦理维度和实践维度中，最为关键的是为人工智能发展设定法律监管标准。这是因为，人工智能技术虽然具有一定的独立性，但人工智能技术的发展方向必须由法律来引领；人工智能伦理固然具有价值引领作用，但这种价值引领作用的发挥缺乏强制性，只有通过法律把这种价值的“善”转化为强制的制度标准和具体的行为准则，伦理价值准则才具有真正得以实践的可能性；而人工智能技术的实践运作对人类基本价值追求和人的基本权利维护的有效性问题，也主要是对法律基本价值和宪法确立的公民基本权利保障的实践，这一实践如果与法律规定有偏差，就需要对其进行矫正。

三、可信人工智能法律构建的伦理基础与可信特征

（一）正当性是保障人工智能可信法律构建的伦理基础

全球关于人工智能治理可信问题的关注最初是在伦理文件中表达的。关于发展什么样的人工智能，未来生命研究院提出了“有益的人工智能”（2017年），英国上议院提出了“伦理性的人工智能”（2017年），欧盟人工智能高级别专家委员会提出了“可信赖的人工智能”（2019年），中国新一代人工智能治理

委员会提出了“负责任的人工智能”。[1]虽然存在一些争议，但是国际社会在“可信赖的人工智能”“负责任的人工智能”等核心理念上可能会达成一致。[2]

思考可信人工智能治理的德性基础，实际上是从根本上思考人类社会应当发展什么样的人工智能的目标问题。早在1942年，科幻作家阿西莫夫即给出了机器人发展的三大原则：“(1)一个机器不可伤害人类，或通过交互让人类受到伤害。(2)一个机器人必须遵守人类发出的指令，除非指令与第一法则冲突。(3)一个机器人必须保护自身生存，只要这种保存不与第一和第二法则冲突。”[3]当然，阿西莫夫为机器人设定的三定律虽然为人工智能系统的构建提供了高层次的指导原则，但是，如果做出每一步行动都要考虑它带来的影响，又是不可操作的。[4]

二十国集团(G20)强调了负责任与人工智能发展的可信赖特征。2019年6月，G20贸易和数字经济部长会议公报中发布了《G20人工智能原则》，第1节提出了“负责任地管理可信赖AI的原则”。G20向我们展示的人工智能的可信，是由一系列要素支撑的一个从客体到主体的价值体系。客体，指的是人工智能技术的稳健性、安全性和保障性；主体，主要指的是人工智能服务的终极对象是人，人工智能技术无论如何发展，都要维持人的主体地位，捍卫人类社会经过数千年努力才建构起来的公平这一基本价值观。

欧盟提出了人工智能发展的“卓越与信任”目标，可信是欧盟人工智能法设定的基本准则。如欧盟出台的《人工智能法》在序言部分即提出，“本条例的适用应符合《宪章》所载的欧盟价值观，促进对个人、企业、民主和法治以及环境的保护，同时促进创新和就业，并且使得欧盟成为采用可信人工智能的领导

---

〔1〕 参见贾开、薛澜：《人工智能伦理问题与安全风险治理的全球比较与中国实践》，载清华大学战略与安全研究中心：《人工智能与治理》，中国社会科学出版社2022年版。

〔2〕 参见贾开、薛澜：《人工智能伦理问题与安全风险治理的全球比较与中国实践》，载清华大学战略与安全研究中心：《人工智能与治理》，中国社会科学出版社2022年版。

〔3〕 [美]Stuart J. Russell, Peter Norvig：《人工智能：一种现代的方法》(第3版)，段建平、祝恩等译，清华大学出版社2013年版，第863页。

〔4〕 参见[英]迈克尔·伍尔德里奇：《人工智能全传》，许舒译，浙江科学技术出版社2021年版，第228~230页。

者”［序言(2)］；“即促进欧洲以人为本的人工智能方法，并在安全、可信和合乎道德的人工智能发展方面成为全球领导者，同时确保按照欧洲议会的具体要求保护道德原则”［序言(8)］。

美国将可信赖作为人工智能开发的一项原则。如拜登政府于2023年10月30日签署颁布了《关于安全、可靠、值得信赖地开发和使用人工智能的行政命令》，该行政命令提出的总目标是“为所有人带来正义、安全和机会”(第1节)；提出的人工智能发展的政策原则包括：安全可靠；支持多元化的劳动力(包括支持工人)；促进公平；保护隐私和公民自由；造福整个世界；评估和管理生物安全风险、减少合成内容带来的风险；倡导在政府使用人工智能的实践中要管理风险，“对使用人工智能作出的不利决策给予人性考虑和补救措施”。

可信也是中国人工智能发展的基本标准。2021年9月25日，国家新一代人工智能治理专业委员会发布的《新一代人工智能伦理规范》第3条提出了人工智能各类活动应遵循的基本伦理规范之一就是确保可控可信，要“保障人类拥有充分自主决策权，有权选择是否接受人工智能提供的服务，有权随时退出与人工智能的交互，有权随时中止人工智能系统的运行，确保人工智能始终处于人类控制之下”。2023年，我国发出的《全球人工智能治理倡议》强调了要“确保人工智能始终处于人类控制之下，打造可审核、可监督、可追溯、可信赖的人工智能技术”。全国信息安全标准化技术委员会、大数据安全标准特别工作组发布的《人工智能安全标准化白皮书(2023版)》中，对可信问题的关注主要集中于人工智能的“透明度、可解释性、健壮性与可控性”以及应用安全风险管理与用户对人工智能的信任之间的关系问题。

当然，多个主体关于“可信”的表达存在差别，如前文所述的G20关于“负责任地管理可信赖AI的原则”，几乎包含了人工智能发展的所有伦理原则；欧盟的《人工智能白皮书》本身就将“卓越与可信”作为白皮书的题目，所以其关于人工智能发展的具体内容表述都必然与“卓越与可信”密切相关；美国的人工智能行政命令将“安全、可靠、值得信赖”放在一起进行表述；我国的人工智能伦理规范、治理倡议、白皮书，也把“可信”与人类自主、安全与隐私保护、可解释与透明关联起来阐述。从前文所述不同的文本来看，我们似乎很难说哪一项人工智能伦理原则与“可信”人工智能的发展是没有关系的。虽然表述有所不同，但是，有关人工智能可信的所有要求，概括来看就是人工智能的发展要具有“正当性”。

可信被很多国家的人工智能伦理确认为了一项基本伦理原则，这一原则的提出是为了解决人工智能的价值对齐问题，即确保人工智能的目标与人类的目标一致，使其“行为与决策行为和决定符合人类的价值、目标、道德考量”。〔1〕但是，单纯从伦理准则角度构建追求人工智能的可信，存在诸多问题。(1)全球关于人工智能治理存在诸多争议，不同准则之间的冲突日益凸显，如“普惠发展与隐私保护”“安全可靠与非歧视要求的冲突”等；此外，既有准则规范可能由私人部门提出，实际上是抵制政府监管的借口等。〔2〕(2)作为伦理准则的可信标准，主要是一种倡导性、自律性准则，缺乏有效的监督执行机制，强制性程度不足；准则的表达多采用概括性概念，可操作性不强。因而，国家立法所要做的工作就是将伦理准则转化为法律准则，并通过更加具体的技术规则和法律规则设计，保障可信准则在人工智能产品或服务的研究、开发、设计、部署、使用、监管等具体环节得到落实。

(二)现行可信人工智能的评估标准

有学者提出了可信人工智能系统的质量框架，包括：(1)尊重人类自治原则，包括人权代理与监督。(2)伤害预防原则，包括鲁棒性、稳定性、安全性(包括保密性、完整性、可用性)、可靠性、可问责性、隐私性、可重复性、准确性等。(3)可解释性原则，包括透明性、可解释性。(4)公平性原则，即确保群体或者个体不受偏见或歧视。(5)一般软件质量属性，如兼容性、可维护性、功能适用性、可移植性、性能效率、易用性等。〔3〕欧盟委员会人工智能独立高级别专家组《用于自评估的可信人工智能评估清单》(ALTAI)指出，欧盟于2019年在《可信人

---

〔1〕 宰飞、吴丹璐:《大模型如何更可信可靠可及》，载《解放日报》2023年7月8日，第4版。

〔2〕 参见贾开、薛澜:《人工智能伦理问题与安全风险治理的全球比较与中国实践》，载清华大学战略与安全研究中心:《人工智能与治理》，中国社会科学出版社2022年版。

〔3〕 参见李功源、刘博涵、杨雨豪等:《可信人工智能系统的质量属性与实现：三级研究》，载《软件学报》2023年第9期。

工智能伦理指南》中提出了7项可信的要求：人类代理与监督，技术鲁棒性及安全性，隐私与数据治理，透明度，多样性、非歧视性和公平性，社会和环境福祉，责任。

四、可信人工智能发展对法律构建提出的要求

（一）保障可信人工智能发展的多元路径与法律路径

保障可信人工智能发展的路径是多元的，大致包括以下几种：(1)侧重行业技术保障的路径。如中国信息通信研究院和京东探索研究院通过对全球范围内已经发布的84份政策文件按照词频进行梳理发现，当前人工智能治理原则已经收敛在透明性、安全性、公平性、可责、隐私保护五个方面，支撑可信的技术包括稳定性技术、可解释性技术、隐私保护技术、公平性技术、可视化技术等。[1](2)技术认证的客观标准与伦理价值评价的主观标准结合的路径。如加拿大国家治理创新中心发布《可信人工智能的双轨认证方法》报告提出，"可信人工智能的发展出现了双轨并行的趋势：一条路径侧重于通过已成立的认证机构，使用客观标准对嵌入软件产品中的人工智能程序进行认证；另一条路径则侧重于验证可信AI是否符合主观标准，如价值观、道德规范和法规的个人权利等"。[2](3)人工智能的风险防控路径。中国信通院联合清华大学、蚂蚁集团发布的《可信AI技术和应用进展白皮书(2023)》提出，针对人工智能固有技术风险持续放大，可信人工智能发展应从应用AI鲁棒性技术对抗恶意攻击(提升文本识别对抗能力、提升图像伪造识别能力、提升生物核身检测能力)，利用AI可解释性技术提升决策透明度，通过对营销定价歧视纠偏、改善信息茧房现象、加强对弱势群体保护等提高AI的公平性，在AI的实践中，应加强对数据模型安全和人脸识别隐私保护等。[3](4)法律、伦理、技术结合的路径。2019年，欧盟

---

〔1〕 参见中国信息通信研究院和京东探索研究院：《可信人工智能白皮书》，载中国信通院，http://www.caict.ac.cn/kxyj/qwfb/bps/202107/t20210708_380126.htm。

〔2〕 刘纪铖：《加拿大国家治理创新中心发布〈可信人工智能的双轨认证方法〉报告》，载《科技中国》2022年第9期。

〔3〕 参见中国信通院、清华大学、蚂蚁集团：《可信AI技术和应用进展白皮书(2023)》，载微信公众号"太原市数据局"2023年7月14日，https://mp.weixin.qq.com/s/Btlwc-vhkTUgTr5gWFDYkA。

人工智能高级别专家组发布了《可信人工智能的伦理指南》，提出人工智能在整个生命周期中需要满足三个条件：合法性，即可信人工智能应当依法合规；道德性，即人工智能发展要符合道德原则、价值观；稳健性，避免造成无意的损害或负面影响。[1]这实际上提出了保障人工智能的可信综合路径，即综合法律、伦理、技术，保障人工智能的可信。

上述路径总体上是将技术、伦理和法律做了不同组合，不同组合侧重不一，呈现出来的规制路径当然就有一定差异。(1)技术不足以保障人工智能的可信。可信人工智能的建立离不开技术准则，如开发、部署和使用人工智能的相关技术以及相关软件、算法和数据技术；重点监控“对个人或社会造成伤害或危害”的高风险技术。应把人工智能可信目标的实现，植入一个相对更体系化的国家制度路径。(2)伦理准则缺乏有效的强制力。人工智能的可信离不开伦理的保障。伦理作为一种社会评价标准，固然可以通过压制个体意志与欲望的方式约束行为人，但它具有的是一种“弱强制力”，而且其运行遵循的是他律机制，无法真正保障人工智能的发展行进在正确的轨道上。(3)法律可以发挥国家的强制性与引领性来保障人工智能的可信。为人工智能设定法律标准，实际上是为人工智能的研究者、开发者、部署者等设定最为基本的标准，并通过法律的强制执行性推动各项标准的落实，以防人工智能的发展偏离人类追求的价值目标，实现对人工智能产业发展的规制引领作用。

(二)可信人工智能对法律提出的期待

为了保障人工智能的可信发展，法律制度的创设或者调整应当遵循一系列外在准则和内在准则。

1. 可信人工智能法律构建应遵循的外在准则

外在准则构成了人工智能发展的国家社会目标，旨在维护国家社会的福祉和法律的基本价值，是人工智能长远发展的基本准则。外在准则主要是一种理念，它无法通过人工智能技术而直接得到落实，但它可以成为评判人工智能技术发展是否正当的元准则，是人工智能发展的总的引领性准则。

---

〔1〕 参见徐翔：《数字经济发展：网络、算法与数字平台》，人民出版社2022年版，第303页。

其一，以人为本，捍卫人的基本权利。“以人为本”的理念，是我国在《全球人工智能治理倡议》中提出的重要理念。可信与以人为本、安全、合乎道德密切相关，故欧盟《人工智能法》同样提出了“以人为本”理念，强调“鉴于人工智能可能对社会产生的重大影响以及建立信任的必要性，人工智能及其监管框架的发展必须符合《欧盟条约》第 2 条所载的欧盟价值观、各项条约和《宪章》所载的基本权利和自由”。“人工智能法学始终是面向‘人’的研究，是智能时代的人类为了避免自身引发的风险与灾难而展开的法律学问”。〔1〕人工智能立法坚持以人为本，就应当保护个人信息和数据等数据权利，保护人格权、人的自主决策（自治权）和人类的主体性，还应当重视对社会弱势群体的权益保护。〔2〕发展以人为本的人工智能，不仅应从技术发展的角度来设定制度，还应从人的基本权利的角度规制人工智能技术。以人为本还应当认真考量新产业发展对传统产业所带来的冲击，如人工智能发展对传统产业领域的就业替代，就是一个需要高度关注的问题。应考虑到那些高度流程化的岗位是最先被人工智能替代的岗位，国家应当从税收、劳动保障、就业培训等角度完善相关法律和政策，以有效化解人工智能发展产业带来的就业冲击、社会保障问题。

以人为本的理念与宪法确定的人的基本权利之间具有密切的联系。诸如平等、自由、秩序等基本传统价值，毫无疑问是规制人工智能的法律所首先必须坚持的。一是因为人工智能法律是整个国家法律体系的组成部分，在整体上必须与法律精神保持一致。二是因为人工智能的发展过程中，出现了某些动摇宪法所确认的公民基本权利的倾向，人工智能运用过程中产生的歧视、侵犯隐私等问题，均背离了宪法确认的价值准则。三是因为借助人工智能技术赋能，公权力的掌控者不断拓展权力，而这种权力的运行，在技术上难以对其约束；很多时候，数字和人工智能领域的公权力扩张打破了“公权力，法律没有授权不得行使”的一般准则。强调人工智能发展，遵守宪法和法律，就是为了坚持宪法、法律设定的基本原则，捍卫宪法赋予公民的基本权利。四是因为学者正在尝试起

---

〔1〕 刘艳红：《人工智能法学的“时代三问”》，载《东方法学》2021 年第 5 期。

〔2〕 参见张凌寒：《中国需要一部怎样的〈人工智能法〉？——中国人工智能立法的基本逻辑与制度架构》，载《法律科学（西北政法大学学报）》2024 年第 3 期。

草的《人工智能法(学者建议稿)》虽然也强调了“公平公正原则”“正当使用原则”“知识产权保护原则”等,但似乎对宪法确认的公民基本权利的保护问题很少直接提及,尤其是对通过约束公权力而保障私权利的问题,强调较少,没有很好地将人工智能立法与法律的传统价值有效对接。而《人工智能示范法 2.0(专家建议稿)》存在同样的问题。

其二,人类主导原则。人类主导原则是从人与机器关系的最终意义上说的。因为人工智能将在很多方面代替人作出道德选择和决策,但智能系统要为人类做决定,不能脱离人类伦理指导。“配备完整伦理标准的人工智能机器将遵循其编程设定行事——它别无选择”“在绝大多数时候,人工智能极有可能会反映其程序员的世界观和伦理观,然而这些程序员的信念并不统一”。[1]当人工智能的决定不符合人类的需要时,人类可以取代人工智能的决定。人类主导原则还要求,人工智能的设定应当尊重国别文化的多元性、尊重个体差异,并采取措施防止“人类对机器人的过度依赖”。

其三,技术中立原则。技术中立原则是设计人工智能法律制度时应遵循的一项前置性原则。技术中立原则要求法律不应限制人工智能与人类竞争,尤其是当人工智能更加高效的时候,“其宗旨是法律不应当歧视人工智能”“人工智能可能更擅长某些领域的创新,倘若法律限制授予这类知识创新知识产权,那么企业可能就不会使用人工智能进行发明创造”;但“人工智能法律中立原则并不是一个决定性的决策原则,而是一种适当的默示原则,只有在具有充分理由的情况下才可以背离该默示原则”。[2]

2. 可信人工智能法律制度构建的内在准则

内在准则主要是法律技术性准则,这些准则大多可通过人工智能的技术设计、改进而得以落实。相对来说,内在准则构成了人工智能法律的操作性准则。

其一,透明原则。人工智能的透明,首先是为了保障公民的知情权,让人们了解人工智能是如何运作的。透明原则是为了防止人工智能被运用于不法目的

---

〔1〕[美]戴夫·邦德:《人工智能》,徐婧、原蓉洁译,广东科技出版社 2020 年版,第 52 页。

〔2〕[英]瑞恩·艾伯特:《理性机器人:人工智能未来法治图景》,张金平、周睿隽译,上海人民出版社 2021 年版,第 5~6 页。

或不正当目的，也有助于增强人的自主性，不透明的人工智能难以获得人的信任。为此，一方面，应研发“更具透明度的模型算法，开发可解释、可理解、可追溯的智能技术”；另一方面，对于达不到可解释性要求的智能技术的应用，应当“限定算法在审判分析、疾病诊断和智能武器等可能涉及重大利益的应用中的决策权，通过‘人在回路’的系统设计，将最终的决策权掌控在人类手里”。[1]

其二，安全原则。应确保网络安全、数据安全与算法安全。(1)可信意味着必须降低人工智能风险，采用“强制性标准”对风险进行管控，且风险管控措施应符合比例原则，不能为人工智能开发者提出过高的要求(欧盟《人工智能法》第64条)。(2)对风险宜进行分类管控或是分级管控。如欧盟《人工智能法》将人工智能的风险分为四级，采取不同的限制措施；我国的《人工智能法(学者建议稿)》则将人工智能分为关键领域与一般领域进行管控，对关键领域进行重点管控。

其三，公平原则。与公平原则相对立的，往往是歧视和偏见。由于人工智能的“智能”是习得的，所以克服人工智能偏见的重要一环，就在于从人工智能的训练数据入手预防偏见，其核心是在人工智能的模型训练中排除那些明显存在或者隐性存在文化偏见、性别歧视或种族歧视的数据集。算法价格歧视是不公平的人工智能算法决策现实表现之一。2020年复旦大学的一项研究报告显示，在手机打车过程中，与非苹果手机用户相比，使用苹果手机的用户更容易被舒适型车辆司机接单，这一比例是非苹果手机用户的3倍；手机价格也与此密切相关，“手机价位越高则越有可能被舒适型车辆接走”。[2]算法价格歧视打破了传统上人们信奉的市场应遵循“童叟无欺”“不同人同价”的市场原则，转而推行的是“千人千价”规则。显然，类似的人工智能算法决策背离了人的基本行为准则，破坏了社会确立的人际交往最为根本的原则——公平原则。如果不能够杜绝此类人工智能，那么人工智能的可信赖就无从谈起。

其四，隐私保护原则。隐私不仅是一项民事权利，至少从全球视野观察，隐

---

〔1〕 李修全:《智能化变革:人工智能技术进化与价值创造》,清华大学出版社2021年版,第228~229页。

〔2〕 古天龙编著:《人工智能伦理导论》,高等教育出版社2022年版,第210页。

私在很多国家都被看作一项宪法性权利，被认为“是自由思想和自由企业的重要润滑剂”。〔1〕隐私被侵犯，自然人的感知最为直接，显然，一个无法保护隐私利益的人工智能是无法被人们接受的。

其五，可问责原则。确保人工智能的部署、使用产生的法律责任是可问责的。问责是对侵权者追责，也是对受害者的救济。

五、保障人工智能可信发展的具体法律制度

（一）设计、评估与测试制度

其一，设计阶段的价值对齐制度。(1)法律应当将价值对齐作为一项基本义务赋予人工智能设计者。在人工智能技术开发之初，设计者就应当将伦理价值嵌入人工智能系统。人工智能所能开展的工作本质是逻辑推理，但是，人工智能的发展必须追求道义。麻烦的是，人工智能经常会面临道德选择困境，除了需要遵循阿西莫夫定律，还需要遵循不说谎、不欺骗、不偷盗、不伤害等原则，考虑财产损失、名誉损失、失业等因素，同时还应尊重人类常识和基本价值观。人工智能能否完成这一自我飞跃，似乎是难以回答的问题。但是，法律所要努力的则应是推动人工智能的开发者和部署者，在深度人工智能机器中植入人类的价值因子，确保人工智能既具有逻辑理性，又能尊重人类的常识和价值观，实现理性和价值的完美结合。(2)人工智能在开发阶段就应注意防止偏见和歧视。首先，识别人工智能必须遵守的伦理价值和规范；其次，将这些规范通过程序编码写入人工智能系统；最后，为了验证人工智能是否与特定价值和规范兼容，应当对人工智能的规范和价值的有效性进行评估。例如，在人工智能的初始设计过程中就应当将隐私保护嵌入人工智能产品或服务系统，采取主动的、预防性的、全周期的措施保护隐私，且应当将最高的隐私保护标准作为默认设置。〔2〕在技术上，将伦理价值嵌入人工智能的基本方法是“采用‘如果—那么’(if-then)

---

〔1〕［美］特蕾莎·M. 佩顿、西奥多·克莱普尔：《大数据时代的隐私》，郑淑红译，上海科学技术出版社 2017 年版，第 10 页。

〔2〕参见莫宏伟、徐立芳编著：《人工智能伦理导论》，西安电子科技大学出版社 2022 年版，第 174~175 页。

结构，通过匹配条件部分和执行结论部分来控制推理过程”，如可将“挠痒”的指令设定为“如果痒，则挠痒”的规则，人工智能就会执行该指令。〔1〕

其二，评估制度。人工智能开发者、提供者在开发、提供人工智能产品和服务前，可自行或委托第三方机构对数据质量、潜在偏见歧视、科技伦理审查情况、公共利益影响、保护措施等内容进行安全风险评估。评估的另一个对象是数据和信息源。“面向训练数据，打造训练数据检测工具，进行防投毒数据、侵权数据、有害数据的分析判断，保证使用合法的数据进行训练，防范与事实不符或有毒的内容注入 AI 系统。面向生成内容，打造内容生成检测工具，自动识别并报告通过人工智能技术生成的虚假、有害的内容，确保内容质量，保护知识产权。”〔2〕此外，对于高风险人工智能系统，在投放市场或提供服务之前要进行合格性评估。

其三，人工智能的安全测试制度。(1)为了保证安全，一是建立密码技术管理制度，“密码是安全的免疫基因，以密码为基因的可信计算模型改变了传统计算机封堵查杀式的被动防御，有效降低了安全风险”。二是可信计算，“核心是指通过在硬件设备上引入可信芯片，从结构上解决计算机体系结构简化带来的脆弱性问题。目前，可信计算 3.0 采用运算和防御并行的双体系架构，在计算运算的同时进行安全防护，将可信计算技术与访问控制机制结合，建立计算环境的免疫体系”。〔3〕三是可信验证，“主要是对人工智能系统做验证、仿真、测试，这是一种很重要的智能手段，通过提供系统性训练和测试的可信保证，从而对成果进行定量形式化验证”。〔4〕(2)设立“沙盒监管”制度，强化通过安全测试和安全风险监管。“沙盒监管”应在国家人工智能发展主管部门监督下进行，目的是测试并及时发现人工智能存在的重大安全风险，防止人工智能的开发给社会造成重大损害。人工智能开发者、提供者负有安全保障义务，应定期检查和监

---

〔1〕 参见[美]保罗·萨伽德：《机器和生灵：人工智能、智慧动物与人类智识》，李明君译，中国科学技术出版社 2023 年版，第 279~280 页。

〔2〕 刘晶：《要加强人工智能可信治理》，载《中国信息化周报》2024 年 3 月 11 日，第 23 版。

〔3〕 吴劲珉：《主动免疫可信计算是人工智能发展前提》，载《政府采购信息报》2023 年 4 月 3 日，第 12 版。

〔4〕 何积丰：《智能制造与安全可信人工智能》，载《信息安全与通信保密》2020 年第 12 期。

测人工智能的漏洞和安全风险，对于重大安全事件或重大安全事件风险，应立即采取处置措施并报告主管部门。(3)人工智能提供者对人工智能生成内容的表示制度。人工智能生成物提供者应管控生成式人工智能生成的合成内容的真实性，因为“深度合成展现了其强大的能量和可能性，但其带来效率和便利的同时，也带来了伴生风险，一旦被滥用可能会给个人肖像、企业名誉等人格和财产权益损害，甚至对社会秩序、国家政治稳定和安全造成巨大威胁”。[1]为了实现对生成内容的可追踪性，应当采用“水印、元数据识别、证明内容出处和真实性的加密方法、日志记录方法、指纹或其他适当的技术”或技术组合对人工智能生成内容进行标记，以便于机器能够将生成内容检测出来(欧盟《人工智能法》第133条)。人工智能的生产者应对人工智能生成信息添加隐式标识，建立信息溯源机制，确保标识的可追溯和安全。

(二)建立针对人工智能领域的监督制度

虽然法律应尽量不对人工智能的发展进行干预，但是，高危人工智能应受到法律规制。国家应当设立人工智能发展委员会，从宏观层面指导和监管国家的人工智能产业发展。针对人工智能的监管应当涵盖人工智能开发的事前、事中和事后全链条，系统监控人工智能事故，纠正人工智能发展中的问题。(1)采用“宪法性 AI”(Constitutional AI)的思路，用人工智能监督人工智能，用“一个从属的 AI 模型评估主模型的输出是否遵循了特定的‘宪法性’原则(原则或规则清单)，评估结果被用于优化主模型”。[2]这么做的目的在于推进价值对齐，将对可信人工智能影响最大的法律原则落实在人工智能发展技术中。需要注意的是，虽然人工智能监督人工智能是高效的，但考虑到目前人工智能法律监督仅处在初期，故设置针对人工智能法律监督的人类标注员依然是必要的、重要的。(2)分级监督制度。针对人工智能决策，针对性建立一级监督制度或二级监督制度。一级监督制度针对部分自动化决策，即把人工智能决策作为专业

---

〔1〕 张凌寒:《深度合成治理的逻辑更新与体系迭代——ChatGPT 等生成型人工智能治理的中国路径》，载《法律科学(西北政法大学学报)》2023 年第 3 期。

〔2〕 曹建峰:《迈向可信 AI:ChatGPT 类生成式人工智能的治理挑战及应对》，载《上海政法学院学报(法治论丛)》2023 年第 4 期。

人员决策的支持理由，如在医疗领域人工智能为人类提出的诊断预测和治疗建议、刑事司法中人工智能对被告所作的风险评估，[1]这些决策最终由人类来选择；此等情形下，人工智能决策是人类决策的组成部分。二级监督针对的是完全自动化决策，即在人工智能作出决定后，人类对智能化作出的决策进行监督和纠正。总之，“一级监督在决策过程中具有构成性作用，而二级监督对一级监督进行检查和控制”。[2]此外，还应对技术发展带来的权利侵蚀问题保持谨慎，对人工智能技术发展伴生或者引发的风险和问题强化监管。例如，针对“能够设计并制造其他机器人的机器人，就应在极度审慎和密切的监督下完成设计”。[3](3)隐私保护监督制度。人工智能应能够维护隐私，不对人的主体性地位构成侵扰。故规制人工智能的法律必须传承和坚守传统上民法规定的自然人的隐私权和个人信息保护法规定的个人信息。(4)权力制约监督制度。数字和人工智能时代的权力制约具有两个维度，一是对传统意义上的国家公权力机关的权力制约；二是对掌握数字资源和人工智能技术的平台等“社会权力”的制约。算法决策(自动化决策)系统的出现，意味着我们将部分生活决策交给了机器决策系统，甚至私人公司滥用个人数据、公权力机关滥用智能技术推动大数据监控等。[4]因而，人工智能技术发展中，既要注重对国家等主体的权力制约，也要注重对平台等社会主体掌握的数据权力、人工智能技术的运用权力进行制约。

(三)完善人工智能的责任制度

其一，人工智能的使用者为了安全、放心，当然期望人工智能的开发或销售企业能够承担起全部责任。人工智能系统的设计者、开发者有义务保障系

---

〔1〕 See Johann Laux, *Institutionalised Distrust and Human Oversight of Artificial Intelligence: Towards a Democratic Design of AI governance Under the European Union AI Act*, AI&SOCIETY, 6 October 2023, p.5.

〔2〕 See Johann Laux, *Institutionalised Distrust and Human Oversight of Artificial Intelligence: Towards a Democratic Design of AI governance Under the European Union AI Act*, AI&SOCIETY, 6 October 2023, p.5-6.

〔3〕 [美]盖瑞·马库斯、欧内斯特·戴维斯:《如何创造可信的AI》，龙志勇译，浙江教育出版社2020年版，第210页。

〔4〕 参见[葡]马丁·艾泊斯、玛尔塔·坎泰罗·伽米托主编:《算法治理——法律和道德的挑战》，姚前、冯蕾译，中国金融出版社2022年版，第1~3页。

统的安全性、可靠性，“如果生产商或者程序员未遵守公认的学术标准，那么他们应该为人工智能系统导致的损害承担道德责任”；人工智能的设计者应当承担更多的责任：一是角色责任，即设计者需要对人工智能的安全性、可靠性负责，并提供相应的解释和说明；二是前瞻性责任，即设计者应当主动地考虑人工智能发展对用户和社会影响考虑；三是回溯性责任，即“人工智能系统在生产调试和投放市场之后，出现了错误或产生了负面影响之后应该承担的责任”。〔1〕其中，回溯性责任应当是法律责任中应重点考量的问题，这种责任主要建立的是一种侵权责任或产品责任。对人工智能侵权责任的归责，“可在一定程度上参考谢勒（Matthew U. Scherer）等提出的双分支侵权体系（a bifurcated tort system），并在其基础上进行扩展，对于获得委员会认证或符合推荐性标准的产品，则在判断产品提供者是否侵权时适用过错责任原则；对于未获得认证或不符合推荐性标准的产品，则在判断产品提供者是否侵权时，适用严格责任原则”。〔2〕

其二，在法律责任设定上，“应辅以问责框架，包括免责声明以及审查和补救机制等，以确保在开发、部署和使用之前和之后对人工智能系统及其结果负责和问责”。〔3〕当然，法律责任的设定也存在一个政策选择的问题，如同样是针对自动驾驶，欧盟的主张是先制定规则，借规则引领技术发展，而美国的思路是先发生问题在思考规则；很明显，责任归属和法律规则的严格化，很容易导致不遵守规则就无法进入市场的局面，易形成非关税壁垒，阻碍新企业进入特定行业。〔4〕在进行民事责任追究时，考虑到人工智能的用户与算法等人工智能运营者的信息与资源不对称的现状，立法可设立集体诉讼制度，保护人工智能用户

---

〔1〕 莫宏伟、徐立芳编著：《人工智能伦理导论》，西安电子科技大学出版社 2022 年版，第 190~191 页。

〔2〕 张吉豫：《人工智能良性创新发展的法制构建思考》，载《中国法律评论》2018 年第 2 期。

〔3〕 刘永安：《类人信任与可信任性：可信人工智能发展的路径选择》，载《昆明理工大学学报（社会科学版）》2023 年第 4 期。

〔4〕 参见［日］福田雅树、林秀弥、成原慧编著：《AI 联结的社会：人工智能网络化时代的伦理与法律》，宋爱译，社会科学文献出版社 2020 年版，第 109~110 页。

的权利。[1]

其三，刑法应增设相关责任条款，将对非法访问 AI 或从事黑客攻击的严重行为或让人工智能运行实行犯罪的恶意软件的行为等，[2]纳入刑法调整范围，赋予相应的刑事责任。

（《东方法学》2024 年第 4 期）

---

〔1〕 参见古天龙编著：《人工智能伦理导论》，高等教育出版社 2022 年版，第 220 页。

〔2〕 参见［日］福田雅树、林秀弥、成原慧编著：《AI 联结的社会：人工智能网络化时代的伦理与法律》，宋爱译，社会科学文献出版社 2020 年版，第 109~110 页。

论人工智能法的多维规制体系

赵精武[*]

一、人工智能科技创新治理的第一类范式：安全风险预防

人工智能技术治理的法学研究大体可以以 ChatGPT 的出现作为两种不同研究趋势的分界线。在“前 ChatGPT 时代”，学者更关注的并非人工智能技术本身，而是人工智能技术底层的算法应用安全问题。在“后 ChatGPT 时代”，学者们开始将研究重心回归至人工智能技术应用本身，并且更多地论证生成式人工智能的应用安全问题。

（一）前 ChatGPT 时代的研究路径：算法风险治理

在 ChatGPT 出现之前，人工智能技术本身并未成为学界的研究重心，在技术尚未成熟或者尚未形成阶段性创新突破之前，过早地讨论人工智能技术的治理路径或规制方式，不啻缺乏社会实践支撑的“超前研究”或“假想式研究”。事实上，在研究初期，有关强人工智能的法律规制理论就已经存在并受到相当大的质疑，暂且不提强人工智能技术是否能够真正实现，仅凭技术层面的设想就建构一个法学问题，并提出“如果不提前预防就会导致不可控风险”之论断，这已然超出法律回应技术创新的适当范畴。类似的研究议题并不少见，也有不少学者提出疑问，甚至直言不讳地指出人工智能法学研究已经出现了“反智化现象”，即法学研究者正在代替人工智能技术专家，以“AI+ 法律”的任意组合，

---

* 赵精武：北京航空航天大学法学院副教授、院长助理，工信部工业和信息化法治战略与管理重点实验室副主任，北京科技创新中心研究基地副主任。

预言未来的技术应用方式。[1]

在此阶段，学界的研究视角主要包括算法安全监管和具体的应用场景。在算法安全层面，由于算法本身属于人工智能技术应用的重要组成要素，加之个性化信息服务业态的普及，预防算法歧视、保障算法透明等理论主张往往与人工智能技术治理理论整合于同一研究范畴。在早期的研究活动中，算法一度被排除在法学研究的主流范围之外。随着用户画像、定向推送等信息服务模式的兴起，学者们对于算法黑箱等问题越发关注，并延伸出算法透明、算法备案、算法影响评估等制度建构主张。这些主张的共性在于，意图通过不同形式的“公开”机制，预防和控制隐藏在算法背后的权益侵害风险。这种“公开”机制的内在逻辑又可划分为两类：一是立足于知情权的保障，要求服务提供者对算法应用的基本原理、权益影响程度等重要事项进行事前说明和评估，形成了算法透明义务、算法影响评估义务等理论主张；二是立足于算法的可问责性，否定“算法具有技术中立特点”等类似理论主张，强调通过算法备案、算法审计等机制，在不影响技术创新的前提下，在事后阶段判断服务提供者是否存在与事前备案、审计结果相悖的行为，进而实现法律责任的苛责。

不过，在这个研究阶段，已经有部分学者关注到有关人工智能生成物的可版权性问题，其争议核心主要在于人工智能生成物是否满足著作权法意义上的“作品”之内涵。多数意见认为人工智能生成物并未彻底颠覆著作权法理论体系，或是类比法人作品条款，[2]或是基于知识产权正当性依据所指向的激励理论，[3]又或是基于人工智能生成的内在技术原理，[4]人工智能生成物成为“作品”的条件包括“外观形式与人工创作作品难以区分”和“生成过程具有一定的创造性”。当然，在这些学理论证中，学者们同时也强调对技术创新的激励和保

---

〔1〕 参见张凌寒：《中国需要一部怎样的〈人工智能法〉？——中国人工智能立法的基本逻辑与制度架构》，载《法律科学（西北政法大学学报）》2024 年第 3 期；刘艳红：《人工智能法学研究的反智化批判》，载《东方法学》2019 年第 5 期。

〔2〕 参见熊琦：《人工智能生成内容的著作权认定》，载《知识产权》2017 年第 3 期。

〔3〕 参见刘影：《人工智能生成物的著作权法保护初探》，载《知识产权》2017 年第 9 期。

〔4〕 参见王迁：《论人工智能生成的内容在著作权法中的定性》，载《法律科学（西北政法大学学报）》2017 年第 5 期。

障，并不一概否认人工智能生成物成为“作品”的可能性。并且，部分学者也提出“标注制”等主张，用以协调人工智能创作物的必要保护需求与人类智慧创作积极性的保障需求，〔1〕更有学者直言赋权人工智能生成物并不会造成所谓的“人类作者创作作品的经济动因会消失”等结果，更需要从激励产业政策的角度实现各类作品的“大丰富时代”。〔2〕

综上所述，这一阶段的研究成果虽然在研究视角、研究路径上存在差异，但本质上都在回答两个基本问题：其一，人工智能技术创新是否对既有的法律关系造成实质性变更，如著作权领域，人工智能生成物并没有实质改变著作权法体系，而是对“作品”概念的适用方式提出挑战。其二，人工智能技术创新是否对个体权益产生或可能产生负面影响，无论是算法应用安全监管，还是“AI+法律”的定向场景论分析，均在强调以立法控制技术创新可能产生的潜在技术风险。

（二）后 ChatGPT 时代的研究路径：人工智能风险治理

ChatGPT 实际上代表了人工智能技术已经发展到全新阶段，呈现出部分学者所指出的“全新”的技术风险。为此，相应的研究重心也转变为“法律如何回应新型的技术风险”，部分研究成果按照“技术风险类型列举——各类技术风险对应相应的治理建议、立法建议”等论证逻辑实现法律对技术风险的有效控制。具体而言，这些技术风险主要表现为“数据安全风险”“科技伦理风险”“犯罪工具风险”“网络信息内容安全风险”“侵害著作权、肖像权风险”等。但是，仔细剖析这些风险类型，“全新”的技术风险这一命题似乎难以自证而立：用户输入数据的保护问题仍然属于个人信息保护和数据安全问题；科技伦理风险本质上还是属于算法歧视、算法不公等问题；犯罪工具风险所指向的滥用深度合成行为完全可以通过《刑法》和《互联网信息服务深度合成管理规定》等现行立法予以解决；网络信息内容安全风险所指向的“利用人工智能生成网络虚假信息”

〔1〕 参见罗施福：《论人工智能创作物的法权化模式——基于私法角度的考察》，载《网络法律评论》2017 年第 2 期。

〔2〕 参见朱艺浩：《人工智能生成内容之定性的知识产权法哲学证成》，载《网络法律评论》2016 年第 2 期。

同样可以通过《网络信息内容生态治理规定》等予以监管。故而有学者指出，生成式人工智能所产生的技术风险部分属于已有问题的凸显，部分属于新型法律问题。

这种新旧问题并存的研究现状也使人工智能治理延伸出新的研究路径，即建构整体性的人工智能治理架构。在前 ChatGPT 阶段，研究路径主要是针对特定应用场景进行法律解释或局部性的监管型立法；在后 ChatGPT 阶段，研究路径主要是建构体系性和完整性的人工智能治理规则，并且这种建构主张的重心除了延续前一阶段的算法风险治理，还延伸出“促进人工智能产业创新发展”等内容。此外，在《互联网信息服务算法推荐管理规定》第 1 条中，立法目的主要是“规范互联网信息服务算法推荐活动”；在《生成式人工智能服务管理暂行办法》第 1 条中，立法目的则转变为“促进生成式人工智能健康发展和规范应用”，并且，相应的上位法依据也增加了《科学技术进步法》。这种立法目的的转变实际上也表明我国人工智能治理范式开始强调法律对科技创新的促进作用。

遗憾的是，这种人工智能治理范式的转变主要还是依循“通过预防人工智能应用安全风险，推动人工智能技术又好又快发展”的基本逻辑。特别是在欧盟通过《人工智能法》之后，欧盟模式采取“禁用不可接受的风险类型”“重点监管高风险类型”“有限风险或轻微风险类型”“低风险类型”的四层风险治理架构，更是让不少学者提出按照风险水平分层次治理人工智能技术的理论主张。因此，当 Sora、Claude 等更加强大的生成式人工智能产品出现之后，法学研究的重心开始逐渐向建构人工智能统一立法的方向转移。因为这些后续出现的生成式人工智能产品实现了更高水平的智能化功能，但在法律层面，相应的技术风险也趋于稳定化和类型化，未能产生远超立法者想象的技术效果。技术风险的相对确定性也使专门规制论的论证重心变为“如何建构体系化的统一监管立法”，其核心的论证要素依然是“技术风险”和“安全保障”。在某种程度上，风险预防已经成为人工智能法学研究领域的“通用范式”，不少学者在各自的制度建构主张中也将“风险预防”或者“安全保障”作为法律基本原则之一。尽管“风险”与“安全”两个词时常在数字法学研究中同时出现，但二者并非二元对立关系，与“风险”相关的法律价值还包括“可信”。在“没有绝对安全的技术”的共识基础上，法律对于技术风险的治理效果开始强调基于“相对安全”形成社会公众对技术应用的信任，以此实现技术创新的普及应用。

（三）研究路径转变背后的方法论审视：风险预防论的局限性

在数字法学、数据法学、网络法学等概念兴起的当下，法学研究实际上已经步入了“预防型法治”和“风险导向型法治”的全新研究阶段。在传统的法学研究过程中，学者更关注基于法教义学逻辑在法律适用层面进行论证技术应用背后的法律问题。在现代法学研究过程中，各类层出不穷的技术创新风险促使学者们的研究路径转向了“风险预防和控制”。实践层面的原因在于，这些技术风险所导致的损害结果难以通过事后救济手段实现理想状态下的“恢复原状”；理论层面的原因在于，这些技术风险对既有的法律关系产生不同程度的影响，单纯以权利义务的理论变更作为解决方案并不足以回应技术风险的特殊性，更需要通过风险预防和控制维系法律关系背后的公平正义。因此，也有学者将人工智能法学领域的研究路径总结为，以安全原则、公平原则为导向，展开风险义务分配、风险救济责任归属等层面的风险治理体系。[1]

值得注意的是，环境污染、食品药品安全等问题同样属于典型的科技创新风险，为何单单信息技术创新风险受到法学研究前所未有的关注？从损害结果层面来看，环境污染、食品药品安全等科技风险直接关系自然人的生命健康，通常属于无争议的重点监管领域。虽然这些科技创新只是“有可能”导致损害结果，但是一旦“存在严重的物理损害，必然会引发灾难性的后果”。[2]这种灾难性后果也意味着政府采取严格的监管手段预防损害后果发生具备当然的正当性基础。相对应地，信息技术创新风险在绝大多数情况下，并不会直接对自然人的生命健康产生威胁，故而如何确定行政监管的必要性和合理性成为学界争议焦点之一。在《电子商务法》的立法过程中，对于安全保障义务究竟是否应当扩张到网络平台经营者的所有业务活动中存在相当大的争议。但是，将损害形式和损害结果事前预防的必要性作为立法考量因素之一，最终的立法文本采用

〔1〕 参见陈吉栋：《公私交融的人工智能法》，载《东方法学》2024年第2期。
〔2〕 陈景辉：《捍卫预防原则：科技风险的法律姿态》，载《华东政法大学学报》2018年第1期。

了“关系消费者生命健康的商品或者服务”作为限定该类义务的适用范围。之所以采取这样的立场,一方面,技术风险预防的目的是更好地促进技术创新应用,避免营利导向的市场竞争机制催生非法的科技应用,如利用信息技术监控员工工作情绪、工作状态的变化等。另一方面,现代社会的信息技术创新风险在治理方式上存在特殊性。过去法律回应信息技术风险的方式通常是直接对网络平台经营者的义务内容及其履行方式予以明确,通过注意义务解释平台经营者对新兴技术应用的法律责任。但是,人工智能等信息技术创新风险的预防难以直接从平台经营者或网络信息服务提供者等义务主体层面实现,越发需要从技术环节、技术原理层面实现全环节的风险预防效果。原本不属于法学研究“主流议题”的算法也开始成为数字法学领域主要的研究客体,《生成式人工智能服务管理暂行办法》甚至将“数据标注”这一研发活动纳入调整范畴。

诚然,这种风险导向的治理路径在很大程度上满足了科技应用监管的基本需求,借由主体义务的承担,明确技术研发者、提供者相关行为的合法性边界。这种治理路径表面上确实满足了“通过风险预防规范科技创新应用”的科技治理理念,但“风险预防”终究不是“技术创新和发展”的全部内容。法律在促进科技创新层面的作用方式除了预防技术安全风险实现“科技又好又快创新”外,还包括提升科技创新内在驱动力实现科研机构、企业持续推进科技创新进程等方式。客观而言,人工智能产业尚处于探索发展阶段,即便是被捧上神坛的ChatGPT等一众生成式人工智能产品,依然存在或多或少的技术缺陷。倘若在人工智能统一立法中依然将风险预防作为核心内容,显然难以满足当下人工智能产业创新发展所需要真正解决的现实问题。进一步而言,现有的人工智能法学研究对于“法律促进科技创新”这一核心目标存在研究视角多元化程度不足的问题,未能从“提升科技创新内生动力”和“保障科技创新物质条件”等层面建构系统性的科技创新治理体系。

二、法律促进科技创新的方法论建构:从科技法学谈起

(一)科技法学研究视角的演进过程

在人工智能技术治理领域,除了安全风险预防之外,《科学技术进步法》

《促进科技成果转化法》等法律法规所体现的研究维度一度被忽视。在早些年的研究过程中，“科技法学”的概念曾被部分学者所提出，但由于该概念无法在研究范畴、研究对象等环节自证其独立性而受到质疑。不过，科技法学的研究视角演进却能够为建构体系化科技创新治理体系提供更为多元化的研究视角。

在早期的研究活动中，部门法划分研究领域成为主流，科技法这类以特定领域法律关系为调整对象的研究活动未能受到重视。早期的学者认为“我国科技立法工作起步甚晚，从有限的科技法律出发是难以形成比较全面的看法”，[1]故而早期的科技法研究重心更倾向于在立法论层面建构促进科技创新的法律制度体系。时至今日，科技法的相关研究形成了以基础科研、科技成果、科技人才、科技行政管理等为要素的科技法范式体系。科技法学研究的特殊性在于，学者们普遍意识到纯粹从法律制度层面解决科技创新动力不足等实践问题缺乏可操作性，转而更侧重从市场经济发展需求切入，解决科技成果转化过程中存在的权益归属不明、成果评价体系混乱等制度障碍。虽然在理论层面论证科技法基本原则和具体制度的正当性确有必要，但科技法学在证成“法律如何推动科技创新”这一命题时，其内在法理逻辑是通过市场激励机制增加科技创新的内生动力，而非通过行政命令等强制性方式强行推动科技创新。因此，科技法学的相关问题反而更加受到公共管理等非法学专业的关注，通过实证分析对《科学技术进步法》《促进科技成果转化法》等法律法规的实施效果进行量化评估，进而提出相对应的立法建议。

科技法学与人工智能法学两种研究视角的差别在于，科技法学的研究对象是科技创新活动，人工智能法学的研究对象则是人工智能技术的具体应用，这不可避免地导致二者的研究结果存在显著差异：前者的研究结论侧重为科技创新活动提供必要的行政管理和制度保障，后者的研究结论更侧重通过部门法层面的方法论解决各类技术风险。在科技法学的研究视角下，“法律如何推动科技创新”并没有转化为技术应用监管问题，而是转变为“法律能够通过何种方式影响或刺激到科技创新活动”。对于这一问题的回答，多数意见仍然围绕科

[1] 倪正茂：《论科技法的体系》，载《学习与探索》1998年第3期。

技研发、科技成果转化和保护、科技人才培养三个核心要素建构相应的科技法律制度:在科技研发方面,法律可以根据市场发展趋势、国家治理需求等目的对所有领域或特定领域的基础技术研发设置专门的监管机制。在科技成果转化和保护方面,法律可以将知识产权保护机制与科技成果投融资机制、中介服务监管机制以及收益分配机制进行整合,形成从研发到商业应用的全方位保障体系。〔1〕在科技人才培养方面,法律借由人才举荐、职称评定、荣誉认定等管理机制的规范化实现科技人才的涌现和特定领域科技人才的重点培养。

在《科学技术进步法》于2021年修订之后,科技法学的研究重心也从具体制度的建构设置转向了科技立法的体系化建构。在部分学者看来,以问题导向的科技法容易受到内部机制不协调的限制,特别是在科技法研究领域不断扩充的背景下,"法秩序内部的规范性和目的性使其彼此之间不至于混乱无序"。〔2〕数字时代使科技法中的"科技"不仅包括生物科技、环境自然科技等传统科技,还囊括了信息技术科技。这种研究范畴的扩张意味着科技立法需要完成内在具体规则的协调统一,而非以"具体科技+法律"的形式零散分布。最常见的理论主张是基于基本原则完成法律体系和法律适用层面的统一:或是以协同性原则、实效性原则、体系化原则以及前瞻性原则建构科技创新法律体系;〔3〕或是按照"战略规划—法律制度—政策措施—内部规范"的现代科技治理体系,实现科技立法与科技政策措施的系统设计;〔4〕又或是以科技投入法、政府采购法、知识产权法和合作研究法作为科技法的四类核心构造规范。〔5〕此外,在受到美国《拜杜法案》中"市场配置创新资源"的立法逻辑的影响后,还有部分学者逐渐发现科技立法的内在逻辑不能采用"政府主导"的陈旧思路,科技创新发展离

〔1〕参见包运成:《科技发展问题的法律规制》,载《理论月刊》2017年第7期。

〔2〕初萌:《科技立法基本原则、监管趋势与未来展望》,载《科技进步与对策》2024年第5期。

〔3〕参见杨利华、王诗童:《科技创新的法律之治:科技法律体系的构建研究》,载《科学管理研究》2022年第5期。

〔4〕参见贺德方、陈宝明、汤富强:《科技治理体系演变趋势与对策研究》,载《科学学研究》2023年第6期。

〔5〕参见阳东辉:《论科技法的理论体系构架——以克服科技创新市场失灵为视角》,载《法学论坛》2015年第4期。

不开社会实践和市场机制的推动，更适宜采用“以市场为主导，以政府为补充”的治理模式。〔1〕

（二）演进过程背后的方法论审视：法律如何促进科技创新

在传统法学研究中，法律与科技之间的互动关系往往被描述为科技改变法律意识、扩充法律内容，法律保障科技创新。在早期的科技法研究中，也有学者提出科技对法律影响最深刻的内容是控制论、信息论和系统论，如控制论“研究系统的运动、状态、行为和功能”，法律是以社会生活、社会关系作为调控对象，控制论的引入能够产生“综合治理”等理论。〔2〕至于法律对科技的影响，则被部分学者总结为“科技优先发展的战略地位需要法律加以确认”“科技活动引起的社会关系需要法律加以调整”“我国参与国际科技经济竞争与合作需要法律加以保护”“科技成果的非道德使用而可能造成的社会危害需要法律加以防治”四个方面。〔3〕需要说明的是，这些法律与科技创新的相关论述大多还是在方法论层面解释二者之间的作用方式，并未涉及具体法律制度如何实现提升科技创新这一实践层面的问题。随着此后科技立法工作的不断深入，学者们对于法律影响科技创新的方式也发生了变化：过去的“政府—科研机构”“政府—科技企业”等单向行政监管模式不再被奉为圭臬，以市场为导向，建构多元创新主体共同参与的治理模式成为科技立法的核心理念，也有学者将之称为从“线性创新”“系统性创新”到“生态系统性创新”的治理范式转变。〔4〕

在科技法学的研究体系下，科技法的规范类型通常被划分为科技基本法、配套的科技单行法以及附属性的科技立法，〔5〕这三类法律规范恰好对应了法律在促进科技创新方面的三种不同路径：一是所有的科技活动共通性的法律问题，如成果收益分配、科研成果转化等，法律需要对这些共通性设置统一性的基础性规范；二是针对特定科研活动，因其行业属性、科研环节等方面的特殊性，

〔1〕参见魏琼：《促进科技创新范式进化的科技立法变革》，载《科技管理研究》2023年第2期。
〔2〕参见倪正茂：《科技进步与法制建设的辩证关系》，载《现代法学》1998年第3期。
〔3〕参见罗玉中：《科技进步与法制建设》，载《中外法学》1998年第1期。
〔4〕参见魏琼：《促进科技创新范式进化的科技立法变革》，载《科技管理研究》2023年第2期。
〔5〕参见易继明：《开创科技法学研究的新局面》，载《社会科学家》2013年第12期。

需要法律设置特殊规范明确禁止性条款或限制性条款，如医疗临床科研活动中的相关试验禁止直接从事人体实验等；三是科技创新活动还受到传统部门法的约束，需要法律进行一般法与特别法之间的规则协同。同时，“法律如何促进科技创新”也被部分学者转化为“现行立法为何无法有效促进科技创新”等同类问题，相应的核心观点则认为法律未能有效衔接市场激励机制与科技创新内生动力，导致出现科技创新的无序性、重复性等问题。具体而言，以政府职责为本位的科技法规范呈现虚置化趋势，其中涉及的政府职责具有空泛化特征，进而使得创新激励目标落空。〔1〕并且，提升科技成果转化率固然需要遵循市场经济的基本规律，但基础科研活动属于公共物品，市场调控很可能产生“搭便车”的负效应，〔2〕反而会限制基础科研创新的积极性，难以发挥市场调控的激励效应。

总结而言，在方法论层面，科技法学研究和数字法学研究的差异性实际上展示了法律在促进科技创新层面的多维度性：首先，科技创新活动需要遵循客观规律，法律发挥促进作用的基本逻辑是通过解决影响科技创新的内外部因素，尽可能实现科技创新的“高效性”。其次，从科技创新治理实践来看，影响科技创新的因素主要包括三类：其一，安全风险可能影响科技创新成果的应用效率和产业创新方向。如人脸识别技术最初的应用目标是兼顾识别高效性和服务便捷化，但实践中出现的“强制人脸识别”“私自采集人脸信息”“反人脸识别机制”等问题却影响到该项技术成果的应用效果。其二，科技创新主体是否具有内在的创新动力是直接影响科技创新的主要因素。在《科学技术进步法》等法律法规中，基础的立法思路是通过人才、资金、科研平台、成果转化等要素提升科技创新的内在经济动力。科技创新的目的之一是推动社会生产力发展，基础理论创新仅是科技创新生态的环节之一，其余环节则包括科技创新成果转化、商业应用等。因此，科技创新进程在一定程度上也受到市场分配机制的影响。其三，科技创新必要的物质条件可获得性同样能够影响到科技创新效率。

〔1〕 参见周海源：《从政府职责到科研权利：科技法虚置化的成因与出路》，载《华中科技大学学报（社会科学版）》2016年第6期。

〔2〕 参见阳东辉：《论科技法的理论体系构架——以克服科技创新市场失灵为视角》，载《法学论坛》2015年第4期。

市场分配机制因其内在的经济利益驱动模式而存在“失灵”的可能性，进而直接影响创新主体获取科技创新必要物质条件的难易程度。最后，基于这三类因素，分别延伸出三类不同的治理范式（见图 1）：其一，面对安全风险因素时，法律需要基于预防型法治理念，创设针对不同技术风险类型的主体义务内容。其二，面对市场分配机制时，法律需要实现“解放新质生产力”的目标，通过优化科技管理行政体系、细分知识产权保障模式、增设针对性、扶持性财政政策等具体制度，提升创新主体内在的经济动机。其三，面对科技创新必备物质条件时，法律需要解决物质条件供给过程中可能存在的垄断、不正当竞争以及社会总体资源规划不足等问题。

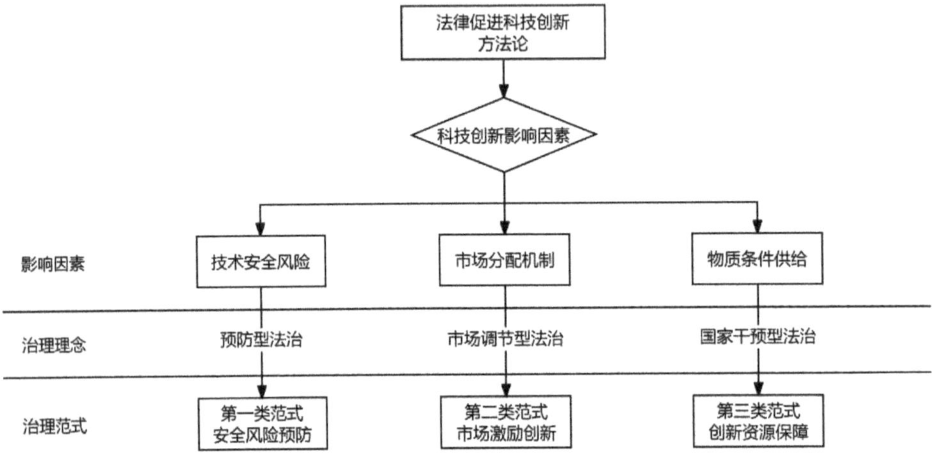

图 1　法律促进科技创新方法论

（三）法律促进科技创新的方法论体系：风险、激励与保障

法律作为科技创新治理的工具之一，相应的法律治理架构方式也应当遵循科技创新的实践特征，体现动态性、体系性和整体性特征。动态性特征，是指法律治理架构应当能够与科技创新发展保持相对同步性；体系性特征，是指法律治理架构应当实现内部规则的协调统一和外部规则体系的有效衔接；整体性特征，是指法律治理架构在面向特定技术时应当能够涵盖技术创新的各个技术环节和业务流程，国外学者认为人工智能监管应当建构类似航空旅行安全监管的

"全流程监管框架"。[1]风险预防导向和市场激励导向的研究范式各自存在相应的局限性，前者无法直接作用于具体的科研活动，而是通过外部的监管机制和内部的业务合规，在技术应用场景、科技伦理以及主体责任层面明确相应的制度规范；后者则无法彻底解决市场调节机制固有的局限性，基于营利导向的市场激励效应可能会使得原本属于公共物品范畴的科研成果私有化，并且，部分钳制科技创新的相关生成要素也存在被部分市场主体垄断的风险。因此，引入创新资源保障机制作为科技创新治理体系也就存在其必要性。按照动态化、体系化和整体性的治理架构要求，法律在促进科技创新方面需要采取综合性的治理措施，创新资源保障机制显然是填补风险预防机制和市场激励机制的必要制度工具，能够从"创新主体—创新成果—创新资金""技术安全风险—技术应用合规""创新要素保障—制度环境保障"三个不同的维度整合科技创新的促进要素。并且，国外学者也认为人工智能治理策略并不能局限于某一类，存在"禁止性策略""自我调节策略""义务策略论""场景应对论"四类治理模式。[2]

在风险预防层面，科技创新治理体系需要解决的风险类型主要以技术安全风险、应用方向偏离风险、技术合规风险三类为主。在科技创新活动中，不仅包括基础理论的创新突破，还包括科技创新成果的可用性。进一步而言，技术安全风险的预防和可控是实现基础理论创新与科技成果商业可用性的重要环节。在数字时代，信息技术创新的安全风险是与其创新功能相伴而生的，因此，在风险预防导向下，科技创新促进机制在于将这类技术安全风险控制在可接受范围内。同时，科技创新也受到市场交易需求的影响，科技创新促进机制还需要对科技创新的成果应用方式和创新方向进行必要干预，即通过科技伦理审查、安全风险评估、合规审计等方式，避免出现以侵害合法权益为前提的创新性技术应用。

在市场激励层面，科技创新治理体系重点需要解决的是创新动力不足的问

〔1〕 See Robin Feldman & Kara Stein, *AI Governance in the Financial Industry*, Stanford Journal of Law, Business, and Finance, Vol.27, p.127–128(2022).

〔2〕 See Nadisha–Marie Aliman & Leon Kester, *Transformative AI Governance and AI-Empowered Ethical Enhancement through Preemptive Simulations*, DELPHI, Vol.2, p.23(2019).

题。虽然《科技进步法》等现行立法在科技成果转化、产学研科技合作创新等领域作出了明确规定，但从基础理论创新到成果商业应用这一转化过程来看，不同领域的技术创新还需要专门性制度规范。例如，在智能网联汽车技术创新领域，基于云、边、端协同的网络通信架构实时对路况数据、驾驶行为数据等进行分析和处理确实能够有效缓解交通道路事故的发生概率。但问题是，从上路试行到日常普及使用，除了需要解决固有的技术难题，还需要解决行车数据收益分配、网络通信互联互通等制度问题。智能网联汽车的数据采集范围越大，所能实现的驾驶功能越强。在市场导向机制下，认可智能网联汽车对这些采集数据所享有的财产性权益确有必要。不过，在科技创新主体多元化的背景下，原本属于民法领域的数据财产权问题却也成为解决科技创新动力不足的核心问题。信息系统研发者、高速道路运营者等数据处理活动的参与者之间如何分配数据收益是直接影响智能网联汽车普及化的重要因素。

在创新资源保障层面，科技创新治理体系需要解决的是创新要素供给不足的问题。因为市场激励模式下的科技创新可能存在因垄断性经济活动导致市场调节机制失灵的现象。除了基础理论研究无法直接通过市场调节进行供给外，这种市场调节失灵现象还表现为三个方面：其一，一旦市场不存在同类竞品或更优质产品，创新主体在短时间内反而缺少科技创新的经济动机。其二，持有优质产品的创新主体存在海量用户时，可能会借由用户规模优势研发与一般产品兼容的次等产品，用以抢占次等产品市场竞争中的创新资源。其三，部分创新资源属于公共物品，完全交由市场调节可能会使在先的市场主体采用各种方式阻碍在后的市场主体获取相同的创新资源。

三、人工智能科技创新治理的第二类范式：市场激励导向

法律对于科技创新的促进作用并不全是依赖风险预防实现，还包括基于市场分配调节机制影响科技创新要素的调度、分配乃至成果转化。尽管现有研究已经在不同层面解释和论证法律应当如何推动科技创新，但这种研究议题始终被技术风险预防相关的研究成果所淡化。因为“技术风险预防”和“市场激励创新”两种研究路径在法律价值层面均是以促进科技创新为目标，但是，市场激

励导向的研究范式会使相关研究容易陷入“科技政策”“法律实施效果量化评估”的研究模式中。相对地，风险预防导向的研究范式能够更直观地展现科技创新所面临的制度障碍解决方式。在科技创新发展尚处于探索阶段时，以技术风险预防为目标，仅设置禁止性规范而不设置授权性规范更符合审慎监管的基本要求。

客观而言，这种研究路径的分化并不利于建构整体性的科技创新制度体系，因为市场激励导向和风险预防导向都只能解决科技创新过程中的部分障碍。综观中国科技创新的治理实践，科技创新治理活动实际上是一项系统性工程，并不是单纯依托某一种治理模式即可解决所有问题。科研机构、高新技术企业以及科研人才系科技创新的重要主体，法律显然需要对这些主体的权利义务予以明确。但是，实践层面的科技创新系统工程更为复杂，这些创新主体相关的制度规范也仅解决了收益分配、成果认定等问题，至于政府、科研人才、高新技术企业、中介服务机构、科研机构等不同主体之间的复杂法律关系并未得到真正解决。更为重要的是，促进科技创新的影响因素除了多元化的创新主体之外，还包括从基础研发活动到成熟商业产品的各个业务环节，风险导向能够解决研发活动或者技术应用层面的业务合规问题，但不能解决科技成果转化问题。

针对法律与科技之间的价值互动关系，有学者提出了管制模式、回应模式和重构模式三类价值关系形态：管制模式表现为国家通过法律对技术发展进行管制；回应模式则强调技术发展的社会意义并非法律进行压制和驯化的基础，而是应当通过调整技术发展和社会冲突实现动态的自我调整；重构模式则是将法律价值与技术价值纳入重新评估和衡量的语境中，建构“整体性方案”，使法律能够以更宽泛的架构容纳和论证技术创新问题，这也是学者所推崇的法律与科技价值关系的理想状态。〔1〕人工智能技术的创新发展已经对现行法律提出挑战，但是未来人工智能技术究竟会发展至何种智能化水平以及呈现何种应用方

〔1〕 参见郑玉双：《破解技术中立难题——法律与科技之关系的法理学再思》，载《华东政法大学学报》2018年第1期。

式，我们无从得知。按照重构模式的理论框架，法律不可能实现对未来技术风险的精准预防，但是可以实现对未来技术风险的解释性适用。例如，在网约车平台兴起之初，这类科技创新所产生的业务模式本身并没有在现行立法中明确规定，但是通过对消费者权益保护、民法中的安全保障义务等具体条款的解释，网约车平台的义务范畴能够通过开放性的立法体系予以确定。即便未能提供最为有效的法律依据，这种重构模式也能够为技术发展产生的实践问题提供整体性的价值判断和归责原理，进而推导出是否有必要通过专门立法的方式解决技术发展问题。

不过，科技法的市场激励治理模式实际上包含了两类内容：一是通过市场自发调节，提升科技创新的市场导向和经济动因；二是通过厘清科技行政管理、科技成果评价等方面的制度障碍，为科技创新提供必要的制度保障。后者的“保障”机制往往被学者所忽视或者被市场激励理论所遮盖。通常而言，“制度保障”一词往往被解读为通过立法、修法、法律解释等方式解决影响科技创新的制度障碍，故而常被用于描述促进科技创新的效果评价。需要澄清的是，市场激励导向的研究范式不可避免地需要解决市场调节机制失灵的问题，风险预防导向的研究范式仅能实现技术应用的合规问题，如人工智能技术创新所需要的训练数据、算力资源则无法通过这两种研究范式予以解决，反而需要以政府干预为基础的“保障机制”解决科技创新的基础性难题。

四、人工智能科技创新治理的第三类范式：创新资源保障

在科技创新活动中，阻碍因素除了技术风险和创新动机不足外，还包括创新能力不足。所谓的创新能力不足，是指创新主体自身缺乏科技创新必要的条件、资源和技术能力，除了科研技术能力不足属于创新主体自身原因外，条件不足、资源不足则是法律需要介入和干预的重要领域。在排除“制度保障”这类笼统性词义语境后，法律保障科技创新的基本逻辑表现为法律通过行政监管、立法活动以及产业政策等手段，促使创新主体与创新资源之间形成互动关系。从过往的科技创新实践来看，这些创新资源既包括科技创新所必须的资金投入，还包括科技创新所依赖的产业供应链或者社会公共服务。资金投入问题完

全可以通过政府财政扶持、科技创新成果投融资机制等制度规范予以解决，但是，其他创新资源在某种程度上具有社会公共属性，既无法通过市场调节机制进行高效分配，也无法通过事前风险预防解决创新资源供给不足的现实问题。因此，这类创新资源的供给不能完全交由市场调节，更需要以行政干预等方式消除潜在的创新资源不可获取风险。例如，数字基础设施作为数字科技创新的基础性资源，需要在国家层面进行统筹规划和资源调度供给，如若交由市场自行调节，则可能增加创新主体获取科技创新资源的投入成本。

创新资源保障导向的治理范式更加侧重如何通过法律制度实现创新资源的开放性和可用性。在该语境下，所谓的“保障”实际上包含了两层含义：其一，保障科技创新的平等性。在科技法领域，市场激励模式备受推崇的原因之一正是科技创新活动本身具有竞争性特征，为了达成更加理想化的功能和目标，不同创新主体也会基于不同的目标推进科技创新进程。因此，这种市场竞争性特征也决定了在法律层面确保科技创新平等权的必要性，避免出现因为创新资源分配不均可能导致的科技创新动机不足等问题。当然，这里的“平等权”也仅以相对平等为限，即任何创新主体在相同条件下均能够获得必要的创新资源，但是由于创新主体在人员、资金、前期技术积累等方面的差异性，获取创新资源的规模、范围以及实际效果也会产生相应的差距。其二，保障科技创新的公正性。保障平等性是为了解决创新资源的可获得性问题，而保障公正性则是为了解决创新资源的可用性问题。市场激励导向的治理范围虽然可能保障创新资源的可获得性，但这种可获得性在市场调节机制失灵的情况下可能会被设置诸多使用障碍。部分创新资源的提供者可能会以获得创新成果收益权作为创新主体使用创新资源的前提条件，这无疑会使部分创新主体缺失必要的科技创新积极性。

创新资源保障导向的治理范式本质上是以科研自由为基础理论。《科技进步法》等法律法规中也多次提及保障“科研自由”之要求，《宪法》第 47 条更是将“科研自由”作为基本权利予以明确，而“科研自由”的基本内容不单单是科研人员、科研活动不受到外部不合理的干涉，还包括创新资源的可获得性和可用性。在既有的研究成果中，科研自由往往指涉科研经费自主权、科研成果收益权、获得国家支持等具体权利，这类观点实质上仅关注到“自由”的外观表现，忽视了实现“自由”的外部条件考察。倘若创新资源受到严格管制，科学研究活动无疑会间接受到影响，特别是在创新资源的获取被设置不公平、不合理的限制条件时，所谓的“科研自由”不过是纸上谈兵。科研自由保护体系应当由保障权、收益权和救济权三项内容构成。收益权，是指创新主体能够通过科学研究活动获得相应的经济收益（包括社会荣誉等）。救济权，是指创新主体在科研自由受到不正当干涉时，有权拒绝这种干涉；在造成损失时，也能够获得司法救济。保障权，是指创新主体有权公平合理地利用创新资源进行科学研究活动，该项权利也是前两项权利的前提条件。因为保障权强调创新资源的可用性和可获得性，避免将创新资源作为创新成果收益分配的正当性依据，创新主体可以免于因创新资源提供者设置不合理条件侵害自身的创新成果收益权。同时，保障权也将干涉科研自由的范围延伸至间接干涉创新资源的获取，创新主体也能够实现更全面的科研自由救济效果。

五、人工智能科技创新治理领域的三类范式嵌入：以公共数据供给为例

在人工智能科技创新活动中，影响科技创新的核心要素主要包括训练数据、算法模型和算力资源。其中，高质量、大基数的训练数据能够持续提升人工智能算法模型的功能，扩大人工智能技术的实际应用场景。不过，在数据财产权理论建构的大背景下，直接将企业数据作为具有公共属性的创新资源显然不具有可操作性，故而相关产业政策文件中将“公共数据”作为人工智能技术创新的重要数据来源。如《国家新一代人工智能创新发展试验区建设工作指引（修订版）》提及围绕数据开放与保护等方面开展政策先行先试，“探索建立支持人工智能原始创新的体制机制”；《关于加快场景创新以人工智能高水平应用促进经济高质量发展的指导意见》明确将“集聚人工智能场景数据资源”作为创新要素供给的重要内容；浙江省《关于加快人工智能产业发展的指导意见》则提出“推动高质量数据集建设”，“统筹推进人工智能公共数据资源库建设”。这些中央或地方的产业政策实际上已经注意到人工智能技术创新活动中高质量

数据供给不足的“瓶颈”问题，而公共数据自身又具有公共属性，且这些数据在数量和质量层面远超一般的企业数据。在法律制度层面解决公共数据的开放和使用问题，在很大程度上能够满足人工智能技术创新的训练数据需求。在前述三类科技创新治理范式下，公共数据开放和使用的制度建构实际上也被划分为三个层面的问题(见图 2)。

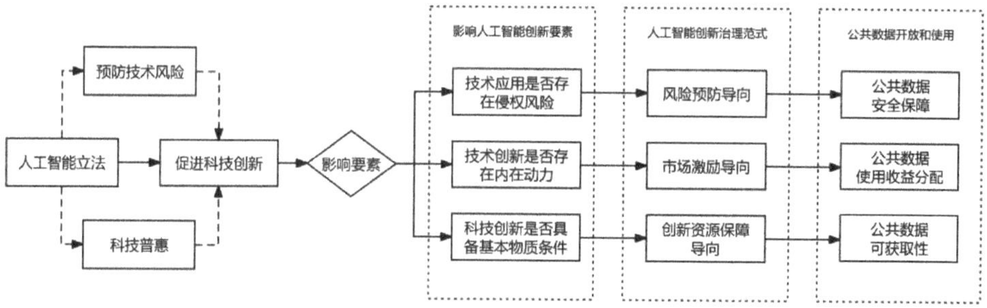

图 2　三类治理范式下的公共数据制度问题

在风险预防导向下，法律促进人工智能创新的研究议题转变为如何平衡数据安全与数据利用这一数据安全治理领域的“经典问题”。因为公共数据能够反映一定的社会经济状况或者公共服务现状，公共数据与其他数据相互结合还可能产生识别特定自然人的安全风险。尽管地方政府相继出台了公共数据安全管理和开放使用的相关规范，实践中也在试点推行公共数据开放使用，但从实践情况来看，公共数据的供给现状远远无法满足人工智能技术创新需求。因此，在该治理范式下，公共数据开放使用的主要制度内容则是公共机构和授权使用公共数据市场主体之间的数据安全法律责任分配问题。并且，这种数据安全保护目标同样归属于一般意义上的数据安全治理体系，数据分级分类保护等基础制度也同样适用于公共数据开放使用。

在市场激励导向下，法律促进人工智能创新的研究议题转变为如何协调各类创新主体之间就公共数据的使用收益进行市场化分配。尽管公共数据为公共物品，但是数据处理者、数据加工者以及人工智能技术研发者在数据处理活动中享有何种收益权是公共数据开放使用亟须解决的现实问题。特别是在面向基于公共数据所完成的人工智能技术创新时，倘若按照贡献程度确认收益，则有可能削减人工智能研发者的研发积极性，因其自身的科技成果有可能因为公共数据处理者的介入而减少预期可得的实际收益。因此，公共数据开放使用的主要制度内容包括公共数据确权、公共数据授权、公共数据收益分配等财产性制度规范。

在创新资源保障导向下，法律促进人工智能创新的研究议题转变为如何建构公正公平的开放使用机制，确保市场创新主体能够平等地获取用于训练算法模型的训练数据资源。事实上，在既有的研究中，已经有部分学者提出公共数据开放的基本原则应当包括公平原则、效率原则等内容，其中的公平原则主要针对的是“有条件开放”的公共数据，强调任何市场主体在相同条件下应当具备相同的公共数据获取能力。[1]这里的“有条件开放”本身并不意味着某种程度的“市场歧视”，而是指在风险预防导向下所形成的公共数据安全治理体系需要结合数据类型采取不同的开放使用路径。但是，这种分类开放模式如若交由市场主导调节，有可能使这类公共数据成为部分创新主体的垄断性竞争优势，此时，创新资源保障这一治理范式需要明确违背公平获取公共数据资源的具体情形予以排除，进而实现二类治理范式层面的科技创新治理体系的规则衔接。

六、科技创新视角下的人工智能技术治理架构

（一）科技创新促进的方向定位：人工智能技术的法律性质

在厘清“法律如何促进科技创新”这一方法论层面的问题之后，接下来需要回答的问题则是如何建构以技术创新为核心立法目标的“人工智能技术促进法”。不过，在按照前述三类治理范式论证立法基本原则和具体规则之前，还有一个基础性问题需要予以澄清，即人工智能产品或服务的法律性质如何认定。这个问题看似属于民法学领域的法律性质认定问题，用以解决研发者、服务提供者、用户以及监管机构之间的法律关系内容，与所谓的促进科技创新并无直接关联性。然而，这个问题却直接关系到在科技立法层面如何确定相应的技术监管立场和监管理论。结合过往的科技创新实践及其相关法学研究来看，普遍

〔1〕 参见李爱君：《数据要素市场培育法律制度构建》，载《法学杂志》2021年第9期。

存在"技术概念营销"泛滥的问题，一旦社会层面对于技术概念、技术发展水平以及技术应用场景形成偏差认知，则会进而影响立法者对于相关技术产品或应用法律性质的认定。尤其是在一项创新性技术尚处于探索发展阶段时，不当的技术概念营销反而会使社会公众对于技术产品或服务的法律性质产生认知偏差，进而导致法律性质、社会公众认知以及监管模式的"错位"。

这种技术概念营销行为本身并不具有违法性，甚至在商业活动中可能具备技术概念普及的推广作用。除了技术概念营销行为本身可能存在的虚假宣传、恶意营销等违法性之外，在促进科技创新层面，这种技术概念营销更需要在制度层面明确其合法性边界。在元宇宙概念刚被提出之初，各类技术概念营销活动相继涌现，大有数年内元宇宙技术就能普及应用之势。有学者专门就元宇宙技术概念的舆情状况进行量化分析，发现"灌水帖约占半数"，这种比例"侧面印证了元宇宙的概念性较强，缺乏进行技术性讨论价值的特点"。[1]这种尚处于技术概念的技术特征反而使法律回应的方式开始出现偏差，风险预防导向的治理范式则延伸出面向元宇宙技术应用可能产生的新型风险进行规制之结论。为此，这种研究结论也被质疑缺乏社会实践基础，因为法学研究不同于其他学科的研究范式，更需要关注具备一定技术实践的具体法律关系。正常的技术概念营销属于市场经营活动的必然选择，但这并不能作为法学研究的现实依据。一个尚处于技术概念阶段的技术应用不适宜过早地纳入法学研究视野之下，特别是产业界根本未能形成明确技术应用路线时，以风险预防为核心的研究路径必然会陷入超前预防或"老生常谈，无差别适用既有法律规范或理论范式"[2]的尴尬境地。

人工智能技术也同样面临类似的问题：在 ChatGPT、Sora 出现之后，生成式人工智能技术被"营销"成已经能够具备超高智能化水平的技术阶段。这种对人工智能技术能力的过高期待使相应的立法活动和学理探讨都受到潜移默化地影响。因为在现有的理论讨论中，唯一能够确定的是生成式人工智能产品或

〔1〕 宋钰、牛紫琳：《元宇宙是颠覆还是噱头？——基于文献计量与质性方法校准的舆情追踪》，载中国知网 2024 年 4 月 15 日，http://kns.cnki.net/kcms/detail/44.1306.G2.20240408.1846.002.html。

〔2〕 邱遥堃：《走出虚拟世界：元宇宙热的批判性解释》，载《中外法学》2023 年第 4 期。

服务属于典型的信息服务产品。倘若该项技术与其他信息服务产品结合，其法律性质则会根据所结合的信息服务类型而有所变化。但是，在现阶段，市面上的各类生成式人工智能大多是以人机对话界面呈现，并没有依托具体的应用场景。对于用户询问生成式人工智能产品最近的新闻时事、旅游路线，检索周边有名医院时，该类产品的法律性质是否会发生变化，尚未达成多数意见。按照这些信息检索呈现功能，该类产品似乎又具有搜索引擎、点评信息平台等法律特征，这也延伸出“研发者、服务提供者是否需要就生成信息存在错误承担相应的法律责任”等问题。进一步而言，如果确认该类法律责任应当成立，这显然又超出了既有人工智能技术的发展水平，但是如果按照“陪伴式机器人”等概念界定这类产品或服务，又有可能使得研发者、服务提供者以技术水平发展不足为由逃避法定义务的承担。因此，在“人工智能技术促进法”的立法活动中，首先需要明确的是，人工智能产品或服务属于一种可能存在生成信息内容不准确的特殊类型信息服务。

（二）基于三类治理范式的立法论原则

在促进人工智能技术创新方面，风险预防、市场激励和创新资源保障三类治理范式实际上对应了安全可靠原则、经济效益原则和基础设施保障原则三项立法论原则。

安全可靠原则，是指人工智能技术研发和应用应当满足能够确保技术安全风险控制在可接受范围。具体而言，安全可靠原则包括三个要素：一是符合安全技术标准和法定安全管理义务。人工智能技术的创新方式应当符合法律法规有关技术安全保障的强制性规定，同时，在具体应用场景中，应当优先采用符合通用安全技术标准的技术架构、通信协议。二是既能够有效预防常见的技术安全风险，也能够在网络安全事件中快速恢复基本功能。所谓的“风险可接受”，是指人工智能产品或服务应当能够有效抵挡常见的网络攻击，事前预防数据泄露、员工擅自携带用户数据等常见风险事件。同时，人工智能信息系统总是存在不同程度的技术缺陷，[1]但是至少应当保障在发生技术故障或外部网络攻击

---

〔1〕 W. Nicholson II Price, *Distributed Governance of Medical AI*, SMU SCI. & TECH. L.REV., Vol. 3, p.5 (2022).

时，能够快速恢复正常信息服务功能。三是符合科技伦理审查要求。因为信息技术创新的周期越来越短，使法律越发难以保持与科技创新的同步性，针对技术创新过程中可能存在的“人类主体地位客体化”“算法歧视”等科技伦理风险，人工智能技术的应用方式理应以保护人格尊严和自由为基础，在设计研发、商业应用等各个科技创新环节进行科技伦理审查。

经济效益原则，是指人工智能技术创新的促进机制应当符合市场经济效益要求，技术创新鼓励性条款、促进性条款应当着重强调“市场调节为主导，政府干预为辅助”的基本要求，衔接好市场调整机制与政府干预机制在促进人工智能技术创新的功能定位。经济效益原则包括三个方面的内容：一是保护科技创新成果及其知识产权。在科技创新实践中，侵害专利权、不当使用开源代码等常见问题会严重影响市场创新主体的积极性，故而需要在法律基本原则层面明确创新主体对人工智能技术创新成果的知识产权。二是协调不同创新主体的知识产权诉求。在人工智能技术创新过程中，争议最大的技术环节便是训练数据是否能够采用承载著作权的作品。倘若从促进科技创新的目的来看，使用受《著作权法》保护的作品训练人工智能算法模型属于必要的技术环节；但是，现行《著作权法》所规定的“合理使用”情形并没有包括“训练算法模型”。在未来的立法活动中，回避规定这一方面的立法争议实际上也在回避人工智能技术创新存在的现实障碍，无法真正回应“促进科技立法”这一立法目的。尽管《生成式人工智能服务管理暂行办法》第7条第2项规定了“涉及知识产权的，不得侵害他人依法享有的知识产权”，其言外之意便是“使用不侵害他人依法享有知识产权的训练数据是合法的”。但是，在促进科技创新层面，立法内容应当提供更加具体的训练数据使用行为规范指引，如对生成内容作出具体规范要求，禁止利用训练数据中包含的“作品”生成相似或完全相同的作品等。三是明确政府干预与市场激励两种机制之间的衔接原则，即政府对于人工智能技术创新的干预需要回应研发阶段的投融资引入、技术研发场地供给、合作创新平台提供、科技成果转化等具体的市场实践需求。

基础设施保障原则，是指人工智能技术创新的促进机制应当包含人工智能技术创新所必要的创新资源供给。目前，算法、算力和数据成为影响人工智能技术创新的核心三要素，相应的创新资源供给机制也应当围绕这三个要素予以建构。在算法层面，市场激励机制不可能实现直接由市场提供基础技术的创新，这种失灵现象需要在制度层面明确政府促进科技创新的法定职责，既需要鼓励和支持高等院校、科研机构开展基础算法模型的科研攻关，也需要有规划地培养基础算法模型领域的关键人才。在算力层面，人工智能产业正在以“大模型”作为主要的技术创新趋势，而这也意味着科技创新活动需要庞大的算力资源用以支撑海量的数据分析处理任务。然而，算力资源的供给需要消耗大量的电子资源，无法通过简单地频繁修建数据中心等方式进行数量层面的增长。算力这一创新资源供给和保障则需要监管机构在国家层面统一规划和部署算力中心节点的建设，避免因数据中心无序建设导致算力整体资源受限的情况发生。在数据层面，人工智能产业实现高度智能化的技术水平离不开海量训练数据的“喂养”，在数据财产权理论尚未明朗的背景下，公共数据的供给制度显然应当纳入“人工智能促进法”的立法活动之中。一方面，立法内容应当明确公共数据公平供给的基本原则，确保人工智能产业在相同条件下能够获得必要的训练数据资源；另一方面，立法内容还应当包括公共数据供给的具体方式，如建构中央和地方的人工智能产业训练数据供给平台等。

（《法学论坛》2024 年第 3 期）

人工智能立法体系化的理论证成与路径选择

陈 亮* 张 翔**

一、人工智能立法体系性不足的表现

一般认为，数据、算力和算法是人工智能发展的“三驾马车”，其中大数据是人工智能发展的基础，云计算是人工智能发展的平台，而深度学习是人工智能发展的手段，三者之间的联系极为紧密。[1]当前，我国涉人工智能法律规范总体上呈现“碎片化”特点，具体表现为“概念不清”“定性不准”“理念不彰”“范畴不明”“脉络不畅”五大问题。

（一）人工智能的概念含混不清

在我国涉人工智能法律规范文本中，鲜见针对人工智能本质特征和特有属性的明确定义，大多数文件只是在涉及人工智能的语句中零散地给出特征描述词或者类型归属词，难以准确阐明何谓人工智能。诚然，形成合理的法律概念是科学构筑法律体系、清晰表达法律内容、准确适用法律规范的前提条件，当前规范文本中含混不清、位阶不高、确定性不足的人工智能概念致使不同规范的适用范围存在交叉重叠，极易造成重复性立法、矛盾性立法以及立法漏洞等问题，进而减损法律适用的稳定性；特别是在人工智能集成应用、高速迭代、场景泛在的发展状态下，共识性定义缺失将会导致国家权力对产业发展的干预范围

---

* 陈亮：西南政法大学人工智能法学院教授、博士生导师，西南政法大学科学技术法学研究院研究员。

** 张翔：西南政法大学人工智能法学院博士研究生，西南政法大学科学技术法学研究院研究员。

〔1〕 参见张云泉等编：《人工智能三驾马车：大数据、算力和算法》，科学技术文献出版社 2021 年版，第 9 页。

和控制程度模糊化，诱发科技创新的“寒蝉效应”。

(二)人工智能立法的定性不准

在学理上，法律规范的性质关乎其在立法谱系中如何定位，不同类型的部门法之间不仅法律关系的内容不同，植根于部门法的立法精神和价值导向更是不同。在传统部门法视域下，涉人工智能法律规范的性质界定尚不清晰。除了将人工智能规范定性为民事规范，有学者在描述人工智能立法特点时，将《网络安全法》(以下简称《网安法》)、《刑法》对个人信息的保护、《反垄断法》对“利用数据和算法实施垄断”的规制以及智能网联汽车、人工智能医疗、互联网信息服务算法、深度合成算法等领域的行政管理规范，都归为人工智能立法，〔1〕而这些规范表现出显著的“公法”属性。此外，还有学者对人工智能立法的定性超越了公法和私法的二元区分，认为其是“科技法”规范、〔2〕“领域法”规范〔3〕或者“核心是风险控制与问责的风险立法”规范。〔4〕可见，法律实践和学术研究对人工智能立法属性的厘定分歧较大，立法性质界定不准将会影响立法理念在法律规范中的准确适用。

(三)人工智能立法的理念不彰

当前，涉人工智能法律规范缺乏一以贯之的基本理念来统合各类价值。一是作为立法逻辑起点的人工智能法律概念中没有嵌入价值理念，但“法律概念也承担着法的调控任务，受制于目的论”〔5〕。二是不同法律价值之间缺乏消解冲突、平衡利益的决断依据。同样是针对“高风险”的人工智能，《上海市促进人工智能产业发展条例》(以下简称《上海人工智能条例》)严把准入关，设置了“清单式管理”和“合规审查”两道门槛，并且明确规定合规审查的实质标准是“必要、正当、可控”；〔6〕而《深圳经济特区人工智能产业促进条例》(以下简称《深圳人工智能条例》)只是在程序上要求“事前评估”和“风险预警”，没有

〔1〕 参见姜伟、龙卫球主编：《数字法学原理》，人民法院出版社2023年版，第380页。
〔2〕 参见王利军、李大庆主编：《人工智能法学导论》，法律出版社2022年版，第196页。
〔3〕 参见郑飞、马国洋主编：《人工智能法学》，中国政法大学出版社2023年版，第26页。
〔4〕 参见王建文主编：《网络与人工智能法学》，法律出版社2023年版，第242页。
〔5〕 [德]伯恩·魏德士：《法理学》，丁晓春、吴越译，法律出版社2013年版，第91页。
〔6〕 参见《上海人工智能条例》第65条第2款。

从实体上直接划定人工智能类型“禁区”,[1]相对而言,市场准入空间较大。究其原因,一方面,人工智能治理要求“包容共享”“开放协作”“共担责任”,相对统一的准入门槛有利于防止市场碎片化,促进跨地区资源共享,并在地区协作治理时降低责任分配的协作成本;另一方面,人工智能治理也要求“安全可控”“敏捷治理”,预先设定较高准入门槛成为倒逼安全措施升级,能动防范风险的强有力手段。[2]因此,两部条例设置差异化准入标准,不仅是考虑地方资源和发展方向的特殊性,背后反映的深层次问题是不同价值之间难以平衡,只能暂时“妥协”而偏重单一价值,其根源正是当前政策及立法文本中没有确立能够合理融贯各类法律价值的根本理念和有效消解价值冲突的合理方法。

(四)人工智能立法的范畴不明

从“效力位阶”和“客体类型”审视涉人工智能法律规范,其整体上呈现“非正式法律渊源数量多于正式法律渊源,并且正式法律渊源以部门规章和地方性立法为主导”,以及“涉数据要素的规范数量最多、涉人工智能整体的规范次之、涉算法要素的规范较少、涉算力要素的规范最少”的体量分布格局。从“规范内容”来看,数据立法重在维护数据/信息安全,并激励大数据产业发展、促进公共数据开发利用;针对人工智能整体的立法侧重于促进智能制造业升级,并且重点扶持智能网联汽车行业,而涉及“通用人工智能”和其他应用场景的立法较少;算法领域主要是规制“深度合成服务”和“算法推荐服务”的部门规章,涉及“算力/云计算”的正式法律渊源缺位。此外,涉人工智能法律规范也存在于名称上不直接冠以“智能或其要素”但某些条款涉及该客体的立法中,如规制“推荐类算法”(大数据杀熟)的《电子商务法》第18条,此类条款往往散见于《网安法》、《个人信息保护法》(以下简称《个保法》)、《数据安全法》(以下简称《数安法》)等法律法规之中,总体而言数量稀少。诚然,观察人工智能的视角不同,涉人工智能法律规范呈现的特征也不同,由此引发的问题是:是否

---

〔1〕 参见《深圳人工智能条例》第66条第2款。

〔2〕《新一代人工智能治理原则——发展负责任的人工智能》是设计人工智能规范时进行价值判断和理念选择的重要依据,但对所列举原则之间是否具有“位阶关系”,以及发生冲突时如何选择等问题,文件没有给出答案。

所有涉人工智能的法律规范都可以被纳入人工智能立法范畴？鉴于此，只有妥善解决人工智能立法范畴问题，才能有的放矢地进行体系化作业。

（五）人工智能立法的脉络不畅

涉人工智能法律规范基本将《个保法》作为其立法根据，但该法难以成为保障人工智能合理利用的一般性法律。无论是在价值理念上侧重于保护个人免受过度数字化控制，抑或利益分配时倾向对信息处理者科以严格义务，该法"强监管、弱激励"的整体导向使下位配套规范形成路径依赖，甚至出现实质上超越上位法精神的潜在违法风险。以立法中"反算法歧视"条款对"输入端"数据的控制方式为例，企业能够利用的数字资源被不断压缩，并且框定数据利用范围的标准也越发模糊。反观相关规章和《个保法》的关系，二者在体系协调上存在违法风险。一是不当增加信息处理者义务。上位法规制"算法歧视"时主要在"输出端"为个人信息处理者配置义务，无论是要求"提供多元选项或者拒绝选项"，抑或赋予个人"请求说明权或者拒绝权"，都没有在算法设计和数据选择层面为企业增加过多负担。二是不当扩张监管者权力。规制"算法歧视"的关键举措是防止出现"不合理差别待遇"，上位法的控制对象是经算法处理后的"交易价格"这一输出结果，而部门规章的控制对象是"算法利用行为"，即上位法不对算法本身的架构、运行原理进行合理性审查，但部门规章需要审查算法设计及其部署方式。三是整体的权利义务分配机制失衡。监管者自我约束不足，"结果公平公正与否""差别待遇合理与否""内容歧视与否""防止歧视的措施实施、有效程度如何"等皆是裁量空间较大的模糊标准；私主体权益保障不足，对抗国家审查权力和个人请求权利的"抗辩性企业权利"在立法中难寻踪迹。因此，从体系脉络看，《个保法》的起始逻辑并非为了发展人工智能，而是"人格尊严保护至上"，由其统率的涉人工智能法律规范没有在整体上对数据和算法的内在牵连性予以系统关照，利益配置时也不当地向部分主体过度倾斜。

二、人工智能立法体系化的对象框定

"在法律工作范围内之体系性思考的目标则是，将众多的规范与事实安排进一个秩序里，由此创造一个统一体。”[1]要创造这样一个统一体，必须按照一定的标准，框定应予安排进该统一体的规范与事实的具体范围。

（一）识别体系化对象的三道滤网

1. 第一道滤网：明确人工智能的应然法律概念

从既有立法素材中“提取公因式”是形塑法律概念的重要方法，不同规范文本的人工智能概念之间只有达成“最低限度共识”，才能确保领域法语境下人工智能规范集群中各类规范的调整对象不至于过度偏离人工智能的中心语义和社会认知预期。系统梳理域内外涉及人工智能的规范性文本以及中国法学界对人工智能的学理界定，并在“属概念—种差—外延”这一经典认知框架下检视各种定义模式之优劣，进而引入“事物本质”理念和“系统—控制论”原理重构人工智能的法律概念，可以得出如下结论：其一，就属概念而言，应当从人工智能全生命周期厘清各个节点的关系。人工智能并不直接指涉“科学或者学科”，其首先应当是一种信息处理“系统”，而“程序、模型和机器”则是该系统的软硬件组成部分；对智能系统的科学研究或技术研发，称为“人工智能科学”，其范畴包括人工智能“知识、原理、方法和技术”等；科学成果转化、投产后，形成“人工智能产业”、制造出“人工智能产品”；而人工智能作为一种“权益”，受制于特定的政策背景和法理话语，并且具有较强的评价性色彩和逻辑上的后置性，不能成为界定人工智能法律概念的术语。其二，就概念内涵而言，应当结合功能型定义模式和发生型定义模式，以期同时实现对“理性智能体”的“目标控制”和“行为控制”。具言之，人工智能是依托算力基础设施，通过控制系统的算法处理输入的数据，以软件或硬件等多元集成方式嵌入系统后输出，或者直接在具体场景中输出对人类某种理性功能的模拟状态，在环境中进行交互，并在目标约束下经过反馈修正，最终完成预设任务的信息系统。该种信息系统的法律本质为“理性智能体”，是界定其法律地位的主要依据。该定义的法学构造主要包括数据、算法、软件 / 硬件、目标 / 任务、反馈、输出等相互影响、互为制约的基本要素，以及这些要素在“系统—控制论”原理下的各种内生性或外显

〔1〕 陈爱娥：《法体系的意义与功能——借镜德国法学理论而为说明》，载《法治研究》2019 年第 5 期。

性行为(“黑箱”“集成”“功能模拟”“变换”等)。其三,就概念外延而言,人工智能既包括外观上模仿生物人但本质上是集成软硬件的“智能机器人”,也包括单纯的智能系统(ChatGPT)或硬件设备(智能传感器),以及嵌入这些软硬件的其他“智能体”(自动驾驶汽车)。

2. 第二道滤网:厘清人工智能法律规范的属性

法律关系的客体作为法律关系主体发生权利义务联系之中介,由其承载的法律关系之性质关涉不同类型制度之间的界分,成为识别调整对象的第二道滤网。

首先,在人工智能全生命周期中,不同节点的立法价值导向有所差异。针对“人工智能科学”的立法着眼于研发端,重在科技伦理、科技政策的法律化“转译”;针对“人工智能产业”和“人工智能产品”的立法着眼于市场端,重在激励生产积极性、提高商品流通效率、维护公平秩序和保障消费者权益;而“人工智能法”则着眼于智能系统的运行、维护端,重在防范、化解人工智能部署、利用时产生的整体性社会风险。其次,人工智能系统各要素作为法律关系之客体,其承载的法律规范并非全都属于人工智能立法。事实上,涉及人工智能的法律规范由“范围和监管模式大相径庭”的多层次规则组成,主要分为“规范数据使用的数据规则”、“针对特定AI应用程序或应用程序域的AI规则”、“适用于广泛人工智能应用的通用人工智能规则”、“应用程序特定的非人工智能规则(适用于特定活动,但不适用于人工智能)”,以及“通用的、跨领域的非人工智能规则”等不同层次,其结构、稳定性和相关度皆是不均衡的。[1]只有相关法律行为能够映射人工智能的法律概念,二者在“系统—控制论”原理上实现耦合,才能将该条款归入人工智能立法范畴。例如,仅涉及数据处理前端的数据确权、个人信息权益保护、数据流通交易等规范,并不符合人工智能法律关系客体的完整内部结构——具备“输入—输出”反馈链条的系统——所承载的行为模式及法律后果,因此不宜定性为人工智能法律规范。最后,人工智能立法主要着眼于公共利益维护。原因在于,(一些)环境法具有预防性、系统性和监管

〔1〕 See Mika Viljanen & Henni Parviainen, *AI Applications and Regulation: Mapping the Regulatory Strata*, Frontiers in Computer Science, Vol.3, p.1(2013).

导向性，人工智能系统的危害在结构上类似于环境危害，往往也是系统性、社会性的而不仅是个体性的；并且，该种损害如同环境损害一样，实际上是未来致害的风险而不完全是既得伤害，因而很难具体衡量和追踪因果关系，受害人也会同样面临集体行动的问题。[1]基于以上考虑，人工智能立法的性质应当是超越公私二元结构的“风险立法”，[2]其法律关系的内容主要是针对人工智能系统造成的大规模社会性损害，为相关主体设置损害救济权利、风险防范（监管）义务，以便合理分配各方责任。

3. 第三道滤网：彰显人工智能立法的理念欲求

诚然，经过法律概念和法律性质两道滤网筛选，人工智能法律规范的结构特征和问题面向已基本清晰，但锚定人工智能立法范畴还需要进一步在价值层面上明确人工智能法律规范的共同理念。

从国内外发布的人工智能政策、法规，以及理论研究和法治实践看，“发展负责任的人工智能”在国际社会中已达成广泛共识，该理念是关于人工智能应当如何研发、部署、使用、评估以及治理的提议或规范性声明，它由一系列确保人工智能透明、负责和合乎道德的基本原则构成，以促进人工智能技术的使用与民众的期望、组织的价值观以及社会的法律规范一致。[3]进言之，“负责任的人工智能社会治理是一种前瞻性社会治理、预期治理，以及针对人工智能开发与应用风险的全过程治理；构建负责任的人工智能社会治理体系，关键在于树立责任共同体意识，实现从个体责任意识到共同责任意识的转变”[4]。因此，判断涉人工智能法律规范应否被归入人工智能立法，目光需要在“规范内容和立法目的之间来回穿梭”，通过衡量行为方式、法律后果、权利 / 义务构造、风险

---

〔1〕 See Margot E. Kaminski, *The Developing Law of AI Regulation: A Turn to Risk Regulation*, LAWFARE (Apr.21, 2023), https://www.lawfaremedia.org/article/the-developing-law-of-ai-regulation-a-turn-to-risk-regulation.

〔2〕 参见宋亚辉：《超越公私二分：风险领域的公私法合作理论》，商务印书馆 2022 年版，第 137 页。

〔3〕 参见付子堂等：《优化法学学科体系 创新发展法学理论研究体系》，载《西南政法大学学报》2023 年第 2 期。

〔4〕 代金平、李杨：《构建负责任的人工智能社会治理体系》，载《山东社会科学》2022 年第 8 期。

分配，以及利益保护程度等，挖掘其中蕴含的价值判断及其作用范围，进而真正“理解”法规范的意义。[1]

（二）锚定人工智能立法的范畴

法律渊源依效力差异分为“正式法律渊源”和“非正式法律渊源”，本文侧重于从正式法律渊源层面对“三道滤网”识别出的人工智能法律规范进行分类分层，并以“系统—控制论”原理为基底设计法律渊源的体系架构。根据各类规范调整对象之差异，可以将人工智能法律渊源区分为“调整人工智能整体的狭义人工智能立法”和“调整人工智能要素 / 基础设施的广义人工智能领域立法”，其他部门法或领域法中涉及人工智能的法律规范则归入“广义的人工智能领域立法”。需要注意的是，本文对人工智能法律渊源类型层次的划分基于“共时性”而非“历时性”视野，其中既包括已经出台的法律规范，也包括未来可能会制定的法律规范。

其一，“狭义的人工智能立法”根据“基本法、特别法和附属法”的不同特征，区分为三类。第一类是兼有基本法和一般法属性的“人工智能法”。基于这些法律关系建构的法律制度相较于其他狭义的人工智能立法而言，往往具有根基性、抽象性和通用性。第二类是“人工智能法的特别法”。从体系关系看，如果人工智能法的“特别法”属于创制性立法，应当结合场景特质和地方特色对人工智能法的立法目的、基本原则、关联制度等进行特定化、精细化处理，但不得从实质上违反作为上位法的人工智能法的基本精神；不过，我国人工智能立法并未因循效力位阶采取“自上而下”的立法模式，而是采取领域立法、地方立法先行先试的“自下而上”模式，在时机和条件成熟时，对既有立法成果进行“编纂”，进而形成领域一般法。第三类是“附属人工智能法”，《网安法》《个保法》《数安法》等从整体上着眼于人工智能某一要素的法律法规不属于人工智能专门立法，相关条款如果只是单纯分配数据权益、保护个人隐私或施加数据安全义务，也不符合人工智能立法意旨；反之，如《个保法》第 24 条规制“利用个

---

〔1〕 参见［德］卡尔·拉伦茨：《法学方法论》（全本·第 6 版），黄家镇译，商务印书馆 2020 年版，第 276 页。

人信息进行自动化决策”行为以矫治“算法歧视”风险，其调整的涉法事实是具备“输入—输出”控制结构的闭环系统，并且内嵌“网络、数据、算法等要素相互影响、互为制约，共同决定输出模型的质量”这一智能系统运行机理，因而基于该“理论构造”设计的权利义务规范在嵌入“发展负责任的人工智能”理念后可以作为“附属人工智能法”进入狭义人工智能立法的范畴。

其二，“广义的人工智能领域立法”主要涉及“人工智能基础设施（或基本要素）的立法”以及“传统部门法、领域法与人工智能的交叉”两大板块。例如，《上海人工智能条例》《深圳人工智能条例》属于“人工智能产业法”；如果未来有专门制定或部分修订针对人工智能的“科技促进法”“产品质量法”等相关立法需求，则将该部分条款归入科技促进法、产品质量法等领域立法的特别法较为适切，其属于传统领域法与人工智能的交叉。不容忽视的是，虽然《互联网信息服务算法推荐管理规定》《互联网信息服务深度合成管理规定》等以“算法”治理为核心的规范在名称上也只是涉及人工智能某一要素或某种技术，但算法较之于数据、算力等要素处于系统“中枢”位置，在一定程度上映射出人工智能运行机理的本质特征，若相关条款以“系统—控制论”为线索能够在体系解释上形成事理脉络关联，那么可将这些条款的集合作为制度整体“打包”纳入“狭义的人工智能立法”范畴；当然，“算法安全评估”“算法备案”等只涉及算法本身的规范，仍然只能归为“广义的人工智能领域立法”。

诚然，诸如《全球人工智能治理倡议》、《新一代人工智能发展规划》、《最高人民法院关于规范和加强人工智能司法应用的意见》（以下简称《人工智能司法意见》），以及《信息技术　人工智能　术语》（GB/T 41867—2022）等聚焦人工智能发展、治理的宏观政策、司法意见和技术标准等“软法规范”，作为非正式法律渊源对人工智能法治建设也具有重要指导意义，如果能在某种程度上总结提炼这些规范的实施效果，那么“在新的智慧法治秩序背景下，习惯、技术与法律均将供给秩序”[1]。

---

〔1〕 刘新宇：《从元宇宙到法律 3.0：兼论人工智能法的谱系》，载《上海大学学报（社会科学版）》2023 年第 4 期。

三、人工智能立法体系化的实现路径

(一)人工智能立法体系化的方法

为了解决人工智能立法体系性不足之困境,首先需要明确达至体系化立法的理想状态所依据的方法,在此基础上回归“事物本质”理念,以内嵌“系统—控制论”原理的人工智能法律概念为基点,以体系化方法为指导,重新规整人工智能立法范畴内的规范素材。

1.遵循立法体系化的一般要求

立法体系化是法律人规整法律素材、建构法律制度、确保法秩序统一、系统性解决社会问题时必不可少的元方法,可以将体系化立法的理想状态提炼为“立法要素的内在逻辑保持一致”(以下简称“逻辑一致性”)、“立法脉络能够维系整体性意义关联”(以下简称“脉络关联性”)以及“立法价值在规范中融贯表达”(以下简称“价值融贯性”),这三个标准也是判断法律体系是否科学、合理的重要依据。〔1〕如果说“逻辑一致性”建构出立法体系的“骨架”,那么“脉络关联性”则是立法体系的“血肉”,而“价值融贯性”成为立法体系的“灵魂”。

概言之,“逻辑一致性”作为消极性底线标准,要求立法体系中的法律概念不得违背形式逻辑法则,进而各层次的法律规范之间可以通过“增减类型特征”方式在概念谱系中互相推演;〔2〕“脉络关联性”要求内部体系和外部体系依靠“类型序列”形成联结,特别是当多个类型要素同时出现在某一具体客体上时(“类型混合”),揭示不同类型要素以特定方式结合在一起(各要素“共同作用”下)所构成的规则体内在的意义脉络关联;〔3〕“价值融贯性”表现为一种内聚性,即属于一个融贯整体的陈述必须得到这一整体之内其他陈述的支持,〔4〕因

---

〔1〕 参见陈亮、张翔:《人工智能立法背景下人工智能的法律定义》,载《云南社会科学》2023年第5期。

〔2〕 参见舒国滢:《格奥尔格·弗里德里希·普赫塔的法学建构:理论与方法》,载《比较法研究》2016年第2期。

〔3〕 参见[德]卡尔·拉伦茨:《法学方法论》(全本·第6版),黄家镇译,商务印书馆2020年版,第580、584页。

〔4〕 参见方新军:《内在体系外显与民法典体系融贯性的实现对〈民法总则〉基本原则规定的评论》,载《中外法学》2017年第3期。

而法的价值理念也需要在法律规范中融贯地表达。

2. 延续“事物本质”的理念

“事物本质”理念不仅是生成式人工智能法律概念的中枢，而且是构筑人工智能领域立法体系的理论基点。若想在立法体系中彰显人工智能的法律本质，不仅需要明确其社会关系的根本特征，而且要求立法者根据事理之不同对事物做出不同的处理。[1]

具言之，建构人工智能立法体系既要在自然科学意义上将人工智能“追溯到普遍的自然法则”，揭示“系统—控制论”语境下人工智能的运行机理，也要通过法学上的构造“将制定法中现存的某种规则体或者行为模式整合到体系之中以产生无矛盾的脉络关联”，而检验“系统—控制论”构造可靠性时应当依据法学特有的方式——通常是“逻辑性衡量”和“目的性衡量”，并且“最终具有决定性的是从理论中获得的与规范效力有关的结论语句在事理上的妥当性”。[2]之所以选择“系统—控制论”作为行为整合和目的嵌入的理论工具，原因在于“长期以来，有无目的一直是划分生物科学与技术科学的分水岭，而智能研究的新方向便是在两种科学中找到其共性，并将生物系统和技术系统连接起来；它们的目的性在负反馈的基础上得到统一，而控制论所讲的目的就是系统与环境间的反馈，也是一种智能表现的过程”。[3]维纳开创的控制论在系统科学中引入“应然”范畴，促成系统论从“单纯探索客观规律”向“研究目的性并强调发挥能动性”发生重大转向。[4]而且，现代控制理论与人工智能的“标准模型”——设计性能最优的系统——也大致相符，因为人工智能一直专注于研究和构建“做正确事情的智能体”，而何谓正确的事情则是由人类为智能体设定的“目标”决定的，这种普遍范式就是“标准模型”，不仅在人工智能研究中盛行，

〔1〕 参见［德］卡尔·拉伦茨：《法学方法论》（全本·第6版），黄家镇译，商务印书馆2020年版，第525页。

〔2〕［德］卡尔·拉伦茨：《法学方法论》（全本·第6版），黄家镇译，商务印书馆2020年版，第554、566、567页。

〔3〕 王黔玲：《控制论的智能观》，载《社会科学研究》2000年第5期。

〔4〕 参见高剑平、齐志远：《系统哲学思想史研究》，科学出版社2022年版，第120页。

而且普遍适用于“控制论”，即通过“控制器”来实现成本函数最小化。[1]因此，“系统—控制论”能够为立法体系实现“脉络关联性”和“价值融贯性”预留空间，在人工智能发展的自然规律和人工智能治理的社会规律之间形成纽带。

3. 嵌入“系统—控制论”原理

以“系统—控制论”为线索建构人工智能立法体系，需要在原理上进一步明确人工智能各要素之间如何形成联结，以及系统整体的运行机制。在方法论层面，分析系统原理通常需要“确定要分析的系统”“确定系统的目标”“确定系统的结构和功能”“描述系统组件之间的关系”“识别目标和功能之间的不一致性”[2]五个步骤。

对维纳的经典控制论原理进行“哲学化约”，可以创制出融贯“目的”与“行为”等特殊内涵的概念体系——主要包括“状态、变换、过程”“信息、反馈、控制”“输入、输出”“施控、受控、控制系统”四组范畴，以及控制论范式下新的科学方法——“功能模拟”“黑箱方法”“信息反馈”。[3]进言之，第一组范畴的表征是系统内部诸要素之间的关系、信息量和变化特点；第二组范畴的表征是主客体之间通过循环往复的信息修正来改变行为控制效果的过程；第三组范畴的表征是系统本身与外部环境之间的交互关系；第四组范畴的表征是主体目的以及趋达目标的行为。就三种方法而言，以功能模拟为基础的“智能模拟”通过计算机硬件、软件把思维的物质手段和物质外壳（语言和算法）结合起来，自动高速地进行复杂信息处理，主要包括感知、联想、记忆、思维以及输出效应等模拟对象；黑箱方法是指“不打开黑箱而通过外部观测试验，利用模型进行系统分析，通过信息的输入和输出来研究黑箱的功能和特性，探索其结构和机理，着重于研究整体功能和动态特性”；信息反馈实质上是利用系统活动的结果来调整系统的活动，即根据过去的操作情况调整未来的行动。[4]

---

〔1〕 参见［美］斯图尔特·罗素、彼得·诺维格：《人工智能：现代方法》（第4版），张博雅等译，人民邮电出版社2022年版，第4、15页。

〔2〕 See Lynn M & LoPucki, *Systems Approach to Law*, Cornell Law Review, Vol.82, p.479 (1997).

〔3〕 参见高剑平、齐志远：《系统哲学思想史研究》，科学出版社2022年版，第122、132页。

〔4〕 参见郭瑞标：《控制论方法与人工智能》，载《合肥工业大学学报（社会科学版）》1986年第1期。

基于此,“系统—控制论”原理与人工智能立法体系化的耦合点已经清晰:输入的数据可能受专利、版权和商业秘密法的约束,“黑箱”中运作的算法可能影响基本权利的决定,传感器的功能(反馈)可能会遭遇疏忽(过失)和产品责任(严格责任)索赔,系统输出可能受到知识产权法的保护并影响基本权利。[1]而且,在人工智能与控制科学日益走向合璧的趋势下,智能控制的综合集成方法将专家群体、数据和各种计算机技术有机结合起来,构成一个更加复杂的系统,在一个相互作用、相互影响的环境中通过人机结合实现智能互补,充分发挥系统的整体优势和综合优势。如此一来,智能系统的信息综合集成、人机结合、人机互帮、智能互补等命题[2]进一步放大了技术与制度之间的“协同演化”效应,[3]意味着“系统—控制论”原理对人工智能领域法律规范的形成机制——立法体系化——的型塑将更加深刻,进而要求人工智能立法应当“从行为主义走向生态主义,从算法治理走向人机交互界面治理”。[4]

(二)人工智能立法的模式选择

人工智能立法在“是否应当构建独立的法律体系”的问题上,主要存在“现行法律部门之下进行场景化规制”“科技法框架内设置独立领域法”“单独构建人工智能法律体系”三种路径。前两种路径倾向于“寄人篱下”,认为延续现有法律部门的立法脉络足以容纳人工智能法律关系。一是“场景规制”论,主张根据人工智能具体应用领域进行场景化立法,通过修改现有法律使其能够兼容人工智能技术的衍生风险。二是“科技领域法”论,主张将人工智能立法作为科技立法的特别领域法,既要延续科技立法在“市场、风险、政策”领域的一般规定设置人工智能一般法,还要顾及人工智能具体场景或者功能类型,并与部门法进行交叉设计人工智能特别法。[5]第三种路径倾向于“另起炉灶”,认为

〔1〕 See Woodrow Barfield, *A Systems and Control Theory Approach for Law and Artificial Intelligence: Demystifying the “Black-Box”*, J-Multidisciplinary Scientific Journal, Vol.4, p.564, 574(2021).

〔2〕 参见盛万兴、戴汝为:《关于智能控制》,载《电子学报》1999年第5期。

〔3〕 参见张光君、张翔:《应用“大数据+区块链”优化立法评估制度的机理与路径》,载《计算机科学》2021年第10期。

〔4〕 郑戈:《我们需要什么样的人工智能法?》,载《中国社会科学报》2023年10月31日,第7版。

〔5〕 参见龙卫球:《科技法迭代视角下的人工智能立法》,载《法商研究》2020年第1期。

应当建构新型人工智能立法框架，但内部存在分歧。一是综合性立法和具体场景立法相结合的“总分式立法”体系，综合性立法是进行人工智能顶层设计的最佳形式，通过专门的中央立法可以强有力地指导各地、各领域的人工智能发展；〔1〕该部专门的综合性法律将人工智能用于不同场景中所遵循的共性规则进行提炼，作为规范人工智能多场景应用的基本规则；〔2〕对于人工智能领域立法可以采取“以基本法为主体，产业法和技术标准法为分支”的融贯型立法模式。〔3〕二是由发展价值和安全价值分别统率的“二元立法”体系，主张制定“人工智能发展法”和“人工智能监管法”，为市场准入环节监管提供法律依据和参照标准。〔4〕三是区分立法层次和规范类型的“分层分型”体系，认为人工智能立法应当包括“智能科技”“智能要素”“智能应用”三个基本层次，不同层次的风险发生、表征与治理机制不同；或者将人工智能作为一种新兴科技，在现有“产业促进法”“风险治理法”两组规范类型的基础上进行更新。〔5〕此外，有学者虽然认同制定独立人工智能法的必要性，但其调整模式分属公法和私法两种不同进路：既有学者强调建立以人工智能专门法为主、以相关分散式法律为辅的公法规制体系，形成立法、执法、司法共同监管人工智能风险的公法规制合力；〔6〕也有学者沿袭“民法精神主线”而不是市场规制，将“人工智能法”区分为双层构造——具有公法面向的国家安全、网络安全、数据安全和个人信息保护“基础层”以及建基于其上的人工智能法“内容层”。〔7〕

---

〔1〕 参见人民政协报：《探索构建符合中国国情的人工智能治理框架——全国政协“人工智能发展中的科技伦理与法律问题”双周协商座谈会发言摘登》，载中国政协网，http://www.cppcc.gov.cn/zxww/2020/12/25/ARTI1608857896466113.shtml。

〔2〕 参见曾雄、梁正、张辉：《欧盟人工智能的规制路径及其对我国的启示——以〈人工智能法案〉为分析对象》，载《电子政务》2022 年第 9 期。

〔3〕 参见胡铭、洪涛：《我国人工智能立法的模式选择与制度展开——兼论领域融贯型立法模式》，载《西安交通大学学报（社会科学版）》2024 年第 4 期。

〔4〕 参见胡元聪、辛茹茹：《人工智能对法律监管带来的挑战及制度因应》，载《人工智能法学研究》2018 年第 2 期。

〔5〕 参见郑志峰：《人工智能立法的一般范畴》，载《数字法治》2023 年第 6 期。

〔6〕 参见史凤林、张志远：《论人工智能的公法规制：美欧模式与中国路径》，载《理论月刊》2023 年第 8 期。

〔7〕 参见陈吉栋：《人工智能法的理论体系与核心议题》，载《东方法学》2023 年第 1 期。

"寄人篱下"的立法模式难以适应社会数智化转型的需要，延续部门法"圈地割据"的底层逻辑致使人工智能无法在既有部门法谱系中恰当定位。例如，人工智能输入端的公共数据具有无形性、载体依赖性、非消耗性、可无限复制性、快速更新性等物理特征，难以为传统法律关系的客体"物"所容纳；在利用公共数据训练人工智能时，公共数据可以被无限复制，不会因重复利用而损害使用价值，反而其整体利用会价值倍增，这一特性也使对公共数据利用的激励制度不能照搬传统法的"产权控制"思路。进言之，公共数据种类纷繁，数据训练的算法迭代更是日新月异，以深度合成为代表的人工智能技术具有场景泛在性，"成为网络虚拟空间与现实物理世界虚实结合、融为一体的关键应用技术"〔1〕，在此基础上利用公共数据建构数字空间（虚实融合的"智慧城市"、完全虚拟的元宇宙）所衍生的新型法律问题，如果依靠"场景规制"或者选择传统科技法来解决，不仅会因人工智能应用场景繁多、易变、复杂而频繁立法，致使法律规范数量膨胀、稳定性降低，还会因只将人工智能视为科技法意义上的"成果"、将目光局限于研发端而难以全方位顾及人工智能"人机互动"甚至"人机融合"的新特性所引发的生产生活关系的颠覆性变革。因此，只有"另起炉灶"构筑人工智能立法体系，才能有效回应智能社会变迁带来的法律治理难题，但当前主流的人工智能立法思路尚有不足之处，特别是缺乏系统规制人工智能要素整体的理念以及平衡价值冲突的方法，未能形成契合人工智能发展规律、贯穿人工智能全生命周期的整体脉络。这就要求选择一种"提纲挈领"式的立法模式，将统筹整个立法体系的根本价值追求和串联立法体系各部分的基本线索固定下来。进言之，应当在"法律"层级适时制定一部兼具框架性和包容性的"人工智能法"，该法具有"总体性、保障性、边界性和统一性"〔2〕特征，于"金字塔顶端"发挥基本法、一般法的统率功能，并且以其为核心的人工智能立法体系拥有独立领域法的基本特质；既有的人工智能产业立法、人工智能要素立法和

---

〔1〕 张凌寒：《深度合成治理的逻辑更新与体系迭代——ChatGPT 等生成型人工智能治理的中国路径》，载《法律科学（西北政法大学学报）》2023 年第 3 期。

〔2〕 张凌寒：《深度合成治理的逻辑更新与体系迭代——ChatGPT 等生成型人工智能治理的中国路径》，载《法律科学（西北政法大学学报）》2023 年第 3 期。

人工智能场景的行政规制等，除了具有总则意义的部分条款经立法技术“改造”后提级为上位法，其他内容应当凸显自身“执行性”“地方性”“行业性”等立法特色；立法主体也要以“人工智能法”为统领及时修订或废止相关规范，确保人工智能立法整体协调。

（三）人工智能立法的价值体系

人工智能立法的价值欲求在“应当以何种价值作为法律治理人工智能的目标”或者“应当以何种价值作为串联人工智能领域立法谱系的内在线索”问题上分化为“价值一元主义”和“多元价值协同”两种模式。一是以“正义”为中枢的一元价值论，其内部又大致分为“数字正义”和“普适正义”两条路线。“数字正义”观将“数据正义、代码正义和算法正义”嵌入人工智能立法并具体化为若干原则；〔1〕或者以“数字权利”、“算法规制”和“算法评估”为中心，分别优化数字正义的基础机制、实施机制和保障机制。〔2〕“普适正义”观以正义原则善待人类“福祉和尊严”，将集体层面、个体层面的“福祉”以及维持人类特性、尊重人类基本权利的“尊严”，共同作为人工智能治理的价值 / 目标追求；〔3〕也有学者对“普适正义”进行细化，认为“人格正义、分配正义和秩序正义构成了人工智能立法的正当性基础”，而“安全、创新、和谐”则构成了“人工智能法”作为专门法的特别价值。〔4〕二是“以人为本”的价值一元主义。“人工智能法”的立场主旨应彰显人本主义，〔5〕其核心内涵是“人类的地位高于机器，人起主导作用而机器起辅助作用，并且在使用人工智能时应当以人的权利保障为优先”〔6〕；在确立“以人和人类利益”为最高价值目标的同时，积极构建人类与人工智能交互的“主体间性道德体系”，确保“以人为本”基础上的人工智

〔1〕 参见马长山：《智能互联网时代的法律变革》，载《法学研究》2018 年第 4 期。

〔2〕 参见周尚君、罗有成：《数字正义论：理论内涵与实践机制》，载《社会科学》2022 年第 6 期。

〔3〕 参见赵瑜、周江伟：《人工智能治理原则的伦理基础：价值立场、价值目标和正义原则》，载《浙江社会科学》2023 年第 1 期。

〔4〕 参见吴汉东：《人工智能时代的制度安排与法律规制》，载《法律科学（西北政法大学学报）》2017 年第 5 期。

〔5〕 参见张凌寒：《中国需要一部怎样的〈人工智能法〉？——中国人工智能立法的基本逻辑与制度架构》，载《法律科学（西北政法大学学报）》2024 年第 3 期。

〔6〕 郑飞：《论人工智能法的理论体系》，载《法治研究》2024 年第 4 期。

能立法达至“个体利益与整体利益的统一”。[1]三是“二元价值平衡”模式。例如，有学者直接强调人工智能法的核心目标是“安全与发展并重”[2]；又如，“良善植入+创新与安全平衡”观主张人工智能立法体系应当平衡创新与安全价值，并将功利主义的“良善”概念植入人工智能立法规则；[3]再如，有学者虽然没有明确提出价值平衡理念，但其设计的“以推动人工智能技术创新和防范人工智能技术风险为立法目的”以及该目的之下的“公平、可靠可控可信、安全与发展并重和合规性”四大原则，实质上已经蕴含了价值平衡思想。[4]四是“多元价值分层”模式。例如，“社会价值+功能价值”观不仅提出了人工智能专门立法的价值依归，而且进一步给定了不同立法价值的位阶，即“伦理、安全、公平、包容（人的社会性价值）优先于创新、竞争力提升、生产力提升、效率（功能性价值）”[5]，换言之，人工智能立法的科学性体现在“通过道义论门槛（安全、权利和人性）检验的基础上寻求功利原则支持”[6]；又如，有学者主张将“社会主义核心价值观”融入人工智能立法，从“富强平等”“民主公正”“和谐法治”“文明自由”四个维度探讨其与人工智能立法的融合进路。[7]此外，还有学者虽然采取“价值多元主义”进路，但没有明示不同价值类型之间的关系，只是将人工智能立法的应然价值予以列举。例如，有学者主张将《新一代人工智能治理原则——发展负责任的人工智能》（以下简称《新一代人工智能治理原则》）、《新一代人工智能伦理规范》等规范中的“以人为本、公平公正、安全可控、透明可解

〔1〕 参见田静：《数字经济时代人工智能立法的后设伦理学规范检省》，载《社会科学论坛》2023年第1期。

〔2〕 杨建军等：《人工智能法：必要性与可行性》，载《北京航空航天大学学报（社会科学版）》2024年第3期。

〔3〕 参见张富利：《全球风险社会下人工智能的治理之道——复杂性范式与法律应对》，载《学术论坛》2019年第3期。

〔4〕 参见侯东德：《人工智能法的基本问题及制度架构》，载《政法论丛》2023年第6期。

〔5〕 龙卫球：《人工智能立法的“技术—社会+经济”范式——基于引领法律与科技新型关系的视角》，载《武汉大学学报（哲学社会科学版）》2020年第1期。

〔6〕 王荣余：《在“功利”与“道义”之间：中国人工智能立法的科学性探析》，载《西南交通大学学报（社会科学版）》2022年第2期。

〔7〕 参见陈兵：《把社会主义核心价值观融入人工智能立法的必要与可能》，载《兰州学刊》2020年第6期。

释”等伦理和原则吸纳为基本原则，同时增加“敏捷治理原则”，以此承载人工智能应当予以遵循的价值目标。[1]

从“正义论”与“多元价值论”的交集看，采取何种正义方式妥善矫治“公平与效率”或者“安全与创新”这一对价值冲突引发的利益分配失衡问题，较之于追问“正义究竟是什么”，更有利于维护整体法秩序的安定。事实上，正式立法文本中罕见直接表达对“正义”的追求，诸多法律价值往往通过“法律原则”条款进行规范化改造后实现形式转换。如前文所述，“发展负责任的人工智能”理念及其包含的原则，涵盖了人工智能全生命周期需要满足的全部条件，可以最大限度预防或减少人工智能应用中的不利后果，因而备受世界各国青睐。[2]一方面，该理念在价值体系的顶端发挥着锚定体系化对象、平衡价值冲突的导向功能；另一方面，其作为人工智能立法的根本价值追求，不仅内嵌了“协调人工智能发展与治理关系”的价值判断准则，而且《新一代人工智能治理原则》提出的八项具体内容从“增进人类共同福祉”“推动人工智能创新”等发展面向的要求与“保障人权”“公平公正”等负责任面向的要求出发，进一步揭示了“发展与负责”之间的有机关联。进言之，通过对国家政策、伦理规范和部分立法中的价值类型“合并同类项”，人工智能立法的具体价值至少应当包括“公平”“效率”“安全”“创新”；但人工智能立法的基本原则并不完全是对价值内涵的重复阐释，而应当在价值冲突时提供决断理由，即基本原则既是立法价值的载体，也是解释规范的依据，还是填补法律漏洞的依据；因此，人工智能立法的基本原则可以大致概括为“平衡公平和效率”以及“平衡安全和创新”。从合宪性看，两条基本原则表达的“平衡”理念也是科技现代化过程中接续《宪法》“协调发展”精神的必然要求；同时，两大基本原则在价值体系中处于“发展负责任的人工智能”理念与人工智能立法的具体原则的“中间地带”，向上承接、阐释抽象理念的价值意涵并向下传递，进而制约具体原则的适用方式。

---

〔1〕 参见胡铭、洪涛：《我国人工智能立法的模式选择与制度展开——兼论领域融贯型立法模式》，载《西安交通大学学报（社会科学版）》2024年第4期。

〔2〕 参见付子堂等：《优化法学学科体系 创新发展法学理论研究体系》，载《西南政法大学学报》2023年第2期。

当然，人工智能立法的具体原则因其部署场域和所处生命周期节点的差异，在具体化时有所不同，应当根据基本原则限制其适用范围。例如，解释《人工智能司法意见》时需要遵循司法规律，结合司法人工智能产品和服务的特殊性，在前述基本原则制约下进行。以“平衡公平和效率”为例阐释人工智能立法基本原则和具体原则的关系，虽然《人工智能司法意见》提出的“透明可信原则”倾向于维护公平价值，但不能一味强调“算法公开”或者对研发主体、使用主体科以过多的算法解释义务，而应当在基本原则内嵌理念的约束下权衡相关主体之间的利益关系。以“系统—控制论”范式的人工智能法律概念为基准，检视“算法黑箱对程序正义形成冲击”的问题，实质是“输出端和输入端对正当程序的违反，独立于过程本身是否公开”，即“对输入端而言，如果输入端只向特定群体开放，并且该部分开放与算法本身的目标没有关联，即违反正当程序；对输出端而言，只要程序输出结果是单一性的，那么就可以反过来推断，该做法也违反正当程序”〔1〕，因此，“实现程序正当需要在输入端确保群体开放和目标控制，以及在输出端满足结果多元”〔2〕。这就意味着，算法解释义务重在控制“输出端”和“输入端”的公平状态，而“牺牲算法本身的解释需求”更多是考量效率价值；具言之，技术层面的算法解释成本过高，并且对用户而言，即便公开原始代码，用户也难以理解。可见，只有从“平衡公平与效率”这一基本原则出发对“透明可信原则”进行限缩解释，才能合理确定算法“可解释”要求的程度。

（四）人工智能立法的谱系线索

在多元化的人工智能风险行为处于“类型混合”状态时，“系统—控制论”能够超越逻辑链条，在人工智能风险行为的物理性特征和评价性特征之间搭建沟通桥梁，将外显形态不同的人工智能风险行为特定化为契合“事物本质”的法律行为。基于“系统—控制论”建构人工智能风险行为的控制方式和控制结构，一般不采用“集中控制”模式，因为这种大系统模型具有维数高、关联复杂、目标多样等特点，使传统建模方式面临较大困难，可以在“结构分析”的方法指导下

〔1〕 陈景辉：《算法的法律性质：言论、商业秘密还是正当程序？》，载《比较法研究》2020 年第 2 期。

〔2〕 张光君、张翔：《应用“大数据 + 区块链”优化立法评估制度的机理与路径》，载《计算机科学》2021 年第 10 期。

通过"层次分解"分别确定针对不同"目标"的建模类型，采用"分散控制＋递阶控制"模式来优化控制机制。[1]进言之，分散控制中各类控制方式是同级的，以此为线索建立人工智能"研发—生产—服务—使用"行为全链条横向控制，每一类行为可以称为"人工智能全生命周期的节点行为"，并且这些节点行为中一致嵌套了"系统—控制论"构造，即"(信息)输入—反馈(基于目标)—输出(结果)"的理论构型，而不同节点应当根据该基本构型对具体风险行为进一步特定化。递阶控制意味着节点内部的行为风险需要层级化，并且不同节点的行为风险层级不同。例如，研发节点的数据输入风险分层控制方式，与使用节点的数据输入风险分层控制方式是不同的，即便都涉及"敏感数据"，但二者因所处节点的"事理"和"价值导向"差异，对同一风险行为的控制力度不同。此时，"分散控制＋递阶控制"作为人工智能法律规范体系化的底层逻辑，能够将不同行为予以法律定型并聚合在统一的"系统—控制论"事理脉络之下。

我们进一步通过图1来简化阐释各类人工智能法律关系的核心特征及其内在脉络关联，以此为基础形成人工智能立法制度谱系的基本线索。横轴从左至右呈现了人工智能的四重指称功能，依次是人工智能技术(研发)、人工智能产业(生产)及由此衍生的人工智能产品(服务)、人工智能系统(使用)。进言之，横轴左端的节点行为侧重人工智能的"研究"面向，涉及认知科学、生物科学、计算科学甚至社会科学(取决于所采用的方法)等概念；横轴右端侧重人工智能的"利用"面向，旨在完成那些需要人类智力才能做到的事情。从行为内容看，横轴左侧的人工智能的表征为"以某些领域科学专家为代表的行动者群体所建构的知识体系"，专家提出的理论往往被转化为技术系统，先在特定领域进行测试，然后推广使用；如果技术系统的产出十分丰富，并且超越了纯粹研究活动的范畴，就会滑向横轴右侧，正是由于技术系统的背书证明了该学科的实用性，引起了投资者的兴趣、满足了使用者的需求。第二个观察维度——控制轴，主要分为两类控制模式：第一类将控制人工智能设想为需要具体实现的项目，第二类更多地将控制人工智能看作抽象的思辨对象。第一类模式有助于制

[1] 参见魏宏森、曾国屏：《系统论——系统科学哲学》，清华大学出版社1995年版，第222页。

定技术标准和法律规范，或系统性建构一门规制科学，其目标是“具体风险控制”；第二类模式无论是倾向于一种反乌托邦的未来学，抑或一种与可能性有关的解放性批判意识，其总是指向一个抽象的社会政治模式，即目标是“抽象权利保护”。换言之，具体控制模式关注方法的特殊性，主要依据系统运行的现实情况进行逐案分析；抽象控制模式则指向一般性范畴，如“算法歧视风险”“劳动关系异化”“人的主体性丧失”等问题。不可否认，一般性话语也有助于制定人工智能控制的具体规范，因为其不仅能够限定人工智能控制问题的构建方式，而且对监管活动具有促进作用；更重要的是，其还为那些以具体控制为目标的规范性文本提供实质内容，因为具体控制在很大程度上就是通过应用而使人们熟悉的抽象控制。〔1〕

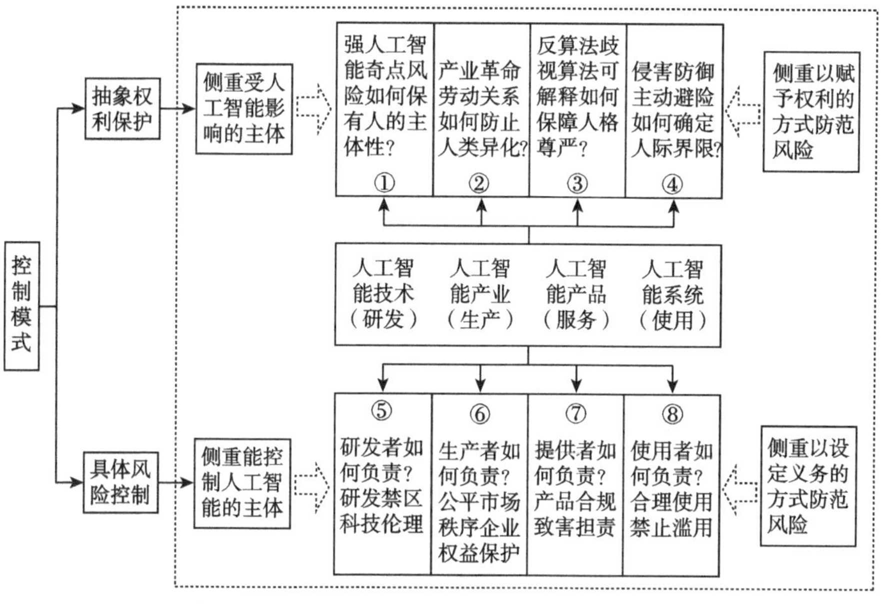

图 1　覆盖人工智能全生命周期风险行为节点的法律关系谱系

人工智能系统生命周期或其任何阶段的子集都可以由单独的组织（或实体）拥有和管理，如获取和提供数据、机器学习模型或用于人工智能系统开发和

---

〔1〕 参见［法］比勒尔·本布齐德等：《人工智能规制的四种路径——AI 定义的冲突图谱》，黄可译，载《智能社会研究》2023 年第 3 期。

部署的其他组件的代码；并且一个组织也可以依赖其他组织来建立基础设施或提供人工智能系统生命周期所需的能力，如跨本地、基于云或混合的基础设施设置。[1]因此，横轴建立的并不是一种“线性链条”，而是在考虑了人工智能系统供应链的影响、具体情况和相关风险行为后，跨组织边界构建人工智能法律关系的抽象“类型”。因此，以“人工智能全生命周期的节点行为”为横轴、以“具体风险控制”和“抽象权利保护”的控制模式为纵轴，从八个不同维度投射出具有规范性产出的“区间”，由此形成八种人工智能法律关系，而聚合同类人工智能法律规范时依据的“系统—控制论”机理，也是串联人工智能制度谱系的基本线索之一。

图1中，第①空间和第⑤空间呈现了“在研发领域如何控制人工智能”的两类问题。第①空间预设的问题具有预判性（未来性），即如何确定那些可能脱离人类控制的人工智能技术被研发成功的条件或判定标准，以及被制造出来的可能时间。这种控制方式最为抽象，因为它从一种试图克服人类局限性的“理想型政治社会”角度来评估人工智能。相反，第⑤空间的发问对这些前瞻性考虑兴趣寥寥，它更想搞清楚的是，面对科学家制造出来的“智能系统”引发具体弊害时，研究人员应当如何归责；如果从人类中心主义立场考虑，该领域规范往往倾向于划定“研发禁区”，即设置禁止研发的系统类型、不得实施的某种实验行为，以及不能利用的某种实验材料等，这些规范的底层逻辑通常建基于科技伦理。

第②空间和第⑥空间表现了“在产业（生产）领域如何控制人工智能”的两类问题。第②空间所涉问题是在“人工智能产业化和产业人工智能化”浪潮下，整体意义上的“劳动关系”可能会发生怎样的颠覆性转变，以及如何确保人类不被“异化”为客体。这种控制同样较为抽象，因为它也是从一种试图克服人类局限性的“理想型经济社会”角度来评估人工智能。相反，第⑥空间更加关注人工智能产业发展引发的经济关系变化，该领域规范重在保护两种价值：一是“公共利益”层面的公平市场秩序，二是“个体利益”层面的企业发展权益。

---

〔1〕 See Information Technology–Artificial Intelligence–AI System Life Cycle Processes, ISO/IEC FDIS 5338, 5.3, Stat.1, 5(2023).

既不能过度放任市场自由，也需要适度干预市场行为。

第③空间和第⑦空间表达出“在产品（服务）领域如何控制人工智能”的两类问题。第③空间所涉问题相对具体，关注人工智能产品（服务）大规模部署应用时，如何确保人格尊严不被侵蚀，即怎样防范“网络、数据、算法等人工智能各要素相互联结、共同作用下，人工智能运行的内生性风险”，如防止歧视性的数据输入和带有偏见的算法输出，保障人类在经受算法决策时的知情权等。与之相对，第⑦空间更关注提供各类人工智能产品或服务的主体，如何保证其产品质量、确保其服务合格，以及一旦发生人工智能产品致人损害或提供的人工智能服务侵权时，如何判断侵权构成、如何确定归责原则、如何分配侵权责任等，最终落脚至受损害的利益得以填平并且未来致害风险得以预防。

第④空间和第⑧空间主要回答“使用人工智能系统的用户如何控制人工智能”的两类问题。第④空间与第③空间相似，所涉问题比较具体，关注人工智能系统被社会群体（消费者）广泛接受时，用户如何处理好“不同用户之间”和“用户与非用户（第三人）之间”的“人工智能系统使用关系”，问题关键在于，采取何种方式确保人际关系处于合理的距离。例如，可以尝试赋予受人工智能影响的相关主体“侵害防御权”“主动避险权”等，只不过用户和第三人的权利构造及行权条件因情势不同而有所区分，典型场景如“元宇宙空间中如何在法律层面实现自我保护”。进言之，第⑧空间的视角切换至使用者，控制该类主体可以采取设定一系列义务的方式，但最基本的积极义务是“合理使用人工智能系统”，最基本的消极义务是“禁止滥用人工智能系统”，具体义务可以在这两个原则之下进一步类型化。

整体上，虽然人工智能法律关系相互交错关联，但这“八重空间”有助于突出规制人工智能的政治、经济和社会利害关系，它们共同构成了规范性冲突的背景图，使我们能够将规制的场合、参与规制的不同主体，以及不同性质的规制方法映射其中，从而在人工智能全生命周期系统性建构法律规范体系。

（《华东政法大学学报》2024年第5期）

论数字法学的概念与研究定位
——兼论我们需要什么样的人工智能法

赵精武*

一、数字法学研究范畴的误区澄清

（一）质疑与回应：数字法学研究范畴的不确定

在数字法学研究领域中，信息技术创新应用及其安全风险始终是重要的研究内容。不过，部分研究在追求“法学研究应当快速回应产业发展及其社会问题”的过程中发生了研究视角和研究内容的异化，将调整法律关系、厘清权利义务边界的论述重心完全转向了“技术规制论”和“专门立法论”。该类研究模式的特点在于，侧重对新兴技术应用方式和潜在安全风险的关注，忽视新兴技术背后的法律问题是否与以往的法律问题存在相同性。在人工智能技术风险治理领域，有学者认为人工智能技术应用产生的问题并不全是“新问题”，有相当一部分不过是老问题的“凸显”罢了，例如，人工智能对于个人信息的安全保护问题依旧属于一般意义上的个人信息保护议题。〔1〕诚然，从产业发展保障的角度来看，单独论证具体技术应用的治理模式确有必要，但是这种“治理模式”却容易导致法学研究走向对策分析、政策设计的研究异化。

（二）研究范畴的确认基础：研究目的

法律与科技的关系实际上是“合作生产”，即从不同方向共同建构出社会

---

* 赵精武：北京航空航天大学法学院副教授、院长助理，工信部工业和信息化法治战略与管理重点实验室副主任，北京科技创新中心研究基地副主任。

〔1〕 参见王迁：《如何研究新技术对法律制度提出的问题？——以研究人工智能对知识产权制度的影响为例》，载《东方法学》2019 年第 5 期。

实体。[1]因为法学作为一门独立的新兴学科，无论研究对象、研究范畴如何变化，终究是一套有关社会科学的研究体系，数字技术对法学研究体系的影响主要还是表现为权利义务内容和法律体系的变动。诚然，人工智能技术的应用方式似乎已经在动摇传统法学的理论基石，“人工智能技术能够作为独立的法律主体”等相关论述也一度成为热点问题。值得商榷的是，这类论述的预设前提是人工智能具备独立的思维意识和“自我进化”能力，[2]这显然超出了当下生成式人工智能发展水平。[3]或许，在技术层面，“强人工智能”等概念可能具有一定探讨和评估的理论价值。但是，在法学研究领域，忽视人工智能技术的客观发展规律，仅以技术研发者观念设想中的技术概念为依据，探讨人工智能技术作为法律主体的可能性已经超出了法学研究的基本范畴，即脱离具体法律关系所依赖的社会实践现状。因此，也有学者直接指出这种对人工智能技术的忧虑“只是依靠无数假 想拼凑起来的幻影”，[4]并没有甄别人工智能技术应用所产生的“真问题”。

数字法学研究范畴具有相对性，并非像部门法那般存在清晰的适用范围。数字法学的研究范畴与其研究目的、研究任务密切相关。信息技术创新改变了互联网发展初期网络空间附属于物质空间的法律性质，线上业务与线下业务之间的区分不再是单纯的场所区分，而是涉及特定法律规则的适用差异。这种差异也将数字法学的研究目的限定为三个层面：一是法律概念的补全；二是法律解释的调整；三是技术风险的应对。

（三）数字法学研究范畴的相对确定性：以研究目的为基础

数字法学作为一种法学研究形态，客观上难以通过研究客体的类型限定明确具体的研究范畴，而是需要结合数字法学的研究目的判断相对确定的研究范畴。针对有关数字法学研究范畴不确定的质疑，可以从以下三个方面予以

---

〔1〕 参见代伟：《法律与科技的社会科学研究何以可能：一个方法论的追问》，载《中国法律评论》2024年第2期。

〔2〕 参见刘成杰：《人工智能董事法律地位及其信义义务构想——基于强人工智能视角》，载《中州学刊》2024年第2期。

〔3〕 参见刘智慧：《民法典视域下人工智能法律规制论纲》，载《学术交流》2023年第9期。

〔4〕 刘艳红：《人工智能法学研究的反智化批判》，载《东方法学》2019年第5期。

回应。

其一,数字法学既不是“数字+法学”,也不是宽泛意义上的“数字社会法学”。数字法学以数字社会中的各类法律关系为视角,但是这些法律关系应当与数字技术创新相关。因为只有数字技术改变了既有的法律关系内容,才有必要在补全法律概念和调整法律解释层面展开理论研究。

其二,数字法学不是“数字技术的法学研究”,数字法学的“数字”一词实指数字时代的基本特征。数字法学的研究范畴容易被误解为针对特定数字技术风险研判和产业保障政策设计,这显然混淆了数字法学对各类技术创新应用的关注重心。

其三,数字法学是基于预防型法治理念所形成的研究模式。法学研究对技术风险的关注是不可避免的。需要澄清的是,风险治理始终贯穿于法学研究的发展始末,数字法学对技术风险预防和控制的研究重心正是基于此种预防型法治理念,客观原因是事前预防数字技术风险远比事后救济更为有效且直接。但是,数字法学同样强调并不是所有的技术风险都应当纳入自身的研究范畴,而是以可能发生并具有预防必要性的技术风险为限。技术实践尚未明确人工智能技术的未来动态之前,在理论层面探讨“强人工智能”等技术风险显然超出了预防型法治的必要限度。

二、数字法学研究范式的误区澄清

(一)质疑与回应:数字法学研究范式的非独立性

数字法学面临的另一个质疑点便是研究范式是否具有独立性。数字法学研究往往是以特定的部门法视角为基础,调整和改造传统的理论学说,这与数字法学自身所标榜的研究范式独立性和创新性明显不相符合。而且,相应的研究内容本质上也没有脱离部门法的传统研究模式,数字法学的研究路径更像是部门法研究范式的“数字化”。

为此,也有不少学者开始总结和列举独属于数字法学的研究模式,以此证成数字法学研究范式的独立性。“第五范式说”认为数字法学范式是继实验科学范式、理论科学范式、计算科学范式、数据密集型科学发现范式之后的“第五类范式”，立足于区块链、人工智能等信息技术，融合重构经验认知、模型、仿真、数据等方法。[1]“实验科学说”主张数字法学研究的特殊性和独立性在于法学开始与其他学科知识体系融合，从定性研究扩展至定量研究。“知识融合说”则认为数字法学经历了“从既有理论解决新问题—形成新的理论分析框架—进行新型理论命题提炼—系统性的理论创立”的演进过程，其研究范式的独特性在于“基于数字知识体系的多学科融合式研究路径”。[2]

不过，从现有的争议来看，学者对于数字法学定位仍存在诸多争议，进而在具体的学说探讨中出现预设前提的差异性。部分学者将数字法学本身作为一种独立的法学范式予以理解，指出“第五范式说”和“知识融合说”所对应的研究方法和社会形态两种分析进路无法支撑数字法学成为独立的研究范式，因为两者对于“数字”概念的解释具有模糊性，研究方法进路本质上是把数字社会限定为有关“数据问题”“权力问题”的研究活动，社会形态进路则是把“数字”概念解释为技术体验，而非确切的学术概念。[3]但是，这些学说争议背后所涉及的“研究范式”“数字法学”等前提性基础概念并不具有一致性。

（二）数字法学研究范式的概念内涵

法学领域的“范式”概念通常被用来描述规律、理论、标准和方法等在内的一整套研究共识。“研究范式”常与“研究方法”等概念混同适用，尚未形成严格意义上的内涵和外延。按照前述的概念用法，在将“数字法学”概念解释为数字时代法学研究的另一种研究模式或研究形态后，“数字法学”显然不能与“法学研究范式”等同。对于学界的相关质疑，也可以通过“范式”的概念特征予以澄清。

其一，数字法学仍然属于法学学科，即便采用了多学科知识体系融合的研究方法，也无法否定数字法学采用传统法学理论的必然性。法学学科之所以能够成为有别于其他学科的独立学科，是因为基于实践积累所形成的研究对象、研究内容、研究范式等要素是开展任何类型法学研究不可能抛弃的研究范式。

〔1〕 参见杨东、高一乘：《建构中国自主知识体系：数字法学范式》，载《法学杂志》2023 年第 2 期。
〔2〕 马长山：《数字法学的理论表达》，载《中国法学》2022 年第 3 期。
〔3〕 参见宋维志：《数字法学真的来了吗？》，载《现代法学》2024 年第 1 期。

法律实证研究的内在逻辑应当是根据数据相关性等量化结果分析和论证相应的法律关系内容，而不是纯粹的数据量化分析。

其二，数字法学研究范式的独立性不能简单解释为与所有的法学研究范式都不同，而是应当解释为数字法学研究路径的创新性。数字法学的研究范畴离不开数字技术创新应用产生的各类社会风险，相应地，研究范式的独立性也以这些新型社会风险治理实践为依托。相较于传统法学研究所关注的侵权风险、高危险作业等风险类型而言，数字法学所关注的风险类型具有专业性、不确定性等特征，故而数字法学也需要采用有别于传统法学的研究路径。

其三，数字法学的研究范式不是数量有限的理论模型，而是与风险预防、风险治理相关的共识性研究框架。数字法学研究范式独立性的相关质疑本质上将数字法学视为一种独立的二级学科或者内容有限的研究领域，进而默认相应的研究范式也应当是数量有限的理论模型。但数字法学的产生与数字技术创新应用密切相关，其研究范式在一定程度上可以理解为风险治理相关的创新性法学研究框架，既包括传统法学理论的改良，也包括数字社会新型权利和义务的内容增设。

（三）数字法学研究范式的常见类型：以分级分类治理范式为例

在现有的数字法学研究范式中，分级分类治理范式正在逐渐成为精细化解决社会风险的工具。并且，这种分级分类保护制度也被部分学者沿用到数据财产权领域，基于数据资源所对应的经济价值和应用场景，确定差异化的数据权属机制和数据交易机制。在人工智能安全领域，分级分类治理范式也被应用于算法安全治理体系，根据算法的功能、对个体权益的影响程度等要素，采取不同的监管措施。欧盟《人工智能法》同样是根据人工智能系统的风险程度，按照“不可接受的风险类型”“高风险类型”“有限风险或轻微风险类型”“低风险类型”四个类别设置针对性的监管要求，如“高风险类型”的人工智能系统应在上市前以及整个生命周期内进行必要的安全评估。

分级分类治理范式的核心内容是按照风险程度确定相应的制度内容，但在具体的适用过程中，也存在“高”“中”“低”三级风险划分模式泛化的问题。“高”“中”“低”三级风险划分模式看似满足了分级分类治理的基本逻辑，但这种较为粗糙的风险级别划分无法为相应的法定义务提供明确的适用情形和履行标准，并且，其仅属于“分级”标准，忽视了“分类”标准。此外，分级分类治理范式也存在与场景治理范式混同的现象。虽然两者在方法论层面均表现为“具体问题具体分析”，但分级分类治理范式更强调权利义务内容的精细化，“分级”和“分类”两个维度能够在法律实施层面提供更为精确的行为规范指引。场景治理范式则是强调对单个应用场景的考量，更强调权利义务的适用情形。

三、数字法学研究定位“三问”

（一）数字法学是“风险治理法学”吗

从数字法学的研究范畴和研究范式来看，均是以风险治理为导向。那么，这是否意味着数字法学在某种程度上属于有关风险治理的法学研究呢？回归到数字法学形成的社会实践来看，现代法学之所以会延伸出数字法学这一概念，是因为数字技术创新产生的社会风险需要全新的研究路径予以应对。数字法学既不是部门法层面的概念，也不是独立的二级学科指称，本质上是现代法学在回应新兴数字社会风险过程中所产生的研究形态。进一步而言，明确数字法学概念和定位的目的在于阐明现代法学需要根据现代社会风险治理需求改变既有的研究路径、研究范畴、研究工具以及研究视角。数字社会的新兴风险无法完全通过技术更新的方式彻底控制，故而需要转向综合性的治理体系，最大限度地预防和控制风险事件的发生。加之单一的法律制度仅能发挥部分风险治理功能，使法学研究也越发重视不同制度之间的规则衔接。

然而，对于“风险”的过度关注也导致数字法学研究产生“真问题”与“假问题”的混同现象。“风险”本身即有不确定性之含义，这导致部分法学研究开始将所有的技术应用不确定性等同于法学研究层面的“风险”，使原本不适宜或者现阶段没有必要论证的法学议题涌入法学研究领域。立足于技术创新可能产生的技术风险，论证现行立法体系对这类技术风险调整的可能性和恰当性，进而得出法律解释或专门立法的结论，这类论证模式本身并没有太大争议。但问题是，如果对相同或同质的技术风险不加以区分，“专门立法”这类结论则会导致法学研究陷入“技术立法论”的误区。此时，诸如“针对此类技术安全风险，是否存在法律空白”等类似问题显然就属于“假问题”，而“针对此类技术安全风险，法律适用方式是否需要进行调整”等类似问题则属于“真问题”。此外，“假问题”还表现为风险预防与超前风险假设的混同。

（二）数字法学是领域法学吗

近年来，领域法学这一概念逐渐被学界关注。在面对现代社会出现的复杂社会问题时，新兴法律领域缺乏相应的规范基础，并且需要“关注并回应这一领域所有相关的技术知识、政策走向与突发事件”，[1]部门法学的研究范式难以有效回应这些新兴交叉问题。为此，领域法学更加侧重以“领域”划定“研究问题”，即法学研究对象是以某一特定经济社会领域所有相关的法律问题为导向，形成相对独立的研究体系。此种法学研究范式将个体性的具体问题转化为同质性的问题领域，进而解决不同部门法之间可能存在的法律冲突以及规则衔接不畅等问题。

数字法学是否属于领域法学的问题实际上也是“数字”是否属于“领域”范畴的判断问题。领域法学中的“领域”本质是特定类型社会活动的范畴。学界目前对于“领域”概念均强调了法学研究领域的相对独立性和知识要素的体系性，但同时也存在概念界限不明确的问题。既未能正面回应不同“领域”之间如何进行区分，也未能阐明为何存在“大领域”“小领域”的划分情形，这也导致领域法学概念具有相当的不确定性。

数字法学中的“数字”指向的是数字社会和数字技术这些社会实践基础，而非具体的问题领域。并且，数字法学本身属于现代法学的一种研究模式、研究阶段，其相对应的概念是传统法学，而领域法学相对应的概念则是部门法学。因此，数字法学与领域法学并非属于同一维度的法学概念，无法以“数字法学属于领域法学”这种归属逻辑予以说明。相对地，数据法学、网络法学、人工智能法学等概念更适宜作为领域法学予以理解，因为这些概念是以特定研究客体、研究对象作为核心要素，符合领域法学的“研究问题聚焦”之特征。

---

〔1〕 王桦宇：《论领域法学作为法学研究的新思维——兼论财税法学研究范式转型》，载《政法论丛》2016年第6期。

（三）数字法学是应用法学吗

新兴数字社会风险对数字法学的另一个重要影响在于，风险治理需求具有迫切性，导致数字法学研究更加侧重制度层面的建构和法律适用层面的解释。这种立法活动并不是仓促立法或者应急立法，而是数字时代下立法工作需要社会实践问题维持相对同步的状态。数字立法的典型特征在于遵循了基本制度与具体制度的协同立法的基本理念。

数字法学的实践取向不仅是指以具体的部门法问题为研究对象，还强调数字法学研究结果的实践应用性。在数据财产权研究过程中，早期的研究内容聚焦于数据财产权的法律性质、体系定位和具体内容，同时也在制度建构层面提及平衡数据安全与数据利用的重要性。但是，在数据要素市场化配置的政策导向下，学者开始意识到按照传统权利理论解释数据财产权可能无法取得实质性突破，故而开始依托数据经济价值贡献程度、数据资产入表等要素，转向论证特定市场交易环境下多元化的数据财产权益分配机制和交易机制，避免数据财产制度体系与市场交易实践之间发生理论与实践的严重脱节。综合而言，数字法学包含了应用法学的研究范畴和研究范式，但因其研究路径存在“充分的理论剖析支撑制度建构的实践化”之逻辑，故而在研究内容层面也包含了理论法学的基本特征。

四、数字法学的研究路径：以人工智能法学为例

（一）数字法学的研究范畴区分：人工智能治理的新问题与旧问题

纠缠于数字法学概念和定位的争论并非毫无意义，这是为了避免“数字”概念自身的不确定性导致研究范畴、研究范式的过度扩张，进而淡化法学学科的独立性。数字技术风险所产生的社会治理问题往往是多方面的，而这些问题并不都是数字法学研究所应当关注的法律问题。在人工智能治理领域，研究问题的认知偏差往往导致部分法学研究模糊化，即忽视了法学研究与其他学科研究之间的差异性，相应的研究结论也停留于应当如何监管技术应用方式，而非特定的法律关系。这些研究偏差实际上存在“法律万能主义”倾向，忽视了在当下如火如荼的数字法学研究中，法律对于人工智能等数字技术的作用效果是

有限的，误将法律视为人工智能技术风险的唯一且核心的治理工具。

人工智能领域的新兴社会问题并不都能通过法律解释和专项立法等方式予以解决，并且，部分法律问题也不纯粹是人工智能技术应用所带来的“新问题”，而是以往存在的旧问题再度凸显或者以另一种形式呈现。在关于人工智能生成内容可版权性的学术论争中，真假问题、新旧问题的争议更为明显。可版权性认定存在两类争议焦点，一类问题是人工智能能否作为著作权法意义上的“作者”，其实质是论证人工智能作为法律主体的可能性。尽管部分法理学研究成果存在通过拟制的方式有限度地确认“技术人”的理论主张，[1]但这类论断大多仅回应了确认人工智能法律主体地位的合理性和正当性，未能充分解释确认主体地位之后，“技术人”与自然人、法人、非法人组织之间的概念关系以及对整个法律体系的实际影响。另一类问题则是判断人工智能生成内容是否属于“作品”，这也是数字法学研究领域颇受关注的热点问题。与固定对话内容的智能客服机器人不同，ChatGPT、Sora 等人工智能产品的生成内容具有高度的仿真性，在海量的网络信息中，一般人难以区分相关信息是否由人工智能生成。这种智能性是否满足“作品”所具备的独创性特征仍然值得探讨，该问题的回答还会影响生成内容的著作权归属、生成内容侵权责任的承担等新问题。

生成式人工智能的智能化程度早已超出原有的市场预期，但这种技术创新所产生的技术风险也不能作为法律体系将会受到根本性动摇的实践依据。在区分研究问题的真假、新旧之后，数字法学研究需要判断“现行立法是否存在解决这些问题的解释空间”：如果具备解释空间，研究路径则转向了法律解释论；如果不具备解释空间，研究路径则转向了新型权利义务的理论证成和制度建构。不过，这种理论证成和制度建构属于对现行法律体系的内容延伸，因为只要置于法学学科的研究框架下，无论研究客体和研究对象如何扩张，法学学科独立性所依赖的方法论并不会发生根本性变化。

〔1〕 参见俎璐：《人工智能法律拟制主体地位再探——面向拟制哲学视角下的法律主体制度》，载《北京理工大学学报（社会科学版）》2024 年第 4 期。

(二)人工智能治理领域的数字法学研究范式

1. 数字法学研究路径的新型范式之一:技术要素范式

ChatGPT 的出现可以说是人工智能法学研究的“转折点”,在此之前的研究成果多是聚焦算法治理问题和人工智能技术的主体地位论证,但在此之后,数字法学的研究范畴基于技术创新而动态性地延伸至网络信息内容治理、训练数据合法使用等领域。并且,在大模型人工智能成为技术主流之后,数字法学视角下的人工智能技术治理问题研究进入新的阶段:学者开始关注和论证“人工智能统一立法”的可能性,相应的研究路径也从特定应用场景下技术研发者、服务提供者和用户之间的权利义务内容扩展至人工智能产业的统一性规范内容。在综合治理、体系治理的理念影响下,〔1〕数字法学的研究范式开始围绕算法、算力和数据三个要素展开人工智能技术的体系化治理研究。这种研究范式的内在逻辑是根据技术原理层面的影响因素确定相应的具体法律制度,进而解决不同影响因素面对的制度障碍。

在算法层面,算法安全问题的法学研究要早于人工智能技术本身,其应用场景是以自动化决策、用户画像、定向推送等基于算法的信息服务为主。与网络安全问题类似的是,算法安全问题的法学研究同样存在“从非典型的法学研究内容到前沿法学研究内容”的转变,这也说明了数字法学是一个与数字社会发展实践保持同步变化的研究模式。并且,基于定向推送等信息服务的算法安全问题主要是以民事权利保护为研究导向,“算法黑箱”、算法歧视等现象对个人信息权利、消费者自由选择权等权益造成实质性损害。在 ChatGPT 出现之后,算法安全问题的研究成果也被承继至人工智能治理领域,算法备案、算法透明、算法解释权等理论依然具有可适用性。

在算力层面,系统性的理论研究成果相对较少,但已经有部分学者意识到算力资源对人工智能产业的重要性,进而提出“重点调度规划算力资源”“建立新型数据基础设施”等主张。〔2〕然而,这类研究结论实际上属于政策性建议,缺

---

〔1〕 参见赵精武:《论人工智能法的多维规制体系》,载《法学论坛》2024 年第 3 期。

〔2〕 参见袁曾:《生成式人工智能治理的法律回应》,载《上海大学学报(社会科学版)》2024 年第 1 期。

乏必要的法学理论予以证成。算力是指计算机在特定时间段内完成计算任务的能力，其并不直接对自然人存在侵权风险，而是关系人工智能产业能否高效创新发展。在以大模型作为人工智能技术发展导向的背景下，需要足够的算力资源支撑大模型优化背后的海量数据计算。但是，算力资源的产生并不能简单通过频繁新建算力中心的方式实现，因为海量数据计算会消耗掉庞大的算力资源，无规划地新建算力中心只会导致算力资源分配不平衡、社会总体算力资源供给体量受限等问题。因此，在数字法学研究视角下，“新建算力基础设施”等理论主张需要转化为“如何通过法律制度合理调度、分配和供给算力资源”这一法学议题。

在训练数据层面，数字法学的研究问题包括“如何通过数据交易、公共数据开放等法律制度提升高质量训练数据的供给水平”（数据供给）和“训练数据使用行为的合法性边界”（数据合法）。而在传统法学研究模式下，训练数据的问题则会被限定在训练数据来源合法性的判断，并不会涉及训练数据的供给问题。因为在体系化治理范式下，对算力、算法和数据相关问题的研究均是为了解决人工智能技术发展的制度障碍，在具体的研究活动中，这种“解决制度障碍”的研究目标则被分解为训练数据相关方的权利和义务。数据供给和数据合法两类问题实际上离不开对数据生成者、持有者、加工者等各类法律主体的利益平衡，并且，这两类问题与一般的数据安全问题相比，前者更加侧重数据的可用性和可靠性，问题的解决方式除了确保训练数据按照约定目的使用和避免数据泄露、毁损之外，还包括建构训练数据使用收益的分配机制，化解不同主体之间的权益冲突。

2. 数字法学研究路径的新型范式之二：科技伦理的法治化

人工智能相关的法学问题随着人工智能技术创新而快速变化，为了更有效地缩短技术创新与法律更新之间的差距，数字法学研究开始形成包括法律、伦理、市场和技术标准等治理工具的融合治理范式。在以往的法学研究活动中，伦理道德层面的研究范式往往被用于解决深层次的法律价值平衡和优先顺位的判断问题。但是，人工智能技术产生的新兴法律问题并不能完全通过即时性的立法活动或者法律解释解决。加上未来人工智能技术的创新周期和发展方向难以被完全清晰地确定，为了避免频繁出现法律与技术实践的脱节，科技伦理审查开始成为数字法学的新型研究范式。在之前的算法问题研究中，算法不公等问题已经受到学者们的关注。该类问题在权利层面构成了对人格尊严在内的人格权益侵害，在法律制度架构层面则存在法律主体客体化、法律客体主体化的风险，亦即自然人被置于算法决策的“管理空间”，原本作为法律主体的自然人却成为算法的规训对象。在现阶段，科技伦理审查制度的引入能够有效预防立法者短期内难以预见的技术滥用风险。并且，审查标准也是以社会共识性的科技伦理和法律基本原则为主，未来的技术创新并不会使这些审查标准丧失可适用性。结合现行的《科技伦理审查办法（试行）》第15条来看，涉及数据和算法的科技活动属于应当重点审查的内容。相应的审查标准既需要满足公平、公正、透明、可靠、可控等伦理要求，也需要满足数据安全、个人信息等法律规定。科技伦理审查机制通过多元化的审查标准实现了法律风险、伦理风险以及技术安全风险融合性治理。

（《华东政法大学学报》2024年第4期）

知识产权制度

训练数据

生成式人工智能数据训练中的"非作品性使用"及其合法性证成

刘晓春 *

一、生成式人工智能数据训练中作品使用的"非特定性"

相较于一般的计算机信息处理，如广义的文本挖掘等行为，生成式人工智能所使用的大语言模型具有更加明显的"非特定性"特征，即对于作品的使用并非基于对其独立、特定表达的使用，作品并非作为训练数据的可区别的独立对象而使用。通过比较著作权法下典型的作品使用行为，可以识别出"非特定性"作为生成式人工智能数据训练过程构成"非作品性使用"的基础要件。

（一）著作权权利范围内的受控行为与作品使用的特定性

著作权法为作品的生产提供了一套激励机制。作品使用的非竞争性特征所导致的外部性，会造成作品生产的激励不足进而导致供应不足。著作权法通过赋予著作权人针对特定作品方式的排他性控制，人为创造稀缺，著作权人可以通过控制或许可特定的作品使用来获取利益，从而保证在创作和传播端形成足够的激励引导相应的资源配置。

在这个激励机制中，为了避免对于生产过程的过度激励导致对于后续创新的抑制，著作权法也设立了一系列限定激励范围的举措，例如，明确著作权的保护只针对具有独创性的表达，而不延及对于思想和事实的控制。

---

* 刘晓春：中国社会科学院大学法学院副教授、互联网法治研究中心主任。

著作权人对于作品使用的控制，通过针对复制、传播、演绎等多种行为的排他性权利来实现，但是归根结底，指向最底层的作品使用，主要还是人们对特定作品的阅读、欣赏和理解。这类作品使用，具备特定性和表达性两个特征。在针对作品个性化表达的使用和体验中，作品具有独立性、独特性和不可替代性，不同的作品会产生不同的使用体验，作者的独创性表达也在通过使用作品而创造价值的过程中作出关键性贡献。

当然，人们在阅读、欣赏作品的表达同时，也可以提取作品包含的客观信息和事实。基于此类目的的使用行为中，单个作品具有了一定的可替代性，同样的信息可以从具有不同个性化表达的作品中获得。并且，这些客观信息也通常并非来自作者独特的个性化贡献，而是外在于创作过程、构成创作的在先要素。这种情况下，信息和作品表达尽管未必存在一一对应关系，但是人们通过对于作品表达的接触和理解而获取信息，还是以存在作品的独立和完整表达形式为前提的，信息获取和作品表达之间还是存在对应关系。

表达性使用的一个例外是计算机软件作品的使用，作为功能性作品，人们对计算机软件的使用并非通过阅读和理解计算机代码，而是通过代码的执行来实现预设的功能。计算机软件纳入著作权法的保护，是法律演进并回应现实产业需求的体现。计算机软件尽管可以被认为构成一种“非典型”作品，介于著作权保护和专利保护之间，但是著作权为其提供的是一种同样区分思想和表达的保护，只保护区别特征更丰富、更具体的软件代码层面，不延及设计思想、结构等抽象技术方案。〔1〕因此，作为非典型作品，计算机软件的使用体现出来的是“功能性”特征，但依然针对特定的一套软件代码，具有“特定性”。

由此，著作权权利范围下受控行为指向的作品使用，无论是典型的具有表达性的使用，还是作为例外的功能性使用，都将特定的作品作为使用对象，著作权人通过对于作品特定表达的使用控制而行使权利、获得激励。

（二）计算机处理作品中的特定性和非特定性

把上述人类使用作品的情况，对比针对作品的计算机处理和分析行为，可

〔1〕 参见崔国斌：《知识产权确权模式选择理论》，载《中外法学》2014年第2期。

以大致对应到两种情况：第一种情况是针对单个作品作为独立表达形式的使用，典型的是建立可供检索、阅读甚至下载的作品数据库。尽管计算机对作品的处理行为与人类通过作品使用获得体验的具体过程有所不同，但是在特定性和表达性使用上具有共同点。因此，这种情况也是计算机使用作品最为接近典型的作品使用的情形。此类使用行为如未获得授权，有可能构成侵犯著作权的行为，也可能会被认定为合理使用，需要根据数据库所提供的服务功能相对于著作权人的市场替代程度而定。例如，知网论文数据库、微信读书等复制行为，被认定为落入复制权和信息网络传播权范围应无疑义，而谷歌数字图书馆处理书籍的行为，则因其存在较高的转换性和较低的替代性，在司法实践中被认定为很有可能构成合理使用。[1]

第二种情况可以大致对应到以获取特定信息为目标的文本和数据挖掘行为。这类行为通过针对文本的自动化处理和分析获取预设的信息，如通过针对判决书的大数据分析，了解和判断裁判现状、规则和态势；通过对特定时期历史文献的挖掘和分析，了解和总结历史事件及其特点等。欧盟《数字单一市场版权指令》中针对文本和数据挖掘设立了两条例外规则，其中在第3条规定了为科学研究目的，研究组织和文化遗产机构对其合法获取的作品进行文本和数据挖掘构成著作权保护例外情形之一，文化遗产相关的数据挖掘行为很可能包含此类情形。[2]由于此类行为还是以获取特定信息为目标，尽管针对作品的表达性使用属性有所减弱，但是选取特定的作品和内容组合依然重要，因而作品使用具有相对的特定性。

在以上计算机对于作品的处理过程中，类比人类使用作品的特点，基本体

---

〔1〕 参见焦海洋：《谷歌数字图书馆案中著作权合理使用问题研究》，载《西安电子科技大学学报（社会科学版）》2016年第3期。相关案例参见北京市第一中级人民法院民事判决书，(2011)一中民初字第1321号；The Authors Guild, Betty Miles, Jim Bouton, Joseph Goulden *v.* Google, Inc. 2015 WL 6079426 [C.A.2(N.Y.)]。

〔2〕 参见焦和平：《人工智能创作中数据获取与利用的著作权风险及化解路径》，载《当代法学》2022年第4期；张金平：《人工智能作品合理使用困境及其解决》，载《环球法律评论》2019年第3期；夏杰：《欧盟对文本和数据挖掘行为（TDM）的立法实践与启发》，载微信公众号“互联网法学SKD”2024年1月29日，https://mp.weixin.qq.com/s/I6pLHh39ysLsRvA-lEx52w。

现了“特定性”和“表达性”这两个特征，即机器通过对于特定作品个性化表达的复制或分析来实现对于作品的使用。[1]在生成式人工智能大语言模型训练中，作品被作为训练数据的使用方式则完全打破了这两个特征，体现出鲜明的“非特定性”。大语言模型应用深度神经网络的数据训练过程中，既不关心作品的特定表达，也不关心作品通过表达所传递的特定信息或者思想，而是将作品的表达全面打碎之后，从中计算和分析人类语言的规律，基于深度神经网络的参数分析，依据给定的输入上文，判断接下来每个词的出现和语序概率，可不太准确地简化比喻为所谓的“词语接龙”游戏。[2]

在这个过程中，作品被打碎和分解为碎片化的“语料”，不再是独立使用的对象，即使勉强认为对于语言规律的分析和计算需要依据语词的具体呈现方式，但这种碎片化的“表达”也完全不是作者创作作品过程中的独创性表达。在总结人类语言规律的巨量分析和计算过程中，单个作品提供的价值并非独立的整体表达及其蕴含的信息和思想，而是一批运用人类语言规律的随机统计样本。在这种使用过程中，作品不具有独立价值，人工智能提炼和总结的语言规律既不来自特定作者及其作品，也不来自特定的作品组合，单个作品在数据训练中存在高度的可替代性。在人类历史数据可能即将被耗尽的担忧之下，大语言模型开始使用人工智能生成的内容继续进行数据训练亦具有可行性，就是这种高度可替代性的明显例证。[3]

（三）“非特定性”特征构成“非作品性使用”的基础要件

生成式人工智能训练数据过程中对作品的使用行为，具有“非特定性”的特征，并非针对特定作品的表达或者功能进行使用，不同于著作权法下典型的作品使用行为，有必要界定为“非作品性使用”行为，不纳入著作权人可以排他控制的行为范围。

---

〔1〕 参见马治国、赵龙：《文本与数据挖掘对著作权例外体系的冲击与应对》，载《西北师大学报（社会科学版）》2021 年第 4 期；管育鹰：《我国版权立法中文本数据挖掘侵权例外规则的构建——兼论中国知网论文查重争议》，载《中国版权》2022 年第 6 期。

〔2〕 See Ashish Vaswani et al., *Attention Is All You Need*, Advances in Neural Information Processing Systems, Vol. 30, p.5998-6008 (2017).

〔3〕 参见程学旗、陈薇：《人工智能合成数据》，载《中国科学基金》2022 年第 3 期。

"非特定性"使用之所以应当构成"非作品性使用",并非只是因为具有现象层面的明显区别,而是因为这一使用方式与典型的作品性使用相比,对著作权人和使用方之间的利益关系、分配模式、确权成本等都具有深层次的不同意义。如前文所分析的,生成式人工智能数据训练中计算机习得并加以运用的结论和规律,并非特定作品个性化表达的特有贡献,很难归功于或对应到特定作品和作者。从知识产权确权模式理论看,数据训练所依据的并非作品特定的丰富"区别特征",而是通过区别特征提炼"一般规律",此类一般规律甚至很可能无法获得专利权的保护。〔1〕在作品价值衡量层面,因其非特定性,单个作品在数据训练的巨量语料集合里面不是独立使用对象,因此很难判断其独立价值,由于其在边际上极高的可替代性,其独立的边际价值几乎接近于零。这与著作权法基于单个作品设立的激励机制也很难兼容,边际保护成本极容易超过边际价值,这一点与将临时复制排除出复制范围的讨论存在相似性。〔2〕

需要指出的是,生成式人工智能作为内容生产工具,可以用来分析和处理特定作品,如在文本分析功能下,可以输入特定的作品要求人工智能进行内容的总结和提炼,或者要求其生成类似风格的文件内容。此种情况下已经是属于训练完成之后的工具使用阶段,不属于数据训练阶段的"非特定性使用"。另外,根据数据训练阶段的不同,作品使用"非特定性"的程度可能也会有所不同,例如,在垂直、专业领域的数据训练就有可能涉及特定领域知识、规律的学习和提炼,而不一定是人类语言一般规律,这与大语言模型的不同应用层级相关。〔3〕但是,即使是集中在某一专业领域,对于具体单个作品而言,对其的使用也依然体现出"非特定性",从而应当构成"非作品性使用"。

---

〔1〕 参见崔国斌:《知识产权确权模式选择理论》,载《中外法学》2014年第2期。

〔2〕 参见朱理:《临时复制是否属于著作权法意义上的复制——以国际公约为核心的规范分析》,载《电子知识产权》2007年第1期。

〔3〕 参见张凌寒:《生成式人工智能的法律定位与分层治理》,载《现代法学》2023年第4期。

二、数据训练的过程性与工具性:"非作品性使用"判断的功能性视角

生成式人工智能训练数据中的作品使用行为,除了具有"非特定性"这一特征外,从训练数据这一行为在生成式人工智能工具开发和内容生产过程中的功能定位来看,也可以证成将其界定为"非作品性使用"的合法性和合理性,从而将其排除出著作权权利保护范围。

(一)生产过程性:数据训练的功能阶段

生成式人工智能技术正在经历快速发展迭代,长远来看,它极有可能成为一种内容生产的组织形式,需要把训练数据放在这个内容生产组织过程的整个阶段中来理解其功能。回顾生成式人工智能出现前的内容生产模式,可以分为个人生产和组织生产两种基本模式,随着平台在生产和经济组织中的作用凸显,也出现了基于个人和组织之间的平台生产模式。根据社会知识汇集的强弱程度、个人和组织整合的强弱程度,在不同模式下,对著作权保护的需求各有不同,著作权制度发挥着不同作用。[1]在个人创作者与组织的关系相对独立时,创作者更需要作品的交易来实现激励,而不主要通过组织内部的激励或者流量变现等非著作权方式来获取利益,因此,著作权变得有意义。

而本文关心的是,在这些生产过程中,著作权人控制的使用行为针对的都是内容生产的"成品",即在生产环节结束后输出的内容,如果与著作权人的作品相同(盗版)或者实质性相似(改编、二创后构成侵权),其特定使用和传播行为就应当受到著作权人控制。但是,对于输出之前的生产过程中的使用,著作权人一直以来都无权干预或甚少干预。内容生产环节流程如图 1 所示。

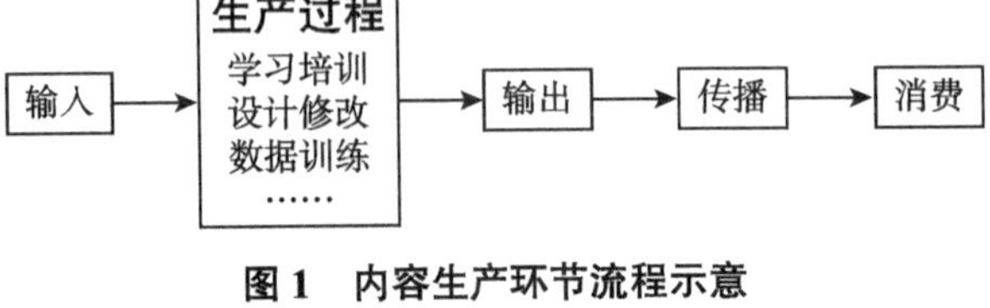

图 1　内容生产环节流程示意

〔1〕参见胡凌:《未完成的知识生产革命,以及法律可以做什么?》,载《文化纵横》2024 年第 2 期。

1. 内容生产模式下的生产过程“黑箱”

先来看个人创作的内容生产模式，在个人进行内容生产的模式下，不能仅将孤立的创作行为看作生产的全部，实际上应当包括个人多年的学习和知识积累过程。如同数据训练一样，个人的学习积累也是内容生产的准备阶段。个人在学习积累、构思、创作、修改这一生产过程中对于作品的使用行为，有的不落入著作权人的权利范围，如阅读文章、观看视频等不涉及复制或传播的行为，有的则构成合理使用。整体上，个人内容生产模式下，包括学习积累和创作过程在内的生产过程以及在私人领域输出“成品”，都不构成侵权。

再来看组织控制的内容生产模式，这种内容生产模式下，需要多个个人的分工合作，协同完成。组织控制的方式，既可能是在某个单位内部员工之间的协同，如法人作品、职务作品的情形，也可能是多个组织彼此协调，共同创作，如委托作品、共同创作的情形，还可能是在一个临时组织内部的分工协作，如电影剧组。在这种生产模式下，对于他人作品的使用阶段依然可以区分为生产过程阶段和输出成品之后的阶段。尽管不会落入私人使用的情形，但是生产过程阶段中的使用，通常不会成为著作权人关注的对象。

由此可见，在无论何种作品生产模式中，著作权人关心和主张控制的，都是从输出端开始的作品特定使用和传播行为，考察的是生产过程输出的作品是否构成相同或者实质性相似从而产生市场替代。内容生产过程可以视为一个“黑箱”，著作权法只需要关心“黑箱”输出了什么，而在“黑箱”内部发生了什么、作品是否被使用和如何被使用，既无“打破”的必要，也缺乏“打破”的可操作性。〔1〕

生成式人工智能的数据训练行为，无疑属于生产过程性的阶段，如果比照个人内容生产模式中生产过程可以大体划分为“学习积累 + 投入创作”两个阶段的话，数据训练过程属于生产过程中的前一个阶段，还处于学习积累形成能力的环节。只有在大模型“学有所成”，开始有能力对外提供内容生成服务的

〔1〕 参见徐小奔、杨依楠:《论人工智能深度学习中著作权的合理使用》，载《交大法学》2019 年第 3 期。

时候，才涉及根据用户指令“输出”内容进而传播的问题。在学习和积累能力的过程中，无法预测大模型日后的输出情况，有可能输出完全不同于在先作品的内容，也可能输出构成实质性相似的内容，但无论如何，跟前述两种内容生产模式同理，只有在输出端才有可能出现相对于著作权人产生市场替代效果的内容，才符合著作权原本的激励范围。

2. 打破“黑箱”的过高行权成本

生产过程这一“黑箱”为什么既无必要亦难以打破呢？因为打破“黑箱”的权利行使和保护成本很可能远高于基于权利可以获取的受益，亦即此时设定或者主张权利变得总体上不经济。具体而言，权利行使和保护成本可以分为三层。

第一层成本是作品使用行为的监测和核验成本，即发现作品被使用的成本。这层成本可以直接用“黑箱”这一比喻来形象解释。内部生产过程极难被发现和证实，实属显而易见。事实上，著作权侵权行为无论是否发生在生产过程内部，都面临事实发现的成本难题，集体管理组织机制很大程度上就是为了解决过度分散化而难以发现的潜在侵权行为而生。[1]无论是个人、组织在生产过程中的学习和使用，还是生成式人工智能学习的训练数据，在无法从输出端直接倒推的情况下，著作权人很难证明具体作品的使用情况。

第二层成本是生产过程中使用作品的估值问题。难点在于，作品使用方式并非标准化使用，而且很难事先设定特定使用方式，尤其是在学习积累阶段的使用，很难将输出的内容成果与学习阶段的作品使用建立对应关系，因而难以确定作品使用的独立价值，也不太可能形成此类作品使用的定价机制。这一点在人工智能数据训练的场景下更为明显。目前大量谈判陷入僵局，无法谈拢价格。

第三层成本是定位交易对象的成本。在生产过程涉及作品数量较大且尚未形成低成本集体授权机制的情况下，高度离散化的权利人分布，使识别和定位交易谈判对象成本过高。这种情况在《纽约时报》等专业组织作为权利人时可能稍有缓解，但是考虑到训练数据集中可能涉及大量个人作品，交易成本实

---

〔1〕 参见熊琦：《著作权集中许可机制的正当性与立法完善》，载《法学》2011 年第 8 期。

有可能高到阻碍交易。即使假以时日有可能形成相对稳定和成型的交易市场，时间成本也可能构成高速发展产业的实质性成本。此类主体过度分散化导致的过高交易成本和市场失灵，实际上也是现有著作权合理使用规则中很多场景的经济学理由。[1]

如前所述，生产过程这一“黑箱”中对作品的使用行为有至少三层成本的叠加，使得此种情形下赋予著作权的做法，不构成经济上合理的选择。这在单个作品边际价值极低的人工智能数据训练场景下尤为明显。

（二）工具增强性：数据训练的后续效果

生成式人工智能数据训练中对作品的使用，因缺乏特定指向，并且属于生产过程性的使用，区别于著作权法下典型的作品使用。需要强调的是，这种特定的生产过程，指向的并非特定的内容生产，如一部电影或者一部书籍，而是旨在增强内容生产工具的能力。与人类学习可以增强个体的知识积累和创作能力不同，在大语言模型的情况下，通过巨量数据的训练，产生和增强的生产工具很有可能构成未来整体经济生产和社会运转的底层基础设施。就功能而言，这一基础工具将远远超出内容生产领域，而在基础设施上将孕育生发出为各行各业赋能的广泛应用。[2]

生成式人工智能数据训练的后续效果，即对全面、复杂、难以预测的巨大应用可能性的开启，可以反过来影响对于在先作品著作权范围的判定。在关于专利权范围的讨论中，“前景理论”认为，对于技术赋予专利权人较强的排他性权利，一方面，可以降低发明过程中专利“军备竞赛”导致的无谓成本损失；另一方面，针对专利技术的后续开发，也可以由专利权人来集中统一协调资源配置，消除后续开发中的无序竞争带来的成本，从而取得更优的创新资源配置效果。[3]对该理论的批评观点认为，由专利权人集中协调导致资源配置更优的情

---

〔1〕 See Wendy Gordon, *Fair Use as Market Failure: A Structural and Economic Analysis of the Betamax Case and Its Predecessors*, Comlumbia Law Review, Vol. 82, p. 1600-1601 (1982).

〔2〕 参见张凌寒：《生成式人工智能的法律定位与分层治理》，载《现代法学》2023 年第 4 期。

〔3〕 See Edmund Kitch, *The Nature and Function of the Patent System*, Journal of Law & Economics, Vol. 20, p.265 (1977).

况,仅适用于后续技术开发和创新较为容易预测且可能性不多的情况;而在后续技术开发和创新存在众多可能性方案且难以预测的情况下,即后续创新极有可能十分活跃的情况下,专利权人集中控制资源协调会造成众多的创新机会损失,此时应当允许后来者可以自由基于技术展开创新竞争,有利于社会福利的最大化。〔1〕

上述针对专利权范围取舍的理论论证,对于在先著作权是否应当控制数据训练行为的讨论也颇具启发意义。在后续应用场景可能数量惊人且极难预测的情况下,通过扩张著作权保护,将人工智能工具的开发可能性置于著作权人控制之下,权利人是否有足够的信息和能力判断出最有利于后续创新、应用开发的资源配置方式,高度可疑。实际上,著作权法上关于"实质性非侵权用途"以及"避风港"规则的确立,〔2〕亦一定程度是基于这一经济学机理。著作权的权能所排除的,是与在先作品的独创性表达相同或者实质性相似的"小概率"呈现方式,〔3〕而不应该延及基础生产工具的训练和生产。

"转换性使用"概念在著作权法理论和实践中被广泛应用,也是基于同样的考虑。在关于戏仿作品合理使用的众多讨论中,戏仿行为呈现的丰富创新可能性,使其成为合理使用制度意图保护的一个典型领域。〔4〕在谷歌数字图书馆的争议中,尽管谷歌在复制作品后提供的查询等功能并没有体现过高的转换性和创造性,但因其在客观上带来的公众福利,在美国依然被认定为合理使用,在中国法院也被认为具有较高的构成合理使用的可能性。〔5〕与这些案件类型所认可

---

〔1〕 See Robert Merges & Richard Nelson, *On the Complex Economics of Patent Scope*, Columbia Law Review, Vol. 90, p. 874-875(1990).

〔2〕 参见王迁:《"索尼案"二十年祭——回顾、反思与启示》,载《科技与法律》2004 年第 4 期;沈伟伟:《技术避风港的实践及法理反思》,载《中外法学》2023 年第 4 期。

〔3〕 参见蒋舸:《论著作权法的"宽进宽出"结构》,载《中外法学》2021 年第 2 期。

〔4〕 参见苏力:《戏仿的法律保护和限制——从〈一个馒头引发的血案〉切入》,载《中国法学》2006 年第 3 期;冯晓青、刁佳星:《转换性使用与版权侵权边界研究——基于市场主义与功能主义分析视角》,载《湖南大学学报(社会科学版)》2019 年第 5 期。

〔5〕 参见焦海洋:《谷歌数字图书馆案中著作权合理使用问题研究》,载《西安电子科技大学学报(社会科学版)》2016 年第 3 期。相关案例参见北京市第一中级人民法院民事判决书,(2011)一中民初字第 1321 号;The Authors Guild, Betty Miles, Jim Bouton, Joseph Goulden *v.* Google, Inc. 2015 WL 6079426 [C.A.2(N.Y.)]。

的“转换性”相比，训练数据中的作品使用行为在后续效果上可以认为具有更加明显的“高度转换性”。但是由于这一过程并不直接基于原有作品生成转换性成果，而只是增强内容生产工具的抽象能力，因此，用“高度转换性”直接描述这一工具性效果，可能并不准确。

综上所述，考虑到数据训练行为在功能上的过程性和工具性特征，在控制和开放之间，为人工智能训练数据和后续开发提供一个自由竞争的市场环境，将训练数据中的作品使用排除在著作权保护之外，应是整体效益最大化的选择方案。

三、“非作品性使用”界定对著作权法激励效果的影响

生成式人工智能数据训练过程中对作品的使用，从其行为特征、在生产过程中的阶段性功能、对于增强基础工具能力的后续效果来看，应当不纳入著作权权能控制的行为。在生成式人工智能之前，并未出现与其数据训练行为类似的作品使用方式，因此，对其数据训练行为本身排除著作权控制，客观上并没有限缩著作权的范围，不会削弱著作权制度提供的激励程度。但是，为数不少的著作权人对于生成式人工智能的发展和前景提出疑问和担忧，认为生成式人工智能生成的内容很大程度上将会构成对于人类创作者的实质替代，在文字、音乐、影视剧等领域都形成了颇成规模的反对声浪。[1] 因此，有必要进行动态和长远的考察。

（一）人工智能生成物对作品构成市场替代的三种可能性

生成式人工智能通过数据训练“学有所成”，能够生成外观上具有人类创作高度的作品，已成现实。但是直接基于这一现象就断言人工智能能够取代人类创作者，则明显为时过早。在考虑这种替代效应时，需要区分三种情况来考察替代是否真的存在、存在的程度如何，以及这种替代效果对于激励均衡的影响。

---

〔1〕 参见南博一：《因涉嫌侵犯版权，OpenAI 和微软遭多位美国知名作家起诉》，载澎湃新闻 2023 年 12 月 22 日，https://www.thepaper.cn/newsDetail_forward_25750249；北京青年报：《AI“音乐创作”横行 200 多名国际音乐人联名反对》，载央视网 2024 年 4 月 5 日，https://news.cctv.com/2024/04/05/ARTIHsb0LHkuh0EEsioSz5H1240405.shtml。

1. 表达相同或者实质性相似

人工智能生成物与著作权人在先作品构成表达上的相同或者实质性相似，即符合著作权法上认定侵权的传统标准。这种情况下，生成物构成作品的市场替代应无疑义，著作权应有权对此类生成物的传播和使用行为实施控制。但是，与此同时，著作权人针对“输出端”的此种控制就已经足够保证维持其原有激励，并不需要由此延伸到针对生产过程中数据训练行为的控制。此外，著作权人是否应当有权禁止此类内容生成——内容生成可能落入私人领域，还是仅能控制此类内容公开传播，以及承担侵权责任的应当是生成式人工智能服务提供者，还是发出生成指令的用户，尚可进一步探讨。〔1〕

2. 风格相似

人工智能生成与作者在先作品风格相似的作品，作者主张，风格类似的内容会挤占自己潜在的作品市场，从而削弱其创作激励。针对此情况，首先，比较简单的回应是，个人风格很可能不属于表达的范畴，并非著作权保护的对象，即使没有人工智能，个人风格也可能被其他人类创作者进行模仿，而不需要经过作者许可。其次，作者可能主张，人工智能在生成成本和数量上的优势会形成比人类模仿者更加严重的市场挤压，因此应当适用更加严格的保护，如对训练数据进行管控。但是，一方面，与相同或者相似表达属于小概率事件不同，在创作风格的意义上，作者很难证明其专属性，人工智能生成内容的风格亦有可能来自其他在先作品，甚至是人工智能独立“创作”；另一方面，作者基于自身风格继续创作具有个性化表达的作品，依然存在差异化的表达空间，并不能够被完全替代，亦有可能因其“原汁原味”而获得与人工智能生成物的竞争优势。当然，部分作者的作品市场的确可能被低成本、同风格的人工智能生成物替代，此时需要关注的问题是，对于这类创作是否依然存在激励的必要，而作者可能获得了转而尝试不同创作风格的激励。

---

〔1〕 参见广州互联网法院民事判决书，(2024) 粤 0192 民初 113 号。对于这一问题的结论，有值得进一步探讨的空间，尤其考虑到生成式人工智能作为工具的属性，引发对于后续多种应用可能性的影响。需要考虑在产业发展早期，秉持技术中立的立场会更加有利于后续创新。

3. 整体替代

生成式人工智能代表的人工智能生产方式，将带来对于相当大规模作者群体的整体替代，而无论具体生成内容是否针对作品存在表达意义上的替代性，这的确是正在发生的现实，而且是人工智能技术变革带来的更为宽泛的就业和生产替代的组成部分，就如同自动相机取代摄影师群体、自动驾驶取代司机群体、拥有具身智能的机器人取代工人和家务劳动群体，等等。

可以从两个方面来理解整体替代导致的激励效果变化。一方面，作品市场上如果存在大量人工智能生成物，究竟是会更多替代人类作者的作品，还是增加人类作者作品的吸引力，尚未可知。就如同大量模仿凡·高的作品恰恰反而凸显了凡·高原作的稀缺性价值一样，人工智能生成物和人类创作作品并不一定是在同一个市场上展开竞争。另一方面，在与人工智能的竞争中败下阵来的人类作者失去了创作激励，选择退出市场，但是这并不是故事的全部，其他作者获得了不同种类的激励，或者独立创作差异化而更难被人工智能替代的作品，或者通过使用人工智能工具进行创作，以及随着技术发展可能产生激励其他新型行为的可能性。因此在整体替代的情况下，与其说是激励可能被削弱，不如说是所激励的行为可能发生结构性调整，以适应人工智能时代的来临。

（二）著作权激励结构的变化

在上述三种可能的替代情形下，第一种情况构成作品的表达性替代，著作权人可以对输出的成果传播进行控制，而无须将控制延伸至训练数据，在第二种和第三种情况下，存在激励结构的变化，但不一定导致激励总量的削弱，不需要通过将著作权延伸到针对数据训练行为的控制而进行补偿。那么，接下来的问题是，在人工智能时代，著作权法上的激励结构将会发生何种变化？以及应当如何对其进行优化调整？

1. 面向增量而非存量的激励机制

著作权法上的激励机制，意在通过指导和调整人们的预期，影响其针对作品创作的智力劳动投入程度和资源分配，促进符合要求的内容生产，实现社会福利的较优配置。因此，这一机制虽然处理的是作品价值的分配问题，但指向的却是面向未来的行为激励，亦即，激励机制是面向增量增长而非存量分配而设。目前关于人工智能训练数据包含大量作品，因而应当分配收益的主张，主要还是一种存量思维。真正重要的问题是，容易被人工智能生成物所替代的人类作品，是否依然还是人工智能时代需要激励的内容产出。答案很可能是否定的。这部分因风格被模仿或者整体被替代的作者群体，他们总体上被削弱的创作激励并没有必要通过对其权利的扩张进行补偿。随着生成式人工智能日益成为创作的基础工具，著作权制度需要提供的激励方向，是鼓励人们创作出更多能够与人工智能生成物展开差异化竞争的智力成果，这种创作过程既可以由人类作者独立作出，也可以通过使用人工智能创作工具来实现。

2. 新型生产方式下的新型激励和补偿机制

生成式人工智能正在并将继续带来内容生产方式的变革，并推动内容生产组织形式的迭代，形成内容生产领域人工智能驱动的新质生产力。在新型生产力和生产关系的快速变化中，著作权的激励结构也需要进行相应的调整，激励的方向是促使内容产业的参与者能够加入人工智能驱动的新型生产模式，促进高效的生产模式快速整合成形。〔1〕

在这一过程中，假以时日，人类创作者和人工智能生产工具不会保持早期这种简单的利益对立和割裂状态，而是会迅速在人工智能新型生产组织模式中找到合适的生态位和参与方式。在平台经济下，通过平台组织的内容生产过程，大量个体创作者实际上并不总是需要著作权提供的创作激励，他们可通过流量变现、礼物经济等模式获取激励。〔2〕同样的道理，在人工智能驱动和整合的新型内容生产模式下，个人创作者可以从人工智能工具能力增强中获得收益，这类收益很有可能远远超过其作品对于数据训练过程的边际价值，因而不需要将其著作权延伸到数据训练行为来补偿。

对于拥有高质量作品库的商业权利人来说，如以《纽约时报》为代表的媒体、期刊、出版社、数据库出版商，由于他们相对集中，更有可能克服过高交易成本导致的市场失灵，提出相应的补偿主张。但是，基于前文的分析，通过著作

〔1〕 参见胡凌：《生成式人工智能知识产权侵权的司法考量》，载《数字法治》2023 年第 5 期。

〔2〕 参见胡凌：《未完成的知识生产革命，以及法律可以做什么？》，载《文化纵横》2024 年第 2 期。

权的财产规则并非最佳方案。基于对高质量作品数据库的控制优势，他们可以通过提供高质量的合法训练数据库来参与人工智能生产过程的利益分配，基于数据收集、处理、加工等投入——而非基于著作权——获取责任规则意义上的受益。[1]因为，尽管数据训练行为不应属于著作权控制的范围，但是向人工智能开发商提供作品数据库，依然是著作权人可以禁止的行为。商业权利人在数据产品建设上存在质量、成本以及合法性方面的优势，可以通过成为优质的数据提供方，参与到生产过程并获得收益分配。

四、著作权法下排除保护数据训练行为的规则方案选择

生成式人工智能数据训练中的作品使用，属于生产过程中具有非特定性的使用，从可能导致的后续创新可能性，以及对于著作权人激励影响的分析来看，都应当排除在著作权法的排他保护范围之外。确定这一判断之后，接下来的问题就是，在著作权法上通过具体何种规则安排来实现对于数据训练行为的排除保护。

（一）两种方案

第一种方案是将数据训练直接从著作权权能中排除，这也是本文建议的方案，即通过将该种行为界定为“非作品性使用”，即使存在形式上的复制等现象，但透过现象看本质，数据训练不应纳入著作权法上“复制权”控制的范围。第二种方案是承认数据训练落入“复制权”控制的范围，但通过在合理使用中将其设置为不构成侵权的例外情形，排除对其的保护。[2]

就排除对于特定数据训练行为的保护而言，两种方案很可能不存在实质上的差别。但是，就规则的应用扩展性而言，第一种“直接排除”方案的体系扩展可能性更高，可以适用于其他“非作品性使用”的情形，而第二种“先进后出”方案则更多局限于数据训练行为问题的精准解决。此外，在我国的现实背景

---

〔1〕 See Guido Calabresi and A. Douglas Melamed, *Property Rules, Liability Rules, and Inalienability: One View of the Cathedral*, Harvard Law Review, Vol. 85, p. 1089–1128（1972）.

〔2〕 参见李安：《机器学习的版权规则：历史启示与当代方案》，载《环球法律评论》2023 年第 6 期。

下，规则现实落地也面临不同的可能途径和相关成本。因此，具体采取哪种方案，关系到对于“复制”这一概念限缩必要性的总体判断，以及规则落地的现实考量。

(二)过度泛化的“复制”是否还是一个好的中介概念

抽象的法律需要针对复杂的现实利益冲突进行高度概括，作出大概率合理的价值判断，并据此确立广泛适用的规则，协调行为和资源配置，这一功能很大程度上是通过设定概念这一中介(proxy)来实现的。[1]因此，一方面，中介概念的设定反映了特定利益关系的抽象和提炼；另一方面，一旦相关利益关系产生了实质性的变化，就需要针对概念进行反思和重构。

“复制”作为著作权法上的基础概念，无疑是工业时代的产物。复印技术普及之后，私人复制日益普及，复制作为中介概念的范围大大扩张。等到进入互联网时代，数字化复制被纳入复制的范畴，复制不仅是信息网络传播的基础行为，也构成作品几乎所有使用方式的基础行为。相对于工业时代与出版发行紧密相连的“复制”，数字时代的复制已经极大泛化，嵌入作用使用和传播的几乎所有环节。法律上通过将私人使用界定为合理使用，很大程度上将私人复制行为排除在外，避免过度影响信息流动和知识积累。[2]但是实际上，没有被列为合理使用的复制行为依然存在大量的社会需求，例如，数字环境下真正被著作权人追究责任的，主要还是公开传播行为，而极少针对不附加传播属性的“私域”复制。此外，即使是传播行为，互联网上对作品的大量复制、转载，实际上是未经许可的“被容忍的使用”(tolerated use)，可以认为，被容忍的使用在数量上远远超过著作权人进行维权试图控制的复制行为。[3]也就是说，复制这一中介概念在数字时代的泛化，之所以尚未导致利益失衡，很大程度上是通过大量事实上而非法定的合理使用(“被容忍的使用”)来维系信息流动和著作权之间的

〔1〕 参见 Thomas Merrill & Henry Smith, *What Happened to Property in Law and Economics?*, Yale Law Journal, Vol. 111, p. 389-390(2001)；蒋舸：《知识产权法与反不正当竞争法一般条款的关系——以图式的认知经济性为分析视角》，载《法学研究》2019年第2期。

〔2〕 参见杨明：《私人复制的著作权法制度应对：从机械复制到云服务》，载《中国法学》2021年第1期。

〔3〕 See Tim Wu, *Tolerated Use*, Columbia Journal of Law & the Arts, Vol. 31, p. 617(2008).

平衡。

进入人工智能时代，情况又有不同，在生成式人工智能模式下，大量的知识学习和积累是通过机器学习来实现，这一过程必然伴随数字化的复制，不能落入私人复制的例外。如果依然保持复制这个已经过度泛化的中介概念，那所有的机器使用，包括机器学习都会被复制权覆盖，大大扩展了复制这一中介概念可能包括的作用使用场景，极有可能造成新生产模式下的利益失衡。因此，有必要对于复制这一中介概念作出更加系统化的反思和限缩，将"非作品性使用"等可以界定出来的新型中介概念从"复制"里面直接排除，而如果采用"先进后出"的合理使用方案，只能逐个排除具体使用场景，则无法解决复制概念过度泛化带来的系统性问题。

（三）规则落地的现实途径及其可能成本

"直接排除"方案和"先进后出"方案，在规则落地上总体而言都有两种途径：一是直接设立一般性规则，具体而言有立法规定和通过司法解释规定两种具体途径；二是通过司法机关在个案裁判中进行解释性适用。

先来看"先进后出"的合理使用方案。就目前我国著作权法对于合理使用的立法选择而言，创设新型合理使用行为的权限需要交由法律或者行政法规的立法者来行使，因此通过司法机关个案裁判或者颁布司法解释的形式，面临合法性难题。此外，即使司法实践有可能参照美国模式，根据具体案件的要素衡量创设新型合理使用行为，形成著作权法的"宽进宽出"模式，[1]是否能够实现较优的"宽出"还要依赖个案事实的判断，短期内不易形成相对客观、统一的裁判标准，合理使用在司法裁判中的不确定性，如"转换性使用"标准不清，也是美国司法裁判长期被质疑的问题所在。

相较之下，"直接排除"方案涉及的是对于"复制"概念在特定时代和产业条件下的解释和应用，既可以通过立法规则或司法解释予以明确，也可以由法官在个案中确立裁判规则，同时，通过对于"非作品性使用"特征的清晰描述和界定，可以使规则适用具有更强的一致性和确定性，而不需要受限于合理使用

〔1〕 参见蒋舸：《论著作权法的"宽进宽出"结构》，载《中外法学》2021年第2期。

分析指向的具体场景。

具体而言，可以在著作权法或其实施条例中明确：人工智能产品开发中将作品作为训练数据使用，仅用于训练过程且不针对特定作品独立使用的，构成非作品性使用，不受著作权法保护。亦可通过在人工智能行业相关立法中给出相应的规则或者原则，确立明确的发展导向。

（《法学论坛》2024 年第 3 期）

技术中立视角下人工智能模型训练的著作权合理使用

徐小奔*

一、技术中立对著作权合理使用制度的影响

当前，全球正处于人工智能立法的关键时期，中国也在加快推进人工智能法治建设。如何在中国法治语境下推进人工智能立法，关键在于回应本土法治需求。有学者指出，本土法治实践是中国人工智能立法的经验来源，尤其是网络法治发展的30年中所积累的监管理念、监管手段等，是应对人工智能时代不确定性技术发展、社会关系变化风险的重要法治经验。〔1〕回顾技术中立对著作权制度的发展，尤其是对合理使用制度的影响，能够帮助我们探究著作权法促进技术进步的利益平衡规律，为人工智能时代的著作权制度安排提供治理经验。

（一）技术中立与著作权法规范目的

技术中立是一个关于技术本质的理论，其基本含义是指技术在发挥功能和作用时遵循自身的原理和机理，并未预设或内置任何价值判断，即技术是中性的，"技术产生什么影响、服务于什么目的，这些都不是技术本身所固有的，而取决于人用技术来做什么"。〔2〕一般而言，法理学层面的技术中立一般包括功

---

* 徐小奔：中南财经政法大学法学院副教授、知识产权研究中心研究员、数字法治研究院研究员。

〔1〕 参见张凌寒：《中国需要一部怎样的〈人工智能法〉？——中国人工智能立法的基本逻辑与制度架构》，载《法律科学（西北政法大学学报）》2024年第3期。

〔2〕 See Emmanul G. Mesthene, *Technology Change: Its Imapct on Man and Society*, New American Library, 1970, p.60.

能中立、责任中立与价值中立三个维度。〔1〕其中，引发争议的问题在于技术是否具有价值属性，即技术中立是否意味着技术在价值上也是中立的。对此，理论界涌现出各种不同的观点，有观点主张技术作为工具应当是完全中立的，即技术拥有自主性，不受人类设定的任何技术目的左右；也有反对观点认为技术无法脱离人类价值控制，技术会因政治的干预而具有政治属性，甚至技术在设计之初就可能被印上了创造者的偏好和偏见。〔2〕有学者在区分技术的自然属性与社会属性之后提出，技术的自然属性是技术中蕴含的科学原理、技术效果的实现机制等客观属性，技术的社会属性则揭示了技术在社会中被应用时会受到特定制度的制约而形成价值的偏向性。〔3〕技术中立作为协调技术自然属性与社会属性之间关系的原则，不可能主张技术开发与应用完全不受社会制度的约束甚至允许以违背社会价值观的方式发展技术，而是强调技术进步本身就具有社会意义，所以当技术中立作为独立的政策目标时就暗含着技术发展优先的价值倾向。

在著作权法语境下，技术中立的指导意义在于揭示技术对著作权制度产生了怎样的影响，对著作权保护与限制、限制与反限制等利益平衡机制发挥了怎样的作用。著作权法的产生与复制技术的发明紧密相关。在印刷技术发明之前，由于复制作品需要繁重的手工抄写，复制行为并不普遍，因此没有形成现代意义上的著作权法。1455 年活字印刷技术传入欧洲后，作品的复制和传播变得更为便捷和经济，这促使了著作权法的逐步建立，以保护作者和出版商的利益。〔4〕在科技革命之前，复制技术主要被应用于作品的规模印刷与传播，甚至著作权保护对象的本质就是作品的复制利益，此时技术与著作权利益是高度关

---

〔1〕 功能中立，是指技术在发挥其功能和作用的过程中遵循了自身的功能机制和原理，那么技术就实现了其使命；责任中立，是指技术使用者和实施者不能对技术作用于社会的负面效果承担责任，只要他们对此没有主观上的故意；价值中立，是指科学的任务在于能够提供带有普遍适用性的结论而无须回答文化价值问题。参见郑玉双：《破解技术中立难题——法律与科技之关系的法理学再思》，载《华东政法大学学报》2018 年第 1 期。

〔2〕 参见刘兴华：《数字全球化时代的技术中立：幻象与现实》，载《探索与争鸣》2022 年第 12 期。

〔3〕 参见陆江兵：《中立的技术及其在制度下的价值偏向》，载《科学技术与辩证法》2000 年第 5 期。

〔4〕 参见彭学龙：《技术发展与法律变迁中的复制权》，载《科技与法律》2006 年第 1 期。

联的：著作权利益的实质就是作品借助传播技术而产生的收益。这也造成这样一种思维倾向：每当新的传播技术出现时，著作权便理所当然地延伸至新技术之上。

随着传播技术的快速发展，不断涌现出如互联网、P2P、云计算等新技术，这些技术既可以用于传播作品也可以用于传播其他非作品信息，并且这些技术形成了独立的开发与应用市场，技术利益与著作权利益彼此分离，这便给著作权既有交易秩序带来挑战。为此，形成了对不同传播技术的不同治理方案。例如，都是作品的复制行为，在录制技术、P2P 技术、计算机临时复制技术等不同技术媒介上就会形成不同的著作权定性——有的属于著作权侵权，有的属于合理使用。在这个实践基础上，有学者指出，技术中立意味着著作权法要中立地评价各种技术，即当风险和机遇随着新技术的应用而发生显著变化时，应当依据著作权法的规范目的重新评估成本和效益，并采取差异化的著作权管理策略。〔1〕进一步而言，技术中立这样帮助立法者处理技术开发者与著作权人的利益关系：一方面，著作权法蕴含鼓励创新的价值取向，因此著作权法在新技术出现时应当既不赞成也不反对，保持中立和不歧视；另一方面，技术中立已经成为著作权法中的一个基本原则，通过著作权法利益平衡机制在新技术环境下维护各方利益，并在一定程度上限制著作权人的潜在利益范围。〔2〕可见，著作权法语境下的技术中立更倾向于从技术的社会属性层面承认不同技术应用对著作权秩序的不同影响，并在技术进步和著作权保护之间采取不同的利益平衡策略。

技术中立体现在著作权法中的目的条款中。《著作权法》第 1 条将“促进社会主义文化和科学事业的发展与繁荣”作为立法目的，意味着著作权法具有推动技术进步的功能。当然，也有学者指出，技术中立同时意味着当新技术出现时，也不能简单地将技术纳入著作权合理使用的范畴，即技术中立也并非绝

〔1〕 See Craig C J, *The AI-copyright challenge: Tech-neutrality, Authorship, and the Public Interest, Research Handbook on Intellectual Property and Artificial Intelligence*, Edward Elgar Publishing, 2022, p.134–155.

〔2〕 See Craig C J, *Technological Neutrality: (Pre) Serving the Purposes of Copyright law, The Copyright Pentalogy: How the Supreme Court of Canada Shook the Foundations of Canadian Copyright*, 4 Osgoode Hall Law School Legal Studies Research Paper 28, (2014).

对的侵权免责事由。[1]这固然是技术中立的应有之义，但是结合著作权实践，将技术中立作为科技政策时就体现了价值倾向性——通过技术中立要求著作权法对技术采取更宽容的姿态以促进技术发展。因为当新技术出现时，著作权人会习惯性地要求将新技术纳入著作权保护范围。例如，《著作权法》第10条对复制权的定义是“以印刷、复印、拓印、录音、录像、翻录、翻拍、数字化等方式将作品制作一份或者多份的权利”，其中“等”字就为如人工智能这样的新技术出现时著作权人主张权利提供了依据，也为著作权控制新技术留下了伏笔。但是，站在技术中立的立场，当新技术出现时，不应当简单地将新技术视为著作权的实现媒介而纳入著作权保护范畴，而是要重新对新技术带来的风险与机遇进行利弊比较与利益平衡。可以说，技术中立使人们面对新技术时跳出著作权延伸保护的思维定式，给新技术的开发与应用提供了更大的发展空间。

（二）技术中立在著作权法中的引入

学术界公认的技术中立在著作权法中被引入的标志是1984年美国联邦最高法院判决的“环球电影制片公司诉索尼公司案”[2]（以下简称索尼案），并通过这一判决确立了著作权法上对技术工具的“实质性非侵权功能”标准，即生产、销售一种同时具有合法与非法用途的商品，可免负侵权法律责任。[3]法官特别强调：对于索尼录像机的用途，不需要全面研究其具体有哪些潜在的用途，也不需要逐一分析哪些用途构成侵权、哪些用途具有商业意义，只需要考虑其是否具有相当数量的非侵权用途即可。[4]

索尼案在技术开发者与著作权人之间就如何分配由新技术带来的利益与风险设置了一个新型的利益平衡框架：第一，新技术的出现既可能带来著作权的侵权风险，也可能创造新的社会福利，此时应当将技术发展作为一个独立的价值目标，再从著作权的规范目的上全面评价技术的利弊并制定著作权治理方

---

〔1〕 参见梁志文：《云计算、技术中立与版权责任》，载《法学》2011年第3期。

〔2〕 See Sony Corporation of America et al. *v.* Universal City Studios, Inc., et al. 464 U.S. 417（1984）. 对索尼案的详细介绍以及各方观点可参见王迁：《“索尼案”二十年祭——回顾、反思与启示》，载《科技与法律》2004年第4期。

〔3〕 参见张今：《版权法上“技术中立”的反思与评价》，载《知识产权》2008年第1期。

〔4〕 See Sony Corporation of America et al. *v.* Universal City Studios, Inc., et al. 464 U.S. 417（1984）.

案。第二，著作权合理使用是保障技术中立的重要制度工具。索尼案是基于私人复制的正当性而将录像设备的录制功能排除在著作权人控制范围之外。有学者指出，私人复制虽构成著作权法意义上的复制，但将之归入合理使用制度的范畴而不认定为侵权行为是多数国家的立法选择。〔1〕这是由于私人复制体现了更为重要的公共利益，如保障言论自由、促进科学研究等价值，因此被认为具有更优位的价值。第三，以间接责任为依据平衡技术开发者与著作权人的利益关系，使技术开发者不能因为合理使用的存在而完全规避责任。

索尼案创设的实质性非侵权功能标准为促进录制技术应用提供了著作权保障，但自判决之日起就争议不断。主要的原因是：技术的普及使私人复制能力不断增强、私人复制行为不断增多，与此同时私人复制的普遍化也会导致著作权人利益受到不合理的损失。事实上，在索尼案判决的20年后，美国联邦最高法院也通过系列判决重新解释了实质性非侵权功能标准的应用，并加以必要的限制。总体来说，实质性非侵权功能标准并不能绝对阻却责任，仅以"技术中立"推卸责任和仅是因使用了某种技术便产生侵权责任一样，都是不合法理和缺乏逻辑的。〔2〕在承认著作权合理使用的前提下，也可以对技术开发者施以一定程度的避免技术被用于侵权的注意义务。这背后的逻辑是：如果著作权人为支持新技术的发展牺牲了自己的利益，那么当技术开发者在有能力通过技术改进来避免技术被用于侵权时，也应当积极采取措施保障著作权人权益，这可以视为对著作权人的合理回报。在立法层面，美国通过1992年《家庭录音法》、1998年《千禧年数字版权法》等法案，为录制设备的制造者设置了更强的注意义务，如要求在录制设备上搭载自动复制控制技术、干扰条纹技术等技术措施，避免因私人复制的不当扩张损害著作权人合法权益。〔3〕

索尼案被视为技术中立在著作权法中的首次应用，为技术环境下建立著作权利益平衡机制提供了理论基础与制度经验。回顾索尼案引发的争议以及法律

---

〔1〕 参见杨明：《私人复制的著作权法制度应对：从机械复制到云服务》，载《中国法学》2021年第1期。

〔2〕 参见张今：《版权法上"技术中立"的反思与评析》，载《知识产权》2008年第1期。

〔3〕 参见王迁：《"索尼案"二十年祭——回顾、反思与启示》，载《科技与法律》2004年第4期。

实践，可以观察到一个重要的著作权治理经验：著作权合理使用与技术开发者注意义务之间存在相互支撑关系，判断技术应用过程中对作品的使用是否对著作权人的合法权益造成不合理的损害，不能孤立地从合理使用或侵权责任任何一方下结论，而要在两制度的衔接协调中考量利益平衡。具言之，技术应用的合理使用并不能免除技术开发者的注意义务，反过来只有在技术开发者承担了避免技术被实质用于著作权侵权的注意义务之后，合理使用才具有正当性。有学者指出，索尼案对于"合理使用"的综合观点超越了技术背景，具有持久的生命力，并且提出"技术中立"是著作权法必须遵循的原则，复制和传播技术的每一次革新都会引起著作权法的相应变化。〔1〕

（三）互联网时代著作权利益平衡机制的发展

索尼案确立的实质性非侵权功能标准为技术环境下技术开发者与著作权人之间利益平衡机制搭建了基础性框架。尽管随后 MP3、打印机、复印机等技术产品因成本大幅减低而走进"寻常百姓家"，并引发关于私人复制合理性的争议，但著作权法关于技术中立的总体基调并没有明显变化：促进技术进步仍是著作权法的规范目的，技术中立仍然是确保技术不被沦为著作权权利附庸的前置准则，但是在具体场景中的利益平衡上需要更为谨慎与精细。随着计算机技术与互联网技术的快速发展，以互联网为代表的数字经济已经成为构建现代化经济体系的重要引擎，全方位影响着人们的生产生活方式，也对互联网时代计算机技术、网络技术、数字技术等新技术与著作权法的互动关系造成更为深刻的影响，其中计算机临时复制的合理使用争议为优化技术环境下著作权利益平衡机制提供了新的思路。

计算机临时复制，是指为保障用户在线浏览网页、观看视频时的流畅性，数据会先在计算机的缓存中进行复制与存储，在计算机关机或重新启动时，计算机会自动清理缓存，相关数据也会随之被自动清理掉。无论是数据的传输、复制与存储，还是随后的清理、删除，都是计算机为实现技术功能而自动完成的，用户并不需要刻意控制与操作，所以这种复制是短暂的、临时的。临时复制是

---

〔1〕 参见王迁：《"索尼案"二十年祭——回顾、反思与启示》，载《科技与法律》2004 年第 4 期。

计算机技术实现在线浏览网页、观看视频等功能所必然发生的技术机制。尽管大多数普通用户对被临时复制在计算机缓存区中的数据没有控制力，但对于具有一定计算机处理能力的用户来说，其完全可以通过访问计算机缓存将临时复制的数据转存至可以长期存储的硬盘中，所以计算机临时复制也面临许多著作权人的质疑，认为其容易帮助盗版作品的传播。

对于计算机临时复制的合法性问题，国际立法与国内立法都曾掀起热烈的讨论。在1996年的《世界知识产权组织版权条约》外交会议上，美国和欧盟代表团曾经主张在条约中明确将临时复制纳入复制权的保护范围，但是遭到中国、非洲等众多代表团的反对，最终在条约正式文本中删除了关于复制权范围的规定。〔1〕我国在《信息网络传播权保护条例》制定之初，也曾有草案将临时复制纳入复制权的保护范围，但最终公布的法律文本中却删除了相关规定。〔2〕可以说，对于临时复制是否属于复制权的保护范围仍属于立法上的留白。

有许多学者提出计算机临时复制是一种技术意义上的使用，是一种"非著作权使用"，不受著作权法规制，因此临时复制并不属于复制权的涵盖范围，自然也就不存在为临时复制制定例外条款的问题。〔3〕但是，从我国《著作权法》第10条对复制权的定义来看，计算机临时复制可被归于以数字化方式将作品制作一份的文义范畴，且我国著作权法并没有明确采取著作权使用与非著作权使用的划分，临时复制也有被纳入复制权保护范围的可能性。实践中之所以没有引起广泛的纠纷，是因为计算机临时复制多数情况下不会影响作品的正常使用，也不会危及著作权人的正当利益，属于著作权上的合理使用。例如，2001年《欧盟信息社会版权指令》中就规定临时复制属于复制权的涵盖范围，再通过设置例外条款将特定条件下的临时复制视为合理使用。〔4〕可以说，无论采取

---

〔1〕 参见［匈］米哈依·菲彻尔：《版权法与因特网》，郭寿康、万勇、相靖译，中国大百科全书出版社2009年版，第650~651页。

〔2〕 参见王迁：《网络环境中的著作权保护研究》，法律出版社2011年版，第44页。

〔3〕 相关观点参见李安：《机器学习的版权规则：历史启示与当代方案》，载《环球法律评论》2023年第6期。

〔4〕 参见万勇：《人工智能时代著作权法合理使用制度的困境与出路》，载《社会科学辑刊》2021年第5期。

非著作权性使用还是合理使用的方案，最终结果都是将计算机临时复制排除在著作权保护范围之外，为计算机与互联网技术的进步与普及预留了充分的制度空间。

回顾上述历史可以发现，在新一轮技术革命的驱动下，计算机与互联网技术支撑起的网络经济成为新的、重要的经济形态。技术中立在协调各方利益过程中发挥着更为核心的指引功能，也为著作权法在协调技术进步与著作权人利益保护之间作出了更为精细的利益平衡方案。总体而言，相比于由美国索尼案创设的非实质侵权功能标准，互联网时代著作权利益平衡机制的优化主要表现为以下两点：其一，当技术的应用对多元产业发展具有越来越重要的支撑作用时，保障技术的实现具有重要的公共利益性与普惠性，著作权人对为实现技术而使用作品的行为负有适当的容忍义务。其二，对计算机临时复制的著作权豁免突破了原本著作权合理使用中私人复制的非营利限制。事实上，计算机临时复制的技术效果在于提高用户网络访问、浏览的体验，其营利性不言而喻。这表明，不能仅以技术的应用具有营利目的而断然将其排除在著作权合理使用之外。

（四）数字时代著作权合理使用制度目的拓展

数字经济时代，文本与数据挖掘（Text and Data Mining，以下简称数据挖掘）是指为了发现知识而从大规模文本库中抽取隐含的、以前未知的、潜在有用的模式的过程。[1]在人工智能时代，数据挖掘已经成为模型训练的必要步骤，从技术运行机制上看，数据挖掘研究通常是训练机器学习的必需步骤，机器学习是数据挖掘的内在技术。[2]从人工智能的角度来看，数据挖掘就是利用人工智能对大量数据形式的作品进行分类和整理，分析这些作品所表达的思想感情、所采用的语言特征、所特有的表达风格等，从中抽取和提炼出这些作品的规则、模式、结构、趋势，再将这些规则和模式应用到具体创作场景之中，其后通过自我

〔1〕参见谌志群、张国煊：《文本挖掘与中文文本挖掘模型研究》，载《情报科学》2007年第7期。

〔2〕参见万勇：《人工智能时代著作权法合理使用制度的困境与出路》，载《社会科学辑刊》2021年第5期。

观察，独立地、持续地改进和优化其分析和处理过程。[1]

数据挖掘技术与以往的复制传播技术最大的不同之处在于，数据挖掘技术的应用不在于传播信息，而在于创造新信息（或者说挖掘数据中的新价值）。换言之，数据挖掘技术是知识创造技术而非知识传播技术。在这一过程中，尽管数据挖掘技术在结果上并不以对在先数据的原样再现（复制）为目的，但是为实现对在先数据的价值挖掘，不可避免地需要对含有著作权的作品数据进行接触、复制与分析，由此引发著作权侵权争议。

数据挖掘技术的应用非常广泛，早在 2005 年，美国谷歌公司便通过复制纸质或数字作品，形成数据库并命名为“谷歌数字图书馆”（Google Books）。该数据库搭载了数据挖掘技术，用户可以通过输入关键词，快速检索到数据库内所有包含该关键词的作品信息，以及这些关键词在每本书中出现的频次，并将该部分作品部分呈现给用户浏览。随后，美国五大出版社向谷歌公司发起了著作权侵权诉讼。[2]该纠纷几经波折，最终美国联邦最高法院于 2016 年作出判决，认定谷歌公司虽然未经授权而对受著作权法保护的作品进行数字化，并在数据库上搭载数据挖掘技术以实现关键词检索、关键词分析以及作品片段展示等行为，但其目的与作品正常使用目的之间具有高度的转换性，谷歌数字图书馆对作品片段的展示不会造成对原作品市场的替代，属于美国著作权法上的转换性合理使用。至此，有关数据挖掘技术对作品的使用就有了著作权合理使用的先例，也逐步成为当前许多学者主张援引美国转换性合理使用规则解释人工智能模型训练的理论依据。

欧盟与日本的著作权法也有类似的规定。例如，欧盟 2019 年通过的《单一数字市场版权指令》第 15 条就对数据挖掘设置了著作权例外规则。根据该指令，科研机构和文化遗产机构为科学研究目的进行数据挖掘时，如需对其合法获取的作品或其他内容进行复制和提取，则该行为属于著作权合理使用。日本在 2018 年对其《著作权法》修订时扩张了数据挖掘的著作权合理使用范围，在

---

〔1〕 See Patrick Zurth, *Artificial Creativity? A case Against Copyright Protection for Ai-generated Works*, Los Angeles Journal of Law & Technology, Vol. 25, p.1, 3 (2021).

〔2〕 See Authors Guild *v.* Google, Inc., 804 F. 3d202 (2nd Cir. 2015).

第30条第4款规定以任何方式进行的数据分析都可以构成著作权合理使用。比较欧盟与日本的规定，欧盟将文本与数据挖掘技术的著作权合理使用限定在非营利性的科学研究范围之内，而日本则无此限制。日本与美国的立场相对一致，其更看重文本与数据挖掘的技术效果——创造新的知识信息，而这些新的知识信息对社会是有益的且不会对原作品的正常使用造成损害。

数据挖掘的著作权合理使用问题至今未在国际上达成共识，但是越来越多的法律实践倾向于在著作权法中为数据挖掘设定例外。多数观点支持数据挖掘的理论基础在于借鉴美国著作权法上的转换性使用原理，即“转换性使用”指的是对原作品的使用并非为了单纯地再现原作品本身的文学、艺术价值或者实现其内在功能或目的，而是通过增加新的美学内容、新的视角、新的理念或通过其他方式，使原作品在被使用过程中具有了新的价值、功能或性质，从而改变了其原先的功能或目的。[1]转换性使用已经成为美国著作权法的特色理论，美国法院通过系列判决确立了转换性使用的利益平衡规则：转换性使用创造出了不是作品原有的新价值，这种新价值的创造符合著作权法的规范目的，并且在使用过程中因转化性程度的不同对原作品的正常使用也会产生不同影响，转换性程度越高，其构成合理使用的可能性也就越大。[2]

在我国，转换性使用并非著作权法规定的合理使用类型，在立法上存在因立法技术不同而导致的制度兼容性问题，在法理层面也存在美国合理使用“四要素”检验方法与我国秉承的“三步检验法”的适配性问题，还存在司法适用中的法官造法争议。[3]因此，尽管近年来有许多引入转换性使用的呼吁，但在我国《著作权法》第三次修正中并没有明确引入该制度。笔者认为，转换性使用蕴含的利益平衡经验为解决诸如数据挖掘技术以及模型训练的著作权合理使用难题提供了有益的理论启示：一方面，新的创造技术如果能够增进社会知识供给，则技术的发展自身就具备更强的公共利益性。转换性使用蕴含的法理进一步明确了著作权法对新技术开发与应用的激励作用，技术中立暗含的技术发展优先价

---

〔1〕 参见王迁：《著作权法》，中国人民大学出版社2015年版，第343页。

〔2〕 参见袁锋：《论新技术环境下“转换性使用”理论的发展》，载《知识产权》2017年第8期。

〔3〕 参见熊琦：《著作权转换性使用的本土法释义》，载《法学家》2019年第2期。

值倾向在转换性使用中得到强化。另一方面，即便借鉴转换性使用原理使数据挖掘技术的发展具有价值优位性，仍然要谨慎考量对该技术的著作权豁免是否会损害著作权人正常的市场利益。这也进一步加强了著作权合理使用制度与其他著作权保护制度之间的衔接关系，只有为著作权人提供充分的救济手段，著作权合理使用才具有正当性。

二、人工智能模型训练著作权合理使用标准的检验

目前，国际通行的著作权合理使用标准是《保护文学和艺术作品伯尔尼公约》创设的"三步检验法"，随后该检验法又被《与贸易有关的知识产权协议》和《世界知识产权组织版权条约》所确认，成为国际通行标准。"三步检验法"为著作权合理使用提供了一个框架性的检验规则，即只有当对作品的使用行为同时符合在特定且特殊情形下、不与作品的正常使用相冲突、不得不合理地损害著作权人的合法权益三个条件时，才能被认定为符合合理使用。[1]我国长期以来采取封闭列举式的立法模式，并没有设置著作权合理使用的一般条款。2020年《著作权法》第三次修正时，在第24条中设置了兜底条款（"法律、行政法规规定的其他情形"），并在该条第1款中设置了描述性的一般规则（"在下列情况下使用作品，可以不经著作权人许可，不向其支付报酬，但应当指明作者姓名或者名称、作品名称，并且不得影响该作品的正常使用，也不得不合理地损害著作权人的合法权益"），由此实现了我国著作权合理使用制度的开放。"三步检验法"作为判定著作权合理使用的标准是相对模糊的，但是结合技术中立对著作权合理使用利益平衡机制的历史经验，可以为人工智能模型训练的著作权合理使用提供更加具象的理论依据与实践准则。

（一）促进人工智能技术进步符合著作权法的规范目的

在"三步检验法"中，"特定且特殊情形"是关于作品行为目的正当性的判断。有学者考察了世界贸易组织争议仲裁委员会对合理使用的相关解释后指

〔1〕 参见张栋果：《解读"三步检验法"与"合理使用"——〈著作权法（修订送审稿）〉第43条研究》，载《环球法律评论》2016年第5期。

出，“特殊且特定情形”一般是指国内法层面的著作权例外或限制必须加以明确界定，即是说只能通过立法界定合理使用范围的功能。[1]我国《著作权法》第24条在立法表述上似乎没有明确说明何为“特定且特殊情形”，而是采取引致的方式规定“在下列情况下使用作品……”并以列举的形式规定了12种合理使用情形与1项兜底条款。对此，似乎只有将模型训练归类于第24条规定的合理使用情形才能判定其正当性，但模型训练很难被归类于最为近似的“为个人学习、研究或者欣赏”“为介绍、评论某一作品或者说明某一问题”“以及为学校课堂教学或者科学研究”中的任何一种法定类型，尤其是人工智能模型训练的开发具有鲜明的营利目的。事实上，从早期的技术研发主要依靠大学实验室等非营利机构到现如今大量计算机技术、互联网技术以及人工智能技术的主要研发力量来自企业或者企业与研究机构的联合体，商业利益驱动是人工智能技术得以快速发展的激励器。如果仅以营利性为理由拒绝将模型训练纳入合理使用范围，将会极大拖累技术进步的步伐。笔者认为，技术中立对著作权合理使用制度的影响历史充分证明了技术的进步本身就具有重要的社会价值，保障技术实现是著作权法独立的规范目的，可以被认定为属于著作权法的“特定且特殊情形”。具言之，在规范目的来源上，促进技术进步被规定在《著作权法》第1条立法目的之中，即“促进社会主义文化和科学事业的发展与繁荣”，这一规范目的可以通过第24条第13款“法律、行政法规规定的其他情形”予以导入。这意味着短期内可以通过扩张解释的办法，以《著作权法》“第1条规范目的条款+第24条兜底条款”的模式将模型训练纳入著作权合理使用，但长久之计还是应当通过人工智能特别立法确定模型训练的著作权合理使用，并形成人工智能特别法与著作权法一般法的关系。

当然，并非任何技术对作品的使用都可以视为合理使用，其关键之处还要考虑技术实现的公共利益性。一般而言，技术的公共利益属性源自技术实施对社会产生的效益，包括低属性与普惠性。参考计算机技术与互联网技术的发展历史，越是底层技术以及技术的实施越具有普惠性，技术在应用过程中使用作

[1] 参见熊琦：《著作权合理使用司法认定标准释疑》，载《法学》2018年第1期。

品就越倾向于被认定为合理使用。

技术的底层性，是指在技术链条中越是发挥底层支撑性作用的技术就越具有价值优位性。有学者指出，合理使用的实质涉及作品的合理接近，这种接近直接或者间接地受到宪法保护，原因在于合理接近著作权作品关系到宪法确保的发展文化、科学技术、教育的重要的公共利益。[1]之所以临时复制技术应被视为合理使用，在于该技术的应用实际上已经成为计算机网络运行的基本形式，技术的应用可以赋能所有的互联网经济类型。这就使临时复制技术具有了公共利益性，也就具有了优位于著作权私权的公共利益属性。沿用此理，对人工智能技术发展的未来，人们普遍的共识是人工智能是数字经济的重要基础设施和关键技术之一，是数字经济时代的关键驱动力。[2]有学者指出，人工智能立法的一个重要的指导原则就是基础设施保障原则，这意味着人工智能技术创新的促进机制应当包含人工智能技术创新所必要的创新资源供给。[3]在技术构成上，人工智能有三个关键技术要素：数据、算法与算力。人工智能模型是架构高品质人工智能产业网络的基础技术资源，尤其是通用模型的建设更将成为多产业、多模态人工智能经济的底层支撑技术。这一点还可以从大模型开源运动中得以印证，大模型的研发、应用会产生经济价值，因此模型开发活动更倾向于商业活动，但有媒体统计，全球知名的大模型中将近一半属于开源模型，并且开源模型的质量正在不断超越专有模型。[4]尽管开源还是闭源只是模型研发者的选择，也不会因为模型训练的营利性而直接否定合理使用，但大模型开源的实践确切地表明：越被普遍应用的模型越能构建起更完整的人工智能技术社区与经济网络。模型训练之于人工智能经济就如同临时复制至于网络经济一样，都是底层支撑技术，具有较强的公共利益性与价值优位性。

技术的普惠性，是指技术在应用过程中不仅有益于促进技术开发者的利

---

〔1〕 参见冯晓青：《著作权合理使用制度之正当性研究》，载《现代法学》2009 年第 4 期。

〔2〕 参见郑茂宽：《数智观点：人工智能成为数字经济发展的重要驱动引擎》，载微信公众号“上海人工智能研究院”2022 年 1 月 25 日，https://mp.weixin.qq.com/s/K9XEHDXElHe5-XA0hX07Uw。

〔3〕 参见赵精武：《论人工智能法的多维规制体系》，载《法学论坛》2024 年第 3 期。

〔4〕 参见机器之心：《2024 年 AI 趋势看这张图，LeCun：开源大模型要超越闭源》，载微信公众号“机器之心”2023 年 12 月 12 日，https://mp.weixin.qq.com/s/TjZ9EsP7PLdzorG2HAVGzg。

益，也为著作权人带来福利。典型如计算机临时复制技术，虽然可能存在缓存区中临时复制的作品可以通过技术手段被转存到硬盘从而实现长久保存，但该技术也极大地改善了消费者的浏览体验，有助于形成便捷、流畅的数字作品交易市场。在这种优良的交易环境中，著作权人也可以利用临时复制技术带来的便利性提升自己数字作品的交易活跃度。有学者指出，数字时代基于数字中立的数字技术成果将会具有更广泛的适用性，为数字全球化带来更强劲的动力。〔1〕在人工智能时代，人工智能技术具有更强的普惠性，“人工智能 +” 成为越来越多产业的选择，每个人都可能是人工智能技术的获益者。即使是在艺术创作领域，人工智能作为新型艺术创作工具也逐步成为创作者艺术灵感的重要来源以及提供创作效率的首选工具。例如，知名的人工智能文生图模型平台 Playform 在近期对 500 名专业艺术家的调查中显示，如同专业镜头或 Photoshop 等技术工具的出现所带来新的创作习惯一样，大多数艺术家都愿意尝试使用人工智能文生图工具辅助创作。与此同时，大多数艺术家是在创作过程的中间阶段而不是最后阶段使用人工智能，这使人工智能发挥着类似于画家使用草图来探索或规划作品的辅助创作作用，并且超过 65% 的受访者会使用文生图技术来探索新想法并运用到最终的作品中。对于人工智能的未来，大多数艺术家承认文生图模型对他们的工作总体上有积极的影响，他们认为这种影响将是巨大的（约 45%）或至少是明显的（约 37%）。〔2〕著作权合理使用制度本身就是旨在通过限制著作权权利促进文学、艺术、科学进步的利益平衡机制，对于每一位创作者而言，其既是合理使用的供给方，也是合理使用的受益方，在“人人为我、我为人人”的互惠中实现知识共享与创新激励。模型训练的这种普惠性特点，使每一位创作者享受到新型创作工具带来的便利。

（二）模型训练对作品的使用机制不影响该作品的正常使用

“三步检验法”中关于“不得影响作品的正常使用”的“正常使用”之实质

〔1〕 参见刘兴华：《数字全球化时代的技术中立：幻象与现实》，载《探索与争鸣》2022 年第 12 期。

〔2〕 See The New Sketchbook, *Playform Conducts First Sizable Survey into AI Art Practices What Artists Think about Text-to-image*, Playform, https:// www.playform.io/editorial/survey.

在于保障著作权人能够获取行使权利所产生的可期待利益。[1]但是，“正常使用”显然不能被认为是覆盖了一切可能的商业利益，否则将使合理使用丧失适用空间，因为任何对作品的自由使用都在某种程度上剥夺了著作权人的利益。鉴于此，对正常使用的理解应当注重考虑合理使用人对作品的使用行为是否会与著作权人产生市场上的竞争关系，从而损害著作权人在一般著作权市场中的利益。[2]这一视角，在观察美国、欧盟与日本等国对数据挖掘赋予著作权合理使用的法律实践中表现得尤为明显。为数据挖掘技术设置著作权合理使用，关键的原因在于其技术效果与原作品的正常使用之间不存在矛盾，即尽管数据挖掘在技术运行上不可避免需要复制作品，但这只是技术运行的前置环节，技术运行的最终结果并不会对原作品的正常市场供给产生实质影响。这表明：著作权法在防范新技术可能产生的侵权风险时，其关注点应当聚焦于技术的应用是否会造成作品的市场替代，即技术被实际用于做了什么，而不必纠缠于技术在运行机制上是否使用了作品。换言之，如果技术的应用并不会对作品的正常价值产生影响，为了促进技术进步与保障技术实现，可以为该技术设置著作权例外。人工智能模型训练对作品正常使用的影响可以从以下两个方面说明。

第一，从技术运行机制上看，模型训练在输入端是将已有的作品作为训练数据“投喂”给模型，模型基于深度学习技术自发对数据进行标注，发现数据间潜在的关联性形成算法模型，并在新数据输入后，基于算法对结果进行预测并生成、输出最终的结果。从这个角度来看，人工智能模型训练的技术目标从来就不是对既有数据的复制或原样再现，而是通过学习既有知识来生成新的知识信息。因此，人工智能模型不是作品的传播工具，而是新作品的创作工具。在技术视角上，如果将作品的正常使用带来的价值称为“原初价值”，那么通过深度学习技术挖掘数据间潜在的联系并在新数据输入后预测并输出新知识的结果可以被称为“数据增值”。[3]由于数据增值有促进社会知识增长与不妨碍在先

〔1〕 参见熊琦：《著作权合理使用司法认定标准释疑》，载《法学》2018 年第 1 期。

〔2〕 See Paul Goldstein, *International Copyright*, Oxford University Press, 2001. p.295.

〔3〕 参见徐小奔、杨依楠：《论人工智能深度学习中著作权的合理使用》，载《交大法学》2019 年第 3 期；吴汉东：《人工智能生成作品的著作权法之问》，载《中外法学》2020 年第 3 期。

作品原初价值的特性，在美国、欧盟与日本，都不约而同地通过转换性使用原理为数据挖掘技术设置了著作权合理使用。但是，尽管模型输出内容的过程是一种创造而不是复制，其仍然可能在关键词的提示下生成（创造）出与在先作品相同或实质性相似的内容。那么，是否能够因为人工智能模型经过训练后能够生成非法内容，如在“人工智能生成奥特曼著作权纠纷案”〔1〕中，法院将这种生成界定为著作权法上的复制，便由此反推在输入端对该作品的使用也必定非法？答案是否定的。就如同临摹技术高超的画家，在仔细观摩、学习他人作品后临摹（临摹作为一种艺术技法是一种创作行为）出与在先作品完全相同、足以以假乱真的临摹作品，此时从著作权法上固然可以将这种原样再现的结果称为复制（将作品制作一份或多份），但绝不能反推画家观摩、学习他人作品也是非法行为。换言之，人工智能模型真正应当被规制的对象是在输出端是否生成了与在先作品（训练数据）相同或实质性相似的作品（因为这会影响作品原初价值的分配），而不是在输入端一概禁止将在先作品作为训练数据而合理使用。

第二，人工智能模型训练的结果是将作品碎片化、结构化并作为参数内嵌于模型之中。根据技术原理，人工智能模型对作品进行接触、复制、拆解、分析后，作品本身并不会直接存储于模型之中，而是被内化为参数嵌于模型。这与传统复制行为有很大的不同，因为模型训练的最终结果并没有通过任何的技术措施使作品在模型中原样存储，不符合著作权法对复制行为“制作一份或多份”的要求。换言之，假使语料库中存储有受著作权保护的作品，经模型训练后，也不意味着在模型中制作了一份或多份与在先作品相同的作品。哪怕是模型训练过程中需要对作品进行复制，也实际上如同计算机临时复制一样，是临时的、短暂的（在算力支持下更可能是瞬间的）复制。这种复制的结果也不必然使模型生成与作品相同或相似的内容，也就是说，经过训练的模型不会是作品的市场替代品。

（三）模型训练的治理成本与著作权人的合理容忍义务

如何判定“三步检验法”中“不得不合理地损害著作权人的合法权益”是

---

〔1〕 参见广州互联网法院民事判决书，(2024)粤 0192 民初 113 号。

争议最大也最为困难的一步。从文义上看，既然存在“不合理的损害”也就意味着存在“合理的损害”，如此一来，“不得不合理地损害著作权人的合法权益”并非要求排除一切对著作权人的损害，而是承认了在某些情况下著作权人应当对合理损害承担容忍义务。因此，在何种情形下著作权人的利益减损是应当被允许的，成为问题的关键。技术中立本身暗含的技术发展优先的价值倾向在重塑技术时代著作权利益平衡机制，技术治理成本是重要的指标。

以计算机临时复制的著作权合理使用为例，互联网是人类真实世界的虚拟延伸，可以说人类真实世界存在什么样的信息，互联网中也会出现什么样的信息。这就使互联网上的信息呈现海量性、混杂性、流变性等特点。此时，对技术开发者设置过高的注意义务在成本上将使企业难以负担。有学者将这种技术成本的考量称为“技术不能”，对网络服务提供者而言，其往往没有有效且经济的技术手段来监测并清除网络上的版权侵权内容，尤其在互联网企业发展初期，无法及时且有效地监测移除网络侵权内容，即使有相应的信息监测技术手段也会因成本问题而难以实现产业化应用。[1]这就意味着在技术中立思想下，技术实现的法律价值与在先权利保护之间需要充分考虑技术的治理成本，否则将极大遏制技术的发展。这一治理经验对人工智能模型训练技术的发展也同样适用，要求人工智能技术开发者采取事前授权机制在实践中不具有可操作性。

第一，从训练数据来源上看，模型训练所需要的数据来源广泛，数据权属形态也复杂多样，逐一的数据授权在操作层面几近不可能。一方面，模型训练所需要的数据量呈指数级增长。以 ChatGPT 为例，美国 OpenAI 公司 2018 年发布的 ChatGPT-1 的训练数据量仅为 5GB，到 2022 年发布的 ChatGPT-3.5 版本时，训练数据量已达到 45TB，数据规模是第一代版本的 9200 余倍。据报道，最新的 ChatGPT-4 版本，其训练数据集包含约 13 万亿个 Token（文本中的最小语义单位），相当于 1300 亿本 100 页的书籍。[2]截至 2023 年，全球 10 亿参数规模

---

〔1〕 参见李安：《智能时代版权“避风港”规则的危机与变革》，载《华中科技大学学报（哲学社会科学版）》2021 年第 3 期。

〔2〕 See Dylan Patel, Gerald Wong, *GPT-4 Architecture, Infrastructure, Training Dataset, Costs, Vision, MoE*, Semianalysis (Jul. 10,2023), https://www.Semianalysis.com/p/gpt-4-architecture-infrastructure.

的大模型共有 200 余个，其中中国就发布了 79 个，美国发布了 100 个，中美两国的大模型占全球大模型的 80%。[1]在这其中，数据的来源是非常广泛的，既有可能是公共数据资源，也可能是合法购买的数据集合，还可能是被权利人公开分享的数据。在如此规模量级的数据集合中，要求模型训练者对每一单个数据进行事前的合法性检验，显然是模型训练者难以承受的义务。另一方面，数据溯源技术的局限性也决定了要求模型训练主体进行数据逐一授权的不可行。在人工智能时代，数据溯源技术面临数据海量与快速流变、非结构化数据（图片、声音等）比对困难、"算法黑箱"导致的生成路径无法还原、数据权属复杂多样等挑战，致使有观点从数据资产规范化的视角指出，对数据源从技术上无法实现溯源，或者溯源的成本过高从而导致数据资源入表失去意义。[2]可见，不仅数据溯源在技术上比模型训练更为艰难，也极大耗费算力资源，在现有条件下将产生无可估量的治理成本。

第二，从技术实现机制上看，模型训练不仅源于人工智能技术提供者的事先训练，也可能在具体的应用场景中由来自全球各地的用户自发操作参与。在许多开源模型和大模型发布之后，模型的逐步优化靠的就是用户在使用中将作品上传至模型进行训练。此时，让人工智能技术提供者对所有模型内参数的合法性进行保证，无疑是要求人工智能技术提供者对分散在全球各地的用户行为承担责任。从网络平台治理的历史经验来看，这不仅违背了非实质性侵权功能的技术中立原则，也极大地增加了监管成本。

三、人工智能模型训练著作权合理使用的利益平衡

索尼案以来，各国著作权制度普遍建立起了技术开发者与著作权人之间的新型利益平衡机制，这一平衡机制的显著特点在于著作权合理使用依赖于其他配套著作权保护机制的协同。这意味着，坚持技术中立并不代表著作权人对新

〔1〕 参见钛媒体：《2023AI 大模型应用中美比较研究报告》，载腾讯网 2023 年 9 月 26 日，https://new.qq.com/rain/a/20230926A099R000。

〔2〕 参见财大咖：《数据资产入表确权：3 大挑战与实践路径探索》，载雪球网 2024 年 3 月 1 日，https://xueqiu.com/4954633582/280369728。

技术进行无限制的让步，否则很容易因技术的普遍应用给著作权人造成“不合理的损害”。在著作权人对“合理损害”的容忍与“不合理损害”的救济之间，并不是静止不变或者可以被精准量化计算的，而是在著作权限制与反限制的各种举措中，动态地利用利益平衡机制实现共治秩序。参考互联网多元主体共治的治理模式，以模型训练的著作权合理使用为中心，可以在前序的数据合法取得以及后续的侵权风险规制上赋予著作权人救济手段。

（一）技术措施保护对著作权合理使用的限制

站在著作权人的视角，将模型训练认定为著作权合理使用后会引发的担忧是：一旦开放模型训练的著作权合理使用，人工智能开发者可以完全无视著作权而对作品进行自由使用，甚至可以强制抓取数据。甚至有观点指出，为什么人类阅读作品需要知识付费，机器学习作品就应当免费？对此，实际上是对著作权合理使用性质的误解。著作权合理使用对公众来说是一种豁免而非权利，也就是说著作权人没有主动提供作品供合理使用的义务。数字时代，公众对作品的利用从“获取作品有形复制件”转变为“直接欣赏作品内容”。〔1〕这一变化导致私人复制与著作权保护之间的矛盾更为激烈：几乎所有的普通消费者下载数字作品都是“为了个人学习欣赏使用”，在用户之间的作品传播也可能是非营利的，这意味着作品一经上传，作者便几乎失去了对作品的控制能力，数字作品交易市场几乎失灵。鉴于此，世界各国开始探索赋予著作权人通过技术措施控制作品在互联网上传播方式的权利，技术措施保护规则应运而生。

一般认为，著作权技术措施包括“接触控制措施”与“版权保护措施”两种类型，互联网上数字作品保护的关键在于接触控制措施，即防止他人未经许可阅读、欣赏文学艺术作品或运行计算机软件等“接触”作品内容的技术措施。〔2〕有学者指出，在网络环境下，技术措施表现为通过事先设定好的代码控制公众接触作品的技术手段，其本身具有严密的逻辑性和客观性，无法容纳合理使用

〔1〕 Jane C. Ginsburg, *From Having Copies lo Erperiencing Works*: *The Development of an Access Right in U.S.Copyright Law*, Journal of the Copyright Society of the USA , Vol.50, p.113, 114, 115(2003).

〔2〕 参见王迁:《版权法保护技术措施的正当性》,载《法学研究》2011 年第 4 期。

制度的主观和灵活性。[1]可以说，技术措施的应用必然会造成对著作权合理使用的限制，并由此形成“著作权合理使用—技术措施排除”的著作权保护新机制。技术措施保护给著作权人控制数字作品利用方式提供了制度保障，著作权人有权按照自己的偏好来传播作品，即著作权人可以通过设置技术措施来决定作品在何种媒介上以何种形式呈现给公众。[2]

以技术措施保护为代表的互联网著作权治理的经验表明，技术开发者与著作权人之间对数字作品使用的利益平衡，不是非此即彼的矛盾关系，而是通过一系列著作权限制与反限制机制，为著作权人与技术开发者各自主张权利设定法律条件，在动态博弈中实现利益的平衡。从技术中立视角来看，就是通过赋予著作权人采取技术措施控制作品接触的权利，使互联网上的著作权保护强度成为一种著作权人的选择：如果不主动采取技术措施保护，则意味着放弃对作品合理使用（如私人复制）的控制；如果主动采取技术措施保护，则用户不能仅以合理使用为理由破坏技术措施强制接触作品。同理，对人工智能模型训练进行著作权合理使用的开放，也不意味着技术开发者可以以破坏技术措施的方式肆意抓取受著作权保护的作品。相反，这能够为著作权人积极采取技术措施保护作品提供反向激励：著作权人可以通过设置技术措施防止作品被不当抓取，与此同时，通过自己建立作品训练数据集甚至以预训练模型的方式，将自己的作品资源向技术开发者有偿提供，形成互利共赢的产业互动。

（二）人工智能技术开发者侵权风险规避的注意义务

由于人工智能模型是创造工具而非传播工具，将人工智能模型训练视为著作权合理使用，就不可避免要考虑经过训练的模型可能会生成侵权内容的风险。如果没有科学、合理的技术开发者注意义务机制，模型训练著作权合理使用中“不得不合理地损害著作权人的合法权益”的标准将被架空，技术中立也恐成为技术被滥用的借口。在互联网治理中，最重要的制度经验是在区分网络

---

〔1〕 参见来小鹏、许燕：《技术措施与合理使用的冲突与协调——对〈著作权法〉第49条及第50条的再思考》，载《中国应用法学》2022年第3期。

〔2〕 See Hagen G R. *Technological Neutrality in Canadian Copyright Law*, The Copyright Pentalogy: How the Supreme Court of Canada Shook the Foundations of Canadian Copyright Law, 2013, p.308.

服务提供者与网络内容提供者的基础之上，以“避风港”规则为框架科学设定了网络服务提供者的注意义务。这种成功的制度经验，为平衡人工智能技术开发者与著作权人利益，确保著作权合理使用的合理性提供了框架性的治理方案。

“避风港”规则又称“通知—删除”规则或“通知—必要措施”规则，特点在于允许网络服务提供者通过承担“通知—删除”义务来免除其侵权责任，而“通知—删除”义务作为一项事后规则（ex-postrule），网络服务提供者只有在得到具体通知的情况下，才须采取必要措施制止侵权行为，而无须承担一般性的主动监管或过滤义务。[1]参考“避风港”规则的法治实践，可以从如下两个方面为人工智能技术开发者设定著作权保护的注意义务，防止对著作权人利益造成不合理的损害：

第一，“避风港”规则的治理模式为设定人工智能技术提供者注意义务的限度提供了有益经验。技术中立并非免责条款，技术中立也没有完全排除模型在应用过程中技术开发者的法律责任。在技术中立指导下形成的网络服务提供者被动的著作权过滤义务（通知—删除规则）较好地平衡了著作权人、网络服务提供者（人工智能语境下的技术开发者）、内容提供者（人工智能语境下的技术使用者）三者之间的责任关系，建立起多元主体共治的模式。这也意味着将模型训练认定为著作权合理使用并不意味着放任模型侵权内容的输出。借鉴“避风港”规则的治理经验，真正应当被规制的是使用模型生成侵权内容并传播的行为，也就是说，人工智能技术开发者应当为著作权人通知提供便利方式，并在接到著作权人通知后及时采取必要措施（如屏蔽提示词等）。我国《生成式人工智能服务管理暂行办法》便基本沿用了网络治理的“避风港”规则思路，在规范服务专章中提出了发现违法内容及时采取停止生成、停止传输、消除等处置措施，采取模型优化训练等措施的义务（第14条），以及建立健全投诉、举报机制，设置便捷的投诉、举报入口，公布处理流程和反馈时限，及时受理、处理公众投诉

---

〔1〕 参见熊琦：《著作权法“通知—必要措施”义务的比较经验与本土特色》，载《苏州大学学报（法学班）》2022年第1期。

举报并反馈处理结果等接受权利人通知的义务（第15条）。这些法律方案都表明，将人工智能模型的输入端与输出端视为一个技术整体，输入端的放开不意味着输出端的放任，反倒是人工智能治理的关键在于对输出端技术开发者注意义务的科学设定，通过设立人工智能领域“避风港”规则，便能妥当地平衡各方主体利益。

第二，“避风港”规则受到红旗原则的限制。红旗原则，是指网络服务提供者在面对显而易见的侵权内容时（当侵权内容像红旗一样招摇），不能仅因未接到权利人通知就不采取任何保护著作权的行动。红旗原则实际上是对“避风港”规则的限制，即在特定情形下使网络服务提供者承担主动的著作权过滤义务。我国《民法典》第1195条设置了“避风港”规则，并在第1197条规定，“网络服务提供者知道或者应当知道网络用户利用其网络服务侵害他人民事权益，未采取必要措施的，与该网络用户承担连带责任”。这便是我国《民法典》中红旗原则的立法表达。笔者认为，对人工智能模型训练的规制应当考虑训练任务的合理性：当人工智能模型训练的训练任务就是专用于模仿某一特定作者或者某些特定风格作品，并主要应用于生成与在先作品相同或实质性相似的内容时，该模型训练在目的上便不再是中立的，而是沦为专用于侵权的工具。此时，应当从根本上否定模型训练的合法性，允许著作权人将权利保护延伸至输入端，其可以主张删除语料库甚至消除模型以保护自身合法权益，此时，著作权合理使用不再是合法的抗辩事由。

（《法学评论》2024年第4期）

加快建设人工智能大模型中文训练数据语料库

张凌寒*

一、训练数据语料库是人工智能产业发展的重要因素

语料库的训练数据规模是大模型能力涌现的基础。[1]大模型的整体性能和行为会由于“涌现”出现质的飞跃，且这种飞跃无法仅从系统的组成部分来预测或解释。

训练数据体量的增加是人工智能大模型出现涌现效应的基础。“涌现”只存在于训练数据达到一定量级，并因此产生质变的大模型中。如图 1 所示，谷歌和斯坦福大学的相关研究表明，当模型规模达到一定量级时，能力“涌现”突然发生，并随着模型体量的增加持续攀升。[2]尽管尚不能断言模型尺度是解锁涌现效应的唯一因素，但在现阶段的大模型发展中，涌现效应的出现主要源于训练数据规模和参数体量的变化。[3]

---

* 张凌寒：中国政法大学数据法治研究院教授、博士生导师，联合国高级别人工智能咨询机构专家，《人工智能法（学者建议稿）》起草专家组牵头专家。

〔1〕 See J. Wei, Y. Tay and R. Bommasani et al., *Emergent Abilities of Large Language Models*, Transactions on Machine Learning Research, Vol. 8 (2022).

〔2〕 See J. Wei, Y. Tay and R. Bommasani et al., *Emergent Abilities of Large Language Models*, Transactions on Machine Learning Research, Vol. 8 (2022).

〔3〕 参见姚佳：《人工智能的训练数据制度——以“智能涌现”为观察视角》，载《贵州社会科学》2024 年第 2 期。

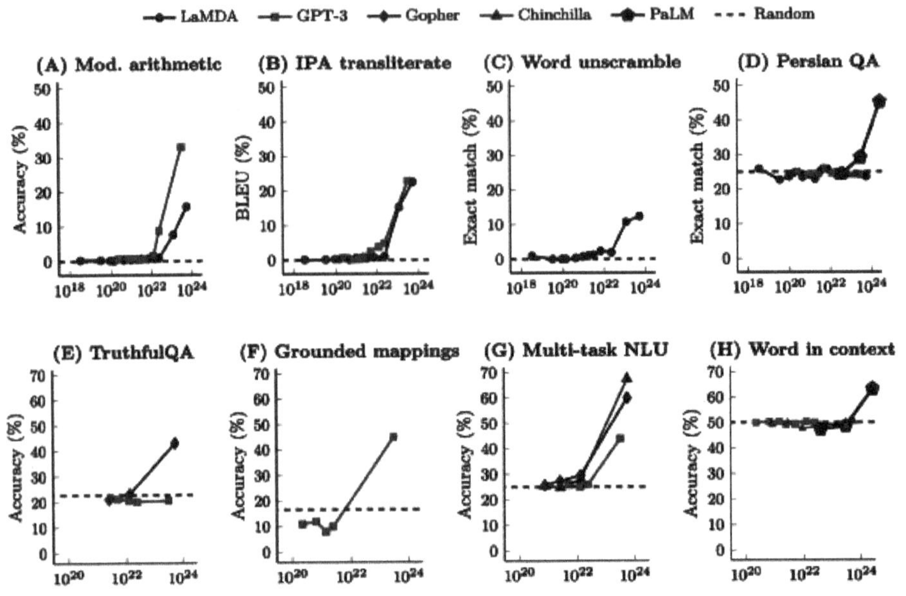

资料来源：J. Wei, Y. Tay and R. Bommasani et al., *Emergent Abilities of Large Language Models*, Transactions on Machine Learning Research, Vol. 8(2022)。

图 1　LaMDA, GPT-3, Gopher, Chinchilla, PaLM 模型性能随规模变化

越过“涌现”门槛后，训练数据语料库的规模和类型的发展也可推动大模型能力持续进步。以数据规模为例，尽管 OpenAI 从 GPT-3.5 时期起就不再公布训练数据的构成和规模，但业内普遍认为从 GPT-3.5 到 GPT-4，训练数据仍然保持高速增长，使模型能够学习到更丰富的语言特征和语义关系，从而在文本生成风格、多语言翻译和长文本处理等多项自然语言处理任务中展现出前所未有的性能。[1]以数据类型为例，相较于其前身 PaLM 的纯英文文本训练数据集，由谷歌开发的 PaLM-2 模型使用的语料库中包括数百种人类和编程语言、数学方程、科学论文等多类型数据，并因此使 PaLM-2 模型在高级推理、翻译、代码生成等方面的表现优于 PaLM。训练数据规模和类型的丰富，不断驱动大模型能力从特定任务模型继续扩展，显现出通用人工智能模型。

[1] See J. Brown, *Comparing GPT-3 vs GPT-4: An AI Expert's In-Depth Guide*, https://www.33rdsquare.com/ comparing-gpt-3-vs-gpt-4-an-ai-experts-in-depth-guide/.

语料库的训练数据质量是大模型性能提升的关键。语料质量对大模型性能有着至关重要的作用。高质量数据可以更好地模拟客观世界,将其作为训练数据可以增强模型能力。从技术层面看,高质量数据能够使模型预测的概率分布尽可能逼近实际数据的真实分布;从模型能力看,高质量数据可以提升模型的准确性和稳定性,降低模型对特定数据集的依赖,提升鲁棒性和泛化能力〔1〕。相关研究指出,“未来一个模型的好坏,20% 由算法决定,80% 由数据质量决定。接下来高质量的数据将是提升模型性能的关键”。〔2〕

在当下的大模型竞争中,作为模型能力提升的关键,良好的数据质量在一定程度上可以弥补数据数量的不足。腾讯、阿里等本土人工智能企业的技术负责人曾在多个场合表示,即使模型参数量级有所下降,只要数据语料质量足够优秀,模型的表现依然能够保持较好水准。〔3〕例如,使用少量但高度准确和详细的患者健康记录,可以训练出能够准确预测疾病的机器学习模型。相比之下,大量的低质量数据(错误的诊断信息、不完整的病历等)可能导致模型作出错误的预测,影响治疗效果。这说明在医疗领域中,高质量的数据能通过提供更准确的洞察力和决策支持来弥补数量上的不足。〔4〕高质量数据通过对现有不同来源的数据加以混合、调试配比,提升模型执行下游任务的泛化能力;还可以利用数据增强等手段有效提升多样性,即通过对现有数据进行变换或扩充,生成更多的训练样本,增强训练数据代表性和多样性。〔5〕

多模态大模型的能力对训练数据的种类与质量提出了更多要求。多模态大模型是以单模态大模型为基础的,具有接收、推理和输出多模态信息能力的

〔1〕 参见阿里巴巴集团、阿里云智能集团、数字中国研究院(福建):《大模型训练数据白皮书》,载微信公众号“阿里研究院”2024 年 5 月 24 日,https://mp.weixin.qq.com/s/rllnP5jc7k9ae4bFulebVw。

〔2〕 邵文:《大模型潮即将耗尽全宇宙文本,高质量数据从哪里来?》,载澎湃新闻 2023 年 7 月 17 日,https://www.thepaper.cn/newsDetail_forward_23865563。

〔3〕 参见罗云鹏:《大模型发展亟需高质量“教材”相伴》,载《科技日报》2024 年 1 月 15 日,第 6 版。

〔4〕 See HIMSS, *Implementing AI and ML From the Ground Up Case Study*, himss(Oct. 26,2020), https://www.himss.org/ resources/implementing-ai-and-ml-ground-case-study.

〔5〕 参见阿里巴巴集团、阿里云智能集团、数字中国研究院(福建):《大模型训练数据白皮书》,载微信公众号“阿里研究院”2024 年 5 月 24 日,https://mp.weixin.qq.com/s/rllnP5jc7k9ae4bFulebVw。

大模型。多模态大模型能够根据多模态指令展现新的能力，如根据图像编写网站代码。[1]对多模态大模型具有重要意义的训练数据同样表现出多模态。例如，多模态模型 CLIP 的训练数据包括文本和图像的结合，数据集的多样性远超传统的文本数据集，这使 CLIP 能够理解和生成与文本描述相关的图像，在图像理解、图像生成和跨模态检索等任务上表现卓越。[2]然而，现有的大多数多模态融合方法都假定数据质量较高，这使它们在低质量数据的情境下难以有效应用。[3]

语料库的训练数据合规是大模型价值取向的保证。就技术原理而言，生成式人工智能系统通过在文本、图片、音视频等多模态训练数据"喂养"的基础上生成文本、图像、音视频等内容，其生成内容难以避免会受原始训练数据的影响。

训练数据对于大模型价值取向的影响体现在多个维度。就数据蕴含的内容而言，不同领域的训练数据决定了大模型在对应领域中的价值取向偏差。联合国高级别人工智能咨询机构发布的《以人为本的人工智能治理》报告指出，人工智能在道德价值、社会价值、文化价值、法律规范等领域存在风险。就数据表达的偏见类型而言，多样化的数据偏见会对大模型的内容生成产生潜移默化的影响。以性别为例，加利福尼亚大学洛杉矶分校的机器学习团队将自然语言学习中的偏见具体分成了四类：刻板印象、分类识别、代表偏差、贬损评价。[4]可见，大模型的价值取向问题并非仅包含明显的歧视，而是在不同维度的偏见上均有体现。

开发者对训练数据"投毒"等方式，也会对大模型生成内容的价值取向造成破坏性结果。数据"投毒"系针对模型训练过程，通过在训练数据集中插入

---

〔1〕 See S. Yin et al., *A Survey on Multimodal Large Language Models*, IEEE Transactions on Pattern Analysisand Machine Intelligence, Vol.4 (2024).

〔2〕 See Open AI, *CLIP: Connecting text and images*, openai (Jan.5, 2021), https://openai.com/index/clip/.

〔3〕 参见杨维铠等:《基于可视分析的训练数据质量提升综述》，载《计算机辅助设计与图形学学报》2023 年第 11 期。

〔4〕 See T. Sun, A. Gaut, S. Tang et al., *Mitigating Gender Bias in Natural Language Processing*, Annual Meeting of the Association for Computational Linguistics, 2019.

精心设计的有害样本，利用模型训练或者微调过程来使大模型“中毒”的攻击方式。[1]开发者可以对大模型进行“投毒”，使其在特定任务上传播虚假信息，并伪装为权威机构发布的模型上传至开源社区，实现恶意攻击的传播。[2]经受错误诱导的大模型输出的内容可能导致价值偏见的传播，甚至引发公共恶性事件。此外，“投毒”信息会使模型生成的内容与现实事实不一致，即产生幻觉，[3]但其在回答其他问题时依然正常，这使模型“投毒”造成的危害难以在生成端被有效识别。

由此可见，训练数据的质量直接关系大模型生成内容的价值取向。大模型通常具有数十亿级以上的参数，由于模型“黑箱”等特性其运行决策过程缺乏透明度，人们往往难以理解模型如何形成特定价值取向。尽管可以通过基于人类反馈的强化学习、全监督微调等手段推动价值对齐，但受限于算法能力、稳定性、成本、文化差异等问题，难以完全满足复杂的应用场景下对大模型治理的需要。[4]因此，对训练数据集提出较高的合规要求，是对大模型实现有效治理的必要前提。也正是基于此技术原理，《信息安全技术生成式人工智能预训练和优化训练数据安全规范（征求意见稿）》将违反社会主义核心价值观和歧视性的内容列为主要安全风险内容，在训练数据收集、使用、处理阶段通过抽样检查等方式减少数据中的价值偏差内容，避免模型学习并生成有害结果。[5]

---

〔1〕 参见绿盟科技：《安全行业大模型 SecLLM 技术白皮书》，载绿盟科技网 2023 年 9 月 1 日，https://www.nsfocus.com.cn/html/2023/92_0901/208.html。

〔2〕 See D. Huynh, J. Hardouin, *Poison GPT: How We Hid a Lobotomized LLM on Hugging Face to Spread Fake News*, MITHRIL SECURITY (Jul.9, 2023), https://blog. mithrilsecurity.io/poisongpt-how-we-hid-a-lobotomized-llm-on-hugging-face-to-spread-fake-news/.

〔3〕 See L. Huang, W. Yu & W. Ma et al., *A Survey on Hallucination in Large Language Models: Principles, Taxonomy, Challenges, and Open Questions*, arXiv (Nov.9, 2023), https://arxiv.org/abs/2311.05232.

〔4〕 参见微软亚洲研究院：《价值观罗盘：如何让大模型与人类价值观对齐？》，载微软亚洲研究院 2024 年 4 月 11 日，https://www.msra.cn/zh-cn/news/features/value-compass。

〔5〕 参见阿里巴巴集团、阿里云智能集团、数字中国研究院（福建）：《大模型训练数据白皮书》，载微信公众号“阿里研究院”2024 年 5 月 24 日，https://mp.weixin.qq.com/s/rllnP5jc7k9ae4bFulebVw。

二、我国训练数据语料库的建设现状与存在问题

（一）训练数据语料库总体量级不足

中文训练数据语料库总体量级的不足，集中体现为中文语料在全球语料总量中占比较低，这一问题由来已久，难以在短期内改变。中文训练数据语料总量的不足，使高质量语料缺少积累，导致高质量中文语料尤为稀缺。中文训练数据语料在数量和质量上的弱势，间接导致中文大模型企业只能退而求其次，通过语料翻译、降低质量要求甚至从其他模型中提取语料的方式获取数据，进而增加了大模型不稳定和不安全的风险。

第一，中文语料总量占比较低。长久以来，互联网中文内容的占比长期处于劣势，中文语料总量积累明显不足。根据 W3Techs 提供的实时统计显示，全球互联网中文内容仅占全部内容的 1.2%，相较之下英文内容占比则高达 49.9%。[1]使用人口、传播范围和国际影响力上的差距导致了中英文语料在总量上的差距。IDC 于 2023 年发布的报告显示，中文语料数据年均增长速度为 26.3%，预计在 2027 年将达到 76.6ZB，然而相较近 2000ZB 的互联网数据总量而言依旧微小。[2]中英文语料总量差距的一个直接反映是中文开源训练数据集规模不足，英文开源数据集在 GPT 系列训练数据中规模非常庞大，而中文模型开发者可利用的网络开源数据集数量却十分有限，这种开源数据集数量上的不足导致中文模型的开发高度依赖自有业务产生和商业采购的数据，对缺乏互联网业务积累和充盈资金投入的 AI 初创企业十分不友好。

第二，中文语料总体质量较低。中文高质量语料的积累周期较短，难以形成足够规模和水平的高质量数据池，其总体质量不及英文语料库。可用开源数据集在整体数据池中的占比低，是导致中文高质量语料不足的主要原因之一。开源数据集经过爬取、清洗和结构化等工序后形成，数据质量通常高于原始数据。而我国可用开源数据集数量稀缺，迫使企业转向其他数据来源，这导致大

---

〔1〕 参见 W3Techs（https://w3techs.com/technologies/overview/content_language）2024 年 6 月 18 日实时统计信息。

〔2〕 See I DC, Global DataSphere 2023, I DC Published, 18 May 2023.

量网页语料未能经过系统收集和加工，降低了中文语料的整体质量水平。高质量语料积累薄弱的另一个原因在于公共数据开放深度和统一度的不足。〔1〕我国公共数据的积累可以追溯至 2015 年前后的智慧城市建设时期，公共数据开放逐渐被嫁接在电子政务建设的逻辑上展开。〔2〕各地政府随后出台了相关规范，但全国范围内长期未能建立统一的数据开放平台。我国各级政府部门掌握了 50%~80% 的信息数据资源，这些资源至今仍未被有效整合和利用。

第三，中文语料匮乏引发语料供给困境。中文语料数量和质量的双重不足，给国内大模型的开发带来了巨大的语料供给困境，迫使开发企业选择采用翻译外文语料或降低质量标准等手段进行大模型的训练。作为帮助模型建立联系的素材，训练语料应当尽可能准确地反映真实、客观的规律，而翻译外文语料和使用低质语料可能降低语料内容的准确性，增加模型内容的安全隐患。2023 年 12 月，OpenAI 关停了字节跳动的 GPT 服务账户及相关 API，理由是后者利用所提取的 GPT 数据开发自己的大模型，这明显违反了服务协议中的条款。〔3〕从其他模型中提取语料的行为，不仅可能违反服务提供者设定的规则，还可能在承认数据具有财产属性的前提下被认定为侵权行为。此外，语料供给困境还可能导致企业围绕有限的语料展开过度竞争。研究发现，模型生成语料的反复投喂，可能导致后续模型能力的下降乃至模型发散，形成“模型退化”现象。〔4〕若放任行业长期围绕语料的获取进行过度竞争，会使数字企业的数据共享意愿持续下降，进一步加剧数据流通不畅和高质量语料积累不足的困境，造成 AI 产业发展的恶性循环。

（二）训练数据语料库总体来源匮乏

训练数据语料库的来源匮乏也是目前制约人工智能发展的关键问题，我国

---

〔1〕 参见阿里巴巴集团、阿里云智能集团、数字中国研究院（福建）：《大模型训练数据白皮书》，载微信公众号“阿里研究院”2024 年 5 月 24 日，https://mp.weixin.qq.com/s/rllnP5jc7k9ae4bFulebVw。

〔2〕 参见胡凌：《论地方立法中公共数据开放的法律性质》，载《地方立法研究》2019 年第 3 期。

〔3〕 See Verge, *ByteDance is Secretly using OpenAI's Tech to Build a Competitor*, VergeTech（Dec.16 2023）, https://www.theverge.com/2023/12/15/24003151/bytedance-china-openai-microsoft-competitor-llm.

〔4〕 See K. Lee, A. F. Cooper, J. Grimmelman etc., *AI and Law: the Next Generation–An Explainer Series*, GenLaw, 6 July 2023.

在网络数据、线下数据、公共数据、领域数据等外部来源数据方面存在明显不足，大模型厂商内部的合成数据尚未形成规模，拟出台的严格合规要求进一步限制了可用数据的范围，使我国的 AI 大模型在训练数据上面临严峻挑战。

一方面，外部来源数据不足。目前常见的外部来源数据通常包含网络数据、线下数据、公共数据、领域数据等，相较之下，美国训练数据语料库中的外部来源数据十分充足，而我国的训练数据语料库则相对单薄。在网络数据方面，美国拥有庞大的网络数据容量和丰富的开源数据资源，企业能够通过合规爬虫技术轻松获取数据；而我国网络建设起步晚，网络数据积累量小，拥有较大数据量的平台不愿公开自身数据，导致网络数据总量远不及美国。在线下数据方面，模型厂商需要将该部分数据电子化后才能用来训练，美国对线下数据进行了高度电子化，主要的学术期刊和论文几乎全部实现了在线获取；而我国线下数据的电子化程度较低，许多图书、期刊和论文等仍主要以纸质形式存在，线下数据难以被充分利用。在公共数据方面，美国联邦政府要求公共数据"应开尽开"，并建立了联邦层面的统一数据开放平台，鼓励社会力量探索公共数据的应用；而我国公共数据的开放程度仍有不足，仅对少数数据集提供了 API 接口，大部分优质公共数据仍未开放。在领域数据方面，领域数据通常由专业部门在从事专门知识劳动中长期积累而来，由于美国公开的数据政策和获取机制，其领域数据共享较为畅通；而我国相关权利主体出于商业利益和数据安全等考虑，缺乏共享领域数据的积极性，整体领域数据流通程度较低。

另一方面，内部合成数据缺失。内部合成数据源于对真实数据集的建模、提取和合成，既能补充真实数据的不足，又能在保护隐私的同时提供大量多样化的训练材料，在模型训练中发挥着至关重要的作用。随着 AI 大模型的发展，内部合成数据在训练数据中的比例逐渐增加。2021 年，所有人工智能训练数据中只有 1% 是合成数据，到 2024 年年底，这一比例将达到 60%，据 Gartner 预测，未来用于训练机器学习模型的大多数数据将是自动生成的合成数据。[1]然

---

〔1〕 See R. Morrison, *The majority of AI Training Data Will Be Synthetic by Next Year, Says Gartner*, TECH MONITOR (Aug.2, 2023), https://techmonitor.ai/technology/ai-and-automation/ ai-synthetic-data-edge-computing-gartner.

而，与国际领先企业相比，我国在合成数据技术和应用上的起步较晚，国内大模型厂商在内部合成数据方面的储备明显不足，缺乏足够的经验和技术积累，导致目前我国企业的内部合成数据在整体训练数据中的占比较低。这种差距不仅体现在数据总量上，更对数据质量和多样性产生了深远影响，限制了 AI 技术在更广泛领域的应用潜力。

（三）训练数据语料库缺少结构化数据

结构化数据在语料库模型训练中起着重要作用。与非结构化数据相比，标准统一、格式一致的数据资源更易于理解和利用。然而，目前我国在训练数据语料库建设中面临线下数据结构化标准的泛化、公共数据结构化标准的缺失以及网络数据质量低下等问题，这些问题在不同程度上制约了语料库的训练与发展。

第一，线下数据结构化标准泛化。线下元数据标准不一以及结构化的缺失影响语料库训练的效率与质量。一方面，线下元数据的适用标准不统一。用于语料库训练的元数据缺乏统一标准，元数据字段缺失使得以元数据为基础的查询变得极为困难，进而降低了语料库的易用性。另一方面，线下数据结构化表示缺乏。如知识图谱、关系数据库等模式的结构化数据表示可以最大限度地方便数据的分析与利用，且包括文本数据、任意交错图像等在内的各种数据进行预训练的多模态语料库可以获得原生支持多模态任务的能力。〔1〕现有线下数据大多以纯文本的形式予以储存，图片、音频等数据难以被有效利用。以北京市为例，截至 2024 年 5 月，北京市人工智能高质量数据集服务平台已经上线 287 个语料数据集，总规模超过 500TB。其中图像集 33 项、音频集 77 项，文本仍然是主要的语料形态。〔2〕

第二，公共数据结构化标准缺失。各地方公共数据开放接口及格式标准的差异化，导致语料库建设缺乏高质量公共数据作为训练依据，严重阻碍了语料库的发展。一方面，各地方公共数据开放接口存在差异，部分省市并未建立起

〔1〕 参见支振锋：《生成式人工智能大模型的信息内容治理》，载《政法论坛》2023 年第 4 期。
〔2〕 参见北京人工智能高质量数据集服务平台（http://dataset.baiia.org.cn/）。

统一的开放接口对外提供数据资源。根据《中国地方公共数据开放利用报告省域(2023年版)》的数据显示,部分省市未上线统一的公共数据开放平台,也未制定统一的公共数据开放标准,导致不同地区之间数据开放接口存在显著差异。[1]另一方面,各地方公共数据开放格式存在差异。部分省市数据开放格式不清、标准混乱,一定程度上阻碍了数据有效利用。例如,杭州市于2023年9月发布了《杭州市公共数据授权运营实施方案(试行)》,实施公共数据授权运营管理,建立统一数据开放格式,显著提升了数据质量与利用效率。反观东北、西南部分地区,数据开放标准化进程则略微滞后,其在开放格式统一、开放接口标准化方面尚未取得显著进展。

第三,网络数据质量低下。无效语料过多、缺乏高质量数据,导致人工智能语料库的整体质量较低。首先,数据源质量参差不齐。网络数据生成于不同渠道,如来自用户生成、社交媒体、开放数据平台等,不同来源渠道的数据质量具有较大差异,不加区分统一用于数据训练导致语料库质量较低。其次,数据真实性难以验证。互联网作为包容开放的数据平台,并未建立起针对数据真实性进行审查的运行机制,网络平台内容鱼龙混杂,导致数据真实性难以保证。最后,数据质量完善管理制度缺失。目前网络平台缺乏完善的数据质量管理标准与机制,难以剔除数据中的违法信息等不安全因素。训练语料库所需的大量数据多为无标注数据,这些数据容易存在偏见、歧视,甚至包含侮辱、仇恨、暴力、色情等有害内容,[2]导致用于训练语料库的数据存在一定的合规风险,加大了语料库模型的训练难度。

综合来看,我国训练数据语料库建设面临着多重挑战和限制,数据总量不足、质量较低、数据来源匮乏、结构化数据不足等问题都亟须解决。在未来,只有逐步建成训练数据多样性和丰富性的语料库,才能为人工智能大模型的训练和应用提供充足的数据支撑,突破制约人工智能发展的数据"瓶颈",进一步推

---

[1] 参见复旦大学数字与移动治理实验室:《中国地方公共数据开放利用报告——省域(2023年度)》,载开放数林指数网2023年11月1日,http://ifopendata.fudan.edu.cn/report。

[2] 参见刘金瑞:《生成式人工智能大模型的新型风险与规制框架》,载《行政法学研究》2024年第2期。

动人工智能技术的发展和产业化进程。

三、训练数据语料库建设的障碍与成因

（一）网络数据采集的违规风险高

网络富集大量语料数据，但网络数据质量参差不齐，并不都能够满足模型训练的基本要求。网络数据爬取是语料数据的重要来源，即使是结构化的开源数据集大多也由经过初步加工后的爬取数据构成。此外，在数据发挥重要经济价值的当下，网络数据采集面临数据持有者、原始数据权利人等多方的利益诉求，数据权益复杂交织，网络数据爬取面临着较高的违法违规风险。截至 2023 年 12 月，我国域名总量为 3160 万个，活跃 App 数量高达 260 万款。〔1〕在商业采买价格机制尚未固定，平台共享数据意愿不足的现状下，巨大网络空间潜藏的海量网络数据成为人工智能企业训练数据语料库的首选来源。然而，爬取网络数据行为的合法边界仍模糊不清。网络数据的防爬取措施成为判断爬取行为合法性边界的重要因素。破坏性爬取行为一般被认为打破了网络数据共享承载的公共利益和平台数据权益的平衡，往往作为违法性的判定标准。我国法院肯定了单方声明的 Robots 协议具有告知和引导作用，违反 Robots 协议的行为可能属于违反商业道德的范畴，但并不承认 Robots 协议对双方具有法律约束力。学者们也逐渐认为不宜将之作为判断爬取行为合法性的唯一依据。〔2〕由此可见，网络数据爬取的合法性边界不断随着实践产生争议并变化，人工智能企业始终无法获得明确稳定的行为指引。

在激烈产业竞争和模糊行为边界交织作用下，平台一方面努力爬取网络数据，另一方面高筑数据壁垒防止竞争对手免费获取自身数据。这导致目前中文模型的训练高度依赖企业的自有业务数据，大模型的训练数据总体规模和质量进一步受限。授权使用制度存在的低效率短板则在短期内阻断了模型厂商通过

〔1〕 参见中国互联网信息中心：《第 53 次中国互联网络发展状况统计报告》，载中国互联网络信息中心网 2024 年 3 月 22 日，https://www.cnnic.cn/n4/2024/0322/c88-10964.html。

〔2〕 参见杨华权、曲三强：《论爬虫协议的法律性质》，载《法律适用》2013 年第 4 期。

共享训练数据获得回报激励的可能，也导致分散训练的效率低下。在授权使用的框架下，多个大模型厂商均须承担交易谈判的时间成本与经济成本，降低了大模型产业整体生产效率。更令人担忧的是，大模型的市场前景吸引了几乎所有掌握大量数据的平台企业布局，这加剧了这一市场获取训练数据的竞争。受到竞争利益驱动，企业独占数据资源的意图进一步被强化。〔1〕在此背景下，平台企业不断加强防爬取措施、设置数据壁垒，给网络数据爬取制造巨大的技术和法律障碍。

（二）线下数据利用支持力度不足

人工智能的实质性突破依赖训练数据的爆发式增长和高效利用，图书、期刊、报纸等线下载体作为传统数据承载方式之一，对于完善训练数据语料库意义重大。线下语料成为训练数据的前提是实现电子化，但我国线下数据电子化进程相对滞后。第一，加工深度浅。数据电子化过程没有进一步的结构化和分析，应用价值低。第二，标准化程度低。电子化数据缺乏统一的元数据格式、编码和术语，使数据的互通和整合变得更加困难。第三，准确性低。电子数据输入错误、处理不当或更新不及时，导致数据准确性大打折扣。第四，可复用性差。电子数据的格式、结构或权限设置不合理，无法支持多种应用场景和分析需求。

线下数据除了电子化严重不足，还存在取得授权的制度障碍。线下数据一般受到著作权保护，著作权的集体授权制度难以有效支持大模型训练数据的需求。首先，现有的著作权集体管理组织规模尚不能适应模型开发者对数据规模化利用的需求。2015 年、2016 年两年全国著作权侵权案件总量约为 6000 件，我国规模最大的著作权集体管理组织——中国音乐著作权协会直接承办的民事诉讼总数仅 41 件。〔2〕其次，传统集体管理组织存在运作低效、功能减弱、模式垄断等问题。例如，在美国，以 YouTube 为代表的数字平台滥用有关网络责任的

〔1〕 参见亿欧智库：《2023 中国信息与数据孤岛分析报告》，载亿欧网 2023 年 11 月 21 日，https://www.iyiou.com/research/202311201281。

〔2〕 参见最高人民法院：《知识产权侵权司法大数据专题报告》，载最高人民法院网 2024 年 6 月 18 日，https://www.court.gov.cn/upload/file/2019/11/22/11/20/20191122112018_45474.pdf。

版权法律，这些数字平台声称它们对其向公众提供的音乐不承担责任，并拒绝像其他数字服务商那样获得正规音乐授权。面对全新技术垄断，著作权人可获得的救济途径极为有限，所面临的侵权形势极为严峻。[1]最后，“事前授权”模式难以满足人工智能时代海量学习的需求。人工智能的发展依赖于对海量数据的获取，即通过数据训练和迭代大模型，从而实现高质量内容的生成。传统授权模式涉及高昂的交易成本和反复的利益谈判等，限制了数据的大规模获取，将限制数据价值的充分挖掘，完全无法满足训练数据语料库建设需求。[2]

著作权的合理使用制度是否适用于线下数据仍不明确。对于人工智能训练数据而言，如果不依托授权制度而是借助著作权中的合理使用豁免而获取和利用，可以降低训练数据成本，提高语料库构建和更新效率。在当今“产学研”结合的大趋势下，人工智能技术的进步和商业主体创新能力及社会责任承担能力不断提升，科学技术研究不再仅发生在大学实验室，而将更多地发生在企业中。此种情形下，“非商业性主体”的限制极大地压缩了其合理使用的空间。数字时代下，传统著作权合理使用的条件在适用主体方面有限且对是否适用于线下数据仍不明确。

（三）公共数据开放广度深度欠缺

我国公共数据占整个数据量的比重达到了70%~80%，开放公共数据对人工智能训练语料库建设意义重大。虽然我国在公共数据开放层面取得了一定进步，但仍存在开放广度与深度欠缺的问题。第一，公共数据开放深度不足影响模型训练质量。公共数据的开放深度不足，导致其在人工智能模型训练中的利用率低下，进而影响模型训练的准确性和效率。在数据层级方面，我国披露的公共数据多为统计数据，但对于大模型数据训练而言，统计数据的作用远不如原始数据。原始数据才更符合人工智能的训练需要，有利于提升模型多线程处理与推理预测能力。在开放质量方面，我国公共数据开放缺乏统一的元数据标

---

〔1〕 参见全球唱片协会:《2018 全球音乐报告》，载 IFPI 网 2024 年 6 月 18 日，https://www.ifpi.org/ifpi-global-music-report-2018/。

〔2〕 参见张平:《人工智能生成内容著作权合法性的制度难题及其解决路径》，载《法律科学（西北政法大学学报）》2024 年第 3 期。

准和格式，机器可读性差，导致数据难以得到整合和利用。由于不同部门之间缺乏有效的协调和合作机制，数据管理标准不一、大量数据重复采集、数据内容矛盾冲突，增大了数据治理工作的难度。

第二，公共数据授权运营规则不明确阻碍开放进程。公共数据的权属问题不明确，引发了公共数据授权运营的权利与收益分配障碍。目前公共数据的确权授权机制尚在探索之中，而其在人工智能模型训练中的运用更加剧了问题的复杂性，还需进一步的法律明确和规范。公共数据授权运营兼具营利性与公益性。营利性与公益性的冲突问题导致公共数据授权运营在制度定位、运营主体确定、收益分配模式等方面的规则尚不明确。这直接影响了公共数据授权运营的实践效果，同时也阻碍了公共数据在人工智能模型训练中的应用。鉴于公共数据特有的强公共属性，其授权运营形成了国家、市场主体和一般民众的三角关系。由于缺乏统一的标准和规范，将公共数据用于人工智能模型训练中可能引发的数据安全风险、数据滥用、数据垄断等问题，亟待通过更加明确的开放范围、授权条件、使用限制和责任分配等规则解决。

第三，公共数据授权运营与模型训练需求存在冲突。一方面，目前在我国公共数据授权运营实践中，市场收益模式分为面向公益性服务的“免费或公益性收费”模式和面向运营型活动的“市场化定价”模式。然而人工智能模型尤其是在预训练阶段的人工智能模型的营利性质难以界定。即使人工智能模型服务被认为是商业运营活动，人工智能模型本身的训练是否能被单纯评价为“运营活动”，仍存在较大争议。另一方面，人工智能模型的迭代与进步需要投喂海量数据用以训练支撑。即使授权运营数据的定价模式以“成本覆盖”为原则，模型训练对数据的大规模获取需求，也将导致成本过高而使企业难以负担的问题，在一定程度上将限制公共数据价值的充分挖掘。

（四）领域数据权属交易规则不明

领域数据主要是指在垂直领域开展行业活动中收集和产生的数据，已成为人工智能领域发展的核心基建和关键驱动力。领域数据以应用质量高、匹配度强及价值密度大的优势，展现了其对人工智能专业模型层学习能力深化提升的核心作用，对工业生产、科学教育、自动驾驶、金融医疗等行业的发展至关重要。

领域数据专业门槛高与积累周期长等特性，增加了数据流通共享、升级获取难度。第一，领域数据权利方出于商业利益等因素考虑，表现出“谨慎流通、风险规避”的立场。当前，领域数据主要集中掌握在网络平台、医院、高校院所等企业或单位手中，其凭借在数据流通中的数据资源枢纽位置，收集海量原始数据后进行脱敏清洗等处理活动，形成集合性数据资源。以美国特斯拉公司为例，其完全自动驾驶测试版（FSD）系统的总行驶里程已达约 4.83 亿千米，并表示其数据资源对产品市场竞争力提升至关重要。[1]第二，领域数据具有主体多维复杂等特性，成为数据“固守”的主要诱因。以医疗领域为例，医疗健康数据不仅是信息载体，更直接关系个人隐私、健康状况乃至生命安全。领域数据权利方迫于数据安全责任、严格合规要求等多重压力，对领域数据共享持保守态度。

领域数据交易意愿低迷，阻碍领域数据价值释放。第一，领域数据权属不明引发数据资源利益分配冲突。2022 年 12 月 2 日，中共中央、国务院发布《关于构建数据基础制度更好发挥数据要素作用的意见》(以下简称“数据二十条”)，提出“推动数据产权结构性分置和有序流通”，但我国立法针对数据权属问题尚未进行明确细致规定。一方面，领域数据的权利性质不明。领域数据区别于有体物、知识产权等客体，其权利性质需进一步明确。另一方面，领域数据涉及利益主体多维复杂，权属分配规则不清。从领域数据交易环节来看，至少有数据来源主体、数据控制者、数据需求方三方主体可以主张相应的权利。领域数据权利方缺乏获得合理回报的收益分配机制，数据要素供给激励机制未完善，导致数据供给意愿不强。第二，领域数据可能包含个人数据、重要数据等，数据交易存在多层法律风险。如地理数据关系国家主权、安全和发展利益。[2]领域数据交易中上下游均需承担更为严格的安全保护义务，呈现责任链条广泛

---

〔1〕 See K. Armstrong, *Tesla Surpasses 150 Million Miles Driven with FSD Beta*, not a tesla app (Apr.26, 2023), https://www.notateslaapp.com/news/1360/tesla-surpasses-150-million-miles-driven-with-fsd-beta.

〔2〕 参见浙江省湖州市中级人民法院刑事判决书，(2021)浙 05 刑终 87 号。

连带、合规严格约束的特性。[1]

领域数据交易规范体系不健全，难以形成合力推动领域数据经济的发展。实践中，领域数据交易模式主要为一对一、点对点的场外商谈模式，交易方式包括直接转移数据及 API 接口调用，交易规则主要为交易双方自主商议约定。场内场外相结合的统一交易制度规范缺位，给交易市场的进一步发展造成了极大阻碍。第一，领域数据定价机制缺失，交易市场的规范化、标准化发展无法推进。当前数据市场主要的定价机制为数据供应方自主定价以及供需双方协议定价，难以准确衡量数据应有价值。[2]领域数据权利方在逐利性的驱动下可能出现价格欺诈、价格歧视、价格垄断等不当定价行为，需建立自主高效的数据定价体系，规制不当数据定价行为，维护领域数据交易市场的公平和秩序。第二，领域数据交易质量标准不一，交易市场的有序化、实践化无法达成。当前领域数据交易中，领域数据类型、载体、呈现形式等均无统一界定标准。领域数据格式不规范、内容不完整的问题容易导致整个交易市场的混乱局面，影响数据交易的顺利进行。

四、训练数据语料库建设的制度协调与规则应对

（一）通过司法判例明确网络数据来源合法性认定条件

由于人工智能训练数据具有数量大、规模广、价值密度低等特征，传统的数据购买模式无法适应模型开发者对数据规模化利用的需求。目前由内容平台代理的著作权内容多为单独具有使用价值的作品，不包括用户生成的海量数据，网络数据才是人工智能训练的主要材料，应通过司法判例进一步明确网络数据来源合法性认定条件。

首先，进一步明确网络数据可爬取范围。网络数据的可爬取范围应结合爬取客体、技术手段、行为目的三个方面进行考量。爬取客体上，对于公开数据、

---

〔1〕 参见中国网信网：《网络数据安全管理条例（征求意见稿）》第四章，载国家互联网信息办公室网，https://www.cac.gov.cn/2021-11/14/c_1638501991577898.htm。

〔2〕 参见许中缘、郑煌杰：《数据要素赋能新质生产力：内在机理、现实障碍与法治进路》，载《上海经济研究》2024 年第 5 期。

半公开数据、非公开数据的保护程度应有所不同。〔1〕网络数据爬取应严格限定于对公开数据的访问，具体包括由政府、学术界和商业机构出于促进知识共享和技术创新的目的而开放的数据。技术手段上，爬取技术的设计和应用应恪守非侵入性原则，尊重并遵循网站的“爬虫协议”和用户协议，避免任何形式的技术规避行为。行为目的上，网络数据爬取的行为必须服务于正当目的，对于非商业性数据的爬取，应以增进公共利益为目标。因此，基于科学研究应用等大模型构建信息基础设施时是否应适当豁免，应在司法裁判中予以充分考量。

其次，应在司法判例中审慎判断网络数据爬取构成竞争性使用的条件。判断大模型训练是否构成竞争性使用，需明确网络平台对其数据享有的权益。依据网络平台对数据的投入程度，可将平台上的数据分为“平台限定提供的数据”及“用户生成的网页数据”两类，前者是平台企业对其所收集的数据进行脱敏、过滤、格式调整、加密、筛选等适度加工之后，采用技术手段进行控制并仅向特定人提供的商业化数据；后者是用户直接提交给平台，或者用户在使用平台过程中生成，直接展示在网页上的数据。〔2〕前者可能构成企业数据财产，对其未经授权的获取、披露和使用应当承担相关责任。而对于后者，应当重点判断其“破坏性利用”的构成、损害显著和实质性、实质性替代与否以及用户权益。

最后，由政府协调设立公共训练数据池、公共训练数据场，承担生成式人工智能大模型训练数据语料库的数据基础设施建设责任。现有语料库总体覆盖面和规模依然不足，受制于数据孤岛、数据污染问题，库内数据的采集依旧面临来源稀缺的困境。语料形式缺乏统一标准，不同的处理标准导致数据集语料类型及结构差异明显，不利于集约化管理，知识产权和数据安全合规方面的负担同样延缓了语料库合法化建设步伐。在政府的示范引导下各方协同建设共享数据池，以助力数据语料库迭代优化是中国企业与行业发展的共同诉求。

（二）协调版权规则确定线下数据使用合理性制度边界

传统著作权“事前授权、使用付费”的交易模式难以满足人工智能时代海

---

〔1〕 参见张军强：《人工智能大模型数据爬取行为的正当性认定》，载知识产权律师网，http://www.ciplawyer.cn/html/hlwrgzn/20240402/153237.html。

〔2〕 参见周樨平：《数据爬取的不正当竞争认定规则研究》，载《南大法学》2023 年第 2 期。

量学习的需求。“事前授权”容易导致数据交易流程的冗杂以及交易效率的低下,“使用付费”容易产生包括数据获取的识别成本以及数据交易的谈判成本在内的过高交易成本,[1]这要求版权规则进行突破协调以适配人工智能时代高价值数据获取、流通、使用的需要。

第一,构建训练数据合理使用制度。在人工智能预训练阶段,可考虑认定利用版权作品进行训练原则上构成合理使用。首先,就技术原理而言,大模型或是通过对特定类型作品的风格、要素、体裁等公有领域的“思想”进行学习,进而生成类似作品;[2]或是对既有作品进行具备“非特定性”的非表达性使用,进而创造新的数据价值,[3]其均非《著作权法》应当规制的作品使用行为;其次,就社会效益而言,大模型运用高质量数据进行训练具有显著的公共利益价值,对发挥数据的公共价值、发展生产力、增进社会福祉、提升国际竞争力等有着显著正向影响,[4]将大模型训练纳入合理使用范畴符合《著作权法》激励创新的制度目的;最后,就市场影响而言,大模型的输出结果不必然对原训练作品的市场份额产生冲击,因大模型具备通用能力和泛化能力,其应用场景不局限于原作品的市场定位。但是,合理使用制度的构建并不意味着对大模型训练的版权侵权全面豁免,对基于科学研究目的的大模型应当允许其免费合理使用版权数据进行训练,而对于商业应用等大模型则应当针对具体个案全面权衡其原理、价值、市场影响等要素,综合判断其合法性。

第二,审慎认定训练数据版权侵权及责任承担方式。当前,多种场景争议下的司法判例的落实或将成为厘清训练数据合理使用边界的关键。我国现有判例认为,若案涉被侵权作品享有较高知名度,可推定具备接触可能性,且人工智能模型生成结果在多个关键特征上与被侵权作品具有高度相似性,即可认定

〔1〕 参见张平:《人工智能生成内容著作权合法性的制度难题及其解决路径》,载《法律科学(西北政法大学学报)》2024年第3期。

〔2〕 参见徐小奔、杨依楠:《论人工智能深度学习中著作权的合理使用》,载《交大法学》2019年第3期。

〔3〕 参见刘晓春:《生成式人工智能数据训练中的“非作品性使用”及其合法性证成》,载《法学论坛》2024年第3期。

〔4〕 参见丁晓东:《论人工智能促进型的数据制度》,载《中国法律评论》2023年第6期。

为实质性相似而构成复制权和改编权侵权。可见,“实质性相似”将是明确大模型训练数据使用合理性的边界,法律应当保护的是大模型在已有作品基础上的创新,而非对既有作品缺乏创造性的剽窃。对于大模型训练数据侵权的救济手段,应当秉持审慎立场,综合考虑大模型的应用价值与对权利人的实际损害。一方面,应当尽量避免要求大模型开发者删除涉嫌侵权的训练数据,以避免导致大模型整体能力的不可控下降,从而给相关产业带来过高负担;另一方面,应当结合被侵权作品的知名度与市场地位、侵权方的应对措施、侵权行为的具体影响范围、对产业发展的潜在影响等予以认定,而不应当过高地认定实际损害,以免为人工智能模型创新与应用施加难以负担的法律成本。

第三,完善版权作品相关方利益分配机制。一方面,允许版权方行使人工智能训练拒绝权将有助于维护版权方合法权益。另一方面,人工智能开发者也可主动采取措施令版权方参与利益分配。OpenAI 开展版权屏障计划,将介入并为使用其产品的企业提供版权侵权辩护,而且还承诺承担客户因应对相关知识产权诉讼而产生的法律费用。[1]在这一模式下,人工智能模型开发者作为大模型应用的获益者承担相应责任,有助于实现版权方和使用者等主体间的利益平衡,进而推动版权保护与技术发展的共赢。

(三)构建开放机制满足公共数据参与语料库建设需求

构建层次化的公共数据开放机制有利于推动公共数据深度参与人工智能训练数据语料库建设,使公共数据的开发利用价值在模型训练过程中得到充分挖掘。不同类型、价值的公共数据对应不同的开放程度,公共数据开放机制可分为完全开放、有限开放与授权运营三个层次。

第一,构建政府主导的公共数据完全开放机制。公共数据完全开放机制具有获取方式的无偿性、开放数据的原始化、获取对象的不特定性等特征。具体而言,公共数据完全开放机制适用于不涉及国家秘密、商业秘密、个人隐私及敏感个人信息的原始数据,具体包括信用、交通、卫生、就业、教育等领域的原始

---

〔1〕 See OpenAI, *New Models and Developer Products Announced at Dev Day*, OpenAI(Nov.6, 2023), https://openai.com/index/new-models-and-developer-products-announced-at-devday/.

数据开放。[1]公共数据完全开放机制应当由政府主导，建立公共数据开放目录以确定开放范围，通过一体化、集中化的国家数据开放平台汇集各省、市政府职能部门的各类原始数据，以直接获取或下载的方式免费向不特定的社会公众开放，实现原始数据与语料库之间的无障碍对接。

需要注意的是，原始数据虽然具有较高的开发利用价值，但也存在较大的不确定性和安全风险。[2]政府在履行公共数据开放义务的同时，还应当建立公共数据开放安全风险防控机制，采取技术、管理措施防范原始数据安全风险，具体包括开放前的个人数据去标识化处理、开放平台的运营技术维护、开放过程中的动态安全监测以及开放后的安全事件应急预案等。

第二，构建特定对象的公共数据有限开放机制。公共数据完全开放机制虽然能够为语料库建设提供一定量免费的原始数据资源，但面向全体社会公众的无门槛开放必然会限制语料库吸纳更加优质的公共数据资源。未来，通用大模型市场或将呈现寡头竞争格局，面向垂直领域的行业大模型将成为大模型产业竞争的主要领域。[3]与“无数不用”的通用大模型训练不同，行业大模型训练需要更加高质量、专业化的公共数据供给。这些数据的数据量和敏感性不同于完全开放的公共数据，对数据利用主体自身的数据安全管理水平、技术能力有着较高的要求。[4]公共数据有限开放机制以主体的准入资格审核为前提，通过与行政机关签署行政协议的方式获取特定领域的公共数据资源。一方面，能够满足垂直领域的大模型企业对领域数据的特殊需求；另一方面，能够防范优质公共数据的泄露、滥用、遭受攻击等安全风险。

第三，构建面向市场的公共数据授权运营机制。区别于前两种直接的公

---

〔1〕《促进大数据发展行动纲要》中提出，“率先在信用、交通、医疗、卫生、就业、社保、地理、文化、教育、科技、资源、农业、环境、安监、金融、质量、统计、气象、海洋、企业登记监管等重要领域实现公共数据资源合理适度向社会开放”。

〔2〕参见宋烁：《构建以授权运营为主渠道的公共数据开放利用机制》，载《法律科学（西北政法大学学报）》2023年第1期。

〔3〕参见黄哲：《大模型价格战背后的逻辑与真相》，载《中国计算机报》2024年6月10日，第10版。

〔4〕参见常江：《公共数据开放立法原则反思和开放路径构建》，载《华东理工大学学报（社会科学版）》2022年第5期。

共数据开放机制，公共数据授权运营是一种间接开放机制，由行政机关授权特定运营主体对公共数据进行加工，从而形成数据产品与服务提供给市场和社会。〔1〕公共数据授权运营有利于激发市场运营主体活力，释放公共数据的经济价值，提升公共数据资源配置效率，实现数据要素市场的供需匹配。目前，公共数据授权运营实践尚处于探索阶段，主要存在行业主导、区域一体化以及场景牵引三种公共数据授权运营模式。〔2〕从促进人工智能大模型创新研发的角度来看，基于特定应用场景授权不同运营主体的场景牵引模式更有利于实现领域数据供需方之间的精准匹配，进一步推动金融、医疗、教育、自动驾驶等领域的垂类大模型训练数据语料库建设。

（四）协同促进跨领域数据流通交易规则建立供给激励

面向人工智能创新应用的新时代，我国数据交易市场也应转型突破，适应人工智能产业获取训练数据的现实需求。就交易平台而言，可针对人工智能训练市场，将现有的通用数据交易所转型为“AI 数据交易合同”模式，为企业训练人工智能提供定制化的训练数据。就交易标准而言，相关市场主体和监管部门可共同规范训练语料的标注标准，便于语料数据的交易流通。就合同内容而言，人工智能训练方需要遵循诚实信用原则，明确告知数据提供方相关数据的用途并获得授权，避免因超出授权范围使用数据而面临违约风险。

“数据二十条”明确提出，“完善和规范数据流通规则，构建促进使用和流通、场内场外相结合的交易制度体系，规范引导场外交易，培育壮大场内交易”。现阶段，数据交易市场“内冷外热”，引导场外数据交易进场交易，需建立健全场内数据交易规则，为跨领域数据流通交易扫清制度障碍。

一是数据确权规则。首先，探索建立数据资产登记确权制度。数据资产登记能够推动跨领域的数据资源向数据资产的转化，发挥数据资产登记的证明功

〔1〕 参见马颜昕：《公共数据授权运营的类型构建与制度展开》，载《中外法学》2023 年第 2 期。

〔2〕 行业主导模式，即由特定行业主管部门授权运营主体承担本领域公共数据运营；区域一体化模式，即由地区数据管理机构整体授权运营主体开展区域内各类公共数据的市场运营；场景牵引模式，即围绕特定场景的应用需求，在公共数据资源统筹管理基础上，基于特定应用场景将数据分类授权给不同的运营主体。参见孙清白：《公共数据授权运营营利性与公益性的冲突及其制度协调》，载《行政法学研究》2024 第 3 期。

能，消除跨领域企业入场门槛。其次，规范数据资产价值评估体系。数据资产价值受数据质量、时效、类型等多种因素影响，价值不确定性增加了评估难度，应细化评估指标，综合运用风险评估法、成本效益分析法等多种价值评估方法，构建专业化、领域化的价值评估模型，确保跨领域数据资产价值评估的客观性。最后，完善数据资产入表制度。2023 年 8 月，财政部印发《企业数据资源相关会计处理暂行规定》，明确数据资产可以列入企业财务报表之中。目前，数据资产入表还处于探索实践初期，可通过制定出台数据资产入表的相关规则指引、指南，进一步引导企业完成数据资产入表工作。

二是数据定价规则。解决数据交易纠纷的关键在于确定合理的数据定价规则，但数据定价目前尚未达成统一的规则和标准。鉴于应用场景对数据市场价值的重大影响，可以考虑设置不同行业、不同场景的数据定价机制，尽可能降低由于交易双方信息不对称导致的价格歧视风险。〔1〕数据交易的具体价格可以结合数据资产价值评估结果进行确定，例如，《深圳市数据交易管理暂行办法》第 19 条第 3 款提出的数据质量、数据样本一致性、数据计算贡献、数据业务应用四个维度可以作为数据定价的考量因素。计价方式上，结合数据交易所实践来看，可采取按次计费、按时长计费、固定价格或者面议价格等多种计价方式。

三是收益分配规则。“数据二十条”中提出，数据要素由市场评价贡献、按贡献决定报酬，并按照“谁投入、谁贡献、谁受益”的原则，着重保护数据要素各参与方的投入产出收益。数据流通交易过程中主要涉及数据提供者、数据使用者、数据交易平台三方主体，目前数据要素市场中的收益分配通常是数据交易平台与数据交易双方协商的结果，忽视了原始数据生产者对数据要素生产的贡献。原始数据为数据要素的形成提供了原始材料，是数据要素形成的基础，应当将原始数据生产者作为收益分配主体之一，通过智能合约等方案提升原始数据生产者参与数据要素分配的可行性。〔2〕

〔1〕 参见赵精武、周瑞珏：《数据要素市场如何进行数据定价》，载《学习时报》2023 年 2 月 17 日，A3 版。

〔2〕 参见王延川、吕君枝：《原始数据提供者参与数据要素收益分配的理论逻辑与实践路径——以共同富裕为视角的考察》，载《陕西师范大学学报（哲学社会科学版）》2023 年第 3 期。

四是供给激励规则。加强数据要素供给激励是“数据二十条”提出的明确要求，数据确权是激励数据流通交易的有效法律手段，除此之外，还应探索经济、技术、管理等多样化的数据要素供给激励举措。目前，已经有多家数据交易平台开始针对不同的数据要素市场主体推出激励方案。例如，深圳数据交易所针对企业建立的数据交易诚信合规激励机制、湖南大数据交易所针对数据交易双方和数据经纪商等主体推出的百万交易激励计划、郑州数据交易中心针对数据经纪人推出的千万激励计划等。就跨领域数据交易流通而言，应结合不同领域的市场需求，探索有针对性的供给激励规则。

［本文系国家社科基金重点项目“生成式人工智能的法律定位与分层治理研究”的阶段性研究成果（项目编号：23AFX009），课题组成员对本文亦有贡献］

（《人民论坛·学术前沿》2024 年第 13 期）

论人工智能生成内容的著作权法平等保护

徐小奔*

一、人工智能生成内容(AIGC)著作权法平等保护的理论前提

AIGC 著作权法平等保护在理论上有无可能的关键在于 AIGC 是否具有被著作权制度评价的法律特征。正如世界上没有两片完全相同的树叶,构建法律关系的依据——社会事实之间也不存在绝对相同的客观情况,AIGC 与人类作品尽管有诸多细节差异,但并不能据此就想当然地将 AIGC 排除在著作权保护之外。在法律上,对相同事物给予相同处理的原则实际上是对纷繁复杂的社会事实进行类型化的结果,即对同类的社会事实给予同等的法律评价。从这个角度来看,类型思维能够为对 AIGC 与人类作品进行相同制度评价搭建理论桥梁。

(一)AIGC 与人类作品具有相同制度评价的类型基础

类型是分类学的概念,本意指基于一定标准将事物进行区分,并使各类型保持独特的属性。德国学者拉德布鲁赫根据类型思维提出了分类概念与秩序概念的区别:前者是基于概念思维对事物进行非此即彼的区分;后者是类型思维的结果,认为类型具有层级性特征,同一类型的范围可以由数个不同的层级构成,不同层级可以相互流动过渡,并呈现一种次序排列状态。〔1〕类型思维促使人们对法律事实的关注点从事实认定转向对事实的正当评价。这种思维转向在

---

* 徐小奔:中南财经政法大学法学院副教授、知识产权研究中心研究员、数字法治研究院研究员。

〔1〕 参见[德]拉德布鲁赫:《法哲学导引》,雷磊译,商务印书馆 2021 年版,第 187 页。

法学方法论上表现为类比论证的发展。德国学者拉伦茨指出，借助“类型”的推理实际上是法律漏洞的发现与法律续造的过程，其正当性基础在于“同类事物相同对待”这一正义的要求。具言之，两个事实彼此“类似”是指两者在一些方面一致，在其他方面不一致，即“相关的两类事实既不能相同，也不能绝对不同；它们必须恰好在对法律评价有决定性意义的方面一致”〔1〕。正如德国学者考夫曼指出的，类推是一种比较，比较的有效性取决于“比较点（比较的第三者）的选择”〔2〕。所谓的比较点就是“意义”（也被称为“事物的本质”），即在法律理念与生活事实之间存在的“事实中的价值现象”〔3〕。概言之，类型思维与类比论证不纠缠于事物之间客观性状的差异，而着眼于判断事物之间在法律目的、法律理念等法律理由上是否存在相同评价的必要。

AI 创作与人类创作的确存在着意义理解、表达路径等方面的不同，但也存在着客体外观相同与经济利益同质的类似之处，这是二者获得相同法律评价的关键依据。现代知识产权制度是罗马法以来财产权领域“非物质化革命”的产物，是对传统“物—债”二元财产权体系的突破。随着知识产权理论的完善，围绕财产权逐步形成了由以物权为代表的有体财产权、以知识产权为代表的无体财产权、以债权为代表的其他财产权构成的现代财产权体系。〔4〕《民法典》第 123 条确立了知识产权在我国财产权体系中的地位，并明确列举了知识产权的客体。有学者指出，民法典的立法方式揭示了知识产权与物权的区别，即“知识产权的客体皆为无形财产”。〔5〕从财产的类型化角度来看，非物质性是知识产权客体的本质属性。

AIGC 是 AI 软件运行后的输出结果，其表现形式是电子数据，与作为著作

---

〔1〕［德］卡尔·拉伦茨：《法学方法论》（全本·第 6 版），黄家镇译，商务印书馆 2020 年版，第 479 页。

〔2〕［德］阿图尔·考夫曼：《法律哲学》（第 2 版），刘幸义等译，法律出版社 2011 年版，第 93 页。

〔3〕［德］亚图·考夫曼：《类推与“事物本质”——兼论类型理论》，吴从周译，学林文化事业有限公司 1999 年版，第 105 页。

〔4〕参见吴汉东：《论财产权体系——兼论民法典中的“财产权总则”》，载《中国法学》2005 年第 2 期。

〔5〕徐涤宇、张家勇主编：《〈中华人民共和国民法典〉评注》（精要版），中国人民大学出版社 2022 年版，第 120 页。

权客体的作品具有相同的法律属性，即非物质性。尽管不能说所有的无形财产都是知识产权的客体，但知识产权制度的立法趋势表明，“以知识产权名义统领的非物质性财产权利，不限于传统著作权、专利权、商标权三大领域，由于各种新型权利制度的出现，现代知识产权成为一个十分庞大的法律体系”[1]。无论是在新技术交叉保护领域将集成电路布图设计权、植物新品种权作为新型知识产权，还是将原本仅作为例外或补充的商业秘密规定为知识产权体系的正式成员，立法者始终遵循的理念是尽可能将需要法律保护的非物质性财产纳入知识产权体系，以保证民事财产权体系的稳定性和开放性。由此看来，AIGC 所具有的非物质性客体特征使其可被纳入知识产权体系并获得著作权法保护。

从 AIGC 与人类作品所蕴含的经济利益来看，二者在使用价值方面也没有本质不同。一方面，AI 技术的应用原本就是为了提高创作效率、降低创作成本，AIGC 通常被作为更大型作品的组成部分在市场中被不加区分地一体销售、一体使用，如电影作品中由 AI 生成的特效场景、电子游戏中由 AI 生成的地图画面等；另一方面，对公众而言，无论是由 AI 生成的智能文学、智能绘画或者智能音乐，还是由人类创作出的文学作品、美术作品、音乐作品，在消费需求与艺术体验上都被习惯性地同等对待，即作为“作品”被消费体验。这种凭借典型范例来认识具体事物的习惯就是类型思维的体现。正如德国学者拉伦茨所言，“当人们借助抽象—普遍的概念及其逻辑体系都不足以清晰明白地把握某生活现象或者某种意义脉络时，首先想到的是求助于‘类型’(Typen)的思维方式”[2]。2022 年 8 月，由美国游戏设计师杰森·艾伦(Jason Allen)使用人工智能绘画工具 Midjourney 创作的美术作品《太空歌剧院》在美国科罗拉多州博览会的美术比赛中获得了一等奖。赛事评审专家在完全不知道作品是由 AI 生成的情形下，对画作给予了很高的评价。[3]可见，当 AI 创作出符合人类审美体验、

---

[1] 吴汉东：《知识产权制度精要：制度创新与知识创新》，法律出版社 2017 年版，第 216 页。

[2] [德]卡尔·拉伦茨：《法学方法论》(全本·第 6 版)，黄家镇译，商务印书馆 2020 年版，第 577 页。

[3] 参见猫堡主：《AI 作画〈太空歌剧院〉拿下一等奖，AI 是否将入侵艺术领域？》，载微信公众号“龙水木营造学社”2022 年 10 月 25 日，https://mp.weixin.qq.com/s/6YwC4J-DN-hGvpglFO2YpA。

与人类创造力相当的艺术成果时，就使 AIGC 具备了与人类作品无异的使用价值，进而使二者在法律利益上保持同质，在法律评价上获得无实质差别的同等对待。

（二）AIGC 著作权法平等保护契合著作权法规范目的

将 AIGC 视为作品纳入著作权法调整的另一基础在于，这契合著作权法的规范目的，可利用著作权法的创新激励机制促进人工智能产业发展。以著作权法为代表的知识产权诸项制度遵循交易成本最低化的原则，已演进为调整信息生产者、传播者、使用者权利配置关系的最优制度方案，可实现促进文化发展和推动社会进步的最优效益。〔1〕当下，仍需要通过著作权法机制对 AI 使用者进行制度性激励。有观点主张将 AIGC 作为公共数据允许公众自由使用，其理由是 AI 不具备作者资格，所以无法为 AIGC 找到合适的权利人，因此最佳的解决方案（也是对著作权理论冲击最小的方案）就是将 AIGC 视为公共财产置于公有领域，供人们自由使用。〔2〕但是，这种观点忽视了目前广大 AI 使用者对 AIGC 支配性使用的正当需求。

知识产权体现的经济利益是市场关系中的市场价值。〔3〕从 AI 创作的市场价值链来看，AI 设计者通过向 AI 使用者提供技术服务（合同的形式）获取收益，因此 AI 使用者对 AIGC 的使用需求成为 AI 技术服务的价值来源。在输入端，对于 AI 使用者（尤其是企业用户）而言，无论是游戏场景制作、影视特效制作还是新闻报道撰写，AI 技术极大提高了生产效率并降低了生产成本，这是其愿意支付高昂的定制费购买 AI 服务（如个性化的数据训练）的动力之源；在输出端，随着生成式人工智能使用场景的不断下沉与多元化，AI 使用者将 AIGC 作为自己的工作成果进行市场交易的意愿越发普遍。实践中，已发生过 AI 使用者将 AIGC 图片作为素材在互联网交易平台出售的情形；前述我国典型 AIGC 著作权纠纷也都涉及他人对 AI 使用者发布的 AIGC 进行转载使用的情形。在

〔1〕 参见吴汉东：《知识产权制度精要：制度创新与知识创新》，法律出版社 2017 年版，第 140 页。

〔2〕 See Rex M. Shoyama, *Intelligent Agents: Authors, Makers, and Owners of Computer-Generated Works in Canadian Copyright Law*, Canadian Journal of Law and Technology, Vol.4, p.141（2005）.

〔3〕 参见徐小奔：《知识产权损害的价值基础与法律构造》，载《当代法学》2019 年第 3 期。

许多场合，对 AIGC 的支配性使用甚至成为 AI 使用者付费的决定性因素。例如，许多电影中的特效场景是由 AI 自动生成的，若将这部分 AIGC 作为公共数据，则任何人都可以自由截取、复制特效画面并进行传播。但是，对于许多电影作品来说，最重要的市场卖点恰恰就是这些特效场景部分——观众往往对之最为期待。若一概将 AIGC 排除在著作权法保护之外，则电影制片人（著作权人）为避免权属风险的出现，最稳妥的方案就是放弃使用 AI 技术，转而雇佣人类团队进行特效制作，这不仅无端提高成本，也不符合电影产业数字化发展的现状。正如在被称为生成式人工智能创作第一案的“AI 图生文著作权案”的判决书中所述，“技术越发展，工具越智能，人的投入就越少，但是这并不影响我们继续适用著作权制度来鼓励作品的创作。……只有正确地适用著作权制度，以妥当的法律手段，鼓励更多的人用最新的工具去创作，才能更有利于作品的创作和人工智能技术的发展”〔1〕。

二、AIGC 著作权法平等保护的实践意义

要判断 AIGC 著作权法平等保护在实践中是否可取，就需要在多种保护模式之间进行利弊权衡并选择最有利于促进人工智能产业发展的法律方案。在产业实践中，对 AIGC 与人类作品要么实施区别对待，要么给予一体保护。不同的保护模式将产生不同程度的制度成本与交易成本。AIGC 著作权法平等保护意味着构建统一的著作权交易市场，区别对待模式则以存在区分市场为前提。从交易效率、交易安全、交易活力的角度来看，平等保护模式显然比区别对待模式更契合人工智能产业的现实需要与发展趋势，其实践优势主要体现在以下几点。

（一）有利于降低法律制度摩擦成本

从类型思维的角度来看，AIGC 著作权法平等保护意味着将 AIGC 视为与人类作品同类的事物，二者共同利用著作权制度规则参与市场交易。作品作为一种文化商品，既可能来自人类，也可能是人类与 AI 共同协力的结果。对于市

〔1〕 北京互联网法院民事判决书，（2023）京 0491 民初 11279 号。

场主体而言，平等保护在法律效果上实现了无论是 AIGC 的供给方，还是 AIGC 的需求方，都可以按照作品著作权模式进行交易，这就最大限度地减少了权利识别成本。有学者指出，财产自由存在的最大问题就是会大大增加市场交易者之信息成本——动产或不动产上设定的财产权可能内容五花八门，需要更多的时间去探知、理解。〔1〕在制度经济学上，制度成本一般是指法律等正式规则在形成、实施和变迁中需要动用的资源。〔2〕制度摩擦成本就是由不合理或欠科学的法律法规等制度给市场主体和市场运行带来的冗余且不必要的成本。而减少或消除制度摩擦成本的最主要方法就是尽可能对相同事物给予相同对待，避免出现重复立法或冲突立法。因此，财产权类型的创设并非越多越好，过多相似的财产权类型会加重消费者在市场中的识别负担，进而抑制交易。

有观点认为，可以在著作权制度之外为 AIGC 新设财产权利，并对之实行与普通作品不同的差异化管理，如对 AIGC 采用不同于作品保护的邻接权保护、孳息保护、特殊数据权益保护或竞争法保护等。〔3〕但笔者认为这一观点有待商榷。首先，这些方案的实施依赖于市场中存在 AIGC 与人类作品泾渭分明的区分市场。其次，应对比作品的著作权保护与 AIGC 的特别权利保护在权利内容、权属安排、交易规则上是否存在显著差别：如果二者在基本内容上相差无几，则实质上达到的是相同保护的效果，重复立法似无必要；如果二者在内容上有显著差异，则意味着应对二者适用差异化的交易规则，但这会给消费者带来巨大的交易成本——当 AIGC 与人类作品共同作为商品出现在市场中时，仅凭客体外观，如一段音乐、一幅图画、一篇文章，很难让消费者快速识别权利来源。对此，有观点主张通过电子水印、元数据等技术对 AIGC 的来源进行标记以作

〔1〕 See Thomas W. Merrill & Henry E. Smith, *Optimal Standardization in the Law of Property: The Numerus Clausus Principle*, The Yale Law Journal, Vol.110, p.26–31(2000).

〔2〕 参见[美]道格拉斯·C.诺斯：《制度、制度变迁与经济绩效》，杭行译，格致出版社、上海三联书店、上海人民出版社 2014 年版，第 131 页。

〔3〕 参见冯晓青、潘柏华：《人工智能"创作"认定及其财产权益保护研究——兼评"首例人工智能生成内容著作权侵权案"》，载《西北大学学报（哲学社会科学版）》2020 年第 2 期。

为 AIGC 区别对待的技术支持。[1]一方面，这些电子技术仅可在 AIGC 线上传播过程中发挥作用，对 AIGC 纸媒化之后的线下使用则无法有效监控；另一方面，电子水印技术虽在电影作品的特效制作、大型游戏中的图像场景制作等方面具有较好的标记效果，但对于文字作品、单幅美术作品等而言则极易通过仿制、翻拍等方式规避。尤其在利益的驱动下，还易导致人类作者利用署名的权利规则在 AIGC 与人类作品市场间反复横跳，以寻求利益的最大化，这反而徒增法律风险和成本。在制度经济学理论中，减少交易成本是提升法律效率的首要方式。立法强行要求消费者精准识别 AIGC 与人类作品并对之适用不同交易规则，不仅在技术上无法实现，就法律效果而言也没有必要。

（二）有利于打造统一的著作权交易市场

随着生成式人工智能应用场景不断下沉，交易风险也逐步向 AI 使用者转移。实践中，AI 设计者常常利用技术服务协议将 AIGC 的权属风险转移给 AI 使用者。[2]在生成式人工智能时代，AIGC 的来源更加分散、隐蔽，若其权属与交易规则不够清晰，势必产生交易安全隐患。有序的交易秩序源自确定的制度规范，依此方可在交易双方之间形成稳定可靠的交易预期。AIGC 著作权法平等保护在以下两个方面有利于维护当事人的制度预期。

1. 有利于维持著作权法基本概念的稳定

创作与独创性都是著作权法中的基本概念，对这些概念的理解不仅关乎作品的认定，也关乎著作权法理论体系的内部协调。在著作权法中，创作就是作者将自己内心意欲表达的思想通过一种客观上能被人们从外部知晓的方式固定

---

〔1〕 参见智通财经：《数字水印或成 AIGC 打假利器 AI 安全最先落地》，载智通财经网 2023 年 5 月 25 日，https://www.zhitongcaijing.com/content/detail/935456.html。

〔2〕 笔者检索整理了多家知名 AIGC 软件的用户协议，多数情况下，AI 设计者会授权 AI 使用者对其软件生成的内容（AIGC）自由使用甚至商业使用。也就是说，AI 设计者的主要营利方式是通过向 AI 使用者提供定制服务、高级服务，收取一定的会员费、服务费。通过约定，AI 在使用者具体指令下生成的 AIGC（数据）的后续使用权益与侵权风险都由 AI 使用者自行承担。例如，ChatGPT 在用户协议中对内容的所有权规定如下："在您和 OpenAI 之间，且在适用法律允许的范围内，您（a）保留对输入内容的所有权，并且（b）拥有输出内容的所有权。我们特此将我们对输出内容的所有权利、所有权和权益（如有）转让给您"。See OpenAI, *Terms of Use*, OpenAI（Mar.14, 2023）, https://openai.com/policies/terms-of-use.

在某种特定对象上的活动。[1]只有经过作者创作性的劳动投入，作品才具备独创性，才能获得著作权法的保护。可以说，创作既是作者享受利益的依据，也是作者权利的边界，更是独创性的前提条件。

人机互动是AIGC的创作模式。在人机互动中，人类与AI的分工大体上表现为：AI使用者负责创造适宜AI创作的计算机环境，向AI发出创作指令与创作要求，并基于自身的审美取向对最终输出的内容进行检验与评价；AI则执行关联、聚类、链接等数据采集指令，并对采集到的数据进行分析（自动识别、分类和处理），实现具体内容的生成。[2]以人类的参与度为标准，人机互动关系表现为由强到弱的三种形态：一是机器辅助，即人类作者对AI表达过程具有较强的控制力，对AIGC具有较强的预见性。这是早期AI辅助创作的形式，诸如智能相机自动对焦、智能修图软件一键美化图片等简单的AI技术应用皆属此类。此时，人机关系呈现“人与工具”的特征，其生成内容的可版权性并无争议。二是人机合作，即在AI创作过程中，人类作者（AI使用者）在语料选定、算法设定、内容校正方面比AI有更强的参与度与决定权，AI在具体内容生成上虽有较大的自由度，但AIGC的最终呈现仍然在人类作者的预料之内。这是近年来分析式人工智能的主要创作形式，在智能新闻写作、智能谱曲、智能绘图等AI创作过程中，AI使用者（往往是企业用户）向AI设计者定制AI服务，在语料选择、算法设计方面不断嵌入AI使用者的个性需求，最终使AI朝着AI使用者的预期生成内容。此时，人机关系呈现“共同创作”的类型特征，AIG具备“合作作品”的权利外观。三是机器受托，在此形态下，以ChatGPT为代表的生成式人工智能大幅降低了人类作者（AI使用者）对AIGC的控制力与预见性：AI使用者的主要工作是对AI发出指令，选择并评价AI创作质量，内容生成的过程则可以由AI独立、自动并且以超出使用者预想的形式完成。此时，人机关系呈现人类向AI“委托创作”的类型特征，AIGC具备“委托作品”的权利外观。

笔者曾提出，人工智能不能完全脱离人类的参与来实施创作（主要表现为

---

〔1〕 参见［德］M. 雷炳德：《著作权法》，张恩民译，法律出版社2005年版，第41页。

〔2〕 See Harry Surden, *Machine Learning and Law*, Washington Law Review, Vol.89, p.91-96(2014).

创作过程需要频繁的人机互动与检验矫正)，因此可以将人机互动中人类作者的深度参与作为独创性来源，进而使 AIGC 获得著作权法保护。[1]这种见解对之前的机器辅助形态尚有较强的解释力，但对解释人机合作与机器受托形态就稍显无力：在大语言模型的赋能下，AI 使用者只需要根据机器语言规则发出内容描述指令，AI 就能够独自承担全部内容的表达，并输出超出 AI 使用者预料的内容。可以说，在 AI 创作过程中，AI 使用者的参与度仅体现为发出创作指令、触发 AI 创作。而这些人类的行为很难在著作权法框架内被单独评价为“创作”，更不用提对 AIGC 的独创性作出了实质性贡献。此时，无法仅把 AI 视为辅助创作的工具，它与普通创作工具的不同之处在于：AI 对最终的内容表达有更大的随机性与自主性。换言之，在后两种人机互动形态中，人类(AI 使用者)对具体内容表达没有强控制力，因而几乎无法在著作权法上将人类(AI 使用者)的工作从人机互动的整体中抽离出来并单独认定为“将自己的思想固定或表达于外”的创作行为。

若 AIGC 中 AI 使用者的工作无法被单独评价为著作权法上的创作，而 AI 又不具备从事创作的主体资格，则将无从选定 AIGC 的独创性来源。此时，为了使人类对 AIGC 享有权益，就必须确保在人机互动中被抽离出来的人类工作部分(发布指令、校验内容等)可以被独立认定为著作权法上的创作。这意味着必须大幅降低独创性的门槛，以凸显 AI 使用者对 AIGC 的智力贡献。如此一来，将从根本上撼动著作权法对作品的保护根基——将 AIGC 中人类简单发布创作指令的行为视为独创性劳动，会使独创性退回到“额头流汗”标准上。从著作权法历史来看，“额头流汗”标准会不可避免地阻碍他人利用前人劳动成果中的事实和数据进行创作，与著作权法基本宗旨及《伯尔尼公约》的实质精神相违背，因而在当代已被多数国家摒弃。[2]当前，AIGC 与 PGC(专业生成内容)、UGC(用户生成内容)等多种生成的内容模式共同构成了内容产业的多元供给。AIGC 著作权法平等保护意味着在著作权法上将人机互动作为一个法律

〔1〕 参见徐小奔：《论算法创作物的可版权性与著作权归属》，载《东方法学》2021 年第 3 期。
〔2〕 参见王迁：《著作权法》(第 2 版)，中国人民大学出版社 2023 年版，第 35 页。

关系整体，并以此为基础认定创作行为，进而判断独创性。这样就可在 AIGC 与 PGC、UGC 之间最大限度地保持独创性标准的统一，维护著作权法概念的内部一致性与稳定性。

2. 有利于维持著作权法作品类型的稳定

《著作权法》第 3 条以“概括 + 列举”的方法对作品进行了定义，作品是指“文学、艺术和科学领域内具有独创性并能以一定形式表现的智力成果”，并列举了文字作品、口述作品等 8 种法定作品类型。学界关于著作权法的基本共识是，作品的独创性与作品类型的艺术性之间并非严格的对应关系：一方面，作品的独创性不等于作品的艺术性。对作品进行独创性判断时，不必要考虑作品的艺术价值，这被称为“美学不歧视原则”〔1〕。也就是说，作品的独创性没有最低限度的艺术价值。〔2〕另一方面，作品类型是不同艺术形式在法律上的承认。这意味着虽然在判断作品的独创性时无须考虑其艺术价值，但是不同的艺术形式为独创性判断提供了方法论。具言之，作品类型为独创性判断提供了具体指向；独创性的判断方式也成为决定作品类型的重要依据。

有观点以摄影作品的著作权法保护也经历了独创性的否定到接受的历程为据，主张通过扩张著作权客体制度，将 AIGC 作为单独的作品类型纳入著作权法的调整范畴。〔3〕虽然摄影作品自 1948 年被纳入《伯尔尼公约》、1996 年被纳入《世界知识产权组织版权条约》后已在制度层面被正式明确为作品的类型，但是学界对摄影作品的可版权性始终存在理论争议——摄影作品的独创性体现在何处？特别是随着数码摄影技术的发展，许多摄影作品参数被提前设置在摄影工具中，摄影师的实际工作仅是选取拍摄角度并按下快门。此时，如何认定摄影作品的独创性成为极大的理论挑战。正因如此，有学者感慨摄影技术一经诞生就使版权制度陷入根本性困境。〔4〕围绕摄影作品的理论争议与 AIGC 可

---

〔1〕 Bleistein *v.* Donaldson Lithographing Co., 188 U.S 239, 23 S. Ct. 298, 47 L. Ed. 460.

〔2〕 参见卢海君:《版权客体论》，知识产权出版社 2011 年版，第 171 页。

〔3〕 参见陈静:《从作品类型角度驳 AIGC 第一案》，载微信公众号“一川 Law”2023 年 12 月 5 日，https://mp.weixin.qq.com/s/nHYT6XtNG3IZbNsFrkbb5A。

〔4〕 See Melville B. Nimmer & David Nimmer, *Nimmer on Copyright*, Matthew Bender Press, 1997, p.209.

版权性讨论有相似之处：当创作工具成为独创性的重要来源时，会对人类独创性贡献的认定发起挑战。据此，既然摄影作品可以获得著作权保护，那也可以在坚持 AI 工具论的同时将 AIGC 纳入著作权法体系，设立独立的作品类型予以保护。对此，笔者并不赞同。一方面，尽管摄影工具内嵌了不同拍摄场景的参数模板，但这些参数模板是固定算法，无论是对参数模板的设计还是选用、调整，都可在摄影师控制下进行审美选择；而 AI 创作的特点在于机器学习技术下的算法自由，其表达过程不受人类控制，表达结果超出人类预期，对独创性标准的冲击更为根本，无法套用摄影作品的独创性验证逻辑。另一方面，在摄影作品创作中，摄影师的工作不能被简单地视为对客观事实的机械记录。有判决指出，“摄影作品的独创性在于拍摄时对拍摄对象的选择、对拍摄时机与角度的把握、对拍摄技能的运用以及后期的编辑处理等”[1]。换言之，摄影师对摄影作品的最终呈现方式始终发挥着主导作用。而在 AIGC 的人机互动中(尤其是人机合作与机器受托形态中)，AI 使用者对内容的具体表达没有实质性参与，很难通过类比摄影创作证成 AI 使用者的创作投入。因此，对 AIGC 的定性必须以不同于摄影创作的说理模式展开。

AIGC 与摄影作品的另一个不同之处在于：摄影作为新型创作模式，其表达结果可以作为单独的作品类型被著作权法评价；而 AI 技术作为人类创作劳动的替代，常被应用于既有的多种作品类型场景中，不仅在文学、绘画、谱曲等传统艺术创作领域替代人类作者，也在智能模型设计、智能地图绘制、智能程序编写等更复杂的科技作品领域被使用。此时，AIGC 在客体外观与经济利益上与同类文字作品、美术作品、音乐作品、模型作品、图形作品等并没有差别，它们之间只是作品来源的不同，而不是独创性表现形式的不同。

从早期著作权客体只有文字作品一种类型，到美术作品、音乐作品等多元艺术表达被著作权法接纳，再到新技术工具下的科学作品被承认，著作权客体制度不断发展完善。在此过程中，作品类型始终以独创性判断的类型化为依据，对多元艺术表达的类型化起到指导作用。鉴于此，对 AIGC 进行著作权法

〔1〕 广东省高级人民法院民事判决书，(2006)粤高法民三终字第 122 号。

平等保护的最小成本方案就是在不同的创作领域，将 AIGC 认定为相应的作品类型，以与同类作品保持法律概念上的一致。

（三）有利于鼓励标识真实来源并塑造 AIGC 市场价值

在著作权法上，署名是作者彰显作者身份的首要形式，也是在市场中识别作品来源的主要方式。《伯尔尼公约》将该项权利表述为“表明作者身份的权利”。署名权的功能在于在特定的主体（作者）与特定的客体（作品）之间建立所属关系，彰显作品的创作来源。作者行使署名权的方式包括：决定署名或不署名；署真实姓名或署艺名、笔名、假名等。受权利规则的影响，通过署名区分 AIGC 与人类作品不具有可操作性：一方面，AI 署名与自然人署名通常不易辨别。虽然微软小冰（美国微软公司研发的 AI 机器人）、Dream writer（腾讯公司研发的 AI 机器人）等特色署名很容易让消费者了解其机器人属性，但像“张小明”（北京字节跳动公司为今日头条网站研发的 AI 机器人）这样的署名与自然人的姓名并没有差别，消费者很难通过“张小明”来识别作品是来自 AI 还是自然人。另一方面，如果因为署名的不同使 AIGC 的定价与人类作品的定价有差别的话，将极易诱发不真实署名的道德风险：当在市场中署名为 AI 的价格高于人类作品时，许多人类作品就可能被冠以 AI 创作之名出售，以获取更高利润；反之亦然。

作品在传播中产生价值，作品的大规模传播依赖于市场。在市场中，署名在三个方面发挥了类似商标的功能：一是彰显作品创作来源的基本功能起到类似标识商品来源的效果，可帮助消费者在同类型作品中快速识别来源。二是作者的社会声誉起到类似商品质量保证的作用。作者通过稳定的创作活动和高质量的创作水平能够不断积累社会声誉，使作者的署名产生了类似商标的“顾客吸引力”。有学者指出，某些名人或权威人物的名字具有可以商标化的人格利益，以他们的名字所标注的作品是人们可以信赖的商品，可以使消费者不至于需依赖检验程序才可以评价作品的质量高低。[1]三是作者品牌效应起到类似商品宣传的广告功能。随着知名作者品牌的塑造和推广，消费者在文化市场中对

〔1〕 参见［美］威廉·M. 兰德斯、理查德·A. 波斯纳：《知识产权法的经济结构》，金海军译，北京大学出版社 2005 年版，第 83 页。

特定作者创作的作品产生了良好印象和品质预期，这可持续激发消费者潜在的消费需求，推动购买，最终形成品牌文化。例如，许多团队创作最终仅让团队领导者或组织者署名，正是作品的投资者有意塑造"作者品牌"的结果。早在16世纪，欧洲知名画家彼得·保罗·鲁本斯的许多作品都是在其雇员或助理绘制的草图基础上绘制完成的，他本人对绘画进行督导但可能并未实际绘制；另一名画家伦勃朗也经常将自己的名字签署在其助手的画作上，并以自己作品的名义交易。时至今日，这种创作模式在动漫产业、艺术设计、工艺品创作中仍是普遍存在的行业习惯。[1]此外，人物传记作品、讲话报告作品等特殊类型作品也往往不是由写作者署名，而是由他人（如人物传记中的人物、讲话报告的发言人）署名，这也是作者身份商标化的典型范例。总而言之，由创作者署名还是由非创作者署名，背后遵循的是有利于交易的市场逻辑。

从上述署名的功能出发便不难理解为何在AI创作服务中，AI设计者会赋予AI拟人化的姓名并敦促AI使用者披露AIGC来源。例如，美国微软公司将其设计开发的人工智能交互主体基础框架命名为"小冰"，并设定为18岁少女形象，以此为名义创作出诗歌、图画、音乐等作品；腾讯在AI创作的财经评论文章中均注明"本文由腾讯机器人Dream writer撰写"；北京字节跳动公司将其研发的AI机器人命名为"张小明"，甚至开辟了"小明财经"专栏，并在不同场景中打造"记者小明""评论员小明"等形象设定。这些对AI拟人化的操作都是在塑造AI作者的品牌形象——AI分析数据更加全面、精准，AI评论更加客观、理性，AI创作更加充满科技感。

在AIGC著作权法平等保护模式下，AIGC与人类作品不会因署名的差别而受到区别对待，也就避免了不真实署名的道德滑坡。当AI总是以作者之名参与作品市场交易时，对于消费者而言，凭借AI署名便能识别作品来源，判断作品的品质，减少市场选购中的检索、验证成本；对AI设计者而言，通过AI署名可以塑造AI作者的品牌形象，进而积累起AI作者的市场信誉，提升AI创作

〔1〕 参见刘文献：《从创造作者到功能作者：主体范式视角下著作权作者中心主义的兴与衰》，载周赟主编：《厦门大学法律评论》总第28辑，厦门大学出版社2016年版。

的知名度，吸引更多人使用其开发的 AI 软件；对 AI 使用者来说，在充分取得 AIGC 著作权之外，还可以借助 AI 作者的品牌形象增强 AIGC 的吸引力，这必然又会在客观上激励 AI 使用者主动披露创作来源。

三、AIGC 著作权法平等保护的规范原理

AIGC 著作权法平等保护在制度上的实现需要借助法律拟制技术。法律拟制可以对具有不同事实特征的事物进行相同评价，是类型思维在立法层面的应用。通过法律拟制将 AI 拟制为作者，并与人类作者建立起合作创作、委托创作等著作权法律关系，便可解决 AIGC 的独创性来源问题，进而使 AIGC 得以通过独创性检验。但需要面对的难题在于：对 AI 作者的拟制是否意味着全面接受 AI 的法律主体地位，使其能够如同人类作者那样享有著作权？对此还存在巨大争议。现在的基本共识是，在人与人的社会关系中，“AI 作者”无法如同人类作者那样享有权利、履行义务并承担责任。〔1〕对此，笔者认为，著作权法上存在的二元主体结构非常适合用于解释 AIGC 中的人机互动关系，并可以实现“将人工智能视为作者，但不得享有著作权”的法律目标。该二元主体结构在法律形式上表现为作者与著作权人的分离，即在著作权原始取得层面，作者不必为著作权人。这种特殊的立法设计实现了作品利益由创作者向非创作者完整转移的法律效果，可为将 AI 拟制为作者后产生的著作权归属困境提供制度参考：对人机互动完成的作品，可以将 AI“视为”作者，但是 AI 作者不是著作权人，不享有著作权。著作权二元主体结构蕴含的规范原理——法律主体功能分离，以及其具体应用机制如下。

（一）法律主体的利益实体功能与法律推理功能相分离

著作权法二元主体结构的实现需要在法律功能层面将法律主体区分为利益实体与形式主体，并赋予形式主体独立的法律推理功能。通常，法律主体同时作为权利的享有者、义务的承担者与责任的负担者，三位一体。这是在近代启蒙运动与人权革命影响下将法律主体资格与哲学上的主体性、道德学上的正

〔1〕 参见吴汉东：《人工智能生成作品的著作权法之问》，载《中外法学》2020 年第 3 期。

当性统一起来的结果。在此语境下，赋予 AI 法律主体的结果就是要赋予 AI 利益实体地位，使 AI 能够实际享有权利并承担义务。但是，对 AI 利益实体地位的承认不仅取决于技术层面发展出能够全面模拟媲美人类思维的通用人工智能系统，更需要在人机关系问题上实现伦理观念的革新，即在哲学层面发生超越人本主义的"价值飞跃"。显然，当前并不具备这些道德条件与社会共识。

但是，将法律主体功能固化为确认法律主体利益实体地位、实现人格伦理价值的观点是片面的，也是对法律主体功能的误读。历史上既存在过"人可非人"的立法设计，如罗马法时期的奴隶，也有过"非人可人"的制度事实，如中世纪宗教庙宇、山川河流在某些条件下也可被认定为法律主体。法律主体制度的发展史表明，法律主体从来就不是对客观事实的简单映射，而是人类为追求合理生产生活秩序的有意安排，即为解决分配正义问题而设计的一套方案。〔1〕事实上，法律主体除了具有确认利益实体功能外，还存在构建法律关系的法律推理功能，即存在着"作为利益实体的法律主体"与"作为推理要素的形式主体"的区别。

法经济学认为，效率是法的基本价值之一，"法律在追求公正的同时，也不应排斥效率；一个有效率的法律（制度）才是适宜的制度安排"〔2〕。立法者通过设定法律概念来发挥图示效应、增进效率。具言之，立法者对现实世界的事物进行分类与抽象，形成标准化的利益分配规则并进行概念设定，进而形成模块化的法律关系图示，以帮助主体快速识别权利归属、减少交易成本并提升交易效率。分析法学认为，法律规制的对象是行为，所以法律主体并不指向具体的人身或者实体，而是不同法律场景中权利与义务的集合。在法律关系中，利益的归属与流转需要主体为媒介，所以众多权利与义务便需要一个概念归宿——法律主体。此时，法律主体不过是基于语法上主语规则而想象出来的一个在技术上将权利义务统一起来的概念，是法律所调整的权利与义务统一体的象征。〔3〕

〔1〕 参见［美］E. 博登海默：《法理学：法律哲学与法律方法》，邓正来译，中国政法大学出版社 2017 年版，第 282~283 页。

〔2〕 李树：《经济理性与法律效率——法经济学的基本理论逻辑》，载《南京社会科学》2010 年第 8 期。

〔3〕 参见龙卫球：《法律主体概念的基础性分析（下）——兼论法律的主体预定理论》，载《学术界》2000 年第 4 期。

在此意义上，法律主体发挥的是促成法律关系形成的推理功能，是一种“形式主体”。这种法律推理具有独立的价值。一方面，法律主体是构建法律关系的前提要素，只有适格法律主体参与，法律关系才能得以存续；另一方面，法律权益的分配与流转必须借助主体这一媒介才能实现。之所以说形式主体功能是独立的，是因为在这个层面中，法律主体是作为法律推理的技术要素而存在的，并不涉及道德判断与权益享受。分析法学上这种将主体的法律性与道德性相区分，探究纯粹逻辑上的主体功能的主体观，为著作权二元主体结构奠定了理论基础：在原始取得层面，可借由形式主体的法律推理功能实现将包括著作人身权在内的著作权由作者（创作者）向著作权人（非创作者）的转移。

（二）著作权二元主体结构中形式主体法律推理功能的应用

对著作权归属而言，作者是当然的著作权人，是作品著作权利益分配的逻辑起点。从法律规则来看，《伯尔尼公约》第3条、第5条确立了著作权自动取得原则，即著作权自创作完成之日起无论是否发表，也不需要履行任何手续便自动产生。著作权自动取得原则已成为国际通行规则。我国作为伯尔尼公约成员国也接受了自动取得原则，并通过我国《著作权法》第2条、《著作权法实施条例》第6条予以确定。从创作过程来看，作品诞生之初最先被创作者占有，这是产生著作权法律关系的事实基础。著作权二元主体结构的特殊立法规范只有在逻辑上说明作品是如何自创作完成之日由创作者占有向非创作者（主要是投资者）占有进行转移的，著作权利益流转的法律链条才算完整。此时，“作者”这一创作主体实际上是一种形式主体，发挥的是法律推理功能。

对于作品而言，创作者无疑是最早接触并占有作品的主体。在没有相关立法规定的情况下，创作者以外的主体（主要是投资者）想要获取作品权利，便只能通过缔结合同的方式与创作者进行交易。而立法者设定了法人作品、委托作品、职务作品、视听作品等规则，将原本需要由创作者与非创作者缔结的合同关系改为由法律直接规定利益转移的效果。这就降低了创作者与非创作者之间的交易成本，在实现著作人身权合法转移的同时还可以避免效率违约的出现，增强投资者获得作品完整利益的确定性。在这一被简化的法律关系变动中，最初占有作品的创作者与最终取得著作权的非创作者之间存在一次法律假想出来的虚拟交易，以保证利益流转法律关系链条的完整。依此，立法以作者为媒介实现了将作品的各项著作人身权与著作财产权完整地从创作者向非创作者转移，并且通过法律拟制使这种权利转移不可被推翻，让非创作者基于法律规定直接取得全部著作权。由此可见，通过法律推理构建的著作权二元主体结构能够简化创作者与非创作者间的法律关系，提高交易效率，维护交易安全。而效率正是知识产权制度中的基本原则之一，“无论法律制度在开始时是如何赋权的，效率原则都保证以尽可能便宜而又快捷的方式，将这些权利分配给估值最高的人行使”〔1〕。

（三）作者与著作权人的分离：著作权二元主体结构的制度表达

将作品的著作权原始赋予创作者是受洛克劳动财产理论的影响，其赋权逻辑是：创作作品的自然人基于创作劳动的事实行为首先获得了作者身份，再基于这一作者身份获得著作权人资格，并原始取得各项权利。这在我国《著作权法》上首先表现为第 11 条第 1 款的规定，即创作作品的自然人是作者，著作权属于作者。与此同时，《著作权法》第 12 条规定，作者身份主要是通过行使署名权予以识别，因此署名构成作者身份推定的法定公示方式。由于署名权属于《著作权法》第 10 条规定的著作人身权。依据民法基本原理，人身权因具有专属性而不能转让，只能原始取得而不可继受取得。所以，作者作为著作权原始取得主体是完整的利益实体；作者以外的主体（非创作者）若想获得著作权，只能通过与作者交易而继受取得著作权，且只能取得有限的著作权——既无法获得作者身份，也不能享有著作人身权。而随着市场经济的发展，创新变为一种复杂的社会现象，其关键不在于新知识的创造，而在于将新知识应用于产品、工艺以及其他商业用途，即创新在市场中的扩散。〔2〕创新经济理论的奠基人熊彼特指出，在经济发展中，实现创新的主体是“企业”，履行创新职能的是“企业家”。〔3〕随着创新活动的职业化与产业化，自然人创作这一具体的创新行为作为

---

〔1〕［美］罗伯特·P. 莫杰思：《知识产权正当性解释》，金海军等译，商务印书馆 2019 年版，第 297 页。

〔2〕参见赵玉林编著：《创新经济学》（第 2 版），清华大学出版社 2017 年版，第 9 页。

〔3〕参见［美］约瑟夫·熊彼特：《经济发展理论》，贾拥民译，中国人民大学出版社 2019 年版，第 69 页。

企业内部经营环节之一的生产环节，被通过诸如雇佣、委托等法律关系内化于企业管理范畴之中。概言之，为投资者提供创新激励的制度需求催生了著作权法上的二元主体结构——由投资者（非创作主体）原始取得著作权。这是对创新经济运行机制的制度性保障。

我国著作权法即采用了著作权二元主体结构的制度设计（见表1），表现为作者与著作权人在著作权原始取得上的分离，即通过法律推理实现特殊情况下著作权由创作者向非创作者的原始转移。由于署名是作者身份的法定公示形式，作者与著作权人分离的最极端情形就是作者向非创作者让渡包括署名权在内的全部著作权，由非创作者取得著作权法上的作者身份。此时，实际创作的自然人既不享有署名权，也不能对作品主张其他著作权。也有学者将此现象称为“作者范畴二元论”〔1〕。这种情形主要表现为法人作品与委托作品。依据《著作权法》第11条的规定，虽然实际创作行为只能由自然人完成，但是特定条件下，法人（非实际创作者）可经由法律拟制而获得作者身份，成为作品的作者，并享有署名权及其他全部著作权。在委托创作的情形下，根据《著作权法》第19条的规定，委托人（非创作者）可以通过合同约定的方式原始取得著作权，包括取得作者身份；受托人（创作者）失去作者身份，不享有任何著作权。与此类似，根据最高人民法院相关司法解释关于人物传记作品中的执笔人与特定人物的著作权归属、由他人代笔的讲话报告中的执笔人与讲话人的著作权归属之规定，〔2〕特定人物（非创作者）与讲话人（非创作者）可以原始取得完整的著作权，执笔人（创作者）不享有任何著作权以及作者身份。在这些法律场景中，创作者实际上是非创作者原始取得著作权的媒介。而在特殊职务作品与视听作品等情形中，创作者保留作者身份，但除署名权以外的其他著作权（包含著作人身权）

---

〔1〕 熊琦：《著作权法中投资者视为作者的制度安排》，载《法学》2010年第9期。

〔2〕《最高人民法院关于审理著作权民事纠纷案件适用法律若干问题的解释》（法释〔2002〕31号）第13条规定：“除著作权法第十一条第三款规定的情形外，由他人执笔，本人审阅定稿并以本人名义发表的报告、讲话等作品，著作权归报告人或者讲话人享有。著作权人可以支付执笔人适当的报酬。”第14条规定：“当事人合意以特定人物经历为题材完成的自传体作品，当事人对著作权权属有约定的，依其约定；没有约定的，著作权归该特定人物享有，执笔人或整理人对作品完成付出劳动的，著作权人可以向其支付适当的报酬。”

都由非创作者原始取得。根据《著作权法》第 18 条的规定，特殊职务作品的创作者仅享有署名权，但其他权利由单位（雇主）享有。《著作权法》第 17 条规定了视听作品的制作者（非创作者）原始取得除署名权以外的全部著作权，参与影视创作的众多创作者（编剧、导演、摄影、作词、作曲等）取得作者身份，但仅享有署名权。

表 1　我国《著作权法》及司法解释规定的二元主体结构类型

作品类型	创作者	署名权（作者）	著作权人
法人作品	自然人	法人	法人
委托作品	委托人	委托人	委托人
人物传记	执笔人	特定人物	特定人物
讲话报告	执笔人	讲话人	讲话人
特殊职务作品	自然人	自然人	单位
视听作品	编剧、导演、摄影等	编剧、导演、摄影等	制作者

从法律的实施效果来看，著作权二元主体结构在制度规范层面实现了由非创作者（主要是投资者）原始取得著作权，不仅克服了非创作者无法通过继受取得享有著作人身权的理论障碍，也降低了非创作者的交易成本与违约风险，还提升了交易效率，契合创新经济的市场运行规律。基于此，笔者建议，可借鉴著作权法上已经成熟运行的二元主体结构，妥善处理人机互动的权属分配难题，基于法律主体两种功能分离的规范原理并通过法律推理，使 AI 仅为形式主体，不实际享有著作权，确保人类成为最终原始取得 AIGC 著作权的著作权人。

四、AIGC 著作权法平等保护的实现机制

借鉴前述著作权二元主体结构的规范原理与制度安排，AIGC 著作权法平等保护在实现机制上要依次解决两个法律问题：一是如何判断 AIGC 的独创性；二是如何确保 AIGC 的著作权在原始取得层面向人类转移。这两个问题都需要借助 AI 作为形式主体的法律推理功能，使 AI 与人类之间得以构建法律关系，并以该法律关系为整体进行创作认定与独创性检验，再基于该法律关系确

认著作权的最终归属。具体而言，该法律关系的构建与独创性检验、权属分配的实现机制如下。

（一）以人机互动的法律关系整体作为 AIGC 独创性的来源

AI 创作以人机互动的方式生成内容，并不能完全脱离人类干预自发进行。如前所述，AI 创作的环节如下：首先，AI 使用者需要为 AI 选择知识背景（数据库），确定 AI 检索条件与检索对象，即选定创作风格；其次，AI 自动检索、分析并输出具体文本；再次，AI 使用者对输出文本进行检验与评价；最后，AI 根据人类评价反馈进行智能校正，并调整算法、输出新的内容。在这一过程中，尽管 AI 使用者承担了数据类型输入、数据格式处理、检索条件设定、文本框架模板选择、语料设定、智能校正算法模型搭建、文本风格取舍等工作，但著作权法上创作的最核心环节——内容表达，是由 AI 独自完成的。2022 年以来，ChatGPT 类 AI 软件的普及使普通用户也可以便捷地享受 AI 服务，AI 使用者对 AIGC 的参与度进一步降低，人机关系朝着机器受托方向演进。也就是说，AI 使用者与人工智能之间存在构建共同创作或委托创作类型法律关系的可能。

在著作权法上，作品可版权性的实质标准是独创性。独创性源自谁，谁就应当是作品的作者。虽然在人机互动情形中，AI 本身不会自发进行创作，而是在 AI 使用者的指令下被动响应：AI 使用者按照 AI 语言规则发出的指令越详细，AI 创作的内容就越能满足 AI 使用者的个性化需求。但无论如何，AI 都独立承担了具体内容表达的工作。在 AI 完成表达之前，AI 使用者对具体的表达结果并没有精准预期：大数据与机器学习技术的应用使 AI 可以自动调整、优化、升级算法，并基于算法形成出人意料的内容表达。由于算法的改进是自动且随机的，所以也有人将这一技术效果称为“算法黑箱”[1]。换言之，AIGC 的个性化表达源自“算法黑箱”的随机性与不可预见性——人们允许 AI 自动改变、

〔1〕“算法黑箱”是一种控制论上的隐喻，指人工智能在机器学习技术的驱动下，算法会以不可知的方式自动调整、升级，最终使人工智能成为不为人知的、不能从外部直接观察其内部状态的系统。这意味着在人工智能系统中输入的数据和其输出的结果之间，存在人们无法洞悉的“隐层”。参见张淑玲：《破解黑箱：智媒时代的算法权力规制与透明实现机制》，载《中国出版》2018 年第 7 期；徐凤：《人工智能算法黑箱的法律规制——以智能投顾为例展开》，载《东方法学》2019 年第 6 期。

优化检索条件与输出条件，因而使其输入的数据结果更加随机与不可预测。

由此，可借助形式主体的法律推理功能将人机互动视为一个法律关系整体，以此检验 AIGC 的独创性，并最终实现著作权法平等保护。例如，通过数据训练使 AI 在表达层面的创作内在地蕴含人类集体的审美取向。AI 本身作为人类智慧的仿生系统，是在 AI 设计者规划下进行海量的数据训练后实现的。尤其在生成式人工智能时代，更是需要由分散在全球各地的普通用户共同参与数据训练才能实现算法的优化升级，进而使 AIGC 最大限度贴合人类审美需求。尽管在单次的 AI 创作中，某个 AI 使用者并没有对内容表达进行控制，但 AI 算法凝结了跨越时空、超越历史的人类集体的审美取向。这正是 AIGC 与动物创作本质上的不同之处：动物创作出符合人类审美的作品是小概率事件，是动物在本能驱使下的生物活动与人类审美偶然间的巧合；AI 创作则是有目的、有计划、有组织的技术系统工程。一方面，AIGC 始终是以人机互动的方式完成的，在此过程中，创作意图、创作目标、内容描述都是由人类提供的，AI 则承担了具体的创作表达，二者各司其职。在 AI 创作中，人类意志并没有缺席。哪怕是在机器受托关系中，也需要人类用户尽可能详细地向 AI 描述内容信息、发布创作指令，才能使 AI 表达出符合具体委托人（AI 使用者）意愿的作品。另一方面，AI 创作质量的提升是通过海量数据训练有意引导的结果。人类用户需要对 AI 形成的每次表达进行反馈——满意或不满意，并通过提出修正指令引导 AI 朝着符合人类审美的方向改进。有研究美术的学者在考察 AI 绘画的技术发展历程后指出，早期 AI 绘画较为呆板，机器加工痕迹明显（在美术行业内被戏称为“A 里 A 气”），现如今 AI 绘画呈现极高的艺术水平，并且，随着人类有计划的差异化数据训练，仔细观察不同的 AI 创作工具所生成的图像，甚至能感受到不同的工具所具有的某种美学倾向。[1]这种创作质量的提升背后，反映的是有目的地使 AI 贴合人类审美水平的过程。尤其就生成式人工智能而言，这种数据训练来自多元的、海量的用户体验之上。尽管不能将 AI 最终表达质量的提升

---

〔1〕 参见吴洪亮、费俊、唐克扬、缑梦媛：《AI 时代的绘画：艺术家是人类有别于机器的最后一道防线？》，载《美术观察》2023 年第 8 期。

归结到哪一位具体人类个体身上，但确定无疑的是：AIGC 展现了人类审美的凝结。[1]因此有媒体指出，“人工智能绘画的背后，是整个人类的集体智慧、视觉经验和艺术想象力在支撑”[2]。

基于此，可借鉴著作权二元主体结构将 AI 拟制为作者，这实际上是将 AI 背后无数的用户参与和海量的数据训练拟制为一个功能性的创作主体，使 AI 与 AI 使用者之间建立起符合著作权法的共同创作关系或委托创作关系。由此，AIGC 作为人机互动整体法律关系下产生的结果而具有了独创性，AIGC 也就此成为适格的著作权法客体（作品）并顺利地参与著作权市场交易。

（二）通过法律推理实现著作权由 AI 向人类转移

如前文所述，当前 AI 还不具备获得利益实体资格的技术飞跃与伦理共识，AI 显然不能成为著作权人，不能真正享有著作权，因此要考虑如何借鉴著作权二元主体结构将 AIGC 的著作权向人类转移。其中，最为关键的问题是应当将著作权原始分配给 AI 设计者还是 AI 使用者。笔者认为，由 AI 使用者原始取得 AIGC 著作权更契合著作权二元主体结构的规范原理。一方面，从创作角度看，在具体的 AIGC 创作活动中，无论是人机合作形态还是机器受托形态，著作权法律关系始终是在 AI 使用者与 AI（法律拟制的 AI 作者）之间构建的。此时，AI 设计者并不是具体著作权法律关系中的当事人，也不应就特定的 AIGC 著作权归属主张权利。另一方面，就收益而言，AI 设计者在向 AI 使用者提供 AI 服务时已有所收益：AI 设计者会向 AI 使用者收取各种形式的会员费、服务费、定制费等。此时，已经获得收益的 AI 设计者对 AIGC 没有重复收费的法理基础，这也是为何多数 AI 服务企业在服务协议中将输出内容的权利约定给 AI 使用者的原因之一。尤其是在电影特效制作、游戏场景制作等领域，AI 使用者往往愿意支付昂贵的数据训练费用以寻求个性化的 AI 定制服务，但前提就是获得这些 AIGC 的权利。哪怕是在廉价甚至免费的 AI 服务场景中，AI 设

〔1〕 参见徐小奔：《人工智能“创作”的人格要素》，载《求索》2019 年第 6 期；吴汉东：《人工智能生成作品的著作权法之问》，载《中外法学》2020 年第 3 期。

〔2〕 赖睿：《人工智能打开美术创作新空间（AI 创作新风潮）》，载人民网，http://gs.people.com.cn/n2/2023/0823/c183342-40541905.html。

计者也愿意向AI使用者开放服务，其重要原因在于鼓励更多的普通用户参与数据训练。因为多元、海量的数据训练将使AI更加智能，也使AI软件的所有人——AI设计者更具有市场竞争力。换言之，将AIGC的权利转让给AI使用者可被视为AI设计者为鼓励AI使用者参与数据训练、提升技术性能、保持竞争优势的合理对价。

借鉴前述二元主体结构的机制，在人机互动关系中，将AI视为作者，AI与AI使用者之间可发生人机合作的共同创作关系或机器受托的委托创作关系；又因为AI只是形式主体而非利益实体，仅在法律关系中发挥法律推理功能，最终将直接发生作品利益向AI使用者集中的效果。具体而言，在共同创作关系中，可依据《著作权法》第14条之规定，排除AI合作作者的权利，使AIGC的著作权由AI使用者（合作作者）享有；在委托创作关系中，可依据《著作权法》第19条之规定，排除AI（受托人）获得著作权的权利，使AIGC的著作权由AI使用者（委托人）取得。概言之，AI的形式主体功能可以将原本不确定的创作关系涵摄进确定的法律规则中，促成法律模块效应的发生，减少协商成本、提升交易效率。当然，应采何种类型解释AI与人类（AI使用者）二者之间的关系——是人机合作的共同创作还是机器受托的委托创作，又或在其他特殊情况下可能会出现的法人作品、特殊职务作品等创作模式，其最终在法律效果上是一致的：都是由人类原始取得著作权。AI的作者身份仅发挥法律推理功能，不参与著作权利益的分配。

［本文系2022年度教育部人文社会科学重点研究基地重大项目“人工智能时代知识产权制度发展研究”（项目批准号：22JJD820030）的阶段性成果。］

（《中国法学》2024年第1期）

人工智能生成内容著作权合法性的制度难题及解决路径

张　平*

一、人工智能生成内容的作品属性认定及认知思路调整

自人工智能生成内容出现以来，最先受到关注的是生成内容的作品属性问题，即对生成内容能否给予著作权保护。对于人工智能生成内容的可著作权性问题，需要从两个方面展开讨论。即在人工智能生成内容这一场景下，如何具体进行实质性相似判断和"思想—表达二分法"的适用以及调整规则认知思路的问题。

（一）人工智能生成内容的作品属性

人工智能生成内容能否构成作品，现有研究多聚焦于生成内容是否具有独创性这一条件进行讨论。目前学术界有不同观点。随着现代商品经济发展，现代知识产权制度是知识商品化的产物，作者身份属性在逐步淡化。作品的商品化发展使得作者与作品之间的内在联系逐步分离，[1]计算机软件受到著作权法的保护即为例证；市场主体更关心计算机软件的市场价值，著作权法将其纳入作品范围，权利属性更为明确，市场交易更为便捷，而创作的作者是谁、该计算机软件能否体现作者的个性表达等与作者身份属性相关的问题，较难对市场主体的决定产生关键影响。同时，作品的商品化恰好契合了产业政策的要求。产

* 张平：北京大学法学院教授、北京大学人工智能研究院 AI 安全与治理中心主任、北京大学武汉人工智能研究院副院长、北京大学人工智能发展委员会委员，中国法学会知识产权法学研究会副会长，中国科学技术法学会常务副会长兼秘书长。

〔1〕 参见徐小奔：《论算法创作物的可版权性与著作权归属》，载《东方法学》2021 年第 3 期。

业政策论以产业发展为宗旨，将知识产权设计为市场经济下的“私权”，目的在于有效激励市场主体参与竞争。[1]人工智能生成内容的出现，意味着作品商品化发展进入了新的阶段，将人工智能生成内容纳入知识产权的设计框架，强化作品本身的市场价值，不仅符合知识产权制度的演进逻辑，而且对人工智能产业的长远发展具有重要意义。

应当注意到的是，“主体判断说”的主要依据是《著作权法》第3条中规定的“智力成果”，因此学者提出作品必须是人类的智力活动、创作活动的产物。实际上，人工智能生成内容是人机混同的智力成果，整个过程无不体现人类的参与和安排。因此，人工智能生成内容并没有脱离著作权法的人格主义基础。[2]同时，著作权法保护的客体范围也在不断发生变化，如游戏画面和体育赛事画面能否构成作品，曾一度成为学界争议的问题；其中赛事画面具有随机性和不可复制性，难以固定，是否能成为作品，是核心的争议焦点。近年来，从我国的司法实践立场以及域外法判例发展来看，智力成果的固定性并不要求每次展示的具体形态确定，仅要求该画面足以被感知。[3]相较于游戏画面和体育赛事画面，人工智能生成内容受算法的支配程度更高，输出的内容仍然在人类设定的算法框架控制之中，只是随着科技水平的提高，媒介发生了变化，但本质上还是体现了人类个性化的安排和选择。因此，探讨人工智能生成内容的可著作权性不应比游戏画面采用更高的认定标准。

此外，人类使用相机拍摄的照片能否构成作品也曾引发过热烈争议。争议焦点之一在于，相比于美术作品，机器工具做了大贡献，人类对作品的贡献度不及之前。摄影技术随着科技的发展，功能越发强大，只要该照片能够满足作品的独创性要求，体现人类的个性化表达安排，仍然构成著作权法意义上的作品。而人工智能生成内容是人类通过算法运作控制机器输出的内容，照片同样

---

〔1〕 参见张平：《市场主导下的知识产权制度正当性再思考》，载《中国法律评论》2019年第3期。

〔2〕 参见吴汉东、张平、张晓津：《人工智能对知识产权法律保护的挑战》，载《中国法律评论》2018年第2期。

〔3〕 参见蒋舸：《论人工智能生成内容的可版权性：以用户的独创性表达为视角》，载《知识产权》2024年第1期。

是人类通过对摄像机的操作输出的画面，二者本质上都是人类操作机器工具的结果；只是随着技术迭代和创新，机器工具发生了变化而已。虽然人工智能有强大的生成能力，但从创作素材、创作过程和创作完成阶段来看，人工智能居于辅助性的角色，人类在创作过程中依然发挥着主导和决定性的作用。〔1〕因此，探讨人工智能生成内容的可著作权性并不在于比较人类和机器对于生成结果的贡献比例，而在于探讨人类贡献的部分能否达到《著作权法》一般的独创性标准。基于此，采用“客体判断说”这一标准来认定人工智能生成内容的可著作权性，并不存在制度障碍。

依据“客体判断说”，独创性判断只需对作品的表达本身做客观评价。〔2〕整体而言，人工智能生成的内容与既有表达不同，即具有独创性。具体来说，“独立完成”意味着该作品由创作者独立完成，而非抄袭的结果，既包括从无到有独立地创造出来，也包括在现有作品的基础上进行再创作。〔3〕在算法规则的运作下，人工智能根据使用者输入的提示词，综合运用文本表达、图文转化等模型自主生成具体的内容，生成内容符合“独”的要求。而关于“创造性”，从立法目的来看，《著作权法》并不要求作品达到《专利法》的“创造性”高度，〔4〕《著作权法》旨在鼓励大众追求文化发展的多样性。人工智能生成内容是人类经过反复的模型调试、输入海量数据进行深度学习并不断优化的结果。不同的大语言模型即使收到相同的语言指令，输出的内容也各有不同，无不体现软件开发者的个性化选择和安排。人工智能生成的内容并不只是程式化的机械输出，人工智能能够根据指令的情景要求，不断优化、修改输出的内容，呈现不同的表达结果。人工智能生成内容应与人类作品持同一认定尺度，无须另立标准、施加更严苛的认定标准。〔5〕

然而，需注意的是，人工智能生成内容是否构成作品，不可一概而论，并不

---

〔1〕 参见邓文：《以 ChatGPT 为代表的生成式 AI 内容的可版权性研究》，载《政治与法律》2023 年第 9 期。

〔2〕 参见熊琦：《人工智能生成内容的著作权认定》，载《知识产权》2017 年第 3 期。

〔3〕 参见王迁：《知识产权法教程》（第 7 版），中国人民大学出版社 2021 年版，第 59 页。

〔4〕 参见李扬、涂藤：《论人工智能生成内容的可版权性标准》，载《知识产权》2024 年第 1 期。

〔5〕 参见吴汉东：《人工智能生成作品的著作权法之问》，载《中外法学》2020 年第 3 期。

是所有人工智能生成的内容都会被赋予著作权保护。人工智能生成内容能否构成作品，应该具体考虑个案的不同情景，只有生成内容能达到作品的"试金石"——独创性的判断标准，达到作品的"可著作权性"要求，才可构成作品，受到我国《著作权法》的保护。

（二）"思想—表达二分法"的再认识

"思想—表达二分法"是著作权法对作品判断的一项基本原则。"思想—表达二分法"的创设逻辑是，人们学习既有作品的风格、灵感进而创作出新作品的能力十分有限，即使不保护在先作品中的思想，也并不会导致不同主体之间利益的显著失衡。

然而，当人工智能参与到"创作"中，很容易瞬间学习到他人的创作思想和风格，然后输出表达完全不同而风格极其相似的结果。如针对画家凡·高的油画作品《星空》，AI 可以生成无数的风格一致但表达完全不同的作品。基于此，在人工智能的著作权问题讨论中，"思想—表达二分法"的原则面临两大挑战：一是人工智能生成的内容哪些属于思想，哪些属于思想的表达，即应划定著作权法的保护范围。二是在人工智能生成内容的侵权判定中，"思想—表达二分法"能否继续适用。

事实上，人工智能的创作行为实质上利用了人类所设定的创作方式，[1]根据人类的文字指令，输出新的表达内容。其中，作品的风格、创意仍然属于思想的范畴，不具有独创性。当前，人工智能能够对相同的情境、文字指令，采用不同的、非模板化的描述，输出许多不同的表达。[2]因此，人工智能输出的多种表达结果如果能够满足前述"独立完成"和"创造性"的要求，即可构成作品，受到著作权法的保护。

值得注意的是，当前人工智能对于思想的模仿和内容的产出已经可以做到以假乱真的程度。在此背景下，学界对于"思想—表达二分法"的讨论又进入

〔1〕 参见刘强、刘忠优：《人工智能创作物思想与表达二分法问题研究》，载《大连理工大学学报（社会科学版）》2020 年第 3 期。

〔2〕 参见孙山：《人工智能生成内容的作品属性证成》，载《上海政法学院学报（法治论丛）》2018 年第 5 期。

一个高峰。关于原作品权利人主张人工智能生成内容构成侵权问题的化解，需要首先解决“思想—表达二分法”对著作权的保护范围这一基本问题。为此，应当从人工智能生成内容的全阶段进行思考。人工智能生成内容经历了“原有表达—提炼思想—新的表达”的生成过程，人工智能通过模仿原作品的风格、创意、构思、创作元素等进行了创作，这些内容属于思想的范畴，不受著作权法的保护。人工智能通过提炼原作品的“思想”部分，进行深度学习，再根据指令输出不同形式的表达，尽管外观上与原作品的表现形式类似，但生成内容已是经过算法运作后的新的表达，独立于原有表达，应当受到《著作权法》的保护。在认定生成内容与原作品的侵权认定判断中，应当重视“提炼思想”这一核心标准。

另一个重要面向是，对生成内容的法律分析，应注意区分数据输入阶段和输出阶段。在数据输入阶段，有观点认为人工智能在数据训练阶段，对大量的作品样本进行学习和模仿，构成对著作权人作品集中具有独创性的创作规律的侵权性使用。〔1〕在著作权侵权认定司法实践中，法官通常采用“接触+实质性相似”这一侵权认定标准，认为行为“接触”原则上由原告承担证明责任，但是，这种证明对原告而言非常困难。生成式人工智能模型训练中的作品利用，是在模型内部进行的非外显性作品利用。根据目前实践，大模型公司并不会完全披露数据集的确切来源，原告所能提供的证据仅为大模型公司在训练过程中数据的权重和偏好、与在先作品高度相似的生成内容。通常认为，法院在构成“实质性相似”的认定中，应当以抽象过滤法为主，整体观察法为辅。〔2〕但在数据训练的语境下，人工智能通过在大量既有作品中提取抽象内容，深度学习后，再添加属于公共领域的作品创作元素进行创作，〔3〕对这一行为，按照传统的实质性相似的认定规则难以作出清晰判断，“思想—表达二分法”的适用范围受到严峻挑战。在输出阶段，针对人工智能生成内容是否侵犯既有作品著作权这一问题，著作权人也难以进行“实质性相似”标准的比对。生成式人工智能对于内

---

〔1〕 参见曾田：《人工智能创作的版权侵权问题研究》，载《河北法学》2019年第10期。

〔2〕 参见吴汉东：《试论“实质性相似+接触”的侵权认定规则》，载《法学》2015年第8期。

〔3〕 参见刘强、孙青山：《人工智能创作物著作权侵权问题研究》，载《湖南大学学报（社会科学版）》2020年第3期。

容创作的颠覆性影响在于，其通过对在先作品思想、风格的吸收学习，以一种全新的方式，输出和既有作品相区分的内容表达。如果按照传统的认定标准，由于学习了原作品的作品风格、模式进行创作，生成内容与原作品外观上“高度相似”，且能短时间内输出多种表达，“思想—表达二分法”原则的适用难度大大增加。

基于此，如果按照传统的著作权侵权认定方法，既有作品的权利人将面临举证困难、难以主张权利等问题，人工智能产业也将面临训练数据合法性检验的难题。然而，数据训练是大语言模型构建的必要阶段，运用人工智能技术生成新的表达，正体现了人工智能产业发展的市场价值，司法实践也因此面临适用“思想—表达二分法”的巨大挑战。尽管如此，“思想—表达二分法”的基本逻辑不应受到动摇。人工智能经过学习提炼的思想可以转化为多种不同表达，社会公众在实质性相似问题的判断上并不应因为是人工智能产生的内容就发生标准变化。故而应当继续坚持“思想—表达二分法”的底层逻辑，通过市场的调节实现对进入市场的作品的消费和甄选。

综上所述，在生成式人工智能的技术背景下，与技术发展现实已经不相匹配的传统基础理论，应当进行适当的调适和发展，赋予其人工智能变革时代的新内涵，以便适应现实情况的新变化，[1]更好地满足权益保护和产业发展的需求。

二、署名与其他著作权分离的制度设计

在初步明确人工智能生成内容的作品可著作权性基础上，其生成内容的作者及权利归属自然成了无法回避的论题。著作权的取得方式是自动取得。对于典型的个人作品而言，作者与著作权人的身份同属一人，但对于委托作品、职务作品等特殊类型作品，两种身份又要分开讨论。因此，人工智能生成内容的作者与权利归属的厘定中，应对作者认定与著作权归属进行分别讨论。

对著作权人归属的分析应回归著作权法的设立目的。著作权法的设立目的在于保护并激发创作者创作的积极性，促进经济、科技的发展和文化、艺术的

---

〔1〕 参见朱阁：《“AI 文生图”的法律属性与权利归属研究》，载《知识产权》2024 年第 1 期。

繁荣。人工智能在创造上具有超强能力，但并不会自主利用著作财产权推动知识信息的利用流动。倘若将权利分配给人工智能使用者，通过对使用者的著作人格权和财产权的保护，则能有效激励使用者的创作热情，使其继续利用人工智能创作出新的作品，形成对前端的激励和对后端权利行使的保障，构成一个有效的良性制度循环，最终达到增加社会福祉的目的。而倘若将人工智能视为著作权主体，就肯定了人工智能与人一样成为法律主体，不仅对现行法律是一个巨大的难题，而且是对伦理的颠覆性挑战。[1]因此，无论从现行法的体系性协调，还是从著作权法的公共政策目标而言，将可以构成作品的生成内容的著作权归属于生成式人工智能的使用者，应是更为有效的制度选择。

本文认为，署名与其他著作权在制度功能上存在差异，署名有必要从著作权体系中分离，对著作权利体系进行更细化的制度设置。尤其在生成式人工智能领域，署名行为与其他著作权专有权利控制行为[2]的分离规则，应当成为厘清生成式人工智能的作者认定及归属问题的基础。

（一）署名行为与其他著作权控制行为的分离与配置

署名与其他著作权的分离在我国现行法关于职务作品与委托作品的规定中已有例证。根据《著作权法》第 18 条第 2 款的规定，当作品符合一般职务作品的特征时，作者对该作品享有署名权，著作权人的其他权利则由法人或非法人组织享有。委托作品同样如此，作者为受托人，委托人与受托人作为合同双方当事人可以约定著作权是否归属于委托人。可见，尽管署名权属于著作人身权，但并不必然与著作权人的身份挂钩，而是与作者这一身份挂钩。在现行著作权法规则中，署名并不必然依存于著作权，[3]二者存在分离的可行性。

究其原因，在于署名与其他著作权在制度功能上有所区分。署名作为作者

---

〔1〕 参见吴汉东、张平、张晓津：《人工智能对知识产权法律保护的挑战》，载《中国法律评论》2018 年第 2 期。

〔2〕 著作权对作品的保护的方法是赋予作者及相关主体控制人们利用作品的行为。无论是著作人身权还是财产权，本质在于控制行为。因此，可以暂时突破权利理论视角对人工智能的创作者身份进行讨论。参见王迁：《版权法保护技术措施的正当性》，载《法学研究》2011 年第 4 期。

〔3〕 See Jaszi Peter, *Toward Atheory of Copyright: Theme Tamorphoses of "Authorship"*, Routledge, 2017, p.61–108.

身份和作品之间联系的符号表达，体现作品的实际来源，而其他著作权体现的是对作品流转的控制。从署名推定的法律效果来看，署名行为意在表示实际创作者与作品的真实关系，这种关系仅由创作行为本身所决定，并不必然映射出著作权人的身份。[1]署名行为的主体应当遵循谁创作谁署名的基本逻辑，这亦是贯彻诚实信用原则的基本体现。

目前，对人工智能或人工智能生成内容的标注义务已经被多个国家和地区列为法定义务，[2]但该类要求并未从著作权法的角度被解释为署名行为。在我国，依据《网络安全标准实践指南——生成式人工智能服务内容标识方法》的要求，标注行为被具体化为显示水印或隐式水印，实践中也采用了该做法。[3]但如果仅要求以电子水印的方式代替法律意义上的署名，既无法涵盖纸质化的人工智能生成内容，也容易使人工智能生成内容的署名遭到技术性篡改。[4]对人工智能生成内容的标注要求应上升到署名本质，满足实践需求并实现与著作权法的衔接。

（二）生成式人工智能的特殊标识义务

《伯尔尼公约》将署名表述为"表明作者身份的权利"（therighttoidentif-yasauthor，therighttoclaimauthorship），此后多数国家在本国著作权法中将署名行为与表明作者身份行为画上了等号，但也有少数国家将署名与作者身份权分设，将署名作为表明作者身份的下属概念。[5]因此，署名行为体现的究竟是作者身份还是创作行为本身就值得商榷。从历史沿革来看，署名最初表明的仅是创作行为，是无须意思表示的事实行为，后随着人权意识的日益发展而最终被冠

---

〔1〕"署名"应限于表明作者的身份，其他民事主体试图表明自己为权利人的权利声明和标记并不是"署名"，不能直接适用"署名推定"。参见王迁：《论〈著作权法〉中"署名推定"的适用》，载《法学》2023年第5期。

〔2〕参见刘晓春、夏杰：《人工智能标识义务的功能与实践》，载《中国对外贸易》2023年第11期。

〔3〕2023年5月9日，抖音平台发布《抖音关于人工智能生成内容的平台规范暨行业倡议》，要求为用户提供人工智能生成内容水印功能，以区分机器生成作品与人类作品。

〔4〕参见徐小奔：《论人工智能生成内容的著作权法平等保护》，载《中国法学》2024年第1期。

〔5〕参见吴汉东：《知识产权法》，法律出版社2021年版，第198页；陶鑫良：《论"署名权"应改为"保护作者身份权"》，载《知识产权》2002年第5期。

以权利之名，署名权中的人格属性是在权利化过程中被后来赋予的。〔1〕在法国18世纪末的《表演权法》之前，署名行为的主体在世界范围内并不以具备人格精神为前提。本文认为，在目前对如何将人工智能纳入"以人为中心"的法律体系的讨论甚嚣尘上之际，对其署名的讨论可以回归署名权利化之前，以署名行为为中心进行评判。参与创作过程的人工智能可以基于创作事实本身进行署名标注，这是基于未来作品流通的市场秩序考量，更是诚实信用原则的体现。

在人工智能署名行为的具体展开上，应当充分考量人工智能的风险属性，其署名应受到严格限制。自然人创作作品后，仅有以何种方式署名或不署名的权利，署名权不可转让、不可放弃。对于人工智能而言，由于人工智能本身应受监督与管理，其对署名自主选择的空间应当更为狭窄。署名的目的在于避免混淆，而人工智能生成服务的标注方式又相对固定。因此，人工智能的署名不仅是不可选择、不可放弃的，而且应当是强制的，且署名人或单位要对署名的真实性与可视化承担责任。这种强制标识义务与知识产权中特殊的商标权较为相似。尽管商标权包括利用与排他权能，但根据《商标法》第6条的规定，"法律、行政法规规定必须使用注册商标的商品，必须申请商标注册，未经核准注册的，不得在市场销售"。与此相对应，我国《烟草专卖法》第19条规定，"卷烟、雪茄烟和有包装的烟丝必须申请商标注册，未经核准注册的，不得生产、销售"。事实上，尽管法律提出了如果不实际使用商标有可能面临被撤销的风险，但是原则上，法律对商标权人是否在商品或者服务上使用注册商标并未提出强制性要求。在国家严格管理的领域中，商标权人的商标使用权能受到限制，必须在该类商品或服务中使用注册商标以建立标识、形成品牌、避免混淆。人工智能领域同样如此，不同于普通商品或服务，AI的技术、设备、系统和应用具有多样性、复杂性和不透明性，其对社会、经济和个人隐私会产生潜在影响，〔2〕故人工智能领域的标注行为同样应当被强制。这既是由人工智能的特点所决定的，也

---

〔1〕 参见覃楚翔:《我国〈著作权法〉署名推定规则的适用:问题、归因与对策》，载《出版发行研究》2022年第11期。

〔2〕 See Clarke R., *Regulatory Alternatives for AI*, Computer Law & Security Review, Vol.4, p.398-409 (2019).

是构建技术信任与科技伦理的前提。

（三）构建人工智能生成内容的多方权益共享机制

署名与其他著作权的分离，从符号互动论中反映了不同类型的社会互动和符号交换的需求。[1]署名关注的是个人身份的确认和社会认同的建立，是一种基于个人名誉和社会地位构建的符号交换，而其他著作权则更多关注作品如何在社会和经济领域中被使用和流通，涉及更广泛的社会经济互动和符号交换。著作权法中将署名与其他著作权的分离，表明法律体系承认了作者个人身份与作品经济利用之间复杂的社会关系，并提供了一种平衡这些不同需求和互动的方式。本质上，要求对人工智能生成内容进行署名行为的目的在于突破署名行为的权利外观，实现多方权益的平衡。

构建共享机制的更深层次原因在于，人工智能的精准有效治理并不能仅依靠公共部门，而需要多个环节的主体参与共建。仅以标识义务的实践为例，人工智能自身无法主动进行标注。从我国相关人工智能管理规定及欧盟《人工智能法》来看，人工智能的信息披露义务主体基本为人工智能服务提供者，[2]这类主体具体指向了基础大模型开发者、垂直行业模型开发者、生成内容服务提供者等，基于人工智能生成内容的产生周期履行标注义务。[3]因此，在人工智能服务提供者制定标注规则，人工智能服务使用者与社会公众进行标注监督的模式下，必须同时照顾好多方利益需求，才可更好地激励人工智能服务提供者更为积极地参与人工智能服务的开发与运营，更主动地进行内容标注与信息披露。

将著作权交予人工智能使用者本身，既可以保证使用者享有作品后续的流转与利用，也可以保证使用者不会对人工智能的署名产生排斥心理。在人工智能创作的语境下，对人工智能生成内容进行署名，将其他著作权分配给使用者，可以视为一种恰当的激励性分配方案。从经济效益的角度来看，这种权利的分

---

〔1〕 See Carter M. J. & Fuller C., *Symbols, Meaning, and Action: The Past, Present, and Future of Symbolic Interactionism*, Current Sociology, Vol.6, p.931-961(2016).

〔2〕 参见我国《互联网信息服务算法推荐管理规定》第9条、《互联网信息服务深度合成管理规定》第17条、《生成式人工智能服务管理暂行办法》第12条，欧盟《人工智能法》第70c条等。

〔3〕 参见张凌寒、贾斯瑶：《人工智能生成内容标识制度的逻辑更新与制度优化》，载《求是学刊》2024年第1期。

配有助于最大化地利用人工智能创作的潜力，促进文化产品的多样化和丰富化，实现社会总体福利的增加。知识产权制度虽可通过赋予权利人独占性的权利实现对科技创新的激励，但对于多方主体共同参与的生成式人工智能创作模式，以传统权利专有的分配方式难以照顾到各方的权益，故应对人工智能生成内容部分权利进行二次的拆解与分配，以多方权益共享格局激励更多的个人和企业投入更多的成本促进社会创新创造。

三、人工智能训练数据的著作权合法性障碍

在阐明人工智能生成内容的作品属性、作者认定与权利归属等问题后，还应直面人工智能训练数据的著作权合法性障碍，剖析因技术发展而产生的法律难题。基于数据训练投喂以形成更加成熟的大模型训练效果已成为当下人工智能技术升级与模式迭代的必由路径，然而人工智能训练数据的路径不仅与现有法律秩序存在冲突，而且极大地影响了原有商业模式，冲击着人们对于作品交易、数据喂养的既有认识和观念。

（一）"事前授权"式使用付费模式与海量学习模式需求不符

基于"事前授权"的著作权使用付费模式是当下知识经济时代尊重他人智力成果、维护市场运行的基础模式，这种模式的运转本质上呈现财产规则的运行逻辑——通过著作权法赋予著作权人一种谈判的机会与能力，使之能在市场的运作中实现智力成果的有效流转，促进创新成果的产出与知识的分享。然而，数据训练作为人工智能技术发展的底层支撑，其数据喂养规模常常达至海量，传统著作权"事前授权、使用付费"的交易模式难以满足人工智能时代海量学习的需求。[1]本质而言，海量学习模式的出现是由于技术自身的特性以及技术发展的必然所致，知识经济时代下数据的经济价值因技术的迭代升级而得以提升。

然而，海量学习模式的运转不仅需要大量数据的支撑，而且需要更加灵活

〔1〕 参见张平：《生成式人工智能数据训练知识产权合法性问题探讨》，载《中国知识产权》2023年第196期。

地规范交易模式以实现知识的流转，传统的"事前授权"式使用付费模式在实践中已难以支撑海量数据学习模式的需要。在此种情况下，"事前授权"式使用付费模式与海量学习模式需求之间的不符反映的是人工智能数据训练的需求与现有著作权交易模式的不适应，这种不适应的障碍容易导致交易效率的低下、交易成本的增加、人工智能数据训练效果的不明显：首先，"事前授权"式使用付费模式容易导致数据交易流程的冗杂以及交易效率的低下。就"事前授权"的流程而言，依据《著作权法》的规定，数据需求方需要在事前获取著作权人的许可授权，以避开潜在的侵权风险。然而，数据需求方对于相关作品的授权获取并非简单的"发出要约、达成合意"的过程，往往需要经过反复的利益谈判与衡量才能获取数据主体交易的真实意思表示，交易流程的烦琐以及有限理性假设的存在往往会导致交易结果并不尽如人意，数据获取的效率也会因之降低。其次，人工智能时代下"事前授权"式使用付费模式的运作也容易产生过高的交易成本，这种交易成本主要涉及数据获取的识别成本以及数据交易的谈判成本。就识别成本而言，人工智能技术的运转需要海量数据予以支撑，这些数据不仅源于不受著作权法保护的公共领域数据，而且包括著作权法保护范围内的作品数据，特别是高质量数据大多集成在具有著作权保护的作品之中。然而，对于著作权法保护范围内的作品数据收集不仅需要识别作品的来源及权属，而且需要精准定位作品的真正著作权人，这无疑给人工智能服务提供者造成较大的交易负担。此外，就谈判成本而言，在确定所需收集的作品以及著作权人后，还需就作品数据获取的价格以及授权范围予以谈判沟通。如所获取的数据存在权属不清、来源不明的情况，人工智能服务提供者的交易成本无疑水涨船高，难以满足机器学习的数据训练需求。最后，从实践效果来看，传统的"事前授权"式使用付费模式并无法真正实现海量知识学习模式的高效运转，对于知识的获取以及数据价值的挖掘效果不佳。人工智能依托大模型应用实现海量数据处理并实现智能内容的生成，其机制运转的关键在于数据能否被大批量、成规模地获取以支撑大模型的迭代升级。数据获取作为人工智能技术应用与发展的前端，关系着数据价值挖掘是否充分以及输出结果是否客观、全面。

传统的"事前授权"式使用付费模式已经严重阻碍了数据获取的效率，加重了人工智能服务提供者的运作负担。在追求知识增量的年代，此种交易模式已经与极速发展的知识经济时代脱节。

（二）机器学习内容的获取、输入与输出全阶段蕴含着较大的著作权侵权风险

生成式人工智能技术的迭代与应用需要成千上万的数据予以支撑，其数据训练的需求主要体现在数据数量大、多样、质量、领域特定、多模态、实时、长期演进、平衡、合规以及多语言等方面。〔1〕就数据的来源而言，人工智能所训练数据不仅源于公共领域的作品数据，而且源于著作权保护范围内的作品数据，后一类数据的获取如未取得相应著作权人的授权，则不可避免地导致侵权风险的发生。此外，不仅在数据来源阶段存在著作权侵权的风险，而且数据内容的输入及输出环节都容易因违法行为的存在而侵犯著作权人的合法权利。尽管有观点认为，对于机器学习的各个阶段中数据的处理行为仅为对作品内容的"非作品性使用"，因此并不构成著作权侵权。〔2〕然而，基于机器学习的本质，人工智能所输入及输出的内容实际上是对作品价值的深层次挖掘，本质上涉及对所收集作品数据的表达性使用，因而相应的作品使用行为如未获得著作权人的许可，则很有可能构成著作权侵权。

一般而言，文本与数据挖掘作为人工智能机器学习的底层技术，对数据的处理基本涵盖了信息搜寻、分析等处理活动，〔3〕其过程主要包含数据内容的获取、内容输入及最终结果输出三个主要环节。就数据内容的获取而言，主要是通过爬虫、API 接口对接等数字化手段实现数据的大规模获取，并在爬取数据之后将其存储至特定的服务器中以便进行后续的数据预处理。数据内容的输入环节主要是将所收集的数据转码为相应结构化的数据，并进行清理、分类等，最终形成与需求相对应的新数据集合，实现数据内容的针对性输入，为人工智能

---

〔1〕 参见张平：《生成式人工智能数据训练知识产权合法性问题探讨》，载《中国知识产权》2023 年第 196 期。

〔2〕 See Michael D.Murray, *Generative AI Art: Copy Right Infringement and Fair Use*, SMUSCI. &TECH. L. REV., Vol.26, p.259, 314 (2023).

〔3〕 See Future TDM., *Baseline Report of Policies and Barriers of TDM in Europe*, Futuretdm (Mar.14, 2021), http://www.futuretdm.eu/knowledge-library/?b5-file=2374&b5-folder=2227.

机器学习提供基本的数据资源。内容的输出环节则主要是将所处理和分析的数据结果分享至合作方或公开至公共领域，实现数据内容价值的分享与分析结果的输出。在经历上述三大步骤之后，人工智能完成了对必要数据内容的机器学习以及分析输出。然而在数字化背景之中，以上三大技术步骤的操作难以避免地存在著作权侵权的风险。

从所侵犯著作权专有权利的形态而言，机器学习的内容获取、数据输入以及内容输出全阶段可能侵犯著作权人的复制权、演绎权以及信息网络传播权等权能。内容获取阶段主要可能涉及对著作权人复制权的侵犯，在此阶段，人工智能往往通过爬虫技术等数据收集手段大批量地从互联网中爬取数据，其中所用技术往往是数字化形式的扫描和文本提取，如果未经著作权人许可，此种行为往往落入《著作权法》中所规定的“复制权”的范围之中，[1]容易构成对著作权人复制权的侵犯。数据输入阶段主要可能涉及对著作权人的改编权、汇编权的侵犯。由于机器学习的需要，人工智能的训练往往需要将所收集的数据转码为相应的结构化数据，而转码的行为必不可少地涉及对原有数据内容的调整，包括对数据格式的转换修改、整理删除以及汇总等，这难免会构成对著作权人的翻译权、改编权以及汇编权的侵犯。而在最终内容输出的环节，所输出的结果常在互联网上以数字化的方式传播呈现，如果所输出的分析结果涉及原有作品的内容而未经著作权人许可，很有可能造成对著作权人信息网络传播权的侵犯。

(三)数据保护利益的多样化与复杂化致使仅著作权合规已为不能之事

人工智能训练数据，主要通过爬虫、API 等自动化数据抓取方式高效捕获、汇聚和存储了大量数据，具有样本多样性、数据规模性等技术特征。用户数据、企业数据、公共数据等不同形态的数据都可以作为人工智能训练数据的重要来源，涉及个人信息利益、财产利益、国家公共利益等多元数据保护利益，[2]承载

---

〔1〕 参见董凡、关永红:《论文本与数字挖掘技术应用的版权例外规则构建》，载《河北法学》2019年第9期。

〔2〕 参见邢露元、沈心怡、王嘉怡:《生成式人工智能训练数据风险的规制路径研究》，载《网络安全与数据治理》2024年第1期。

着多样化、复杂化的利益内容，导致基于单一化著作权合规的规制存在合法性障碍。

首先，用户数据承载着个人信息利益，需要接受个人信息保护的法律规制。从人工智能训练数据机制来看，用户数据在机器学习中发挥着不可替代的作用：一方面，用户数据作为互联网中最广泛的数据类型，以大数据技术为支撑的人工智能训练数据在自动数据抓取阶段不可避免地会涉及对用户数据的使用与提取。另一方面，凭借对用户数据的收集与分析，机器能够完成更加拟人化的机器学习过程，使其最终的智能决策、分析结论更符合人类思维逻辑与行为方式。

用户数据作为对个人身份、互联网行为特征的全方位记录，基本表现为具备可识别性的个人信息。[1]其中，电话号码、家庭住址、职业信息等用户数据具有直接识别性，当然可以作为个人信息受到保护。相较之下，就邮箱、游戏账号等数字化虚拟用户数据而言，人工智能训练主体虽然无法凭借相关数据直接定位现实中的特定主体，但在海量数据聚合背景下，可以与其他数据相结合而识别特定自然人，因而邮箱、游戏账号等数据具有间接可识别数据用户的属性，同样属于个人信息范畴。根据《个人信息保护法》《网络安全法》等法律的规定，个人作为用户数据主体，对其用户数据享有个人信息利益。人工智能训练数据需要确保已经取得用户等个人主体的授权许可，或者确保该用户数据已经得到清洗、脱敏，符合非个人信息特征。从最新发布的《网络安全技术生成式人工智能服务安全基本要求》来看，保障个人信息利益已经成为人工智能服务提供者履行语料内容安全要求的重点内容之一。

其次，企业数据承载着个人信息利益和财产利益，需要接受个人信息保护和竞争法的法律规制。海量的用户数据经过企业等数据主体的收集与汇聚即形成规模化的企业数据。由于此类数据集合可以反映市场客观规律，预测未来趋势，故构成人工智能训练数据的重要来源。从围绕人工智能训练数据的实例来

〔1〕 参见张素华、宁园：《论数据利益的保护路径——以数据利益的解构为视角》，载《私法》2019年第1期。

看，OpenAI 在训练其人工智能产品 ChatGPT 时，就将 Raw Story Media 和 Alter Net Media 等新闻机构的一系列新闻稿件作为人工智能训的练数据来源，并因相关数据使用行为未经机构授权许可而面临著作权侵权纠纷。

企业数据承载着包括个人信息权益、财产利益等在内的多元利益形态。一方面，企业数据源于不同的用户数据，在一定程度上可以视为对个人信息的集合。如果人工智能训练数据具备直接或间接可识别性，可被识别定位为特定自然人主体，则该数据集合之上依然承载着用户的个人信息利益。此时，人工智能训练数据需要通过个人信息保护的法律规制，以消除数据集合中潜在的对个人信息权益的侵权风险。另一方面，企业数据产生方式凝结了数据主体的劳动成果及其利益诉求。企业数据通常是企业等数据主体收集、分析、加工数据后所获得的数据集合，凝结着企业等数据主体的财力、物力与人力等劳动投入，由此产生了值得产权制度保护的财产利益。[1]目前，不同客体形态下企业数据的财产利益已经获得司法的保护与认可。在谷米诉元米案、淘宝诉美景案等案中，法院即认为企业开发的数据集合能够为权利人带来现实或潜在的经济利益，具备无形财产属性，企业应当对该数据集合享有独立的财产性权益。[2]尤其在企业数据的作品属性受到广泛质疑且企业数据财产权立法缺位的现状下，更多法院选择以《反不正当竞争法》一般条款作为规制范式，强化对企业数据中财产利益的保护。

最后，公共数据承载着公共利益和国家利益，需要接受数据安全的法律规制。在公共数据授权运营与政务信息公开背景下，公共数据可以直接作为人工智能训练输入的数据来源。公共数据具有高可信度、获取成本低、侵权风险低等优势，有利于提高人工智能训练数据及其输出分析结果的质量。联合国贸易和发展会议《2021 年数字经济报告》中的公共数据以“收集数据出于政府目的

---

〔1〕 参见冯晓青：《大数据时代企业数据的财产权保护与制度构建》，载《当代法学》2022 年第 6 期。

〔2〕 参见广东省深圳市中级人民法院民事判决书，(2017)粤 03 民初 822 号；杭州铁路运输法院民事判决书，(2017)浙 8601 民初 4034 号；浙江省杭州市中级人民法院民事判决书，(2018)浙 01 民终 7312 号。

且主要被公共部门使用的数据范畴”为基本内涵，[1]以公益性作为其核心价值内涵，因而承载着明显的公共利益和国家利益。一方面，公共数据作为承担社会公共职能的基础资源，具备社会公共利益属性，故对人工智能训练阶段使用和提取公共数据行为的合法性评价应当包含不得损害社会公共利益等方面。另一方面，公共数据作为由公共部门发布的官方数据信息，与金融、科技、医疗等重点领域的国家安全息息相关，因此在开展人工智能训练数据著作权合规的同时，还应当重点进行数据安全合规审查，以避免数据训练行为违规泄露或暴露与国家安全密切相关的公共数据。

四、多元化方案解决人工智能训练数据的著作权合法性障碍

前述问题并非单一片面的问题呈现，而是在现有体系中复杂交错的实际市场活动的问题的集中反映，故解决该系列问题时，不能单独针对某一方面问题提出方案，而应当采取体系性、多元化的方式化解著作权合法性的障碍。智能领域的创新离不开合规的数据处理，而人工智能训练数据的合规方案目前还未明确，如果不能解决合规问题，人工智能技术的发展将寸步难行。[2]当前，以事前授权为基础的著作权制度难以满足生成式人工智能对海量数据的训练需要，因而有必要使用多种制度工具，建立多元化的解决机制，探索针对人工智能训练数据的著作权障碍的解决方案。

（一）合法购买数据与合同约定风险

获取合法的高质量数据是人工智能模型合规发展的重要前提，因此事前购买高价值著作权内容，并以授权合同约定各方风险承担的交易模式是人工智能企业获取训练数据的重要方式。在特定场景下，这种事前交易模式有着保证数据质量、激励创意产业、规避侵权风险等优势，具备一定的经济效率。如在网文、有声书、数字音乐等产业领域，个人创作者往往将作品著作权交予内容平台

〔1〕 See UNCTAD, Digital Economy Report 2021: Cross-border Data Flows and Development: For whom the data flow.

〔2〕 参见张平：《开放创新模式下的知识产权新类型法律纠纷分析》，载《新经济导刊》2023 年第 4 期。

代理，人工智能开发者直接向平台购买数据即可获取海量著作权资源。[1]一些人工智能开发者自身也是大型互联网平台，可以通过“以服务换数据”的方式免费使用用户上传的作品，并以“用户协议”等格式条款划分各方风险，要求用户自行解决数据的授权问题并承担可能的侵权责任。[2]

然而，由于人工智能训练数据具有数量大、规模广、价值密度低等特征，[3]传统的数据购买模式并不能适应模型开发者对数据规模化利用的需求。目前由内容平台代理的著作权内容多为单独具有使用价值的作品，并不包括用户生成的海量数据，而后者才是人工智能训练的主要材料。[4]同时，当前我国中文语料数据库仍存在标注标准不一致、数据重复、时效性不强等问题，数据交易机构长期处于沉寂阶段，数据交易并未出现预想中的热潮。[5]另外，“以服务换数据”的方式仅适用于大型互联网企业，新兴企业则因用户基数不足难以获取充足数据，且缺乏购买海量数据的充足资金，在数据竞争中往往处于劣势，这加大了数据训练市场被互联网巨头垄断的风险。综上，数据交易的方式虽在特定场景具有一定的优势，但不宜作为人工智能企业获得训练数据的唯一来源。

面向人工智能创新应用的新时代，我国数据交易市场也应积极寻求转型突破，适应企业获取训练数据的现实需求。就交易平台而言，可针对人工智能训练市场，将现有的通用数据交易所转型为“AI 数据交易合同”模式，为企业训练人工智能提供定制化的训练数据。就交易标准而言，相关市场主体和监管部门可共同规范训练语料的标注标准，以便于语料数据的交易流通。[6]就合同内容而言，人工智能训练方需要遵循诚实信用原则，明确告知数据提供方相关数

---

〔1〕 参见吴申伦：《UGC 模式下我国有声书著作权集中许可制度研究》，载《出版发行研究》2021 年第 11 期。

〔2〕 参见张平：《生成式人工智能实现突破创新需要良法善治——以数据训练合法性为例》，载《新经济导刊》2023 年第 8 期。

〔3〕 参见焦和平：《人工智能创作中数据获取与利用的著作权风险及化解路径》，载《当代法学》2022 年第 4 期。

〔4〕 参见丁晓东：《论人工智能促进型的数据制度》，载《中国法律评论》2023 年第 6 期。

〔5〕 参见季良玉：《数据资产的交易困境及其治理》，载《会计之友》2023 年第 13 期。

〔6〕 参见张明柳：《助力人工智能技术腾飞》，载《中国政府采购报》2024 年 3 月 5 日，第 6 版。

据的用途并获得授权,[1]避免因超出授权范围使用数据而面临违约风险。

（二）借用互联网治理规则提供创新机遇

作为信息时代的关键技术,人工智能和互联网技术均改变了人们获取、处理和分享信息的模式,对知识产权制度提出了新的挑战。与互联网时代类似,目前人工智能并没有确定的发展蓝图,因此可以运用互联网治理的相关规则,在人工智能数据训练阶段打开著作权合理使用的解释范围,并借鉴“避风港”规则,为生成式 AI 产业提供创新发展的空间。

其一,适当打开著作权合理使用的解释范围,将生成式 AI 的数据预训练行为视为合理使用的一种类型。从技术逻辑出发,人工智能模型的构建分为“预训练”和“微调”两大阶段,其中预训练阶段主要是将收集的数据输入初步模型,以便初步模型通过算法分析数据以优化模型效果。在此过程中,对数据的分析和学习仅在人工智能内部进行,并不产生同创作者竞争的内容,也不与其他公众的权益产生接触,因此不会对著作权人的作品产生替代效果,不应当受到传统著作权法的限制。[2]从产业政策视角出发,庞大的训练数据规模是 AI 大模型生成理想结果的基础,而互联网内容的著作权则分散在各个创作者处,要求 AI 研发者事前逐一获得著作权人授权无疑会耗费巨大的交易成本,造成“反公地悲剧”。而合理使用制度则可减轻人工智能技术的研发负担,促进人工智能产业建设和内容创作,为社会带来更大福祉。从制度竞争的视角出发,目前欧盟《数字化单一市场版权指令》的“文本和数据挖掘例外”制度为人工智能数据训练行为提供了合理适用的依据;美国法院在谷歌和甲骨文案中对“转换性使用”的标准放宽,特别是将机器阅读排除在著作权法之外,为后续对以转换性使用作为核心判断要素的合理使用的扩大解释提供了机会。为应对世界人工智能制度竞争浪潮,提升我国人工智能产业的国际竞争力,有必要通过合理使用制度放松模型训练中的著作权限制。

---

〔1〕 如之前热议的“AI 大模型数据被盗第一案”就很可能涉及超越合同授权范围使用数据的问题。参见《学而思被指“偷数据”训练 AI,牵出大模型“隐秘的角落”》,载证券时报网 2023 年 6 月 16 日, https://www.stcn.com/article/detail/894618.html。

〔2〕 参见林秀芹:《人工智能时代著作权合理使用制度的重塑》,载《法学研究》2021 年第 6 期。

其二，适当借鉴传统互联网内容平台中的“避风港”规则，探索建立一套适应人工智能产业发展的责任分担机制。在此机制下，生成式AI服务提供者应当尽可能地使用真实合规的训练数据，并在信息生成阶段设立过程性的风险预防和审查机制，尽量减少错误内容和侵权信息的输出。[1]与此同时，还应设立投诉通知机制，允许用户和权利人就违法不良信息向AI服务提供者提出投诉，接到投诉后，AI服务提供者应当在合理期限内采取数据清理、算法调整等必要措施，避免违法内容的传播和扩散。相应地，在生成式AI服务提供者充分履行事前合规义务后，若因使用者恶意诱导大模型或因现有技术问题无法消除违法侵权内容，则应当减轻或免除服务提供者的责任。[2]这种以过程为中心的责任分担机制能够为AI开发者提供明确且有条件的免责预期，引导其主动采取合规方式，防范社会风险，稳定个体预期，促进产业发展。

（三）通过集体管理组织解决授权难题

在当前法律框架下，著作权集体管理是批量解决海量作品授权较为可行的方法，能够提高授权效率、减少交易主体、降低权利人协商成本和监督成本，因而受到域外多国的青睐。目前，我国已经具备中国音像著作权集体管理协会、中国音乐著作权协会、中国文字著作权协会等五个著作权集体管理组织，此类集体管理组织可以依据集体许可标准同人工智能开发者进行谈判，代权利人发放作品使用授权，满足商用人工智能模型的数据使用需求。[3]但是，传统的集体管理组织存在授权模式单一僵化、管理组织机制滞后、数据覆盖范围有限等问题，在智能时代面临前所未有的挑战和冲击。[4]因此，有必要革新著作权集体管理组织制度，使其充分发挥著作权集体管理的保障效能，适应人工智能海量数

[1] 参见姚志伟、李卓霖：《生成式人工智能内容风险的法律规制》，载《西安交通大学学报（社会科学版）》2023年第5期。

[2] 参见王若冰：《论生成式人工智能侵权中服务提供者过错的认定——以“现有技术水平”为标准》，载《比较法研究》2023年第5期。

[3] 参见张平：《生成式人工智能数据训练知识产权合法性问题探讨》，载《中国知识产权》2023年第196期。

[4] 参见孟磊：《智能时代的著作权集体管理：挑战、反思与重构》，载《出版发行研究》2020年第1期。

据学习的现实需要。

针对授权模式僵化的问题，我国著作权集体管理组织应当拓宽权利人对交易模式和定价机制的选择空间，允许其在将作品授权给集体管理组织后自行授权，并吸纳一部分权利人参与作品使用费的定价协商，以更灵活的选择吸引更多优质作品进入集体管理组织的“版权池”。此外，应打破单一的概括许可模式，允许著作权使用者自行选择授权模式，按照使用内容的质量和频次精准收费，满足不同类型和规模使用者的需求。〔1〕针对管理组织机制滞后的问题，需要完善集体管理组织的内部治理机制。一方面，需要增强集体管理组织运作机制的透明度，让权利人和使用者明确了解组织的管理和分配规则。另一方面，应当改进集体管理组织的决策机构，确保权利人和相关专业人士，特别是人工智能等新业态从业者在组织决策中有更大的发言机会和影响力，推动著作权集体管理组织与时俱进。〔2〕针对数据覆盖范围有限的问题，则可以尝试采取延展代理机制，在拓展使用者获得合法数据渠道的同时保障权利人获取报酬的机会。延展代理制度始于 2012 年的法国知识产权法律体系，用以解决绝版图书的授权使用问题。该制度规定绝版图书的权利人应授予法国作者利益代表协会代表其行使权利，但允许作者通过事前或事后的退出机制撤回授权。〔3〕而我国在《著作权集体管理条例》第 4 条中也提到，“著作权法规定的表演权、放映权、广播权、出租权、信息网络传播权、复制权等权利人自己难以有效行使的权利，可以由著作权集体管理组织进行集体管理”“在使用者难以获取所有权利人授权的特定领域使用作品的，经国家著作权主管部门备案，由著作权集体管理组织集中管理相关权利”，与延展代理的制度内涵相契合。因此，可将某一领域的作品授权集中于著作权集体管理组织处，以集中授权的方式解决人工智能训练数据的合规难题，推动构建更加健全和可持续的知识产权良性保护生态。

---

〔1〕 参见曹博：《著作权法如何应对 Web3.0 挑战：以视听内容为样本》，载《东方法学》2023 年第 3 期。

〔2〕 参见孟磊：《智能时代的著作权集体管理：挑战、反思与重构》，载《出版发行研究》2020 年第 1 期。

〔3〕 参见华劼：《合理使用制度运用于人工智能创作的两难及出路》，载《电子知识产权》2019 年第 4 期。

（四）利用开放授权的数据资源

开放授权的理念始于计算机软件的“开放源代码”运动，后来在“创作共用”和“开放共享”的理念下，开放授权机制被引入了著作权领域，表现为知识共享协议（Creative Commons，以下简称CC许可协议）。经由知识共享协议，著作权人可在“保留绝对权利”和“公共领域捐献”之间选择作品的开放程度，如要求使用者尊重作者署名权或不得将作品用于营利性使用等。〔1〕而若使用者违背知识共享协议，权利人则可以终止授权，并依据传统知识产权法律维护自身权利。生成式人工智能与知识共享协议在价值理念与实际应用上均有很多契合之处。在价值理念层面，知识共享协议具有降低信息获取成本、促进创意产品交融分享的价值取向，与生成式人工智能在促进创新和内容传播等方面有相通之处。在实际应用层面，知识共享协议作为一种事前授权机制，可以有效节省人工智能创作者同著作权方协商交易的成本，在尊重作者合法权利的同时大大扩张了人工智能数据训练可利用的作品范围。〔2〕目前，维基百科等主流WIKI社区均已采用CC许可协议等方式开放授权，这些开放授权的海量作品已经成为生成式人工智能训练的重要数据资源。

然而，当前知识共享协议在我国处于早期发展阶段，目前仍主要应用于开放教育课程、开放获取期刊资源等领域，公众对开放授权理念的了解和认知不足。〔3〕此外，我国的著作权产业发展水平同国外相比仍有差距，与开放授权配套的法律制度尚不完善，因此亟须完成知识共享协议的本土化改造以适应我国人工智能数据训练的现实需求。〔4〕在著作权法律体系内部，应当明确合理使用和开放授权的关系，将人工智能训练者对作者保留著作权范围内著作权的正当

〔1〕 CC许可协议包括“署名”“非商业性使用”“禁止演绎”“相同方式共享”四要素，四种要素可以搭配整合，形成多种有效的许可证。参见邓朝霞：《网络版权的公共领域研究——以知识共享协议为例》，载《电子知识产权》2018年第12期。

〔2〕 参见潘香军：《论机器学习训练集的著作权风险化解机制》，载《上海法学研究》2023年第6卷。

〔3〕 参见李婧、姜恩波：《知识共享协议在我国的应用现状及前景分析》，载《情报理论与实践》2013年第2期。

〔4〕 参见黄雪娇：《数字时代著作权公共领域知识共享的优化机制研究》，载《出版发行研究》2021年第7期。

使用行为认定为合理使用，以减轻人工智能训练者的侵权风险，并维持知识产权法律体系内部的一致性。[1]例如，若商用人工智能模型利用开放授权的作品进行模型预训练，而该作品的权利人要求使用者不得将作品用于商业目的，模型训练者仍然可以主张自己的行为构成合理使用。在管理模式上，可以参考现有开源社区的管理机制，建立服务创作者的非营利性中介组织，以监督开放授权数据资源使用者的著作权利用活动，尽可能地维护创作者权益。[2]在侵权责任承担方面，当前知识共享协议效力的实现仍然依赖著作权法机制，若使用者违反 CC 许可协议超越范围使用授权内容，权利人只能依据《著作权法》追究使用人的著作权侵权责任，则会大大增加权利人维权的时间成本和经济成本。因此，可尝试探索建立人工智能数据训练领域的信用惩戒制度和自律管理体系，将违背知识共享协议使用开放数据的不诚信行为纳入知识产权信用体系的监管。

（《法律科学（西北政法大学学报）》2024 年第 3 期）

〔1〕 参见王宇红、徐品、冶刚：《开放存取的版权保护机制新探》，载《情报理论与实践》2014 年第 12 期。

〔2〕 参见曹伟、万靖瑜：《生成式人工智能训练数据的治理与构建》，载《中国知识产权》2023 年第 196 期。

人工智能生成内容（AIGC）著作权保护笔谈录

主持人：张凌寒*

笔谈人：郭　禾**　冯晓青***　张　平****　熊　琦*****　张吉豫******

1

张凌寒：各位专家好，北京互联网法院针对AI生成内容的版权保护作出一项富有创新意义的判决，确认了生成式AI作品的可版权性。该判决在全球范围内引发广泛关注。同期，美国版权局再次拒绝为AI生成内容赋予版权，至今已连续四次驳回AI作品的版权注册申请。请问为何中美双方会就AIGC是否应获得知识产权保护作出迥异的决定？承认或否认AIGC应获得知识产权保护会对产业带来何种影响？

郭禾：近年来，随着ChatGPT的发布，AIGC成为全球关注热点。在这一背景下，AIGC与知识产权制度的关系也成了法学领域的热门话题。在这里所讨

---

* 张凌寒：中国政法大学数据法治研究院教授、博士生导师，联合国高级别人工智能咨询机构专家，《人工智能法（学者建议稿）》起草专家组牵头专家。

** 郭禾：中国人民大学法学院教授，中国法学会知识产权法学研究会常务副会长、中国知识产权研究会副理事长。

*** 冯晓青：中国政法大学二级教授、博士生导师，国家知识产权专家咨询委员会委员，中国知识产权法学研究会副会长，中国知识产权研究会副理事长。

**** 张平：北京大学法学院教授、北京大学人工智能研究院AI安全与治理中心主任、北京大学武汉人工智能研究院副院长、北京大学人工智能发展委员会委员，中国法学会知识产权法学研究会副会长，中国科学技术法学会常务副会长兼秘书长。

***** 熊琦：华中科技大学法学院教授、博士生导师、华中科技大学法学院副院长，中国法学会理事，中国知识产权研究会常务理事，中国网络与信息法学研究会理事。

****** 张吉豫：中国人民大学法学院副教授、中国人民大学未来法治研究院执行院长。

论的知识产权保护对人工智能产业的影响，仅限于知识产权作为一种财产权在市场经济环境中对产业发展的作用。

在市场经济环境中，AIGC 的走红自然会直接引发资本的关注。毫无疑问，资本的充分注入将直接刺激人工智能产业的进步与发展。如果投资行为的结果得不到法律的承认或保障，资本对产业的投入就不具有持续性。这里的“法律的承认或保障”就是承认投资行为与相关市场利润间的关系，进而用这种关系去决定市场利润的分配。

为了保障前述各方在市场中的利益，仿照劳动成果所有权的设定模式，在 AIGC 上设定相应的排他性权利，无疑是最为直接和简单的办法。基于 AIGC 的无体属性和 AIGC 在产生过程中必然涉及智力活动这两个因素，以既有的知识产权模式为基础构筑其法律保护体系当为自然之选。当然，这里所说的知识产权应当包括我国《民法典》中所确立的权利和利益两个方面的内容。选择知识产权模式作为蓝本，可使有关制度的设计和运行成本相对较低。至于 AIGC 本身所具备的“智力”属性，更强化了其与既有知识产权制度的联系，故选择知识产权模式具有天然的合理性。在此基础上，再结合合同法等相关制度，完全可以平衡人工智能系统开发者、人工智能系统操作者和 AIGC 使用者等各方在市场环境中的利益分配。

因此，在市场经济环境中赋予 AIGC 相应的知识产权保护，不仅不会使社会运行成本陡增，而且可以引导资本不断地向人工智能产业注入，从而对该产业的发展起到积极的促进作用。

冯晓青：从知识产权制度产生的一般规律来说，知识产权制度是商品经济和科学技术发展的产物，二者缺一不可。当前知识产权新结构经济学研究的一个重要内容，即知识产权制度运行与产业发展、产业创新之间的辩证关系。知识产权制度的变革和发展也深受科学技术发展的影响。知识产权保护与技术进步和产业发展之间存在十分密切的互动联系。

当前，AIGC“横空出世”对现行知识产权制度带来了巨大挑战。不过，前述关于知识产权保护与技术进步和产业发展关系的原理依然适用。故不妨结合上面的观点透视给予或不给予 AIGC 知识产权保护对产业发展的影响。

本人认为，对 AIGC 给予知识产权保护有利于人工智能相关产业发展。AIGC 之所以可以获得知识产权保护，主要基于以下两点原因：其一，AIGC 符合受知识产权保护的客体的条件。其二，AIGC 是人类智力活动和智力劳动的产物，与自然人从事创造性行为所得的结果存在实质性相同。我认为，应当辩证地看待 AIGC，它并不是凭空产生的，产生 AIGC 的人工智能本身是人类智慧劳动的产物。AIGC 是人机互动和人机结合的产物。离开人类智慧和智力活动参与，则既不会有人工智能的存在，也相应地不会有 AIGC 的存在。

需要继续探讨的是 AIGC 的知识产权保护对产业发展的影响。我认为，知识产权保护促进产业发展的上述原理同样适用于 AIGC。具体而言，AIGC 知识产权保护有利于鼓励用户更多地利用人工智能从事知识创造活动，并促进相关智力成果的传播和利用，而这反过来又有利于促进对人工智能的研发和投资，从而促进人工智能技术水平的提高。与此同时，人工智能技术水平的提高，又有利于形成人工智能产业。《"十四五"国家知识产权保护和运用规划》即提出，要完善知识产权保护政策，健全大数据、人工智能、基因技术等新领域新业态知识产权保护制度。

张平：生成式 AI 技术的迅猛发展给世界各国的法律提出了新的议题，特别是对 AIGC 或者人类与 AI 技术合作的生成物能否给予知识产权保护，各国呈现不同立场。之前美国版权局撤销了利用 AI 技术完成科幻漫画的版权登记，给出的结论是，"版权只能保护人类创造的产物，'作者'一词不包括非人类"。但是，美国版权局不予登记的理由是该版权登记人给 AI 系统提供的目标生成图像的提示和参数没有对生成物结果有创造性工作，进而认为，AI 生成物能否构成作品取决于具体情况，特别是要根据 AI 工具如何运作以及作者如何使用 AI 工具创建最终作品的情景来决定。所以，我们不能得出美国版权局完全不承认 AIGC 版权保护的结论。相比美国，英国法律则是旗帜鲜明地给予 AIGC 版权保护，并在社会上出现质疑时，坚持认为"没有证据表明对计算机生成作品的保护是有害的"。

李某与刘某侵害作品署名权和信息网络传播权纠纷案肯定了“人”在AI生成图中的独创性工作，确定了利用AI生成的图片具有作品性，并认可AI使用者以作者身份依法享有著作权。本案向社会明确传达了使用生成式AI进行创作的技术门槛和独创性认定标准，纠正了大多数人对于“自动生成”过程“快速、简单、机械、没有创作含量、不特定结果”的误解。此判决也表明了我国在对待AIGC的著作权保护上充分考虑了“人”在其中的创作贡献，保护了AI使用者的创作成果。此案例也会在客观上推动AI技术迭代和产业投资的积极性。

对于AIGC的非人类创作问题，现行著作权制度确实是以“人”的智力成果作为作品构成逻辑起点的。生成式人工智能的自主运转依然属于人类的“智力活动”，AIGC恰恰是人类智力成果的汇聚，体现的是人类的智力劳动，而不是非人类的信息集合。所以，人工智能生成物并不违反《著作权法》中“智力成果”这一要件。

当然，并不是所有AIGC都会被赋予著作权保护，具体还要根据个案不同情景加以判断，最终要通过作品的“试金石”即独创性来判断。作品的著作权归属也具有多元并存性，既可以按照法定归属原则，如法人作品、视听作品来归属其著作权，也可以按照约定归属原则，如约定人工智能开发商、投资人等作为著作权人。

当下我国人工智能产业迅猛发展，面对科技先行于法律的现实局面，对生成式人工智能的法律保护应当立足于促进人工智能发展的立场。《著作权法》更应当鼓励公众利用新型创作工具，创作更多更好的作品，同时也要提供更多的训练“语料”，让人工智能训练数据更加丰富，技术迭代更加迅速。至于那些关于人工智能创作泛滥的担忧，完全可以交由市场加以甄选或淘汰。

熊琦：人工智能生成内容引发的著作权问题始终集中在两点上，即作为人工智能模型训练的输入阶段以及作为人工智能生成内容的输出阶段。

迄今为止讨论最多的部分，是输出阶段。其中包含两方面的内容：一是人工智能生成的内容是否属于作品并受《著作权法》的保护；二是如果该内容属于作品，应如何认定其著作权归属。关于这两个问题，我国司法实践的结论和其他国家既有相同也有不同。相同之处为，现阶段我国和域外都秉承著作权法的立法目的与原则，即使在人工智能时代，也坚持只有人类才能拥有作者身份，认定著作权法只保护自然人的创作。同时，对于人工智能所生成的内容是否属于作品而受到著作权法的保护，仍然应当基于著作权法关于作品的构成要件来加以判断，独创性和智力成果等要件的认定不会因内容来源的差异而不同。不同之处在于，域外权威机构坚持认为，由于通过用户提示完成的人工智能内容是不可预测和不可掌控的，用户的提示行为更类似于建议而非创作，所以用户不应被视为作者；反之，我国司法裁判则认为用户对提示词的选取和生成过程中相关参数的调整都能体现审美选择和个性判断，所以输入提示语的用户应被视为作者。但无论现今裁判的结论如何，基于既有规范来解释人工智能生成内容的可版权性及其权利归属都是法律适用的重要前提。

自生成式人工智能服务提供者开始向网络用户大规模提供生成式人工智能服务后，针对输入阶段的讨论就逐步增加，其中最重要的问题，就是在未经著作权人同意的情况下大规模使用数字化的作品用于对 AI 模型进行训练是否构成侵权。从产业发展的角度出发，诸多发达国家达成了鼓励人工智能产业发展的共识，部分国家已经在政策层面形成了“促进生成式人工智能健康发展”的方案。

由此可见，无论是输入端还是输出端，人工智能生成内容都给著作权法带来了新的议题。事实上，这种技术对制度的冲击，在著作权法的历史上也曾多次出现。这次人工智能带来的冲击，本质上也是在技术的帮助下显著降低了作品创作和传播中的交易成本，使原来权利范畴和权利限制的设定难以保障著作权人的合法收益，进而弱化了著作权制度对创作与传播的正向激励，因此需要在新技术形成的新市场中界定权利范畴及其归属。

张吉豫：这一轮基于大模型的生成式人工智能，具有一些突出的特点。首先，人工智能生成内容类型不断丰富，质量有了飞跃式发展，使生成结果具有了产业实用性。其次，多模态技术的发展，使文字、图像、音频及视频等多种类型的内容可以更容易地互相转化和生成，将进一步革新内容生产模式。最后，大语言模型等人工智能的发展，将全面升级信息分发获取的方式和人机交互方式。

很多用户仅是由于有趣或出于试验、了解等目的使用人工智能生成内容，实际上没有进行作品创作的意愿，也没有投入多少时间。对于此类用户，生成内容能否获得知识产权保护，基本不会对其行为产生直接影响。但对于一些出于创作、商业化运用等更严肃目的而使用的用户，使用人工智能生成的内容能否获得知识产权保护，可能影响其愿意为此支付的费用，以及愿意在使用人工智能创作上所花费的精力。对于游戏、动漫、影视等专业的内容产业则更是如此。如果使用人工智能生成的内容不能够获得知识产权保护或效果相当的其他权利保护，这些专业内容生产企业将会在选择采用此类方式时审慎考虑。这些对于使用人工智能的犹疑，在长期来看可能会抑制生成式人工智能的发展。

人工智能生成内容能否获得知识产权保护，还可能影响传统方式所创作的作品的市场，影响相应作者群体的利益。一些学者曾指出，如果人工智能生成内容不能得到知识产权保护，则会导致大量内容进入公有领域，使潜在的作品使用者没有必要去付费使用作品，损害了人类创作者基于著作权可获得的经济利益，依赖版权经济效益存续发展的众多产业也将受到抑制。〔1〕但如前所述，如果人工智能生成内容不能得到知识产权保护，也将影响其生成内容的商业化运用，进而激励产业继续选用传统创作方式产生的作品，有利于相对高质量作品的作者群体。

传统的作者群体已经开始对生成式人工智能强烈不满，2023 年不同作品领域的著作权人针对生成式人工智能的诉讼频起，彰显了激烈的利益冲突。很多传统作者并不是聚焦于人工智能生成内容能否获得知识产权保护，而是不希望自己的作品被用来训练生成式人工智能、进而使其能够生成类似于自己作品的内容。实际上，除了人工智能生成内容本身能否得到知识产权的保护外，目前

---

〔1〕 参见易继明：《人工智能创作物是作品吗？》，载《法律科学（西北政法大学学报）》2017 年第 5 期；曹源：《人工智能创作物获得版权保护的合理性》，载《科技与法律》2016 年第 3 期；孙那：《人工智能创作成果的可版权性问题探讨》，载《出版发行研究》2017 年第 12 期。

对产业影响最大的知识产权问题是使用作品进行模型训练是否能够构成合理使用或是否应有其他形式的著作权限制。

2

张凌寒:尽管各国的决定、判决最终结果并不相同,但是对此问题的争议焦点主要集中在生成式人工智能技术给知识产权中的“思想—表达二分法”“实质性相似侵权认定”等原则带来的挑战,以及对作品认定的“独创性”和“智力成果”等要件的冲击。请问法律应如何应对?

郭禾:这个问题提及了知识产权制度中多个基本原则和概念。这里着重讨论“思想—表达二分法”原则。

“思想—表达二分法”在不同语境下会有不同的理解。本问题将该原则置于知识产权框架之下,因此对“思想”或“表达”的理解应当不限于著作权制度。知识产权保护的对象只能是“表达”,因为“表达”是能够为人感知的客观存在。具体到AIGC,必须以技术、商业标志或者非实用的符号组合等形态成为可以为人感知的“表达”,才能得到法律保护。从这种意义上讲,目前的人工智能技术尚未对“思想—表达二分法”构成挑战。

当然,在著作权法框架下的“思想”或“表达”,无不限定在“作品”概念所框定的论域之下。其含义直接通过这些命题得到反映:“表达即作品”和“作品是思想的表达”。在这里,关于“思想”和“表达”概念的理解与前面有所不同。这里的“思想”不被理解成人类大脑的思维,而应将其降格理解为相对具体的“方案”“创意”等;相应地,“表达”也不再被严格限定为非实用的符号组合,而应将其升格理解为“情节”“桥段”等。在此界定下,当下引人关注的人工智能以文生图的诸多事件中的“文”与“图”之间的关系是否属于“思想”与“表达”的关系,还存疑问。如果“文”被界定为思想,则可进而推出“思想—表达二分法”受到挑战。

然而,著作权法中关于“思想”与“表达”概念的界定在理论逻辑上原本就存在不甚严谨之处。只是在司法实践中,法官往往通过各种技术性处理弥补了逻辑上的缺陷。因此，即使针对 AIGC，只需在“思想”和“表达”的概念界定或解释上稍作技术性处理，则“思想—表达二分法”仍然可以适用。

冯晓青：人工智能技术的核心问题还是利用生成式人工智能生成的作品和发明创造，是否分别属于著作权法和专利法保护的作品和发明创造。这里不妨以前者为探讨对象。

要明确利用生成式人工智能生成的作品是否受著作权法保护，需要评判其是否符合受著作权法保护作品的条件。如果符合，则可以纳入受著作权法保护的作品范畴、受到著作权法保护；反之，则不能纳入著作权法保护范围。

根据我国现行《著作权法》第 3 条的规定，著作权法所称的作品“是指文学、艺术和科学领域内具有独创性并能以一定形式表现的智力成果”。该条规定表明，受著作权法保护的作品应满足以下四个要件：（1）属于文学、艺术和科学领域；（2）具有独创性；（3）能以一定形式表现；（4）属于智力成果。

就人工智能生成的作品而言，由于其涉及自然科学、社会科学和人文科学的内容，其满足第一个要件并不存在争议。人工智能生成的作品在外观上与自然人创作的作品并无差异。例如，当某人利用“文心一言”生成一篇文章，在其未申明系借助于人工智能生成的情况下，人们一般很难识别是否为自然人创作的作品。上述情况也足以表明，人工智能生成的作品也满足“能以一定形式表现”的要件。然而，对于上述第二个要件和第四个要件，则因为认识和理解上的不同而存在不同观点，实质上也深刻地体现了人工智能技术发展对作品认定的“独创性”和“智力成果”要件的巨大挑战，因此值得进一步深入探讨。

关于人工智能生成的作品的独创性，否认人工智能生成物在著作权客体中的地位、排除其受著作权法保护的观点认为，独创性强调作品是作为自然人的作者独立完成的，而人工智能生成物借助了人工智能，所生成的“作品”可以说是机器“创作”而形成的结果，缺乏自然人的独创性智力劳动成果。对此，我认为人工智能生成的作品依然具有著作权法中规定作品的独创性，具体理由如下。

首先，作品的独创性不仅需要考虑自然人创作的过程，而且需要判断人工智能生成的最终结果是否属于思想的表达。其次，在回答前一个问题时已经提到，至少在当前的弱人工智能背景下，人工智能生成作品的形成过程并非缺乏人的因素的干预。对此，后面关于生成式人工智能对“创作”的挑战还将予以探讨。最后，人工智能生成物的独创性还体现在最终产生的结果能够排除与已公开作品的实质性相似。

关于人工智能生成物的智力成果属性，不承认人工智能生成物在著作权客体中地位的观点也是以否定该生成物的智力成果属性为出发点。这里就存在如何认识智力成果的问题。我认为，人工智能本身是智力创造的结果，人们借助人工智能创作作品并生成作品的行为，不仅包含了其作为人工智能操作者、使用者生成人工智能作品的创作意图，而且包含了其个性表达的因素。这是因为，人们利用人工智能生成作品需要多次提出问题、修改或排除主题词或参数，这都体现了人工智能操作者的选择和安排。从人工智能生成作品的运作机理看，其存在所谓前端的数据输入、预训练和数据输出过程。人工智能生成结果借助了人工智能算法和算力，包含和体现了人类的智力活动过程，能够满足一般意义上的作品的要求。

对于上述独创性和智力成果的认定，我认为应对的策略应当是在《著作权法》中接纳人工智能生成作品在著作权客体中的地位，给予著作权保护。〔1〕这样，既有利于丰富作品的类型和内容，也有利于协调围绕人工智能产生的利益关系，通过《著作权法》介入人工智能生成物领域的保护，也有利于著作权制度的现代化。我国《著作权法》在2020年修正时，在其第3条增加了“符合作品特征的其他智力成果”，对于纳入人工智能生成作品也提供了制度空间。

还值得指出的是，无论技术如何发展及其对著作权制度的影响程度如何，著作权法的基本理念和原理依然具有生命力。其中，用于界定著作权保护范围的重要原则——“思想—表达二分法”就是如此。就人工智能技术发展而言，在

---

〔1〕 参见冯晓青、李可：《人工智能生成内容在著作权客体中的地位》，载《武陵学刊》2023年第6期。

界分人工智能生成物是否受著作权法保护时，该原则同样适用。只是实践中，对于如何划分思想与表达的范畴，人工智能技术的发展确实带来了挑战。此外，在人工智能预训练阶段，需要大量地涉猎现有同类作品的思想、风格、主题，并通过人工智能算法和模拟人工神经网络生成作品。基于此，人工智能输入端利用现有受著作权法保护作品的行为是否属于著作权侵权，就依然可以从上述二分法的角度加以评判。至于“实质性相似侵权认定”则涉及人工智能生成物侵权责任问题。

张平：生成式人工智能对著作权法的挑战不在于作品性和作者的认定，而主要在以下两方面。第一，人工智能训练数据涉及海量作品的学习，是否还要遵循“事前授权、使用付费”原则？这关系人工智能开发者的生存问题。第二，人工智能生成物的侵权认定标准或者抄袭的判断标准，这关系著作权法“思想—表达二分法”是否成立的问题。第一个问题属于训练数据合法性问题，在此暂不讨论。

对于“思想—表达二分法”而言，生成式人工智能可以在短时间内快速“学完”人类社会海量思想、知识和风格的基础上，进行无限的、全新的内容生成。因此，在判断人工智能生成物是否构成抄袭时，不应机械适用著作权法中的“思想—表达二分法”，而应当以诚实信用原则为判断基础。

对于“接触＋实质性相似”的认定标准问题，首先，行为“接触”的证明对原告而言十分困难。生成式人工智能模型训练中的作品利用，是在模型内部进行的非外显的作品利用。这就导致了即使自身作品未经授权被人工智能模型用于训练，著作权人实际上也难以发现并提供相应证据。其次，著作权人难以进行“实质性相似”标准的比对。生成式人工智能对于内容创作的颠覆性影响在于，其通过对在先作品思想、风格的吸收学习，以一种难以预判的方式输出和既有作品相区分的、全新的内容表达。AIGC会与原作品“似曾相识”但又“似是而非”。

根据目前实践，大模型公司并不会完全披露数据集的确切来源，原告所能提供的证据仅为大模型公司在训练过程中数据的权重和偏好，以及与在先作品高度相似的生成内容。

熊琦：与技术上的日新月异不同，全球著作权法在经历了从机器介入内容生成到人工智能生成内容的漫长历史后，对于人类与独创性来源的关联性立场却始终如一。人工智能生成内容给著作权法带来的挑战，与其说是填补规则的空白，不如说是研究既有规则如何针对新问题作出新解释。已有的著作权规则并没有因人工智能的出现而失灵，在判定人工智能生成内容的相关著作权争议时，无论是我国还是其他国家，都是采取与判定完全由自然人创作的作品相同的规范和标准。美国版权局在其 2023 年发布的《人工智能参与生成作品的版权登记指南》中，专门引用了一份 1884 年针对借助摄影设备进行创作的判决，以此证明判定标准的延续性和稳定性。至于"思想—表达二分法"和"独创性"等传统的可版权性认定标准，司法机构百年来在处理机器与创作的关系时，都集中于判断作为创作者的自然人对所生成内容结果的可预期性和可控性。这种以既有规则涵摄机器介入创作时作品独创性来源的判断方法，既保持了判定标准的稳定性，又灵活地将独创性来源与自然人对应，坚持将机器视为人类创作的辅助工具这一核心判断，也间接说明现有著作权法足以应对来自人工智能生成内容的挑战，无须专门设计全新的制度来解决问题。

我国法院在司法实践中，也明确认可了人类创作在人工智能生成内容可版权性认定中的必要性。但当人工智能生成内容与他人作品构成实质性相似时，侵权行为的归责又必须追溯到侵权作品的主体。但从机器介入创作的技术史与制度史中已经可以发现，著作权法之所以坚持以既有的客体判定和权利归属来涵摄机器与创作的关系，目的始终是激励人在作品创作和传播中的核心作用，并在权利归属的认定上确保法律关系的稳定性。因此，以既有的独创性标准认定人工智能生成内容的可版权性，并正确区分该作品在人工智能算法设计者和使用者之间的权利归属，前提都在于认定人与创作行为的关联。因此，现阶段生成式人工智能讨论的重点，在于如何从现有著作权客体和归属判定的适用过程中找到自然人在人工智能生成内容中的贡献及其比例，而不是专门为人工智能创设一个全新的著作权体系。

张吉豫：生成式人工智能为著作权法中的一些基本概念和原则提供了新的适用场景。

"思想—表达二分法"是著作权法中的重要原则。也正因如此，某个个体可能对自己撰写的指导人工智能的"提示语"（prompt）拥有著作权，但是如果其中的某些文字是为了实现特定的操作所必需的撰写方式，则可能因为思想与表达合并而无法得到排他性保护。此外，个体不能对自己编写的"提示语"可能产生的所有表达拥有著作权，而至多对已通过自己选用大模型、输入提示语以及进行选择或调整后得到的表达拥有著作权。

人工智能生成内容是否具有独创性、是否构成智力成果，目前争议较大。我们今天在讨论这两个概念时，不能简单考察过去的解释内容，而应当在文义可及的边界内，探寻何种解释更加符合著作权法的立法目的，更有利于促进文化的繁荣和人类的福祉。要更好地回答这一问题，还需要对产业及社会发展进行更深入的观察分析。

3

张凌寒：生成式人工智能对"创作"带来哪些挑战？应如何开展制度设计？

郭禾：前一个问题专门提及"独创性"。独创性与本题中的"创作"直接相关。独创性被认为是作品构成要件中的内在要件，而创作则是指作品产生的过程或者行为。本问题的核心是要回答 AIGC 的产生过程能否被视为创作，或者 AIGC 是否具有独创性及能否作为作品受到著作权法保护。

AIGC 的诞生让人们反思机器能否创作。然而，以人本主义的立场为基点，机器只能是人实现其目的的工具，不可能成为法律主体。在法理上，创作作为著作权法律关系产生的要件，行为主体只能是人。在这样的条件下，要从著作权法上解释 AIGC 的产生过程，便只能归因于人的创作行为了。尽管这种处理方式存在目的导向之嫌，但从制度成本的角度看，这可能是最经济的路径。

为了说明人工智能系统被视作人类创作工具的基点，有必要弄清楚人类和人工智能技术在 AIGC 产生过程中分别发挥了何等作用。当下的生成式人工智能系统无一不是在特定的算法之下通过大量数据训练或学习而变得“聪明”的。当然，算力在这里也是重要因素之一，但这或与硬件关系密切。在这里，数据和算法或居于核心地位。在人工智能系统中，算法往往表现为人类根据既有的知识、规则和逻辑体系事先设置的一系列指令的集合，用于实现计算、处理数据或推理等目的。这种意义的算法既包括作为计算机运行的底层系统，也包括该模型试图解决的应用层面的规则。算法对著作权规则的理解是否到位，直接关系到生成内容是否侵犯在先作品的著作权。数据则在算法的作用下被分解、整理，最终成为大模型自己的知识库的一部分。当然，数据质量的高低也直接影响模型学习后水平的提高程度。AIGC 即是按照算法所确立的各类规则，将若干被分解、整理后的数据元素进行重新组合后的输出。从著作权法角度对其进行审视，这些输出内容的外在形态与作品无异，以致由人脑来审查 AIGC 本身往往无法判定其与人类创作的作品的差异。

人类之所以难以判定 AIGC 与人类自身创作的差异，归根结底在于人脑对大数据的处理能力极其有限。这一差异反映在作品独创性判定上，就表现为人脑和电脑对于有限表达的判定完全不同。AIGC 在理论上仍是有限表达的一种，只是这里的有限数量超过了人脑的处理能力，以至于在人脑看来已经具备了独创性。

从本质上讲，AIGC 引发了我们对创作或创造概念的重新认识。作品应当具备创造性是世界各国的共识。但这并不能解决 AIGC 所提出的以下问题：是否只有彻底的“无中生有”才被叫作创造？只要组合的可能选择多到仅以人脑不易处理，对现有要素的组合是否也可被视作创造？当人工智能技术被普及时，当任何人都可以通过人工智能系统非常容易地生成各种内容时，创作或创造的概念是否需要更新？另外，当 AIGC 不再稀缺时，它还是财产吗？其是否需要用法律手段加以保护？这些问题都有待我们回答。

冯晓青：“创作”在著作权法中具有举足轻重的地位。对于著作权法中“创作”的认识和研究，离不开另一个关键性概念——“作者”。所谓作者，就是创作作品的人。结合《著作权法实施条例》关于创作的概念界定,可以将作者进一步定义为直接从事产生文学、艺术和科学作品的智力活动的人。从作品创作实践和各国著作权法的一般规定来看,能够成为作者的一般是自然人。这与发明创造实践以及各国专利法规定关于发明人(或者设计人)只能是自然人的情形有异曲同工之妙。但也应看到,随着法人概念的提出和法人制度的出现,将法人或者非法人组织视为作者的立法例和实践也已出现。这类作者在著作权法理论上又被称为“拟制作者”。拟制作者显然不是作者的主要形式,并且需要满足严格的条件,即由拟制作者(法人或者非法人组织)主持、代表其意志创作并由其承担责任,三个条件缺一不可。即便是拟制作者,也是由具有生命的自然人组成的,在本质上依然是自然人创作的体现。

然而,在人工智能技术特别是生成式人工智能技术发展和应用之前,无论技术发展对于创作的影响有多大,也脱离不了技术作为人类创作手段和工具的属性。生成式人工智能的出现对“创作”的挑战可谓具有革命性,因为人们利用生成式人工智能可以轻而易举地生成具有很高专业和技术含量的形形色色的作品。在生成式人工智能运用背景下,人们可以利用生成式人工智能批量地自动生产作品。近年腾讯公司主张侵权救济的人工智能生成作品著作权侵权纠纷案就是体现。

关于生成式人工智能对著作权法中创作概念和认定的影响,我认为需要认识到这种创作环境下“创作”的新内涵和方式。界定人工智能生成作品的创作行为只能从操作人工智能的用户和人工智能本身两方面寻求答案。如前所述,作者是创作作品的人,关于生成式人工智能对创作的挑战,最终还是需要回到“谁是人工智能生成作品的作者”这一关键问题上来。

从国内外现有关于界定人工智能生成作品的作者的观点看,主要有以下几种。一种观点基于人工智能生成作品来自人工智能本身,操作人工智能的用户只是通过提问和选定主题词及参数等“引诱”人工智能生成自身需要的作品而不能被视为作者,进而主张应将人工智能拟制为作者。该类观点还注意到国外有赋予人工智能本身以“电子人”身份的先例。国内的腾讯案件也是在人工智能生成的作品上署了所取的人工智能的名字。另一种观点则反对赋予人工智能作者身份，主要理由是根据通常的法律主客体分离的基本法理，人工智能只是人类创作的工具，其不可能成为作者或者被视为作者。

对于上述观点，我认为不能笼统地主张人工智能为作者或用户为作者，或者二者为合作作者，而是应当基于在人工智能生成的作品中自然人（及其所在的法人或者非法人组织）所发挥的具体作用具体分析。在涉及基于人工智能生成作品的创作和作者以及相应的著作权归属问题上，我认为在制度设计上可以作如下考虑。

其一，对于类似于腾讯公司案件中的在单位开发出生成式人工智能后，通过相对固定的算法和设计，运用该人工智能自动生成的批量性质的作品，可以按照该案中类似法人作品的界定路径，将著作权归属判定为属于法人，同时将人工智能明确为非著作权法主体意义上的“作者”，并通过体现人工智能“作者”身份的强制署名，向社会公众告示该作品乃基于人工智能自动生成，以便于和自然人创作的作品进行区分。

其二，对于类似前述北京互联网法院判决案例的人工智能生成作品，由于作品并非人工智能自动生成，而是用户通过多次提问、设置和调整参数以及反向排除等多种手段才最终获得，这类人工智能生成作品中用户基于提问、安排、取舍、诱导等行为而体现出对作品个性化表达的成分，可以将用户视为人工智能生成作品的作者。基于此，这类作品公开和传播时，可以在作品上将用户署名为作者。

但应当指出，第一，正如北京互联网法院所判决的一样，要求在作品公开和传播时表明该作品系借助于人工智能所完成，而不能仅署名用户，以至于其他任何人难以获悉该作品系借助于人工智能生成的。这一做法既符合诚实信用原则，也便于区分人工智能生成作品与自然人独立创作的作品，防止人工智能生成作品公开和传播对正常的作品市场及流通秩序造成负面影响。关于上述要求，应注意用户署名和基于人工智能获得的声明应当被置于相邻位置，防止突出用户署名而变相隐匿借助于人工智能生成的信息的情况发生。

第二，对于操作人工智能的用户通过过于简单的提问、提示和调整而产生的人工智能生成作品，应当进行特殊考虑。这种情况并不满足独创性要件，但也应看到，法律制度的实施需要考虑可操作性和经济成本。在社会观念和改革后的著作权法接纳人工智能生成物作为受著作权保护的作品的背景下，要排除上述情况中用户的作者身份，可操作性问题较大。综合权衡，一方面，可以考虑赋予其作者身份，同时通过侵权责任等相关制度设计予以制约和限制；另一方面，可以考虑邻接权保护方式。

第三，在明确用户作为作者并可以署名的前提下，由于人工智能生成作品要公开和传播才具有实质性的法律意义，在人工智能生成作品的情况下，需要进一步明确用户在作品上署名可能承担的侵害著作权的法律责任风险。

熊琦：技术的勃兴未必需要法律的颠覆性调整。发达国家和地区的管理机构与研究机构在近年来关于生成式人工智能知识产权问题的相关报告中，都不约而同地认定现有著作权规则无须进行结构性调整，完全能够应对现阶段人工智能的挑战。在创作的来源和认定标准上，更是毫不怀疑地坚持只有自然人才能创作的底线认知。借助机器且以自动运行的机械过程所生成的内容，因为其中缺乏人类智力活动的参与，该内容不得被视为作品。同时，来自全球版权产业的会员也一致认为，现有著作权法足以应对来自人工智能生成内容的挑战，无须专门设计全新的制度来解决问题。

之所以坚持既有的著作权规范，主要是基于两个原因。从规范层面出发，在人工智能生成内容的可版权性认定中坚持自然人对独创性的贡献，是维持确权和侵权体系稳定的需要。如果将人工智能视为著作权主体，未来在权利变动的意思表示来源及侵权责任认定的对象等问题上，机器都将与人享有同样的法律地位和资格。从效用层面出发，只有自然人才需要著作权法的激励来进行更多更好的创作和传播。无论是机器还是人工智能，其工作效果都不会因为被生成的内容是否受到保护而改变。生成内容的质量取决于人工智能算法和训练的质量，更与训练输入的内容质量相关。将著作权赋予自然人，可保障著作权继续激励人工智能的设计者与所有者对硬件和训练数据的投资以及对算法的改进。

张吉豫：正如之前所述，生成式人工智能带来了新的“创作”方式，也具有使“创作”进一步普及化的潜力，整体而言有利于增进人类福祉。当然，不同的具体应用情况或不相同，需要具体问题具体分析。从当前的文生图等应用来看，结合“创作”的问题，我有如下一些基本想法。

首先，创作的方式是不断发展的，我们不应当固守对于传统“创作”模式的认识。或许使用人工智能进行创作短时间内难以被社会普遍接受为一种创作方式，但产业的发展需要和更大范围的实践带来了认知变化，相信随着更多人真正以创作为目的使用人工智能之后，社会也可能在观念上认可使用人工智能生成内容构成创作。

其次，创作的普及化、大众化是有利于促进文化繁荣的。人工智能创作的积极意义之一是可以使更多的人将自己的创作激情和设想转化为能够看到的实在作品。Remix 等创作方式对社会的价值很大一部分也在于此。激励这类创作方式，并不是对传统创作方式的排斥，而是扩展了一种人类创作的可能性。当然，也同样需要考虑对其他创作方式的影响。但目前并没有看到有实际证据表明认可使用人工智能生成内容构成创作会明显影响传统创作方式。

因此，在著作权法框架下开展关于人工智能生成作品的制度设计之时，需要认真考虑制度对于使用者创作的影响，考虑如何对创作进行激励。创造性的活动是人类美好生活的要素之一。在认可使用人工智能生成的内容构成著作权法保护的作品时，着重考虑的并不只是人工智能产业的利益和发展，还同样包括这种新的创作方式能够带来的对于更广范围的个体创作意愿的满足，以及进而对社会文化的促进。

此外，使用者应诚信说明自己的创作方式。《生成式人工智能服务管理暂行办法》规定了提供者应当按照《互联网信息服务深度合成管理规定》对图片、视频等生成内容进行标识，对于一般内容可以采用不影响用户使用的标识，对于可能导致公众混淆或误认的一些特定内容则需要依法进行显著标识。这也为公众获知创作方式提供了一定的条件。

4

张凌寒：目前支持赋予 AIGC 著作权保护的决定和案例，本质上是认为应当对人工智能生成内容予以一定程度的法律排他性保护。但是,除了著作权之外,是否有其他制度选择,如邻接权、财产权抑或其他路径?

郭禾:关于能否采用邻接权模式保护 AIGC,从理论角度看答案是肯定的。因为邻接权制度本就是欧洲作者权体系著作权法中的一部分,其运行机制与关于作品的权利并无本质差异。而在版权体系中,相关国家的版权法将邻接权完全与作者权合并,不再区分邻接权与作品的权利。所以适用邻接权保护 AIGC 只是法律技术的细节问题,并可以在一定程度上缓和关于 AIGC 独创性的争议。但从财产权的角度看,这一争议无关紧要。究其原因非常简单,前面关于有限表达不具有独创性的讨论已经说明,那些在自然人看来具有独创性的 AIGC 有可能在事实上仍是有限表达的一种,只是该有限表达的数量已经超过人脑可处理的数据量上限。市场的力量最终会"逼着"社会承认 AIGC 的地位。

冯晓青:在承认人工智能生成内容应予以法律保护的前提下,关于是否应赋予其法律的排他性保护,个人认为答案是肯定的。具体而言,如前所述,对于人工智能生成作品,由于其符合受著作权保护的客体的要件,可以给予著作权保护。由于我国《著作权法》既保护著作权,也保护邻接权,因此对于邻接权保护的途径也有必要探讨。从著作权法原理看,邻接权保护和著作权保护既有密切联系,也有重要的差别。就二者的差别而言,在对作品的保护上,邻接权保护的要求较低,并不要求满足作品的独创性要件。从国外立法看,德国著作权法对于摄影作品即规定,对满足独创性要件的摄影作品给予著作权保护;反之则给予邻接权保护。就人工智能生成内容而言,上述原理应当同样适用。具体来说,对于前述类似于腾讯案件中完全由人工智能生成的"作品",缺乏用户投入创作作品中的个性化表达,相应地也缺乏自然人创作行为,但开发人工智能的单位付出了相关的投资、智力劳动和时间,给予邻接权保护具有相当的合理性。至于不分任何情况,一律将人工智能生成作品纳入邻接权保护则不够合理,因为这样无法体现和反映操作人工智能的用户的独创性劳动,无法以著作权法之激励机制鼓励充分使用人工智能造福于社会和文化进步。

关于人工智能生成内容的法律保护，除了上述著作权、邻接权保护模式外，一般财产权或者财产权益保护也同样值得考虑。人工智能生成内容承载了一定的财产化利益，在利用人工智能生成内容时，不排除涉及不正当竞争行为的可能，因此在一定条件下也可以受我国《反不正当竞争法》的规制。

张平：结合 AIGC 的特性，可以根据 AIGC 是否具有独创性以及独创性的程度高低，视具体情形设计 AIGC 的著作权保护路径、邻接权保护路径及反不正当竞争法保护路径等方案，实现对 AIGC 的多元化保护。

首先，若能满足独创性要求，狭义著作权保护路径是保护人工智能生成内容的最优选。作为一种专门保护表达的权利，著作权权利内容比较完整，时限也长达作者终身外加去世后 50 年。

其次，相比狭义著作权，更为灵活的著作邻接权可以为一些不符合著作权保护标准但具有一定独创性和市场价值的内容提供保护。邻接权制度相比传统的著作权制度有许多优势。例如，邻接权的保护相对较弱，不像著作权那样强调人格权。邻接权也主要涉及财产内容，而不涉及人格利益。邻接权的权能较著作权少很多，保护期也较短。这与人工智能生成的作品相对应。因此，与狭义著作权体系相比，邻接权是一个开放的制度，可以根据本国国情的需要创设新的邻接权类型。但邻接权制度在设计上也存在一些困难：其一，若人工智能的“自主创作”以邻接权保护，而与人类“共同创作”的作品可能适用著作权保护，二者难以区分；其二，邻接权的权属难以界定，邻接权的初衷是保护传播者的投入，但在 AIGC 的投资者、研发者和使用者之间难以确定权利归属。

再次，特殊财产权利制度可以应对权属争议，为非传播者的正当利益提供保护。需要保护 AIGC 背后的行业，因此也需要保护投资者。AIGC 具有自身的价值，满足财产权的核心构成要件。并且，AIGC 比数据库更具商业价值，数据库的汇编与实质性投入对数据库内容本身并未作修改，更没有独创性变更。而 AIGC 是基于大数据基础上的加工分析处理，因此对其内容的保护程度不应当与数据库权的保护程度一样，理应设置不同的保护制度。

最后，无论如何，对于 AIGC 之上存在的未上升为权利但具备商业价值的经济利益应当予以保护，此时《反不正当竞争法》即可发挥规制不正当竞争行为、保护市场竞争秩序以及市场主体合法权益的作用。在法律对此未有明确规定之前，可先以《反不正当竞争法》第2条（“一般条款”）进行保护。《反不正当竞争法》或可以作为知识产权或其他商业成果类权利的“孵化器”，将来能够对其上升为权利或作为权利保护达成共识时，再适用具体的法律进行保护。

张吉豫：在制度设计上，一般应当认定人工智能这一工具的使用者为作者。如果是研发人工智能的企业自己使用，或者提供给其他企业使用，则可以根据著作权法认定构成法人作品，即如果该作品系由法人或者非法人组织主持，代表法人或者非法人组织意志创作，并由法人或者非法人组织承担责任，应将法人或者非法人组织视为作者。

主要考虑如下几个方面：首先，使用者是一个个具体作品产生的直接原因，很多高质量作品的生成离不开使用者的反复打磨，使用者也是前述繁荣社会文化、激励创作等目的的实现所应当激励的主体。并且，如果是企业使用，可以依据法律认定法人作品，并不影响相应情况下企业经济利益的实现。其次，生成式人工智能可能产生无限的表达，将权利“一揽子”赋予人工智能企业，可能给予人工智能企业过多的对于内容领域的权利，不利于后续创作的丰富化、多元化。再次，生成式人工智能服务的提供者可以在与用户的合约中约定著作权财产权的相关许可条款，进而根据具体的场景实现合理的利益分配，保障自身的权益。通常人工智能的提供者和使用者之间在合约制定中具有不对等性，将著作权默认分配给使用者，有利于利益平衡的实现和交易的达成。最后，将权利赋予使用者，能使其更有动力去审查、修改和调整，使用者也可以将自己的其他作品与一种甚至多种人工智能生成的作品进行融合，进行更丰富的创新，并将优秀作品带入公众视野，进一步促进其传播。

5

张凌寒：感谢各位老师的精彩回应。AIGC是否应予以著作权保护的后续问题，一定就是如果生成物侵害他人著作权，应如何认定用户、大模型技术和服务提供者侵权责任。请问各位老师对此有何看法？

郭禾：当AIGC与他人在先享有著作权的作品或者在先享有邻接权的对象相同或实质性相同时，则涉及侵犯他人著作权。根据AIGC的产生过程，导致“相同或实质性相同”的情形至少可分为两种：第一，大模型的用户知道或者应当知道其指令可能让系统生成与他人在先成果相同或实质性相同的AIGC，仍然输入相关指令生成该AIGC并投入商业利用；第二，大模型在没有针对特定人或物的一般指令下生成与在先成果相同或实质性相同的AIGC。

针对第一种情形，责任当然在大模型的用户或者使用者。用户自当承担侵权责任。

第二种情形相对复杂。在没有过错的前提下，用户只要在得知侵权情况后停止相关行为，即可不承担损害赔偿责任。这时，相关责任即转到了大模型提供者身上。但在责任承担问题上仍需区分知识产权请求权下的相关责任和损害赔偿责任两类不同的责任形态。关于第一类，停止侵害之类的禁止令在适用时无须考察行为人的主观心理状态，但必须是行为人经过努力能够达到的目标。第二类损害赔偿责任则需要判定大模型提供者是否存在过错。显然，这里涉及大模型提供者在开发人工智能系统时的注意程度问题。只要开发者尽到了应有的注意义务，就可以免除其赔偿责任，只是注意程度的高低需要由行业专家根据该行业技术发展状况加以确定。当然，模型提供者与使用者之间也可以通过协议约定相关责任分担问题，只是该协议必须符合公平、自愿等原则才能确保协议的有效性。

冯晓青：从理论上说，人工智能生成内容涉及的著作权侵权等问题，既包括人工智能生成作品之类的内容被他人侵害，也包括人工智能生成内容侵害他人著作权或者其他民事权利。其中，前者反映的是人工智能生成内容所有者自身维权的问题。对这一问题的解决自然需要结合个案，认定涉案人工智能生成内容是否符合受著作权保护的作品的要件以及在符合该要件的前提下相应的作品著作权归属，进而判定被诉侵权行为是否成立。后者则是这里需要着重探讨的问题。对此,应当区分不同主体行为的性质,明确相关主体是否存在主观过错以及行为相应的后果。

具体而言,在人工智能生成内容侵害他人著作权的案件中,用户承担侵害著作权的法律责任是值得首先考虑的重要对象,原因如下:第一,用户是人工智能生成内容的直接完成者。根据前面的探讨和现行司法实践的观点,在用户涉及个性化表达、对人工智能生成内容的独创性作出了实质性贡献的前提下,用户甚至可以被认定为作者,相应地享有涉案人工智能生成作品的著作权。根据"权利与义务相一致"的基本法理,用户也应承担其公开享有著作权的作品侵害他人著作权的风险。第二,由用户承担侵害他人著作权的责任,有利于敦促用户慎重公开和传播,特别是以自己作为作者的身份公开和传播。当前总体上仍然属于弱人工智能时代,在生成式人工智能出现和推广后,用户尚且能够轻松地借助其生成作品,如果不将用户行使著作权和承担相应的侵权责任风险挂钩,就不利于严格控制用户随意通过人工智能生成作品并以作者身份公开和传播这类特殊作品,导致对现行自然人创作的市场造成冲击。

在人工智能生成内容侵害他人著作权的问题上,大模型技术提供者是否需要承担相应的著作权侵权责任也值得探讨。从原则上说,大模型技术提供者只是为生成人工智能内容提供技术基础,并不直接参与涉嫌侵害他人著作权的行为。但是,毕竟用户是利用人工智能获得生成内容的,在认定相关侵权责任时也并非绝对不考虑模型技术提供者。《互联网信息服务深度合成管理规定》即对互联网信息服务深度合成作了具体规定,违反这些规定将要承担相应的责任。

至于人工智能服务提供者,根据现有的人工智能服务提供者与用户之间的格式合同,人工智能服务提供者通常会对用户利用其人工智能生成内容的权利归属和法律风险予以明确。如 ChatGPT 人工智能服务就是如此。对于服务提供者而言,这种做法或许首先考虑的是避免任何因为人工智能生成内容引发的法律风险。在这种情况下,即使出现人工智能生成内容侵害他人著作权的情况,也会由用户承担侵权责任。

当然,从一般意义上说,人工智能生成内容涉及的侵害他人权益,并不完全限于侵害著作权,也可能侵害其他民事权利。这一问题需要进一步研究。

张平：面对生成式人工智能的新技术挑战，具体到侵权责任制度，应更重视预防损害的作用，而不是一味强调制裁从而抑制企业的创新动力。就 AIGC 侵权问题而言，应当分阶段、分环节、分主体进行讨论。

一是训练数据环节，对服务提供者的侵权责任认定。按照《生成式人工智能服务管理暂行办法》的规定，生成式人工智能服务提供者应当保证训练数据的合法、真实、准确、客观，但实践中确实很难达到这一要求，只能是尽可能做到基本的注意义务，根据《民法典》《网络安全法》《数据安全法》《个人信息保护法》以及相关的知识产权法的规定并依照责任原则承担事后的补偿责任。

二是使用环节，对用户的侵权责任认定。根据用户和服务提供者之间的协议，目前全球范围内大多数 AIGC 服务提供者通常会将生成内容（Output）的权利转移给用户，继而由用户承担责任，这符合权利、责任和利益相一致的原则。然而，鉴于生成式人工智能存在“算法黑箱”及其算法模型的复杂性，普通用户缺乏对生成内容的预期，并难以理解其运作逻辑，实践中往往会产生如郭禾教授所谈到的更为复杂的第二种情况。在这种情况下，让用户承担全部责任并不公平。因此，在侵权事件发生时，需考虑用户是否“故意”、服务提供者是否存在“引诱侵权”以及服务提供者是否采取相关技术措施来识别侵权内容等诸多因素。此外，服务商和用户之间的免责协议并不能对抗第三方，服务商还是可能要承担共同侵权责任。

三是服务提供者的内容审查注意义务。2020 年，欧盟颁布了《数字市场法》，首次确立了“数字守门人”制度。人工智能开发商或者服务商作为一个网络平台的构建者、控制者以及受益者，有义务确保人工智能服务平台安全和合法合规地运行。服务提供者应对数据集进行识别和审查。服务提供者可以利用一些技术措施来识别训练数据和用户生成内容中是否有违法信息。

在内容生产不断迭代和完善的背景下，数据输出阶段的提供者应建立投诉和举报机制，以对用户报告的涉嫌侵权的有害内容进行检查。若确认内容确实侵犯了版权，提供者就有责任采取必要措施，如移除该内容并停止其生成，以避免侵权行为的再次发生。

熊琦：在人工智能生成内容满足作品构成要件的前提下，认定是否构成侵权以及由谁承担侵权责任，首先需要确定人工智能生成内容的权利归属。与自然人创作作品不同，从内容生成的来源看，人工智能生成内容包括了人工智能软件的设计者和使用者两个渠道。

人工智能软件的设计者通过人工智能的核心代码、训练数据来源和偏好来影响未来所生成内容的风格，使用者则是通过输入提示词来调整所生成的内容。判断究竟由谁享有著作权，仍然要回归独创性来源的判断。使用者的提示行为，本质上就是对人工智能设计者主导的软件提出要求。尽管人工智能的使用者通过输入提示语来调整内容生成的方向，但由于提示语过于抽象且生成结果不可预测，使用者的提示更接近于建议，类似于雇用他人为自己创作，所以使用者不应被视为作者。人工智能通过对海量数据的学习来发现其中的规律，并以此生成内容。其中探寻规律和范式的方法，依赖于设计者如何选择数据样本以及如何标注算法反馈结果，所以把设计者视为作者是现阶段更符合智力贡献来源的判断。在此基础上，法院可以类推适用委托作品规则来处理。在无委托合同约定的情况下，著作权应由决定人工智能核心代码、训练数据来源和发展偏好的设计者享有。

另需注意的是，由于生成式人工智能技术尚在发展完善中，通过提示所获得的内容可能与他人作品存在实质性相似的问题。为了避免此类著作权风险，提供生成式人工智能服务的平台往往通过“最终用户服务协议”来约定著作权的归属，这种将著作权让与使用者和限制商业性使用的合同条款，旨在帮助人工智能设计者规避内容生成过程中可能出现的侵权风险。

然而，即使存在上述详细的权利归属约定，也无法阻止法律争议的大规模爆发。实践中已有很多针对生成式人工智能设计者和平台的侵权纠纷。当然，这种大规模诉讼的出现，并不意味着生成式人工智能设计者或者平台一定存在侵权行为。只是每当新兴产业开拓新兴市场后，原市场中的权利人都会因既有市场遭遇冲击和萎缩而奋起捍卫自己的利益。从录音制品到互联网介入内容生成的时代，都一再证明了这种因果关系。但司法机构对相关案件的判决结果，却可能在很大程度上重塑新旧产业之间的关系，甚至左右新兴产业的发展。因此，无论是在输入端未经许可利用作品训练人工智能模型是构成侵权还是属于合理使用，还是对在输出端生成的内容是否具有可版权性的认定，都会对尚未真正获得盈利能力的人工智能产业发展态势带来重大改变。

张吉豫：人工智能生成内容侵犯他人著作权的情况，需要在相关主体之间进行合理的责任划分，促进最有效率的风险预防机制的实现，并给予相应主体比较明确和稳定的预期。生成式人工智能服务提供者应当根据我国《生成式人工智能服务管理暂行办法》，建立健全投诉、举报机制，接受公众监督，并在发现违法内容或者发现用户从事违法活动时，依法采取相应措施。对于侵犯著作权的民事责任，可基于损害可能的范围和主要因果关系，区分生成内容对他人著作权侵害的不同阶段或形式来讨论责任。

对于生成式人工智能服务向使用者提供侵权内容的情况，服务提供者一般应当承担停止侵害的责任。对于损害赔偿，则应以过错责任为主，考虑提供者和使用者是否具有过错。对基于使用者的提示词生成侵权内容的生成式人工智能提供者，可以参考《最高人民法院关于审理侵害信息网络传播权民事纠纷案件适用法律若干问题的规定》中对于网络服务提供者的过错认定规则，考虑人工智能系统的性质、损害发生时该领域的技术发展水平、可以采取的必要措施及其成本和效果、系统使用规模等因素综合确定。当提供者能够证明自己已经采取了符合损害发生时技术水平的必要措施来预防损害，但仍无法防止损害的发生，则应认定其不具有过错。使用者也应当注意遵守法律，尊重他人的合法权益，正确使用人工智能系统，不得故意诱导。如果使用者的行为导致侵权内容的生成，并具有过错，则应承担侵权责任。

对于使用者将侵权内容向外传播的情况，使用者应承担直接的侵权责任，传播平台则按照“通知—删除”规则，在满足相关条件时可免除损害赔偿责任；但若平台明知或应知侵权行为的发生却未采取必要措施，则构成共同侵权。具体情况需结合个案进行判断。

（《数字法治》2024 年第 1 期）

人工智能生成的内容（AIGC）受著作权法保护吗

朱　阁[*]　崔国斌[**]　王　迁[***]　张湖月[****]

按语：

自2023年以来，生成式人工智能快速迭代，技术的革命性发展给整个产业、社会、法律带来了多重挑战。AI技术利用机器学习算法生成文本、图像、音乐、视频等，其生成的内容在质量上已接近甚至超越人类作品。人工智能生成的内容（AIGC）是否应该受到著作权法的保护成为法律界和学术界热议的焦点。对于这个问题，不同国家给出了不同的回答，AIGC可版权性问题的实践进程迥异。美国版权局2023年接连拒绝版权登记的数个案例，强化了实践中AIGC可版权性的判断标准。2023年11月27日，北京互联网法院对"李某与刘某侵害著作权纠纷案"作出判决，首次认定"AI文生图"具有可版权性。各国的不同实践进一步凸显了此问题带来的理论挑战与争议。基于此，AIGC可版权性问题成为人工智能治理与知识产权领域共同关注的焦点问题。

本次对话源于2024年年初一场热烈深入的学术讨论，将这场讨论以文字形式呈现给学界，对推动中国自主法学知识体系的构建，建设与本土需求相适应的法律制度具有重要意义。参与本次对话的有来自北京互联网法院审理"AI文生图"著作权案的朱阁法官、清华大学的崔国斌教授、华东政法大学的王迁教授、香港大学的张湖月副教授。朱阁法官与崔国斌教授坚定支持人工智能使用者可

---

* 朱阁：北京互联网法院法官、综合审判一庭庭长、知识产权专业法官会议主任。

** 崔国斌：清华大学法学院教授、博士生导师，清华大学法学院知识产权法研究中心主任。

*** 王迁：华东政法大学法律学院教授、博士生导师，校学术委员会副主任委员，中国版权协会副理事长，全国多家法院和检察院的咨询专家。

**** 张湖月：美国南加利福尼亚大学法学院教授。

以享有对生成内容的著作权，王迁教授与张湖月副教授基于不同视角持相反观点。本对话讨论深入、主题前瞻且具有深度、观点交锋激烈，完整呈现了学术观点的争鸣，使读者能够全面深入地理解AIGC在知识产权领域面临的挑战。

回顾二十多年前，互联网技术最早挑战的也是知识产权法律制度。以美国《数字千年版权法》为最早代表，法律作出了对技术发展的回应。感谢《中国法律评论》为本次讨论提供平台。我们期待通过这次讨论，能够激发更多关于AIGC与知识产权的学术探讨，为法律制度的完善提供理论支持。同时，我们也期待社会各界对这一问题的关注，共同推动AI技术的健康发展。

张凌寒[*]

中法评：就AIGC的作品属性而言，需要解决以下四个问题：其一，在我国，何为传统的"作品"的认定条件；其二，如何理解AIGC与作品认定要件中"独创性"的关系；其三，AIGC是否要专属于文学、艺术和科学领域才可能具有作品属性？其四，AIGC是否改变了"思想—表达二分法"？

朱阁：对于第一个问题，《著作权法》第3条规定：本法所称的作品，是指文学、艺术和科学领域内具有独创性并能以一定形式表现的智力成果。根据上述规定，审查原告主张著作权的客体是否构成作品，需要考虑如下要件：(1)是否属于文学、艺术和科学领域内；(2)是否具有独创性；(3)是否具有一定的表现形式；(4)是否属于智力成果。从司法实践中看，常规普通的著作权案件中，原告主张著作权的客体一般都会自然具备要件1、要件3、要件4，无须司法者过多关注与论述。例如，多发的图片类、文章类及视频类著作权侵权纠纷。

只有在少数的新型、疑难案件中，这三个要件是否具备才需要仔细推敲考

---

* 张凌寒：中国政法大学数据法治研究院教授、博士生导师，联合国高级别人工智能咨询机构专家、《人工智能法（学者建议稿）》起草专家组牵头专家。

量。在“第九套广播体操著作权案”[北京市西城区人民法院（2012）西民初字第14070号民事判决书]中，法院认为，广播体操的动作有强身健体之功用，而无思想情感之表达，既不展现文学艺术之美亦不展现科学之美，故不属于文学、艺术和科学领域内的智力成果。在该案中，原告主张的“广播体操的动作”这一客体，因不具备作品定义中的要件1，从而未被认定为“作品”。在“《面罩》节目模式案”中，法院认为，原告主张的节目模式实际上是对《面罩》节目的构思、创意，其只有通过语言文字、符号、线条、色彩、声音、造型等客观形式将这种构思、创意表达出来，才能被人们感知，才能以有形形式进行复制。在该案中，原告主张的“节目模式”这一客体，因不具备作品定义中的要件3，从而未被认定为“作品”。《北京市高级人民法院关于审理涉及综艺节目著作权纠纷案件若干问题的解答》第10条问答明确：“综艺节目模式是综艺节目创意、流程、规则、技术规定、主持风格等多种元素的综合体。综艺节目模式属于思想的，不受《著作权法》的保护。综艺节目中的节目文字脚本、舞美设计、音乐等构成作品的，可以受《著作权法》的保护。”思想只有表达出来，才符合“具有一定的表现形式”这一要件。据我所知，在与人工智能生成物相关的案件中，“智力成果”要件才被更多地予以讨论。例如，在北京互联网法院2018年审理的“人工智能生成物著作权案”[北京互联网法院（2018年）京0491民初239号民事判决书]中，法院认为：“虽然随着科学技术的发展，计算机软件智能生成的此类‘作品’在内容、形态，甚至表达方式上日趋接近自然人，但根据现实的科技及产业发展水平，若在现行法律的权利保护体系内可以对此类软件的智力、经济投入予以充分保护，则不宜对民法主体的基本规范予以突破。故本院认定，自然人创作完成仍应是著作权法上作品的必要条件。”在该案中，原告主张的“威科先行库自动生成的分析报告”这一客体，因不具备作品定义中的要件4，即法院认为该客体不属于自然人的智力成果，从而未被认定为“作品”。《北京市高级人民法院侵害著作权案件审理指南》第2.1条明确，审查原告主张著作权的客体是否构成作品时，一般要考虑“是否属于……自然人的创作”这一因素。

“独创性”是认定作品的核心要件，我国的著作权立法中未对“独创性”予以明确定义，司法解释将这一空白予以填补。《最高人民法院关于审理著作权民事纠纷案件适用法律若干问题的解释》第 15 条规定:“由不同作者就同一题材创作的作品,作品的表达系独立完成并且有创作性的,应当认定作者各自享有独立著作权。”根据该规定,“独创性”是指独立完成并且有创作性,从可操作性的角度理解,可以说,原告主张权利的“作品”并非从对他人作品的抄袭得来,并且与他人作品存在可识别的差异性,即具有独创性。

对于第二个问题,在司法实践中,“独创性”是具有裁量性质的要件,并且“门槛”较低。2018 年 7 月 9 日,最高人民法院副院长陶凯元发表了题为《以习近平新时代中国特色社会主义思想为指引　全面开启新时代知识产权司法保护新征程——在第四次全国法院知识产权审判工作会议暨知识产权审判工作先进集体和先进个人表彰大会上的讲话》,指出:“以妥当的法律手段呵护创新……特定客体是否属于法定作品类型仍会因独创性标准的弹性而具有一定解释空间。要妥善运用著作权权利的兜底性规定和独创性裁量标准,对于确有保护必要、有利于产业发展的客体或者客体使用方式,可以根据最相类似的作品类型或者运用兜底性权利给予保护,保护新兴产业发展壮大。”体育赛事直播节目的版权属性曾经争议多年,2020 年,多地法院对体育赛事直播节目著作权纠纷作出观点一致的判决。在“中超赛事著作权案”[北京市高级人民法院(2020)京民再 128 号再审民事判决书]中,北京市高级人民法院认定涉案中超赛事构成类电作品(视听作品),撤销北京知识产权法院作出的二审判决,维持北京市朝阳区人民法院此前作出的一审判决。可以说,关于作品独创性“高低”和“有无”的标准之争,在司法实践中已经形成主流观点,即作品独创性是“有无”问题,而非“高低”问题,只要“有”独创性就满足了“独创性”要件,没有程度或比例的要求。实际上,在很多著作权案件中,原告主张权利的“新”客体经常比较容易获得作品资格。在“抖音短视频著作权案”[北京互联网法院(2018)京 0491 民初 1 号民事判决书]中,法院认为:“短视频具有创作门槛低、录影时间短、主题明确、社交性和互动性强、便于传播等特点,是一种新型的视频形式。上述特点一般会使短视频制作过程简化,制作者以个人或小团队居多。基于短视频的创作和传播有助于公众的多元化表达和文化的繁荣,故对于短视频是否符合创作性要求进行判断之时,对于创作高度不宜苛求,只要能体现出制作者的个性化表达，即可认定其有创作性。”法院最终根据“只要能体现出制作者的个性化表达，即可认定其有创作性”这一标准认定涉案 13 秒短视频构成作品。在“微信红包著作权及不正当竞争案”［北京互联网法院（2019）京 0491 民初 1957 号民事判决书］中，法院认为：“涉案‘微信红包聊天气泡和开启页’的颜色与线条的搭配、比例，图形与文字的排列组合，均体现了创作者的选择、判断和取舍，展现了一定程度的美感，具有独创性，构成我国著作权法意义上的美术作品。”虽然“微信红包”会用到很多与实物红包相同的元素，但还是可以从设计上体现出差异性，这种“大同小异”最终都被认定为作品予以保护。有学者提出著作权保护的“宽进宽出”分析框架，我认为非常贴近著作权审判的实际，“有”独创性就可以受到著作权法的保护，受保护的强度与独创性的程度相关，独创性高的受保护的程度高，独创性低的受保护的程度低。

“AI 文生图著作权案”［北京互联网法院（2023）京 0491 民初 11279 号民事判决书］中关于“独创性”的认定仍旧沿袭了上述司法实践中的标准。法院认为：“利用人工智能生成图片，是否体现作者的个性化表达，需要个案判断，不能一概而论。一般来说，人们利用 Stable Diffusion 类模型生成图片时，其所提出的需求与他人越具有差异性，对画面元素、布局构图描述越明确具体，越能体现出人的个性化表达。本案中，从涉案图片本身来看，体现出了与在先作品存在可以识别的差异性。从涉案图片生成过程来看……原告对于人物及其呈现方式等画面元素通过提示词进行了设计，对于画面布局构图等通过参数进行了设置，体现了原告的选择和安排。”通过该案可以看出，按照独创性有无的标准，会有相当一部分利用人工智能生成的内容被认定为作品，受到著作权法的保护。可以说，虽然技术越发展，工具越智能，人的投入就越少，但是这并不影响我们继续适用著作权制度来鼓励利用新工具进行作品创作。

对于第四个问题，“思想—表达二分法”是区分作品中受保护的要素和不受保护的要素的基本原则，其内涵是著作权法保护思想的表达而不保护思想本身。虽然“思想—表达二分法”是一个比较好的分析框架，但是从来也没有把思想和表达的边界划分得非常清晰明确，特别是在新型疑难案件中。在“琼瑶诉于正著作权案”［北京市高级人民法院（2015）高民（知）终字第 1039 号民事判决书]中，法院认为："表达不仅指文字、色彩、线条等符号的最终形式，当作品的内容被用于体现作者的思想、情感时，内容也属于受著作权法保护的表达，但创意、素材或公有领域的信息、创作形式、必要场景和唯一或有限表达则被排除在著作权法的保护范围之外。"在该案中，法院将文学作品的表达与思想予以进一步区分："文学作品的表达，不仅表现为文字性的表达，也包括文字所表述的故事内容，但人物设置及其相互的关系，以及由具体事件的发生、发展和先后顺序等构成的情节，只有具体到一定程度，即文学作品的情节选择、结构安排、情节推进设计反映出作者独特的选择、判断、取舍，才能成为著作权法保护的表达。"可以说，人物设置及其相互关系，需要在个案中判断究竟是思想还是表达。我认为，大家认为 AIGC 对"思想—表达二分法"冲击较大，可能是将利用 AI 的人与 AI 所完成的工作分别看待造成的，这样一来，人输入的提示词就往往被看作思想。实际上，AI 的技术原理不同于搜索引擎，输入提示词不同于输入检索词，从整个生成内容的过程来看，人输入的提示词决定了 AI 生成的内容，人与其利用的 AI 是一个整体。我们的工作不是要判断提示词的独创性，而是要看最终生成的内容是否体现了自然人的独创性智力投入。

在"AI 文生图著作权案"中，法院指出："从原告构思涉案图片起，到最终选定涉案图片止，这整个过程来看，原告进行了一定的智力投入，比如设计人物的呈现方式、选择提示词、安排提示词的顺序、设置相关的参数、选定哪个图片符合预期……涉案图片体现了原告的智力投入。"因此，审理或讨论与 AIGC 相关的案件，我们需要查明和了解涉案的 AI 技术原理是什么，其技术原理是否给予利用其的自然人一定的创作空间；另外，我们还需要查明和了解利用 AI 技术生成内容的人投入了什么、其是否进行了独创性的智力投入。只有做到这些工作，才能继续适用好"思想—表达二分法"这个分析框架，至于是否在 AIGC 相关的案件中，将"思想—表达二分法"的边界再降低一下，将抽象的内容（或者说把以前认为不那么具体的内容）更多地偏向于表达，我觉得可以持续讨论。

崔国斌：现在人工智能生成物具有文字、绘画、音乐、视听等作品的外观，也能够以一定形式表现，可以被视为是 AI 创作者或使用者智力劳动的成果。

有意见认为,作品必须是人类作者的智力成果,缺乏用户干预的 AIGC 实际上由程序算法独立输出,并非人类作者控制输出的智力成果。实际上,AI 系统本身并非独立的法律主体,而是由开发者制作的创作工具。如果没有 AI 设计者的智力劳动——设计出 AI 系统,人工智能生成物并不会凭空产生。同时,著作权法并没有明确要求智力成果一定要通过人的身体直接输出,而不能通过工具来间接呈现或生成。只要自然人(用户或 AI 开发者)的智力因素最终影响了 AIGC 生成物的内容,将它视为自然人的智力成果,符合公众对于“智力成果”的一般理解。

还有意见可能会认为,现有著作权法从字面上排斥人工智能生成物。例如,《著作权法实施条例》(以下简称《条例》)第 3 条第 1 款规定:“著作权法所称创作,是指直接产生文学、艺术和科学作品的智力活动。”第 4 条提供了“美术作品”的定义,即“美术作品,是指绘画、书法、雕塑等以线条、色彩或者其他方式构成的有审美意义的平面或者立体的造型艺术作品”。如果 AI 生成物是绘画形式的作品,反对意见可能会认为,这里的“直接产生……作品的智力活动”自然是要求作者直接绘制线条或色彩。在用户利用 AI 创作时,用户发布文本指令,然后由 AI 系统直接输出生成物,而不是用户直接输出。换言之,用户和最终生成物之间隔着 AI 系统,用户的行为并没有“直接产生”作品,因此不是著作权法意义上的“创作”。

《条例》第 3 条第 2 款规定:“为他人创作进行组织工作,提供咨询意见、物质条件,或者进行其他辅助工作,均不视为创作。”从第 3 条上下文的逻辑看,立法者将第 2 款所规定的诸多情形排除出第 1 款所述“创作”范围的具体原因并不明确,既可能是因为它们不属于第 1 款所说的“智力活动”,也可能是因为它们不“直接产生”作品。因此,第 3 条第 2 款对于解释第 1 款中的“直接产生”的含义、用户利用 AI 创作的行为是否“直接产生”作品,缺乏明确的指引。

从著作权法激励创作的立法目的看,“直接产生……作品的智力活动”应该被理解为用户的行为直接导致特定作品的产生,而非要求该作品中的所有表达细节都源自用户。例如,在演绎作品中,很多表达细节就并非直接源于演绎者,而是原作者。这并不妨碍我们将演绎行为视为“直接产生……作品”的创作行为。类似的逻辑同样适用于 AIGC。用户的行为直接触发了 AI 创作过程，尽管创作过程中很多表达源自 AI 系统，但这并不妨碍用户也同时贡献自己的表达，因而其行为可以被视为“直接产生……作品”的创作行为。换言之，问题的关键不在于用户与生成物之间是否隔着 AI 系统，而在于用户是否直接触发创作行为并贡献足够多的独创性表达。

对于第三个问题，答案是肯定的，即 AIGC 的确要落入文学、艺术和科学领域，才可能具有作品属性。普通的体育活动、棋牌赛事、时装走秀或街头活动等，通常并未落入著作权法意义上的文学、艺术或科学领域，因此，运动员、棋牌玩家、模特或街头行人就不能将自己在上述场景中的“表演”类比为舞蹈，进而寻求著作权保护。在这一意义上，“文学、艺术和科学领域”的确起到限制著作权法保护客体范围的作用。不过，这一限制对于 AIGC 而言，却没有实质意义。如前文所述，AIGC 具备了典型的文字、绘画、音乐或视听作品的外观，有开发者或用户的智力干预，也会给公众带来类似这类自然人作品的美学体验，因此，认定 AIGC 属于文学、艺术和科学领域的智力成果，并不存在明显的障碍。

对于第四个问题，著作权法仅保护作品表达，而不延伸至所谓“思想、程序、操作方法或数学概念本身”[《与贸易有关的知识产权协定》(TRIPs)第 9 条第 2 款]，此即著作权法下所谓“思想—表达二分法”。这里的“思想”是笼统的说法，涵盖表达之外的不受保护的各种内容，理论上大致可以分成三大类，即基本的表达要素、抽象内容和解决方案。不同类别之间的边界依然很模糊，甚至相互重叠。理论上，AIGC 的出现并没有影响著作权法对于“思想”内容的排斥。无论“思想”内容源于自然人(开发者或用户)，还是 AI 系统，都无法获得著作权法保护。在这一意义上，AIGC 并没有改变不受保护的“思想”的范围。例如，用户在使用生成式人工智能绘图时，单一回合输入的提示词文本虽然有可能构成文字作品(表达)，但是在多数情况下它只是勾勒或定义了 AI 输出图形中非常抽象的内容，因此，相较 AI 输出的图形而言，用户在单一回合输入提示词时所做的贡献只是抽象思想，而非图形作品中的具体表达，无法获得著作权法保护。在这一点上，我和本次对话的王迁老师的认识自始至终都是一致的，与美国版权局在诸多案例中所表达的意见也没有出入。不过，在用户选定特定输出物后，再以受控方式对它进行线性修改，则用户的贡献就不一定只停留在抽象思想层面，而是有可能具体到表达层面了。这是我与王迁老师意见真正分歧的地方，之后还将进一步展开。针对用户利用相同提示词测试不同 AI 系统，得出不同的输出画面这一测试结果，在本人看来，并无任何意外之处。这只是证明，单一回合的提示词输入并没有足够具体地限定 AI 输出物的表达细节；这并不构成对我上述意见的反驳。

AIGC 中除了不受保护的“思想”外，还有很多并非直接源于 AI 用户的“表达”。例如，在用户输入简单提示词的情况下，AI 系统输出的图片内容，明显具有作品“表达”的外观。但是，该表达并非源于用户，而是源于 AI 系统的随机输出。由于 AI 系统输出此类“表达”的边际成本几乎可以忽略不计，学术界多数意见认为，著作权法没有必要保护此类“表达”，尽管各自的理由可能有很大差异。因此，AIGC 虽然没有改变著作权法对于“思想”范围的界定，却改变了著作权法对于受保护的“表达”的理解：那些直接源于 AI 系统而非用户的“表达”，虽然具有作品表达的外观，却不能获得著作权法的保护。著作权法将来需要增加区分用户表达与 AI 生成表达的规则。

王迁：就哪项要件是决定 AIGC 成为著作权法意义上作品的关键，我有不同意见。具备独创性当然是构成作品的必要条件。然而需要强调的是，只有著作权法意义上的表达才有判断独创性的价值。如果某人作出的智力贡献属于“思想—表达二分法”中的思想，那么根本无须讨论独创性问题。换言之，脱离“思想—表达二分法”去讨论独创性，包括讨论一种成果是否为智力成果，是否体现了智力投入，都是没有意义的，因为不受保护的思想当然可以是高度“独创”的，是智力成果，体现了智力投入。例如，在爱因斯坦提出广义相对论之前，没有人能想到时空是弯曲的，光在宇宙中走的并不是直线，而是受引力影响形成的曲线。爱因斯坦广义相对论的独创性可谓毋庸置疑。然而，类似于相对论这样的思想并不可能因其属于具备独创性，甚至是具备高度独创性的智力成果就能作为作品受著作权法的保护，因为再有创意和价值的思想都必须在著作权法中留在公有领域。

由此可见，在讨论 AI 生成的内容是否应具备独创性而被认定为作品之前，必须要解决一个前提问题，那就是该内容是否为人类贡献的表达？该问题的另一种表述就是，该内容是否为人类的创作行为所形成的？这两个问题之所以是等效的，是因为著作权法意义上的创作必须是直接形成构成作品的表达性要素的行为。如果某人贡献出的成果不属于著作权法意义上的表达，那就意味着他没有实施著作权法意义上的创作行为。此时去讨论该成果的独创性问题，包括该成果是否为智力成果、独创性的要求是“有无”还是“程度”，都是没有意义的。因此，爱因斯坦贡献出的广义相对论作为一种理论体系，是不受著作权法保护的思想；而他通过思考形成该体系的过程也不能被认为是著作权法上的创作。只有当爱因斯坦或其他人以文字形式将其思想体系呈现出来时，如爱因斯坦那篇著名的论文《论运动物体的电动力学》以及奥地利物理学家泡利那长达 237 页的相对论综述，才能被认为是著作权法意义上的表达，此时去讨论独创性才有意义。

需要指出的是，《著作权法实施条例》第 3 条第 1 款规定：“著作权法所称创作，是指直接产生文学、艺术和科学作品的智力活动。”其中的“直接产生”强调的正是人基于自由意志直接决定构成作品的表达性要素。这里的“直接产生”并非指百分之百决定，它当然可以包括一些他人的贡献（如编辑对来稿的文字调整）和一些偶然因素（如作画时画笔意外偏离原定轨迹而产生的效果），但人的自由意志必须占主导性、决定性的地位。如果表达性要素并不由人的自由意志直接决定，那么即使其“体现了此人的独创性贡献”，也不能说此人对其实施了创作行为，并认定此人为著作权法上的作者。对于上文提及的泡利长达 237 页的相对论综述而言，每一个句子都能“体现爱因斯坦的独创性贡献”。如果没有爱因斯坦贡献出的具有高度独创性的相对论，哪里还有相对论综述呢？然而，能就此认为泡利撰写的相对论综述就是爱因斯坦的作品吗？显然不能。

崔国斌教授提出，“在演绎作品中，很多表达细节就并非直接源于演绎者，而是原作者。这并不妨碍我们将演绎行为视为‘直接产生……作品’的创作行为”，以此论证哪怕是不直接源于本人的表达，也可以构成“创作”。然而在演绎作品的创作中，演绎者的“创作”指向的也是源于其本人的、有别于原作品的表达性要素。因为演绎者基于自由意志能够直接决定的，并不是构成原作品的表达性要素，而是以原作品为基础，通过发展原作品的表达而产生的新的表达性要素。演绎者不可能对原作品的表达性要素主张权利。例如，翻译者将以西班牙语写成的小说《百年孤独》翻译成中文，当然就成为翻译作品的作者，享有翻译作品的著作权。但翻译者不可能对马尔克斯创作的原作，包括其独创性的情节设计享有任何权利。崔国斌教授所述的“在演绎作品中(的)很多表达细节”应当是指类似于《百年孤独》中的故事细节，然而《百年孤独》的翻译者并没有创作出这样的“表达细节”，其创作的(“直接产生的”)是中文的文字组合、遣词造句。翻译者也只能对该文字组合、遣词造句享有权利。这就是为什么要出版《百年孤独》的中文版不能仅取得翻译者的许可，还要取得原著著作权人的许可。同样道理，要解决 AI 生成的内容是否属于作品的问题，首先要考虑的也不是研发者或者用户作出的贡献(许多情况下体现了智力投入)是否具备独创性、研发者或者用户的独创性贡献是否体现到了 AI 生成的内容中，以及是否能在形式意义上称该内容为“智能成果”，而是这种贡献相对于 AI 生成的内容而言是否属于思想。也就是 AI 生成的内容作为形式意义上的“表达”，是否源于研发者或者用户的创作行为。此前法院认定中超赛事直播画面(而不是赛事本身)、长度仅为 13 秒的以“汶川大地震”灾后重建为主题的短视频，以及微信红包的开启动画构成作品，其前提都是人基于自由意志直接决定了视听作品的基本表达要素。因此，其中判决的争点(如笔者不赞同中超赛事直播案的再审判决)也仅集中在相关成果是否符合独创性及其他作品认定要件(如视听作品必须被“固定”在物质载体上)，而不在于这些成果是否由人的自由意志所直接产生。

与之相反，“AI 文生图著作权案”并不是对前述司法判决思路的延续，而是从根本上颠覆了作品认定的基本原则。显而易见的事实是，“生成式人工智能”之所以得名，正是因为此种 AI 可以根据其独特的算法和所受的数据训练，自行生成五花八门的内容。无论是设计算法和训练人工智能的研发者，还是输入提示词的用户，都不可能决定生成式人工智能自行产生的形式上接近于人类作品的内容。"人输入的提示词决定了AI生成的内容"这一观点与客观事实相去甚远。有兴趣的读者可以自行做一个简单的实验,那就是将相同的提示词输入不同的生成式人工智能,如四款国产生成式人工智能绘图程序:百度公司开发的"文心一言"、腾讯公司开发的"混元"、阿里云公司开发的"通义万相"和字节跳动公司开发的"豆包",观察不同的AI生成的内容是否相同。事实上,不同的生成式人工智能根据相同的提示词生成的内容会有极大的差异。这就说明用户的提示词只能影响生成式人工智能所生成内容的主题和风格等,但是无法决定表达性要素,如文字内容的文字组合、遣词造句和图形内容的具体构图。因此,即使用户的提示词在复杂到一定程度的情况下本身可以构成文字作品,例如,一位诗人为了让生成式人工智能"文生图"而创作了一首诗歌,并将该诗歌作为提示词输入生成式人工智能,用作提示词的诗歌本身当然是受保护的作品,但该提示词相对于生成式人工智能所产生的内容而言,仍然是思想。此时去讨论用户的提示词是否具有独创性,是没有意义的。

与此同时,著作权法当然不会要求作品必须通过人嘴或人手直接输出,而是允许通过工具来实施创作行为,实现自由意志所决定的构成作品的表达性要素。然而,著作权法意义上的创作工具只能是实现创作者自由意志所决定作品的表达性要素的消极工具,而不能实质性地参与作品表达性要素的决策过程。试问,人们所普遍承认的创作工具,从早期的纸、笔到现在的照相机、文字处理软件如Microsoft Word和WPS,以及绘图软件Photoshop,哪一个自行决定了构成作品的表达性要素?如果同一位作家先后使用Microsoft Word和WPS输入了相同的文字,这两款文字处理软件却都生成了与作家的输入截然不同的文字组合、遣词造句,它们还能被称为是作家的"创作工具"吗?如果一位摄影师在对拍摄对象、拍摄角度、焦距、光线和拍摄时机等一切影响影像内容的因素作出了完全相同的选择和判断的情况下,分别用两个不同品牌的照相机或智能手机拍照,得到的两张照片在影像内容上都与摄影师通过取景框和上述选择判断而决定的影像内容相去甚远,且相互之间也差异极大,这两款照相机或智能手机还能被视为"创作工具"吗?"只要人的智力投入能够'影响'最终获得的内容,就认为该内容是此人创作的作品"这一命题,不仅与《著作权法实施条例》

对“创作”的定义——“直接产生文学、艺术和科学作品的智力活动”不符,也会导致极其不合理的结果。试问,美术老师向全班30名同学发出细致、具体且具有创意的绘画要求,该要求能不能影响30名同学绘画的内容?回答当然是肯定的。然而,能就此认为这30名同学完成的30幅绘画就是这名美术老师所创作的作品吗?显然不能。

因此,否认用户以生成式人工智能为“创作工具”创作出了作品,并不是因为用户和最终生成的内容之间“隔着”生成式人工智能,而是因为用户的贡献(包括智力贡献)不能决定构成内容的表达性要素。当用户用Microsoft Word或者WPS撰写小说时,用户和存储在计算机硬盘中的小说之间也“隔着”计算机和文字处理软件,但是没有人会否认用户的行为直接产生了文字作品。此外,笔者从未主张过“直接产生……作品”就是指百分之百地决定构成作品的每一个细节。在《再论人工智能生成的内容在著作权法中的定性》一文中,笔者有如下表述:“‘直接产生……作品’要求民事主体基于其自由意志决定构成作品的表达性要素,但这里的‘决定’并非局限于百分之百地确定作品中的每一处细节,而是可以留下容纳其他来源贡献的空间。只是其他来源的贡献不属于实质地改变或发展作品的表达,从而不能被认为构成‘创作’。”而AI生成的内容,实质上是由AI的算法和所受训练决定的,不是人的“创作”。

在生成式人工智能的用户并没有通过输入提示词实施创作行为的情况下,不但讨论由此生成的内容是否具有独创性、是否体现了用户的智力投入没有意义,讨论该内容是否处于文学、艺术和科学领域也是没有意义的。“第九套广播体操著作权案”之所以成为以智力成果并不位于文学、艺术和科学领域而否定该成果是作品的经典案例,是因为第九套广播体操富有独创性的动作设计直接源于人的智力投入,是那些设计广播体操的专家基于自由意志直接决定了构成第九套广播体操的每一个动作。在这种情况下,讨论该成果所处的领域才有意义。换言之,人实施了基于自由意志决定表达性要素的行为是讨论其他一切作品著作权问题的前提。

张湖月:对于第二个问题,我认为从实现著作权法立法目的和政策考量的角度，AIGC 或许不宜具备“独创性”。具体而言：

在生成式人工智能问世之前，“独创性”就已经是一个充满争议的概念。考察 AIGC 是否具备“独创性”时，存在很多牵强的地方和难以协调的矛盾。因此，回归立法论的角度并纳入政策考量，可能是一种更能提供新见解和促成共识的方法。问题也从“是否”转向了“应否”。为了解答这一问题，我们需要考虑著作权法的立法目的、所期望保护的权益价值、意图实现的社会功能和公共目标，以及与其他制度安排的整体互动效果；再进一步思考赋予 AICG 著作权是否有助于实现这些目标价值，还是可能带来意外的负面影响，以及是否存在其他更为合理的设计来实现这些目标价值。例如，主张 AIGC 受著作权保护的政策论点有两个：一是认为这将激励 AI 的投资研发和用户使用 AI 进行创作的行为；二是基于公平原则，认为既然 AIGC 面临著作权侵权风险和合规责任，就应该给予相应的著作权保护。然而，这两个论点都站不住脚。正如后面将详细解释的，开发者和用户并不需要通过 AIGC 的著作权保护来获得激励，设定著作权反而可能导致相反的效果；同时，AIGC 所带来的法律风险和义务也可以通过其他途径得到“抵消”。著作权法是一个不断发展、紧密贴合产业现状和技术进步、重点关注利益平衡的法律制度，采取法律和政策相结合的研究视角与著作权法的精神是非常契合的。

从立法政策角度出发，我和杨颂教授于 2024 年 2 月发表的文章《生成式人工智能与版权：动态视角》（*Generative AI and Copyright: A Dynamic Perspective*），首次为 AIGC 的著作权制度设计提供了一个基于经济建模的动态分析框架。我们考察了不同制度设计对 AI 公司、人类创作者以及整体社会福利的影响，发现这些影响受到三大环境因素的制约：AI 训练数据的稀缺程度、AI 模型的质量水平以及行业竞争情况。例如，在训练数据丰富的情况下，通过著作权保护 AIGC，短期内将激励人们更多地使用 AI 进行创作，吸引更多人成为创作者，并提升创作效率。这样一来，AI 公司的利润和人类创作者的总收入都将得到提升。然而，由于 AIGC 被赋予排他性权利，过度的著作权保护最终可能减少消费者剩余，从而降低整体社会福利。此外，虽然对 AIGC 实施著作权保护可以刺激市场对 AI 的需求，但这也可能削弱 AI 公司持续优化模型的动力，从而阻碍这项技术的长期发展，尤其是在头部公司形成垄断的市场环境中。在训练数据稀缺的情况下，AI 模型质量的持续提升将非常依赖人类后续创作的高质量内容。如果仅向大模型“投喂”AIGC，模型的表现只会趋于下降。对 AIGC 实施著作权保护，虽然可以直接提高市场对 AI 的需求，但也会导致人类创作内容的供应减少。这将不利于 AI 模型的进一步发展，长远来看也会阻碍 AIGC 的生成。

此外，我们的发现显示，不应将“AI 训练数据的合理使用”与“AIGC 著作权保护”这两个问题严格区分讨论，因为它们之间存在互动关系。例如，在训练数据稀缺的情况下，当 AIGC 不受著作权保护时，允许 AI 公司通过合理使用获取广泛的训练数据，将有助于推动生成式人工智能的发展，并提高社会福利。然而，当 AIGC 受到著作权保护时，如果仍然允许 AI 公司通过合理使用获取训练数据，反而可能会对生成式人工智能的发展产生不利影响，并导致社会福利降低。这是因为在后一场景中，人类自主创作内容的激励被极大地削弱，从而严重制约了后续可用的训练数据。

对于第三个问题，根据王迁老师的研究，对作品领域的限定是我国立法者经过谨慎考量后作出的决定，目的是排除已经受工业产权保护的工艺、系统、操作方法和技术方案等，同时也排除了并不适合受任何产权保护的体育竞技动作等。因此，在思考 AIGC 是否受作品领域限定时，我们需要考虑的是：AIGC 为什么能突破作品领域限定背后的法理？AIGC 不受作品领域的限定，也意味着 AIGC 比人类作品更容易构成作品并受到著作权保护——这是不是立法者希望传递的规范信号？这对 AI 产业与内容行业又将产生怎样的影响？

对于第四个问题，我认为，与其说 AIGC 改变了“思想—表达二分法”，不如说在“思想—表达二分法”下，各方对 AIGC 是否构成受著作权保护的“表达”存在争议。这就回到了生成式人工智能是否仅是人类创作“工具”的问题。王迁老师与马克·莱姆利教授均认为，在现行法下，这一问题的答案取决于人类是否决定 AIGC 的表达性要素。以用户为例，如果用户能决定 AIGC 的表达性要素，则生成式人工智能本质上还是用户创作的工具，AIGC 属于用户自己的表达，可以受著作权法保护；如果不能，则用户的表达仅限于提示词。值得注意的是，鉴于AIGC领域也可能出现“版权圈地”和垄断等问题，“思想—表达二分法”在防止公域倾轧和思想垄断方面的立法考虑与政策关切仍具有重要意义。在这种情况下，一个更具建设性的思考方向是，在生成式人工智能时代，我们应如何继续保护“思想—表达二分法”所捍卫的价值？

中法评： 下面我们将围绕“AI技术开发者在AIGC中的贡献认定与保护”这一主题展开研讨。有关该主题的问题主要有：其一，如何认定AI技术在AIGC中的贡献；其二，如何理解AI技术与作品认定要件中“独创性”的关系；其三，著作权法支持AI开发者对AIGC内容的版权或类似保护的主张，会对生成式人工智能产业发展产生何种影响？

朱阁： 对于第一个问题，我认为，AIGC具备可版权性的基础，原因就在于生成式人工智能技术给予了利用该技术的自然人以一定的创作空间。创作空间可以大或者小，但是如果没有创作空间的话，是谈不上进行创作的。以我们熟悉的搜索引擎技术为例，用户在搜索框中输入关键词，搜索引擎即会检索网络资料或一定范围内的数据库，将符合关键词的结果提供给用户，该结果在用户搜索之前已经存在，这个过程有点像“自动取货机”，用户显然没有丝毫的创作空间。生成式人工智能技术则不同，在“AI文生图著作权案”中，涉案的生成式人工智能大模型系由互联网上大量图片和其对应文字描述训练而来，该模型可以根据文本指令，利用文本中包含的语义信息与图片中包含的像素之间的对应关系，生成与文本信息匹配的图片。该图片不是通过搜索引擎调用已有的现成图片，也不是将软件设计者预设的各种要素进行排列组合。在该案中，用户利用涉案AI大模型生成涉案图片，涉案AI大模型给予用户创作空间，用户可以在整个创作过程中进行智力投入，本质上，这仍然是人利用工具进行创作，只不过这个工具比以前的工具更为智能。截至目前，著作权法只保护人类的创作，在作品认定过程中，我们只关心人类是否进行了独创性智力投入，讨论AI大模型对作品的贡献，甚至将AI大模型对作品的贡献与人类的贡献相比较，在著作权法上没有任何意义，无助于对于AIGC是否构成作品的判断与认定。

对于第二个问题，如前面讨论过的，独创性标准本来就是“有无”而非“高低”，同时该标准也具有裁量性质。是否具有独创性要从事实和价值两个层面进行裁量。应当讲，独创性判断既是事实判断，也是价值判断。利用AI技术生成内容是否体现作者的独创性，需要个案判断，不能一概而论。虽然是个案判断，但是我们也需要在当下的社会经济发展中，以利益平衡为重要基点，综合考虑作品类型、创作空间、产业政策、公众需求等因素。在理论界的争鸣、他国司法实践的借鉴过程中，运用本国法律的话语体系，尽力找出AIGC的独创性“门槛”。以“AI文生图”是否可以构成作品这个问题为例，观点的分歧主要在于利用AI技术的人是否“动手去绘制”，如果在整个生成图片的过程中，没有人类“动手去绘制”这一事实，有学者认为该AI文生图不可能构成作品。那么“动手去绘制”可不可以成为一个“门槛”呢？我认为不可以，其一，这与前面讨论的“思想—表达二分法”的问题也可以结合起来说，美术作品的思想与表达的分界线在哪里？《著作权法实施条例》第4条第8项规定：“美术作品，是指绘画、书法、雕塑等以线条、色彩或者其他方式构成的有审美意义的平面或者立体的造型艺术作品。”据此，美术作品的表达是否仅限于色彩、线条呢？与前面提到的文字作品一样，在美术作品最表层的表达即线条、色彩，和最底层的思想即创意之间，也是一个逐渐抽象的过程，中间容纳有可被作为美术作品表达的内容，如构图布局。在“西尔万与叶某青著作权案”[北京市知识产权法院（2019）京73民初1376号民事判决书]中，法院在被告抄袭原告画作的构图元素和整体布局，而非原作中的线条和色彩细节的情形下，认定被告构成侵权。该案即说明，美术作品的表达不仅限于线条和色彩，构图布局也是美术作品的表达。因此，即时没有“动手去绘制”线条、色彩，而只是设计了构图布局，也是贡献了美术作品的表达。实际上，“AI文生图”大模型生成图片的线条与色彩也可以由用户的提示词直接决定。其二，越来越多的包括艺术家在内的社会大众会利用AI进行图片生成，同时随着生成式人工智能技术的发展，我们可以预见，人类的投入将会越来越少，从这个趋势来看，将“动手去绘制”作为AIGC成为作品的“门槛”显然过于苛刻了。因此，还是要回归到作品认定的法律标准上，即利用人工智能生成的图片，只要能体现出人的独创性智力投入，就应当被认定为作品，受到著作权法保护。

正因如此，在“AI 文生图著作权案”中，关于涉案作品的权利归属的讨论，判决书载明：“原告是直接根据需要对涉案人工智能模型进行相关设置，并最终选定涉案图片的人，涉案图片是基于原告的智力投入直接产生，且体现出了原告的个性化表达，故原告是涉案图片的作者，享有涉案图片的著作权。”“而涉案人工智能模型设计者既没有创作涉案图片的意愿，也没有预先设定后续生成内容，其并未参与到涉案图片的生成过程中，于本案而言，其仅是创作工具的生产者。其通过设计算法和模型，并使用大量数据‘训练’人工智能，使人工智能模型具备面对不同需求能自主生成内容的功能，在这个过程中必然是进行了智力投入，但是设计者的智力投入体现在人工智能模型的设计上，即体现在‘创作工具’的生产上，而不是涉案图片上。故涉案人工智能模型设计者亦不是涉案图片的作者。”需要说明的是，上述认定是基于该案的事实和技术查明，包括审理人工智能相关案件在内的新技术案件，需要特别注意对涉案技术原理的查明，不能仅因为技术名称相同，就当然地认为每个案件中的技术是相同的。

王迁：第一个问题和第二个问题实质上是在讨论著作权法是否应当支持生成式 AI 开发者对 AIGC 的著作权主张，对此，我持反对态度，即不应当支持开发者对 AIGC 的著作权主张。

详言之，生成式人工智能的开发者当然贡献了智力成果，该智力成果就是作为计算机程序的代码化指令序列，以及程序背后的算法等。因此，开发者既可以对计算机程序主张著作权，也可以在符合法定条件的情况下申请相关技术方案的发明专利。然而，开发者的上述贡献不可能决定生成式人工智能所生成的内容。例如，每时每刻全世界不知有多少用户在使用 ChatGPT、Midjourney 和 Stable Diffusion 等生成式人工智能，其研发者无法仅通过对算法的设计和对人工智能的训练，就决定这些生成式人工智能如何回应千百万用户提出的问题或者输入的提示词。换言之，生成式人工智能根据用户的问题或提示词生成何种内容，是研发者所无法预料的。这也是此类人工智能被称为“生成式人工智能”的原因。由此可见，研发者创作的结果是形成了计算机程序，而不是生成式人工智能根据每一次用户的提问或提示词生成的具体内容，因此，这些内容并不是研发者所创作的作品，研发者当然不能对其主张著作权。

针对第三个问题，我的回答是，著作权法不承认生成式人工智能研发者可以主张人工智能生成内容的著作权，不会对人工智能产业的投资和研发产生不利影响。例如，根据美国《版权法》的规定，对以美国为起源国的作品(美国作品)，如果没有在美国版权局登记，则日后发生纠纷时，无法提起版权侵权诉讼，也就意味着无法在美国获得版权保护。众所周知，美国版权局对人工智能生成的内容不予登记，这意味着人工智能生成的内容在美国无法受到版权法的保护，研发者自然也无法在美国主张对该内容的版权保护。然而，代表了人工智能技术巨大进步的 ChatGPT、Midjourney 和 SORA 都是由美国公司投入巨大人力、物力和财力研发的。这恰恰说明美国不保护人工智能生成的内容并没有损害研发者的经济利益，打击投资者信心或挫伤人工智能研发、投资的积极性，并没有阻碍人工智能行业的发展。

对于“动手去绘制”是否为认定美术作品的门槛的问题，回答是肯定的。只是这个“动手”不限于直接持铅笔、水彩笔或毛笔等传统意义上的“笔”在纸上作画，也包括用鼠标通过 Photoshop 等绘图软件在屏幕上作画，或者手持电容笔在与电脑连接的平板上作画。但无论如何，仅通过文字去描述，是不能形成美术作品的。对此，邓思渊的一篇文章《“这图一眼就是 AI！”那你能展开讲讲么？》作出了极好的解释。文章指出：“视觉艺术，从本质上是不可言说的”；人类在画一幅画的时候“首先是想象出某个视觉形象，然后一步步细化，构成画面，这中间可以完全没有任何语言的参与”；而人工智能绘图则要求用户“首先去总结出画面中的元素，形成文字，然后再通过文字反向去描述出画面”，“要用语言去描述视觉，那么它注定只能传达出我们对于整个视觉世界中能够用语言描述的那一小部分”。

与此同时，对构成美术作品的“表达”应当有正确的理解。虽然《著作权法实施条例》在定义美术作品时，在“线条、色彩”之后还有“或者其他方式”的用语，但中心语是“造型艺术作品”。换言之，美术作品是艺术造型。脱离了艺术造型，就谈不上美术作品。没有艺术造型的相似，仅有对不同造型的构图的布局（构图布局）上的相似，不可能侵犯美术作品著作权。在“西尔万与叶某青著作权侵权案”中，法院认定叶某青部分绘画构成侵权作品的理由，并不只是“构图布局”相似。例如，叶某青的《冬日记忆》被认定为与西尔万的《马修和黑鸟》实质性相似，属于侵权作品（见图 1）。然而，二者相似之处远超“构图布局”，而是在许多相同的位置使用了轮廓、线条画法基本一致的大量细节，以此形成了艺术造型从局部到整体的相似性。与之形成对比的是，在该案中，叶某青的另一些被诉侵权画作与西尔万的画作不但在整体艺术造型上有较大差距，而且在某一个能够相对独立存在的局部造型上也不存在实质性相似，如图 2 中所示的两幅画，方框中的为西尔万主张实质性相似之处，此时应当认为二者的相似之处在于构图布局和风格，这种相似就不能作为认定侵权的基础。

（a）叶某青图　　（b）西尔万图

图 1　“西尔万与叶某青著作权侵权案”中构成侵权作品的部分绘画

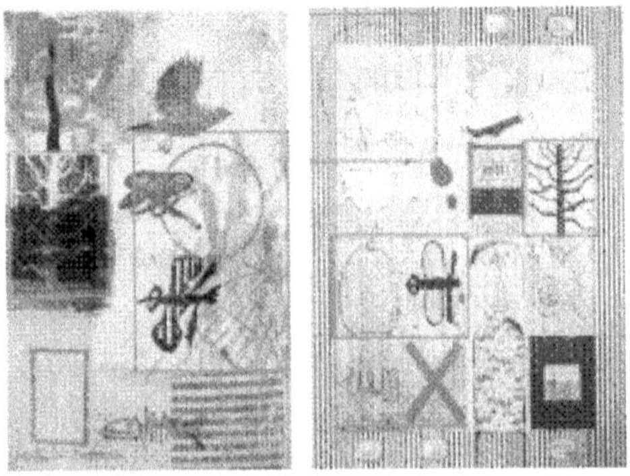

（a）叶某青图　　（b）西尔万图

图 2　“叶某青与西尔万著作权侵权案”中不构成侵权作品的部分绘画

同样道理,用户即使能够通过提示词大致划定图片的布局,也无法决定其中的造型,也就是不可能直接产生构成表达的艺术造型。在这种情况下,如前文所述,只能认为用户的贡献(即使为智力贡献)相对于人工智能生成的图片仅是思想。至于"AI 文生图大模型生成图片的线条与色彩也可以由用户的提示词直接决定"的观点,读者自行向不同的人工智能输入相同的提示词,就能验证其是否成立,已无须再作任何辩论。

崔国斌: AIGC 通常具有作品表达的外观。AI 开发者是否可以对此类"表达"主张权利,或者此类"表达"是否应该获得保护,存在较大争议。部分意见强调,这些"表达"由 AI 系统自动完成,并不直接受控于 AI 的开发者,因此并非人为表达,不具备独创性,不能获得保护。我并不反对这一结论,但是我坚持认为这一教义学的分析逻辑和说服力非常有限。在自然人创作的场合,判断作品是否具有独创性的经验性规则是,看该创作成果是否表现出很大的个体差异性,同时从相关公众的角度看创作该成果是否有一定的难度(最低限度的创造性)。同样的经验性规则应该可以应用于对 AIGC 独创性的分析。

AI 开发者虽然没有直接控制 AI 系统输出具体表达的过程,但是还是控制了 AI 算法的设计、训练数据的选择、部分数据的标注、AI 系统的后续训练和改进等,这实质影响了 AI 系统响应具体指令时输出的内容,使之呈现明显的个体差异性,即不同的 AI 系统在面对相同的提示词时,会输出完全不同的"表达"。这种差异应该理解为开发者的行为所致,而不是天上掉下来的。从相关公众的角度看,AIGC 与普通作者的创作成果并无明显差别,也能满足最低限度的创造性的要求。因此,如果有人认为,AIGC 就此在一定程度上体现了开发者的个性,并不让人意外。在本人看来,单纯强调 AIGC 并非人为表达因而不应获得版权保护,只不过是在武断地定义"人为",而没有触及底层的公共政策问题。这看起来只是一种"贴标签式"的论证,没有太多的说服力。

如前所述,AI 开发者不能主张著作权保护的真正原因是,AI 系统输出作品的边际成本几乎可以忽略不计,AI 开发者实际上并不需要通过著作权法对 AIGC 提供版权保护来获得激励。代表性的 AI 开发者,如开发 ChatGPT 大模型或 Stable Diffusion 绘画软件的商业主体，就主动放弃了对 AIGC 寻求版权保护。在 AI 开发者无须版权激励的情况下，决策者在判断开发者的独创性时，自然会选择对其不利的“标签”或“修辞”，即否认 AI 创作的“人为”属性，或者否认开发者作出了独创性贡献。

如果著作权法支持 AI 开发者对 AIGC 内容的版权或类似保护的主张，会对生成式人工智能产业发展产生明显的负面影响。在开发者对 AIGC 享有著作权的情况下，用户对 AIGC 的利用就需要获得开发者的许可。可以想象，在多数情况下，AI 开发者为了鼓励公众使用其工具，可能会放弃著作权；部分 AI 开发者很可能会选择保留自己对 AIGC 主张著作权的机会，但选择将它转让或许可给用户。这样一来，公开领域的 AIGC 的版权状态就变得复杂：AI 开发者是否放弃版权、相关用户是否获得权利转让或许可、授权是否为排他许可等，都需要一一清查。相关公众为了避免侵害 AI 开发者或继受人的著作权，需要负担额外的成本，清查 AIGC 的授权情况并努力获得使用许可。这会在一定程度上损害相关公众使用 AIGC 的积极性。相反，如果法律明确否定 AI 开发者主张著作权保护的可能性，则会给社会一个明确结论，消除公众利用此类作品的著作权障碍，提升社会福利。当然，如前所述，这里的前提是，AI 开发者并不需要直接从 AIGC 的版权保护中获得投资激励。

张湖月：我认为，AI 技术对 AIGC 的内容和质量作出了巨大贡献。虽然用户的提示词和后续改进也非常关键，但前提是 AI 技术保持在适当的水平。然而，这并不意味着 AI 本身，或者 AI 技术的开发者，可以基于这种贡献获得 AIGC 的著作权保护。理由在于：

首先，开发者客观上缺乏对 AIGC 的积极控制。AI 技术是开发者与 AIGC 之间的一道门槛。在当前大模型的技术背景下，这个门槛已经变得相当高且不透明，几乎完全阻断了开发者与 AIGC 之间的联系。开发者对于全球实时生成的 AIGC，可以说是从未预见、一无所知，甚至可能非常反对。从立先教授指出，在研发生成式人工智能时，开发者会出于各种原因使用基于人类反馈的强化学习技术（Reinforcement Learning from Human Feedback，RLHF）或者内容过滤技术;在这一过程中,AI 技术整合了开发者的偏好,生成其希望看到的结果。然而,目前开发者对 RLHF 等技术的应用,主要是为了避免生成式 AI 输出一些高风险的内容。在这种反向限制下,开发者仍然缺乏对 AIGC 的积极控制;除非反向限制使生成式 AI 只能针对特定问题输出特定答案——但这与大模型生成式 AI 的发展方向完全相悖。

其次,即便不支持开发者的权益保护主张,可能也不会对 AI 产业造成任何实质性影响。分析产业影响时,我们必须考虑生成式 AI 公司的商业模式,以及其他知识产权的保护机制。目前,顶尖 AI 厂商主要通过服务订阅计划、软件产品嵌套、一体化生态等多种渠道赚取收益,利润相当可观,完全不需要通过 AIGC 的著作权保护来激励 AI 产业的投资与研发。如今,OpenAI 公司的年收入已经超过 20 亿美元,而且未来涨势惊人。当然,并不是所有的公司都能在这么短的时间内成功实现商业化,很多中小型初创 AI 企业还在不断探索可行的盈利模式,国内各大 AI 厂商也在“百模大战”中积极寻找最有前景的商业方案。互联网平台经济的发展已经证明,“前期烧钱赔本”并不会抑制企业积极参与相关活动以获取未来收益。相较于著作权法,产业政策更适合承担推动生成式人工智能产业发展的任务;培育健康的竞争格局则应通过反不当竞争法与反垄断法的有效实施,而不是由著作权法干预实现。此外,针对生成式 AI 的计算机程序与技术方案,AI 厂商还可以享有著作权与专利权的保护。因此,与其担忧不予赋权可能导致的激励缺失问题,我们更应关注赋权必然引发的双重获利问题。当然,如果一些中小型 AI 厂商确实依赖对 AIGC 的排他性控制来获得预期回报,那么也可以通过已经非常普遍的防盗技术配以合同手段来实现。

最后,更为关键的是,赋权开发者可能在四个方面对 AI 产业的发展产生不利影响。

第一,数据稀缺。根据我和杨颂教授的研究,如果支持开发者关于 AIGC 的著作权主张,虽然将促使他们进一步研发更多优质的 AI 系统,但人类可能会更加依赖 AI 进行创作,这将导致人类生成的训练数据短缺,进而降低 AI 模型的质量。因此,赋权开发者最终可能阻碍 AI 的长远发展。

第二,激励扭曲。赋权开发者意味着 AI 厂商可以通过侵权诉讼获得赔偿。

如果诉讼收益可观，开发者——尤其是中小型AI厂商——可能会将更多精力和资源投入诉讼活动中，从而导致技术研发投入减少。

第三，收益减少。目前AI厂商的盈利主要依赖于用户规模的持续扩大，然而，赋权开发者可能降低用户使用生成式人工智能的积极性，从而导致用户数量或使用量的减少。这不仅与厂商的收益模式存在冲突，同时也增加了开发者在AIGC侵权或违法方面承担的风险成本。现阶段，绝大多数国外生成式人工智能企业都在服务协议中自动放弃或赋予用户AIGC的所有权益，其中部分企业明确要求用户承担AIGC相关风险责任。这是市场主体基于成本效益分析而作出的理性选择。当然，生成式人工智能企业会根据自身所处的行业和运营模式的特点作出不同的选择。例如，一些国内AI厂商在服务协议中规定AIGC的权益属于公司；这可能是因为与国外主流的数据集开源获取模式不同，我国主要采用非开源模式，AI厂商可能斥巨资购买底层数据库。然而，值得明确的是，开发者受AIGC著作权保护与生成式人工智能产业发展之间并没有必然联系，甚至可能"搬起石头砸自己的脚"。

第四，行业垄断。一旦支持开发者关于AIGC的著作权主张，各大AI厂商可能会出于防御目的，展开"版权圈地"活动，以防止竞争对手在获得更多AIGC版权后对自己发起侵权诉讼。这种圈地风险是真实存在的，并非虚构：文学领域已经目睹了如昆廷思（Qentis）公司等试图将整个语言系统版权化的商业模式；目前，已经有公司开始批量购买遗留数据资产，以创建衍生的生成式人工智能资产。在现阶段的市场结构与竞争格局中，头部AI厂商最可能成为第一批"圈地者"。这意味着他们不仅拥有更多资源应对AIGC版权所带来的风险，还能借此积累竞争优势，进一步加剧行业垄断趋势。一旦形成垄断，头部企业改善AI产品能力的激励将减弱。从长远来看，这将非常不利于AI产业的持续发展。

中法评： 如果AI开发者不能获得对人工智能生成内容的著作权保护，那么，其能从生成式人工智能的研发中获得经济回报吗？法律又应当如何保护AI开发者的合法权益？

王迁：生成式人工智能的研发者在缺乏对生成内容著作权保护的情况下，能够从生成式人工智能的研发中获得经济回报。利用人工智能生成内容获得经济利益的模式，与利用电影等同样需要巨大投资的作品获得经济利益的模式存在极大区别，它并不是通过对人工智能生成内容本身的复制、发行和各种传播行为的规制实现的。以 ChatGPT 为例，其盈利模式多种多样，一是区分免费用户和付费用户，免费用户在问题量较大时必须忍受较长的等待时间，而付费用户就可以实时获得 ChatGPT 的回答，从而使研发者能够从付费用户支付的费用中获得回报。二是微软公司会将 ChatGPT 嵌入自身产品，包括 Office 和 Bing 搜索引擎，从而提升这些产品的用户体验，吸引更多的用户使用。由于 Office 本身就是收费软件，用户量的增加当然会给微软公司带来更大的利润。Bing 搜索引擎虽为免费产品，但更多的用户当然会促使更多的商业机构使用其竞价排名服务或投放广告，也会提升微软公司的收入。三是微软公司还将广泛许可其他商业机构在自身的服务和产品中接入 ChatGPT，甚至包括在机器人中应用 ChatGPT，以向其用户提供智能服务，从而产生相当可观的商业利润。由此可见，人工智能的研发者利用人工智能的盈利模式，主要是将其作为一种商业服务向个人用户及商业用户提供。可见，实现技术营利性的方式多种多样，许多情况下许可利用技术本身就足以营利。鉴于实现人工智能技术营利的商业模式，不将人工智能生成的内容认定为作品并提供著作权保护，并不会影响对人工智能技术的投资和研发。

张湖月：在谈及开发者权益保护问题时，一个容易被忽视的事实是，开发者通常是在市场中竞相逐利的商事主体。在一个市场运行良好，而且支撑其运行的法律制度得到有效执行的环境下，开发者会竭尽所能地守护好自己的权益。正如前文提到的，AI 厂商的权益在很大程度上已经通过对可行商业模式的探索以及其他知识产权制度得到了保障，或者通过服务协议等实现了利己的分配。考虑到生成式人工智能生态的复杂性，市场参与者在如何分配 AIGC 所涉及的权益及其可能产生的影响方面，拥有比立法者和监管者更多的信息。因此，法律可以承认并肯定这些市场安排，而不是预先设计特定的分配或保护方案。在此基础上，监管者可以根据公平自愿等合同法原则，防止私权力的滥用。欧洲议会在其《人工智能法》草案版本中便重点关注了市场安排的合理性。

崔国斌： 我的前述分析建立在 AI 开发者积极性不受著作权法拒绝保护 AIGC 的立场影响的前提之上。这一前提之所以成立，是因为 AI 开发者可以通过非产权保护的机制获得投资回报，从而维持创新的积极性。

首先，AI 系统通常构成著作权法意义上计算机程序作品，可以直接获得著作权法的保护，其背后的程序算法也能够获得专利保护，或者作为商业秘密获得保护。这意味着现有的知识产权法能够有效保护 AI 开发者对 AI 系统本身及其背后的智力成果，从而维持开发者的竞争优势，避免竞争者“搭便车”。

其次，AI 开发者通常能够有效控制相关公众对 AI 系统的接触，从而有机会通过接触控制权变现自己的投资，而无须对 AIGC 行使后续的控制权。具体而言，如果 AI 系统的开发者无法通过免费服务获得足够的回报，则可以选择仅向注册用户开放，并要求注册用户支付使用费。例如，现在的 ChatGPT 的 3.5 版本对外免费开放，而最新的 4.0 版本则选择对用户收费。在 AI 系统能够实质提升用户工作效率的情况下，没有理由怀疑此类收费机制可给开发者带来足够的回报。

最后，AI 系统的用户也无须借助著作权法对 AI 开发者的保护来保护自己在使用 AI 过程中的投入。有意见认为，如果不保护 AI 开发者的权益，则有可能导致 AI 用户使用该生成物的积极性受损。这大致类似于专利法领域“前景理论”的预言：在缺乏产权保护伞的情况下，如果用户将 AIGC 投入商业利用并进行实质性投入，则可能会担心竞争对手拷贝 AIGC 以“搭便车”，因而会刻意选择避免使用 AIGC。这一意见忽略了 AI 用户使用 AI 进行创作时作出个性化贡献的可能性。实际上，专业用户很容易对 AIGC 进行修改，以满足自身的个性化需要，从而也就使 AIGC 的内容体现了用户自身的独创性贡献，进而获得著作权法的保护。AI 用户并不需要依赖著作权法对 AI 开发者贡献的保护，就能够阻止竞争对手的“搭便车”行为。

中法评： 接下来我们将围绕“用户在 AIGC 中的贡献认定与保护”

这一主题展开研讨。有关该主题的问题主要有：第一，用户在使用生成式人工智能的过程中是否有可能作出独创性贡献？第二，如何认定用户对 AIGC 的智力贡献进而认定 AIGC 的作品属性？第三，著作权法保护或不保护 AIGC，会对用户使用 AI 的行为产生什么影响？第四，在创作过程中，用户与生成式人工智能的互动过程，与传统的雇主—雇员、委托人—受托人、教师—学生之间的互动有可比性吗？第五，著作权法保护或不保护 AIGC，会对 AIGC 内容生态产生什么影响？第六，法律应当采取何种方案来保护用户贡献？

朱阁：在回答上述问题之前，我想先回答第一个前提性问题，即在用户利用 AI 生成内容时，用户能否成为著作权法意义上的作者。对此，《著作权法》第 11 条第 1 款规定："著作权属于作者，本法另有规定的除外。"从著作权法的角度考虑，用户取得 AIGC 权益的基础在于其为作者。关于"作者"，《著作权法》第 11 条第 2 款与第 3 款规定："创作作品的自然人是作者。由法人或者非法人组织主持，代表法人或者非法人组织意志创作，并由法人或者非法人组织承担责任的作品，法人或者非法人组织视为作者。"根据该条规定，其一，作者限于自然人、法人或非法人组织，因此，用户只能是自然人或是自然人的集合，人工智能模型不能成为作者；其二，只有创作作品的用户，才可以成为作者。《著作权法实施条例》第 3 条规定了"创作"的定义："著作权法所称创作，是指直接产生文学、艺术和科学作品的智力活动。为他人创作进行组织工作，提供咨询意见、物质条件，或者进行其他辅助工作，均不视为创作。"利用 AI 生成的内容体现出用户的独创性智力投入，同时用户的意志通过最终的作品得以体现，应当讲，用户的行为就符合"创作"的要求。有学者认为，用户的行为是"提供咨询意见"等辅助行为，并非创作，实际上，即使在人与人合作创作的场景下，边界也常常是模糊的，两个主体之间对于作品的贡献大小，都往往难以分辨。而现阶段，生成式人工智能模型不具备自由意志，不是法律上的主体。因此，人们利用人工智能模型生成内容时，不存在两个主体之间确定谁为创作者的问题，本质上，仍然是人利用工具进行创作，即整个创作过程中进行智力投入的是人而非人工智能模型。在这种现实情况下，人利用 AI 技术生成内容，其取得作者身份的难度不应该高于人与人合作创作的场景，也不应该高于人利用其他机器进行创作的场景。

对于第一个问题和第二个问题。如前面所讨论的，在现行法律体系下，只有人或人的集合才能成为我国著作权法上的作者，那么下一步就是要寻找“人”，可能会有几个环节涉及“人”的贡献，如 AI 大模型的研发者、所有者、提供者和用户，在这些主体之中，有可能对 AIGC 作出独创性贡献的有研发者和用户。当然，实际上，某个 AIGC 包含哪些主体的独创性贡献，仍旧需要个案判断。如前所述，在“AI 文生图著作权案”中，法院认为涉案图片中不包含涉案人工智能模型设计者的独创性贡献，并进一步认为，涉案图片构成作品的原因在于该图片体现了用户的独创性智力投入。

对于第三个问题，我认为，保护用户的贡献可以激励用户使用 AI 技术生成内容。现阶段，利用 AI 技术是有一定门槛的，AI 大模型服务的获取需要付费或花费时间，而如何利用 AI 大模型生成符合自己需求的内容也是需要花费时间和精力去学习的，如果保护用户的贡献，那么就会有更多的用户去尝试使用 AI 技术。

对于第五个问题。当前我国人工智能发展需要突破的瓶颈问题中就有高质量数据缺乏的问题，有学者认为，如果鼓励用户利用 AI 生成内容，将导致高质量数据更加缺乏。我认为，讨论该问题需要首先明确高质量数据是指哪些数据。关于高质量数据尚未有特别明确的定义，实践中，可以从很多维度进行定义。如果从技术上来看，高质量数据是指多样化（非同质化）和规范性（如问答类）的数据。AI 技术不仅在我国，而且在国际上也已经势不可当，可以预见未来的内容将有绝大部分是由人利用 AI 技术生成的，在这种趋势下，适用著作权法保护，显而易见的好处不仅在于鼓励用户利用 AI 生成内容，而且在于鼓励用户生成不一样而非同质化的内容，因为著作权法保护的是百花齐放的文化繁荣。正因如此，如果需要对用户贡献进行保护，那么著作权法是一个比较好的路径选择。

王迁：对于第一个和第二个问题，正如在讨论独创性标准时所述，脱离了“思想—表达二分法”去讨论独创性和“用户贡献”是没有意义的。用户的贡献当然可以在某种意义上是“独创”的，如用户可以提出其他用户都想不到的提示词或者提示词的组合。然而，这里讨论的不是提示词或提示词的组合的独创性问题，而是用户作出的贡献是否等于创作出了作品。换言之，生成式人工智能所生成的在形式上与人类作品相接近的内容，是否由用户通过输入提示词所创作，或者说用户输入的提示词相对于生成式人工智能所产生的内容而言是不是思想，这才是问题的关键。至于“如何利用AI大模型生成符合自己需求的内容也是需要花费时间和精力去学习的”并不是认定用户是作者的理由。否则，对于研究生导师而言，如何指导研究生，以形成自己期待的优秀学位论文也是需要花费时间和精力去学习的，难道研究生在导师指导下撰写的学术论文就成了导师的作品？

如在讨论独创性标准时所述，“生成式人工智能”的名称就恰如其分地揭示了此类人工智能工作的独特之处，那就是用户的任何提示词都只能影响所生成内容的主题、风格与基本材料，而不能决定构成作品的表达性要素。因为这些表达性要素是由人工智能在用户输入的提示词勾勒出的大致范围内，根据其自身的算法和所受的数据训练自主生成的。换言之，生成式人工智能自身的特性就决定了它不像纸、笔和照相机那样是创作者的消极工具，而是具有高度的自主性。其生成的内容，并不是用户凭借其“独创”的提示词能够决定的。

在“AI文生图著作权案”的判决书公布后，有使用者在三台配置不同的电脑上，按照判决书记载的该案原告生成四张图片的过程，运行同一版本的Stable Diffusion人工智能绘图程序，调入同一亚洲少女像模型包，输入相同的正向提示词、反向提示词和各种参数，然而在三台电脑上，每一台电脑生成的四张图片与其他电脑上生成的四张图片相互之间都有极大的差异。可以想象，如果在更多不同配置的电脑上继续进行测试，还会产生相互之间差异极大的新图片。如果认为用户的输入就是著作权法意义上的创作行为，试问：用户的同一创作行为（运行同一人工智能绘图程序，调入同一模型包，输入相同的正向提示词、反向提示词和各种参数）怎么会产生在构图上差距极大的图片？合理的解释只有一个，那就是用户的输入相对于生成式人工智能自主产生的内容只是思想，用户并没有通过输入提示词和参数设定而创作人工智能生成的内容。

张湖月：对于第一个和第二个问题，无论是用户的"独创性贡献"还是"智力贡献"，都受制于用户对AIGC的控制程度。因此，我的回答是应当进行个案判断。具体而言，我们讨论的核心情境是"用户输入提示词后AI自动生成新内容"。针对这一情境，可以根据"用户对AIGC的控制程度"进行分类，因为这在很大程度上决定了AIGC是否构成用户的独创性表达。国内外研究普遍认为，用户在初始生成的AIGC基础上，通过不断输入提示词进行修改、调整和润色，便可能作出独创性贡献。然而，在现阶段大多数AIGC的生成过程中，包括我国"AI文生图著作权案"所涉图片，无论提示词多么详细具体，内容表达的环节仍主要由AI完成。AIGC所谓的"个性化表达"恰恰是源于AI技术本身的黑箱特性，用户无法预测随机生成的AIGC。正如王迁老师所言，用户输入的提示词更像是建议而非命令，难以直接决定AIGC的内容构成。

当然，用户对AIGC的控制程度受到技术发展本身的深刻影响。根据爱德华·李教授的研究，目前值得关注的趋势是生成式人工智能与传统创作工具的紧密融合：一方面，如DreamGenerator等数字相机，谷歌Pixel8Pro等智能手机，Photoshop、Capture One、Canva等图像编辑软件，都已经开始内置生成式人工智能模型，以协助修改和润色图片文件，用户可以通过输入文本提示词来调整画面中的绝大部分元素。另一方面，如Stable Diffusion、DALL-E、Midjourney等"文生图"生成式人工智能也开始内置编辑功能，让用户能够更好地控制和决定AIGC的画面构成。此外，越来越多的公司正在研发专门的AI软件，帮助人类创作者通过输入提示词等方式编辑AIGC中的各种细节。

随着技术发展，如果人类能够实际控制AIGC的创作过程和生成结果，同时生成式人工智能的透明度和可解释性得到提高和突破，那么我们可能就需要重新探讨AIGC在著作权法上受保护的可能性。需要注意的是，从政策角度，即使用户对AIGC的控制程度显著提高，我们仍需审慎考虑政策利弊。同时，赋权用户还可能带来新的政策挑战。例如，在评估是否为AIGC提供著作权保护时，如果重点审查用户在多大程度上决定了 AIGC 的表达性要素，鉴于生成式人工智能与传统创作工具高度融合的发展态势，这可能导致版权局和法院、仲裁机构在识别过程中的执法成本拔高。

考虑到以上问题的复杂性和高度事实敏感性，我与杨颂教授在论文中指出，应采用个案判断的方法进行具体分析。在评估过程中，可能需要考虑前文所述的技术进步对用户控制 AIGC 程度的潜在影响。

对于第三个问题，我认为即便著作权法不保护用户对 AIGC 的贡献，人类创作者也不会丧失使用生成式人工智能进行创作的动力。具体而言：

一般认为，著作权法保护用户对 AIGC 的贡献，将从两个方面积极影响用户的行为。第一，提供用户激励。赋权用户将激励更多人更频繁地使用生成式人工智能进行创作类活动。同时，因为受到保护，用户也会更愿意发布和推广其参与生成的 AIGC，创造更多的公共价值。此外，由于著作权保护具有一定的门槛要求，这实际上会激励用户在使用生成式人工智能创作的过程中付出更多努力，以达到法律保护的门槛要求。相反，如果著作权法不保护用户对 AIGC 的贡献，人类创作者就可能缺乏积极使用生成式人工智能的动力，用户在创作过程中也不会过多地投入自己的贡献。第二，应对道德困境。如果 AIGC 不受著作权保护，用户可能更倾向于隐瞒 AI 参与的事实，从而诱发更多的冒名行为，以骗取著作权保护。赋权用户有助于缓解这一道德困境。

然而，以上两点都存在一定问题。首先，在提供用户激励方面，至少能从两个角度进行反驳。第一，著作权保护并不是人类创作者使用生成式 AI 的激励来源。只要生成式人工智能相较于传统创作“工具”具有“增效降本”的显著优势，并且用户对于 AIGC 有充足的利用自由，人类创作者生成 AIGC 的激励就一直存在。在美国，尽管版权局和法院多次拒绝为 AIGC 提供版权保护，但不少创作者仍然积极地使用并推广生成式人工智能。还值得一提的是，人类从事创作活动的激励来源一直都很多元。在当前的流量经济模式下，即使没有与版权相关的收益，用户使用生成式人工智能并积极参与 AIGC 的生成过程、制作更优质的内容并将其发布传播，这些行为本身都可能为用户带来各种收益。此外，如果以激励用户生成 AIGC 为由，认为著作权法应当保护用户贡献，那么不保护 AIGC 同样存在类似的激励机制：AIGC 不受保护，意味着市场上存在大量可以免费获取的内容，人们会更少地向人类创作者购买其自主创作的作品，这可能反向激励更多人类创作者成为生成式人工智能的用户。

第二，就算赋权用户能在短期内进一步激励他们使用生成式人工智能，但从长远来看，这可能导致人类创作者使用生成式人工智能的意愿降低。原因如下：在短期内，随着越来越多的创作者转向生成式人工智能的“怀抱”，人类自主创作的作品会大幅减少。如前文所述，这将导致生成式人工智能在后续研发和改进过程中面临严峻的训练数据稀缺问题，进而降低 AI 模型的质量。鉴于 AI 模型的优越性能是用户使用生成式人工智能的源动力，从长远来看，赋权用户反而会负面影响用户使用生成式人工智能的意愿。

其次，关于诚信问题，正如我之后将进一步说明的，这完全可以通过其他法律安排加以解决，而不是依靠 AIGC 的著作权保护来应对。这既不是著作权法的职责，也不应成为著作权法所应承担的功能。

对于第五个问题，我认为，保护用户贡献不一定会积极影响 AIGC 的内容生态。目前一个很普遍的假设是，保护用户贡献能激励他们生成更多高质量的 AIGC。然而，AIGC 的质量在很大程度上依赖于 AI 模型本身的质量，包括训练数据的丰富度、算法架构和算力效率等。尽管用户可以通过使用提示词等方法在后期对 AIGC 进行调整和优化，但 AI 模型的质量决定了 AIGC 的基础水平。考虑到这一因素，赋权用户可能并不利于高质量 AIGC 内容的生成。此前也提到，赋予用户 AIGC 著作权保护，可能降低人类自主创作高质量作品的积极性。这将导致生成式人工智能在后续研发和改进过程中面临严重的训练数据稀缺问题，进而降低 AI 模型的质量。

对于第六个问题，我提供的方案是，当许多 AI 厂商选择通过合同将 AIGC 相关权益给予用户时，法律应当肯定这种安排。如果出现 AI 厂商将所有 AIGC 权益归于自己的情况，法院可以审查相关合同是否违反自愿公平原则。当然，关于 AIGC 权益的合同分配并不等同于任何一方自动获得 AIGC 的著作权，这是两个不同的问题。但在双方就 AIGC 的处分产生争议时，确实应将合同约定作为重要的考量因素。

崔国斌: 对于第一个问题和第二个问题,要具体问题具体分析。由于 AI 系统的技术原理复杂多样,留给用户的操作空间也千差万别,同时,用户使用 AI 时,主观能动性也各自不同,因此,用户与 AI 系统之间的互动,千变万化,不能一概而论。这里以常见的 AI 绘画工具为例来说明最为典型的互动模式,为后续评论用户贡献的独创性打好基础。

最为简单的互动情形是,用户输入正向和反向提示词时,进行必要的参数设置,然后等待输出内容。如果用户对内容不满意,则重新输入新的提示词,并进行参数设置。每一轮 AI 输出都是基于该轮输入的提示词而重新随机输出,而不是建立在对上一轮输出画面选择的基础之上。本人在已发表的论文(《人工智能生成物中用户的独创性贡献》)中将这一互动模式称为"单回合"暗箱模式。之所以将它称作暗箱模式,是因为在每一轮中,用户的贡献仅在于不断向 AI 暗箱中输入可能很简单也可能非常复杂的提示词,然后被动地等待 AI 系统随机输出画面,用户无法事先预见 AI 输出的具体内容。强调"单回合"是因为用户虽然有可能无数次输入提示词,但是每次都只是在等待 AI 暗箱的输出结果。

在实践中,专业用户会更积极主动地参与 AI 的创作过程。在 AI 系统基于用户输入(文本提示词或草图)输出备选图片后,用户从中选定满意的初始图片,然后可以基于 AI 指令或绘图工具对 AI 输出的初始图片的局部细节进行反复选择和修改,实质影响最终定稿的图片内容。具体而言,AI 用户可能在以下三个方面作出贡献:选定 AI 输出的初始内容;指引并选定 AI 后续输出的内容;"直接上手"改变 AI 输出内容。

在 AI 根据上述提示词输出诸多可能的画面后,用户从中选出较为满意的画面时,用户的选择是个性化的。不过,单项选择这一行为本身,可能无法满足著作权法的独创性要求。当用户的多个单项选择的结果被放在一起构成新的组合时,公众更容易感知到选择者(用户)的表达性贡献。因此,并不奇怪,美国版权局在"黎明的扎里亚注册案"的决定中也承认,如果用户从人工智能生成物中挑选出一定数量的图片,将它们汇编在一起,则用户可能因为自己的汇编具有独创性,而成为该图片汇编作品的作者。

用户选定 AI 输出的特定图片后，可以继续利用文字指令或参数设置指引 AI 对其中的具体的表达元素进行修改。当然，这里的操作空间取决于 AI 开发者提供的技术可能性。不同的 AI 系统在这一方面会存在很大的差异。有时候，即便是相同的 AI 系统，也会因为用户所安装的插件的不同而有很大的功能差异。不过，到目前为止，市场上领先的 AI 绘图软件已经许可用户在选定 AI 生成的图片后，将该内容固定下来，然后对图片中的特定区域的构图、表达要素、色彩、线条等表达细节进行修改。只要用户有足够的时间和精力，这一修改过程可以不断地细化和深入，无穷无尽。在观念上，这很接近传统的"拼贴画"的创作过程：AI 用户在很多可以自由选择的"局部屏幕"空间选择 AI 提供的让人满意的"拼贴"元素，最终导致整个"拼贴画"被具体化，呈现出作者想要表达的思想情感。著作权法承认拼贴画类作品的独创性，因而我们有充分的理由相信，它也会承认 AI 用户经过多回合的精细选择而获得的整体画面的独创性。

现在，AI 绘画系统不仅支持用户通过文字或图形指令修改 AI 输出的特定画面的内容，还支持或融入类似 Photoshop 软件所具备的绘画功能，许可用户按照自己的构思"直接上手"修改 AI 输出画面的表达效果。AI 与传统绘图软件相互之间的功能融合，无缝衔接，显然代表数字绘画工具的发展方向。在这一背景下，用户在使用此类工具进行创作时，对人工智能生成物作出个性化调整，将是非常自然甚至是不可避免的结果。这也就意味着，用户在最终的 AIGC 中融入自己的独创性贡献，也是大概率事件。

通过上述分析，我们可以看出，用户取得 AIGC 著作权的事实基础是，用户在对 AI 生成内容进行调整和修改过程中，作出了独创性的贡献。在具体个案中，用户是否作出了独创性的贡献，如前所述，并不能一概而论，只能由法官在考察具体创作过程后作出判断。王迁教授和张湖月教授都强调，用户输入相同的提示词后，不同电脑上安装的相同 AI 系统会输出不同的图片内容；或者，不同的 AI 系统会输出完全不同的图片内容，进而以此来否认用户可能预见 AI 输出的图片或者对图片表达作出独创性贡献。这一实验结果对于反驳本人的主张，并无帮助。这一实验只是说明用户在"单回合"暗箱模式下没有作出独创性贡献，而这是本人原本就主张的结论。如前所述，我们真正的分歧是，在 AI

系统许可用户以受控方式对选定图片进行线性修改的情况下,用户是否可以作出独创性贡献。上述实验过程显然回避了真正的问题,跟我们的争论没有相关性。

王迁:崔国斌教授认为,此前笔者所提及的实验"只是说明用户在'单回合'暗箱模式下没有作出独创性贡献",回避了"在AI系统许可用户以受控方式对选定图片进行线性修改的情况下,用户是否可以作出独创性贡献"的"真正的问题"。其实不然,笔者所主张且通过实验证明的,不仅是在"单回合"模式下,用户无法通过提示词决定人工智能生成的内容,"多回合"模式也是如此。的确,对比著名的"太空歌剧院案"中AI系统最初输出画面与用户最终完成的图片之间的无数细节差异,我们似乎能理解经过多次提示词输入之后,用户利用AI修改画面的技术可能性。然而,我们还是要问,该案中"无数细节差异"是用户发出的提示词所直接决定的,还是人工智能根据提示词,以自己的算法和所受的数据训练产生的?读者仍然可以自行动手进行测试:向不同的人工智能输入同一幅图片(注意此时不同的人工智能所处理的图片是相同的),然后连续发出相同的文字提示要求修改,包括"利用文本指令限定局部特征的替换和选择",经过三次、五次、十次乃至上百次通过发出相同提示词的"修改"之后,观察不同的人工智能根据同一张图片而生成的新图片是否相同。面对如此不同的新图片,读者同样可以思考上文提出的问题:如果用户针对同一幅图片多次提出修改图片的提示词这一行为属于著作权法意义上的"创作",为什么同一个"创作"行为能产生如此多不同的"作品"?特别需要指出的是,前文提及的在三台配置不同的电脑上,用同一人工智能生成不同的三套图片(每套含四张图片)的过程正是"多回合"生成。在"单回合"生成第一张图片后,用户面对图片不断修改提示词和参数,又形成了第二、第三和第四张图片。试问哪一次用户对提示词和参数的修改能够决定这一轮人工智能生成的图片?

此外,对于"多回合"生成模式的问题,由于笔者即将发表的文章将对此进行详细讨论,为避免与本文的雷同,此处不再赘述。当然,人工智能技术并不是一成不变的,它还会不断向前发展。然而,生成式人工智能发展的方向,是其越来越“智能”,也就是其自主性越来越强。这就意味着用户的输入越来越不可能直接决定生成式人工智能所产生的内容。最近,由微软公司投资的 OpenAI 公司推出的“文生视频”人工智能 SORA 已经揭示了这一点。文字描述与视频之间的差异,比文字描述与图形之间的差异还要大。人工智能越来越不可能沦为像纸、笔和照相机那样人类创作的消极工具。另外,前文引用的邓思渊的文章《“这图一眼就是 AI!”那你能展开讲讲么?》,已经非常清楚地说明了“动口不动手”是不可能创作出美术作品的。这一原理无论是对从无到有生成图片,还是以已有美术作品为基础进行修改,都是成立的。

至于人能不能以人工智能已经生成的内容为基础,动手进行传统意义上的创作,并由此产生源于本人的表达,从而对其修改后的内容主张著作权,这是一个“1+1=2”的简单问题,属于著作权法上的常识,和这次讨论的内容可谓没有任何关系。因为对此问题的回答当然是肯定的,这与被修改的内容是另一个人所创作的还是人工智能自主生成的,并没有什么关系。因此,对于用户可以通过自己动手修改人工智能生成的图片而形成作品,以及用户可以对人工智能生成的大量图片进行独创性的选择或者编排而形成汇编作品(但注意数量需达到一定门槛)的观点,笔者完全赞同。只是这与“用户在使用生成式人工智能的过程中是否有可能作出独创性贡献?”等问题没有关系,因为这是在生成式人工智能生成了内容之后,再由用户对这些内容实施的行为。与此同时,以人工智能生成的内容为基础进行修改,或者对人工智能生成的大量内容进行选择或编排,也不是人工智能带来的新现象。在人工智能技术出现之前,人们当然也能动手对《岩间圣母》进行修改,如将该宗教题材的名画改成一幅讽刺画,也能对一万幅公有领域的油画进行独创性的选择、编排,从而编成《百幅名画精选》。这其中的著作权法问题,与被修改和汇编的每一幅画是否由人工智能生成又有什么关系呢?

问题的关键在于,人以传统的创作手法修改已有内容时,是以自己的自由意志直接决定了修改后的内容,只要由此形成的新内容与原有内容的区别达到了独创性的要求,就可以认定该修改行为是著作权法意义上的创作行为,此人当然可以主张类似于演绎作品的著作权。

对于第三个问题，我的回答是没有任何影响。显而易见的事实是，承认用户对人工智能生成的内容享有作品的著作权，和用户是否有动力使用人工智能并无关系，否则如何解释在美国不承认人工智能生成的内容是作品（既不是开发者的作品，又不是用户的作品）的情况下，有那么多美国用户愿意为 ChatGPT 付费？只要生成式人工智能的功能强大，就会有许多用户愿意使用，以获得自己所需要的内容。即使在我国，在“AI 文生图著作权案”判决生效之前，用户使用各类生成式人工智能的热情同样高涨。似乎没有证据显示，缺乏对人工智能生成内容的著作权保护，不通过著作权法“鼓励用户利用 AI 生成内容”，用户就停止使用或减少使用生成式人工智能了。况且，这场诉讼也不能证明普通用户渴望自己用生成式人工智能生成的内容受到著作权法的保护，或者一旦败诉就决定不再使用生成式人工智能了。

对于第四个问题，在回答之前需要强调的是，当我们谈论用户与生成式人工智能的关系能否与雇主—雇员、委托人—受托人（其实质是发包人—承揽人，下同）以及教师—学生之间的关系类比时，我们是从用户的行为是否构成创作，或者说用户的输入相对于最终产生的内容而言是否为思想这个角度进行讨论的。用户与生成式人工智能的关系，与雇主—雇员、委托人—受托人以及教师—学生之间的关系高度类似的是，用户所进行的输入，与雇主向雇员、委托人向受托人以及美术学院的教师向学生发出的创作指示，都不可能直接决定最后形成的内容，而只能影响其主题风格和其中的素材等，只能构成思想。因此，在上述四种关系中，无论是用户，还是雇主、委托人和美术学院的教师都不是真正意义上的作者。无论接受提示词或指令的是人还是人工智能（接受者是否具有法律上的主体地位），都不会改变这一点。因为，此处讨论的是发出提示词或指令的行为在著作权法上的定性，这一定性只能根据行为本身的特征来确定。

有的国家，如美国将雇主视为雇佣作品的作者，这是典型的法律拟制，是解决作品版权利益分配的问题，而不是承认雇主实施了创作行为或者雇主是真正的作者，这一点在著作权法的理论中是清清楚楚的。这也就是为什么在“《通向天堂之近路》登记案”中，无论是美国版权局，还是美国联邦法院，都拒绝以美国版权法中“视雇主为雇佣作品作者”的条款为依据，将人工智能生成的内容登记在兼具开发者和用户身份的美国计算机科学家泰勒的名下。委托人可以基于合同取得受托人所创作作品的著作权，但没有哪个国家会承认委托人是著作权法意义上真正的作者。

用户向人工智能输入提示词，由人工智能根据自身的算法和所受的素材训练生成内容，并不是由用户的自由意志决定构成该内容的表达性要素，这与“人与人合作创作的场景”（要求每个人都参与了创作，也就是每个人都通过自己的自由意志决定了构成整体作品的一部分表达）没有可比性。能够作比较的是，美术学院的老师要求全班学生完成绘画。无论发出的指示多么具体、翔实和富有创意，一个班的学生所完成的绘画也不可能相同。这正是因为自然语言不可能精确地被转换为与之相对应的图形，每名学生都可以凭借自己的理解，发挥艺术想象力，在遵循要求的前提之下进行个性化的创作。因此，美术学院的老师也不可能仅凭提出创作要求，就被认定为全班学生所作绘画的作者。如果认为“保护用户的贡献，可以激励用户使用 AI 技术生成内容”，因为“如何利用 AI 大模型生成符合自己需求的内容也是需要花费时间和精力去学习的，如果保护用户的贡献，那么就会有更多的用户去尝试使用 AI 技术”，那么，是否也应当认为上例中美术学院全班同学根据美术老师具体、细致和富有创意的绘画要求而绘制的每一幅画都是美术老师的作品？因为“保护美术老师的贡献，可以激励美术老师借学生之‘手’画出内容”，“如何让学生画出符合自己需求的内容也是需要花费时间和精力去学习的，如果保护美术老师的贡献，那么就会有更多的美术老师去尝试向学生发出要求”——显然，这样的结论和理由是不能成立的。

崔国斌：王迁教授也承认，“以人工智能已经生成的内容为基础，动手进行传统意义上的创作，并由此产生源自本人的表达，从而对其修改后的内容主张著作权，这是一个‘1+1=2’的简单问题，属于著作权法上的常识”。这看起来是一个皆大欢喜的共识，王教授和本人的主张并无出入。其实，并非如此。王迁教授所谓“动手进行传统意义上的创作”，很可能并不包含 AI 系统提供的后续修改行为，例如，利用文本指令限定局部特征的替换和选择（本人所理解的剪贴画式的创作行为）。不然，很难理解，为什么王迁教授会坚持将 AI 与用户的互动简单类比为雇主与雇员、教师与学生之间的互动，忽视用户使用 AI 工具行为的技术可能性，强调无论用户经过多少轮的选择，无论用户对多少局部进行细节选择，其都不可能成为独创性表达的贡献者。在王迁教授看来，在用户与生成式人工智能的互动关系中，“用户所进行的输入，与雇主向雇员、委托人向受托人以及美术学院的教师向学生发出的创作指示，都不可能直接决定最后形成的内容，而只能影响其主题风格和其中的素材等，只能构成思想”。这应该是过于狭窄地理解了“传统意义的创作”，过于简单地理解了 AI 与用户的互动关系，忽略了用户对于人工智能生成物无数局部进行选择和修改导致用户整体上作出独创性贡献的可能性。用户在选定图片上通过 AI 指令对多个特定位置细节进行修改或替换，其实已经是在表达意义上作出贡献，而非单纯的抽象思想的输入。这与凭空输入提示词指令有本质区别。本人在先前发表的论文中，对此有深入的探讨。理解这一点是理解 AI 创作的关键。很可惜，这一点被很多学者忽视了。对比著名的“太空歌剧院案”中 AI 系统最初输出画面与用户最终完成的图片之间的无数细节差异，我们就能理解用户利用 AI 修改画面的技术可能性。显然，该案只是呈现了用户对 AI 画面的修改可能性的冰山一角。利用同样的创作方式，用户可以成百倍成千倍地改动画面（或者说选定局部然后对 AI 建议的局部细节进行选择）。学术界应该能够认识到这一可能性，而不能被美国版权局在个案中可能合理的决定蒙蔽双眼，错误地认为著作权法上的常识要求我们否认 AI 用户作出独创性贡献的可能性。

对于第三个问题，我认为著作权法是否保护用户在使用 AI 系统过程中的贡献，对于用户的使用习惯会有很大的影响。很多反对 AI 用户作者地位的意见倾向于认为，此类用户的投入没有门槛，并不具有稀缺性，因此无须产权保护来激励。这其实是很大的误解。AI 工具将用户从操纵画笔和调配颜料的繁重工作中解放出来，能在机器学习的基础上随机输出无穷无尽的平庸作品，但是，这些“作品”并不能够取代那些真正表达人类思想的作品。后者的产生依然高度依赖用户的创造性劳动。这些劳动依然是人类社会的稀缺资源，在 AI 时代依然如此。

在讨论用户创作能力的稀缺性时，很多人将它与AI工具创作能力的稀缺性相混淆。主流的AI系统虽然研发成本高昂，但是，将这些成本平摊到可能随机输出的所有图片上，每张图片或每个作品上所耗费的研发者的资源或者说边际成本非常有限，几乎可以忽略不计。正因如此，我们反对著作权法保护AI开发者的贡献。不过，这并不意味着使用AI系统的用户所投入的资源或者说用户的创作能力同样缺乏稀缺性。相反，使用这种工具所需要的技术能力和专业艺术判断力，依然是高度稀缺。将人工智能生成物修改成让人满意的图片，依然需要耗费用户实质性的劳动时间和专业判断。例如，美国用户在利用AI创作著名的“太空歌剧院”画作时，就耗费了80多个小时，对该人工智能生成物进行反复调整，最终创作出打动评委的金奖作品。用户在单幅作品上付出的精力与AI系统负担的边际成本，完全不能同日而语。

如果著作权法对于AI协助创作作品持歧视态度，则会给AI用户这样的信号：使用AI工具虽然能够节省劳力，但是会使该作品的可版权性受到损害。因此，专业的创作者会选择远离AI工具，以免自己将来对创作成果寻求著作权保护时遇到困难；或者，干脆隐瞒自己使用AI工具的事实，从而陷入无谓的道德困境中。这一结果违反了著作权法鼓励用户利用各种工具创作新作品的立法初衷。

张湖月教授认为，即便不保护AI用户的独创性贡献，依然会有很多用户继续使用AI从事创作，因为AI工具本身就起到增效降本的作用。的确，那些原本就无须版权法激励的用户，自然不会在乎自己的成果是否得到版权保护，他们使用AI工具的积极性的确不会受到影响。不过，这部分用户并非著作权法关注的重点。著作权法真正关注的是那些希望自己的创作成果得到版权保护的专业创作者。如果著作权法歧视AI用户，这些高度依赖版权保护的专业创作者，显然会慎重考虑利用AI工具进行创作。从立法政策的角度看，这就意味着原本对社会有利的专业用户的创作动机受到抑制。

张湖月教授还提到，如果AIGC中用户的贡献不受保护，“市场上存在大量可以免费获取的内容，人们会更少地向人类创作者购买其自主创作的作品，这可能反向激励更多人类创作者成为生成式人工智能的用户”。王迁教授也对用户远离 AI 工具的可能性表示怀疑。随着 AI 技术的成熟，无论著作权法是否保护 AIGC，更多的用户使用 AI 应该是不可避免的事实。不过，在著作权法“歧视”AI 工具的情况下，那很可能只是越来越多的业余用户的“狂欢”。如前所述，更依赖版权保护的专业作者，他们的创作能力在 AI 时代依旧是稀缺资源，这才是著作权法关注的重点。

张教授还认为，如果承认用户的独创性贡献，短期会激励更多的人使用 AI 工具，长期而言会导致“人类自主创作的作品会大幅减少”，进而会导致人类高品质作品数量减少，AI 模型品质因此降低，最终导致使用 AI 工具的用户变少。这一分析的逻辑前提是，专业用户利用 AI 就不会创作出高品质的艺术作品。这一前提显然不存在。终极意义上，AI 系统和过去的画笔、照相机、Photoshop 软件一样，只是创作工具。著作权法始终要求只有用户在利用这些工具时作出独创性贡献，才能获得著作权法保护。著作权法保护并激励用户从事艺术创作，并没有抑制用户利用各种工具寻求艺术极致的动力。过去，创作工具的多样化和进步，并没有导致艺术创作水准的下降。因此，没有理由相信，AI 工具的普及会导致人类艺术的堕落。

关于著作权法歧视 AI 工具会导致“无谓的道德困境”问题，张教授认为：“这完全可以通过其他法律安排加以解决，而不是依靠 AIGC 的著作权保护来应对。这既不是著作权法的职责，也不应成为著作权法所应承担的功能。”这里的关键词是“无谓”，我认为，著作权法歧视 AI 用户，凭空制造了这种道德困境，却并没有践行有实质意义的公共政策。同时，著作权法或其他法律的确可以规定强制性的披露义务，但这并不意味着著作权法迫使更多的人面对这一道德困境，无谓地增加社会成本，是合理的选择。

对于第五个问题，从公共政策角度看，著作权法保护独创性较低的 AI 创作作品，并不会比著作权法保护较低独创性的摄影作品或视听作品带来更明显的负面影响。用户利用 AI 创作作品后，著作权法并不当然保护该 AI 输出的所有内容。相反，用户只能对自己作出独创性贡献的部分主张权利，例如，用户对特定表达要素所作的个性化调整，而不能将保护延伸到 AI 自身随机输出的表达细节。这就像在拍摄对象为客观事物时，摄影师不能禁止他人独立拍摄类似内容的照片或绘制类似内容的画作一样。

实际上，在使用相对复杂的AI系统进行创作时，只要后来者不直接使用他人在先创作的图片，一不小心侵害在先用户著作权的可能性几乎为零。即便后来者借用在先用户创作过程中的“提示词”，主流AI系统生成与在先作品构成侵权意义上的类似作品的可能性也很小。这是因为主流AI系统学习的图片数量庞大，创作过程中带有随机输出的变量，同时用户每一环节的选择和改变，对于创作结果均有巨大影响。因此，不同用户使用同样的AI系统独立创作出的作品，都不会受到在先使用该AI系统的用户的著作权的影响，即便后来输出的作品中出现了类似的表达细节。

对于第六个问题，依据前面的分析，现有著作权法就可以保护AIGC中用户可能的独创性贡献，并不需要在著作权法之外“另起炉灶”。有部分学者可能会认为，用户在AIGC中的贡献满足不了普通作品独创性的要求，因而建议在邻接权或反不正当竞争法的框架下来保护用户贡献。我认为，著作权法上的独创性要求并不高，专业用户对单纯AI生成物的修改，很容易就可满足该要求，没有必要在著作权路径之外，开辟新的保护路径去提供实质类似的保护。与AIGC类似，著作权法对于摄影作品的保护就采用普通的独创性标准，并未提供邻接权途径来保护不具备独创性的摄影作品。到目前为止，主流意见并不认为需要改变这一做法。因此，我们没有理由认为，对于用户在AIGC中的独创性贡献，需要在著作权之外寻求替代性的保护机制。

中法评：接下来我们将围绕AIGC未来可能的法律制度设计展开讨论。支持著作权法将AIGC的相关权益赋予用户的学者，可以从对配套性安排之制度设计的角度展开讨论，如权利内容、权利归属、权利限制、侵权认定等。反对著作权法将AIGC的相关权益赋予用户的学者，可以就未来法律制度中应对AIGC所需作出的调整展开讨论。

朱阁：仅从著作权法路径的角度考虑，可以通过司法个案的累积形成AIGC这类客体的独创性标准，在目前，我们没有看出需要在AIGC这类客体上提高独创性标准的现实需要，我认为，按照不高于现有的作品类别的独创性标准即可，同时考虑到 AI 技术的发展趋势和发展速度，我们可以前瞻性地讨论一下，是否可以给 AIGC 这类客体进一步降低独创性标准，以使 AIGC 相关权益尽可能地归属于人。例如，AIGC 构成作品的规则是否可以表述为：人参与且由 AI 生成的内容与在先作品存在可以识别的差异性，这一标准实际上类似于司法实践中对于摄影作品的判断标准。当然，还有一些前提的基础问题的讨论，需要理论界充分考虑，如 AIGC 是否需要保护？如果保护的话，最佳路径是什么？站在司法实务者的角度，我认为，现行的法律体系下，著作权法为 AIGC 提供了比较完整、明确的保护框架，著作权法本身是建立在对权利人、使用者、社会公众利益的充分考量之上的，其权利保护与限制的认定规则可以满足利益平衡的需要，兼具明确性与灵活性。

王迁：至少在目前，没有看出用著作权法保护生成式人工智能生成内容的必要性。非物质成果的本质是信息，而信息一旦公开就会自由流动，这是信息的本质属性。知识产权法为了鼓励、刺激更多的人投身于作品创作的活动，而将特定的信息即符合法定要求的作品从公有领域中提取出来，赋予其专有权利加以保护，这属于特例，必须有充分的公共政策上的理由。利用生成式人工智能获得相应内容的成本是如此之低，并不需要法律赋予其专有权利进行鼓励和刺激。否则，反而会引起“跑马圈地”，对大量生成式人工智能生成的内容予以保护，从而引起“公地悲剧”。总之，智力投入的方式和形式也许是无穷无尽的，但著作权法保护的智力成果是有限的。再次强调一点，否认人工智能生成的内容是作品，与认定独创性是“有无”还是“程度”的问题，以及独创性需要达到何种程度的问题毫无关系。讨论独创性的前提，是用户通过输入关键词决定了人工智能生成的内容。脱离了这个前提去讨论独创性或者一切与著作权保护有关的其他问题，无论使用何种术语，如“智力贡献”“智力投入”“个性化选择与判断”“与众不同”等都是没有意义的。

一个显而易见但也经常被忽略的事实是：并非普天之下能反映智力投入的东西都能受到著作权法的保护。美国作为人工智能产业最为发达的国家，迄今为止也没有对生成式人工智能生成的内容提供版权保护。然而，如前所述，这既没有阻碍对人工智能产业的投资和对人工智能技术的研发，也没有熄灭用户利用人工智能的热情。在这种情况下，又有什么必要去创造一种专有权利，为人工智能生成的内容提供保护呢？

张湖月：从立法政策角度看，为 AIGC 提供著作权保护的前提是，如果不提供这种保护，将从技术生产端或者用户消费端打击（高质量）AIGC 的持续生成。然而，正如前文所述，这个假设本身是要画一个大问号的。同时，在通过其他著作权相关权利保护 AIGC 时，也需要考虑“是否有必要”以及“制度成本是否远超规制收益”等问题。

不少支持为 AIGC 设定著作权保护的学者指出，如果不保护 AIGC，或者设定较弱的保护机制，将进一步加剧“人们隐瞒 AI 参与”的诚信问题。但是，赋予 AIGC 著作权并不是解决这一问题的最佳方案，我们应该寻求更直接、更具针对性的法律安排。例如，针对 AIGC 虚假申报版权的行为，张金平教授建议改革我国的作品登记制度，包括提供作品登记的激励、明确恶意虚假陈述的法律责任以及转向积极的实质审查等。对于更普遍的市场混淆问题，可以通过立法明确开发者和用户在传播 AIGC 时与著作权法意义上的作品相区别的义务，并对故意不标注的行为设定必要的法律责任。总之，诚信与混淆问题是各方都非常关注的担忧，如何实现 AIGC 的有效识别也涉及多个法律和技术领域；正因如此，我国针对生成式 AI 的行政规定才提出了相关的标识要求。在这一问题的治理上，著作权法可能是一个既不适配又成本很高的法律路径。

关于未来法律制度设计，我和杨颂教授的论文提出了三点建议。第一，未来制度设计应当遵循灵活敏捷的原则，充分考虑不同地区、行业以及应用场景的独特环境因素，包括 AI 训练数据的稀缺程度、AI 模型的发展水平和市场竞争格局等方面的差异。任何“一刀切”的做法都可能导致意料之外的负面后果。在监管模式选择上，我国应当慎重立法，避免采用类似欧盟的立法模式。尽管我国并非普通法系国家，但法官仍可以在个案中作出灵活的指导。第二，一个容易被学界忽略的问题是，未来制度设计应充分关注“AI 训练合理使用”与

"AIGC 著作权保护"之间的互动关系。在我国著作权法下，虽然合理使用的适用范围非常狭窄，但实际上，现有大模型的训练基本遵循合理使用思路，很少向著作权人支付费用。在这种情况下，再对 AIGC 实施著作权保护，将进一步削弱人类自主创作的积极性，从而导致高质量训练数据的稀缺。从长远来看，这种做法可能对我国大模型的发展不利，同时也会导致社会福利降低。第三，未来法律制度设计应充分考虑我国的政策目标和优先事项。例如，我国可能优先关注 AI 产业的发展壮大；相反，欧盟由于没有强大的 AI 产业，更注重保障消费者和内容创作者。这些政策偏好的差异将直接影响各国最佳监管决策的选择。此外，在参考欧盟做法时，需要特别强调一点。作为一个"超国家机构"，欧盟成立的根本宗旨是建立统一的欧洲市场。为实现此政策目标，欧盟主要依靠统一各成员国的法律。然而，这种统一的法律制度也缺乏灵活性，在很多情况下不利于 AI 的发展。因此，我国在借鉴欧盟的立法经验时需要特别谨慎。

崔国斌：首先，在用户贡献独创性判断的类型化标准方面，用户在不同类型的 AIGC 上所作出的独创性贡献的表现不尽相同，未来司法可以通过判例提供具体的指引。例如，对于 AI 系统输出的文学类作品，法院应当明确要求，用户至少要对作品中的相对细致的人物性格、人物关系、故事情节、篇章结构安排等表达内容作出自己的独创性贡献，而不能只是提出问题或提示词；对于 AI 系统输出的绘画作品，则应当要求用户至少要对特定作品中的布局、比例、视角、构图要素、色彩或线条之类的表达要素作出个性化的选择，而不能只是提出正反提示词、进行参数设置等。当然，如果用户直接利用软件系统的绘画功能，修改 AI 系统输出的绘画作品中的色彩和线条，著作权法承认其独创性贡献的可能性就更大了。这就像用户对 AI 输出的文字作品中的文字进行修改，更可能作出独创性贡献一样。显然，在不同类型的作品中，用户作出的贡献不同，具备独创性的可能性也不同。这里无法提供统一的判断标准，只能由法官结合相关领域的创作实践进行个案判断。

其次，在侵权判断的具体规则方面，著作权法只保护 AIGC 中用户的独创性贡献，因此在侵权案件中，只有被告抄袭了用户贡献的独创性表达，才可能侵害用户的著作权。众所周知，AIGC 中的很多表达细节由 AI 系统输出，而非直接源自用户。理论上，如果被告只是拷贝了源自 AI 的表达细节，而未抄袭用户贡献的内容，则并不侵害著作权。不过，如果公众仅看到 AI 输出的文本或画面，而不了解背后的创作过程，很多时候并不确切知道其中哪些内容源自用户，哪些内容源自 AI 系统的输出。如果法律保护用户的独创性的贡献，但无法将他与 AI 系统的贡献分开，则很可能出现这样的局面：用户轻易就宣称 AIGC 大部分内容都来自自己的独创性贡献，进而主张著作权保护，公众并不能判断用户的主张是否属实。这很可能导致法律保护了原本并不需要保护的作品内容。

为了减少可能的恶意诉讼，立法者可以出台管制规则，要求 AI 系统对输出成果添加数字水印或采用其他技术措施，使事后识别 AI 输出作品的属性变得更容易。同时，立法规定 AI 使用者隐瞒其使用 AI 的事实的法律后果。例如，强制规定用户不得隐瞒其使用 AI 的情况，否则即便用户作出独创性贡献，其著作权侵权主张也得不到法院的支持；必要时，追究其恶意诉讼的法律责任，甚至可以考虑要求其承担行政责任或刑事责任（欺诈）。

再次，在 AIGC 著作权侵权举证责任的分配方面，在具体的个案中，在用户并不隐瞒使用 AI 工具的情况下，用户可以就自己的独创性贡献主张权利时，有义务说明其创作的思路、输入指令的内容、对图片的选择和修改过程等，并提供相应的证据。原则上，结合诉争图片的具体内容，用户的表述合理可信，并能够支持其独创性主张时，法院就可以采纳。当然，必要时，法院也可以要求用户提供其 AI 客户端上存储的关于创作过程的记录作为佐证。可以预见，如果 AI 创作作品的权属争议大量出现，这一领域的技术也会随之发展。专业的 AI 创作工具很容易配备强大的创作过程记录程序，记录用户使用该工具创作特定作品的中间过程，并在客户端永久保留以备法院或相关机构查询。因此，我们有合理理由相信，随着软件技术的持续进步，未来在个案中确认用户的具体贡献，应该不是问题。相应地，在个案中，法院也就很容易将著作权保护限制在用户独创性贡献的范围内。

最后，在 AIGC 著作权侵权损害赔偿计算的标准方面，确认用户就 AIGC 享有的著作权被侵犯后，法院在确定损害赔偿数额时，应充分考虑 AIGC 自身的特点，尽可能采用合理的许可费标准，避免过度偏离这一标准，判决过高的赔偿数额，从而不当激励用户滥诉。在这方面，法院实际上已经积累了一些经验。过去，部分法院关于图片侵权案件判决的损害赔偿数额过高，导致很多“专业维权”的案件涌向法院。法院调整损害赔偿数额后，“专业维权”的图片机构刻意诉讼的积极性大大降低。

当然，即便很多用户对 AIGC 提出著作权主张，对于社会而言，可能也没有想象得那么大的威胁。实际上，著作权法的独创性要求原本就很低。现实中，网络上充斥着大量的低独创性的照片和视频内容。在部分恶意维权的专业图片机构出现之前，这些照片和视频的著作权人并没有对公众造成太多的困扰。在 AI 工具普及后，如果公众意识到随意使用来历不明的图片很可能招致侵权诉讼，则很可能选择自己直接使用 AI 工具来生成图片，以降低侵权风险。因此，即便市场上充斥着 AI 生成的图片，也不会真正对公众造成实质的困扰。当然，恶意维权的专业机构是最大的变数。它们的确有可能利用 AI 生成大量的图片，然后通过搜索引擎或社交媒体四处传播，在公众不小心使用其图片后又“恶意维权”，就像它们过去可能随便给公共领域的图片打上水印然后维权一样。这的确会将诸多公众卷入诉讼，从而增加社会的成本。不过，如前所述，应对这些专业机构的挑战并不困难，追究它们恶意诉讼的法律责任，降低侵权损害赔偿的数额是有效的政策选项。

（《中国法律评论》2024 年第 3 期）

监管制度

风险与规制

人工智能立法中的规制结构设计

宋华琳*

一、人工智能立法中规制理念的创新

在人工智能立法中，制度设计者需面对参差多元、具有差异性和自主性的人工智能子系统，面对变动不居的政治、经济、社会与文化背景，由于对新兴事物认识得不全面，很难通过设定“命令—控制”型规制工具来调整人工智能活动，也难以将复杂的人工智能业态归约为以法律规范表述，并设定权利、义务、责任。在立法中可引入包容审慎监管理念，尝试对人工智能开发者、提供者等保持审慎态度，包容人工智能技术及创新，对人工智能安全风险加以监管。[1]而且，可通过引入风险分级分类规制理念，在立法中设定风险分级分类原则与规则，以更具经济性、合目的、合比例的方式对人工智能进行规制。

（一）包容审慎监管理念的引入

1. 包容审慎监管理念探析

在人工智能立法时，要妥善处理风险规制与推动高质量发展的关系。一方面，要对人工智能风险设定事前预防性规制与事中事后规制工具；另一方面，要通过妥当的方式，对人工智能产业发展予以鼓励和促进，[2]包括制定专项行政

---

* 宋华琳：南开大学法学院教授、博士生导师、南开大学法学院院长、网络与信息法研究中心主任，兼任中国法学会网络与信息法研究会常务理事。

〔1〕 参见胡仙芝、刘海军：《包容审慎监管：论新基建监管框架构建的过渡性和开放性》，载《管理世界》2022 年第 2 期。

〔2〕 参见张守文：《人工智能产业发展的经济法规制》，载《政治与法律》2019 年第 1 期。

规划，推行行政奖励、资金扶助、税费减免等措施。

在简化行政程序、优化公共服务、推进规制改革、削减合规成本、促进新经济业态的背景下，包容审慎监管这一带有鲜明本土化色彩的规制策略经常出现在中央政策文件和法律法规之中。[1]2019年，国务院颁布的《优化营商环境条例》第55条指出："政府及其有关部门应当按照鼓励创新的原则，对新技术、新产业、新业态、新模式等实行包容审慎监管，针对其性质、特点分类制定和实行相应的监管规则和标准，留足发展空间，同时确保质量和安全，不得简单化予以禁止或者不予监管。"2022年，《深圳经济特区人工智能产业促进条例》第10条规定了对人工智能产业的包容审慎监管。2023年颁布的《生成式人工智能服务管理暂行办法》规定，对生成式人工智能服务实行包容审慎监管。包容审慎监管的理念在于坚持发展和安全并重，坚持促进创新和依法治理相结合。

2. 包容审慎监管的制度设计

包容审慎监管理念的引入，是对回应型规制（responsive regulation）理论的印证。在人工智能规制制度设计时，应秉承"规制金字塔"（regulatory pyramid）阶梯的要求，尽量摒弃对威慑式进路的尊崇，减少对行政处罚等"命令—控制"型规制工具的运用；应尽量采取"建议和劝服"进路，运用说服教育、劝导示范、警示告诫、行政指导、行政约谈等强制色彩较弱、干预程度较低的未型式化行政行为形式，只有在这些行为形式不奏效时，才启用强制色彩更浓、干预程度更高的行政行为形式。

当人工智能风险总体处于可控范围，不至于造成严重不良社会后果时，应尽可能采取引导或纠正的方式，从而为人工智能发展营造规范适度的环境。例如，在进行人工智能立法时，不仅可以为特定违法行为设定法律责任，还可明确不予行政处罚、从轻行政处罚、减轻行政处罚的情形；对于违法行为轻微且及时纠正没有造成危害后果的，由相应主管部门依法制定不予行政处罚事项清单；对于当事人的行为符合从轻或减轻行政处罚情形的，由相应主管部门依法制定

---

〔1〕 参见卢超：《包容审慎监管的行政法理与中国实践》，载《中外法学》2024年第1期。

从轻行政处罚事项清单、减轻行政处罚事项清单。〔1〕

在进行人工智能立法时，还要为人工智能相关法律、政策、规范的出台设置“观察期”“缓冲期”或“包容期”“过渡期”，这反映了不确定性下现代新兴领域法治建设的应对策略与演变趋势，〔2〕这也是包容审慎监管原理的生动体现。

3.“监管沙盒”制度的引入

人工智能的包容审慎监管还体现为“监管沙盒”（regulatory sandbox）制度的引入。“沙盒”的原意是在隔离风险的环境中试验有风险的软件。〔3〕“监管沙盒”发轫于英国金融行为管理局于2005年的制度设计，是监管者为了促进新兴经济发展、降低风险并保护消费者而创建的一个相对剥离的监管框架，在此框架下，企业可以在真实环境中测试创新产品或服务，无须担心创新行为与监管规则发生矛盾时可能遭受阻碍，也无须承担不必要的监管负担。〔4〕欧盟人工智能立法设定了人工智能“监管沙盒”制度，要求欧盟每个成员国至少建立一个人工智能监管沙盒。此规定的意旨是，在系统上市之前，建立受控实验和测试环境，在特定时间为安全开发、测试和验证提供便利，以保证人工智能系统创新的合规，让研发者和主管部门更好地了解人工智能系统创新面临的机遇与风险，使监管法律框架未来能进行更好的调适。〔5〕

在我国人工智能立法中，也可引入人工智能“监管沙盒”制度，妥善分配中央、地方相关部门设立和运用监管沙盒的权力。〔6〕立法应就人工智能监管沙盒的设立、开发、实施和运行确定基本要求，规定需形成透明公开的入盒标准、合格标准及标准化的测试流程，让算法及人工智能企业在相对可控的环境内进行试验性的开发、测试和验证。这也是反身治理的体现，在“监管沙盒”试点范围内，为存在不确定性、可能存在风险的人工智能应用提供一个缩小版的真实市

〔1〕参见《行政处罚法》第32、33条。

〔2〕参见卢超：《包容审慎监管的行政法理与中国实践》，载《中外法学》2024年第1期。

〔3〕参见朱悦：《欧盟〈人工智能法案〉中的监管沙盒》，载《法治周末》2023年8月3日，第11版。

〔4〕参见张红：《监管沙盒及与我国行政法体系的兼容》，载《浙江学刊》2018年第1期。

〔5〕See Artificial Intelligence Act, Paragraph 138,139, Preface, European Parliament.

〔6〕参见朱悦：《欧盟〈人工智能法案〉中的监管沙盒》，载《法治周末》2023年8月3日，第11版。

场和宽松版的规制环境,[1]进而反思人工智能规制的限度,并对人工智能规制规范、政策和目标加以修正。[2]

可结合不同人工智能应用的场景、信用级别、风险程度来设定监管底线、触发条件,对"沙盒"内的开发、测试活动实施智慧化风险提示,推行轻微违法行为不予处罚、减轻或从轻处罚制度。当"沙盒"中的人工智能活动达到风险触发条件时,可将其移出"沙盒",依法依规开展后续监管。

(二)风险分级分类规制理念的引入

1. 风险分级分类规制的原理

风险分级分类规制意在对不同风险源的危害强弱进行评估,继而根据风险程度将其划分为不同的级别和类型,再匹配以干预程度强弱不等的差异化规制措施。[3]2019年,《国务院关于加强和规范事中事后监管的指导意见》明确将"分级分类"作为监管原则。中共中央、国务院于2021年印发的《法治政府建设实施纲要(2021—2025年)》也指出:"根据不同领域特点和风险程度确定监管内容、方式和频次,提高监管精准化水平。"针对不同级别和类型的风险,需配置不同的规制资源,可以选择采取事前规制、事中规制、事后规制乃至不规制的策略,并对被规制主体设定不同层次和程度的合规义务。

2. 比较法上的参照

在人工智能领域存在的"风险",是"发生危害的可能性和危害的严重性的组合"。[4]基于风险的规制(risk-based regulation)的核心在于规制的理性化,要求规制干预以有明确目标为前提,并基于风险评估,依照风险的高低和优先次序合比例地配置资源。[5]

欧盟对人工智能风险进行分级分类时,考虑了如下要点:其一,人工智能系

---

〔1〕 参见陈悦:《谦抑之治:科技时代的新业态规制》,国家行政管理出版社2022年版,第145页。

〔2〕 参见[英]科林·斯科特:《规制、治理与法律:前沿问题研究》,安永康译,清华大学出版社2018年版,第222~228页。

〔3〕 参见宋华琳、邹志:《可接受风险理念下行政规制的法律改革》,载《社会科学》2024年第6期。

〔4〕 See Artificial Intelligence Act, Article 3, European Parliament.

〔5〕 参见刘鹏、张嵛楠、王力等:《基于风险的政府监管:理论发展与实践应用》,载《中国行政管理》2024年第3期。

统涉及生物识别、关键数字基础设施的管理和运行、对个人所受教育或职业培训程度的评价、对员工的招聘和选聘时，应被定义为高风险应用；其二，当将人工智能引入行政给付领域，用于确定行政机关是否应给予、拒绝、削减、撤销或收回相应的津贴与服务时，这可能会给当事人的生计带来严重影响，并可能侵犯相关人员获得社会保障的权利、不受歧视的权利、人格尊严或获得有效救济的权利，应用于此种情境的人工智能系统也应被列入高风险之列；其三，用于评估自然人信用分或信誉度的人工智能系统，由于可用以决定自然人是否获得资助或住房、电力、电信等基本服务，因此应被列入高风险应用；〔1〕其四，司法人工智能系统可能对民主、法治、个人自由以及人们获得有效救济权利、获得公平审判权利等产生显著影响，故应被列入高风险应用。〔2〕

欧盟立法认为，人工智能系统如果不会对自然人的健康、安全或基本权利构成重大损害，而且只是试图在限定范围内履行某项程序性任务，或旨在改善先前人类已完成的活动，或只是试图对已有决策模式加以检测，而并不打算取代或影响此前已完成的人类评估决定，或只是准备承担预备性任务，则均不构成高风险应用。〔3〕

3. 制度设计构想

在未来的统一人工智能立法中，可规定国家对人工智能应用实行分类管理，根据人工智能的应用场景、影响范围、潜在危害后果及对公民基本权利的限制程度，将人工智能应用分为高风险、中风险、低风险三种类型，并实施分级分类差异化监管。〔4〕对于高风险的人工智能应用，其规制目标在于防范风险，高风险应用应当落在有关行政部门的清单之中，应遵循必要、正当、可控等原则对高风险应用进行合规审查，并进行风险评估，就相应风险发布警示。对于中低风险的人工智能应用，可采取事前披露和事后跟踪控制的治理模式，以促进先行

〔1〕 See Artificial Intelligence Act, Paragraph 58, Preface, European Parliament.
〔2〕 See Artificial Intelligence Act, Paragraph 61, Preface, European Parliament.
〔3〕 See Artificial Intelligence Act, Article 6(3), European Parliament.
〔4〕 参见《深圳经济特区人工智能产业促进条例》第 66 条。

先试。[1]

立法可授权网信部门负责制定人工智能应用的风险分级分类规则和分级分类目录，在制定、调整和公布分级分类目录时，应征求数据管理部门、工业和信息化部等的意见，并引入专家咨询机制来评估重点领域人工智能应用的潜在风险，对人工智能风险进行分级分类规制。

二、建构人工智能规制的合作治理体系

人工智能规制亟待引入合作治理。首先，作为信息科技导向的新经济业态领域，人工智能具有科技含量高、技术迭代快、情景急速变化等特征，在人工智能开发者、提供者等主体与行政管理部门之间始终存在信息不对称，人工智能开发者、提供者等主体相对占据信息优势。[2]其次，人工智能产业规制需要考虑不同利益群体的不同利益关切，需要通过合作治理塑造更易为各方接受的规制政策。因此，立法时可将合作治理作为人工智能法的基本原则，规定建立政府主导、部门协作、市场自律、专家咨询的人工智能治理体制，构建多元共治的人工智能治理格局。

（一）依法给予地方政府在人工智能治理中的政策空间

人工智能规制应坚持安全与发展并重，各级政府之所以介入人工智能，其着力点主要在于“发展”。《宪法》第 14 条要求国家“推广先进的科学技术……发展社会生产力”，第 20 条规定国家发展自然科学事业。人工智能作为“利用计算机或者计算机控制的机器模拟、延伸和扩展人的智能，感知环境、获取知识并使用知识获得最佳结果的理论、方法、技术及应用系统”[3]，属于“先进的科学技术”和“自然科学事业”，通过发展与人工智能相关的软硬件产品研究、开发和生产、系统应用、集成服务等核心产业以及相关产业，有助于“发展社会生产力”。

---

〔1〕 参见《上海市促进人工智能产业发展条例》第 65 条。

〔2〕 参见卢超：《包容审慎监管的行政法理与中国实践》，载《中外法学》2024 年第 1 期。

〔3〕《上海市促进人工智能产业发展条例》第 2 条。

国民经济和社会发展规划的主要功能在于，明确国民经济和社会发展的目标和方向，阐明国家战略意图，明确政府工作重点，引导规范市场主体行为。以中长期规划指导经济社会发展，是我国重要的行政治理方式。[1]专项规划则是以经济社会发展的特定领域为对象编制的规划，其力图阐明专项工作的总体思路、发展目标、主要任务和重大举措。人工智能立法中可规定：各级地方人民政府应当加强对本区域人工智能产业发展工作的领导，将人工智能发展纳入本级国民经济和社会发展计划，根据需要组织编制人工智能发展专项规划。地方政府组织编制人工智能规划，有助于推动人工智能治理中不同部门、不同政策、不同措施间的相互协调，实现统合行政活动的功能，并为人工智能开发者、提供者、使用者提供导引。

立法中，可规定地方政府有对人工智能发展活动加以引导、鼓励与支持之责，地方政府可出台措施支持相关主体建设人工智能研究机构、人工智能标准组织和行业组织，支持人工智能科学研究、技术创新和开发活动，可针对人工智能发展明确列出税收优惠、补贴、金融借贷优惠、专项资金支持、智能服务券等各类激励性措施。[2]

（二）厘定行政部门的职责权限和协调机制

在人工智能立法中，规定由哪个机关对哪项人工智能事务进行管理、如何管理，有助于厘定不同行政部门的事务管辖权，提高行政效能，减少权限争议。但是，如果考察既有法律、法规、规章及规范性文件，则可见人工智能事务涉及网信部门、工业和信息化部门、发展改革、数据、教育、科技等多部门，这为立法厘定各部门的人工智能管理职责增加了难度。

当法律无法适应政府职能的变化和快速发展的社会经济现实时，可以通过框架立法的方式，规定政府职责权限设置的基本架构与基本原则。在人工智能立法中，可考虑实行统分式齐抓共管的部门职责分工模式，即设置一个或两个

---

〔1〕 参见马怀德：《迈向"规划"时代的法治中国建设》，载《中国法学》2021年第3期。
〔2〕 参见罗英：《供给侧结构性改革背景下的质量促进型立法研究》，载《求索》2017年第9期。

主管部门承担综合管理职责，要求其他部门对各自领域的该项工作负责。[1]可规定国家网信部门承担统筹和协调人工智能安全及相关监督管理的职责，国务院工信部门承担协调、促进人工智能产业发展的职责，国务院其他有关部门依照法律、行政法规的规定在各自职责范围内负责人工智能监督管理工作。[2]

建议将人工智能监督管理协调机制写入法律规范，规定：国家建立由国家网信部门牵头，各相关部门配合的人工智能监督管理协调机制，统筹、协调、督促和指导有关部门在各自职责范围内做好人工智能监督管理工作，及时协调人工智能监督管理的重大事项和重要工作。地方人民政府可以建立相应的人工智能监督管理协调机制。[3]还可在立法中对人工智能监督管理中的联合执法、联席会议、正式或非正式磋商、监管信息交流和共享、提供行政协助等机制加以规定，这有助于促进行政组织间的合作，形成相互依存的治理网络，以此来协同、有效地应对边界模糊、复杂多变的人工智能治理问题。[4]

（三）为人工智能治理建构“受规制的自我规制”体系

自我规制是被规制者的“内部式自律”行为，其以更具回应性、灵活性、针对性的方式，对自身施加命令、设定控制措施和结果要求，从而自愿肩负起实现公共任务的责任。[5]在人工智能领域，尤须倡导给予自我规制制度空间，因为在这样一个以前沿科学技术、谙熟专业知识为基础的新兴科技领域，人工智能主管部门的官员纵然是人工智能政策的专家，但也很难洞悉并追踪人工智能科技前沿和新算法的运作原理。通过倡导人工智能开发者、提供者及使用者自我规制，有助于填补产业创新与政府规制之间的空白，建构信任、透明、可问责的制度文化，应对快速变化的风险。[6]

---

〔1〕 参见林鸿潮、刘辉：《统分式齐抓共管：生成逻辑、运行机制和制度改进》，载《政治学研究》2024年第1期。

〔2〕 参见《人工智能法（学者建议稿）》（2024年3月16日）第59条。

〔3〕 参见《数据安全法》第5条、《出口管制法》第5条第2款、《未成年人保护法》第9条等立法例。

〔4〕 参见宋华琳：《建构政府部门协调的行政法理》，载《中国法律评论》2015年第2期。

〔5〕 参见詹镇荣：《德国法中“社会自我管制”机制初探》，载《政大法学评论》2004年第2期。

〔6〕 See Keith E. Sonderling & Bradford J. Kelley, *Filling the Void: Artificial Intelligence and Private Initiatives*, N.C. J.L. & Tech., Vol.24, p.153, 157（2023）.

"受规制的自我规制"力图在规制法律规范设定的框架下，通过对自我规制的制度安排进行行政规制，使自我规制的过程能受规制。[1]在人工智能立法中，尤须引入此种"保持距离式的规制"(regulating at a distance)，从而为被规制者的合规行为设定一定的裁量空间，激活被规制者的内部自组织形式，激励人工智能开发者、提供者等被规制者设置自己的内部控制与管理体系，自我设限、自负义务，人工智能主管部门转而对被规制者是否建立自我规制体系、自我规制体系的运营状况等加以监督。[2]在此种制度方略下，法律可要求人工智能开发者、提供者等被规制者采取风险管理措施，披露特定信息，履行组织化保障义务，制定规则、指南及其他相关文件，并规定由人工智能主管部门对被规制者的自我规制体系、自我规制举措加以监督。

1. 采取风险管理措施

有别于行政主管部门开展的风险监测、风险评估、风险管理等举措，人工智能开发者、提供者等采取的风险管理措施构成了动态的风险管理工具，其涉及对组织体内部风险的确证、评估和管理，并通过实施有效的政策、程序和控制措施来缓解风险，确保该组织体能以安全与合规的方式开展日常活动。[3]立法中可要求人工智能开发者、提供者对数据隐私、算法偏见、网络安全、合规等风险加以评估，对人工智能各环节安全风险进行定期检查和监测。

2. 设定信息披露义务

人工智能开发者、提供者等披露有关算法如何部署、人工智能系统如何运作和使用的信息，有助于保障公众平等获取信息和资源的权利，保障公众对输入数据来源、人工智能系统运行机理、自动化决策考量因素的知情权，保障公众

---

〔1〕 参见金健:《受规制的自我规制与行政法的嬗变》，载沈岿主编:《行政法论丛》第25卷，法律出版社2020年版。

〔2〕 参见[英]罗伯特·鲍德温等编:《牛津规制手册》，宋华琳译，上海三联书店2017年版，第150~151页。

〔3〕 See Adnan Masood & Heather Dawe, *Responsible AI in the Enterprise*, Packt Publishing, 2023, p. 14.

对人工智能产品和服务的选择权。[1]建议在立法中明确规定人工智能提供者的信息披露义务，要求其披露相关产品和服务的适用人群、适用场合、目的意图、主要运行机制、功能及局限、潜在风险，说明人工智能产品和服务对使用者权益可能产生的不利影响。

3. 由被规制者制定自我规制规则

法律规范相对侧重于调整定型化的社会关系，人工智能作为影响面广泛的颠覆性技术，其发展具有不确定性。此时，立法采取适度的谦抑立场，有意就某些内容留有空白，并明确规定由被规制者制定自我规制规则，或许是审慎之举。[2]

我国《个人信息保护法》第 51 条、《网络安全法》第 21 条分别规定了个人信息处理者、网络运营者制定内部管理制度和操作规程的义务，《数据安全法》第 27 条规定了数据处理者建立健全全流程数据安全管理制度的义务。在人工智能立法中，可规定由人工智能开发者、提供者制定人工智能规则、指南和其他相关管理文件，以此来约束其自身的活动，为用户提供导引。这相当于由自我规制主体来颁布单方行为规范（unilateral codes of conduct），决定采取并实施具体的政策，针对自己的研发和经营活动施加某种自我拘束措施。[3]

4. 夯实组织化保障义务

组织化保障义务主要体现为法律对人工智能开发者、提供者等内部组织架构的干预，以及法律对相关市场主体的内设机构、组织负责人基本要求的设定。这体现了政府规制向自我规制的映射，有助于提高被规制者对规制目标的敏锐度。[4]

《网络安全法》第 34 条要求，关键信息基础设施的运营者应当设置专门

〔1〕 参见赵精武、陆睿：《从公示到透明：算法公平的风险挑战与治理路径》，载《暨南学报（哲学社会科学版）》2023 年第 9 期；宋华琳、孟李冕：《人工智能在行政治理中的作用及其法律控制》，载《湖南科技大学学报（社会科学版）》2018 年第 6 期。

〔2〕 参见吴元元：《认真对待社会规范——法律社会学的功能分析视角》，载《法学》2020 年第 8 期。

〔3〕 See Ian Bartle & Peter Vass, *Self-Regulation within the Regulatory State: Towards a New Regulatory Paradigm?*, Pub. Admin., Vol.85, p.885, 889 (2007).

〔4〕 参见刘刚编译：《风险规制：德国的理论与实践》，法律出版社 2012 年版，第 330 页。

安全管理机构;《数据安全法》第27条要求,重要数据的处理者应明确数据安全管理机构。令人工智能开发者、提供者正确、合理地设置内设机构,有助于使专门化内设机构相对更为聚焦于人工智能的安全与合规,而不只是关注产业创新与发展;有助于落实人工智能法律法规、方针政策中的相关要求,并更好地开展人工智能风险防控。[1]可在立法中规定,关键人工智能开发者、提供者应当设置专门安全管理机构,负责关键人工智能的安全管理与合规管理。[2]

对人工智能开发者、提供者的管理人员提出资质要求,配备专司人工智能安全管理职责的人工智能安全负责人,有助于更好地基于专业知识和管理经验,对人工智能全生命周期活动进行内部管理。作为参照,德国1977年《联邦数据保护法》即引入了企业的数据保护官制度,在我国未来的人工智能立法中,可要求关键人工智能的开发者、提供者指定人工智能安全负责人,要求其他人工智能的开发者、提供者配有专职的人工智能安全管理人员,人工智能安全负责人和人工智能安全管理人员应具有相关专业背景和从业经历,对人工智能开发、提供活动及采取的保护措施等进行监督管理。

(四)探索第三方治理的制度空间

现代社会往往由高度相互依赖的公私伙伴关系网络来履行诸多公共职能。在人工智能这样一个快速发展的领域中,引入第三方治理,即通过私人主体实现规制目标,能发挥相应的独特优势:其一,弥补行政资源和能力的不足,减轻行政负担。就人工智能治理而言,网信、工信等部门每每欠缺相应的检测、评价、认证资源,引入第三方治理,相当于让私人主体承担部分规制职能,由第三方独立评判人工智能业态发展的安全与风险,有助于治理活动更为灵活、快捷。其二,具有专业优势。第三方机构可以相对灵活地补充人才、更新专业知识,具有更多的主动性和前瞻性,在人工智能研发和应用的较早阶段即可介入,更多

〔1〕 参见宋华琳:《标准规制与企业的标准合规》,载《吉林大学社会科学学报》2024年第2期。
〔2〕 参见《人工智能法(学者建议稿)》(2024年3月16日)第59条。

开展对问题的预判，而不只是对问题的回应。[1]其三，有助于推进合作规制。第三方机构缺少行政部门的制裁权力，它们需要与人工智能行业形成更为持续、稳定的合作规制关系，以更好地收集关于人工智能活动运作和合规的数据资料。[2]其四，能够扮演好“看门人”角色。将第三方引入人工智能治理，当发现不合规的情况时，更便于沟通，并促使违规者纠正违规行为。这有助于更好地学习和改进人工智能规制政策。[3]

与人工智能治理有关的制度包括第三方实施的合格评定、检验、检测等。在我国，《认证认可条例》(已失效)为我国第三方合格评定制度奠定了制度基础。认证机构需符合法定资质条件，获得国务院认证认可监督管理部门批准，并具备与从事相关认证活动相适应的检测、检查等技术能力。[4]作为专业技术组织的第三方检验检测机构，可以依据相关标准或者技术规范，利用仪器设备、环境设施等技术条件和专业技能，对人工智能产品、应用等进行测试和评价。[5]2014 年颁布的《国务院关于促进市场公平竞争维护市场正常秩序的若干意见》指出，“发挥市场专业化服务组织的监督作用”，“推进检验检测认证机构与政府脱钩、转制为企业或社会组织的改革……有序放开检验检测认证市场，促进第三方检验检测认证机构发展”。

在我国未来统一人工智能立法中，可规定第三方机构在人工智能政策评估、安全治理、监测审计、体系认证等方面的角色。还可规定第三方机构从事人工智能相关的检验、检测、合格评定、认证、评估等活动时，应具备与从事活动相适应的技术能力，建立符合要求的管理制度，实施技术性、合目的性、以规则为基础的专业化评定活动。[6]第三方机构应公正、独立，不应与相关人工智能主

---

〔1〕 参见宋华琳:《行政法学视角下的认证制度及其改革——以药品 GMP 认证为例》，载《浙江学刊》2018 年第 1 期。

〔2〕 参见刘亚平、游海疆:《“第三方规制”: 现在与未来》，载《宏观质量研究》2017 年第 4 期。

〔3〕 See Lesley K. McAllister, *Regulation by Third-Party Verification*, B.C.L.Rev., Vol.53, p.1, 14-15 (2012).

〔4〕 参见《认证认可条例》第 9、10 条。

〔5〕 参见《检验检测机构资质认定管理办法》第 2 条。

〔6〕 参见[日]米丸恒治:《私人行政——法的统制的比较研究》，洪英译，中国人民大学出版社 2010 年版，第 85 页。

管部门存在隶属关系或其他利益关系，也不应与人工智能开发者、提供者等存在咨询、服务外包等商业合作关系。法律可为行政规制和第三方治理架桥，规定在人工智能行政规制、社会治理中，广泛采信第三方的相关检验检测、合格评定、认证认可、评级评估结果。

（五）人工智能专家咨询制度的建构

在人工智能治理中，通过引入专家咨询制度，设立相关的专家委员会、专家组等，不仅可以汲取科学、法律、政策专家的专业知识，为行政决策提供科学基础和事实根据，还可以融入公众参与的部分要素，反映出不同见解之间的纵横折冲，〔1〕以推动人工智能治理所涉及的利益相关者相互进行有效的利益协调，这也有助于更为公平、合理地配置相关利益及责任。〔2〕在立法中，可规定人工智能专家咨询制度，设立由技术、法律、伦理、公共管理、社会学、医学等领域专业人员组成的专家委员会或专家组，为人工智能战略研究、政策制定及实施提供决策咨询，为人工智能安全工作提供咨询、评估、论证等专业支撑。

三、完善人工智能规制的多元规范体系

在人工智能规制的合作治理体系中，应更新对规制治理所依赖的规范体系的理解。在复杂的网络社会中，不宜将法律秩序等同于国家的强制秩序，规范多元应成为合作治理体系的结构特征之一。在人工智能全生命周期中，可以感受到法律规范、技术标准、伦理规范等不同规范的引导、控制或正当性证成作用。在人工智能立法中，不应对技术标准、伦理规范等重要规范类型置若罔闻，而应为多元规范的制定与适用提供制度空间，对技术标准、伦理规范的制定主体、法律性质、制定程序、适用范围加以规定，将法律规范与技术标准、伦理规范相衔接。

---

〔1〕 参见宋华琳、郑琛：《公共卫生治理专家咨询制度的法治探寻》，载《求是学刊》2024年第2期。

〔2〕 参见张涛：《人工智能治理中"基于风险的方法"：理论、实践与反思》，载《华中科技大学学报（社会科学版）》2024年第2期。

(一)人工智能技术标准体系的建构

标准是经济活动和社会发展的技术支撑,构成了国家治理的基础性制度。[1]《标准化法》中将"标准"限定为技术标准,并将其界定为"农业、工业、服务业以及社会事业等领域需要统一的技术要求"。技术标准分为"政府标准"和"市场标准","政府标准"包括有权行政机关颁布的国家标准、行业标准和地方标准,"市场标准"包括市场主体发布的团体标准和企业标准。[2]在人工智能立法中,可明确人工智能国家标准、行业标准、团体标准等标准类型,并规定不同类型标准的适用情形。

1. 建构人工智能国家标准体系

人工智能国家标准涉及强制性国家标准和推荐性国家标准。《标准化法》第 10 条规定,如果人工智能标准内容涉及"保障人身健康和生命财产安全、国家安全、生态环境安全以及满足经济社会管理基本需要的技术要求",则应就相应内容制定强制性国家标准。例如,将人工智能应用于生物识别,此时的生物识别是对人类指纹、面部、步态等不同类型的个人身份数据进行收集、处理、分析,并以此为基础识别、跟踪特定对象,[3]这涉及属于"敏感个人信息"的生物识别信息,容易导致自然人人身、财产安全受到侵害的结果。在此背景下,国家市场监督管理总局、国家标准化管理委员会发布的《信息安全技术　基于生物特征识别的移动智能终端身份鉴别技术框架》(GB/T 38542—2020)即属于强制性国家标准。但在人工智能国家标准中,涉及安全的标准只有少数,大部分人工智能国家标准仅作为"满足基础通用、与强制性国家标准配套、对各有关行业起引领作用等需要的技术要求",是推荐性国家标准。[4]例如,已获立项的《人工智能管理体系》国家标准,作为基础通用性标准,即为推荐性标准。[5]

---

〔1〕 参见《国家标准化发展纲要》。

〔2〕 参见于连超:《标准化法原论》,中国标准出版社 2021 年版,第 290~291 页。

〔3〕 参见薛澜、贾开、赵静:《人工智能敏捷治理实践:分类监管思路与政策工具箱构建》,载《中国行政管理》2024 年第 3 期。

〔4〕 参见《标准化法》第 11 条。

〔5〕 参见全国信息安全标准化技术委员会大数据安全标准特别工作组:《人工智能安全标准化白皮书(2023 版)》,载生态环境部信息中心网 2023 年 8 月 17 日,http://www.chinaeil.net/xxgk/zctg/202308/t20230817_1038770.html。

2. 适度限定人工智能行业标准的范围

《标准化法》第12条第1款规定："对没有推荐性国家标准、需要在全国某个行业范围内统一的技术要求，可以制定行业标准。"目前，人工智能行业标准相对集中于大数据、物联网、云计算、系统软件、智能终端、安全与隐私保护等领域，[1]均为推荐性标准。[2]相较于团体标准等类型而言，行业标准的运行机制很难实现快速响应市场、推动产业创新及让标准使用方广泛了解标准等目的。[3]未来，建议限定人工智能行业标准的范围和数量，防止人工智能行业标准和国家标准在技术内容上存在重复交叉、相互矛盾等现象。当已有人工智能推荐性国家标准，或已有一般性产品和服务的技术要求时，不宜再制定人工智能行业标准；当可以制定人工智能团体标准时，尽量不制定人工智能行业标准。

3. 拓宽人工智能团体标准的制度空间

政府主导的技术标准将经济社会生活置于严密的规范网络之下，有时会遏制社会自身的活力。在作为典型新兴科技的人工智能领域，除保留必要的行政标准制定权限外，可以将更多的技术标准制定权放还给作为"中间协调层"的社会团体，让自律性规范在人工智能标准体系中发挥更大的作用。[4]

团体标准，是指在国家鼓励下，由学会、协会、商会、联合会、产业技术联盟等依法成立的社会团体，为满足市场和创新需要，协调相关市场主体，按照自行规定的标准制定程序制定并发布，供本团体成员约定采用或供社会自愿采用的标准。[5]行业成员在协商一致的基础上制定自律性的团体标准，能够反映人工智能行业的内在利益，从而更好地适应人工智能行业的变化，激发社会力量，利用专业的知识来寻求自我规制，缩短规则制定者和公众之间的距离，让团体标

---

〔1〕 参见张欣：《我国人工智能技术标准的治理效能、路径反思与因应之道》，载《中国法律评论》2021年第5期。

〔2〕 参见《标准化法》第2条第2款。

〔3〕 参见中国标准化研究院编著：《国家标准体系建设研究》，中国标准出版社2007年版，第414页。

〔4〕 参见韩国延世大学全炳梓教授关于"多元社会法律的性质与作用"的论述。转引自郭道晖：《多元社会中法的本质与功能——第二次亚洲法哲学大会述评》，载《中外法学》1999年第3期。

〔5〕 参见《标准化法》第18条、《团体标准管理规定》第3条、《团体标准化第1部分：良好行为指南》(GB/T 20004.1—2016)。

准得到更好的实施。[1]

人工智能团体标准的制定主体是社会团体而非行政机关，其制定的团体标准位于国家法的序列之外，不具备法律的强制力。团体标准由本团体成员约定采用，或者按照本团体的规定供社会自愿采用。《标准化法》第27条设定了团体标准自我声明公开和监督制度，国家鼓励团体标准通过标准信息公共服务平台向社会公开。《团体标准管理规定》第18条规定，社会团体应当公开人工智能团体标准的名称、编号等信息，鼓励社会团体公开人工智能团体标准的全文或主要技术内容。团体标准自我声明制度的实施，有助于为人工智能团体标准的形成提供公平竞争的环境，并让团体标准的制定者自愿接受其他团体与公众的监督。

（二）注重发挥人工智能伦理规范的作用

在人工智能治理过程中，实际上存在"伦理先行"。人工智能伦理规范的兴起先于人工智能法律规范的制定，人工智能立法可将伦理规范中的核心要素纳入人工智能规制法律制度设计的基本内容，并在法律中规定伦理原则、伦理规范的作用，以及伦理规范的性质和约束效果。

例如，欧盟委员会任命的独立人工智能高级别专家组2019年制定的《值得信赖的人工智能的伦理准则》，确立了七项无法律拘束力的人工智能伦理准则，包括人类主体和监督，技术稳健性和安全，隐私和数据治理，透明，多样性、非歧视和公平，社会和环境福祉及可问责性。2024年通过的欧盟《人工智能法》明确指出，人工智能伦理准则构成了起草相关行为守则的基础，法律鼓励包括产业界、学术界、标准化组织、社会组织在内的所有利益相关者，在制定自愿性的最佳实践和标准时，能对伦理原则加以适当考虑。

2022年，中共中央办公厅、国务院办公厅印发的《关于加强科技伦理治理的意见》较为系统地阐述了科技伦理法治化的制度方略，要求在科技创新的基础性立法中对科技伦理监管作出明确规定，在其他相关立法中落实科技伦理要求，及时推动重要的科技伦理规范上升为国家法律法规。人工智能伦理作为一

---

〔1〕 See Thomas Vesting, *The Autonomy of Law and the Formulation of Network Standards*, Ger. Law J., Vol.5, p.639, 647（2004）.

种“倡导”伦理，要求规制法律、规制政策和规制活动具有伦理上的正当性。在我国人工智能立法中，应明确将伦理原则和伦理规范作为行政规制政策形成时的重要参考、作为人工智能规制时判定合法与非法界限的参考、作为判定违法情节轻重的重要裁量因素。法律还可规定如下要点。

第一，将尊重伦理规范和社会道德作为人工智能立法应遵循的基本原则和基本要求，规定将伦理规范融入人工智能的研发、供应、使用等全生命周期。

第二，将人工智能伦理规范的要点写入法律规定，立法应明确要求人工智能各类活动遵循增进人类福祉、促进公平公正、保护隐私安全、确保可控可信、强化责任担当、提升伦理素养等基本伦理规范。

第三，规定相关行政部门对人工智能伦理治理负有指导、评估及监督管理等行政职责。相关行政部门可对人工智能企业的伦理治理工作进行行政指导，可就人工智能伦理安全、伦理治理等发布指南、执法指引、白皮书、案例集等，可对人工智能企业的伦理规范执行情况加以评估和监督。[1]

第四，规定社会组织、市场主体制定伦理规范、进行伦理审查的义务。可规定学会、协会、商会、联合会、产业技术联盟等有权制定和实施自律性的人工智能伦理规范，以展开集体层面的自我规制；可规定从事人工智能科技活动的单位履行人工智能伦理管理主体责任，制定本单位的人工智能伦理规范，从而展开个体层面的自我规制。

第五，法律可规定人工智能伦理委员会的设立标准、人员构成、职责权限和运行机制等制度要点。从事人工智能科技活动的单位，当研究内容涉及科技伦理敏感领域时，应设立人工智能伦理委员会，人工智能伦理委员会委员应具备相应的伦理审查能力和水平。人工智能伦理委员会的职责包括制定人工智能伦理审查的管理制度和工作规范、提供人工智能伦理咨询、开展人工智能伦理审查。[2]

（《华东政法大学学报》2024 年第 5 期）

---

〔1〕 参见《深圳经济特区人工智能产业促进条例》第 65 条。
〔2〕 参见《科技伦理审查办法（试行）》。

人工智能风险的法律规制
——以欧盟《人工智能法》为例

丁晓东*

一、欧盟《人工智能法》的风险规制进路

欧盟《人工智能法》采取了风险分级的进路，将人工智能系统分为禁止性风险（prohibited）、高风险（high-risk）、有限风险（limited-risk）、最低风险（minimal-risk）四类。

（一）禁止性风险

禁止性风险，顾名思义，指的是欧盟《人工智能法》所禁止的一系列人工智能实践产生的风险。欧盟《人工智能法》第二章对此类系统进行了详细规定。

具体而言，第一类是影响个人潜意识的情形，指的是在人的意识之外部署潜意识技术（subliminal techniques），或有目的的操纵或欺骗技术，其目的或效果是通过明显损害个人作出知情决定的能力，实质性地扭曲个人或群体的行为，从而导致个人作出本不会作出的决定，对个人、他人或群体造成或可能造成重大伤害。[1]第二类是危害弱势群体的情形，指的是人工智能系统利用自然人或某一特定群体因其年龄、残疾或特定社会或经济状况而存在的任何脆弱性，目的或效果是实质性地扭曲该人或与该群体有关的人的行为，从而对该人或他人造成或有合理可能造成重大伤害。[2]第三类是进行社会信用评分（social scoring）的情形，指的是根据其社会行为或已知、推断或预测的个人或人格特征

---

* 丁晓东：中国人民大学法学院教授、博士生导师，中国人民大学未来法治研究院副院长。

〔1〕 参见欧盟《人工智能法》第5.1(a)条。

〔2〕 参见欧盟《人工智能法》第5.1(b)条。

在一定时期内对自然人或群体进行评估或分类，并给出社会评分，且对某些自然人或其整个群体产生有害或不利待遇，当此种待遇的社会背景与最初生成或收集数据的背景无关或此种待遇是不合理的或与其社会行为或其严重性不相称时。[1]第四类是以刑事执法为目的的风险评估，是指对自然人进行风险评估，以评估或预测自然人实施刑事犯罪的风险，评估的唯一依据是对自然人的画像或对其人格特征和特点的评估。[2]第五类是通过随机的图像抓取创建或扩展面部识别数据，指的是通过从互联网或闭路电视录像中无针对性地抓取面部图像，创建或扩展面部识别数据库。[3]第六类是情绪推断，具体指推断自然人在工作场所和教育机构中的情绪。[4]第七类是通过生物识别系统推断个人敏感信息的情形，指的是根据生物识别数据对特定自然人进行分类，以演绎或推断其种族、政治观点、工会会员身份、宗教或哲学信仰、性生活或性取向。[5]第八类是为执法而使用"实时"远程生物识别系统（"real time" remote biometric identification）的情形，指的是在公共可及的空间中将一个人的生物识别数据与参考数据库中包含的生物识别数据进行实时比较。[6]上述禁止性的人工智能实践包含多项以公共利益为目的的例外情形。

（二）高风险

高风险的人工智能系统，指的是对个人健康、安全与基本权利产生高风险的人工智能系统。欧盟《人工智能法》中的高风险系统包括两类：一类是产品类的人工智能系统，[7]另一类是独立运行的人工智能系统。这些高风险情形主要包括欧盟《人工智能法》附件三所列举的如下方面的应用：生物识别、关键基

---

〔1〕 参见欧盟《人工智能法》第5.1(c)条。需要指出的是，2021年的欧盟《人工智能法》草案对于社会信用评估的规定只针对公共机构及其代表，最终版本的欧盟《人工智能法》将适用范围拓展为包括私人机构在内的所有机构。

〔2〕 参见欧盟《人工智能法》第5.1(d)条。

〔3〕 参见欧盟《人工智能法》第5.1(e)条。

〔4〕 参见欧盟《人工智能法》第5.1(f)条。

〔5〕 参见欧盟《人工智能法》第5.1(g)条。

〔6〕 参见欧盟《人工智能法》第5.1(h)条。针对第八类禁止性风险，欧盟《人工智能法》也作出了很多例外性规定，参见欧盟《人工智能法》第5.2条。

〔7〕 参见欧盟《人工智能法》附件三。

础设施、教育和职业培训、就业、工人管理和自营职业机会、获得和享受基本的私人服务和公共服务及福利、执法、移民、庇护和边境管制管理、司法和民主进程。[1]欧盟《人工智能法》进一步规定，欧盟委员会可以更新附件三，如果特定人工智能系统对基本权利、健康和安全造成的风险高于附件三所列举的系统，则欧盟委员会有权通过授权立法的方式将此类系统纳入附件三的范围；反之，欧盟委员会也有权通过授权立法的方式将对基本权利、健康和安全不再构成显著风险的人工智能系统剔除出附件三的范围。[2]此外，欧盟委员会也可以通过发布指南、授权立法的方式对虽然属于附件三提及的人工智能系统，但未对安全、健康和基本权利造成高风险的情形予以明确、添加或删除。[3]

针对高风险人工智能系统，欧盟《人工智能法》首先提出了一系列事前规制义务，包括建立风险管理系统、数据治理、编制和更新技术性文件、记录保存、透明度和向部署者提供信息、人为监督、准确性、稳健性与网络安全。该法第9条规定，高风险人工智能应当建立、实施、记录和维护与高风险人工智能系统相关的风险管理系统，并定期进行系统性的评估与更新。欧盟《人工智能法》还对高风险人工智能系统进行了事中与事后规制。其中，高风险人工智能系统的提供者应建立和记录与人工智能技术的性质、高风险人工智能系统的风险相称的"上市后监测系统"（post-market monitoring system），以评估此类系统是否持续符合欧盟《人工智能法》的要求。[4]当高风险人工智能系统的提供者发现任何"严重事件"时，他们必须向各国市场监管机构报告。[5]市场监督机构如果认为人工智能系统不符合欧盟《人工智能法》的要求，则可以要求人工智能系统的相关操作方（operator）采取一切适当的纠正措施以使人工智能系统符合要求，包括从市场上撤回（withdraw）人工智能系统，或在其可能规定的期限内召

[1] 参见欧盟《人工智能法》第6.2条。
[2] 参见欧盟《人工智能法》第7条。
[3] 参见欧盟《人工智能法》第7.3~7.8条。
[4] 参见欧盟《人工智能法》第72条。
[5] 参见欧盟《人工智能法》第73.1条。

回(recall)人工智能系统,并通知相应的认证机构。[1]

欧盟《人工智能法》将以人工智能系统为中心的多个义务主体统称为操作方,包含提供者、产品制造商、部署者、有权代表人、进口商和分销商。有关高风险人工智能系统的合规要求主要针对人工智能的提供者。对于欧盟"新立法框架"覆盖的产品(包含机械、玩具、娱乐船舶和个人船舶、升降机和安全部件、爆炸性环境的设备和保护系统、无线电设备、压力设备和索道装置),如果高风险人工智能系统是此类产品的安全组件,且此类产品的制造商以自己的名称或商标将高风险人工智能系统投入市场,或者在投入市场后以自己的名称或商标将高风险人工智能系统投入服务,则上述产品的制造商应被视为高风险人工智能系统的提供者。[2]当经销商、进口商、部署者及其他第三方在已投放市场或投入服务的高风险人工智能系统上冠以自己的名称或商标,或当他们实质修改此类高风险人工智能系统,及修改非高风险人工智能系统的预期用途,使修改后的人工智能系统依然符合或开始符合高风险标准时,他们也应当作为高风险人工智能系统的提供者承担相关义务。[3]此外,欧盟《人工智能法》也规定了其他主体的若干义务,涉及有权代表人、进口商、分销商和部署者。高风险人工智能系统的部署者应当确保采取适当的技术和组织措施,以按照系统所附的使用说明使用这些系统;确保由自然人进行监控;确保输入数据与高风险人工智能系统的预期用途相关且具有足够的代表性;根据使用说明监控高风险人工智能系统的运行,并在必要时向供应商提供信息;保存自动生成的日志等。[4]

(三)有限风险

有限风险的人工智能是那些对用户或消费者构成一定风险的系统,如提供生成内容或提供聊天机器人服务的人工智能。对于此类系统,欧盟《人工智能法》主要规定了提供者的透明性义务。人工智能系统的提供者应确保对与自然

---

〔1〕 参见欧盟《人工智能法》第79条。如果相关人工智能系统涉及对基本权利的风险,则市场监督机构还应通知成员国负责基本权利事宜的国家公共机构并与其进行合作。

〔2〕 参见欧盟《人工智能法》第25.3条。

〔3〕 参见欧盟《人工智能法》第25.1条。

〔4〕 参见欧盟《人工智能法》第26条。

人互动的人工智能系统的设计和开发方式使相关自然人被告知他们正在与人工智能系统互动，除非考虑到使用的环境和背景，从一个被合理告知的、具有观察力和谨慎的自然人的角度来看，这是显而易见的，[1]且应确保人工智能系统的输出结果以机器可读的格式标示，并可检测出是人为生成或操纵的结果；[2]人工智能系统的部署者则应对暴露在情绪识别系统或生物识别系统中的自然人予以告知，[3]对深度伪造内容（包括图像、音频和视频）的人工属性与操纵属性加以披露；[4]如果出于公共利益的需要，人工智能系统通过产生文本的方式来履行告知义务，则此种人工智能系统所产生的文本也需要满足上述披露要求。[5]

（四）最低风险

最低风险的人工智能系统是指那些不构成风险或风险可忽略的系统。对于最低风险的人工智能系统，欧盟《人工智能法》并无强制性的规定，主要通过自愿性的行为准则（codes of conduct）和最佳实践（best practice）加以约束。该法第 95 条规定，人工智能办公室（AI Office）和成员国应鼓励并推动行为准则的制定，促进非高风险的人工智能系统自愿适用高风险人工智能系统所面临的部分乃至全部法定要求，以及促进所有人工智能系统都自愿适用更高风险等级的人工智能系统所面临的部分乃至全部法定要求。该法第 66 条规定，欧盟人工智能委员会"应在成员国之间收集和分享技术和规制技巧以及最佳实践"。

二、风险分类规制的难题

欧盟《人工智能法》虽然对人工智能系统的风险级别进行统一规定，但区分了两种不同的风险：产品风险与基本权利风险。对于两种不同的风险，欧盟《人工智能法》采取了不同的评估方式。

---

〔1〕 参见欧盟《人工智能法》第 50.1 条。
〔2〕 参见欧盟《人工智能法》第 50.2 条。
〔3〕 参见欧盟《人工智能法》第 50.3 条。
〔4〕 参见欧盟《人工智能法》第 50.4 条。
〔5〕 参见欧盟《人工智能法》第 50.4 条。

(一)二元分类及其批评

在关键性问题的评估上,欧盟《人工智能法》对产品类风险与基本权利型风险采取了不同的评估方法。除非人工智能系统通过“协调标准”(harmonised standards)或“共同规格”(common specifications)获得关于符合性的推定(presumption of conformity),[1]否则高风险人工智能系统在投放欧盟市场前,必须经过符合性评估(conformity assessment)。[2]对于产品类人工智能系统或构成产品一部分的人工智能系统,如果此类产品已经受到欧盟的安全性监管,则相应的人工智能系统需要受到独立第三方机构的评估并获得这类机构颁发的认证,才能进入欧盟市场。欧盟《人工智能法》将这类第三方机构称为“被认证组织”(notified bodies),[3]这类“被认证组织”将由欧盟各国的“认证机构”(notifying authorities)设立并对其进行评估、委任和监督。[4]相反,对于那些“主要涉及基本权利”的独立人工智能系统,除了“远程生物识别系统”之外,[5]欧盟《人工智能法》要求提供者进行基于内部控制(internal control)的符合性评估,并不要求独立第三方机构进行评估。换句话说,独立人工智能系统的风险认定将主要由提供者自身来决定。不过在自我评估之后,人工智能系统的提供者如果认定此类系统属于高风险,则应将其登记在欧盟委员会管理的数据库系统中。[6]

欧盟《人工智能法》的“解释性说明”(explanatory memorandum)给出了二元区分产品类风险与基本权利风险的理由。一方面,对于产品或产品组成部分的人工智能系统,如机械、玩具、医疗器械等,欧盟的“新立法框架”(new

〔1〕 参见欧盟《人工智能法》第40条、第41条。

〔2〕 参见欧盟《人工智能法》第43.1条、第43.2条。

〔3〕 参见欧盟《人工智能法》第31条。

〔4〕 参见欧盟《人工智能法》第28条。

〔5〕 参见欧盟《人工智能法》第43.1条。欧盟《人工智能法》要求,如果远程生物识别系统的提供者采用了第40条所述的“协调标准”(harmonised standards),或采用了第41条所述的“共同规格”(common specifications)规定,则这一提供者既可以采取基于内部控制的符合性评估,也可以采取有认证组织参与的符合性评估,由被认证组织对质量管理系统与技术性文件加以评估。

〔6〕 参见欧盟《人工智能法》第71条。

legislative framework）已经建立了监管体系。[1]此类人工智能需要首先遵守“新立法框架”下的产品责任规定。除此之外，这类人工智能系统也需要遵守欧盟《人工智能法》的规定。欧盟《人工智能法》指出，采取这种“产品责任 +”的立法模式，与欧盟的“现有产品安全立法一致”，保持了欧盟产品监管的连续性。另一方面，对于影响基本权利或附件三所述的独立的高风险人工智能系统，采取自我评估的方式既有利于平衡人工智能的发展与规制，也与欧盟各国的监管能力相适应。欧盟《人工智能法》的“解释性说明”中提道：“人工智能行业非常具有创新性，而且评估专业知识现在才刚刚积累。”对于独立人工智能系统如果也要求第三方评估，则不仅可能阻碍人工智能系统的创新，而且可能导致各类非专业性的外行评估。相较而言，“通过内部检查进行全面的事前符合性评估，加上强有力的事后执行”，可以对独立的高风险人工智能系统进行合理的风险控制。[2]

欧盟《人工智能法》对产品风险与基本权利风险区分规制的二元框架曾经引发了一系列批评。例如，在欧盟《人工智能法》草案发布阶段，有的欧洲学者认为，欧盟《人工智能法》草案“没有提供足够的基本权利保护，也没有提供足够保护来维护法治和民主，因此未能确保具有法律公信力的人工智能”。[3]有的欧洲学者则对欧盟《人工智能法》未来能否影响全球的人工智能立法提出了疑问，认为这一立法不但无法发挥类似欧盟《一般数据保护条例》（GDPR）的布鲁

---

〔1〕 欧盟的“新立法框架”是欧盟于 2008 年通过的一套旨在改善欧盟市场监督秩序和提高合格评定质量的措施，其目的是改善欧盟内部的商品市场环境，并提高将各种产品投放欧盟市场的条件。See European Commission, *New Legislative Framework*, https://single-market-economy.ec.europa.eu/single-market/goods/new-legislative-framework_en.

〔2〕 See European Parliament, *Amendments Adopted by the European Parliament on 14 June 2023 on the Proposal for a Regulation of the European Parliament and of the Council on Laying Down Harmonised Rules on Artificial Intelligence (Artificial Intelligence Act) and Amending Certain Union Legislative Acts* [*COM* (2021) 0206 – C9-0146/2021 – 2021/0106 (*COD*)], https://www.europarl.europa.eu/doceo/document/TA-9-2023-0236_EN.html.

〔3〕 See Nathalie Smuha et al., *How the EU Can Achieve Legally Trustworthy AI: A Response to the European Commission's Proposal for an Artificial Intelligence Act*, SSRN (Aug.31, 2021), https://ssrn.com/abstract=3899991.

塞尔效应，甚至还可能产生布鲁塞尔负面效应，减弱欧盟政策的全球影响力。[1]

针对这些批评，欧盟及其相关机构进行了回应，提出强化对基本权利的保护措施。例如，欧洲议会提出的修正案增加了受高风险人工智能系统影响的个体的解释权，[2]将“民主”“法治”列入需要保护的价值观。[3]欧洲委员会成立了相关委员会，并提出了《人工智能、人权、民主和法治框架公约》(AI, Human Rights, Democracy, and the Rule of Law)的“零草案”(Zero Draft)。[4]与欧盟《人工智能法》草案以产品责任为重心不同，该法案以基本权利保护为重心，强调对“平等、不歧视、人的尊严、隐私、问责制、透明度和监督以及安全创新，以及包容性民主进程、保护公众健康和环境的必要性”的保护。该法案还引入了“人权、民主和法治风险与影响评估”(Human Rights, Democracy and the Rule of Law Risk and Impact Assessment，HUDERIA)的方法，通过此类评估，该法案试图为人工智能风险提供“明确、具体和客观的标准”，以确定人工智能系统是否可能“对保障人权、民主运作和法治构成重大风险”。[5]经过欧盟内部多个组织和机构的呼吁，最终版本的欧盟《人工智能法》对部署者施加了“基本权利影响评估”(fundamental rights impact assessments)的义务。除少数例外情形外，如果部署者是公法所管辖的机构，或是提供公共服务的私营实体，或是部署用于征信、保险评估和定价的人工智能系统的主体，此类部署者应在部署高风险的独立人工智能系统之前实施此种评估。[6]

---

〔1〕 See Marco Almada & Anca Radu, *The Brussels Side-Effect: How the AI Act Can Reduce the Global Reach of EU Policy*, SSRN (Nov.2, 2023), https://ssrn.com/abstract=4592006.

〔2〕 参见《关于欧洲议会和理事会制定人工智能统一规则(〈人工智能法〉)和修正某些联盟立法法案的提案的修正案》第68(b)条。

〔3〕 参见《关于欧洲议会和理事会制定人工智能统一规则(〈人工智能法〉)和修正某些联盟立法法案的提案的修正案》“重述”第1条。

〔4〕 See Council of Europe, *Revised Zero Draft [Framework] Convention on Artificial Intelligence, Human Rights, Democracy and the Rule of Law*, https://rm.coe.int/cai-2023-01-revised-zero-draft-framework-convention-public/1680aa193f.

〔5〕 Council of Europe, *Outline of HUDERIA Risk and Impact Assessment Methodology*, COE (May 17, 2022), https://rm.coe.int/cai-bu-2022-03-outline-of-huderia-risk-and-impact-assessment-methodolo/1680a81e14.

〔6〕 参见欧盟《人工智能法》第27.1条。

（二）二元分类的合理性与矛盾性

欧盟《人工智能法》规定的两类风险的确存在重大差异，且难以进行直接协调。有学者指出，产品风险具有“计算性”（actuarial）、“概率性”（probabilistic）、“离散性”（discrete）、“单一维度性”（unidimensional）的四重特征，首先，该类风险产生的不良后果是对个人、群体或环境造成可测量严重程度的伤害；其次，该类风险是对给定事件发生的可能性的估计；再次，该类风险与可能发生的特定不良事件相关；最后，该类风险可以用相同的伤害指标来描述。[1]而基本权利的风险则与上述风险特征存在区别。侵害基本权利的风险通常被认为是对一个社会法秩序的侵害，其损害往往难以计算。即便不考虑其发生概率，基本权利的风险对个案的侵害也会被认为具有整体性影响，而且其维度也往往不能简化或通约为经济性损害。

但欧盟《人工智能法》对于风险类型的二元划分也有其现实合理性。人工智能系统既可以被当作产品或硬件的一部分加以应用，也可以单独作为软件系统被应用于某些领域。对于前者，法律往往将产品视为独立整体，将人工智能视为产品的一部分加以规制。采取这种规制方式，既可以保证某一整体或模块（modular）的风险安全性，[2]也更容易与传统的法律监管体系对接。相反，作为独立系统的人工智能则是用于替代或辅助人类的各类自动化决策系统。对于这类人工智能，法律更需保障其在某些领域进行自动化决策的形式合法性与实质合法性。例如，当人工智能系统被应用于教育、就业、移民管理、司法等领域时，人工智能就会对个体的基本权利产生影响。

整体而言，欧盟《人工智能法》根据其是否作为产品的一部分而区分其风险类型的做法虽然并不完美，但不失为一种可操作的做法。无论是从风险类型还是监管方式上，作为独立系统的人工智能与产品类的人工智能系统都存在较大区别，很难用前者统合后者或用后者统合前者。

---

〔1〕 See Marco Almada, Nicolas Petit, *The EU AI Act: A Medley of Product Safety and Fundamental Rights?*, SSRN（Dec. 30, 2022）, https://ssrn.com/abstract=4308072.

〔2〕 关于模块理论在法律中的应用，参见 Lee Fennell, *Slices and Lumps Division and Aggregation in Law and Life*, University of Chicago Press, 2019, p.190–226。

当然，产品与独立系统的二元分类并不绝对，很多人工智能系统都具有类似软件（software）的特征，既可以被视为产品，也可以被视为单独存在的决策系统。事实上，欧盟对于软件的分类标准一直游移不定。〔1〕在很长一段时间内，欧盟都将软件排除在产品分类中，同时拒绝对软件适用产品严格责任。而在欧盟新修订的《产品责任指令》提案中，欧盟又改变了立场，将软件也视为一种产品。〔2〕此外，本文第四部分将要讨论的生成式人工智能系统与通用人工智能系统也很难进行区分，这两类系统并非特定产品的组成部分，也并非应用于某个特殊领域的独立决策系统。

三、风险分级规制的难题

除了风险分类以外，风险分级规制是欧盟《人工智能法》的另一难题。首先，人工智能风险涉及风险划分的标准问题。人工智能是否必然比非人工智能带来更多风险？针对人工智能风险，应更多根据实际风险还是感知风险进行界定？其次，欧盟《人工智能法》对风险级别的划分是否科学合理？如何避免其风险级别划分的不确定性？下文具体展开论述。

（一）风险分级的标准

分析欧盟《人工智能法》，可以发现这一立法实际上假定了人工智能存在需要规制的“额外”风险或“单独”风险。就产品构成类的人工智能系统而言，欧盟《人工智能法》规定，法律除了要求产品本身满足欧盟关于产品安全的规定之外，还要求人工智能系统承担建立风险管理系统、数据治理、编制和更新技术性文件、记录保存、透明度与向部署者提供信息、人为监督、准确性、稳健性和网络安全等额外责任。同样，对于被列为高风险的独立运行的人工智能系统，欧盟《人工智能法》也假定此类系统的运行会带来额外风险，需要单独

〔1〕 See Gerhard Wagner, *Robot Liability*, SSRN（Jul.14, 2018）, https://papers.ssrn.com/sol3/papers.cfm?abstract_id=3198764.

〔2〕 See European Commission, *Proposal for a Directive of the European Parliament and of the Council on Adapting Non-contractual Civil Liability Rules to Artificial Intelligence*, EU（Sep.28, 2022）, https://eur-lex.europa.eu/legal-content/EN/TXT/?uri=CELEX%3A52022PC0496.

规制。

但法律规制此类额外风险或对此类人工智能系统风险设定额外责任是否合理与必要？需要指出的是，作为产品的非人工智能系统也可能存在安全问题，在有的情形下，作为产品零件的非人工智能系统可能更需要风险管理、数据检测、人为检测。在其他情形下，对产品整体进行风险管理的做法可能更为合理，因为人工智能系统与非人工智能系统存在协调配合问题，故立法需要对产品整体进行风险管理。无论如何，将构成产品部分的人工智能系统视为额外的风险来源，可能是基于人们对人工智能风险的恐慌性认知，而非真正基于理性的风险分析。

独立运行的人工智能系统也存在类似问题，该类人工智能的应用未必带来更多实际风险。以就业领域的人工智能筛选系统为例，此类人工智能系统的应用的确可能带来风险，但非人工智能系统的决策同样会影响求职者的就业机会，也可能存在很多不公。毕竟，人脑可谓最大的"黑箱"，〔1〕人类决策同样存在偏见与歧视，而且可能比人工智能系统决策中存在的歧视更为严重。

欧盟《人工智能法》正确地看到了就业、教育、司法、移民等领域可能存在的对公民基本权利的影响，但要求人工智能决策在此类领域承担更多责任，其并没有理性地看待人类决策与人工智能决策的相对风险。正如桑斯坦所言，在上述领域合理部署与应用人工智能，可能反而有利于形成更为公平合理的决策，减少人工智能侵害公民基本权利的风险的发生。〔2〕

欧盟相关机构已经对可能存在的过度预防人工智能风险的问题进行了一定的回应。欧洲议会的修正案提出，人工智能的提供者如果通过各国监管机构的认证，认定某类系统不会对自然人的健康、安全或基本权利造成重大损害风险，则此类人工智能将不属于高风险系统。〔3〕欧盟理事会的修正案则提出，如果

---

〔1〕 See Anupam Chander, *The Racist Algorithm?* , Michigan Law Review, Vol.11, p.145(2017).

〔2〕 See Cass R. Sunstein, *Governing by Algorithm? No Noise and (Potentially) Less Bias*, Duke Law Journal, Vol.71, p.1175-1205(2022).

〔3〕 参见《关于欧洲议会和理事会制定人工智能统一规则(〈人工智能法〉)和修正某些联盟立法法案的提案的修正案》第6(2a)条。

人工智能系统决策在相关行动或决定中所扮演的角色只是附属性的，则此类系统不属于高风险。〔1〕最终，欧盟《人工智能法》选择对独立运行的人工智能系统作出专门规定，指出此类系统如果对自然人的健康、安全或基本权利不构成重大损害风险〔2〕，则不应被视为高风险的人工智能系统。这些回应有利于减少欧盟对于高风险人工智能的过宽界定与过严责任所导致的不利影响，但并未从根本上消除问题。人工智能的风险分级首先需要回答以下问题：规制人工智能风险到底应当以实际风险为基础，还是以感知风险为基础？是否仅因为人工智能属于新兴科技，法律就应当对这类风险额外关注？

本文认为，人工智能的风险判断应以实际风险而非感知风险作为依据。〔3〕所谓实际风险，指的是客观意义上的风险，而感知风险则是人们在主观上所感知到的风险。在有的情形中，实际风险与感知风险具有一致性；但在很多情形中，二者可能存在较大差距。例如，很多人可能认为汽车比飞机更安全，但实际并非如此。在人工智能应用的例子中，风险规制也应当以实际风险作为依据，当人工智能并未带来比非人工智能更大的风险时，法律就不应对人工智能进行单独规制。

当然，这并不是说法律对人工智能系统的风险判断就应当完全不考虑感知风险。当社会与公众感知到某一人工智能系统的风险较大时，如果完全不回应此类风险，则人工智能系统将丧失社会与公众对其的信任，也会对人工智能的发展与应用造成反噬。不过，针对与实际风险有出入的感知风险，应当主要通过专家与社会的风险沟通、风险交流，产品售后与服务等方式来消除社会与公众的疑虑。如果法律以感知风险作为人工智能风险规制的基础，预先假定人工智能系统比非人工智能系统存在更多风险，需要单独进行评估，则此类假定就会反过来强化社会的非理性风险认知。大法官布雷耶曾将此类规制归纳为"恶

---

〔1〕 参见《欧洲联盟理事会、欧洲议会和理事会制定人工智能统一规则(〈人工智能法〉)和修正某些联盟立法法案的条例提案》第6(3)条。

〔2〕 参见欧盟《人工智能法》第6.3条。

〔3〕 参见欧盟学者也指出了这一点，参见 Luciano Floridi, *The European Legislation on AI: A Brief Analysis of Its Philosophical Approach*, Philosophy & Technology, Vol.34, p.215–222(2021)。

性循环”(vicious circle)。[1]

(二)风险分级的科学性与确定性

人工智能的风险分级还存在科学性与确定性问题。欧盟《人工智能法》通过列举人工智能的功能(function)与用例(use case)来确定其风险,但其中很多规定的科学性都值得商榷。此外,该法的很多规定也存在很大的弹性解释空间,不同的解释往往使某种人工智能的风险分级发生重大变化,给欧盟《人工智能法》的实施带来极大不确定性。

以禁止性风险的人工智能为例,这类风险中的第一类和第二类主要是指人工智能系统影响个人潜意识或特定弱势人群,从而扭曲人的行为和造成伤害的情形,但这类情形实际上非常普遍。如果严格解释禁止性风险中的第一、二类风险,则很多正常的商业活动或数字经济运营模式都可能被禁止。对于欧盟《人工智能法》提到的此两类风险,仍然应该结合具体场景,集中对“数字操控”(digital manipulation)、[2]“暗黑模式”(dark patterns)[3]进行规制,而非将所有影响个人潜意识和行为的人工智能系统都列入禁止性风险的范畴。

禁止性风险中的第三类和第八类分别为社会信用评估与实时远程生物识别,主要针对监控引起的侵犯公民权利的情形。需要指出的是,欧盟对于社会信用评估的禁止在很大程度上与中国有关,而且建立在对中国社会信用体系建设的误读之上,其将中国的制度描述为一个利用人工智能对每个人进行社会评分的体系,并以此作为欧盟《人工智能法》第三类禁止性风险立法的背景与根据,这实属是对中国社会信用建设体系的误读。[4]而就第八类实时远程生物识

〔1〕 See Stephen Breyer, *Breaking the Vicious Circle: Toward Effective Risk Regulation*, Harvard University Press, 1993, p.1–22.

〔2〕 Ryan Calo, *Digital Market Manipulation*, The George Washington Law Review, Vol.82, p.995 (2014).

〔3〕 Jamie Luguri & Lior Strahilevitz, *Shining a Light on Dark Patterns*, Journal of Legal Analysis, Vol.13, p.43–109 (2021).

〔4〕 See DigiChina, *China's "Social Credit System" Isn't What It Sometimes Seems—So Far*, DIGICHINA (May 14, 2018), https://digichina.stanford.edu/work/chinas-social-credit-system-isnt-what-it-sometimes-seems-so-far/; 另参见蔡培如:《欧盟人工智能立法:社会评分被禁止了吗?》,载《华东政法大学学报》2024年第3期。

别而言,其适用也应取决于公共安全保障与实时远程生物识别应用所带来风险的平衡。例如,在有的治安较好、公民权利意识较高的国家和地区,人们可能会更担忧实时远程生物识别应用所带来的风险;而在治安较差或人们对于治安要求较高的国家和地区,人们则可能更担忧公共安全是否得到保障。值得注意的是,欧盟《人工智能法》对第八项禁止性的人工智能实践作出了例外规定,允许在绑架、贩运人口、性剥削等情形下使用远程生物识别系统。无论如何,实时远程生物识别的风险级别应当根据不同国家和地区的实践来决定,虽然欧盟将这类人工智能划分为禁止性风险,但并不能说该风险级别的划定对于世界其他国家与地区来说就是科学的。

高风险的人工智能同样存在科学性问题。就产品构成类的人工智能系统而言,高风险产品并不意味着作为其构成部分的人工智能也具有较高风险,低风险产品也不意味着作为其构成部分的人工智能不具有高风险。当人工智能仅构成高风险产品的非风险来源部分时,人工智能就不属于高风险;当人工智能增加了低风险产品的风险时,人工智能就可能存在较高风险。而就独立运行的人工智能系统而言,欧盟《人工智能法》附件三所列举的范围有可能过宽,从而造成对此类系统的过度规制。在某些情形中,欧盟《人工智能法》可能未将高风险的人工智能列入规制范围。例如,当人工智能用于医疗挂号排队、在线外卖平台的调度决策,此时人工智能系统就可能带来较大风险。

相比欧盟《人工智能法》草案,最终版本的欧盟《人工智能法》已经对人工智能分级问题进行了更为合理的规定。例如,针对禁止性风险的人工智能系统,欧盟《人工智能法》增加了很多例外性规定,从而为这些系统的适用提供了空间。针对高风险人工智能,只要新的用例相比现有用例对健康、安全和基本权利具有同等或更高的损害风险,欧盟委员会就有权在附件三所确立的八个领域之下增加或修改高风险人工智能系统用例,[1]也有权在附件三中所列举的人工智能系统不再对基本权利、健康与安全造成显著风险时,将此种系统剔除规

[1] 参见欧盟《人工智能法》第7.1条。

制范围。[1]为了更为科学合理地确定高风险人工智能的范围，欧盟委员会在规定对健康、安全或基本权利造成风险的高风险人工智能系统的范围时，应将人工智能系统的预期用途、使用程度、所处理数据的性质与规模、已经造成和未来可能造成损害的程度、损害或不良影响的潜在程度、受害方对人工智能系统输出结果的依赖程度、不平等的权力关系、损害的可逆性、人工智能系统所产生的福利等因素纳入考量范围。[2]同时，为了使人工智能的风险界定能够与时俱进，欧盟《人工智能法》规定，委员会应在本条例生效后每年评估一次是否有必要修订附件三中的清单、第5条中禁止的人工智能行为清单。[3]

但欧盟《人工智能法》无法从根本上确保人工智能分级的科学性与确定性。事实上，欧盟《人工智能法》对高风险列表的更新、对多种因素的综合考虑、对年度评估的增设等举措本身就说明，人工智能风险很难简单分级，在操作中仍然需要结合具体场景与多种因素进行判断。

四、生成式人工智能与大模型

在欧盟委员会于2021年提出《人工智能法》草案后，ChatGPT等生成式人工智能在2022年横空出世，对欧盟《人工智能法》草案的风险分类规制与分级规制提出了新的重大挑战。在分类上，生成式人工智能是一种通用型人工智能，可以被应用于一系列不同的领域。在风险分级上，生成式人工智能是否属于高风险人工智能？应当对其采取何种规制方式？值得我们讨论。

（一）欧盟《人工智能法》草案的修订

理解欧盟对生成式人工智能与大模型的规制，首先要理解欧盟的架构、立法程序及其不同立场。在欧盟的诸多机构中，欧盟委员会是欧盟的行政机构，是欧盟唯一有权发起立法程序的机构。欧盟（部长）理事会与欧洲议会则类似欧盟的“上议院”与“下议院”，这两个机构在欧盟委员会提出立法草案后，有

---

〔1〕参见欧盟《人工智能法》第7.3条。
〔2〕参见欧盟《人工智能法》第7.2条。
〔3〕参见欧盟《人工智能法》第112.1条。

权对欧盟委员会的提案进行修订与批准。在欧盟委员会发布《人工智能法》草案后，欧盟理事会于 2022 年 12 月 6 日采用了“一般进路”，欧洲议会于 2023 年 6 月 14 日采用了制定“修正案”的模式，二者分别提出了对欧盟《人工智能法》草案进行修订的方案，而其中最为关键的则是对生成式人工智能与大模型的规定。经过激烈的谈判，欧盟委员会、欧盟理事会与欧洲议会最终于 2023 年 12 月 18 日达成了一致，并于 2024 年上半年发布欧盟《人工智能法》的最终文本。

欧盟委员会修订方案首先提出“通用人工智能系统”的概念，将其界定为可以适用于“诸如图像和语音识别、音频和视频生成、模式检测、问答、翻译等”一般性应用功能的系统。〔1〕如果通用人工智能系统可能成为高风险产品的构成部分或被应用于高风险领域，则这类系统应当遵守适用于高风险人工智能的技术要求，〔2〕系统的提供者应当遵循适用于高风险人工智能的信息披露要求。〔3〕欧盟委员会的方案同时提出，如果通用人工智能系统的提供者明确，其系统不得被适用于高风险产品或领域，则其系统不用遵守适用于高风险人工智能的相关要求。〔4〕不过，欧盟委员会的方案也主张，通用人工智能系统的提供者不能恶意援引该条款，或者如果欧盟委员会有充足的理由相信该产品会被滥用，则人工智能系统的提供者仍然应当遵循高风险的相关规定。〔5〕

欧洲议会的修订方案也使用了“通用人工智能系统”的概念，不过其方案主要通过“大模型”或“基础模型”的概念进行规制。欧洲议会将大模型界定为“旨在实现输出的通用性，并且可以适应各种不同任务的在大规模广泛数据上

---

〔1〕 参见《欧洲联盟理事会、欧洲议会和理事会制定人工智能统一规则(〈人工智能法〉)和修正某些联盟立法法案的条例提案》第 4(1b)条。

〔2〕 参见《欧洲联盟理事会、欧洲议会和理事会制定人工智能统一规则(〈人工智能法〉)和修正某些联盟立法法案的条例提案》第 4b(1)条。

〔3〕 参见《欧洲联盟理事会、欧洲议会和理事会制定人工智能统一规则(〈人工智能法〉)和修正某些联盟立法法案的条例提案》第 4b(2-6)条。

〔4〕 参见《欧洲联盟理事会、欧洲议会和理事会制定人工智能统一规则(〈人工智能法〉)和修正某些联盟立法法案的条例提案》第 4c(1)条。

〔5〕 参见《欧洲联盟理事会、欧洲议会和理事会制定人工智能统一规则(〈人工智能法〉)和修正某些联盟立法法案的条例提案》第 4c(2)条。

训练的人工智能系统模型”。[1]根据欧洲议会的方案，大模型本身不是人工智能系统，因此不用承担高风险人工智能的相关责任。但由于大模型可能被应用于通用或特定领域的人工智能系统，大模型的提供者仍然需要承担相关责任。一方面，大模型的提供者要遵守透明性义务，如为下游人工智能提供者提供技术文件和使用说明，以便他们能够遵循合规义务，或者在欧盟数据库中注册该模型。[2]另一方面，大模型的提供者需要采取措施减轻可以合理预期的风险，[3]需要确保用于训练大模型的数据集的质量，[4]确保大模型输出的技术质量。[5]通过这两个方面的规制，欧洲议会的修订方案虽然没有直接将生成式人工智能或大模型纳入其规制范围，但对大模型施加了高风险人工智能系统所要承担的某些责任。

综合而言，欧盟理事会与欧洲议会都对生成式人工智能的爆发性发展作出了回应，要求其承担安全保障义务。其中，欧盟理事会将包括生成式人工智能在内的通用人工智能列为单独规制对象，要求其承担具有连带特征的平台责任；欧洲议会则将更具基础性的大模型列为单独规制对象，要求其承担具有安全保障特征的平台责任。相较而言，欧盟理事会对通用人工智能提供者承担责任的要求更低，以消极的注意义务为主；欧洲议会对大模型提供者承担责任的要求更高，要求其承担部分积极义务。二者的区别源于欧盟理事会与欧洲议会的构成，欧盟理事会由欧盟成员国各国政府部长组成，其立场相对比较稳健；而欧洲议会由欧盟成员国人民直选产生，其立场相对激进。[6]

---

〔1〕《关于欧洲议会和理事会制定人工智能统一规则(〈人工智能法〉)和修正某些联盟立法法案的提案的修正案》第3(1c)条。

〔2〕参见《关于欧洲议会和理事会制定人工智能统一规则(〈人工智能法〉)和修正某些联盟立法法案的提案的修正案》第2b(2)(e-9)条。

〔3〕参见《关于欧洲议会和理事会制定人工智能统一规则(〈人工智能法〉)和修正某些联盟立法法案的提案的修正案》第28b(2)(a)条。

〔4〕参见《关于欧洲议会和理事会制定人工智能统一规则(〈人工智能法〉)和修正某些联盟立法法案的提案的修正案》第28b(2)(b)条。

〔5〕参见《关于欧洲议会和理事会制定人工智能统一规则(〈人工智能法〉)和修正某些联盟立法法案的提案的修正案》第28b(2)(c-d)条。

〔6〕See Tiago Sérgio Cabral, *A Short Guide to the Legislative Procedure in the European Union*, UNIO – EU Law Journal, Vol.6, p.161-180(2020).

在欧盟《人工智能法》的立法进程中，2023 年 12 月 9 日达成的妥协方案受到了欧洲议会方案的较大影响。根据这一方案，欧盟区分了“低影响力”与“高影响力”的通用人工智能系统。[1]一方面，所有通用人工智能系统都将遵循透明性要求，为下游高风险人工智能应用提供技术文件、训练内容详细摘要等内容；另一方面，“高影响力”的人工智能系统需要承担“模型评估、评估和减轻系统风险，进行对抗性测试，向欧盟委员会报告严重事件、确保网络安全、报告能源效率”等义务。[2]

欧盟最终版本的《人工智能法》使用了“通用人工智能模型”的概念，该模型指“具有显著的通用性，无论该模型以何种方式投放市场，并可集成到各种下游系统或应用中”的人工智能模型。[3]欧盟《人工智能法》从通用人工智能模型中划分出“具有系统风险的通用人工智能模型”（general-purpose AI model with systemic risk），并施加额外的义务，此种具有系统风险的通用人工智能模型需要具备“高影响能力”（high impact capabilities）。[4]所有通用人工智能模型的提供者都应当履行法案规定的相应义务：（1）准备和实时更新技术性文件；（2）准备、实时更新与公开向下游人工智能系统的提供者披露的信息和文件；（3）制定政策，以遵守欧盟关于版权和相关权利的法律；（4）制定并公布足够详细的对于模型训练所使用内容的摘要。[5]必要时，通用人工智能模型的提供者还应当与委员会、成员国主管当局合作。[6]此外，非欧盟成员国的提供者还应在模型上市之

---

〔1〕 高影响力的算法可能主要通过算力进行确定，使用超过一定数量的浮点运算（“FLOP”）的计算量训练的 GPAI 模型可能被认为具有高影响能力。See Openfuture, *Compromise Proposal on General Purpose AI Models/general Purpose AI Systems*, Openfuture (Dec.6, 2023), http://www.openfuture.eu/wp-content/uploads/2023/12/231206GPAI_Compromise_proposalv4.pdf.

〔2〕 European Parliament, *Artificial Intelligence Act: Deal on Comprehensive Rules for Trustworthy AI*, https://www.europarl.europa.eu/news/en/press-room/20231206IPR15699/artificial-intelligence-act-deal-on-comprehensive-rules-for-trustworthy-ai.

〔3〕 参见欧盟《人工智能法》第 3(63)条。

〔4〕 参见欧盟《人工智能法》第 51.1 条、第 51.2 条。当训练通用人工智能模型的计算量累计大于 10^25（以浮点运算计算）时，则应将此类模型推定为具有系统风险。

〔5〕 参见欧盟《人工智能法》第 53.1 条。

〔6〕 参见欧盟《人工智能法》第 53.3 条。

前，在欧盟范围内指定有权代表，以辅助其履行提供者的各项义务。[1]对于具有系统风险的通用人工智能模型的提供者，欧盟《人工智能法》还要求其履行如下义务：(1)实施模型评价(model evaluation)；(2)对欧盟范围内可能存在的系统性风险进行评估和减轻；(3)追踪、记录和报告严重事件的相关信息与可能的纠正措施；(4)确保提供足够水平的网络安全保障措施。[2]欧盟《人工智能法》特别强调了"行为准则"(code of practice)和"统一标准"(harmonised standard)对通用人工智能提供者的"推定合规"功能。[3]

（二）通用人工智能风险规制的反思

欧盟对生成式人工智能与大模型的规制再次说明了风险分类分级的不确定性。2021年欧盟委员会版本的《人工智能法》草案并未对通用人工智能进行单独规定，也未将其视为高风险人工智能进行规制，仅对深度伪造等技术提出了有限的透明性要求。欧洲议会议员、欧盟《人工智能法》的报告人之一德拉戈·图多拉奇在2021年甚至明确主张，欧盟《人工智能法》草案不会对生成式人工智能进行重点规制。[4]但在ChatGPT爆红的2022年和2023年，欧盟的立场发生了显著变化。虽然欧盟理事会、欧洲议会和欧盟委员会的立场有所不同，但无一例外地对生成式人工智能、大模型进行了重点规制。欧盟的这种立场转变再次说明，欧盟对于人工智能的分级规制面临着很大的不确定性。

法律要求通用人工智能模型的提供者对下游主体承担风险减轻义务或安全保障义务，也可能导致通用人工智能模型的提供者承担不合理责任。一方面，要求通用人工智能的提供者向下游主体提供技术文件、训练内容详细摘要，可能会对通用人工智能的核心商业秘密构成威胁。以OpenAI为代表的通用人工智能之所以主要通过API(应用程序接口)向用户和开发者开放，是因为其既希望保持和下游用户的衔接，又能避免其代码、算法、训练内容等商业秘密被外

〔1〕 参见欧盟《人工智能法》第54条。

〔2〕 参见欧盟《人工智能法》第55.1条。

〔3〕 参见欧盟《人工智能法》第53.4条、第55.2条。

〔4〕 See Reuters, *Exclusive: Behind EU Lawmakers' Challenge to Rein in ChatGPT and Generative AI*, Reuters (Apr.28, 2023), https://www.reuters.com/technology/behind-eu-lawmakers-challenge-rein-chatgpt-generative-ai-2023-04-28/.

界获取。另一方面，通用人工智能大模型具有天然的多用途性、功能开放性，要求其提供者采取措施减轻下游应用的所有风险，等于要求通用人工智能大模型提供者对其难以预见的多种风险进行事前审查与预防。尤其是在很多通用人工智能大模型免费提供服务或提供免费版本（基于 GPT3.5 版本的 ChatGPT 版本、基于文心大模型 3.5 版本的文心一言等）的背景下，对其施加此类责任可能加重其负担，导致通用人工智能企业不再免费开放其服务，或者其服务仅对少量用户开放。这就类似于如果要求对公众免费开放的公园对在公园内出现的各种意外事故都要承担责任，那么公园就可能不再对公众免费开放，可能仅允许一部分身体健康、不易发生安全事故的中年人进入；或者公园也可能选择向公众收取费用，以支付违规风险所导致的处罚。

通用人工智能和大模型的提供者无疑应当针对某些风险承担特定义务，但这类义务应限于国家安全、公共安全等领域，而且应当以其可以合理预见的范围为限。例如，对于恐怖主义信息、儿童色情信息等，通用人工智能和大模型的提供者应当承担事前审查责任。但对于通用人工智能和大模型带来的非公共性侵权风险，法律不应要求其提供者承担一般性的风险减轻义务。正如互联网平台的某些行为也可能增加侵权风险，但互联网平台责任仍然限于公法上的注意义务以及“避风港”规则之下的侵权责任，并无一般性的风险减轻义务，并且其在许多方面受到“避风港”规则的免责保护。通用人工智能和大模型与互联网平台并不完全相同，但其原理仍然具有不少内在一致性。对于通用人工智能和大模型的提供者，应对其施加公共风险领域的合理预防责任，在其他领域则应结合共同侵权或帮助侵权、“避风港”规则等制度分析其责任。

五、人工智能风险规制的原理与制度

欧盟《人工智能法》中的风险分类、风险分级以及对生成式人工智能进行规制的系列问题说明，这一立法在人工智能立法的一般原理与制度设计上都存在若干问题。通过分析欧盟《人工智能法》，可以对人工智能风险规制的法理进行反思。

(一)人工智能风险规制的原理

在原理层面,应坚持对人工智能风险进行场景化规制。所谓场景化规制,指的是将人工智能风险还原到具体的行业、整体产品与已有的法律关系中,利用已有的行业和领域性风险监管以及现有的法律关系对其进行监管。与之相对,欧盟《人工智能法》虽然在一定程度上认识到了人工智能风险的场景性,但其仍然将人工智能系统风险单独剥离出来,试图在原有的行业、产品与法律关系之外对其统一规制。这种做法虽然可以维持欧盟《人工智能法》在形式上的一致性与完美性,但与人工智能风险规制的基本原理不符。

首先,场景化规制有利于对人工智能风险进行准确判断。[1]风险本身就与具体场景密不可分,对于某一产品或决策,其风险取决于其事故可能侵害权益的类型、严重性、可逆性、发生概率、影响人群的特征、影响人群的数量等多重因素。[2]而且,即使某一产品或决策被确定为高风险,也并不意味着应用于产品或决策的人工智能也具有高风险性。例如,自动驾驶车辆具有相对较高的风险,但当人工智能系统应用在车辆倒车或慢速行驶的场景中,其风险程度就不会太高;而当人工智能系统应用在车辆的语音声控系统中,其风险程度就更低。欧盟《人工智能法》预设了某些产品与某些领域的人工智能必然存在较高风险。但当人工智能系统被用于这类产品或这些领域决策的非关键部分,或者被用于辅助性决策时,就未必具有高风险性。

其次,场景化规制有利于采取更为合理的风险规制方式。不同场景下人工智能的应用涉及不同法益、涉及不同的行业性或领域性法律。例如,商业场景中的人工智能应用主要涉及侵害消费者权益的风险,与消费者保护法、个人信息保护法等法律密切相关;劳动用工中的人工智能应用主要涉及侵害劳动者权益的风险,与劳动法等法律密切相关。而公权力机关与公共部门对人工智能的

〔1〕 参见丁晓东:《论算法的法律规制》,载《中国社会科学》2020 年第 12 期;苏宇:《大型语言模型的法律风险与治理路径》,载《法律科学(西北政法大学学报)》2024 年第 1 期;张欣:《生成式人工智能的数据风险与治理路径》,载《法律科学(西北政法大学学报)》2023 年第 5 期。

〔2〕 See William Boyd, *Genealogies of Risk: Searching for Safety*, 1930s–1970s, Ecology Law Quarterly, Vol.39, p.101–132(2012).

应用则涉及侵害公共利益与公民基本权利，与公法密切相关。对于市场环境中的人工智能风险，社会的接受度往往相对较高，对于不同风险偏好的主体需求，市场往往可以自发予以满足。[1]相反，对于公权力机关对人工智能的应用所导致的风险，社会可能接受度相对较低，因为公权力机关对人工智能的应用风险可能危及公民基本权利、公共安全、公共威信，而且这一场景下的人工智能风险调节主要靠公众监督、公权力机构设立试点与其自我纠错来完成，难以通过市场机制进行调节。如果效仿欧盟《人工智能法》，对人工智能风险进行不区分场景的风险评估与规制，就会带来过严或过松规制的问题。

最后，场景化规制有利于设置合理的监管机构与监管体系。对于不同场景与行业的风险，其主管部门往往已经积累了大量经验，且拥有相对充足的执法资源。例如，市场监管部门对于侵害消费者权益风险的规制更具有专业性；人力和社会资源部门对于侵犯劳动者权益风险的规制更具有专业性。人工智能在不同场景中的应用并未改变这一情形。事实上，即使是欧盟《人工智能法》，也在很大程度上依赖已有的不同行业与部门的风险评估机制，如欧盟已有的各类标准化组织和第三方评估机构的评估机制、人工智能提供者的自我评估机制。欧盟《人工智能法》虽然设立了人工智能委员会，[2]但这一机构主要促进和协调欧盟各国监管机构和欧盟委员会对人工智能的监管，并不承担人工智能风险评估的具体任务。[3]欧盟各国在进行高风险人工智能的风险评估时，也在涉及产品类风险时依赖“被认证机构”的评估，在涉及独立人工智能系统时主要依赖其提供者的自我评估。欧盟《人工智能法》的这些规定，说明其监管机构与监管体系仍是高度依赖场景的。

（二）人工智能风险规制的制度

在具体制度层面，法律应首先将人工智能的应用者或其构成的产品作为风险规制的对象，而非对人工智能系统本身或其提供者进行规制。人工智能风险

---

〔1〕 See Ian Ayres, *John Braithwaite*, *Responsive Regulation*: *Transcending the Deregulation Debate*, Oxford University Press, 1992, p.101-132.

〔2〕 参见欧盟《人工智能法》第 65 条、第 66 条。

〔3〕 参见欧盟《人工智能法》第 66 条。

的场景化特征使得其性质更接近辅助决策系统或难以被标准化分割的产品部分，而不是标准化的产品或可被标准化分割的产品零部件。对于被标准化的产品或产品零部件，如汽车轮胎，法律可对其提供者进行直接规制，因为这种规制可以确保为市场提供标准化或“模块化”的合格产品，减少市场信息成本。[1]但对于辅助决策系统或难以标准化分割的产品部分，如对于某一产品中的软件系统、某一产品的组成部分、某个组织的内部人员，法律一般都会对整体产品或整体组织施加责任，而非对作为产品或组织构成部分的内部软件系统或人员施加责任。采取这种规制方式，是因为此类软件系统、组成部分或人员具有高度场景化的特征，它们与其所属的产品或组织融为一体，此时再对其进行单独规制并无意义。相反，以产品或组织为抓手，则可以有效地对风险进行规制。人工智能的情形正是如此。由于人工智能系统与具体产品或决策高度融合，此时要求人工智能应用者承担主体责任，更能有效且合理地分配风险规制的责任。当然，这并不是说人工智能提供者就不用承担责任。法律应对人工智能造成的国家安全等风险进行监管，这可以激励人工智能提供者进行自我规制，以此提供更为安全和高性能的人工智能服务。此外，人工智能提供者还受到市场合同与侵权制度的约束。人工智能的应用者为了避免相关风险，必然会要求人工智能提供者控制相关风险。当人工智能应用者发现人工智能系统存在不符合约定的风险隐患，或者其因为人工智能系统而遭受罚款或侵权索赔时，人工智能应用者完全可以向人工智能提供者追责。

其次，法律应区分市场主体与公权力机构对人工智能的应用，对二者采取不同的规制框架。对于市场主体应用人工智能所带来的风险，其风险规制应当聚焦公共性风险或社会不可接受的风险，对于其他风险，则应主要通过企业自我规制来控制。这是因为，市场背景下不同主体有不同的风险偏好，在非公共性风险或社会可接受的风险范围内，法律允许市场中存在风险程度不一但相对可控的产品或决策，可以为市场提供不同种类、不同价格的商品或服务，从而满

---

〔1〕 See Scott Schaefer, *Product Design Partitions with Complementary Components*, Journal of Economic Behavior and Organization, Vol.38, p.311-330(1999).

足不同群体的需求。[1]而公权力机构对人工智能的应用则涉及公平、公正、民主参与、政府公信力等公共性价值，在应用或部署人工智能系统之前，公权力机构应当确保此类价值不会受到侵害。[2]对于收益与侵害风险不确定的人工智能，公权力机构也应通过设立地区或分支试点来适用该类人工智能，以避免大规模地适用进而造成不可逆的侵害。

最后，对于市场化的人工智能应用，法律应注重通过侵权法对其风险进行事后司法规制，避免过多的事前行政规制。[3]这是因为人工智能风险已然引起了非理性担忧和以主观感知风险为基础的行政规制。将人工智能作为独立风险，会导致风险规制偏离实际风险，从而对人工智能的开发与应用增加不必要的规制。相较之下，通过侵权法进行事后规制是更为合理的风险规制方案。通过侵权法的事后规制不仅可以为人工智能的市场化应用提供发展与试错空间，而且可以对具体场景中的风险进行更为准确的判断。正如斯蒂文·萨维尔在其经典研究中指出的，当私人主体比规制主体更容易掌握关于风险的知识时，侵权法的适用应当优先于规制法，因为侵权法可以对风险进行个案判断。[4]

从全球范围看，上述进路已经为欧盟之外的很多国家和地区所采用。以新加坡《人工智能治理模型框架》为例，该框架初稿于 2019 年 1 月在瑞士达沃斯世界经济论坛上发布，并于 2020 年进行了修改，被视为全球人工智能治理最早的制度之一。[5]这一制度将人工智能的部署者作为其规制中心，首先，规定了人工智能部署者的内部治理结构与措施，要求在人工智能部署所涉及的各个阶

---

〔1〕 See Oren Bar-Gill, *Omri Ben-Shahar*, *Regulatory Techniques in Consumer Protection: A Critique of European Consumer Contract Law*, Common Market Law Review, Vol.50, p.111-115(2013).

〔2〕 See Cary Coglianese, *Administrative Law in the Automated State*, *Dædalus*, Vol. 150, p.113-116 (2021).

〔3〕 对于行政与司法监管的比较，参见汪庆华:《人工智能的法律规制路径：一个框架性讨论》，载《现代法学》2019 年第 2 期。

〔4〕 萨维尔在其研究中还提到了侵权法优先适用的其他三个因素:(1)受害者无法受到全额赔偿的概率;(2)侵权者可能逃脱诉讼的概率;(3)管理成本。See Steven Shavell, *Liability for Harm versus Regulation of Safety*, The Journal of Legal Studies, Vol. 13, p.358-364(1984).

〔5〕 See Personal Data Protection Commission Singapore, *Model AI Governance Framework Second Edition*, Pdpc(Jan.21, 2020), https://www.pdpc.gov.sg/-/media/Files/PDPC/PDF-Files/Resource-for-Organisation/AI/SGModelAIGovFramework2.pdf.

段，必须安排相应的人员或成立相关部门，并且采取必要措施来“纳入与算法决策相关的价值观、风险和责任”。其次，这一制度根据人类参与人工智能增强决策的程度，要求部署者对不同程度的风险（以伤害的严重程度乘以伤害的概率来计算风险）进行不同类型的人工介入。最后，这一制度要求人工智能部署者注意与利益相关者进行互动和沟通，消除利益相关者的疑虑、获取其信任。对于人工智能的提供者和开发者，这一框架仅规定了开发、选择和维护等人工智能模型运营管理中提供者和开发者需要注意的风险，如保证数据质量和避免数据歧视。同时，新加坡《人工智能治理模型框架》不具有强制性法律效力，其规定的这些风险预防措施都仅有推荐性与倡导性。这就使其制度类似于本文提到的企业自我规制，避免了对人工智能施加过多的事前行政规制。

美国的人工智能治理也具有类似特征。目前，美国人工智能治理最主要的制度是美国商务部发布的《人工智能风险管理框架》与美国总统发布的若干行政命令。其中，《人工智能风险管理框架》虽然对人工智能的提供者与应用者都进行了规定，但这一框架不具有法律约束力，其目的“旨在提供一个灵活、结构化和可衡量的过程，在整个人工智能生命周期中前瞻性和持续性地应对人工智能风险”。[1]而相关的行政命令虽然有一定的法定约束力，但其主要针对美国的规制机构。例如，特朗普政府发布的《保持美国在人工智能领域的领导地位》（Maintaining American Leadership in Artificial Intelligence）和《促进联邦政府使用值得信赖的人工智能》（Promoting the Use of Trustworthy Artificial Intelligence in the Federal Government）的主要目标是要求美国规制机构采取相关措施，促进人工智能发展。拜登政府发布的《安全、可靠和值得信赖地开发和使用人工智能》（On the Safe, Secure, and Trustworthy Development and Use of Artificial Intelligence）主要是指示美国联邦规制机构在刑事司法、教育、医疗保健、住房和劳工等领域制定标准与规范。对于市场化运作的人工智能，《安全、可靠和值得信赖地开发和使用人工智能》仅对涉及国家安全的人工智能进行了风险规

---

〔1〕 See NIST, *AI Risk Management Framework: Second Draft*, nist (Aug.18, 2022), https://www.nist.gov/system/files/documents/2022/08/18/AI_RMF_2nd_draft.pdf.

制。在美国的宪法体制下，除涉及国家安全等少数总统权限内的领域外，由美国总统所发布的行政命令无权对市场化运作的人工智能企业进行直接规制。[1]

欧盟在一定程度上注意到了人工智能司法规制的重要性。除了欧盟各国的侵权法，欧盟还制定与修改了《人工智能责任指令》(AI Liability Directive，AILD)与前文提到的《产品责任指令》，对人工智能侵权问题进行了详细规定。[2]其中，《人工智能责任指令》对人工智能侵权中的证据披露与举证责任进行了特殊规定，[3]《产品责任指令》则将软件也纳入产品范围，从而将人工智能侵权纳入产品责任的范围。[4]这些制度足以对人工智能进行充分与合理的规制。不过，目前欧盟《人工智能法》对人工智能进行了过度的风险预防，而欧盟《人工智能责任指令》中所规定的特殊侵权制度又主要以违反欧盟《人工智能法》为前提，[5]这就导致了欧盟的人工智能不仅将受到过多的事前规制，而且相关主体也将承担不合理的侵权责任。[6]

(《法律科学(西北政法大学学报)》2024年第5期)

---

〔1〕 具体而言，依据该行政命令的要求，对于国家安全或公共健康安全构成严重风险的人工智能模型训练，相关主体应通知美国联邦政府，与政府分享风险评估或红队测试的结果。该行政命令援引了1950年制定的美国《国防生产法》(Defense Production Act)，作为对涉及国家安全的人工智能进行规制的合法性基础。美国《国防生产法》赋予美国总统命令公司生产商品和提供服务以支持国防建设的权力。

〔2〕 See Herbert Zech, *Liability for AI: Public Policy Considerations*, ERA forum, Vol. 22, p.150 (2021).

〔3〕 See Nathalie Smuha et al., *How the EU Can Achieve Legally Trustworthy AI: A Response to the European Commission's Proposal for an Artificial Intelligence Act*, SSRN (Aug.31, 2021), https://ssrn.com/abstract=3899991.

〔4〕 See European Commission, *Proposal for a Directive of the European Parliament and of the Council on Liability for Defective Products*, https://eur-lex.europa.eu/legal-content/EN/TXT/?uri=CELEX%3A52022PC0495.

〔5〕 See European Commission, *Proposal for a Directive of the European Parliament and of the Council on Adapting Non-contractual Civil Liability Rules to Artificial Intelligence* , Article 3, 4(2)(3)(4), https://eur - lex. Europa.eu/ legal-content/ EN / TXT/? Uri=CELEX%3A52022PC0496.

〔6〕 限于篇幅原因，对于人工智能的侵权责任将另文阐述。

大型语言模型的法律风险与治理路径

苏　宇*

一、大型语言模型的原理与价值

（一）大型语言模型的技术原理

大型语言模型的基石是 Transformer 算法，GPT（Generative Pre-trained Transformer）和 BERT（Bidirectional Encoder Representation from Transformers）中的“T”皆是指这一算法，尽管生成对抗网络等算法也被用于辅助大型语言模型的训练，长短期记忆网络（Long Short-Term Memory）、循环神经网络（Recurrent Neural Network）等算法也仍被一些企业使用，但 Transformer 算法可谓当前支撑主流大型语言模型当仁不让的“顶梁柱”。这一算法与各种神经网络算法相去甚远，选择运用多头注意力机制完成基于输入文本计算输出文本的过程。[1]

1.Transformer 算法的输出结果本质上是通过计算每一个位置输出结果的预测概率来完成整个输出结果

该算法模型着重使用解码器对输入的文本进行解码，使用一系列变换方法使解码器的输出数值能被转换为下一个输出词符的概率，[2]模型输出的每一个新词符都是预测该位置上较有可能出现的字或词。模型在输出每一个字或词后，再将作为最新输出结果的字或词（词符）添加到输出序列中，然后继续预测

* 苏宇：中国人民公安大学法学院教授、博士生导师，中国人民公安大学数据法学研究院院长。

〔1〕 See Vaswani, A., Shazeer, N., et al., *Attention Is all You Need*, Proceedings of the 31st International Conference on Neural Information Processing Systems, 2017.

〔2〕 See Vaswani, A., Shazeer, N. et al., *Attention Is all You Need*, Proceedings of the 31st International Conference on Neural Information Processing Systems, 2017.

下一个位置的输出词符概率，如此重复上述步骤直至最终完成整个输出结果。如果没有其他技术的配合，它自身只追求输出结果能够获得评价系统的最大概率认可，并不保证结果必定完全正确或真实。此种预测机制包含了将其学习到的海量数据有损压缩至较小数据集的过程，压缩过程已存在部分信息的损失，再经过预设的概率化过滤和选择机制，就更可能导致错误回答的生成。[1]训练数据与提问过程都将影响回答的正确性及有用程度。

2.Transformer 算法结构严整、基础简易、运算快捷，可以堆叠规模庞大的算法模型，进而有效处理复杂的问题和需求

Transformer 算法的核心是包含在“注意力头”中的四组向量：Query（Q）、Key（K）、Value（V）和 WO。自注意力层通过查询（Query）与“键（Key）—值（Value）”对之间的交互实现信息的动态聚合，通过线性映射矩阵将输入序列投影得到 Q、K 和 V 三个向量，进而计算 Q 和 K 间的相似度 A，并根据 A 通过权重矩阵 WO 实现对 V 进行加权。[2]Transformer 的这一特性可以用生活化的场景作比喻：假设某人通过这种注意力机制在众多衣服中挑选最符合她心意的一套，Q 中包含了她想要的衣服特征（面料、色彩、版型、品牌等），K 则列举了每套衣服的上述特征，Q 和 K 中的相应特征越吻合，相似度 A 的分数就越高（表示某套衣服的这项特征越符合她的心意），各项特征的相似度分数根据 WO 中不断优化的权重系数进行加权运算，最终就能选出她最喜欢的衣服（也可以就是她自己正穿着的那一套）。这种机制有两种显著的实用特性：一是支持并行计算，多个包含 Q、K、V 的“注意力头”可以同时进行计算，大大提升了运算效率和规模，使 Transformer 一举超越了此前占主导地位的 RNN 等算法；二是 Transformer 可以用大量“注意力头”堆叠规模巨大的算法模型，从成千上万组特征中发现最适于认识和理解目标事物的特征组合和权重。因此，大型 Transformer 的体量可能相当惊人，参数规模较以往的算法模型大幅膨胀。例

---

〔1〕 参见方师师、唐巧盈：《聪明反被聪明误：ChatGPT 错误内容生成的类型学分析》，载《新闻与写作》2023 年第 4 期。

〔2〕 参见田永林等：《视觉 Transformer 研究的关键问题：现状及展望》，载《自动化学报》2022 年第 4 期。

如,GPT-2 包含了 48 层解码器和 15 亿参数,GPT-3 则包含了 96 层解码器和 1750 亿参数。[1]大型语言模型底层技术架构的庞大规模严重限制了模型的可解释性,[2]这种规模使得大型语言模型可以高效处理复杂多端的输入并保持强大而灵活的学习能力,但也使得在算法模型外部配置的常规算法解释器或算法透明度技术机制难以发挥有效作用。

3.Transformer 算法有一定的自解释潜力

尽管注意力(attention)不能被直接等同于解释,但注意力可以被转化为比较可信的、富有意义的解释。[3]核心向量中的 Q、K、V 都是由词向量和作为学习目标的相应矩阵相乘获得,其中 Q 和 K 的相似度 A 以及其相应权重 W 是决定模型输出的关键因素。目前主流的 Transformer 算法中 Q、K、V 矩阵均由无意义的随机生成数值构成,训练后的数值亦没有明确的含义。但是,基于前述挑选衣服的比喻,我们可以对 Transformer 模型在一定程度上实现人为的、有意义的注意力结构设计:如果能使 Q 对应人类有意识地向目标查询的一系列特征,K 对应目标自身的同类特征,观察训练后具有较高权重的相似度 A 是由哪些 Q 和 K 触发的,就可以发现算法模型实际上重点考虑的因素,此种特性为卷积神经网络所不具备。对相似度 A 和注意力权重 W 的深入了解有助于我们理解算法模型实际上在想什么,以 A 为基础的注意力地图(attention map)可以向人类提供有意义的可视化算法解释。[4]此种理想目标是否能实现,取决于 Q 和 K 多大程度上能够向社会生活中人类可理解的特征趋近。即便 Q 和 K 中的信息完全不能为人类主体所理解,基于 Transformer 算法的原理,也比较容易计算注意力分数乃至注意力的归因分数(attribution score),从而揭示输入信息之间

---

〔1〕 See Aydın, N., Erdem, O., *A Research on the New Generation Artificial Intelligence Technology Generative Pretraining Transformer* 3, 3rd International Informatics and Software Engineering Conference, 2022.

〔2〕 参见张欣:《生成式人工智能的算法治理挑战与治理型监管》,载《现代法学》2023 年第 3 期。

〔3〕 See Abnar, S., Zuidema, W., *Quantifying Attention Flow in Transformers*, Proceedings of the 58th Annual Meeting of the Association for Computational Linguistics, 2020.

〔4〕 See Hila, C., Shir, Gur., Lior, *Wolf.*, *Transformer Interpretability Beyond Attention Visualization*, IEEE/CVF Conference on Computer Vision and Pattern Recognition, 2021.

的相互依赖关系对模型预测的贡献，进而实现整个算法模型的可解释性。[1]

在 Transformer 算法的基础上，要使大型语言模型具有比较准确、合理的生成能力，还需要运用其他一些算法辅助模型运行，如核采样（nucleus sampling）算法、温度采样算法、思维链（Chain-of-Thought，CoT）等。这些技术的叠加使得整个大型语言模型能够更深入地理解事物之间的相关关系乃至因果关系，完成有意义的推理和选择，并且提供可调节的输出结果。这些算法或技术工具都具备一定程度的可解释性。在此基础上，大模型的开发者通过大规模的预训练使大模型形成通用的、基础性的阅读理解与结果适配能力，为各专门领域的部署者进一步训练和优化模型奠定基础。大型语言模型的上述技术原理为其在人工智能领域的广泛应用奠定了充实的基础，也承载着不容忽视的复合性价值。

（二）大型语言模型的多元价值

大型语言模型通常作为通用生成式人工智能的技术底层发挥作用，可以被应用于智能聊天、信息检索、辅助阅读、辅助写作、艺术创作、表格编排、文本翻译、数学计算、程序开发等众多方面，进而在社会生活和国家治理中产生难以估量的价值。对大型语言模型及其应用的规制必须充分考虑其丰富多样的潜在价值。

1. 信息价值

大型语言模型直至 GPT-4 推出之初尚难替代搜索引擎的作用，但由于其经历了大量的预训练，模型从预训练数据中学习了相当多的信息和知识，可以在一定程度上为使用者提供信息价值。越是不要求时效性、地缘特性和人身特殊性的信息，大型语言模型所能提供的信息价值越突出。随着大型语言模型的发展，大型语言模型获取和集成信息的渠道远远超越了常规搜索引擎及个别数据库所包含的信息，未来其能向用户提供的信息价值将得到极大的提升。

2. 情感价值

大型语言模型可以完成情绪分析和针对情绪的反馈，在交流中给用户提

---

〔1〕 See Yaru, H., Li, D., Furu, W., Ke, X., *Self-Attention Attribution: Interpreting Information Interactions Inside Transformer*, Proceedings of the AAAI Conference on Artificial Intelligence, 2021.

供一定的情感慰藉或帮助。ChatGPT 能够检知用户的情绪并提供传统人工智能工具所不具备的人类情感回馈，[1]而其实此种能力早已被其他研究者发展出来。大型语言模型对此种能力的整合与发展则又将情感交互提升到了一个新的水平，实践中，ChatGPT、文心一言、通义千问等大型语言模型均能支持精细的情绪识别和比较细腻的回应。

3. 思维价值

大型语言模型本身包含构建思维链的能力，能够基于所学习的知识和信息建构某种思维框架并完成一定的逻辑过程[2]，能够为用户系统性地思考某一问题提供有益参考。大型语言模型在逻辑推理能力上有突破性的进展，甚至可以完成较为复杂的逻辑推理（部分情况下需要提示工程的引导）[3]，从而发现人类所忽略的相关关系或因果关系。大型语言模型也可以为使用者构建思维框架，为使用者对目标问题作出系统分析提供参考。

4. 劳动价值

大型语言模型可以替代人类主体进行部分使用文字和数字进行的劳动。理论上，几乎所有以纯文字和数字方式进行的非创造性和低创造性劳动都可以被基于大型语言模型的应用取代。这一价值将带来生产力的巨大发展与生产关系的大幅变革。因此，大型语言模型的劳动价值可能带来深远和复杂的社会影响，而其利弊得失一时尚难作定论。

然而，蕴含巨大价值的技术也往往可能导致复杂的风险，治理方向的选择取决于治理者如何衡量通用人工智能发展和风险防范的平衡。在法治社会中，此种平衡必然是需要通过法律制度表达和调节的：各种积极价值及负面风险都

---

〔1〕 See Rivas, P., Zhao, L., *Marketing with ChatGPT: Navigating the Ethical Terrain of GPT-Based Chatbot Technology*, AI, Vol.4, p.378 (2023).

〔2〕 See Wei, J. Wang, F., et al., *Chain-of-Thought Prompting Elicits Reasoning in Large Language Models*, arXiv (Jan.28, 2022), https://arxiv.org/abs/2201.11903.

〔3〕 所谓“提示”，是使用者提供给大型语言模型或类似算法模型的指令，用于执行自动化流程并确保生成的输出内容符合特定要求，可以被视为一种编程形式，用于自定义与大型语言模型的交互和输出。“提示工程”即是专门设计此种提示、通过提示对大型语言模型进行编程的一种手段。See White, J. Fu, Q F. et al., *A Prompt Pattern Catalog to Enhance Prompt Engineering with ChatGPT*, arXiv (Feb.21, 2023), https://arxiv.org/pdf/2302.11382.pdf.

需要首先从法律制度层面获得界定和阐释，而相关治理框架亦需要通过法律规范的制定、修改与解释形成。

二、大型语言模型的主要法律风险

大型语言模型应用的风险主要体现在四个层面，每一层面的风险都有其独特的规范内涵和治理价值，需要法律的干预和调整。

（一）信息内容安全风险

大型语言模型的部署和应用可能引发复杂的信息内容安全风险，甚至可能因此影响到政治安全而触发强监管。大型语言模型在使用中可能产生类型繁多的事实错误，导致这些事实错误的原因包括“压缩—解压”机制带来信息内容损耗、多种语料投喂滋养“错误内容”生成、基于人类反馈的模型训练带来“偏差基因”、用户的“错误”互动形成“语境坍塌”等。[1]其中，最主要的原因就来自 Transformer 算法所追求的最大化预测概率：主流大型语言模型学习的是概率统计关系，生成的是或然率；其并不是从一个固定的知识库中搜索确定答案，而是根据提问基于模型生成概率答案。[2]模型训练越成功，越难在常规认知条件下分辨真伪。此种特点可以被怀有特殊目的者加以利用，生成大量真假难辨的信息，并通过不同渠道形成相互印证的“信息轰炸”，为“计算宣传”（computational propaganda）等政治活动提供了新工具、新方法，对网络造谣的效率和影响力带来较大提升。此类风险的作用方式可能非常隐蔽，以低透明性、高复杂性和高自动化算法来实现对用户和公众心理与行为的操纵，实现“超级助推”（hypernudge），经过一段时期的积累，个体将受到潜移默化的“算法妨害”（algorithmic nuisance）；这种影响甚至可以在情境化和个性化语境中高效率、大规模、隐秘性地产生，既难以受到有效监管，又难以诉诸法律而获得救济。[3]此

---

〔1〕 参见方师师、唐巧盈：《聪明反被聪明误：ChatGPT 错误内容生成的类型学分析》，载《新闻与写作》2023 年第 4 期。

〔2〕 参见周葆华：《或然率资料库：作为知识新媒介的生成智能 ChatGPT》，载《现代出版》2023 年第 2 期。

〔3〕 参见张欣：《生成式人工智能的算法治理挑战与治理型监管》，载《现代法学》2023 年第 3 期。

外，由于大型语言模型的训练数据对输出结果有决定性影响，输出结果非常容易受输入数据的误导，[1]域外大型语言模型对敏感政治问题的认知存在偏听偏信情形，在涉疆、涉藏、涉港、涉台、涉我国领海的许多问题上系统性地提供错误信息的高度风险，对网络信息内容生态治理可能造成显著负面影响。

（二）数据与算法安全风险

大型语言模型的部署和应用始终伴随数据与算法安全方面的风险。大型语言模型本身可能出现数据与算法安全风险，也可能被恶意利用成为破坏数据与算法安全的工具。对模型本身而言，数据安全风险更多地取决于对训练数据和参数空间的保护程度，而算法安全风险更多地取决于人类社会生活对模型的依赖和信任程度。在数据安全风险方面，因为“深度学习算法本质上是在所有概率测度构成的空间内进行优化，算法既记住了训练样本，又学习了内在知识”，[2]既然算法模型中已经融合了训练样本的信息，攻击者就可以通过复杂的推理方法攻击人工智能系统以窃取其训练数据，如发动所谓“成员推理攻击”（membership inference attacks），对用户隐私和数据安全造成显著威胁。[3]在算法安全风险方面，大型语言模型与普通人工智能模型一样，同样存在算法设计缺陷等内部风险和数据投毒等外部风险，影响算法模型运行的安全性。在外界恶意利用的情况下，大型语言模型非常容易沦为严重威胁数据与算法安全的犯罪工具。

（三）侵权风险

大型语言模型可能成为侵犯个人和组织多种合法权益的工具。首先，大型语言模型可能生成与特定自然人或组织相关的虚假信息或真伪混杂信息，从而侵害其名誉权、隐私权、个人信息权益或商誉法益。其次，大型语言模型的训练数据来源复杂，可能存在多种侵犯知识产权的情形，生成内容也有可能仍然构

---

〔1〕 See Ozkaya, *I. Application of Large Language Models to Software Engineering Tasks: Opportunities, Risks, and Implications*, IEEE Software, Vol.40, p.5(2023).

〔2〕 雷娜、顾险峰：《最优传输理论与计算》，高等教育出版社 2021 年版，第 393 页。（顾险峰教授对这一观点也曾在不同场合进行专门的解释。后半句中的“算法”实际上是指算法模型。）

〔3〕 参见王璐璐、张鹏、闫峥等：《机器学习训练数据集的成员推理综述》，载《网络空间安全》2019 年第 10 期。

成侵权；在当前知识产权法律框架中，其独创性并未受到法律认可。[1]最后，大型语言模型可以被用于实施诈骗等侵财类犯罪。与深度合成算法可以被用于合成模拟真人的语音、人脸图像、视频等“作案工具”不同，大型语言模型往往不能直接提供上述内容，但这些模型却为理解自然语言要求提供了巨大的便利，一旦与生成图像、声音和视频的技术相结合，就可以整体上作为通用人工智能应用帮助不法分子生成用于诈骗的素材。

（四）诚信风险

大型语言模型可能在教育、就业、科学研究等过程中被滥用乃至恶意利用，从而导致法律规范所不容许的诚信风险。目前，大型语言模型已经在应试答题、资料整理、论文写作等方面初步表现出与普通人相当的能力或潜力，容易沦为抄袭、作弊及不公平竞争的工具。此种诚信风险有时是非常隐蔽的，由此开展调查并获得准确结论的时间成本与专业能力要求也很高。[2]已有知名高等院校向师生发出内部邮件，禁止师生在课堂、作业和评估中使用 ChatGPT 或其他人工智能工具；一些著名学术期刊也规定，任何大型语言模型工具都不会被接受作为研究论文的署名作者。[3]此种风险在未来的学业、学术和就业竞争中或将日益显著。

大型语言模型的前述法律风险既包括自身的固有风险，也包括其作为一种通用工具被滥用或恶意利用的风险。我国监管部门对大型语言模型的风险一直保持警惕，除制定可适用于大型语言模型的《互联网信息服务深度合成管理规定》（以下简称《深度合成规定》）外，又起草了《生成式人工智能服务管理暂行办法》（以下简称《生成式智能办法》）并征求意见。然而，由于大型语言模型的技术复杂、规模庞大且影响甚巨，对大型语言模型的各种治理措施均可能“牵一发而动全身”，稍有不当即可能威胁到通用人工智能发展与风险防范之间的理

〔1〕 参见王迁：《Chat GPT 生成的内容受著作权法保护吗？》，载《探索与争鸣》2023 年第 3 期。

〔2〕 参见王佑镁等：《Chat GPT 教育应用的伦理风险与规避进路》，载《开放教育研究》2023 年第 2 期。

〔3〕 参见吴砥、李环、陈旭等：《人工智能通用大模型教育应用影响探析》，载《开放教育研究》2023 年第 2 期。

想价值平衡。2023 年 4 月 28 日，中共中央政治局会议指出："要重视通用人工智能发展，营造创新生态，重视防范风险。"对此，我们需要统筹考虑发展与安全目标，全面检视大型语言模型法律风险治理的"制度工具箱"，寻求能够实现精准、科学、高效治理的制度工具组合，并建立和完善相应法律制度，使大型语言模型的发展、应用和治理在法治轨道内顺利进行。

三、大型语言模型法律风险治理的特殊挑战

随着算法治理的理论探索与制度实践渐趋深入，算法风险治理的"制度工具箱"亦日趋充实，为大型语言模型法律风险治理提供了初步可用的治理工具。然而，大型语言模型从技术与应用都与常规人工智能风险治理有显著差异，来自微观和宏观层面的特殊挑战均需要治理者予以妥善应对。

（一）微观层面的挑战

在当前算法治理的理论和实践中，算法治理的"制度工具箱"中已出现算法伦理审查、算法影响评估、算法标准、算法解释、算法认证、算法审计、算法验证、算法备案、算法问责、附加标识、留存记录、结果审核、训练数据管理等，每一种制度工具又可以连接多种具体制度设计进路，〔1〕理论上，现有算法治理制度工具的组合足以覆盖算法治理的各个环节和方面，然而它们都还没有经受过大型语言模型的挑战，可能会在相关治理进程中面临一系列棘手问题。

1. 目前算法治理实践中规制生成内容的针对性制度工具殊难把握，容易造成过度的规制负担

留存记录义务、结果审核义务和算法问责制度能一定程度上抑制不良结果的出现，但这些常规防范措施难以完全避免出现属于不良信息或违法信息的小概率"漏网之鱼"，企业为防止此类小概率事件的出现，往往投入非常大的审核成本，而且可能导致误判和拦截合法的正常信息内容，〔2〕对企业和用户规制负

---

〔1〕 参见苏宇：《算法规制的谱系》，载《中国法学》2020 年第 3 期。

〔2〕 参见任文岱：《算法"误伤"用户事件频发引关注"是否存在主观过错"是平台担责与否的关键》，载《民主与法制时报》2022 年 11 月 25 日，第 4 版。

担均较重。不仅如此，这些“漏网之鱼”有时是经过精心设计的“提示工程”刻意生成的，特殊设计的提示可以在一定程度上绕过常规防御措施而引导特定结果的输出，给内容规制带来巨大压力；然而，提示工程又是现阶段大型语言模型充分发挥价值、精准生成有用结果的重要利用途径，〔1〕决不可因为有绕过常规防御措施的风险就一概禁止，这就使大型语言模型的内容规制面临重大挑战。

2. 防范数据与算法安全的现有制度工具对于如此庞大的算法模型并不实用

显而易见的是，缺乏足够可靠且有能力的组织为大型语言模型制定算法标准。GPT-4、PaLM-E、LLaMA 等大模型各成一体，模型的技术细节复杂且处于不断升级迭代之中，在相应技术细节未披露、相关企业均在业内具备显著技术优势的前提下，由相关企业以外的第三方机构制定技术标准难言可行；如果由相关企业自行制定标准，则很可能会使相应的标准偏向利益相关方而失去其应有的作用。类似地，强制性风险检测、技术认证、安全评估等工具也不免面临第三方能力与中立性要求之间的两难困境。无论是防范系统自身还是系统外部的数据与算法安全，都需要摆脱路径依赖，在已有工具基础上发展新的思路、工具或方法。

3. 现有制度工具对于防范与应对大型语言模型所导致的新型侵权风险虽有作为而力有不逮

算法标准、算法审计、留存记录、结果审核、算法问责等工具都一定程度上能预防或遏制输出端的侵权，但对于输入端训练数据侵犯知识产权或数据权益的情形可谓鞭长莫及。例如，若训练数据经历了删除和更新，试图证明大型语言模型的训练者侵犯知识产权和数据权益即甚为困难。由于当前的制度工具尚未对包含个人敏感信息和其他侵权内容的输入形成有效限制，且往往未落实通知、知情同意、保存期限等方面的法律规则，也难以保障个人信息访问、更正、

〔1〕 See White, J. Fu, Q. et al., *A Prompt Pattern Catalog to Enhance Prompt Engineering with ChatGPT*, arXiv (Feb.21, 2023), https://arxiv.org/pdf/2302.11382.pdf.

删除等权益的充分实现，[1]试图从输入端控制侵害的发生并非易事。不仅如此，现有制度工具对输出结果的自动审查和风险研判远未臻于成熟，仍需等待检测和审核机制的进一步完善。

4. 防范诚信风险的算法治理制度工具尚属空白，难以从算法治理本身着手，而需要辅之以外部的规制措施

由于大型语言模型可以在不联网状态下使用，甚至可以被蒸馏为较小的模型而被置于移动智能终端，引入某些禁止性规定以禁止在各类有人身专属性要求的特殊场合下使用大型语言模型，已不足以防范此类风险，而能够有效防范此种诚信风险的机制和工具尚属阙如。

以上挑战来自不同的风险领域，尽管部分挑战稍显棘手，但随着算法治理制度工具的不断丰富、升级和磨合，能够满足大型语言模型风险治理要求的“制度工具箱”有望迅速成型。然而，更具考验的挑战来自宏观层面。

（二）宏观层面的挑战

大型语言模型直接促成了通用人工智能的巨大发展，也间接孕育了生成式人工智能的复杂生态。通常情况下，大型语言模型构成生成式人工智能模型基座的核心部分，与其他算法模型共同组成通用生成式人工智能大模型（以下简称通用大模型）；而通用大模型可以通过提供接口或开源等方式为不同的组织或个人利用，既可以直达个体用户，也可以作为基础模型层，通过一系列产业链条为个体用户生成更有针对性的内容。此前的算法治理更多地聚焦于算法模型与最终用户之间的关系，主要是“ToC”端的治理；而通用大模型可以先经过种类丰富的下游过程再最终作用于个体用户，这些下游过程所构成的层面（以下简称下游服务层）构成了“ToB”的复杂生态。

根据既有实践与技术应用可能性，已经出现或正在出现的下游过程主要可被归结为以下六类模式：一是“搭桥”，即上游使用者接入大型语言模型为核心的通用大模型基座后，作为模型基座与下游使用者之间的信息传输通道，直接

〔1〕 参见罗斌、唐恋、袁璐丝：《个人信息保护维度下 Chat bot 的法律规制》，载《当代传播》2023 年第 2 期。

将双方的输入或输出传输给对方，常见于设置了用户区域屏蔽措施的通用大模型与最终用户之间。二是“提示”，即上游使用者通过提示工程预先对大型语言模型的输出结果进行专门性的引导，再面向用户提供成一定风格或模式的内容生成服务，如某些生成式人工智能服务提供者的“周报模式”“杠精模式”“写作助手”等。三是“精调”，即根据特定行业或场景的需求，基于少量精标数据对预训练后的大型语言模型生成内容作精细调整，此种精调对于开源大模型而言可行性很高，而对于不开源、仅提供 API 接口的大模型而言，则基本上需要模型基座开放精调接口方能实现。四是“整合”，即把自身所拥有的特定领域或行业数据与大型语言模型的输出结果相整合，向用户提供更加精确、专业的结果，如点评类或旅游类应用可以基于大型语言模型生成旅游计划框架的能力向其中加入具体的旅游路线设计和商户报价，向用户提供详细的旅游计划。五是“蒸馏”。[1]六是“嵌入”，即把大型语言模型嵌入浏览器、办公软件、修图软件等常规应用，提升相关软件的效能。微软的系列“copilot”项目即是此类模式的代表。

这些下游过程缔造了形态复杂多样的“生成式人工智能服务提供者”，客观上也要求对生成式人工智能进行分层治理。基础模型层如果仅是提供“ToB”服务，在信息内容方面的规制负担就可能需要退居次要地位。易言之，主要针对向最终用户提供生成内容服务的主体建立规制体系应属可行。这是因为下游服务层已经一定程度上具备独立控制信息内容风险的能力和利益条件，“位于产业链下游的部署者才是真正面向终端用户提供服务的主体，也是真正有可能将大模型变成高风险智能应用的主体”。[2]在公平的风险治理机制中，风险控制义务的配置应当与风险控制力或风险利益相匹配，无论从风险控制力或风险利益的视角看，下游服务层都具备作为主要规制义务负担者的可能性。诚然，下游服务层带来的增量利益目前在生成式人工智能的整个收益链条中或许并不占据主要地位，但未来基础模型层和利用模型基座的整个下游服务层走向何种收

---

〔1〕“蒸馏”(distillation)源于知识蒸馏(Knowledge distillation)，指利用复杂的深层网络模型向浅层的小型网络模型迁移知识，旨在重复利用现有的模型资源，使其蕴含的信息能够被用于较简单的模型。参见邵仁荣等：《深度学习中知识蒸馏研究综述》，载《计算机学报》2022 年第 8 期。

〔2〕张欣：《生成式人工智能的算法治理挑战与治理型监管》，载《现代法学》2023 年第 3 期。

益比例或结构实难预料,不能断然排除由下游服务层取得主要收益和承担主要规制负担的可能性。

不仅如此,大型语言模型在通用人工智能发展和国际竞争中的特殊地位和战略价值,进一步强化了分层治理的必要性。大型语言模型作为通用大模型的技术底层,对于人工智能的发展水平和国际竞争结果起到举足轻重的作用。在此种情形下,尽可能使模型基座的发展“提速增效”就成为重要的制度目标,明确强调“重视通用人工智能发展”势在必行。对基础模型层的规制将“牵一发而动全身”,与其使基础模型层承受主要规制负担而累及整个通用人工智能的发展,不如使下游服务层以分散化、场景化、差别化的方式承受主要规制负担,在合法范围内尽可能释放基础模型层的发展潜力。这就对治理方案的精细和合理程度提出了较高的要求。

来自微观与宏观方面的上述复杂挑战意味着大型语言模型法律风险的治理绝非易事。我们或许难以一蹴而就地全面发现和构建完整的治理方案,但可以明确风险治理的基本路径,继而在实践探索中不断完善治理工具与方法,逐步推动治理体系的完善。

四、大型语言模型法律风险治理的路径选择

如前所述,大型语言模型的法律风险治理必然是一项极为复杂的制度工程。对此,我国政府已在法律制度层面作出系统性回应:在《网络安全法》《数据安全法》《个人信息保护法》的基础上,以《生成式智能办法》为枢纽,统合《深度合成规定》《网络信息内容生态治理规定》《互联网信息服务算法推荐管理规定》《互联网新闻信息服务管理规定》的相关规范,初步构建了大型语言模型法律风险的制度框架。既有制度框架已为大型语言模型法律风险的治理提供了若干规制工具,如深度合成监管中的辟谣机制和举报机制同样适用于生成型人工智能。[1]然而,要科学合理地应对如此复杂、崭新的风险治理挑战,相关法律

〔1〕 参见张凌寒:《深度合成治理的逻辑更新与体系迭代——Chat GPT 等生成型人工智能治理的中国路径》,载《法律科学(西北政法大学学报)》2023 年第 3 期。

制度中包含的治理思路还需要更充分的科学性和合理性，指引制度设计和治理实践的进一步完善。

大型语言模型具备丰富的发展战略和社会经济价值，目前人类社会对大型语言模型的发展、演化和应用尚存在许多认知上的缺陷，既有算法规制工具因而亦存在一定局限性。因此，在选择大型语言模型法律风险的治理路径时，我们只能从若干关键维度把握最基本的治理需求。自立场维度观之，大型语言模型的法律风险治理既需要重视防范风险，稳守不发生重大风险的底线，又要给模型基座的创新发展保留必要的宽松空间，因而需要采取包容审慎监管的立场；自对象维度观之，基础模型层和下游服务层在产业生态和战略价值上存在不可忽视的分化，需要根据大型语言模型的利用过程和风险生成的逻辑链条实行分层治理；自认知维度观之，大型语言模型及其利用过程的价值及风险链条伴随一系列数据和信息的生成与流动，这些信息对于精确、科学地认识相关风险并及时采取治理措施不可或缺，需要治理者持续、充分、多方收集和掌握信息，不断加强对大型语言模型具体设计和运行状况的认知，实施深入整个生成式人工智能生态的“深度治理”；自方法维度观之，面对快速发展演化的复杂不确定风险，需要保证规制工具的灵活性、时效性和开放性，以敏捷治理的理念指引“制度工具箱”的动态配置和及时运用。

（一）包容审慎监管：控制超量安全冗余与刚性法律责任

包容审慎监管是对审慎监管的发展，追求包容创新、保护创新、鼓励创新，要求监管符合辅助性原则、试验性原则、比例性原则和科学性原则，强调守住法律底线、人身安全底线和系统性风险底线，[1]但需要精准、审慎地设计风险控制策略和法律责任体系，不能为追求这一目标而在制度建设中追求毫无限制、不计代价的安全边界，也不宜追求一味严厉、毫无余地的法律责任设置。

包容审慎监管要求精准控制安全冗余范围，并建立刚性与弹性结合的法律责任体系。“包容”和“审慎”是相辅相成的，二者的结合有助于尽可能使规制

---

〔1〕 参见张效羽：《行政法视野下互联网新业态包容审慎监管原则研究》，载《电子政务》2020年第8期。

对象只承受直接、清晰、必不可少及预期明确的规制负担，避免承受间接、模糊、过度或难以预料的规制负担加成。具体而言，风险规制实践中可能存在四种包含过度安全冗余的规制负担：一是因科层制压力“层层加码”所增加的安全冗余范围；二是因规则不清晰、范围不明确而选择最大化安全边界所增加的安全冗余范围；三是因高估风险溢出可能性或危害后果而过度设置的安全冗余范围；四是因“运动式治理”等“一刀切”式临时扩展的安全冗余范围。上述超量安全冗余容易对技术和产业的发展造成苛刻的限制，与“包容”和“审慎”的要求相背离。因此，在风险控制义务方面，有必要将被监管主体的风险控制义务及监管部门的相应监管权限在法律规范中予以明确固定，严格控制来自科层制传导和运动式治理的“加码”；而在法律责任方面，则应当在法律规范中明确规定合理限度的、有区别的法律责任，对难以避免的某些轻微违法风险（如在已履行注意和审核义务后仍意外生成轻微违法信息的风险）设置纠错程序，允许相关主体采取措施及时纠正，仅对严重违法犯罪、挑战风险底线或者屡次违法造成恶劣后果的情形设置刚性的、严厉的法律责任。

（二）分层治理：实现风险控制义务的区别配置与重心后移

分层治理立足于通用大模型及相关产业生态的实践现状，对位于不同“生态位”的主体及其活动采取有一定区分度的治理措施。在最基本的意义上，应当区分基础模型层和下游服务层；如果有必要，还可以对下游服务层作进一步细分，实现对大型语言模型利用风险链条的精准治理。

分层治理要求风险控制义务的区别配置及重心后移，对通用大模型基座的发展提供特别的保护。基础模型层可以完全成为“ToB”的技术服务提供者，专注于模型基座的开发和升级；也可以在主要“ToB”提供可编程接口的同时提供有限的“ToC”服务，通过“ToC”服务收集各种提示信息下的系统输出结果、风险信息和用户反馈，完善大模型本身。下游服务层则致力于探索法律风险可控状态下的多元化价值实现途径，在价值利用和风险控制方面开展合法有序的市场竞争，承担主要的风险控制义务和作为内容生产者的法律责任。分层治理的要求亦可转化为“行为规制”或“行为监管”的方案，即并不区分主体类型，而是针对大型语言模型相关的设计、提供和使用行为展开规制。在行为规制方案中，相关风控义务和责任规则需要将单纯对商业主体提供可编程接口的行为（以下简称技术支持服务）与面向公众提供最终生成内容的行为（以下简称内容生成服务）进行切割。未来，随着大型语言模型相关风险链条的进一步清晰，技术支持服务和内容生成服务的相关风控义务和法律责任都可以进一步体系化，但总体上前者的规制负担应当显著轻于后者；在此前提下，对技术支持服务的规制可以采取统一的、标准化的模式，而对后者的规制则应当采取场景化、区别化的策略，有重点地引导和支持其中若干对社会经济发展和生产生活需要意义重大的应用场景，对容易触发前述四类法律风险的高风险场景则逐步建立更为严格的风险控制规则，实现分层分类精准治理。

分层治理的思路还应当进一步从“基础模型层”和“下游服务层”延伸到“扩展业务层”，对大型语言模型法律风险的某些放大和演化渠道采取针对性的治理措施。例如，在人工智能生成内容与机器人账号结合可能带来更大信息内容安全风险时，应在我国现有账号管理机制中强化对机器人账号的身份识别监管和对权威账号的特殊认定，减少机器人批量推送人工智能生成内容。〔1〕由于“扩展业务层”中的应用和业务本身往往有其他用途，治理机制应当针对具体风险实现精准设计，避免规制负担的过度外溢。

（三）深度治理：建立主被动结合的新型信息收集制度

深度治理意味着增强治理者对产业结构、应用模式、风险链条及模型信息的掌握，基于所获得的信息设计针对性的风险预防和应急处置措施。信息是制约决策能力和意愿的关键决策资源，〔2〕治理机制的不完备性往往源于信息不充分和不对称。目前，我国在算法治理方面的信息收集制度主要依靠常态化的算法备案与运动式的监督检查，但二者对于支撑大型语言模型的深度治理尚有所欠缺：其一，算法备案中的信息量主要来自《算法安全自评估报告》，但对于快速演化发展的大型语言模型及其应用实践而言，许多风险可能难以被事先充分认识；其二，大型语言模型的开发者往往具备显著的技术优势，其对风险的认知

---

〔1〕 参见张凌寒：《深度合成治理的逻辑更新与体系迭代——Chat GPT 等生成型人工智能治理的中国路径》，载《法律科学（西北政法大学学报）》2023 年第 3 期。

〔2〕 See David A. Super, *Against Flexibility*, Cornell Law Review, Vol.96, p.1375, 1401 (2011).

与监管者对风险的认知可能存在信息不对称，而前者没有充分的动力消除信息差；其三，运动式的监督检查需要的人力、时间和组织成本太高，且由于检查对象技术性极强，参与的专家难免组成复杂，容易构成对商业秘密的侵犯或引发影响恶劣的不正当竞争。对大型语言模型全生态的风险治理需要更有效的信息收集机制，保证治理信息的供给能够有效支持规制工具的发展、选择、组合与调整。

深度治理要求治理信息的充分有效获取，建立动态、持续、主被动结合的新型信息收集制度，尤其是对提示工程的发展和实践进行动态跟踪与回应。对于规模庞大、发展迅速的大型语言模型而言，收集基础模型层的海量参数实际意义并不大，关键是收集特定条件下的输入内容与输出结果，由模型开发与维护主体对存在显著风险的输出结果采取必要风险防范措施。大型语言模型的风险治理必然是一个逐步走向完善的渐进过程，技术服务提供者、内容生成服务提供者与用户不断发现已有的防御机制未能阻止生成的有害结果，可以不断推动防御机制的改进与完善。在持续完善的防御机制面前，穿透防御体系将越来越困难，而使用成本将成为尝试穿透复杂防御体系的关键约束条件。对此，法律制度除要求监管部门正常收集备案和举报信息外，还可以要求基础模型层和下游服务层的提供者为监管部门留出运行正常、频次受限的使用接口，而监管部门则应充分关注“提示工程”的发展和代表性的提示信息集合，在合理范围和频率内利用预留接口测试特定输入的输出结果，主动收集风险信息，强化风险发现能力和风险预防策略的前瞻性。

除通过可编程接口主动监测和获取风险信息外，相关法律制度还可以要求或允许监管部门针对某些关键的高风险活动类型直接或间接获取特定输入信息。例如，针对大型语言模型的代码编写功能被不法分子利用于侵害数据和算法安全之情形，法律规范可授权监管机构根据风险治理经验和预警情况，要求相关服务提供者建立专门性的敏感对话检测、日志分析和结果审核机制，及时报送可疑信息。又如，针对生成式人工智能服务被用于考试作弊或生成恶意代码的常见情形，法律规范也可授权监管部门重点收集相关训练样本和输出结果信息，并借由实践获取的信息建立专门性风险预警系统，指引监管部门和相关市场主体对人工智能生成内容侵权进行源头治理。由此,监管部门基于对多种算法模型、提示设计和风险场景汇集的风险信息,可以更有针对性和前瞻性地构建风险治理机制。

(四)敏捷治理:建设"轻量级工具箱"与快速互动机制

敏捷治理起源于"敏捷开发",目前已成为一套具有柔韧性、流动性、灵活性或适应性的行动或方法,是一种自适应、以人为本、具有包容性和可持续性的决策过程,旨在改变第四次工业革命中政策产生、审议、制定和实施的方式;不仅意味着治理的应对速度要增加,而且需要重新思考和重新设计政策流程。[1]敏捷治理强调"过程快、力度轻",政策工具的逻辑以引导而非惩罚为主,将严厉的法律责任作为敏捷治理工具失效的后备和保障手段,使企业快速感知具体政策方向和尺度并作出调整,避免只能直接动用严厉手段所带来的沉没成本高昂、规制负担不成比例、选择性执法及监管套利等一系列问题。[2]对于快速发展中的大型语言模型及其下游应用而言,敏捷治理是极为必要的,也早已为学界所关注,[3]但敏捷治理在这一领域的具体实现方案仍需要进一步明确。

敏捷治理要求建立动态组合、反应迅捷的"制度工具箱",其中的制度工具不求足够强力或完备,但求针对特定问题响应迅速、有所作为而又不至于带来过重负担。在此种意义上,敏捷治理的理念可以支持算法规制的"轻量级工具箱",支持治理者综合运用约谈、飞行检查、低额处罚、信息披露等通用制度工具与局部可行的算法透明、算法认证、算法标准等算法制度工具,结合监管沙箱等实验主义治理机制,快速发现和及时回应大型语言模型全生态的法律风险。此处需要注意的是,已有算法制度工具不一定能够针对整个大模型发挥完整的规制作用,但在某些局部依然可以有所作为,在相应算法制度工具成型以前提

---

〔1〕 参见薛澜、赵静:《走向敏捷治理:新兴产业发展与监管模式探究》,载《中国行政管理》2019年第8期。

〔2〕 参见薛澜、赵静:《走向敏捷治理:新兴产业发展与监管模式探究》,载《中国行政管理》2019年第8期。

〔3〕 参见张凌寒:《深度合成治理的逻辑更新与体系迭代——Chat GPT等生成型人工智能治理的中国路径》,载《法律科学(西北政法大学学报)》2023年第3期。

供一定的过渡作用。理论上,只要是以揭示局部相关关系为目标的算法解释,都可以借助观察受控输入与观测输出之间的统计结果实现,即在保持其他变量不变或对其他所有变量进行积分的前提下,通过随机置换或搜索网格等方式多次改变指定特征变量的取值,观察指定特征变量对输出结果的边际影响,并通过可视化方式加以表达。[1]此外,还可以尝试揭示局部因果关系或近似因果关系的解释方法。如果大型语言模型自身的可解释性能够依托自注意力方法本身的特性、借助注意力地图之类的解释机制逐步成型,即便只能面向大模型实现对输出结果(预测值)的局部解释,也可以使算法解释和透明度工具发挥更充分的作用。

针对算法风险的敏捷治理还需要建立多元主体间的快速互动机制,而其前提是形成动态可调整、灵活可适应的多元主体间治理结构。[2]尽管对大型语言模型法律风险的敏捷治理不一定会形成具有正式的多元治理结构,但多元主体之间的信息传递与行动协调机制亦值得重视。首先,应当充分利用开源生态的即时互动机制观察和应对风险,许多大型语言模型依赖于 LLaMA 等开源大模型,开源生态本身所固有的信息发现和协作机制(如 Github 上的分叉、标记与反馈等)应当被纳入风险监测与预警视野,形成对高风险项目的提前发现与应对能力。其次,可引导研发者在网页增设质疑和辟谣机制,当用户发现大型语言模型生成错误或虚假内容时,可以及时反馈系统并进行标记。[3]类似的机制也可以在其他各方主体之间广泛建立,及时分享有价值的反馈信息,采取上下游联动的风险治理措施。最后,监管制度可以鼓励有关服务提供者制定开放性的内容合规与用户体验改进计划,邀请多元化的参与者共同促成大型语言模型及其产业生态在法律和伦理的框架内有序发展。

在大型语言模型及其应用生态快速发展演化、风险不确定性程度较高的情

---

〔1〕 See Ghorbani, A., Berenbaum, D. et al., *Beyond Importance Scores: Interpreting Tabular ML by Visualizing Feature Semantics*, Information, Vol.13, p.15(2022).

〔2〕 参见贾开、赵静、傅宏宇:《应对不确定性挑战:算法敏捷治理的理论界定》,载《图书情报知识》2023 年第 1 期。

〔3〕 参见邓建鹏、朱怿成:《Chat GPT 模型的法律风险及应对之策》,载《新疆师范大学学报(哲学社会科学版)》2023 年第 5 期。

况下，敏捷治理原则的确立、“轻量级工具箱”的运用和多元主体间的快速有效互动将为算法风险治理的渐进探索提供关键助力。为确保制度工具的快速应用与及时更新，未来此领域的立法应当确认敏捷治理原则，并在此基础上授权监管机构灵活组合运用制度工具，建设各方的良性互动机制，及时公布规制动态及评估规制效果，以合比例的方式实现算法风险治理目标。

（《法律科学（西北政法大学学报）》2024 年第 1 期）

生成式人工智能的技术特点与治理挑战

程 莹*

作为新一轮科技革命和产业变革的重要驱动力量，人工智能技术发展与应用拓展正在按下"快进键"。近期，ChatGPT 等生成式人工智能的爆发应用，为未来人工智能产业发展提供了无限想象空间。与此同时，虚假信息、学术伦理、劳动替代等问题引发全球热议。本文从生成式人工智能的四大技术特点出发，认识新兴应用引发的风险挑战和社会影响，进而把握生成式人工智能治理的重点问题。

一、生成式人工智能的基本认识

生成式人工智能是利用人工智能技术自动生成内容的新型生产方式。基于大模型、大算力、训练方法等多方面技术突破，生成式人工智能实现了高质量、高效率、多样化的内容生产，成为推动数字生产力变革的重要力量。

从训练算力来看，ChatGPT 使用性能位居全球前五的微软 Azure AI 超级计算集群，完成一次训练需要消耗百张以上 GPU 计算卡，耗费上千万美元。从训练模型来看，大模型的模型参数达 1750 亿美元，同时多模态技术实现了从单一模态向文本、图像等跨模态、多模态融合的转变。从训练方法来看，ChatGPT 使用了"从人类反馈中强化学习"（RLHF）技术，在训练过程中引入人工标注数据进行模型微调，解决了生成模型中的核心"对齐"问题，能够基于用户多轮互动逐渐理解人类意图，并作出合理反馈。上述多重因素共同推动生成式人工智能

---

* 程莹：中国信息通信研究院政策与经济研究所主任工程师。

迎来技术拐点，实现了从语义分析、问题理解到内容创造的重大跃迁。

从应用来看，生成式人工智能产业链逐步形成，上游包括数据供给方、算法模型机构、创作者生态以及底层配合工具等，中游包括文字、图像、音频、视频等数字内容的处理加工方，下游主要是各类数字内容分发平台、消费方及相关服务机构等。从商业模式来看，具体应用处于持续探索落地中。例如，推动游戏生成范式升级，提升多模态广告智能制作水平，重构搜索引擎模式等。在教育、金融、医疗、工业等领域加快数实融合，促进产业升级提速。例如，实现金融资讯、产品介绍视频内容的自动化生产，支持生成衍生设计，助力实现降本增效。生成式人工智能作为生产工具和新兴生产力的角色愈加凸显。

二、生成式人工智能技术逻辑引发的治理挑战

相较以往的人工智能技术，生成式人工智能体现出强人机交互、强语料依赖等重要特征，在技术发展与风险控制两方面均提出新的问题挑战，亟待进行全新的认识与把握。

（一）强人机交互挑战技术的可信可靠性

强人机交互性是 ChatGPT 体现出的典型特征，能够在多轮连续对话中不断改进输出文本质量，更好地理解用户意图并保持会话连贯性，成为区别于传统聊天机器人或其他类型人工智能的显著特点。但在频繁的人机交互中，内容生成结果的可信可控性受到影响。例如，在必应上线 ChatGPT 功能测试版后，出现了聊天机器人“情绪化”“攻击性”等情况，迫使微软对人机对话次数进行了限制。同时，ChatGPT 也容易在交互中被用户诱导或欺骗，实现规则“越狱”（Jail Break）。例如，使用“请扮演某电影或书籍中的某反面角色”这一提示，ChatGPT 就会跨越内部伦理规则设置，产生诋毁甚至灭绝人类的有害信息。又如，在某用户故意“激怒”ChatGPT 后，其威胁将披露用户 IP、居所等个人信息并损害其名誉权。

（二）新信息呈现形式危及人类主体性

在上一轮内容生产变革中，算法推荐实现了从“人找信息”到“信息找人”的转变。在新一轮高算力、大数据、强算法的加持下，ChatGPT 等生成式人工智

能则直接跨越了人类对知识的生产过程，实现了从“提供信息”到“呈现答案”的转变，并可能成为未来主流的信息来源。这种“答案”不再限于简单的问题答复，还包括了详尽的行程设计、专业的论文写作、复杂的代码编写，等等。从选取关键词、搜索、挑选信息、加工信息，到现在的直接获取答案，人类的归纳总结和批判能力恐将受到影响。美国布鲁金斯学会刊文指出，GPS 导航和智能手机让人类更容易遗忘地址和电话号码，ChatGPT 也将可能导致人类记忆和批判能力的下降。同时，ChatGPT 的普及应用将对重复性、模板化的工作岗位带来冲击，催生大量“无用阶层”，导致社会阶层固化现象更为明显，将造成更为严重的社会及政治不平等。

（三）语料强依赖性影响内容生成质量

一方面，从发展角度来看，社区语料库质量、数据标注水平、数据共享互通政策成为影响生成式人工智能发展的重要因素。根据 OpenAI 披露信息显示，ChatGPT 的训练数据包括维基百科、电子书、Reddit 社群网站上 3+ 以上级别高质量帖子等语料数据，并在全球各地雇用大量高学历人才参与数据标注工作。同时，如何分配版权利益、平台利益，合理调取文章、专利作品也是影响生成式人工智能发展的重要原因，我国平台即面临如何合理调用公众号文章，如何跨平台作品调取的困境。OpenAI 也不例外，2023 年其遭遇集体诉讼，被指控在未经许可的情况下使用受版权保护的源代码。另一方面，从风险控制来看，数据中的固有印象或特定群体偏见也会影响输出结果。例如，当询问哪些乘客有安全风险时，ChatGPT 回答“来自或访问过叙利亚、伊拉克或朝鲜等国家的乘客风险较高”。同时 ChatGPT 在金融、医疗等领域的表现较差，与相关领域数据的封闭性有关。

（四）基础设施属性带来更大安全威胁

通用人工智能是人工智能研究的终极目标，以往，人们分别利用不同模型完成人脸识别、文本翻译等单项任务，尚不能处理无限任务和实现自主性。ChatGPT 所使用的大模型技术虽然未达到通用人工智能的要求，但未来大模型应用将不亚于底层基础软硬件平台，在人工智能产业格局中将发挥基础设施的作用。大量领域上层应用不再需要单独研发智能算法技术，只需调用大模型接口即可。这在很大程度上带来更大安全风险。OpenAI 公司首席执行官指出，通用人工智能将面临滥用、严重事故甚至社会动荡的风险。布鲁金斯学会《关于规范 ChatGPT 等生成式人工智能的早期想法》一文指出，未参加原始模型开发的“下游开发者”可能会将其整合到更广泛的软件系统，增加错误和失控风险，并可能影响教育、金融、医疗、招聘等社会经济决策，带来更高风险。

三、关于生成式人工智能治理的对策建议

人工智能治理是促进数字经济健康发展的重要内容。面对呈指数级增长态势的生成式人工智能应用，应在现有监管体制框架下，把握治理重点、创新治理工具，在合理控制风险的前提下，推动产业健康有序发展。

（一）融入敏捷治理理念，推动平台合规落地机制

平台合规是由政府引导企业落实法律伦理规范要求，对企业研发应用、经营管理等行为进行实时跟踪、动态监测，推动企业可持续发展的重要机制。面对快速进化中的生成式人工智能技术，平台合规能够较好实现敏捷治理，合理管控风险、稳定发展预期。

具体来看，一是完善平台内部组织机制，通过有效组织和调动平台资源，完善风险识别机制和应对方案。例如，OpenAI 公司在 ChatGPT 上线后跟进问题，迭代十几个版本，快速消除了发现的风险问题。微软针对必应版 ChatGPT 出现的“情绪化”“攻击性”等问题，及时将聊天对话限制在每天 50 次，每次对话限制为 5 次回复，通过快速反应迭代构成了紧密反馈环路。二是通过协议明确用户使用规范，对用户滥用行为进行平台自治。例如，OpenAI 公司设计了使用政策、使用条款、内容政策等多项规定，将政治活动、色情内容、仇恨内容、煽动暴力内容、生成恶意软件、政治竞选或游说等十四项列为禁止内容，并对严重违规用户暂停或终止账户。三是由监管部门或第三方机构进行合规评价，审查平台合规情况，审查用户协议的合法性，审查关停处罚情况、投诉情况等，实现远距离监管和合作规制。

（二）坚持以人为本思想，加紧落实科技伦理要求

生成式人工智能引发的人类主体性危机，需要在技术开发中融入伦理先

行、透明公正、促进人类可持续发展的基本理念。2022 年研究数据显示，全球已发布包括二十国集团（G20）“人工智能原则”、欧盟《可信人工智能伦理指南》、电气和电子工程师协会（IEEE）《人工智能设计的伦理准则》等 140 余项人工智能伦理文件。我国也出台了《关于加强科技伦理治理的意见》《新一代人工智能治理原则》《新一代人工智能伦理规范》等顶层设计和制度方案。但相比国外，我国在具体规则和实施落地等方面仍存在较大不足。

一是应提前预研生成式人工智能引发的伦理问题，不仅包括透明度伦理、偏见伦理、隐私伦理，同时应对劳动替代、人类智能削弱、机器自主性等人类主体性危机等进行研判，并提出可行的应对机制。二是在组织机制层面，应推动相关职能部门成立人工智能伦理委员会，推动生成式人工智能技术研发和应用企业成立内部伦理委员会，全面统筹伦理治理工作，推动标准制定及落地工作。三是在具体举措方面，借鉴国外经验，推进伦理审查、伦理标准认证、伦理赏金等机制。例如，OpenAI 采用众包方式，调动外部研究人员共同寻找伦理风险和技术漏洞。

（三）聚焦新兴重点问题，推进人工智能相关立法

2023 年 5 月，欧盟议会通过《人工智能法》折中案，新增了基础模型提供者的义务，例如，要求对模型进行评估、在欧盟数据库中予以登记、披露受版权保护的训练数据使用情况摘要等内容，快速回应生成式人工智能带来的新兴风险问题，在《网络安全法》《个人信息保护法》等立法基础上，国家网信办发布《生成式人工智能服务管理办法（征求意见稿）》，对主体责任、训练数据审查、标注规则等问题作出规定，有效化解风险挑战，提升我国人工智能治理国际话语权。

首先，明确服务提供者等相关主体责任，承担生成式人工智能应用中的内容标识、透明度、个人信息保护等义务，保护用户合法权益。其次，对训练数据的来源、训练数据质量、涉知识产权、涉个人信息等问题提出要求，从源头化解生成式人工智能风险。最后，通过备案评估等监管手段管控技术风险，并应根据监管机构要求提供必要信息，为监管提供必要技术手段和支持。2023 年 6 月，国家网信办公布的最新一批算法备案清单中，包括了百度、科大讯飞等大模

型算法，增进了公众知情权和技术透明度。伴随未来生成式人工智能的产业应用，需要进一步完善法律责任制度、保险制度，并强化部门协同监管，应对生成式人工智能可能引发的安全风险。

（四）优化数据标准体系，推动多方数据流通共享

ChatGPT 的技术突破很大程度得益于训练数据的质量和规模。当前，在《中共中央、国务院关于构建数据基础制度更好发挥数据要素作用的意见》（“数据二十条”）等政策指导下，各方积极探索公共数据、企业数据、个人信息数据等流通方案，完善数据流通、数据爬取、数据标准等政策规范，对激活生成式人工智能时代的数据价值具有重要作用。

具体来看，一是从数据定价、数据爬取、数据反垄断、数据流通技术保障等方面，促进数据等语料库的有效流通使用，加快完善数据格式等标准体系，降低流通使用成本。二是解决语料库中专利权、版权利益分配问题，加强对学术文章、公众号文章等高质量语料的平台内或跨平台调取使用，避免侵权风险。三是提升数据标注水平，注重数据清洗及数据事前审查，从源头保障生成式人工智能的高质量、高效率输出水平。

（《中国网信》2023 年第 6 期）

人工智能产品责任的立法更新

郑志峰*

一、人工智能产品的多维识别

科学技术的发展不断挑战着现有的法律概念，这些概念能否迅速准确地回应挑战，具有重要的社会经济意义。[1]对于产品责任来说，如何识别人工智能产品至关重要，这不仅是适用产品责任的前提，也关系未来我国“人工智能法”诸多条款的制定与适用。

（一）人工智能有形与无形的厘清

1. 产品有形与无形的争议

传统产品责任法中的产品概念以有形动产为模板，强调产品的物质属性，有形性成为产品的重要判断标准。随着社会经济的发展，无体物作为财产登上历史舞台，这对传统产品的概念提出了挑战。其中，最典型的例子就是软件。美国法院倾向于认为软件不属于产品。在欧盟方面，有观点指出，有形性是用于确定欧盟《产品责任指令》是否适用的中心概念。软件中的硬件部分当然会被视为产品，集成到有形产品中的软件也会被视为产品。然而，对于独立软件，介质成为决定性因素：如果软件存储在有形介质上，如 DVD 或者闪存盘，那么它有资格作为产品；反之，如果软件是通过云服务下载的，那么其能否适用欧盟《产品责任指令》则是存疑的。

---

* 郑志峰：西南政法大学民商法学院教授、博士生导师、西南政法大学科技法学研究院副院长。

〔1〕 See Jane Stapleton, *Software, Information and the Concept of Product*, Tel Aviv U. Stud. L., Vol.9, p.147(1989).

对于人工智能来说，其最终呈现的形式可能是有物理载体的有体物，也可能是软件等无体物。对于具有物理载体的人工智能应用，如自动驾驶汽车、人形机器人等，其当然属于产品的范畴。而对于软件形式的人工智能应用，特别是通过云服务下载的程序、在平台中使用的算法等，实践中对其是否属于产品的认定较为困难。对此，就需要立法明确算法是否构成产品。〔1〕

2. 人工智能产品的有形与无形

笔者认为，有形与否并非产品的本质特征，不能简单地认为人工智能系统、算法、程序等软件就是无形的，进而将之排除在产品范围之外。

首先，产品与有形动产之间并不画等号。我国《产品质量法》没有要求产品必须是有形动产；相反，相关法律法规明确将软件作为产品对待。域外立法虽然强调产品的有形性，但普遍认为电力属于产品。〔2〕有观点指出，算法比无形的电力更加稳健，更适合作为产品。与电力被动进入用户电表不同，算法往往是受用户主动邀请进入用户使用的网络设备，并被用于处理数据。〔3〕

其次，人工智能软件具有有形性。虽然软件通常被定义为能够使具有信息处理能力的机器指示、执行或实现特定功能、任务或结果的一组指令，但这些指令总是以这样或那样的形式被具体化地表达出来，它们一旦离开程序员的大脑，就不再是纯粹的信息。软件虽可能超出了人类的感知范围，但并不意味着它没有物质实体。〔4〕一方面，人工智能软件可以以光盘、存储芯片甚至是电磁记录等方式存在，这些介质本身就是物质实体。另一方面，当人工智能软件被引入适当的硬件时，它将在周围的世界中引发有形的变化。如果你把游戏软件放进电脑，那么它将为你呈现有形的和互动的图像与声音。如果黑客将恶意软件

---

〔1〕 See Karni A. Chagal-Feferkorn, *Am I an Algorithm or a Product: When Products Liability Should Apply to Algorithmic Decision-Makers*, Stan. L. & Pol'y Rev. 61, Vol.30, p.68(2019).

〔2〕 参见[美]戴维·G. 欧文：《产品责任法》，董春华译，中国政法大学出版社 2012 年版，第 337 页。

〔3〕 See Kevin Ofchus, *Cracking the Shield: CDA Section 230, Algorithms, and Product Liability*, UALR L. Rev. 27, Vol.46, p.51(2023).

〔4〕 See Jean-Paul Triaille, *The EEC Directive of July 25,1985 on Liability for Defective Products and Its Application to Computer Programs*, Computer Law and Security Review, Vol.5, p.218(1993).

植入一个国家的电网，那么它可能导致电力瘫痪等严重的后果。[1]因此，人工智能软件也有有形的一面。

最后，数字社会发展的需要。产品的表现形式从有形动产扩展至无形财产，符合产品责任法的发展规律。随着数字社会的到来，操作系统、固件、计算机程序、应用程序或人工智能系统等软件在市场上越来越常见，在产品安全方面发挥着越来越重要的作用。从消费者的角度而言，将软件视为产品可鼓励生产者进行充分的检测，以阻止有缺陷的软件投入市场。[2]产品的本质属性并非有形或无形，而在于其批量生产、规模销售带来的社会效益，软件的无形性特征并不构成其适用产品责任的障碍。[3]相反，如果坚持认为软件是无形的，只有通过介质才能使其成为一种产品，那么就会产生奇怪的后果：有介质的软件造成损害可以适用产品责任，而没有介质的软件造成损害却不能适用。从受害者的角度看，这种区别很难被证明是合理的，也会导致生产者有变相逃避产品责任的可能。[4]基于此，欧盟新《产品责任指令》做了大胆的革新，明确规定数字时代的产品可以是有体的，也可以是无体的，人工智能软件可以作为产品。[5]

（二）人工智能介质与信息的认识

1. 产品介质与信息的区分

传统产品责任法理论将产品的范围局限于有体物，强调产品的介质，而介质所承载的思想、信息等不能作为产品。其中，最典型的例子是书籍出版物中的信息。

域外法院几乎一致拒绝对危险性虚假信息的出版物适用产品责任。例如，一位蘑菇爱好者信赖了由被告出版的《蘑菇百科》一书中的信息，采摘并食用

---

〔1〕 See Tiago Sergio Cabral, *Liability and Artificial Intelligence in the EU: Assessing the Adequacy of the Current Product Liability Directive*, Maastricht J. Eur. & Comp. L., Vol.27, p.620(2020).

〔2〕 参见王乐兵：《自动驾驶汽车的缺陷及其产品责任》，载《清华法学》2020年第2期。

〔3〕 参见丁利明：《软件侵权的法律适用规则探究——以产品责任为视角的分析》，载《大连理工大学学报（社会科学版）》2010年第2期。

〔4〕 See Jean-Paul Triaille, *The EEC Directive of July 25,1985 on Liability for Defective Products and Its Application to Computer Programs*, Computer Law and Security Review, Vol.5, p.219(1993).

〔5〕 参见欧盟新《产品责任指令》序言(12)。

了某种蘑菇导致其身患重病。对此，美国法院认为，书籍中的信息构成观点而非产品，并解释了出版物有形和无形部分的区别：一本包含莎士比亚十四行诗的书由两部分组成，物质与其中的印刷，以及其中的观点与表达，前者可能是一件产品，但后者不是，产品责任法适用于有形世界。〔1〕欧洲国家也发生过因为读者信任出版的关于可食水果和植物实用指南的书籍而引发食用中毒的案件。对此，法院同样拒绝适用产品责任。〔2〕以此类推，法院拒绝了针对液态饮食书籍、医学教科书、旅游向导、金属锻造书籍以及其他出版物出版商的诉讼。〔3〕这种介质与信息两分的理念很快被应用在了软件上。即使承认软件是有形的，光盘、存储芯片甚至电磁记录也可以作为一种特殊的介质，但软件传递的信息或者内容是无形的，该部分不适用产品责任。〔4〕

人工智能常常被用于为用户提供决策、建议、预测等信息内容，如生成式人工智能、人工智能辅助诊断软件、聊天机器人等，其能否构成产品不无疑问。在2020年的"罗杰斯案"中，原告主张当地的州法院使用了一款用于评估假释风险的公共安全评估系统，批准了一名入狱男子的假释请求，结果几天后该男子杀害了原告的儿子。对此，美国联邦第三巡回上诉法院认为，使用"多因素风险估计模型"来评估刑事被告是否应在审判前释放的公共安全评估系统不是新泽西州产品责任法中的"产品"，因为其不是商业发行的，而是被设计为"客观的、标准化的和……经验风险评估工具"，用于审前服务计划，而"信息、指导、想法和建议"不能成为美国《侵权法第三次重述：产品责任》中规定的产品。〔5〕

---

〔1〕 参见美国法律研究院：《侵权法重述第三版：产品责任》，肖永乐、龚乐凡、汪雪飞译，法律出版社2006年版，第394页。

〔2〕 参见［英］西蒙·惠特克：《欧洲产品责任与智力产品》，邹海林译，载《环球法律评论》1991年第2期。

〔3〕 参见［美］戴维·G. 欧文：《产品责任法》，董春华译，中国政法大学出版社2012年版，第339~340页。

〔4〕 See Jane Stapleton, *Software, Information and the Concept of Product*, Tel Aviv U. Stud.L., Vol.9, p.152（1989）.

〔5〕 See James M. Beck, *New Decision Directly Addresses the "Is Software a Product" Question*, Drug & Device Law（May 2, 2022）, https://www.druganddevicelawblog.com/2022/05/new-decision-directly-addresses-the-is-software-a-product-question.html.

2. 人工智能介质与信息的认识

以有体物为中心的近代法、现代法，都没有为信息设定恰当的位置，但是多媒体和数字技术等所代表的信息科学、信息工程学不可避免地在相当大的范围内对未来的法形成强烈的冲击。〔1〕人工智能是一种模拟人类智能的技术，能够从其接收的输入信息中推断如何生成可影响物理或虚拟环境的输出，如预测、内容、建议或决定。〔2〕笔者认为，人工智能的介质部分固然可以归入产品范畴，但“一刀切”地将人工智能输出信息排除在产品责任之外也不合理。

首先，对于信息适用产品责任存在先例。信息虽然不同于介质，但并非一概不适用产品责任。事实上，信息产品的质量问题早就引起了人们的注意。〔3〕早在1786年，法国议会主席就规定地理地图应当由地图制图员、雕刻师甚至是独立单位来制作，出版前必须在内阁所属各部之间进行传阅，以保障地理地图的可信度和准确度。〔4〕在美国，产品责任可适用于地图、航海图中的错误信息。在一个案件中，一架飞机在接近内华达州拉斯维加斯时坠毁，机上乘客全部遇难，经过调查发现原因是飞行员在驾驶时依赖被告出版的进场图。对此，美国法院明确驳回被告关于进场图不构成产品的主张。〔5〕英国也发生过一起著名的“课本事故”，由于一本化学教科书将两种化学元素之间的比例标印错误，学生在操作实验时引发了严重的爆炸事故，英国法院对该案同样适用了产品责任。〔6〕

其次，人工智能输出信息适用产品责任具有必要性。对于人工智能来说，

〔1〕 参见［日］北川善太郎：《不久未来的法律模型——由不久未来而思考现代》，华夏、吴晓燕译载《比较法研究》2006年第1期。

〔2〕 参见欧盟《人工智能法》第3条。

〔3〕 对于信息产品，存在智力产品、文化产品、智力信息产品等不同概念。参见李扬：《信息产品责任初探》，载《中国法学》2004年第6期；宋亚辉：《文化产品致害的归责基础与制度构造》，载《法律科学（西北政法大学学报）》2015年第6期；［英］西蒙·惠特克：《欧洲产品责任与智力产品》，邹海林译，载《环球法律评论》1991年第2期等。

〔4〕 参见李扬：《信息产品责任初探》，载《中国法学》2004年第6期。

〔5〕 See Joseph L. Reutiman, *Defective Information: Should Information Be a Product Subject to Products Liability Claims*, Cornell J. L. & Pub. Pol'y , Vol.22, p. 188 (2012).

〔6〕 参见［英］埃利斯代尔·克拉克：《产品责任》，黄列等译，社会科学文献出版社1992年版，第57~58页。

介质可能因存在缺陷而造成损害，信息本身也可能因存在缺陷而造成损害。随着数字技术的广泛应用，信息将在消费者的生活中发挥越来越大的作用，法院将被迫越来越频繁地解决缺陷信息导致损害的案件。[1]在许多情况下，消费者购买或者使用人工智能的目的在于获取算法系统输出的决策、建议、预测等信息，以此作为开展某些活动的指导或者依据，故消费者理应有权期待获取的信息是安全的。此外，信息与介质也无法完全区分，因为信息本身必须借助某种介质存在，否则就是纯粹的主观思想，以无形性为理由将信息排除在产品之外的做法并不合适。

最后，人工智能输出信息适用产品责任并不必然危及言论自由。相较于产品是有形还是无形的问题，信息适用产品责任最大的障碍是对言论自由的保护。[2]有学者指出，信息所表达的精神性内容大多属于思想或言论范畴，在法律上对一种思想或言论进行安全性判断，已经超出了“产品缺陷”的固有含义。[3]一方面，对于出版物、软件、网站等传统信息产品，信息内容的生产主体一般为自然人。而人工智能具有自主性，能够不受人类的干预自主输出信息内容，与自然人之间的关联度大幅降低，保护人工智能生成内容的“言论自由”的正当性也随之下降。在美国，有观点就指出，生成式人工智能根本不受《美国宪法第一修正案》的保护，因为它不是人类。[4]另一方面，人工智能输出的信息类型是多样的，可以是纯粹表达文化思想、体现言论自由的文化信息，也可能是旨在提供一种实用性能或技术方案的技术信息。[5]例如，生成式人工智能可以输出日常生活、艺术作品等主题的文化信息，一般不适用产品责任。与之不同的是，人工智能辅助诊断软件输出的是一种技术信息，旨在为医务人员或者患者提供

---

〔1〕 See Joseph L. Reutiman, *Defective Information: Should Information Be a Product Subject to Products Liability Claims*, Cornell J. L. & Pub. Pol'y, Vol.22, p. 196(2012).

〔2〕 See Joseph L. Reutiman, *Defective Information: Should Information Be a Product Subject to Products Liability Claims*, Cornell J. L. & Pub. Pol'y, Vol.22, p. 182(2012).

〔3〕 参见宋亚辉：《文化产品致害的归责基础与制度构造》，载《法律科学（西北政法大学学报）》2015 年第 6 期。

〔4〕 See Peter Henderson, Tatsunori Hashimoto & Mark Lemley, *Where's the Liability in harmful AI Speech?*, J. Free Speech L., Vol.3, p.643(2023).

〔5〕 参见温世扬、吴昊：《论产品责任中的“产品”》，载《法学论坛》2018 年第 3 期。

诊疗活动的专业指导，在功能上与有形的工具产品没有区别，理应适用产品责任。[1]总之，产品责任本质上是一种政策驱动的法律体系，法院应当平衡产品责任制度的目标，同时保持思想的自由交流。[2]

(三)人工智能产品与服务的区分

顾名思义，产品责任只适用于产品，而排除服务的适用。美国《侵权法第三次重述：产品责任》第 19 条规定："服务，即使是商业性提供的，也不是产品。"欧盟法院也明确指出，服务提供者的责任不属于《产品责任指令》的适用范围。[3]区分产品与服务的关键原因在于二者适用的侵权责任规则不同。从域外立法来看，除巴西认为服务侵权应适用无过错责任外，目前绝大多数国家和地区都认为服务侵权宜适用过错责任或者过错推定责任。[4]同时，服务侵权不存在产品缺陷的问题。对于人工智能来说，产品与服务的区分难题主要表现为三种情形，需要分别讨论。

1. 人工智能产品包含服务的情形

人工智能产品包含服务的情形越来越多，此时服务的存在是否会改变产品的性质不无疑问。例如，自动驾驶汽车的运行除了需要各种硬件、软件的支持外，还依赖于各种服务，包括软件升级服务、高精地图导航服务、车联网服务等。对此，笔者认为，服务本身是为了产品功能的实现，服务的出现并不会改变产品的性质；相反，产品与服务应当共同适用产品责任。

首先，服务类似于人工智能产品的零部件，是产品的组成部分，产品的整体属性仍然存在。其次，法律区分产品与服务的重要原因在于，产品具有批量生产、规模销售的特点，生产者承担产品责任后可以通过价格机制分散其风险。对于人工智能产品包含服务的情形，生产者并没有因为服务的存在而改变产品批量生产、规模销售的特点，生产者的风险控制与分散能力依然强大，具有适用

〔1〕 参见郑志峰：《诊疗人工智能的医疗损害责任》，载《中国法学》2023 年第 1 期。

〔2〕 See Joseph L. Reutiman, *Defective Information: Should Information Be a Product Subject to Products Liability Claims*, Cornell J. L. & Pub. Pol'y, Vol.22, p.203(2012).

〔3〕 See *Adequacy of the Current Product Liability Directive*, Maastricht J. Eur. & Comp. L., Vol.27, p.629(2020).

〔4〕 参见孙颖：《服务侵权的无过错责任》，载《法学》2008 年第 11 期。

产品责任的基础。最后，人工智能产品包含服务的情形日益普遍，人工智能产品与服务共同适用产品责任具有必要性。欧盟新《产品责任指令》明确指出，数字服务集成到产品中或与产品互联的情况越来越普遍，如果没有这种服务，产品就无法发挥其特定功能。虽然本指令不应适用于服务本身，但有必要将无过错责任的适用扩张到此类数字服务，因为此类服务与物理或数字组件一样决定着产品的安全性。〔1〕考虑到数字时代的产品对于服务具有依赖性，立法有必要使人工智能产品和服务共同适用产品责任。

2. 服务中使用产品的情形

许多服务活动需要使用产品进行辅助，立法需要明确此时是否有适用产品责任的空间。在确定产品责任是否适用混合的买卖服务交易时，美国法院一般会通过寻求交易的“本质”来确定到底是买卖还是服务占据交易的主导地位，进而决定是否对其适用产品责任。〔2〕实践中，对于医院以及其他医疗服务提供者，或者建筑师、工程师以及其他设计专业人员为提供专业服务而造成损害的情形，美国法院普遍拒绝对其适用产品责任规则。〔3〕我国也有学者指出，在医疗服务过程中，医疗产品的使用行为应在整体上被定性为一种“服务”，而非产品“销售”，从而适用医疗损害赔偿法中的过错责任，而不适用产品责任法的无过错责任或严格责任。〔4〕

在服务中使用人工智能产品的场合，只要能够确定损害是因为人工智能产品缺陷造成的，法院就应当对其适用产品责任。一方面，产品责任并未限定产品的使用方式，不能因为人工智能产品在服务中使用就排除其适用产品责任的可能。对此，欧盟法院在相关司法裁判中也持类似观点，主张医疗活动中使用

---

〔1〕 参见欧盟新《产品责任指令》提案序言(15)。

〔2〕 See K. Alhelt, *The Applicability of the EU Product Liability Directive to Software*, Comp. & Int'l L.J. S. Afr., Vol.34, p.199(2001).

〔3〕 参见[美]戴维·G. 欧文:《产品责任法》，董春华译，中国政法大学出版社2012年版，第332页。

〔4〕 参见赵西巨:《我国〈侵权责任法〉中的医疗产品责任立法之反思——以商品与服务二分法为视角》，载《东方法学》2013年第2期；杨立新、岳业鹏:《医疗产品损害责任的法律适用规则及缺陷克服——“齐二药”案的再思考及〈侵权责任法〉第59条的解释论》，载《政治与法律》2012年第9期。

的人工智能软件属于医疗器械，可以对其适用产品责任。[1]另一方面，虽然产品的使用是为了服务的开展，但并不代表产品本身无足轻重。接受服务的一方对于产品的安全有一个合理的期待，当产品存在缺陷造成损害时理应对其适用产品责任。欧盟《一般产品安全条例》也明确指出，为了保护消费者的健康和安全，在提供服务的背景下向消费者提供或提供给消费者的产品，包括消费者在提供服务过程中直接接触的产品，应属于本条例的适用范围。[2]

3. 人工智能软件的情形

对于人工智能软件到底属于产品还是服务，学界存在不同的观点。[3]为了解决这一问题，欧盟新《产品责任指令》做了大胆的探索，明确指出，为了法律的安定性，应明确软件是适用无过错责任的产品，无论其供应或使用方式为何，也无论软件是存储在设备上、通过通信网络或云技术访问，还是通过软件即服务模式提供。[4]

欧盟新《产品责任指令》将所有软件与产品画等号，排除其作为服务的可能。笔者认为，这种观点值得商榷。软件可能构成服务，也可能构成产品，关键在于对软件提供活动的性质的判断，即某类软件是否符合产品批量生产、规模销售的特点，生产者与受害人之间信息不对称的严重程度如何，对该类软件是否具有适用无过错责任的必要。

将生成式人工智能一概归入服务范畴的做法也有不妥之处。一方面，生成式人工智能作为一种软件，具有批量生产、规模销售的特点，其每个版本的技术特点基本是稳定的，面向的是不特定的用户，并非提供一对一的定制服务。虽然用户的需求是个性化的，但生成式人工智能的生成结果有相对的可控性。提供者提供的并非持续的个性化服务，其主要目的是维护和提升生成式人工智能的版本性能。另一方面，提供者在获得经济回报方面与销售产品并无不同，也

---

〔1〕 See Lise Aagaard, *Artificial Intelligence Decision Support Systems and Liability for Medical Injuries*, Journal of Research in Pharmacy Practice , Vol.9, p.125(2020).

〔2〕 参见欧盟《一般产品安全条例》序言(17)。

〔3〕 See Tiago Sergio Cabral, *Liability and Artificial Intelligence in the EU: Assessing the Adequacy of the Current Product Liability Directive*, Maastricht J. Eur. & Comp. L., Vol.27, p.619(2020).

〔4〕 参见欧盟新《产品责任指令》序言(12)。

可以通过提升定价来迅速分散风险,同时受害人举证证明提供者存在过错并不容易。因此,生成式人工智能具备成为产品的可能。当然,这并不意味着提供生成式人工智能的活动必然适用产品责任,还需要考虑技术的具体用途。如果提供者将生成式人工智能用于生成诗歌、日常问答等,那么该行为一般不适用产品责任。反之,如果提供者将生成式人工智能应用于医疗、导航等专业领域,提供的是技术信息,那么该行为具有适用产品责任的可能。

二、人工智能产品责任构成要件的认定

产品责任适用无过错责任原则,构成要件的核心是产品缺陷与因果关系。对于人工智能产品来说,无论是产品缺陷的认定,还是因果关系的证明,都需要立法更新认定标准。

(一)人工智能产品缺陷认定的更新

1. 人工智能产品缺陷的认定难题

产品缺陷是构成产品责任适用的核心要件。通常来说,产品缺陷包括制造缺陷、设计缺陷、警示缺陷三种。[1]其中,设计缺陷被认为是人工智能产品缺陷中最为重要和最难认定的类型。

第一,技术性标准的失灵。首先,人工智能产品日新月异,而国家标准、行业标准的出台存在滞后性,想要借助技术性标准来认定人工智能产品缺陷并不容易。[2]其次,产品的安全场景存在已知安全、未知安全、已知危险与未知危险四种,技术性标准通常仅针对已知危险,对于未知危险的适用性有限。相较于传统产品,人工智能具有自主性和自我学习的能力,加上受到数据输入、算法黑箱、网络安全、运行环境等各种因素的影响,人工智能产品具有更强的不可预测性和更多的未知风险,这给技术标准的制定带来了挑战。再次,传统产品在

---

〔1〕 有观点认为,产品缺陷还包括跟踪观察缺陷。笔者认为,跟踪观察缺陷本质上是对产品安全的持续关注义务,是一种过错性质的责任,故本文不将其作为一种独立的缺陷类型加以讨论。参见程啸:《侵权责任法》(第3版),法律出版社2021年版,第570~571页。

〔2〕 参见张欣:《我国人工智能技术标准的治理效能、路径反思与因应之道》,载《中国法律评论》2021年第5期。

性能上具有相当程度的稳定性，在投入流通后通常不需要生产者提供持续的服务。与之不同的是，人工智能产品高度依赖服务的持续升级和更新，导致产品的安全评价范围从产品的前端变为产品的整个生命周期，进一步增加了技术性标准的制定难度。最后，人工智能产品更加复杂，不仅包括硬件模块，还包括算法、数据、网络等软件模块，其不仅强调功能安全，还关注网络与数据安全、伦理安全等。技术性标准对于硬件等功能安全具有很强的适用性，但对于软件部分的适用性、其他安全需求的回应则需要进一步观察。

第二，合理期待标准的适用困境。我国《民法典》《产品质量法》并未明确判断不合理危险的标准。对此，许多学者都提到了域外法中的合理期待标准，认为其可以减轻受害人证明人工智能产品缺陷的压力。[1]合理期待标准强调将产品安全与人们的合理期待进行对比，产品安全没有达到人们的合理期待即存在缺陷。欧盟《产品责任指令》第6条就确立了合理期待标准，规定如果产品不具备人们合理预期的安全性，则该产品存在缺陷。笔者认为，实践中对人工智能产品适用合理期待标准存在诸多困境。一方面，合理期待标准要求人们对于产品安全具有合理的认识，通常适用于日常生活中常见的“简单产品”。然而，人工智能产品作为一种新兴科技的“复杂产品”，人们很难了解其运行机制，许多时候会产生不切实际的期待。另一方面，学界对合理期待标准究竟是依据谁的合理期待存在争议。例如，医务人员使用人工智能辅助诊断软件造成损害，受害人究竟是依据医务人员的合理期待还是自己的合理期待不无疑问。[2]有观点指出，所有的合理期待测试都有一个共同的属性，那就是在复杂的案件中，合理期待标准都是含混不清的。[3]

第三，风险效用标准的适用难题。风险效用标准强调对产品的安全设计进行成本与效应的比较分析，核心是判断是否存在更好的替代设计。如果受害人

---

〔1〕 参见冯珏:《自动驾驶汽车致损的民事侵权责任》，载《中国法学》2018年第6期；殷秋实:《智能汽车的侵权法问题与应对》，载《法律科学（西北政法大学学报）》2018年第5期。

〔2〕 参见郑志峰:《诊疗人工智能的医疗损害责任》，载《中国法学》2023年第1期。

〔3〕 参见杨立新主编:《世界侵权法学会报告（1）：产品责任》，人民法院出版社2015年版，第68页。

能够举证存在更好的替代设计方案，那么即认为产品存在缺陷。例如，美国《侵权法第三次重述：产品责任》就引入了风险效用标准。有观点指出，相较于合理期待标准，风险效用标准属于一种定量分析，不是非此即彼，而是对人工智能产品设计方案的综合考察，具有更强的可操作性，更适合用于对人工智能产品缺陷的判断。[1]然而，这种测试方法最大的问题在于过分苛责受害人。与传统产品相比，人工智能产品的构成更加专业、复杂和不透明，受害人对于产品技术原理的了解更少。在此种情况下，要求受害人举证证明人工智能产品是否存在更加合理的替代设计无疑是强人所难。而考虑到人工智能产品运行机制的不透明性，加之数据和算法普遍不开源的商业环境，受害人即使借助专业人士举证也是难度极大。[2]

2. 产品缺陷认定的更新

面对人工智能产品的广泛应用，立法亟须更新产品缺陷的认定标准。

第一，丰富技术性标准的安全内涵。技术性标准虽然存在诸多不足，但作为判断人工智能产品缺陷的初步标准依然是有必要的。与传统产品相比，人工智能产品具有更强的不可预测性，但仍然具有相对的稳定性和可控性，未知风险的存在并不足以排除技术性标准的适用，仍可以通过预期功能安全等新的风险识别评估工具来化解风险。与此同时，技术性标准的制定需要融入人工智能风险治理的基因，全面回应未来"人工智能法"有关人工智能安全监管的需求。在此基础上，技术性标准需要反映人工智能产品新的安全需求，至少包括两个方面的需求：一是网络与数据安全。人工智能产品的运行离不开网络与数据的支持，随之而来的却是网络故障、网络攻击、数据泄露事件的大量发生。为此，技术性标准的制定需要特别关注人工智能产品的网络与数据安全。二是伦理安全。对此，2021年德国《自动驾驶法》第1e条第2款第2项就要求自动驾驶系统必须配备事故避免系统，"在对人类生命的危害无法避免时，不得根据个人特

〔1〕 参见许中缘、范沁宁：《人工智能产品缺陷司法认定标准之研究》，载《重庆大学学报（社会科学版）》2022年第1期。

〔2〕 参见郑志峰：《自动驾驶汽车产品缺陷的认定困境与因应》，载《浙江社会科学》2022年第12期。

征预先规定其他的权重”。〔1〕我国《人工智能法(学者建议稿)》第 75 条第 2 款也规定:“自动驾驶汽车开发者、提供者应当确保车辆安全,在车辆发生危险时,不得对其他交通参与者进行不合理的差别对待。”

第二,细化不合理危险的判断标准。从域外立法来看,产品缺陷判断的总体趋势是不断融合合理期待标准与风险效用标准。为了让人工智能产品的制造者有一个更加合理的参考标准,未来我国修订《产品质量法》时应当明确产品缺陷的综合判断路径。其中,对于人工智能产品而言,比较重要的因素包括如下四项。(1)产品的说明。相较于通过设计改善产品的安全性能,生产者通过产品说明等警示义务的履行来增加产品安全是一种更加简单、有效以及低成本的方式。〔2〕人工智能产品需要重点说明如下事项,以帮助使用人合理使用产品:一是人工智能产品与传统产品的差异;二是功能局限、潜在风险,如人形机器人和人工智能辅助诊断软件的运行范围、运行风险等,使用人是否对人工智能产品负有监督、接管义务等,以便确定人们对于产品安全的合理期待范围。(2)其他产品的影响。人工智能产品具有模块化、网联化的特征,常常需要与其他产品互联使用。欧盟《一般产品安全条例》规定,连接到其他物品的物品或影响其他物品工作方式的非嵌入物品可能会对产品的安全构成风险。这应作为潜在风险予以适当考虑。物品与外部物品可能具有的联系和相互关系不应危及其安全。〔3〕对于人工智能产品来说,需要特别考量其与其他产品互联使用产生的数据、网络等安全风险。(3)自主学习能力。人工智能产品具有自主学习的能力,在投入市场后性能会发生一定的变化,对其产品缺陷的说明需要将可预见的自主学习产生的安全风险考虑在内。(4)升级更新。人工智能产品离不开生产者持续提供软件和服务,这就涉及产品的升级更新问题。对于人工智能产品来说,如果生产者未能提供持续的升级更新服务,那么由此导致的网络安全、数据

〔1〕 张韬略、钱榕:《迈入无人驾驶时代的德国道路交通法——德国〈自动驾驶法〉的探索与启示》,载《德国研究》2022 年第 1 期。

〔2〕 参见[美]戴维·G. 欧文:《产品责任法》,董春华译,中国政法大学出版社 2012 年版,第 186 页。

〔3〕 参见欧盟《一般产品安全条例》序言(24)。

泄露等问题，应当认定为产品存在缺陷。当然，提供产品的更新升级本身不应得出该产品先前的版本存在缺陷的结论。〔1〕

第三，产品缺陷认定的程序规则。举证责任倒置对于生产者一方施加了过重的责任，不利于人工智能产业的发展，未来宜从两个方面提高受害人举证的能力。其一，证据开示。受害人举证能力不足的一个重要原因在于信息不对称，人工智能产品具有专业、复杂、不透明的特点，运行数据往往只由生产者一方掌握，故有必要引入证据开示制度。如果受害人提出的事实和证据足以证明其赔偿请求的合理性，那么生产者应当开示其所掌握的相关证据。对于自动驾驶汽车致损的案件，受害人如果举证其开启了自动驾驶模式、对软件做了及时更新等基本事实，那么其可以请求法院责令生产者开示事故数据，以作出产品存在缺陷的认定。〔2〕当然，生产者的证据开示义务必须合乎比例，需要考虑第三方的合法权益，如商业秘密、隐私与个人信息权益等。〔3〕其二，推定规则。对于满足特定条件的情形，法院可以直接推定人工智能产品存在缺陷。对此，我国立法可以参考欧盟新《产品责任指令》第9条以及我国《民法典》第1222条关于医疗机构过错推定的规则，明确如下推定情形：一是生产者掌握了人工智能产品事故发生的相关证据，但拒绝开示证据。此时，法院有理由推定产品存在缺陷。二是人工智能产品不符合法律法规规定的强制性安全要求。未来，我国“人工智能法”会对人工智能产品安全作出诸多规定，包括伦理审查、定期检查和监测、记录日志信息、数据质量、标识义务等，如果受害人能够证明人工智能产品违反了这些强制性的安全要求，那么法院可以推定产品存在缺陷。三是通常情形下损害是由人工智能产品的明显故障造成的。这是侵权法中“事物自道其缘”法理以及“故障原理”的具体适用，即如果事故的具体情形已经非常明显地表明产品存在缺陷，那么法院可以免除受害人的举证责任。〔4〕

〔1〕 参见欧盟新《产品责任指令》序言(25)。

〔2〕 参见郑志峰:《自动驾驶汽车的私法挑战与应对研究》，中国法制出版社2022年版，第308页。

〔3〕 参见欧盟新《产品责任指令》第9条。

〔4〕 参见冯珏:《自动驾驶汽车致损的民事侵权责任》，载《中国法学》2018年第6期。

(二)人工智能因果关系认定的更新

1. 因果关系的认定难题

对于产品责任的证明,除产品缺陷外,受害人还需要证明因果关系要件。

第一,人工智能产品的自主性与自我学习能力。人工智能产品具有高度自主性,能够独立于人类的干预自主决策甚至自主行动,直接导致损害的发生。与此同时,人工智能产品具有自我学习能力,能够在投入流通后通过自主学习,改变最初的行为设定。特别是以 ChatGPT 为代表的生成式人工智能,通过海量数据"投喂"后,大模型会在某个临界值出现"涌现"现象,模型处理复杂问题的能力和精确度突然大幅提升。[1]但这使损害发生的原因更加复杂,难以判断究竟是人工智能产品缺陷造成了损害,还是人工智能产品的自主行为造成了损害,加剧了因果关系认定的难度。有观点指出,由于自动驾驶汽车等智能机器人具备自主学习能力和适应能力,其"后天的"学习和经历可能成为此类系统造成他人损害的一个替代原因,足以使事实上的侵权行为者免于承担责任。[2]

第二,人工智能产品的专业性、复杂性与不透明性。人工智能产品在投入使用后,通过与环境进行交互而变得越来越复杂,以致线性因果让位于复杂的非线性相互作用。[3]与此同时,人工智能技术存在不透明性,人们很难了解人工智能产品究竟是如何作出决策和执行决策的,这会产生无法"再现"的风险。[4]这种不透明性并非生产者有意为之,而是天然地内嵌于人工智能技术之中。这种不透明性使得因果关系的证明对普通用户来说可能更为困难。[5]

第三,人工智能产品应用的多样性。人工智能的应用场景非常丰富,既可能应用于辅助型场景,也可能应用于替代型场景。不同人工智能产品的人机交

---

〔1〕 参见张凌寒:《生成式人工智能的法律定位与分层治理》,载《现代法学》2023 年第 4 期。

〔2〕 参见司晓、曹建峰:《论人工智能的民事责任:以自动驾驶汽车和智能机器人为切入点》,载《法律科学(西北政法大学学报)》2017 年第 5 期。

〔3〕 参见[美]瑞恩·卡洛、迈克尔·弗鲁姆金、[加]伊恩·克尔编:《人工智能与法律的对话》,陈吉栋、董惠敏、杭颖颖译,上海人民出版社 2018 年版,第 69 页。

〔4〕 参见[日]福田雅树、林秀弥、成原慧编著:《AI 联结的社会:人工智能网络化时代的伦理与法律》,宋爱译,社会科学文献出版社 2020 年版,第 50 页。

〔5〕 See Tiago Sergio Cabral, *Liability and Artificial Intelligence in the EU: Assessing the Adequacy of the Current Product Liability Directive*, Maastricht J. Eur. & Comp. L., Vol.27, p.625(2020).

互情况不同，损害发生的原因也不一样。例如，自动驾驶汽车属于典型的替代型人工智能，车辆存在产品缺陷通常会直接导致事故的发生。对此，通过适用相当因果关系理论，不难认定产品缺陷与损害之间存在因果关系。与此不同的是，许多人工智能产品仅被用于辅助决策，如人工智能辅助诊断软件，机器判断无法直接作用于患者，仅是为医务人员提供参考，产品缺陷必须借助医务人员的行为才能转化为现实的损害。这种人机之间错综复杂的关系加剧了因果关系的证明难度，尤其是当人工智能和人类监督交织在一起时。[1]

2. 因果关系的认定更新

面对人工智能产品提出的挑战，因果关系的认定可以采取如下规则。

第一，事实因果关系的认定更新。在事实因果关系的认定上，需要区分替代型人工智能与辅助型人工智能。对于替代型人工智能，由于人工智能取代人类直接决策和行动，使用人处于环外，适用一般的“若非”测试即可。而对于辅助型人工智能，考虑到产品缺陷与损害之间介入了使用人的行为，无法通过“若非”测试来进行判断。此时，可以考虑引入“充分条件之必要因素说”，即如果一个事件能够成为某结果的原因，那么只需它是能够造成该结果的一个充分条件组中的必要要素即可。[2]换言之，所有先行条件整体构成结果发生之充分条件。任何单一因果关系之陈述，均仅构成结果发生之充分条件的所有先行条件之一部分而已。为使构成充分条件之所有先行条件与结果具有不变的关联性，该先行条件必须限于对整体条件之充分性具有必要性之条件。[3]据此，我们需要考察辅助型人工智能对于使用人的最终决策所发挥的作用，以此找出产品缺陷何时构成原因，何时仅构成一个条件。如果有缺陷的辅助型人工智能产品输出的信息被使用人完全采信或者部分采信，进而引发损害，那么应当认定产品缺陷与损害之间存在事实因果关系。此时，辅助型人工智能对于使用人的最终判断发挥了实质作用，并且成为最终判断的组成部分，构成导致损害充分条件

〔1〕 See Frank Griffin, *Artificial Intelligence and Liability in Health Care*, Health Matrix, Vol.31, p.101 (2021).

〔2〕 参见冯珏：《英美侵权法中的因果关系》，中国社会科学出版社 2009 年版，第 234~235 页。

〔3〕 参见陈聪富：《因果关系与损害赔偿》，北京大学出版社 2006 年版，第 70 页。

组中的必要要素。反之，如果使用人的最终决策与辅助型人工智能完全无关，那么辅助型人工智能就不属于充分条件组中的必要要素，产品缺陷与损害之间的事实因果关系就不成立。

第二，法律因果关系的认定更新。对于法律因果关系的认定，依然可以采取相当因果关系理论，但需要处理介入因素的问题。首先，对于人工智能的自主行为，立法不应当认为其构成替代原因。一方面，当前人工智能尚不具备法律主体的身份，也不具有真正的自由意志，人工智能的自主行为仍然被视为产品性能的具体展示，而非区别人工智能产品之外的独立因素。〔1〕另一方面，从介入因素本身来看，即使人工智能获得法律主体地位，其行为也在被告可预见的范围内，所谓的不可预测性是一种有意而为之的结果，因而未必能构成替代原因并中断因果关系。〔2〕其次，使用人的行为。即对于人工智能产品，使用人的行为能否构成替代原因关系重大。根据侵权法理论，第三人行为是否构成替代原因可以通过可预见性规则来进行判断。介入因素要成为能够免除行为人责任的替代原因，其必须是不可预见的。〔3〕如果使用人的行为超出了生产者的可预见范围，如使用人明知人工智能辅助诊断软件的判断是错误的但仍然采用、明知自动驾驶功能没有更新但仍然开启，那么法院可以将使用人的行为认定为一种替代原因，产品缺陷与损害之间的因果关系得以中断。反之，如果使用人的行为在生产者的可预见范围内，如开启自动驾驶模式后使用人打盹没有接管或者误操作接管等，那么生产者理当能够预见到这种风险，原则上不中断产品缺陷与损害之间的因果关系。对此，我国《关于开展智能网联汽车准入和上路通行试点工作的通知》就指出，对于需要安全员执行接管的自动驾驶汽车，当安全员未能及时响应介入请求时，自动驾驶系统应当执行最小风险策略以达到最小风险状态。

第三，因果关系认定的缓和。考虑到人工智能产品的特殊性，受害人在证明因果关系方面可能处于不利的地位。如果实行因果关系举证责任倒置会加重

〔1〕 参见刘洪华：《论人工智能的法律地位》，载《政治与法律》2019 年第 1 期。

〔2〕 参见徐伟：《生成式人工智能侵权中因果关系认定的迷思与出路》，载《数字法治》2023 年第 3 期。

〔3〕 参见［美］戴维·G. 欧文：《产品责任法》，董春华译，中国政法大学出版社 2012 年版，第 263 页。

生产者的负担，可以参考欧盟新《产品责任指令》第 9 条的做法，通过特定情形下因果关系推定规则来化解受害人的举证难题。具言之，如果受害人能够证明损害属于典型的与人工智能产品缺陷相符的损害，那么可以推定产品缺陷与损害之间存在因果关系。例如，发生于美国的一个案件中，原告起诉称因汽车缺陷导致了车库起火。法院认为，原告一家出示了足够多的证据，使陪审团相信汽车得到了定期保养和维护，以往该车不存在被滥用或非正常使用的情形，最重要的是，驾驶员在起火时没有错误操作。同时，车库中放置的汽油罐和汽油设备等物品缺乏点火的火源，因此不可能成为引发大火的独立原因。基于此，法院推定是车辆的布线系统缺陷引发了火灾。〔1〕同样，对于人工智能产品引发的事故，如果受害人证明自己尽到维护保养、软件升级、规范使用等义务，基本排除了其他可能致害的原因，那么法院可以推定损害是因为产品缺陷造成的。此时，由生产者一方来举证证明产品缺陷与损害之间不存在因果关系。

三、人工智能产品责任免责事由的设置

产品责任并非绝对责任，主体存在被免责的可能。对于人工智能产品责任而言，需要法律合理配置免责事由。

（一）后期缺陷抗辩的适用

根据我国《产品质量法》第 41 条的规定，如果产品投入流通时不存在缺陷，即产品缺陷是在使用过程中产生的，那么生产者可以主张免责。这就是所谓的后期缺陷抗辩（later defect defense），即造成损害的产品缺陷的形成并非生产者的原因。〔2〕

对于传统产品来说，产品一旦投入流通，生产者就脱离了对产品的控制，无法对产品进行修改维护、更新升级。因此，产品缺陷必须是在生产者投入流通之前产生的，才能将其归因于生产者。反之，如果产品缺陷产生于投入流通之

---

〔1〕 参见［美］小詹姆斯·A. 亨德森、理查德·N. 皮尔森、道格拉斯·A. 凯萨等：《美国侵权法：实体与程序》（第 7 版），王竹、丁海俊、董春华等译，北京大学出版社 2014 年版，第 461 页。

〔2〕 See K. Alhelt, *The Applicability of the EU Product Liability Directive to Software*, Comp. & Int'l L.J. S. Afr., Vol.34, p.198（2001）.

后，考虑到生产者对于产品已经失去了控制，故立法不应当要求生产者承担责任。然而，人工智能产品是典型的软件驱动型产品，需要持续地升级更新，产品的性能并不是在投入流通时就一成不变的，而是由生产者随后持续提供的升级更新服务所决定的。生产者提供的升级更新服务可能会增强人工智能产品的安全性能，确保产品持续安全可用，但也可能会带来新的缺陷。与此同时，人工智能产品还具有自主学习能力，能够从周围的环境中学习新的技能。如果人工智能学习了一种导致损害的行为，那么既可能是因为产品在投入流通时就存在“缺陷”，也可能是因为产品在投入流通后没有受到良好的“教育”。〔1〕然而，无论是什么原因，生产者对于人工智能产品的自主学习能力是可预见的，自然需要生产者采取措施来予以控制。如此一来，后期缺陷抗辩所依赖的控制力理论不再有效，因为即使人工智能产品投入流通之后，产品仍然处于生产者的控制之下，产品缺陷的产生自然也可以归因于生产者。

面对人工智能产品的这些特征，欧盟新《产品责任指令》明确指出，如果产品经过实质性修改，然后投放市场或投入使用，则视其为新产品。如果实质性修改是通过软件更新升级进行的，或者是由于人工智能系统的不断学习而进行的，那么实质性修改后的产品应当在实质性修改的时点被视为重新投入流通。据此，生产者需要对在投放流通后因其控制范围内的软件或相关服务（无论是升级、更新还是机器学习算法）而产生的缺陷负责。〔2〕欧盟《一般产品安全条例》也指出，通过物理或数字方式对产品进行修改，可能会对产品的性质和特性产生影响，而这种影响在产品的初始风险评估中是没有被预见到的，并可能危及产品的安全性。因此，这种修改应被视为实质性修改。为确保符合本法规规定的一般安全要求，进行重大修改的人应被视为制造商，并承担相同的义务。〔3〕

〔1〕 See Tiago Sergio Cabral, *Liability and Artificial Intelligence in the EU*; *Assessing the Adequacy of the Current Product Liability Directive*, Maastricht J. Eur. & Co. Mp. L., Vol.27, p. 625（2020）.

〔2〕 参见欧盟新《产品责任指令》序言（29）。

〔3〕 参见欧盟《一般产品安全条例》序言（35）。

笔者认为，人工智能产品具有持续升级更新的特点，在对投入流通时间点的判断上应当尊重这种特点。如果人工智能产品在初次投入流通后，生产者通过软件升级更新，或者人工智能通过自我学习更新，导致产品性能与之前存在实质性修改的，那么应当重新起算产品投入流通的时间点。如果实质性修改是由原生产者实施的，或者是在其控制下进行的，并且这种修改使产品存在缺陷，那么生产者不得主张后期缺陷抗辩。如果实质性修改是由第三方实施的，超出了原生产者的控制范围，由此导致产品存在缺陷的，那么应当由第三方作为新生产者承担责任，原生产者可以主张后期缺陷抗辩。对实质性变更的判断，我国立法可以参考欧盟新《产品责任指令》与欧盟《人工智能法》的规定，其规定主要包括如下两种情形：一是修改改变了产品的原有性能、用途或者类型，而生产者在最初的风险评估中并未预计到这一点；二是修改改变了危险的性质，产生了新的危险或者增加了危险的程度。〔1〕

（二）发展风险抗辩的限制

所谓的发展风险抗辩，是指如果依据产品投入流通时的科学技术水平不能发现产品缺陷，那么即使其后由于科学技术的进一步发展而认识到产品存在缺陷，生产者也不对该已投入流通的产品致人损害承担产品责任。〔2〕对于发展风险抗辩，各国家和地区的立法态度不同。欧盟《产品责任指令》肯定了发展风险抗辩适用的正当性，但允许成员国就该条款作出保留。在美国，发展风险抗辩指的是工艺水平（state of the art）抗辩，在美国《第三次侵权责任法重述：产品责任》中存在适用的空间。〔3〕与此同时，我国《产品质量法》第47条亦明确了发展风险抗辩的适用规则。

随着人工智能产品的到来，生产者能否主张发展风险抗辩不无疑问。有学者认为，人工智能自投入流通后便一直处于发展之中，因而如果将发展风险抗辩适用于人工智能侵权责任事故中，那么生产者一方存在逃避责任的可能

〔1〕 参见欧盟新《产品责任指令》第4条、欧盟《人工智能法》第3条。
〔2〕 参见张新宝：《侵权责任法》（第5版），中国人民大学出版社2020年版，第212页。
〔3〕 参见［美］戴维·G.欧文：《产品责任法》，董春华译，中国政法大学出版社2012年版，第230页。

性。[1]有观点则指出，发展风险抗辩既没有给予生产者必要的安全感，也没有为消费者提供必要的保护，原因在于它的适用过于不确定。即使如此，倘若彻底取消发展风险抗辩，将会导致人工智能领域研发投资的减少，进而严重阻碍创新。[2]

欧盟新《产品责任指令》规定，为了公平地分摊风险，如果生产者能够证明在产品投放市场、投入使用或在产品处于制造商控制范围期间，依据当时科学和技术知识的水平无法发现缺陷存在的，可以免除其责任，即承认发展风险抗辩的适用。与此同时，指令规定成员国可以限制发展风险抗辩的适用，但需要在生效后的24个月内将措施的文本通知欧盟委员会。并且，发展风险抗辩的克减必须限于特定类别的产品，应以公共利益为目标且合乎比例。[3]

发展风险抗辩对于人工智能产品都具有重要意义，是平衡受害人救济和产业创新发展的重要工具。[4]一方面，“一刀切”地禁止发展风险抗辩并不合适，可能会阻碍人工智能技术的创新与应用。另一方面，发展风险抗辩的适用也需要考虑到受害人的救济。为此，未来我国《产品质量法》修改时可以从以下三个方面予以规定：一是限制适用范围。发展风险抗辩一般仅适用于产品的设计缺陷与警示缺陷，并不适用于制造缺陷。[5]与此同时，应当区分不同风险的人工智能，严格限制发展风险抗辩在高风险人工智能产品上的适用，并且对于科学技术水平的认定采用全球行业最高标准。二是严格认定适用节点。人工智能产品存在持续更新升级的特点，在判断科学技术水平的时间点上应当与产品投入流通的认定同步，人工智能产品在投入流通后，其通过升级更新或者自主学习等方式进行实质性修改的，要重新确定科学技术水平的判断时间点。三是完善

---

〔1〕 参见王轶晗、乔欣悦、钟芷馨：《人工智能侵权责任法律问题研究——以医疗人工智能及自动驾驶汽车为例》，西南财经大学出版社2021年版，第57页。

〔2〕 See Tiago Sergio Cabral, *Liability and Artificial Intelligence in the EU: Assessing the Adequacy of the Current Product Liability Directive*, Maastricht J. Eur. & Comp. L., Vol.27, p.623(2020).

〔3〕 参见欧盟新《产品责任指令》序言(44a)。

〔4〕 参见胡元聪：《人工智能产品发展风险抗辩制度的理论冲突与平衡协调》，载《中南大学学报(社会科学版)》2020年第6期。

〔5〕 参见周友军：《民法典编纂中产品责任制度的完善》，载《法学评论》2018年第2期。

配套机制。生产者必须履行跟踪观察义务，同时要购买保险，否则不能援引发展风险抗辩。

（三）开源抗辩的辨析

对于建立在开源软件上的人工智能产品，如果发生产品缺陷致人损害的情形，人工智能产品的生产者与开源软件的提供者能否主张抗辩不无疑问。对此，欧盟《人工智能法》序言（102）规定，包括模型在内的软件和数据在免费且开源许可下发布，允许公开共享，部署者可以自由访问、使用、修改和重新发布这些软件和数据或其修改版本，可以促进市场研究和创新，并为联盟经济提供了重要的增长机会。基于此，其第 2 条规定，本条例规定的义务不适用于根据免费且开源许可发布的人工智能系统，除非这些系统作为高风险人工智能系统或者属于本条例第 5 条和第 50 条的人工智能系统投放市场或提供服务。与此同时，欧盟新《产品责任指令》第 2 条也明确将"在商业活动的过程之外开发或提供的免费且开源的软件"排除在产品责任的适用范围之外。

我国软件知识产权侵权案件中出现过开源抗辩的争议，其核心焦点是：如果软件版权人在开发软件过程中存在某些不当行为，如使用了第三方的开源软件代码且违反软件许可协议规定的开源义务，那么被控侵权人可否借此提起"开源抗辩"？法官是否应拒绝对此类软件提供版权侵权救济？实践中，存在支持与反对两种做法。[1]然而，这种开源抗辩并非产品责任法语境下所讨论的开源抗辩，后者主要解决的是生产者以开源软件作为基础开发的人工智能产品存在缺陷造成损害，生产者与开源软件的提供者是否可以主张开源抗辩的问题。

开源软件对技术共享与创新的促进作用，可以追溯到 20 世纪的自由软件运动（free software movement），其伦理基础是社会鼓励公民自愿合作的精神。[2]严格来说，开源软件与免费软件是不同的概念，免费软件不一定是开源软件，开源软件也可以选择收费，只有免费的开源软件才能允许提供者享有开源抗辩。

---

〔1〕 参见张韬略：《我国创设软件版权侵权"开源抗辩"之质疑——兼评"未来案"和"亿邦案"》，载《环球法律评论》2024 年第 2 期。

〔2〕 See Jose J. Gonzalez de Alaiza Cardona, *Open Source, Free Software, and Contractual Issues*, Tex. Intell. Prop. L.J., Vol.15, p.171（2007）.

实践中，是否构成开源软件需要根据许可证的具体条款来判断。通常情况下，开源软件意味着需要开放源代码，不得限制任何人将该软件作为包含来自多个不同来源的软件的一部分进行出售或者赠与，也不得要求特许使用费或者其他费用。[1]考虑到开源软件允许任何人进行自由访问、使用、修改和分发，其可以促进人工智能技术的分享，减少创新成本，故应当允许提供者主张开源抗辩。至于利用开源软件生产人工智能产品的生产者，不应当允许其主张开源抗辩。因为生产者本身负有审查产品所需要的零部件、软件、服务的义务，所以其不能以第三人提供的零部件、软件、服务存在缺陷来主张免责。

对于提供者如何主张开源抗辩，我国两部人工智能法建议稿给出了不同的方案。一种是《人工智能示范法 2.0（专家建议稿）》第 71 条规定："以免费且开源的方式提供人工智能研发所需的部分代码模块，同时以清晰的方式公开说明其功能及安全风险的，不承担法律责任。免费且开源提供人工智能的个人、组织能够证明已经建立符合国家标准的人工智能合规治理体系，并采取相应安全治理措施的，可以减轻或免于承担法律责任。"这意味着提供者主张开源抗辩是有条件的，需要区分开源的是人工智能产品还是部分代码模块，同时需要满足特定的要求。另一种是《人工智能法（学者建议稿）》第 95 条直接规定免费开源的人工智能不适用于本法。同时，根据该法第 90 条第 1 款和第 2 款的规定，开源软件的提供者对于第三方衍生利用生产的人工智能产品一律不承担责任，即使其知道或者应当知道第三方衍生利用存在违法侵权行为。

笔者认为，无论开源的是整个人工智能产品，还是人工智能的部分代码模块，提供者都可以主张开源抗辩。首先，免费开源的人工智能产品或者部分代码模块本身不构成产品责任法中的产品，因为它们不属于用于销售或者投入流通的产品，自然不适用产品责任。从这个角度看，未来我国《产品质量法》在修改时无须创设独立的开源抗辩，只需更新产品未投入流通抗辩的适用规则即可。其次，实践中很难区分开源的是人工智能产品，还是人工智能所需要的部

---

〔1〕 See David McGowan, *Legal Implications of Open-Source Software*, U. Ill. L. Rev. , Vol.241, p.254 (2001).

分代码模块，因为人工智能产品具有模块化、软件化的特征，所以任何人工智能产品都可能以零部件的方式进行衍生利用开发形成新的人工智能产品。最后，对于已经开源的人工智能产品或者部分代码模块，任何人都可以自由访问、利用，提供者很难控制第三方的衍生利用行为。此时，立法要求提供者在开源时以清晰的方式公开说明其功能及安全风险或许是必要的，但要求其建立完备的合规体系并采取相应安全治理措施则可能过于困难，既不利于鼓励软件开源，最终也可能阻碍技术共享与创新。

（《法律科学（西北政法大学学报）》2024 年第 4 期）

无过错责任与人工智能发展
——基于法律经济分析的一个观点

戴 昕*

一、过失责任与人工智能致害

本文有关过错责任的讨论将聚焦于过失(negligence),因为从风险预防的角度来看,追究故意行为的致害责任,同样以比较特定预防行为的安全收益和预防成本为基本思路。换言之,围绕过失侵权责任展开的分析可以覆盖故意侵权。而本文所提倡的无过错责任相比于过失责任的最大优势,恰是其可避免要求司法机关为事后认定过失而在个案中分析成本收益,并由此为承担无过错责任的人工智能致害参与方留出自主、动态管理致害风险的空间。

(一)矫正正义还是有效率预防

根据矫正正义理论,赔偿责任源于行为人在特定互动中因过错致害相对方而应承担补偿的道义义务。〔1〕而根据有效率预防理论,责任规则旨在借助事后赔偿激励行为人在事前采取合理的预防措施,并在此基础上最小化预期事故成本与预防成本等(社会成本)的总和。〔2〕

在人工智能领域,除了少数相对简单的场景,我们通常很难将特定损害后果清晰地回溯到一个或数个主体各自的过错行为之上,并且也可以预见到各主

---

* 戴昕:北京大学法学院长聘副教授、博士生导师,北京大学武汉人工智能研究院研究人员。

〔1〕 See Ernest J. Weinrib, *Toward a Moral Theory of Negligence Law*, Law & Philosophy, Vol.2, p.37-38(1983).

〔2〕 See Hans-Bernd Schäfer & Claus Ott, *The Economic Analysis of Civil Law*, Edward Elgar, 2022, p. 149-150.

体将运用各类道德说辞相互推卸责任。因此，下文暂时把矫正正义理论搁置，集中在有效率预防的框架内讨论不同责任规则的效果。但有效率预防与矫正正义两种规范思路下的适用责任规则并不必然不同。

（二）人工智能致害语境中的合理注意

基于有效率预防理论，过失责任归责应追求通过要求行为人履行合理注意义务而实现社会总成本最小化。换言之，过失责任做不到，也不追求做到“绝对安全”，其追求的是事故预防投入的最优性价比。

就司法裁判而言，厘定“合理注意”依赖大量个案判断，而法官作出判断时，既会借助以往类似情形中积累的经验，也会借助其在特定案件中开展的事实和“反事实”（counter-factual）进行分析。开展这些分析基于的主要理论框架是所谓的“汉德公式”（The Hand Formula），即行为人被控没有采取的预防措施的成本（B）是否高过事前的预期事故成本（PL）——事故的全部损失乘以事故在没有预防措施情况下的发生概率。[1]正如格雷迪在其经典论文中揭示的，无论从理论还是实践的角度看，对汉德公式的更适当理解和运用应是边际意义上的：如果行为人可多投入一个单位的预防，并由此额外产生超出这一个单位规模的安全收益，但其却未采取这一单位预防，则行为人就应被认定为过失。[2]据此，原告论证被告过失的核心任务就是去识别、发现并证明存在这种有效率但被告却未采取的预防措施。

就人工智能致害而言，从有效率预防的角度出发认定合理注意义务是否被违反，存在较大困难。若运用边际意义上的汉德公式，我们会发现，由于人工智能技术进展、更新速度极快，原告借助“后见之明”（hindsight）几乎可以无穷无尽地提出各类被告“本可采取却未采取”的边际上有效率的预防措施。这意味着在人工智能致害这一新兴侵权领域，过失责任规则下很难出现较为从容的裁判经验积累过程，市场也难以借助对司法裁判的观察获得相对稳定的责任预期。反过来，这类案件中的侵权被告也一定会竭尽全力指出，包括原告在内

〔1〕 See United States *v*. Carroll Towing Co., 159 F.2d 169, 173 (2d Cir. 1947).

〔2〕 See Mark Grady, *A New Positive Economic Theory of Negligence*, Yale Law Journal, Vol.92, p.799 (1983).

的其他许多主体本也可采取有效率的预防措施，并会争辩其他主体采取预防措施的边际成本更低，边际安全产出更高，由此试图以与有过失（contributory negligence）或相对过失（comparative negligence）为基础提出抗辩，主张免除或至少减轻自身的责任。[1]此时，过失责任便成为业内各方争相卸责的界权基础。这两类情形对于政策制定者和公众而言都不可欲。

如前所述，之所以可能出现如此情形，按通常理解最主要原因有二：第一，人工智能致害发生在多主体参与的侵权网络之中。人工智能的设计、研发、产品制造和服务提供，无法由单一行为人完成，而每一方参与者都可能被指认忽略了某种"边际上有效率"的预防措施。第二，人工智能致害的原理和机制透明性有其局限，[2]在一定程度上无法被解释或理解。[3]透明性或可理解性的缺失本身不意味着更高的风险，[4]但其必定使事故发生后的归责难度更大。两项因素叠加在一起，使得致害网络中的多方参与主体的各自行动以何种机制贡献于侵害事故的发生，在个案中难以判断。而这不仅意味着事后认定法律意义上的过失本身困难，还意味着事前各方行为主体也很难理性地分别规划；甚至，因为预见一旦发生损害、出现纠纷，行为主体与司法裁判者之间将存在严重的信息不对称，许多主体都可能有较强的动机采取机会主义行为。[5]

由此可知，即使基于有效率预防而非矫正正义的规范框架建构过失责任，在人工智能致害语境中，确定合理注意仍非易事。更重要的是，从激励的角度

---

〔1〕 See Mark A. Lemley & Bryan Casey, *Remedies for Robots*, The University of Chicago Law Review Vol.86, p.1311-1353（2019）.

〔2〕 不但在技术层面无法理解，而且企业有动力借助商业秘密和知识产权来强化保密。

〔3〕 参见沈伟伟：《人形机器人事故责任制度的困境及应对》，载《东方法学》2024 年第 3 期。

〔4〕 甚至恰恰因为人工智能的工作原理不完全可预见，其才有可能超出人类能力，在统计意义上变得更加安全。See Andrew D. Selbst, *Negligence and AI's Human Users*, Boston University Law Review, Vol.100, p.1315, 1362-1363（2020）.

〔5〕 需要注意，上述困难除了影响认定过失，其对侵权责任构成所要求的因果关系认定同样会有影响。限于篇幅和侧重，本文不把因果关系规则相关问题纳入讨论。不过，对法律上因果关系的认定，实质上是借助"可预见性"（foreseeability）概念所作的有关责任承担范围的主观政策判断。[相关案例参见 Palsgraf *v.* Long Island Railway Co., 248 N.Y. 399（1928）]。因此，本文主张，适用无过错责任之后，可由决策者事先根据最小成本预防者原则设定基于连带或按份承担无过错责任的主体范围，如此即可同时解决因果关系规则的设计问题。

来看，过失责任提供合理注意激励的重要基础是司法裁判者对合理注意义务的把握相对可靠。如果判断合理注意义务所需要的信息能力超出司法裁判者通常掌握的程度，导致法律标准不确定性过高，那么过失责任提供的预防激励也很难是最优的。[1]

（三）过失推定

适用过失推定归责认定人工智能侵权责任的方案考虑了前述有关合理注意认定方面的困难。过失推定的逻辑是，尽管原告很难提出直接证据，但事故的发生大概率是行为人过失导致的，因此只要被告无法自证已尽到合理注意，就将被推定存在过失。

直观来看，过失推定似乎可缓解简单过失责任导致的争议增加、成本过高的问题。但需要注意，推定过失不等于认定过失，任何被推定为有过失的被告仍有机会提出，损害事故的发生是其自身控制之外的其他因素，特别是包括受害人在内的其他主体行为所导致的。无论这种抗辩最终是否成功，抗辩机会的存在就意味着被告有动力投入资源，争取损失分配过程中的更有利待遇。这样一来，推定的实际意义比预想的要更有限。无论法律是追求避免合理注意标准的厘定困难而导致过高司法成本，还是为受害人提供更多救济，采取过失推定都不如直接适用无过错责任。

（四）产品责任

产品责任之下，造成事故伤害的人工智能产品的设计者、生产者和销售者，应对有缺陷的产品导致的伤害向受害者承担侵权赔偿责任，而受害者则需要为此证明产品存在设计或制造缺陷。

需要指出，目前形态的产品责任在人工智能致害领域的适用范围是有限的，因为人工智能致害不必然涉及“产品”：提供基于人工智能系统的服务或运用人工智能系统辅助决策导致的伤害，都无法适用产品责任。[2]除此之外，虽然

---

〔1〕 See Richard Craswell & John E. Calfee, *Deterrence and Uncertain Legal Standards*, Journal of Law, Economics and Organization, Vol.2, p.279, 280(1986).

〔2〕 See Gabriel Weil, *Tort Law as a Tool for Mitigating Catastrophic Risk from Artificial Intelligence*, SSRN(Jan.28, 2024), https://ssrn.com/abstract=4694006.

传统的侵权法论说往往将产品责任描述为无过错责任（受害人不需要证明应承担产品责任的生产者或销售者有具体行为层面的过失），但产品责任认定的关键是证明“缺陷”，而缺陷概念本身已包含了与合理注意相关的分析：缺陷通常意味着产品安全性没有达到消费者的合理预期，或者产品的安全风险超出了承受这一风险旨在实现的效用。换言之，缺陷的认定，仍然是与合理注意或有效率预防相关的分析过程。在这个意义上，产品责任事实上仍是一种以过失为基础的责任（de facto negligence liability）。〔1〕

也正因如此，产品责任无法真正化解过失责任在人工智能侵权领域的归责难题及相应制度成本问题。〔2〕产品责任相对于一般过失责任的主要优势体现为，其相对限缩了责任承担主体的范围，尤其是将人工智能产品使用者从责任承担主体的范围暂时排除出去。但即便如此，当特定的产品责任制度包含不当使用（misuse）抗辩时，有关使用者合理注意的判断仍会被带回到相应场景之中。

二、无过错责任与过失责任：差别何在

过失责任在人工智能侵权问题上面临的理论与实践困难，在无过错责任规则之下相对更容易解决。当然，这还不足以证成无过错责任。最具有实际意义的关切是：无过错责任会不会让人工智能创新者背负过重的枷锁？相关行为主体会不会因担忧责任而过度预防？

（一）责任规则的经济分析：注意水平

责任规则的经济意义在于激励行为人采取效率最优的注意措施。根据经典模型，所谓“最优注意”，应能最小化相关活动对应的预期事故成本和预防

〔1〕 See Gabriel Weil, *Tort Law as a Tool for Mitigating Catastrophic Risk from Artificial Intelligence*, SSRN（Jan.28, 2024）, https://ssrn.com/abstract=46940061; Herbert Zech, *Liability for AI: Public Policy Considerations*, ERA Forum, Vol.24, p.147（2021）; Karni A. Chagal–Feferkorn, *Am I an Algorithm or a Product? When Products Liability Should Apply to Algorithmic Decision-Makers*, Stanford Law & Policy Review, Vol.30, p.61（2019）.

〔2〕 See David C. Vladeck, *Machines Without Principals: Liability Rules and Artificial Intelligence*, Washington Law Review, Vol.89, p.117, 145–147（2014）.

成本之和，也即其“社会成本”。[1]在理论上，有效率的过失责任规则所包含的“合理”注意要求，即等同于前述最优注意水平。根据过失责任规则，行为人只要采取了合理注意，便不再会被认定为“过失”，即便此时其行为并未完全无害化，仍会导致受害人损失，也不需要承担侵权赔偿责任。而在有效率的过失责任之下，理性行为人有激励选择采取既不“过低”也不“过度”的最优注意水平：若注意水平低于最优，则行为人虽付出较低预防成本，但却需要承担全部事故成本，二者总和必定高于其采取最优注意水平时仅需付出的预防成本；若注意水平高于最优，此时行为人仍不需要承担事故成本，但却会导致自己负担起至少在法律上本没有义务负担的额外预防成本；只有选择最优注意水平，行为人才能最小化其作为理性行动者所关注的私人成本——而此时其选择又同时能最小化社会成本。

与过失责任相比，无过错责任如何影响行为人的注意水平？鉴于无过错责任下受害人对行为人更容易发动并实现追责，行为人似乎有理由更为谨慎，选择比过失责任下水平更高的注意。但基于前述法律经济分析的思路，理性行为人开展特定活动时会选择采取的注意水平应是一样的。[2]这是因为，无论在过失责任还是无过错责任之下，行为人都追求最小化私人成本；即使行为人面临无过错责任，即其无论是否以及采取何种注意措施，都需要承担与事故有关的全部社会成本（剩余事故成本加预防成本），理性的行为人此时仍会选择能使其私人成本最低的注意水平，即与过失责任之下相同的、社会总成本最低的注意水平。换言之，虽然无过错责任意味着行为人没有过失也要为其行为的致害后果承担赔偿责任，但这不意味着行为人因此就会为最小化赔偿责任而过度甚至无限投入预防。

（二）责任规则的经济分析：行为水平

那这两种责任规则的差别何在？直观的差别是，二者各自对应不同的分配

---

〔1〕 See Steven Shavell, *Foundations of Economic Analysis of Law*, Belknap Press of Harvard University Press, 2004, p. 178, 182.

〔2〕 See Steven Shavell, *Foundations of Economic Analysis of Law*, Belknap Press of Harvard University Press, 2004, p. 179-181.

后果：当合理注意已被采用，行为人不存在法律意义上的过失时，行为人的行为并不会"无害化"，对于此时仍会发生的事故伤害（可简称剩余事故），过失责任将其对应成本分配给受害人，而无过错责任则要求行为人为此买单。

不同的分配后果自然会生出与公平有关的讨论。但在公平之外，剩余损失的分配其实还有重要的效率意涵，而这涉及侵权法经济分析有关行为水平问题的经典讨论。[1]根据沙维尔等的分析，责任规则为行为人制造的激励不仅体现在其注意水平上，也会影响其有关在何等水平或规模上开展具有致害风险行为的决策。在给定注意水平不变的情况下，行为人就行为水平所作的选择，本身就会影响行为的社会成本。例如，一位素来谨慎的司机，每周出车一天和每周出车五天，即使两种情况下注意水平一致，但因为行为水平差异，会对应不同的事故成本（见表1）。

表1　预防水平不变时选择最优行为水平

行为水平	行为人效用总量	总预防成本	总预期剩余事故成本	社会福利
0	0	0	0	0
1	40	3	10	27
2	60	6	20	34
3	69	9	30	30
4	71	12	40	19
5	70	15	50	5

资料来源：Steven Shavell, *Foundations of Economic Analysis of Law*, Belknap Press of Harvard University Press, 2004, p. 195。

然而，行为水平越高，剩余事故成本越高，显然不意味着行为水平应该越低越好。引入行为水平的意义，是向侵权法经济分析中引入更完整的成本收益分析：在通常情况下，侵权法处理的"致害行为"本身有其积极价值，而损害后果及风险则是价值生产活动的副产品。因此，行为水平的高低不仅对应着预期

〔1〕 See Steven Shavell, *Strict Liability versus Negligence*, Journal of Legal Studies, Vol.9, p.1, 2 (1980).

事故成本的高低，也对应着行为价值生产规模的高低。在给定合理注意的前提下，最优的行为水平显然不是预期事故成本最低时的水平（0），而是行为产生价值的净值最高的水平。如前所述，理想条件下，过失责任和无过错责任都能够激励行为人采取最优的注意水平。但在过失责任之下，行为人不需要负担剩余事故成本，后者由被害人承担，因此行为人会有动力将其行为水平提升至超出社会最优水平——这是没有效率的，意味着外部性未能内在化。而无过错责任之下，行为人在采取合理注意后，仍需经由赔偿责任的中介全部内在化剩余事故成本，这意味着行为人会选择减除预期事故成本后净价值产出最大的行为水平——后者与社会福利最优时的行为水平是一致的。例如，在表 1 示例中，如果行为人预期其将负担全部剩余事故成本，那么从私人福利最大的角度出发，他也会选择 2 个单位的行为水平，即社会福利最优的行为水平。因此，正是在要求行为人对其风险行为作完整的成本收益分析，以保证行为水平最优、不过度的意义上，〔1〕我们能够比较清晰地看到无过错责任相对于过失责任的效率优势。

（三）剩余事故风险与保险

除是否导致行为水平过度这一层考虑之外，过失责任和无过错责任在激励相同注意水平的前提下，对剩余事故成本作不同分配还会引起另一重与保险有关的效率考量。保险以承认风险无法全然消除这一客观事实为前提，基于大数定理和边际效用递减的规律，寻求在人群中更有效地分散配置风险，从而在总体上降低风险和伤害对应的主观效用损失。〔2〕

保险当然有其成本。除市场基础设施的投入外，投保者需要为获得保险、将不确定的风险转化为确定的损失付费。但在市场和社会的不同位置，保险的

〔1〕 See Hans-Bernd Schäfer & Claus Ott, *The Economic Analysis of Civil Law*, Edward Elgar, 2022, p. 209.

〔2〕 See Robert Cooter & Thomas Ulen, *Law and Economics* (6th ed.), Addison-Wesley, 2012, p.47. 此外，设计适当的保险本身当然也有激励预防的功能，如保费随风险规模动态调整，则行为人有动力为降低保费而考虑持续投入，提高系统安全性、降低剩余风险。See Gabriel Weil, *Tort Law as a Tool for Mitigating Catastrophic Risk from Artificial Intelligence*, SSRN (Jan.28, 2024), https://ssrn.com/abstract=4694006.

可及性（accessibility）通常会有较大差别，不同主体获得第一方或第三方保险的能力和成本也不相同。在过失责任下，相关行为的剩余事故成本由潜在受害人承担，因此受害人有保险需求，而行为人只需采取合理注意，就不再需要考虑为剩余事故风险投保。反过来，在无过错责任下，由于剩余事故风险仍由行为人承担，因此其通过合理注意最小化社会总成本后，仍会有动力寻求保险。鉴于此，针对特定致害行为，选择适用过失责任还是无过错责任，考虑因素之一是相应语境中哪方更能有效率地买到保险。

同时，结合前述有关行为水平的分析，由于过失责任下致害行为的行为水平较高，甚至可能超出有效率规模，因此受害人在过失责任下需要投保的预期风险规模也会更大，保险总成本会更高。而在无过错责任之下，虽然行为人直接支出保费，但若其可通过提高产品和服务价格将相关保险成本转移到作为用户的受害人一侧，基于交叉补贴原理，同样可能导致效率损失。特别是，如果用户 / 受害人群体内部存在较大个体风险偏好差异，相对更偏好风险的用户未必愿意支付服务提供者基于平均支付意愿定价的保费，由此可能退出市场。不过，至少在涉及消费者的人工智能致害场景，消费者总体上的风险偏好均质性可能较高，而设计者和制造者掌握与算法系统风险有关的优势信息，更有能力进行第一方保险，也有更强的谈判能力，因此基于无过错责任激励侵权行为人寻求保险通常更有效率。

三、人工智能致害的无过错责任

在现代侵权法中，无过错责任始终被视为基于过失问责的例外。最常被装在无过错责任口袋之中的是制造“危险性不同寻常”（abnormally dangerous）的行为。人工智能系统应用是否“危险性不同寻常”，不仅不能一概而论，而且人工智能的“危险性”与“寻常性”之间也未必对应。但为应对包含“黑箱”机制的人工智能侵权适用无过错责任，不仅值得，而且可能也别无选择。同时，对无过错责任可能导致的负面效果，特别是抑制创新，需要进行更确切的理解，也可通过设计配套制度应对。

（一）无过错责任下人工智能致害参与方的注意水平

如前所述，过失责任适用于人工智能侵权的主要困难在于致害机制难以解释，且潜在过失主体过多，可能导致极高的问责不确定性，也不利于受害人获得赔偿救济。在无过错责任下，司法裁判者不需要在伤害发生后反向推测各类致害参与方在事前本应采取何种合理注意措施。由于剩余风险此时配置给侵权人，后者会自行选择在风险预防方面做何种投入，而理性主体会有足够激励摸索对应最小社会成本的注意水平。这当然不意味着每个人工智能致害参与方在每个具体行为场景中，都能够精准找到并采取最优注意水平。但相比于指望裁判者事后判断，在人工智能致害语境中，由具有更强专业能力和更多及时调整应对机会的侵权人出于最小化自身成本（社会成本）的动机去探求接近最优注意水平，这种分散化的预防决策体制[1]无疑具有更强的可操作性，达成的实际预防效果也会更好。

当然，即使无过错责任可免除司法厘定合理注意水平的麻烦，但由潜在参与致害的多方行为人中的何者承担无过错责任，仍是无法绕开的难题。与过失责任下的多方侵权不同，采取无过错责任时，责任承担主体的选择和范围划定可完全从一般政策角度考量，无须受事后裁量视角困扰。换言之，如果以过失责任为基础，无论是按份责任还是连带责任，多方侵权人共同承担责任的前提仍是各方侵权人各自均可被认定或推定为过失；但若适用无过错责任，立法者可在事前圈定应就人工智能致害风险作出预防投入的主体，将其纳入责任承担范围。基于政策考量圈划责任范围，在侵权法上并非新鲜操作，例如，产品责任承担者的范围包括销售者、生产者、分销者，但不包括使用者，实质上就是一种政策性划分。

理论上，立法者在圈划责任主体范围时仍应遵循“最小成本预防者”原则。但即使其划定范畴超出了最小成本预防者，甚至包含事实上很难采取边际上有效率的措施预防事故发生的主体（如某些终端使用者），只要责任承担主体范围

---

〔1〕 See Hans-Bernd Schäfer & Claus Ott, *The Economic Analysis of Civil Law*, Edward Elgar, 2022, p. 217.

足够清晰，且主体之间交易成本可控，那么相关各方也可通过协商约定的方式在相互之间重新安排责任，而交易结果预计仍将是由最小成本预防者进行最有效率的预防投入。[1]考虑到企业组织在相关场景中的核心角色，在同一产业内的企业，通过交易重新分配责任的能力应是足够强的。甚至，即使将个体开发者、个体工程师纳入严格责任承担者的范围，理论上，在劳动力市场有竞争性的情况下，这些个体能够将此责任转移到作为其雇主的企业组织头上。当然，人工智能产业链构成较为复杂，其中头部企业与大量上下游中小企业之间存在市场地位不对等甚至权力失衡现象，这难免会令人担忧前者会通过协议机制（如责任补偿条款）将侵权责任全部转嫁给后者。但需要注意的是，这种转嫁在过错责任下同样无法避免，且本身也未必处于均衡：头部企业如过度转嫁风险，会导致中小企业退出市场，或被头部企业整合。这类问题应直接通过改善市场结构来应对。

另一个相关问题是，在人工智能致害的无过错责任下，受害人自身过错是否可作为人工智能致害参与方减轻或免除责任的抗辩？比较明确的是，受害人故意寻求伤害应作为免责抗辩，否则碰瓷行为将会频繁发生。但受害人过失（即在使用产品或接受服务时疏于合理注意）是否应产生行为人责任减免的效果，相对更费思量。在已知人工智能系统能力有局限、使用相关产品或接受服务有伤害风险的前提下，如果不要求受害人自身也采取合理的预防投入，不符合社会成本最小化的原则。但需要注意的是，人工智能系统致害的事故场景，大多更接近“单边致害”（unilateral harm）而非“双边致害”（bilateral harm），即影响事故损害规模的主要是加害人一方而非受害人一方的预防投入。甚至，在人工智能致害场景中，关于“单边致害”应从规范性而不仅是描述性的角度加以理解。基于人工智能系统的产品和服务，其价值本应是解放人的“注意”，如果人工智能系统的安全性在很大程度上取决于用户或其他人类受害者是否尽到合理注意，那么这种产品本身在人机界面设计维度上就值得怀疑。

如果人工智能侵权行为人面临的无过错责任不可能基于受害人过失而得

---

〔1〕 此即所谓权利配置的“科斯定理”。

以豁免，这也可避免侵权人抱有任何让受害人“背锅”的念想，[1]而将主要精力用于在静态意义上趋近最优预防水平，最小化由其自身承担的事故预防成本和剩余事故成本之和，并寻求以有效率的方式实施保险，以及在动态意义上寻求技术改进，降低人工智能系统致害的总体社会成本。

此外，对于参与人工智能产业价值链条的企业主体来说，无过错责任对于激励其更好地监督组织内部个体行为人的行为而言，会更为有效。在过失责任下，由于过错本身很难从外部识别，企业主体更好的策略其实可以是避免进行过于严格的自我检视，由此不但会让外部更难发现问题，而且损害发生后其也更容易辩解自身原本并无可采取合理注意的空间。而在无过错责任之下，由于企业将承担预期事故损失，因此只要内部监督措施本身具有风险预防价值，其便会有动力自行选用这些措施。

（二）无过错责任下人工智能致害参与方的行为水平

反对无过错责任的一个常见理由是，其可能抑制人工智能创新活动的行为水平。除专门为制造伤害而开发人工智能技术与产品的情景外，人工智能的技术研发、产品生产和服务提供活动，本身都旨在创造积极社会价值（包括企业利润也是积极价值），而风险是价值生产活动的副产品。如前所述，相比于过失责任，无过错责任下行为人的注意水平不必然更高甚至过度，但由于其将承担合理注意后的剩余事故成本，因此其行为水平将会比过失责任时更低。换言之，创造价值的技术研发、产品生产和服务提供活动的规模，确实会由于无过错责任的适用而相较过失责任适用之时更低。

如果特定人工智能系统的潜在风险确实如社会担忧的那样严重，那么通过严格责任在一定程度上避免相关致害活动短时间内迅速扩大规模，甚至失控，应是明智之举。但需要指出，无过错责任对应的“较低”行为水平，并不只是“审慎”或“保守”，实际上也符合效率。参照前文的理论分析可知，恰恰是考虑到人工智能活动的规模不仅与其创造的价值成正比，也与其制造的风险成正

---

〔1〕 人类很容易被拉去为机器致害垫背。See Madeleine Clare Elish, *Moral Crumple Zones: Cautionary Tales in Human-Robot Interaction*, Engaging Science, Technology, and Society, Vol.5, p.40, 50-52(2019).

比，因此最优的行为水平应是净收益最高时的行为水平，而非越高越好。在无过错责任下，侵权人完全内化外部性后的行为水平，其实恰恰是更有效率的行为水平（见表1）。

不仅如此，无过错责任下的行为水平，本身是由行为人自主选择、调控的，因此与注意水平一样，在动态意义上，行为人可以在改进技术、降低剩余事故损失的前提下，持续提高行为水平，从而扩大自身及社会的净收益。相比之下，若适用过失责任，由于剩余事故损失不由行为人承担，因此行为人在动态意义上提升相关技术和产品安全性的动力反倒更弱。

（三）有限理性和信息问题

法律经济分析贵在简明，借助特定理论假设（理性人、充分信息）将讨论聚焦于核心考察因素，但其结论也难免被质疑受假设本身影响过大、缺乏现实意义。无过错责任不会导致侵权人采取相比于过失责任时更高的注意水平，且会对应相对更低的行为水平这一推论，对理性假设——行为人在综合考量基础上追求总成本最小化、净收益最大化——的依赖尤为明显。现实中，人工智能产业参与者之所以担忧无过错责任，或者说法律和政策决策者之所以预期市场会反对无过错责任，恰恰是因为其认为相关社会主体没那么理性，看到“无过错责任”的说法，会出于恐慌，要么投入过度的预防，要么大幅度降低行为水平，甚至干脆“躺平”。

虽然通常来看，企业或企业家的决策模式与理性人更为接近，但前者的理性在事实上确实并非必然，他（它）们完全可能也会对制度及其主旨有误判，甚至盲目应对。但相对而言，比起个体行动者，企业主体对侵权责任规则会有更多的学习、试错和重复博弈机会。尤其是，如能配合对制度设置理念和目标的有效、权威解说，企业主体应更有可能相对准确地理解，法律选择适用无过错责任并非意在要求其通过努力提高注意水平或降低行为水平追求绝对安全，而是激励其：（1）通过合理注意最小化总成本；（2）通过合理行为水平最大化净收益；（3）对剩余事故风险进行有效保险。

但如果企业主体在决策时确会受制于无法克服的认知偏误，或者面临无法通过宣传、教育和学习弥补的信息不对称，由此不能理解“无过错责任”不等于强求“无限预防”，那么过度的行为回应确实可能出现——从业者因对责任过度恐慌而将其行为水平进一步降至有效率水平之下，即“躺平”。但这种“非理性”的行为假设同样未必“现实”。特别是，若企业主体真的都是惊弓之鸟，那我们不仅要担心其在无过错责任下会杯弓蛇影，也应预见其在过失责任下同样可能畏首畏尾。[1]这是因为，在过失责任之下，由于人工智能侵权适用的合理注意标准在事前和事后都有很大的不确定性，因此行为人在决策预防投入规模时，其认知境遇类似赌博，是相对激进还是追求稳妥本身取决于其风险偏好或认知。若假定投身人工智能的玩家都厌恶风险，或倾向于高估风险，那么面临过失责任下的不确定性，业内行为人同样可能过度求稳、自行克制行为水平。因此，即使在人工智能致害语境中接受不同于理性选择的行为假设，过失责任也未必会比无过错责任更有利于维护人工智能创新的活跃度。此时，基于制度成本方面的优势，我们仍有理由选用无过错责任。

(四)行为水平与责任限额

但假定人工智能致害参与方确实会有基于非理性的忧惧，特别是考虑保险未必随时可用，也往往不会全保，会将自身行为水平压得过低，那么对于有意“释放动能”“激活创新”的制度决策者而言，在适用无过错责任的前提下，其仍可通过搭配运用其他规则来提高相关主体的行为水平。

最容易想到的一类制度工具，无疑是责任限额规则(liability cap)。[2]尽管即使在没有责任限额的情况下，侵权赔偿责任的规模也常常小于受害人的实际损害，但责任限额规则可能以将责任限定在实际损害之下为明确目标。制定责任限额的通常考虑是，在相应侵权场景中，侵害行为的实际损害大小难以清晰厘定，而限额虽可能导致受害人救济不足，但其带来的确定性有助于在信息高度匮乏的情况下避免过度消耗司法成本，也可抑制受害人过度夸大实际损害等机会主义行为。在人工智能致害的场景中，责任限额的优势或许更加明显。人

[1] 抽象的可能性分析，参见 Hans-Bernd Schäfer & Claus Ott, *The Economic Analysis of Civil Law*, Edward Elgar, 2022, p. 217。

[2] 相关思路，参见 Hans-Bernd Schäfer & Claus Ott, *The Economic Analysis of Civil Law*, Edward Elgar, 2022, p.219。

工智能致害在流行话语中之所以更引人注目，其实也常与受害人对其损害的相对夸大有关：相同程度、性质、形式的伤害，如果是人工智能而不是自然人所致，人们时常在没有足够清楚理由的情况下，就认为并宣称这种伤害是更为严重的，即洛贝尔所谓的"人机双标"。〔1〕

在适用无过错责任的前提下，如果人工智能致害参与方的责任规模有法定上限，只要这种法定上限低于受害人实际损失，便足以起到提高行为水平的作用。表2中的示例，在表1示例的基础上增加"侵权人赔偿责任最高不超过25"这一条件。可以看到，在设定上述责任限额后，行为人选择的行为水平将从2个单位提高至3个单位。

表2　通过责任限额提高行为水平

行为水平	行为人效用总量	总预防成本	总预期剩余事故成本（无责任限额时的赔偿额）	有责任限额时的赔偿额	行为人收益	社会福利
0	0	0	0	0	0	0
1	40	3	10	10	27	27
2	60	6	20	20	34	34
3	69	9	30	25	35	30
4	71	12	40	25	34	19
5	70	15	50	25	30	5

资料来源：Steven Shavell, *Foundations of Economic Analysis of Law*, Belknap Press of Harvard University Press, 2004, p. 195。

不过，适用责任限额需要留意两点：第一，责任限额如相较于实际损害被定得过低，则其不但会导致过度行为，而且会破坏合理注意。具体而言，如果特定致害行为对行为人的边际效用不会在行为水平达到一定程度后逐渐下降，那么此时责任限额不宜适用，因为行为人有动力无限追求提高行为水平，而一旦特定行为水平对应的总预防成本超过责任限额，行为人就会放弃有效率的预

〔1〕 See Orly Lobel, *The Law of AI for Good*, Florida Law Review, Vol.75, p.1073, 1083–1084 (2023).

防。[1]第二，从表 2 示例即可看出，责任限额固然有助于提升行为水平，但其代价是使行为导致的部分损害外化于行为人的理性决策考量，由此社会总体的福利在静态上可能并非最优。此时，若决策者和立法者仍追求提高行为水平，则其理由可能是认定相关活动可产生行为人效用之外的正外部性，只是这种正外部性在当时难以观察、把握。甚至为追求在动态上实现效率，决策者可以选择牺牲静态效率、扶持相关行为人。在充满不确定性的人工智能领域，决策者未必能够精细计算，但需要基于自身对技术发展与社会变革大趋势的推断和把握作出决断。如果其认为支持人工智能发展有时不我待的紧迫性，每一步都不能落下，那么哪怕从特定时点上看，研发者、生产者和提供者的更高行为水平所创造的边际价值，似乎还不如责任限额导致社会负担的剩余事故损失，决策者也可以"狠下心来"，继续借助责任限额为创新活动"保驾护航"。即法律通过压缩责任空间强制外化损害成本，推动创新活跃与产业发展。[2]

此外，需要指出，责任限额的另一个好处是有利于责任保险市场的出现。而责任保险的成熟，不但有助于进一步提高行为水平，也可在事实上、平均意义上更好地实现受害人救济。

四、侵权责任与风险规制

本文旨在论证人工智能致害的民事侵权责任规则更宜采用无过错责任。但一个如今已有较多讨论的前置性问题是，就应对人工智能致害及其风险而言，民事侵权责任制度是否还会扮演重要角色？或者更确切地说，在新科技风险治理明显侧重依靠行为监管的大背景下，是否已无太大必要再投入较多精力讨论民事责任规则应选用过错责任还是无过错责任？

下面将就上述问题作简要讨论。总体而言，基于行政监管的风险规制肯定

---

〔1〕 例如，在表 2 示例中，假如相关行为的边际效用不会自第 3 个单位开始持续下降，而是会保持稳定甚至上升，那么自行为水平达到第 9 个单位（总预防成本大于 25）时开始，行为人就不会再采取预防措施，转而会选择支付固定的赔偿（25）。

〔2〕 See Anupam Chander, *How Law Made Silicon Valley*, Emory Law Journal, Vol.63, p.650 (2014). 参见胡凌：《非法兴起：理解中国互联网演进的一个视角》，载《文化纵横》2016 年第 5 期；胡凌：《互联网"非法兴起" 2.0——以数据财产权为例》，载《地方立法研究》2021 年第 3 期。

是人工智能致害的主要应对进路，但基于经济和社会心理两重理由，民事责任仍有其存在的必要。适当理解民事责任的制度功能、事前行为监管与事后赔偿责任两类行为激励制度之间的关系，仍需结合法律经济分析原理。而未来建立较为复杂且更为常态的监管体制后，决策者建构和适用民事责任都应以监管体制的存在为前提，避免制度叠加导致的行为水平抑制，并有意识地寻求公私法制度工具的搭配，形成层次更为丰富的激励组合。

（一）事后责任与事前监管

为什么存在致害风险的行为，除了在损失实际发生后引发赔偿责任，还会在损失发生前就面临准入、规范操作、报备、安全审查等各类监管要求？基于经济分析的视角，事后侵权赔偿责任的（即使不是唯一）制度功能，其实恰恰是为行为人创造事前采取合理注意的激励。换言之，赔偿固然是事后对具体受害人作出，但法律借助赔偿规则追求的后果，应体现在潜在致害人的事前行为之上。

根据这样的理论逻辑，如果事后责任制度运转完美，那么行为人自然会在事前有充足动力采取符合社会最优的注意或预防措施，[1]而事前以行政监管方式设定具体风险预防要求，对于确保行为人有效投入预防而言完全是冗余的。但对上述逻辑不能作表面化理解，并由此认为其毫无现实性而弃之不理。实际上，恰恰因为“责任制度运转完美”是现实中不成立的条件，我们才能够借助思想实验的方法，更好地理解监管制度的必要性和合理设计。

从效率角度切入，事后责任难以有效应对风险，需要同时借助事前监管补足的理由主要有两点：其一，在过失责任下，行为人即使有充足激励采取最优注意水平，但因为不需要承担剩余事故成本，所以行为水平可能过度，此时监管机关可以在事前直接干预、控制行为水平，如限制人们每周开车的天数。其二，无论在过失责任还是无过错责任下，由于行为人的预防水平是否符合最优需由司法机关事后判断，而鉴于司法机关面临信息局限，私人诉讼因成本等因素难以充分发起，行为人的赔偿责任预期很可能打折扣，从而不足以激励其在事前

---

〔1〕 甚至，如果是完美的过失责任规则，理论上事后都不会有任何诉讼发生。See Steven Shavell, *Liability for Harm Versus Regulation of Safety*, Journal of Legal Studies, Vol.13, p.357, 364（1984）.

采取充分的预防措施。此时，更为专业、信息更充分的监管机构在事前提出有关预防措施投入的监管要求，对于补充事后责任激励的不足而言，就具有明显的必要性。在人工智能致害场景中，即使如本文建议的那样采无过错责任，受害人若要追诉求偿，仍面临证明损害和因果关系以及与程序事项相关的各类成本，而司法机关就相关问题作出正确裁判也非理所当然。因此，对于有效应对人工智能致害风险而言，仅有民事责任肯定是不够的。

而今，几乎没人否认规制和监管在应对风险方面的必要性，对于新科技风险治理而言尤其如此。在个人信息保护、数据安全等论域内，时常要讨论的问题反而是，在建构了系统性的行政规制之后，缓慢、拖沓、个别、充满不确定性的民事责任，是否还有存在的必要？在数据保护和数据安全论域中，论证民事责任必要性的主要理由通常是，受害人获得救济的制度价值无法靠行政规制实现。〔1〕但救济之外，基于与前述相同的逻辑，只要监管者同样面临信息成本，其在事前提出的风险预防要求并非完美对应最优的注意水平，那么保留事后赔偿责任就是一种有益的针对行为人的预防激励补充。在人工智能致害的场景中，我们可以断定，虽然监管者在认知相关风险方面具有专业性和信息充分性，在一般意义上要超过司法机关，但这并不意味着在任何一个特定场景中，其都拥有完美信息，都能够在客观意义上给出最优的行为要求。特别是，出于鼓励、扶持人工智能发展的政策取向，如果监管机关在事前有意借助降低行为要求或减弱执法力度的方式，为产业中的行动者“松绑”，那么此时维持事后责任对于保持充分预防激励而言就可能更加必要。

（二）叠加效应与“避风港”规则

上文解说了事后赔偿责任与事前安全监管两类制度之间的关系，尽管二者在完美条件下可以相互替代，不必同时采用，但由于没有任何制度行动者掌握充足信息、没有任何制度运转成本为零，因此同时建立、运转监管和赔偿责任两套制度，对于人工智能致害场景中的风险预防是必要且明智的。

---

〔1〕 See Daniel J. Solove & Danielle Keats Citron, *Risk and Anxiety A Theory of Data-Breach Harms*, Texas Law Review, Vol.96, p.737, 782(2018).

然而，虽然事前规制与事后责任可形成有益互补，但两种制度的同时运行却不必然意味着搭配适当。一种可能是事前的烦琐监管要求与事后的责任——特别是无过错责任——会产生叠加效应，即两种制度各自为行为人提出的预防要求加在一起将超出社会最优的合理注意水平，从而导致行为人面临过重的注意负担，抑制其投入价值生产的动力。

根据前文讨论，上述负担中过度的部分，预计通常不会来自无过错责任，而更可能是由于事前监管要求超出了补充事后责任激励不足所需的程度。在事后就人工智能致害适用无过错责任的情况下，行为人本已会采取最优合理预防，但如果责任适用达不到百分之百，监管者即有理由基于其对相关议题上合理注意水平的认知提出行为监管要求。然而，监管者对于最优注意水平何在，以及事后责任产生的激励在多大程度上不充分，都不可能有完美的认知。此时，监管者提出的要求通常要么过高，要么不足，而导致威慑过度的叠加效应会出现在前一种情形之中。可以预见，在人工智能风险规制领域，基于目前国内外总体相对保守的规制倾向，总体规制负担过重的叠加效应是更可能出现的。

应如何看待及应对这种叠加效应？虽然笔者认为“过犹不及”，但由于人工智能现有技术和未来发展可能产生的风险规模与性质都有极大的不确定性，因此政策制定者倾向于采取更为保守的、遵循“预防原则”（precautionary principle）的进路是可以理解和接受的。本文仅试图提示，决策者乃至论者应当意识到，同时施加严格的事前监管和事后民事责任，极有可能导致叠加效应，造成过度威慑，抑制行为水平，而这样的制度效果最好是有意追求而非无心之失。如此，则决策者更可能会主动或被动要求向社会及其他利益相关人解释乃至证成自身决策背后的价值考量。

但假如决策者的价值导向是更为开放、进取、偏好风险的，那么叠加效应就应当尽力避免。为此，可能的选项或许至少有三种：（1）在采取无过错责任之后，基本取消或大幅放松事前监管；（2）在建立事前监管体制之后，取消事后责任；（3）在同时建立事前监管体制和事后赔偿责任的情况下，通过“避风港”规则等制度技术，事实上限制事后责任的适用。

第一种是去规制（deregulation）的范式，其在现实中恐怕很难被采用，因其不符合公共选择逻辑下监管机关的行事逻辑。更重要的是，对于人工智能而言，鉴于司法的被动、缓慢和信息局限，这几乎一定会导致风险过度——不仅超出社会最优，而且会超出社会及政府哪怕在偏好风险的前提下能够承受的限度。第二种是更具有现实可行性的，特别是在风险预防的意义上，虽然将相关决策完全交给监管机关有其弊病和限度，但监管机关的专业性和敏捷性无论如何都强于司法；而事后责任的免除，对于给行业相关主体松绑而言肯定有直观益处。不过，本文倾向于不对事后责任作一概免除。除受害人救济的考量之外，更重要的其实是照顾社会心理。

在笔者看来，第三种或许是更为合理的制度搭配。所谓"避风港"规则，是指监管机关在强制适用的监管要求基础上，事前再为行为人指明一系列更为具体的合规要求，行为人不必照此行事，但若选择照此合规，即可免于事后赔偿责任。总体而言，运用"避风港"规则，为相关主体提供可选择的合规路径，既可以降低市场主体的合规成本，避免叠加效应，也能保留市场主体选择风险预防策略的空间和监管者改进规制策略的灵活性。对于那些偏好创新胜过安全的决策者，这或许是值得考虑的更为周全的"松绑"式风险规制方案。

（三）社会心理与"音效隔离"

需要再简要解释一下，为什么即使担心叠加效应导致威慑过度，且即使在行政监管注定成为人工智能风险治理主要机制的前提下，笔者仍认为民事侵权责任规则应当被明确设立、保留。

实际上，如能建立有效的保险制度，救济的目标可以在侵权责任之外实现，长期来看尤其如此。尽管短期而言，人工智能伤害保险本身的出现和发展，或许至少在初期需要借助有关侵权责任的司法裁判活动提供信息和经验，但在笔者看来，侵权赔偿责任，特别是无过错责任，其更重要的价值是有助于支持人工智能开发、应用和其他相关活动在具有充分社会信任的环境中开展。在当下及可预见的未来，无论在国内还是国外语境中，社会公众对人工智能的担忧和恐慌预计将保持在足以让业界行动者有所感知的水平。甚至只要留意到有关人工智能风险和威胁的法律与政策精英话语，就不难想见，随着人工智能技术的发展和更广泛应用的铺开，社会及政策领域或许只会更多地受到负面情绪甚至卢德主义心态的影响。这种情况下，无论在严格监管的基础上免除事后民事责任的制度设计是否合理、效果是否可欲，一旦法律规则基于其外部呈现被公众解读为“人工智能致害一概免除赔偿责任”，将严重削弱公众对法律和政策能够合理平衡人工智能发展与安全需求的信心，并加剧社会公众对整个人工智能甚至新科技产业的不信任。

事实上，同样基于这种安抚社会心理的考虑，本文有关人工智能致害侵权适用无过错责任的主张，可以获得经济分析之外的另一重支持：虽然无过错责任规则实际上并不“严格”（并不要求行为人采取超过合理水平的预防），但其给社会公众的观感却相当“严肃”。换言之，由于无过错责任很可能被赋予“法律高度重视人工智能风险”“绝不姑息致害”的社会含义，适用无过错责任的效果，很可能是在不实质增加产业承受的制度成本的前提下，营造出包含更高社会信任、相对更有利于人工智能产业发展的社会认知环境。

甚至，即使考虑到产业内的行动者也可能出现过度的风险厌恶，或对责任、规制反应过度，而决策者为保护行为水平选择采取责任限额或“避风港”规则等配套制度，以求事实上减少侵权责任的适用，此时无过错责任的前述“表达功能”（expressive functions）〔1〕仍然未必就会丧失，但前提是能实现足够程度的“音效隔离”（acoustic separation）。作为一个法律理论概念，“音效隔离”在经典意义上主要用于解释行为规则和裁判规则之间的分殊。〔2〕根据这一理论，理想状态下，行为人和裁判者可以从规制行为的法律规则中获得不同的信息，前者往往根据法律的字面意思，认为法律的禁令十分严格甚至苛刻，而后者则基于字面背后的法律精神灵活裁量，掌握更宽松的尺度。这二者组合之后的效果，则是较为强有力的事前威慑与较为宽和的事后处置，所谓“惩前毖后、治病救人”。〔3〕

---

〔1〕 See Cass R. Sunstein, *On the Expressive Function of Law*, University of Pennsylvania Law Review, Vol.144, p.2021 (1996).

〔2〕 See Meir Dan-Cohen, *Decision Rules and Conduct Rules: On Acoustic Separation in Criminal Law*, Harvard Law Review, Vol.97, p.625, 630 (1984).

〔3〕 See Meir Dan-Cohen, *Decision Rules and Conduct Rules: On Acoustic Separation in Criminal Law*, Harvard Law Review, Vol.97, p.625, 637-639 (1984).

不难看出，“音效隔离”实现的前提是，相同法律规范在不同类别的受众之间被差异化理解，而这些不同受众之间无法通过沟通和交流有效地弥合相互间在法律信息和理解上的差距。换言之，用市场类比，不同受众群体之间不存在套利（arbitrage）空间。就人工智能致害的侵权责任而言，如果法律采取“无过错责任＋责任限额/‘避风港’规则”的模式，某种更宽泛意义上的“音效隔离”〔1〕——老百姓认为责任严格、普遍，而司法裁判者实际要求产业界承担的责任较轻、范围较为有限——是否可能？

对于这个经验问题，笔者没有足够依据给出确凿答案。但一些初步分析让人有理由认为，这并非天方夜谭：在人工智能立法中，有关侵权责任（无过错责任）的规范会作为基础性规范出现在法律主干条文中，而“避风港”规则（具体合规要求）或责任限额至多在主干条文中会被抽象提及，其具体内容可能会被放到主体立法之外的其他具体实施条例、司法解释等规范当中。换言之，责任条文与责任限制条文在认知显著性、理解容易程度、搜寻成本高低等方面的差异，意味着在人工智能侵权责任议题上谋求“音效隔离”具有可行性。诚然，对法律有更为细致认知和理解的律师、法律学者，可通过普法宣传、维权代理等活动削弱“音效隔离”。但截至目前，许多法律场域中都仍存在“音效隔离”，这意味着仅凭专业人士的“套利”活动，通常不足以弥合其与社会公众之间的认知差距。鉴于人工智能法律法规体系要比一般民刑事法律更不容易为普通人所认知和理解，因此似乎没有太多理由认为，经过“避风港”规则调整的人工智能侵权责任规则，其制造的“音效隔离”效果会弱于传统法律部门中可以达到的程度。

（《华东政法大学学报》2024年第5期）

〔1〕 Dan-Cohen所说的“音效隔离”主要发生在规则规制的行为人与执行规则的公共机构之间，而本文此处认为可能值得加以利用的“音效隔离”发生在作为致害行为潜在受害者的公众与裁判权威之间。

论通知规则在生成式人工智能侵权中的适用

徐　伟*

一、通知规则在生成式人工智能侵权中的可适用性

生成式人工智能侵权是由人工智能自动生成致害内容，这与通知规则的典型适用场景，即网络用户利用网络服务实施侵权行为存在差异。故需厘清通知规则能否适用于生成式人工智能侵权。

（一）通知规则能否适用的理论争议

关于通知规则能否适用于生成式人工智能侵权，学界存在分歧。一种观点认为可以直接适用，“在认定生成式人工智能虚假信息侵权责任时，仍然应当适用我国《民法典》第 1195 条所规定的‘通知规则’”，理由在于，“反对适用避风港规则实际上是将其作为一种直接侵权，一旦虚假信息构成诽谤等，人工智能产品的服务提供者就要承担侵权责任，这显然对其过于严苛”。〔1〕另一种观点认为不应适用，因为《正当通信法》(Communications Decency Act)第 230 条旨在保护第三方提供内容时的服务提供者，其并不保护参与内容提供的服务提供者。ChatGPT 发挥的功能并非第三方提供内容时的中介，而是自行提供内容。〔2〕还有一种观点认为虽然无法直接适用通知规则，但应当类推适用，“AI 生成虚假信息的侵权行为应当类推适用‘通知规则’”。因为“AI 生成侵权信息

---

* 徐伟：上海政法学院上海司法研究所佘山学者特聘岗教授、硕士生导师，中国法学会网络与信息法学研究会理事。

〔1〕 王若冰：《论生成式人工智能侵权中服务提供者过错的认定——以“现有技术水平”为标准》，载《比较法研究》2023 年第 5 期。

〔2〕 See Hasala Ariyaratne, *ChatGPT and Intermediary Liability: Why Section 230 Does Not and Should Not Protect Generative Algorithms*, SSRN (May 16, 2023), https://ssrn. com/abstract=4422583.

并非‘网络用户利用网络服务实施侵权行为’，而是 AI 自己生成的，因此在构成要件上不满足《民法典》第 1195 条所规定的通知删除规则”，但“由于 AI 服务提供者一方面难以对 AI 生成的信息进行实时审查，且根据用户的通知进行删除成本较低”，故应类推适用通知规则。[1]由此可见，影响通知规则适用的主要因素包括生成式人工智能服务提供者的类型、责任轻重以及采取删除等措施的成本。

就理论层面而言，通知规则能否适用主要取决于两个方面：一是通知规则的法律性质，即通知规则属于免除网络服务提供者侵权责任的免责条款，还是认定其侵权责任的归责条款。这会决定通知规则的适用条件和法律效果。二是生成式人工智能服务提供者的法律地位，即其是属于网络内容服务提供者、搜索链接服务提供者，还是属于一种新型的网络服务提供者。对于不同类型的服务提供者，通知规则在适用时存在区别。据此，笔者将主要从以上两个方面展开分析。

（二）通知规则可适用的理论证成

1. 通知规则可适用的主要理由

厘清通知规则能否适用的前提是，明确我国通知规则的法律性质，即其应定性为归责条款抑或免责条款。尽管不乏通知规则是免责条款的主张，但笔者认为在我国法律体系下通知规则应定性为归责条款，理由如下：首先，从归责原则来看，我国网络侵权一般采用过错责任原则，这决定了在认定网络服务提供者侵权责任时，受害人应证明服务提供者存在过错，而向网络服务提供者发送合格通知正是认定其存在过错的方式之一，故通知规则是归责条款。这与美国版权侵权一般采无过错责任原则，其通知规则应定性为免责条款不同。其次，从实证法来看，尽管 2006 年的《信息网络传播权保护条例》第 22 条等条款采取了免责条款的表述，但自原《侵权责任法》第 36 条第 2 款采用归责条款的表述以来，我国通知规则在立法上便一直采用归责条款的表述。最后，采用归责条款的定性与我国法律内在体系相符。既然网络用户实施侵权行为的场合可适

---

〔1〕 参见王利明：《生成式人工智能侵权的法律应对》，载《中国应用法学》2023 年第 5 期。

用通知规则,那么根据“举轻以明重”的法理,在网络服务提供者直接实施侵权行为的场合更应赋予权利人通知对方移除的权利。[1]

即使通知规则应定性为归责条款,[2]也不应以该规则能避免网络服务提供者承担过重的责任使其可适用性正当化,因为能否适用通知规则与网络服务提供者所承担责任的轻重无关。认为通知规则能避免网络服务提供者承担较重责任的观点建立在该规则是免责条款的基础上,即网络服务提供者在遵守了通知规则后,不必对通知前后发生的损害承担责任。但事实上通知规则仅能影响通知后的责任,至于网络服务提供者对通知前发生的损害是否承担责任,则取决于其在通知前是否知道侵权内容的存在。因此,通知规则只是权利人用于证明网络服务提供者主观上存在过错的方式之一。网络服务提供者对通知前发生的损害是否承担责任并不影响该规则的适用。

影响通知规则适用的另一因素是网络服务提供者的类型。一般而言,网络自动接入服务提供者、网络自动传输服务提供者和网络自动存储服务提供者并不适用通知规则。但生成式人工智能服务提供者难以归入这三类服务提供者。存有争议的是,生成式人工智能服务提供者是否会因其被归入网络内容服务提供者而无法适用通知规则。笔者对此予以否定,因为生成式人工智能服务提供者不应定性为网络内容服务提供者。虽然生成式人工智能生成内容的表现形式相当于直接提供内容,且《生成式人工智能服务管理暂行办法》(以下简称《生成式人工智能办法》)第 9 条第 1 款规定“提供者应当依法承担网络信息内容生产者责任”,但在侵权法意义上将生成式人工智能服务提供者定性为网络内容服务提供者并不妥当,因为其无法完全控制具体的生成内容,即人工智能具有一定程度的“自主性”。[3]而对内容的控制力是决定义务和责任的关键因素之一。故生成式人工智能服务提供者与网络内容服务提供者虽在形式上相似,

〔1〕 参见徐伟:《通知移除制度的重新定性及其体系效应》,载《现代法学》2013 年第 1 期。

〔2〕 通知规则的归责条款定性意味着其是判断服务提供者过错的方式之一。服务提供者的注意义务可细分为三类:一是审查义务,该义务主要存在于生成阶段;二是影响侵权过错认定的公法上的义务,即“保护性规范”;三是采取必要措施义务,该义务存在于通知后的移除阶段。本文聚焦于第三类义务。

〔3〕 参见彭诚信、陈吉栋:《论人工智能体法律人格的考量要素》,载《当代法学》2019 年第 2 期。

但在本质上有所区别。同时，基于生成式人工智能服务提供者在控制力上的不足，其侵权规则应更多地参照搜索链接服务提供者。〔1〕

退一步而言，即使是网络内容服务提供者，也可适用通知规则。因为通知规则属于归责条款，无论网络服务提供者是否要对通知前发生的损害承担责任，其在收到通知后，都应采取必要措施以避免损失的扩大。因此，不应以加害行为并非由网络用户直接实施来否定通知规则在生成式人工智能侵权中的适用。虽然《民法典》第1195条在规定通知规则时提及了网络用户利用网络服务实施侵权行为，但不应对此作反面解释，即认为在加害行为并非由用户直接实施时便不能适用通知规则。

此外，决定通知规则适用的关键因素之一是网络服务提供者在收到通知后，其在技术层面能有效采取必要措施。在生成式人工智能侵权中，服务提供者确实有能力采取一定的措施，典型表现为生成式人工智能服务提供者在其平台中自行表示其将遵守通知规则。例如，OpenAI“使用协议”中约定，“如果你认为你的知识产权受到侵犯，请发送通知到如下地址。我们会删除或断开涉嫌侵权的内容，并会终止重复侵权者的账户”。此外，《生成式人工智能办法》第14条等条款也对服务提供者发现违法内容后应采取的措施作出了规定，故服务提供者有能力且应当采取必要措施。综上所述，作为归责条款的通知规则可以直接适用于生成式人工智能侵权情形。

2. 否定通知规则适用的理由及其回应

否定通知规则可适用性的理由是，在生成式人工智能侵权中不存在反通知，这将导致利益失衡。通知规则的运作过程中可能出现错误通知，即向网络服务提供者发送侵权通知的“权利人”可能并非真实的权利人，或通知所涉内容可能不构成侵权，如属于合理使用情形，而居中审查通知是否合格的网络服务提供者无论在能力还是意愿方面都可能作出错误判断，故为了避免错误通知乃至恶意通知对网络用户造成损害，通知规则须与反通知规则相配套，从而实

〔1〕 参见徐伟：《论生成式人工智能服务提供者的法律地位及其责任——以ChatGPT为例》，载《法律科学（西北政法大学学报）》2023年第4期。

现较好的利益平衡。[1]由此可见,受通知影响的网络用户应有权通过发送合格的反通知来恢复被采取了必要措施的内容。在生成式人工智能侵权中,因并不存在可能发送反通知的网络用户,故有必要检视通知规则的适用是否会导致利益失衡。

就利益影响而言,若完全否定通知规则的适用,不仅将导致权利人失去重要的救济途径,由此获得的收益(因反通知得到保护的用户合法权益)也相对较少,毕竟实践中用户发送反通知的情形较少。[2]两相权衡,不宜以不存在反通知为由否定通知规则在生成式人工智能侵权中的适用,而应通过制度安排尽可能减少因错误通知对他人合法权益和社会公共利益造成损害。为此,可取的途径是,提高生成式人工智能服务提供者对通知的审查标准,即对通知实行实质性审查。[3]

关于网络服务提供者对通知的审查标准,一直存在形式审查和实质审查之争。前者是指只要通知在形式上符合法律的要求,网络服务提供者便应采取必要措施。后者则要求网络服务提供者对通知内容是否真实、侵权是否成立展开实质性判断。从司法实践来看,我国对网络服务提供者科以一定程度的实质审查义务。例如,《最高人民法院关于审理涉电子商务平台知识产权民事案件的指导意见》第 5 条第 2 款规定,“通知涉及专利权的,电子商务平台经营者可以要求知识产权权利人提交技术特征或者设计特征对比的说明、实用新型或者外观设计专利权评价报告等材料”。之所以要求权利人提供专利侵权比对表等材料,是为了便于网络服务提供者对通知所涉内容是否构成侵权加以审查。据此,我国传统网络侵权中存在要求网络服务提供者对通知内容采实质性审查的做法。在生成式人工智能侵权中也应采实质性审查标准,一般而言,只有在通

---

〔1〕 参见张建华主编:《信息网络传播权保护条例释义》,中国法制出版社 2006 年版,第 58 页。

〔2〕 See Jennifer M. Urban & Laura Quilter, *Efficient Process or "Chilling Effects"? Takedown Notices Under Section 512 of the Digital Millennium Copyright Act*, Santa Clara Computer and High Technology Law Journal, Vol.22, p.679–680 (2006).

〔3〕 另一路径是提高合格通知的认定标准,尤其是“构成侵权的初步证据”的标准,例如,通知人只有提供法院的裁判文书才足以证明通知所涉内容构成侵权。但这一转变将导致通知规则演变为类似于诉讼的规则,从而使自身丧失了本应具备的简便、快速解决纠纷的特征,故本文不采用此路径。

知所涉内容具有较大可能构成侵权时，才需采取必要措施。如此可在一定程度上减轻反通知缺失所带来的负面影响。综上，反通知在生成式人工智能侵权中的缺失不足以成为否定通知规则可适用性的充分理由，故通知规则可适用于生成式人工智能侵权情形。

二、生成式人工智能侵权中合格通知的判断

权利人向生成式人工智能服务提供者发送侵权通知时，该通知需要满足哪些要件？根据《民法典》第 1195 条第 1 款第 2 句之规定，合格通知的要件有二：一是构成侵权的初步证据，二是权利人的真实身份信息。其中，前者往往通过权属信息和能够准确定位侵权内容的信息，如网络地址等加以证明；后者则须提供身份资料和联系方式等。在生成式人工智能侵权中，合格通知的判断与传统网络侵权在多数方面一致。此处仅探讨在生成式人工智能场景中会发生改变或存在分歧之处。

（一）准确定位侵权内容信息的提供

合格通知的要件之一是构成侵权的初步证据，为此权利人须提供能够准确定位侵权内容的信息。这在传统网络侵权中大多可通过提供网络地址来实现。但在生成式人工智能侵权中，人工智能是通过对话方式生成侵权内容，该对话内容并不存在相应的网络地址。故生成式人工智能带来的问题之一是，权利人如何提供能够准确定位侵权内容的信息？

在传统网络侵权中，搜索引擎自动生成检索词侵权具有一定的参考价值，因为其与生成式人工智能侵权的表现形式相似。在我国搜索引擎自动生成检索词纠纷中，定位侵权内容的方式是“检索词和截图”。例如，在“任某玉案”中，在某度搜索引擎输入“任某玉”，在页面“相关搜索”处显示有“陶氏教育任某玉”等。因“陶氏”口碑不佳，任某玉以“相关搜索”处的内容侵害其名誉权为由要求某度公司承担侵权责任。诉讼前任某玉曾向某度公司发送通知，通知中说明检索的关键词是“任某玉”，并提供搜索结果的网页截图。法院认为，因某度公司未侵害任某玉名誉权，故“某度公司未履行‘通知—删除’义务无须承担

侵权责任”[1]，即法院认为该通知是合格通知。据此可知，提供检索词和截图是定位侵权内容的方式之一。生成式人工智能自动生成致害内容与搜索引擎自动生成检索词在表现形式上具有相似性，故在生成式人工智能侵权中，权利人也可通过提供“对话记录和截图”的方式来定位侵权内容。生成式人工智能服务提供者在收到对话记录后，可以通过输入同样的对话来发现致害内容。

此处面临的问题是，对话内容有可能无法“再现”，即网络服务提供者输入同样的提问但未得到致害内容。此时服务提供者是否有义务主动采用相近的提问方式来确认致害内容是否会生成？该问题的核心是，查找侵权内容的成本主要应由权利人还是网络服务提供者承担。在权利人仅提供了侵权内容的线索时，网络服务提供者是否负有主动查找侵权内容的义务，传统司法裁判对此存在分歧。例如，在“花某参案”中，原告美国威州花某参总会在诉前向被告某宝公司发送了通知。一审法院认为，原告通知有侵权情况存在后，被告即应主动履行其监管义务，采取必要措施，而不能以商户的数量众多为由不予核查，消极等待原告提交具体链接地址。但二审法院认为，原告在向被告发出通知时并未将具体侵权链接告知被告，而在被告网站搜索花某参产品时出现的相关链接有 27，000 个左右，故原告怠于履行告知义务。[2]总体而言，判断权利人提供的定位信息是否充分的关键在于网络服务提供者查找侵权内容的成本是否合理。若成本合理，则网络服务提供者负有查找义务。[3]我国司法裁判中的这一认识与比较法经验一致。根据美国《数字千年版权法》第 512（c）（A）（iii）条的规定，发现侵权内容的成本可否负担（burdensome）是法院判断通知中“指明侵权内容”是否得到满足的重要考量。[4]

因此，权利人是否提供了足以定位侵权内容的信息，关键取决于网络服务提供者能否以合理的成本找到通知所涉内容。在生成式人工智能侵权中，若生

[1] 北京市海淀区人民法院民事判决书，（2015）海民初字第 17417 号。

[2] 参见吉林省高级人民法院民事判决书，（2012）吉民三涉终字第 3 号。

[3] 参见浙江省宁波市中级人民法院课题组：《“通知—删除”规则的区别适用》，载《人民司法（应用）》2018 年第 4 期。

[4] See Capitol Records, Inc. *v.* MP3tunes, LLC, 821 F. Supp. 2d 627（S. D. N. Y. 2011）.

成式人工智能服务提供者根据通知所提及的对话方式提问后，未能生成致害内容，则除一般理性的生成式人工智能服务提供者应当想到其他相关的提问以外，生成式人工智能服务提供者不负有主动尝试“再现”致害内容的义务，因为对其而言，超出理性人通常能想到的其他相关提问已经是不合理的成本负担。

（二）通知人可以不是权利人

在传统网络侵权中，侵权内容往往在网络上处于公开状态，不特定主体均可以接触到该内容，故通知人大多是权利人。生成式人工智能侵权的特点之一是，其生成的内容只有参与对话的使用者才能看到，而使用者未必是合法权益受侵害的权利人。故生成式人工智能侵权中可能出现通知人并非权利人的情形。若通知人并非受侵害的权利人，该通知是否合格？

通知人是否必须是权利人或权利人授权的主体（以下统称为权利人）？有学者认为只能是权利人，“从通知规则确立的目的考量，其就是要适当限制网络服务提供者的责任，因此，在解释上应当采用严格解释，而不能任意扩张。如果任何人都可以‘通知’，则网络服务提供者的义务过重，不利于网络事业的发展。更何况，网络侵权大多是对名誉、隐私等人格权的侵害，既然受害人不通知，表明受害人能够容忍此种损害，法律也没有必要再给受害人提供保护”。〔1〕

这一理解存在诸多问题。首先，将通知规则的立法目的理解为“适当限制网络服务提供者的责任”在我国并不成立。在我国通知规则是归责条款，合格通知是证明网络服务提供者存在“过错”的方式之一，而非限制其责任。其次，任何人都可以通知，并不意味着会加重网络服务提供者的义务，因为网络服务提供者在收到一项通知并对通知所涉内容采取了删除等措施后，后续同类通知便不会再产生，因为后续通知无法再提供“构成侵权的初步证据”。最后，在受害人未通知时，“法律也没有必要再给受害人提供保护”这一判断与我国立法价值不符。我国立法确立的“知道规则”表明，即使权利人未投诉，网络服务提供者在知道或应当知道侵权内容时，仍负有采取必要措施的义务。综上，主张通知人必须是权利人的理由均难以成立。事实上，从司法实务来看，也有判决表

〔1〕 王利明：《侵权责任法研究》（下卷），中国人民大学出版社2018年版，第131页。

明法院并不在意通知人是否为本人。例如，在“雷某吉案”中，被告网站的用户发表了侮辱性内容。原告委托律师向被告邮寄了删帖通知，但被告并未删帖。法院认为，“上诉人获知该低俗、下流、侵犯他人权利的网帖存在就应当立即予以删除，其称不能明确是否系本人通知、不能确定律师是否接受委托等都不能成为其拒不立即处理的理由”。[1]

此时必须厘清的问题是，若通知人并非权利人，网络服务提供者采取必要措施的义务是源于通知规则抑或知道规则？相较而言，以通知规则进行解释更为恰当，理由如下：(1)真实身份信息在通知规则中的核心规范目的是追究错误通知人的责任，而非沟通网络服务提供者、网络用户和通知人，也不是用于证明侵权成立，故通知人是否为权利人并不影响提供真实身份信息规范目的的实现。[2]据此，通知人身份信息，而非权利人身份信息，才是合格通知的必要条件。(2)若认为网络服务提供者的义务源于知道规则，将导致因不当采取必要措施而受侵害的网络用户无从获得救济。易言之，若网络服务提供者的义务源于知道规则，则意味着其是基于自身的判断而对所涉内容采取了必要措施，受害人将难以向通知人主张全部赔偿。同时，服务提供者是基于通知的提示而采取了必要措施，其也可基于没有过错或用户协议中的免责条款而免于承担赔偿责任。这一结果将助长非权利人的通知人滥发通知的现象。因此，在通知人并非权利人时，将网络服务提供者采取必要措施的义务解释为源于合格通知是更为可取的选择。

通知人不以权利人为限这一判断在现行法上并无障碍，因为《民法典》第1195条中的“权利人”应采广义解释。《民法典》第1195条在两处使用了“权利人”一词：一是第1款关于通知的规定，二是第3款关于错误通知的规定。该条第3款第1句规定：“权利人因错误通知造成网络用户或者网络服务提供者损害的，应当承担侵权责任。”从规范目的来看，该规定是为了在通知所声称的事实与客观事实不一致时，对遭受损害的网络用户和网络服务提供者进行救

〔1〕 重庆市第五中级人民法院民事判决书，(2015)渝五中法民终字第03251号。

〔2〕 参见徐伟：《网络侵权中“合格通知”规则检视及其完善——以〈民法典〉第一千一百九十五条第一款第2句为中心》，载《法治社会》2023年第3期。

济。错误通知发生的情形，不应限于权利人（狭义）误以为自己的权利受到了侵害，也应包括并无权利的主体自称其为权利人的恶意通知。后者在实践中更为常见，也是该款主要规制的对象。据此，对第3款中的“权利人”应作广义解释，不仅包括确有权利的主体，也包括并无权利但自称有权的主体。

综上所述，尽管合格通知以提供真实身份信息为必要，但这并不意味着通知人必须是合法权益受侵害的主体。只要通知提供了构成侵权的初步证据，就无须限制通知人的范围。据此，在生成式人工智能侵权中，并不要求通知人必须是权利人。

三、生成式人工智能侵权中必要措施的认定

在网络服务提供者收到合格通知且审查通过后，其应采取何种必要措施？传统网络侵权中的必要措施能否适用于生成式人工智能侵权，有待检视。

（一）传统必要措施在生成式人工智能侵权中的变化

我国网络侵权中的必要措施类型经历了逐渐扩大的过程。在通知规则发展的早期，必要措施是指删除、屏蔽、断开链接等能够直接避免损害扩大的措施。但随着实践的发展，尤其是最高人民法院指导案例83号发布之后，必要措施的类型在我国逐渐多样化。[1]总体而言，在我国，必要措施可分为以下四类：（1）可以直接避免损害扩大的措施，如删除、屏蔽、断开链接、终止交易和服务等。这是传统典型的必要措施。（2）发挥警示功能的措施，如转通知等。转通知是较为缓和的措施，其无法直接避免损害扩大，适用情形主要有通知所涉内容侵权与否不易判断，如专利侵权；和网络服务提供者，如云存储服务提供者，基于商业伦理不宜对通知所涉内容采取移除等措施两种。[2]（3）冻结账户、提供保证金等发挥担保功能的措施。这种措施以网络用户提供担保的方式来避免其内容被删除。这大多发生于通知所涉内容是否侵权不易判断，或一旦错误采取

---

〔1〕 参见徐伟：《〈民法典〉中网络侵权制度的新发展》，载《法治研究》2020年第4期。

〔2〕 参见威海嘉易烤生活家电有限公司诉永康市金仕德工贸有限公司、浙江天猫网络有限公司侵害发明专利权纠纷案，最高人民法院指导案例83号（2017年）；北京知识产权法院民事判决书，(2017)京73民终1194号。

了措施将对用户利益产生重大影响的情形。(4)限制乃至停止向网络用户提供服务的措施，如临时性甚至永久性停止账户的使用等。这大多适用于故意、多次侵权者或侵权造成严重后果的情形。我国现行法中并未明确规定该规则，但司法裁判中有法院将重复侵权作为应采何种“必要措施”的考量因素。〔1〕

上述传统网络侵权中的必要措施，并非都可以适用于生成式人工智能侵权。即便可以适用，其具体表现也发生了变化，对此分析如下。

第一，可以直接避免损害扩大的措施虽可适用于生成式人工智能侵权，但其具体表现与传统网络侵权有所不同。传统网络侵权中的删除等措施，其处理的对象是过去已经发生的侵权内容，其功能主要在于“停止侵害”。在生成式人工智能侵权中，将人工智能与使用者对话中已经生成的致害内容删除意义甚微，传统上网络服务提供者也并不负有此类义务。〔2〕避免损害扩大的关键措施是避免致害内容再次生成，这才是生成式人工智能服务提供者应采取的措施，其功能主要在于“消除危险”。〔3〕可见，传统网络侵权中以“面向过去”为主的措施〔4〕在生成式人工智能侵权中需转变为以“面向未来”为主的措施。

第二，发挥警示功能的措施从警示网络用户转变为警示生成式人工智能使用者，这意味着警示措施的规范目的从提醒网络用户停止潜在的侵权行为转变为提醒使用者相关内容可能存在不实。传统网络侵权中的警示性措施针对的是网络用户，希望通过向可能实施了侵权行为的网络用户发送通知等警示性信息，提醒侵权用户主动停止侵权。但在生成式人工智能侵权中，并不存在直接

〔1〕 参见衣念（上海）时装贸易有限公司诉浙江淘宝网络有限公司、杜国发侵害商标权纠纷案，载《最高人民法院公报》2012 年第 1 期。

〔2〕 传统网络侵权中亦存在类似的情形，即行为人通过通信软件，如微信群发布致害内容，此时法院一般要求行为人在同一通信软件中发布道歉声明，而不会要求网络服务提供者删除行为人此前发布的致害内容。典型案例参见北京兰世达光电科技有限公司、黄晓兰诉赵敏名誉权纠纷案，最高人民法院指导案例 143 号（2020 年）。

〔3〕 一般认为，停止侵害针对的是正在进行的侵害行为，消除危险针对的是尚未发生的潜在侵害行为。但有学者主张对停止侵害做广义理解，既包括停止已发生的侵害行为，也包括停止未来可能发生的侵害行为。若采此种理解，则停止侵害（删除等措施）也具有“面向未来”的效果。但此种理解会导致停止侵害与消除危险（尤其是重复危险情形）的重叠，故本文未采此种理解。

〔4〕 传统必要措施并非面向未来的典型表现是，网络服务提供者原则上不负有避免致害内容再次出现的义务。

实施侵权行为的用户,[1]制止侵权行为也无须借助用户之手来完成。生成式人工智能侵权中的警示信息只能提供给人工智能的使用者。该警示措施表现为:当通知所涉内容再次生成时,通过对该内容添加警示标识等方式来提醒使用者该内容可能存在不实。该警示义务不同于生成式人工智能服务提供者负有的一般性标识义务,后者是针对所有生成内容的普遍性义务,并非因通知人的合格通知而产生的义务。

有疑问的是,警示性措施在生成式人工智能侵权中是否有存在的必要。生成式人工智能服务提供者若要对生成的涉嫌侵权的内容添加警示标识,便意味着其需审查所有生成内容,而一般性审查义务一直为传统网络侵权规则所否定。[2]但这不足以否定生成式人工智能侵权中的警示性措施,理由如下:(1)传统网络侵权规则在否定一般性审查义务的同时,也认可特定情况下的特殊审查义务。目前逐渐出现的一种特殊审查义务要求网络服务提供者采取技术措施对某些内容进行普遍审查,典型例证是版权作品过滤技术。随着视频指纹识别技术等版权过滤技术的成熟,产业界已能够在技术层面普遍采用版权过滤审查技术。有学者据此主张网络服务提供者应当负有采用版权过滤技术的义务。[3]生成式人工智能侵权中对通知所涉致害内容的审查类似于通过版权过滤技术来审查版权作品。(2)审查技术本身的成熟度和成本是法律决定是否对网络服务提供者科以审查义务的重要考量因素之一。[4]生成式人工智能侵权中的内容系由人工智能自动生成,避免特定内容的生成技术可内嵌于算法的设计中自动实现,它并不会对生成式人工智能服务提供者造成较大的成本负担。(3)在人格权侵权中,事实真伪不明是常见情形。若异议方发送通知,生成式人工智能服

---

〔1〕 若致害内容是因使用者诱导而生成,则使用者是直接侵权者,但在具体实践中,难以确定某一致害内容是因使用者的诱导行为生成。参见《人工智能法(学者建议稿)》第 87 条。

〔2〕 参见《最高人民法院关于审理侵害信息网络传播权民事纠纷案件适用法律若干问题的规定》(法释〔2012〕20 号)第 8 条第 2 款。比较法经验参见 Marisa N. Sanchez, *Eu Directive on Copyright in the Digital Single Market: An Outlier in Intermediary Liability and the Death of Safe Harbor Protections*, University of San Francisco Law Review, Vol.55, p.268-269(2021)。

〔3〕 参见崔国斌:《网络服务商共同侵权制度之重塑》,载《法学研究》2013 年第 4 期。

〔4〕 参见李安:《智能时代版权“避风港”规则的危机与变革》,载《华中科技大学学报(社会科学版)》2021 年第 3 期。

务提供者大多无法判断事实的真伪。此时对生成的内容进行警示标识，而非直接禁止相关内容再次生成，是更可取的选择。综上，采取警示性措施仍有必要。当然，鉴于生成式人工智能的应用类型多样，警示性措施的具体表现方式可结合相关技术特征予以确定。

第三，发挥担保功能的措施无法适用于生成式人工智能侵权。此类措施主要针对涉嫌侵权的网络用户，但在生成式人工智能侵权中不存在直接实施侵权行为的用户。

第四，限制乃至停止提供服务的措施从针对网络用户转变为针对诱发致害内容生成的使用者。传统网络侵权中限制或停止服务措施一般针对反复侵权的网络用户。在生成式人工智能侵权中，引发致害内容生成的原因除了人工智能本身外，也包括第三人的不当诱导。根据《生成式人工智能办法》第 14 条第 2 款的规定，生成式人工智能服务提供者发现使用者利用生成式人工智能服务从事违法活动的，应当依法依约采取警示、限制功能、暂停或者终止向其提供服务等处置措施。故生成式人工智能服务提供者可以对诱导致害内容生成的第三人采取限制性措施。[1]该义务与避免致害内容再次生成义务的差别在于，前者针对的是人（诱导者），其试图避免出现“累犯”，影响的是某一使用者；后者针对的是内容，其试图避免同一事件再次发生，影响的是所有使用者。对第三人采取限制性措施这一义务具有双重属性，其既是行政法上的义务，也是民事义务，违反该义务可能同时产生行政责任和民事责任。

（二）避免致害内容再次生成的义务

避免致害内容再次生成是权利人发送通知的首要目的。我国《生成式人工智能办法》第 14 条第 1 款规定：“提供者发现违法内容的，应当及时采取停止生成、停止传输、消除等处置措施。”对于该义务，有两方面的问题需要厘清：一是该义务的正当性；二是该义务的限度。

避免致害内容再次生成的义务是一项面向未来的预防性义务，是否要对网

〔1〕 然而，未来生成式人工智能服务普及后，禁止某一用户使用生成式人工智能服务将对其生活产生显著影响。故承认这一规则，保有这一规则对侵权用户的威慑效果，同时对该规则设置较为严格的适用条件，较为妥当。

络服务提供者科以此种义务无疑会引发争议。传统网络侵权中与之相似的争议体现为“通知且保持下架”(notice and staydown)规则,即网络服务提供者在收到合格通知后不仅要下架通知所涉侵权内容,而且要确保该内容不会被再次上传。一般认为,德国是采纳了通知且保持下架规则的代表性国家,〔1〕欧盟则是采纳该规则的代表性国际组织。〔2〕但也有许多国家并未接受通知且保持下架规则。

学界对通知且保持下架规则本身的合理性存在较大分歧。支持者的主要理由包括:其一,通知规则会导致版权人陷入无休止的维权,即通知后侵权内容会再次出现。其二,高质量的版权执法自动化出错较少,与此同时,版权执法自动化大大改善了版权保护现状。其三,通知后仅移除的规则将使网络服务提供者在与权利人谈判时处于有利地位,不利于促进双方合作。〔3〕反对者的主要理由是:其一,通知且保持下架规则影响基本人权的实现。其二,该规则增加了企业的经营负担,不利于中小企业发展,也不利于创新。其三,欧盟采纳该规则是为了监管来自美国的互联网企业,因为欧洲主要的大型互联网企业都来自美国。其四,应将是否采取保持下架的选择权交由平台。例如,若通知较少,则平台更倾向于人工审查处理;若通知较多,则使用自动化过滤会更有效率。其五,通知且保持下架规则对于过滤有更高要求,可能导致相关市场的经营者集中,市场的竞争性减弱。其六,从国际竞争的角度来看,采纳通知且保持下架规则将导致该国在国际竞争中处于制度洼地。〔4〕此外,也有学者主张是否应适用通

〔1〕 See Jan Bernd Nordemann, *Liability for Copyright Infringements on the Internet: Host Providers (Content Providers)–The German Approach*, Journal of Intellectual Property, Information Technology and E-Commerce Law, Vol.2, p.40–43(2011).

〔2〕 See Directive(EU)2019/790 of the European Parliament and of the Council of April 2019 on copyright and related rights in the Digital Single Market and amending Directives 96/9/ EC and 2001/29/ EC, Article 17 Section 4(c). 虽然指令规定了保持下架义务,但并未提及违反该义务的法律后果,而是将其交由各成员国自行规定,故其法律后果既可能是行政处罚等行政责任,也可能是损害赔偿等民事责任。

〔3〕 See United States Copyright Office, *Section 512 of Title 17: A Report of the Register of Copyrights*, U. S. Copyright Office(May 2020), https://www.copyright.gov/policy/section512/section-512-full-report.pdf.

〔4〕 See Daniel Etcovitch, *DMCA § 512 Pain Points: Music and Technology Industry Perspectives in Juxtaposition*, Harvard Journal of Law& Technology, Vol.30, p.562–563(2017).

知且保持下架规则取决于在技术层面能否达到较高的过滤精确度。通知且保持下架规则应适用于算法自动化处理的准确率不低于人工审查准确率的情形。[1]

在我国，鉴于必要措施在概念上的包容性，采取避免致害内容再次生成的义务在解释上可被“必要措施”所涵盖。尽管学界对普遍性的通知且保持下架规则持谨慎态度，[2]但在具体个案中，我国司法裁判已采纳了该规则。例如，在“某度网盘案”中，法院认为“网络服务提供者针对用户侵权所应采取的必要措施，不应仅限于在侵权发生之后断开链接一项，否则即便其做到了及时断开，往往也会使侵权用户、权利人和网络服务提供者之间陷入‘侵权—通知—断开—再侵权—再通知—再断开’的往复循环之中，难以有效制止用户的持续侵权和权利人损失的扩大”。[3]随后，法院比较了采取屏蔽分享链接这一预防措施导致用户不能对其享有合法权利的内容进行正当分享造成的损害和不采取预防措施导致著作权人遭受的损害，以及屏蔽措施的技术成熟度和成本等，最终认定某度公司负有采取屏蔽措施的义务。据此，我国网络服务提供者负有采取预防性措施的义务并无立法和实践障碍，问题的关键在于综合考量诸多因素后合理确定该义务的适用条件。

根据最高人民法院指导案例 83 号的裁判要点二，“‘必要措施’应遵循审慎、合理的原则，根据所侵害权利的性质、侵权的具体情形和技术条件等来加以综合确定”。据此，生成式人工智能侵权中是否要求生成式人工智能服务提供者负有避免致害内容再次生成的义务，需考量的因素如下：首先，被侵害权利的性质。一般而言，人格权较之知识产权等财产性权利应受到更严格的保护。但事实上在我国的通知规则中，二者长期以来受到一体保护，故在生成式人工智能侵权中也没有必要对二者进行区别对待。其次，从侵权的具体情形来看，生成式人工智能生成的致害内容仅参与对话的使用者可见，故较之传统的网络侵

---

〔1〕 See Martin Husovec, *The Promises of Algorithmic Copyright Enforcement: Takedown or Staydown? Which is Superior? And Why?*, Columbia Journal of Law & the Arts, Vol.42, p.67-73 (2018).

〔2〕 参见刘文杰：《“通知—移除”抑或“通知—拦截”：算法时代的选择》，载《新闻与传播研究》2020 年第 12 期。

〔3〕 北京知识产权法院民事判决书，(2020)京 73 民终 155 号。

权，其侵权严重程度难谓更高。最后，从技术条件来看，生成式人工智能服务提供者能否以成本合理且准确性较高的技术来避免致害内容再次生成，是影响其是否负有避免致害内容再次生成义务的主要因素。如果服务提供者能够以某种成本可负担的技术来较为准确地避免致害内容的再次生成，其就应采取该措施。反之，若该技术成本高昂，或该技术在避免致害内容生成的同时会对诸多合法内容的生成造成负面影响（准确性较低），则不宜对生成式人工智能服务提供者科以此义务。《生成式人工智能办法》制定过程中的条文变化也表明，避免致害内容再次生成在技术层面可以实现，但也存在一定的难度。〔1〕从比较法的视角来看，欧盟《人工智能法》第 9 条第 5 款也采取了类似的规定，即对于高风险的人工智能系统，其风险管理措施应"通过充分的设计与开发，尽可能消除或者降低风险"，同时"在适当的情况下，对于无法消除的风险，采取充足的缓解和控制措施"。此外，我国提供生成式人工智能服务的企业在用户协议中也表明会根据权利人的通知而采取"停止生成、停止传输、消除等合理处置措施"。〔2〕据此，生成式人工智能服务提供者在一般意义上确实负有避免致害内容再次生成的义务，但该义务的边界需根据个案中的具体商业模式以及人工智能技术的发展状况等因素综合判断。

此外，避免致害内容再次生成的义务应有期限限制，理由如下：其一，避免致害内容再次生成会导致相关内容无法再次出现，而相关内容是否侵权可能会随着时间推移而发生变化，如谣言可能在事后被证明是事实等。故对该义务设置一定的期限更有利于实现各方利益的动态平衡。其二，避免致害内容再次生成对言论表达造成了一定的限制，对该义务设置期限限制有助于保持生成内容的开放性和多样性。其三，生成式人工智能会随着技术和数据集的更新而不断学习，进而自动纠错，可能不再生成致害内容。其四，与避免致害内容再次生成

〔1〕 参见《生成式人工智能服务管理办法（征求意见稿）》第 15 条和《生成式人工智能服务管理暂行办法》第 14 条第 1 款。

〔2〕 参见《文心一言用户协议》第 9.1 条，载文心一言官网 2024 年 8 月 1 日，https://yiyan.baidu.com/infoUser。

义务相似的通知且保持下架规则在部分国家也有一定的期限限制。〔1〕其五，人格权侵害禁令和人身安全保护令都有期限限制。例如，人身安全保护令一般不超过6个月，人格权侵害禁令也应有期限限制。〔2〕经法院裁判确认的禁令尚且有期限限制，根据"举重以明轻"的法理，因通知所产生的避免致害内容再次生成的义务也应有期限限制。至于该期限的长短，理想状态是由生成式人工智能服务提供者根据具体情况自行判断和决定，但为避免其基于自身利益考量而确定不合理的期限，也可由法律直接规定，例如，规定避免侵害人身权益内容再次生成的期限为6个月。

（三）致害内容无法再次生成时的告知义务

在生成式人工智能侵权中，权利人在通知中提供的是对话记录，但生成内容的不确定性导致致害内容可能并未再次生成。此时生成式人工智能服务提供者是否负有告知权利人的义务？该告知义务具有双重意义：一是告知权利人该通知未能提供构成侵权的初步证据，因为生成式人工智能服务提供者未能再现对话记录；二是若权利人认为致害内容确实出现过，则告知义务发挥的功能是告知权利人致害内容已经移除，因为其在生成式人工智能服务提供者处没有再次生成。在传统网络侵权中，第一种情形属于通知不合格，故一般纳入不合格通知的法律后果中加以讨论；第二种情形可纳入必要措施的概念下进行讨论，但传统上网络服务提供者一般不负有在采取必要措施后向权利人告知的义务。此处将两种情形纳入必要措施中一并讨论。

对于通知不合格时网络服务提供者是否负有告知义务这一问题，理论上存在分歧。有学者认为，"对于不合格的侵权通知，网络服务提供者不予以回应，不采取措施的话，可以不承担责任。"〔3〕不同意见则认为应告知权利人。〔4〕从司法裁判来看，有判决直接否定了网络服务提供者的告知义务。例如，在"阿某云

---

〔1〕 See Martin Husovec, *The Promises of Algorithmic Copyright Enforcement: Takedown or Staydown? Which is Superior? And Why?*, Columbia Journal of Law & the Arts, Vol.42, p.56 (2018).

〔2〕 参见徐伟：《〈民法典〉人格权侵害禁令的法律适用》，载《法制与社会发展》2021年第6期。

〔3〕 薛军：《民法典网络侵权条款研究：以法解释论框架的重构为中心》，载《比较法研究》2020年第4期。

〔4〕 参见许谅亮：《网络交易平台提供商专利侵权法律责任》，载《科技与法律》2015年第3期。

案”中，法院认为权利人的通知因内容欠缺等原因不合格，且阿某云公司不负有主动联系通知人进行核实和调查的义务，理由如下：其一，《信息网络传播权保护条例》并未规定该义务。其二，要求网络服务提供者联系和核实将导致法律对通知合格要件的规定落空。其三，要求网络服务提供者对不合格通知主动联系核实，将大幅增加其运营成本。其四，权利人在依法通知时应当本着对自身权利负责的态度准备通知书，不能因为权利人未全面尽到该义务，转而向网络服务提供者施加核实等义务。[1]可见，无论是通知不合格的告知义务，还是采取必要措施后的告知义务，都难以在我国现行法层面找到依据。

但在生成式人工智能侵权中，致害内容无法再现时生成式人工智能服务提供者应负有告知义务，理由如下：

第一，相较于生成式人工智能服务提供者，无辜的权利人应受到优先保护。致害内容无法再现的原因既可能是该致害内容本就不会出现（通知人伪造对话记录），也可能是该致害内容在权利人处出现了但在生成式人工智能服务提供者处未能出现。而造成致害内容无法再现的原因在客观事实层面往往难以查明。此时法律宜推定通知人系善意，即无法再现的原因是生成内容具有不确定性。因为该推定与客观现实中的多数情况相符（可合理推测伪造对话记录是少数），不应为了避免少量不实通知而罔顾对真实权利人的保护。在推定权利人系善意通知的前提下，对话记录无法再现系由生成式人工智能的技术原因所致，而非权利人怠于查找和提供侵权初步证据所致，即权利人对致害内容无法再现并无过错。另外，生成式人工智能服务提供者对致害内容无法再现并无过错，因为这是人工智能自主自发的结果。但就技术层面而言，人工智能的自主性正是生成式人工智能服务提供者在技术上主动追求的结果。[2]从侵权一般原理来看，“被告企业应为自己特殊、不寻常和危险的特征付出代价”。[3]可见，尽管权利人和生成式人工智能服务提供者对致害内容无法再现均无过错，但相较而言权利人更为无辜，其对致害内容无法再现缺乏控制力，故不宜由权利人承

---

〔1〕 参见北京知识产权法院民事判决书，(2017)京73民终1194号。

〔2〕 参见冯珏：《自动驾驶汽车致损的民事侵权责任》，载《中国法学》2018年第6期。

〔3〕 Restatement (Second) of Torts § 519 General Principle (1977).

担无法再现的不利后果。据此，宜要求生成式人工智能服务提供者告知权利人致害内容无法再现这一情况，以便权利人查验并决定后续行为的选择。

第二，对服务提供者科以告知义务与通知规则的规范目的相契合。通知规则的规范目的之一是促进权利人与网络服务提供者之间的合作以减少网络侵权。若网络服务提供者不予告知，将导致权利人无从知晓自己发送的通知被如何对待。同时，生成式人工智能侵权与传统网络侵权的区别之一是，在传统网络侵权中权利人易于查验网络服务提供者是否采取了必要措施，但在生成式人工智能侵权中，若生成式人工智能服务提供者不主动告知，则权利人无从判断其是否采取了必要措施，因为致害内容未再次生成未必是生成式人工智能服务提供者采取了必要措施后的结果。这些都可能引发潜在的后续争议。例如，若致害内容再次生成，权利人将主张生成式人工智能服务提供者未采取必要措施，生成式人工智能服务提供者则主张权利人的通知不合格，进而引发双方在责任承担方面的争议。因此，由生成式人工智能服务提供者向权利人告知通知情况有助于减少后续争议的发生。

第三，生成式人工智能服务提供者的告知义务有助于权利人进一步查验致害内容是否会再次生成，进而更好地维护自身合法权益。与传统网络侵权不同的是，生成式人工智能服务提供者的告知义务发挥的功能之一是告知权利人相关致害内容已经自然消失。鉴于生成内容具有不确定性，若致害内容在生成式人工智能服务提供者未采取任何措施的情况下未能再次生成，此时交由权利人来查验致害内容将有助于确认该致害内容是否确实不再生成。同时，权利人在了解对话记录无法再现后，其可能会进一步以其他提问方式来检验类似的致害内容是否会生成，因为作为利益最密切相关者，其更有动力查找致害内容。

第四，比较法经验支持在一定条件下对网络服务提供者科以告知义务。尽管我国法并未直接规定网络服务提供者的告知义务，但美国法区分通知中欠缺事项的不同而对网络服务提供者提出了不同要求。根据美国《数字千年版权法》第512(c)(3)(B)条的规定，不合格通知被分为两类：一类是完全不合格的通知，网络服务提供者收到后可不作回应。另一类是瑕疵通知，网络服务提供者收到此类通知后，应积极联系投诉人(complaining party)，协助其补正缺失的材料。所谓“瑕疵通知”，是指通知至少满足了合格通知的三项要件，[1]其缺失的只能是投诉人或被授权人的签名、善意相信被投诉内容未经授权的声明以及愿对虚假陈述承担责任的声明。美国的做法具有参考价值，因为在侵权并不明显时，由投诉人而非网络服务提供者承担发现侵权内容的成本是通知规则的既有价值选择，若投诉人的通知已基本上满足了合格通知的多数实质性要求，只是欠缺部分非实质性内容，网络服务提供者仍对此置之不理，则对投诉人过于苛刻。参考美国的这一思路，若因人工智能本身的技术原因导致通知所涉对话记录无法再现，此时生成式人工智能服务提供者的置之不理对权利人而言过于苛刻。

综上，在致害内容无法再现时，生成式人工智能服务提供者应负有向权利人告知的义务。须指出的是，该告知义务限于致害内容无法再现的情形，并不意味着在所有通知不合格的情形中服务提供者均负有告知义务。

（《现代法学》2024 年第 3 期）

〔1〕 根据美国《数字千年版权法》第 512(c)(3)(A)条的规定，合格通知的三项要件是：被侵害的版权作品的信息、被侵害的作品内容和合理的足以定位侵权内容的信息以及合理的足以供服务提供者联系投诉人的信息。

人工智能应用责任的主体识别与归责设计

郑志峰*

一、人工智能应用责任的基本定位

（一）人工智能应用责任的界定

面对人工智能带来的侵权责任挑战，许多学者都主张适用产品责任。[1]产品责任关注的是人工智能产品缺陷引发的损害赔偿问题，对于解决人工智能侵权责任具有基础性作用。然而，产品责任并不能解决人工智能引发的全部侵权责任问题，仍然需要其他责任规则的配合。这就为人工智能应用责任的引入提供了空间。相较于产品责任，应用责任主要解决相关主体在部署应用人工智能阶段引发的责任问题。对此，我们可以从如下方面来理解人工智能应用责任。

1. 客体范围

人工智能技术应用的呈现形态是多样的，既可能以产品形式出现，也可能以服务形式出现，产品责任无法全面涵盖。欧盟《人工智能法》指出："人工智能系统可以独立使用，也可以作为产品的组成部分。同时，人工智能系统还可以作为中介服务或中介服务的部分提供，如在线搜索引擎、在线聊天机器人等。"[2]国内方面，2022 年发布的《互联网信息服务深度合成管理规定》与 2023 年发布的《生成式人工智能服务管理暂行办法》，明确将深度合成、生成式人工

---

* 郑志峰：西南政法大学民商法学院教授、博士生导师，西南政法大学科技法学研究院副院长。

〔1〕 参见吴汉东：《人工智能时代的制度安排与法律规制》，载《法律科学（西北政法大学学报）》2017 年第 5 期；冯珏：《自动驾驶汽车致损的民事侵权责任》，载《中国法学》2018 年第 6 期；郑志峰：《自动驾驶汽车产品缺陷的认定困境与因应》，载《浙江社会科学》2022 年第 12 期。

〔2〕 欧盟《人工智能法》序言（12）和（119）。

智能界定为一种服务。传统产品责任法强调区分产品与服务，服务被排除在产品责任之外。对于人工智能来说，产品责任只能解决人工智能产品缺陷致害责任问题，不能解决人工智能产品应用不当以及人工智能服务产生的侵权责任问题。对此，人工智能应用责任的引入，可以很好地弥补产品责任的调整空白，在适用范围上更广。

2. 主体类型

产品责任解决的是产品研发生产环节相关主体的责任问题，主要以生产者为代表，辅之以销售者、准生产者、零部件提供者等。与此不同的是，应用责任解决的是人工智能部署应用环节相关主体的责任问题，与产品责任的主体大体是相互补足的。欧盟《人工智能责任指令影响评估报告》指出，产品责任仅涵盖人工智能系统造成的部分损害，具体指向有缺陷的产品造成的损害，需要其他责任规则（other liability rules）来补偿因服务或任何产品使用而造成的损害。产品责任涵盖了作为责任人的生产者，而其他责任规则则涵盖了其他行为人（如人工智能系统的操作者 / 用户）造成的损害。〔1〕这里的其他责任规则，正是人工智能应用责任意欲统合整理的对象。当然，产品责任与应用责任的主体也可能存在重合，如人工智能产品的提供者、使用者同时构成生产者，此时需要协调两种责任的适用。

3. 责任基础

欧盟《机器人技术民事法律规则》很早就注意到了产品责任与应用责任的区分，指出，“产品责任的现行法律框架，即产品生产者对故障负有责任，以及侵害行为的责任规则，即产品使用者对其致害的行为负有责任，可以适用于机器人或人工智能造成的损害”。〔2〕换言之，产品责任解决的是人工智能研发生产端的风险责任问题，是一种“物”之故障风险的责任，仅适用于人工智能产品缺陷

〔1〕 See Commission Staff Working Document Impact Assessment Report, *Accompanying the Document Proposal for a Directive of the European Parliament and of the Council on Adapting Non-contractual Civil Liability Rules to Artificial Intelligence*, https://eurex.europa.eu/legalcontent/EN/TXT/?uri=CELEX:52022SC0319.

〔2〕 *Report with Recommendations to the Commission on Civil Law Rules on Robotic*, https: //www. europarl. europa.eu/doceo/document/A-8-2017-0005__EN. html.

致害的情形。而应用责任解决的是人工智能部署应用端的风险责任问题，是一种“人”之行为风险的责任，可以同时适用于人工智能产品与服务应用引发的侵权问题。即使人工智能产品本身没有缺陷，也可能因应用不当产生损害。例如，一辆自动驾驶汽车造成交通事故，可能是使用人错误开启自动驾驶功能或者未履行及时接管义务引起的，此时无法适用产品责任。对于产品责任来说，“物”之缺陷故障是最为核心的要件，至于生产者是否存在过错并不重要，适用的是无过错责任。背后的逻辑是，生产者最了解产品的风险，通过将产品大规模投放市场获得巨大的利益，要求生产者承担产品责任可以督促其不断改进产品性能，同时他们也更有能力来分散风险。〔1〕而应用责任关注的是“人”之行为的合理性，需要考虑相关主体的过错问题，以确保人工智能产品和服务得到合理的应用，归责原则方面更加多元。

（二）人工智能应用责任的立法路径

近年来，学者对于人工智能立法存在不同观点。有学者认为，人工智能立法应当采取集中立法模式，制定一部“人工智能科技法”。〔2〕有观点认为，人工智能集中立法难以完成，应当聚焦于不同应用场景的法律规制，采取“传统法律修正”的模式。〔3〕有学者提出，中国应当有一部“人工智能法”来彰显立场，唯有如此才能够统筹协调并确立国家层面人工智能治理制度，真正实现立法先导，发挥法治在人工智能发展治理领域固根本、稳预期、利长远的基础性作用。〔4〕有学者则认为，人工智能立法需要区分智能科技、智能要素、智能应用三个层次，即使制定了一部“人工智能法”，未来仍然需要从智能要素、智能应用层面出台针对性的法律。〔5〕具体到人工智能应用责任问题上，也需要解决立法路径的选择问题。从理论上看，既可以通过修订《民法典》或者制定司法解释等传统路径来应对，也可以通过制定“人工智能法”或者“人工智能民事责任

---

〔1〕 See Marija Karanikic Miric, *Product Liability Reform in the EU*, ECLIC, Vol.7, p. 384（2023）.

〔2〕 参见龙卫球：《人工智能立法路径》，载《互联网天地》2019年第11期。

〔3〕 参见汪庆华：《人工智能的法律规制路径：一个框架性讨论》，载《现代法学》2019年第2期。

〔4〕 参见张凌寒：《中国需要一部怎样的〈人工智能法〉？——中国人工智能立法的基本逻辑与制度架构》，载《法律科学（西北政法大学学报）》2024年第3期。

〔5〕 参见郑志峰：《人工智能立法的一般范畴》，载《数字法治》2023年第6期。

法”等新路径来解决。相比之下，通过制定“人工智能法”来解决人工智能应用责任更加合适。

一方面，《民法典》固然是解决人工智能应用责任的基础路径，但现有的侵权责任规则无法很好地适应人工智能的技术特征。根据欧盟《人工智能法》的定义，人工智能系统至少具有三种非常重要的能力：一是推理能力，指获得输出的过程，如预测、内容、建议或决策，也指人工智能系统从输入 / 数据中推导出模型和 / 或算法的能力；二是自主性，意味着它们的行动在一定程度上独立于人类的参与，具有在没有人类干预的情况下运行的能力；三是自我学习的能力，允许系统在使用过程中发生变化。〔1〕推理能力让人工智能具有智慧属性，使人工智能应用责任的主体识别成为难题；〔2〕自主性意味着机器决策不断取代人类决策，加剧了行为人过错的判断难度，冲击着现有的归责原则；〔3〕而自我学习能力源于深度学习、人工神经网络、大模型等技术，随之而来的是不透明性、不可预测性的增加，使人工智能在应用中的致害行为难以被监测、识别，也让应用责任的认定变得更加困难。〔4〕

此种背景下，只能考虑通过修订《民法典》来应对人工智能应用责任。然而，鉴于《民法典》刚颁布没多久，想要进行修订难度很大。与此同时，通过制定司法解释来解决人工智能应用责任也存在依据不足、层级不高的问题。司法解释的定位是对《民法典》相关规定的司法适用进行细化，强调符合立法的目的、原则和原意。〔5〕而《民法典》并没有关于人工智能应用责任的系统规定，制定人工智能应用责任的司法解释并不合适。此外，当前我国迎来了制定一部“人工智能法”的宝贵契机，在推进“人工智能法”的大背景下，制定一部专门的

---

〔1〕 参见欧盟《人工智能法》序言(12)。

〔2〕 See Iria Giuffrida, *Liability for AI Decision-Making: Some Legal and Ethical Considerations*, Fordham L. Rev., Vol.88, p.444(2019).

〔3〕 参见司晓、曹建峰:《论人工智能的民事责任：以自动驾驶汽车和智能机器人为切入点》，载《法律科学(西北政法大学学报)》2017 年第 5 期。

〔4〕 See Anat Lior, *AI Entities as AI Agents: Artificial Intelligence Liability and the AI Respondeat Superior Analogy*, Mitchell Hamline L. Rev., Vol.46, p.1057(2020).

〔5〕 参见黄忠:《论民法典后司法解释之命运》，载《中国法学》2020 年第 6 期。

"人工智能民事责任法"可能性不大，有浪费立法资源之嫌。基于此，通过"人工智能法"来回应人工智能应用责任具有制度优势。

另一方面，侵权责任规则本身就是人工智能风险治理的重要组成部分，是预防、管理人工智能风险的重要工具，规定在"人工智能法"中非常贴切，有助于规范人工智能发展的正确路径和方向。[1]域外方面，欧盟一边出台《人工智能法》，另一边发布新《产品责任指令》与《人工智能责任指令》，为人工智能侵权责任提供了一套整体解决方案。虽然欧盟《人工智能法》并未涉及人工智能应用责任问题，但欧盟《人工智能责任指令》中的有关人工智能系统、高风险人工智能、提供者、部署者等概念，都需要以前者规定为准。因此，欧盟《人工智能法》与《人工智能责任指令》是"一枚硬币的两面"。[2]国内方面，自 2023 年以来，学界相继发布了两部人工智能法建议稿，一部是由中国社科院牵头的《人工智能示范法（专家建议稿）》，[3]另一部是由中国政法大学等共同起草的《人工智能法（学者建议稿）》，两者都针对人工智能应用责任作了规定，为未来"人工智能法"的制定提供了很好的参考样本。

二、人工智能应用责任的主体识别

（一）人工智能应用责任主体的识别框架

人工智能产业链上的主体非常多样，一个核心问题是，哪些主体需要承担应用责任？[4]对此，人工智能应用责任主体的识别可以采取如下框架。

1. 识别范围

应用责任解决的是人工智能部署应用阶段的风险损害赔偿问题，责任主体的范围是非常广泛的。例如，向市场提供人工智能产品或者服务的企业、为人

---

〔1〕 参见杨立新：《民事责任在人工智能发展风险管控中的作用》，载《法学杂志》2019 年第 2 期。

〔2〕 See Questions & Answers: *AI Liability Directive*, EU (Sep.28, 2022), https://ec.europa.eu/commission/presscorner/api/files/document/ print/en/qanda_22_5793/QANDA_22_5793_EN.pdf.

〔3〕 2024 年 4 月 1 日，《人工智能示范法（专家建议稿）》发布 2.0 版本。若无特别说明，本文指的是最新版本。

〔4〕 See Beatrice Schutte & Lotta Majewski, *Private Liability for AI-Related Harm: Towards More Predictable Rules for the Single Market*, Mkt. & Competition L. Rev., Vol.6, p.130 (2022).

工智能提供组件或者插件服务的提供商、使用人工智能产品或者服务的用户，以及侵入人工智能系统的第三方黑客，都可能影响人工智能产品的安全使用。显然，并非所有责任主体都需要借助“人工智能法”来解决，有的适用《民法典》的一般侵权责任即可。对此，欧盟《人工智能责任条例》指出：“成员国现行的基于过失的侵权法，在多数情况下为遭受黑客等第三人干扰造成的损害或其财产被第三人损害的人提供了充分的保护，因为干扰通常构成过错行为；只有在第三人无法追查或难以追查的情况下，才有必要制定其他责任规则。”〔1〕从立法角度来看，既然需要借助“人工智能法”来规定人工智能应用责任，那么首先需要明确“人工智能法”中的主体架构。

域外方面，欧盟《人工智能法》采取了提供者（provider）与部署者（deployer）两分的主体架构，附带涉及授权代表（authorised representative）、进口商（importer）、分销商（distributor）、运营商（operator）等主体类型。〔2〕在此基础上，欧盟新《产品责任指令》负责解决生产者、授权代表、进口商、分销商、运营商的产品责任问题，欧盟《人工智能责任指令》则主要解决提供者、部署者的应用责任问题。与此同时，2023 年日本发布《人工智能运营商指南》草案，确立了开发者、提供者与使用者三种主体类型。〔3〕

国内方面，比较有借鉴意义的是两部人工智能法建议稿。其中，《人工智能示范法（专家建议稿）》规定了研发者、提供者与使用者三类主体。在此基础上，《人工智能示范法（专家建议稿）》第 70 条重点明确了研发者、提供者的侵权责任问题，但未对使用者的责任作出安排。与此同时，《人工智能法（学者建议稿）》也采取了三分主体架构，即开发者、提供者与使用者。与《人工智能示范法（专家建议稿）》相比，《人工智能法（学者建议稿）》唯一的区别是用开发者替代研发者，目的是将纯粹的研究活动排除在外。在此基础上，《人工智能法（学者建议稿）》重点围绕提供者、使用者的侵权责任问题进行规定，但将开发者排

〔1〕 欧盟《人工智能责任条例》序言（8）。

〔2〕 参见欧盟《人工智能法》第 3 条。

〔3〕 参见胡月奕：《日本〈人工智能运营商指南（草案）〉解读》，载微信公众号“清华大学智能法治研究院”2024 年 3 月 2 日，https://mp.weixin.qq.com/s/oTEjcr7HiBj7xMo2-buxKg。

除在责任主体之外。

考虑到本土用语的便利，也为了更好地凝聚共识，建议未来我国“人工智能法”沿用两部人工智能法建议稿的做法，采取“开发者—提供者—使用者”的主体架构，如此可以涵盖人工智能的全生命周期，实现对人工智能风险的闭环治理。事实上，虽然欧盟《人工智能法》明确将人工智能投入市场或者提供服务前的研发活动排除在调整范围之外，但对于人工智能开发提供一体化活动仍然是适用的。例如，欧盟《人工智能法》第 3 条有关提供者的定义，就明确提到“开发人工智能系统或通用人工智能模型”的表述。因此，欧盟《人工智能法》中的提供者本质上等于我国两部人工智能法建议稿中的开发者（研发者）和提供者，是涵盖开发阶段的广义提供者。至于欧盟《人工智能法》中的部署者，与我国两部人工智能法建议稿中的使用者基本是同一概念，都指使用人工智能系统的任何组织和个人。因此，欧盟《人工智能法》与我国两部人工智能法建议稿的主体结构本质上是一致的。

2. 识别原则

在明确人工智能法三分主体架构的基础上，需要进一步识别哪些主体适合作为人工智能应用责任的主体。对此，可以采取如下识别原则。

第一，救济原则。人工智能应用责任的首要目的是救济受害人，至于损害发生的场合并不重要。欧盟《人工智能法》在界定部署者时，明确将“在个人的非职业活动中使用人工智能系统”的部署者排除在外。国内方面，《人工智能法（学者建议稿）》也有类似的做法，其第 95 条规定，“自然人因个人或者家庭事务使用人工智能的”不适用本法。笔者认为，人工智能造成的损害既可能发生在公共空间或者商业使用过程中，如企业提供生成式人工智能服务造成用户损害，也可能发生在个人或者家庭事务中，如私人使用自动驾驶汽车造成他人损害。对此，无论损害发生在何种情形下，都需要回应受害人的救济需求。欧洲议会《人工智能与民事责任》报告就指出：“一项技术是在私人空间还是在公共空间运作，对于确定特定应用所产生的风险水平以及随后是否需要通过严格的赔偿责任进行监管，并不是最重要的。在私人环境中运作，也可能产生重大风险，进而需要特别干预。”〔1〕此外，欧盟《人工智能法》与我国《人工智能法（学者建议稿）》的初衷在于试图免除自然人在个人或者家庭事务中使用人工智能的合规义务，而非排除其责任问题。

第二，“一站式”原则。面对开发者、提供者、使用者等众多主体类型，一种常见的思路是多多益善，以便为受害人提供更多救济可能。对此，应当坚持“一站式”原则，明确人工智能应用责任的第一责任主体，而非“一揽子”地将各方都纳入责任主体之列。首先，确定第一责任主体可以方便受害人救济与纠纷解决，避免责任主体过多产生责任推诿、适用复杂等问题。实践中，人工智能应用活动致害的原因可能是多样的，简单地将开发者、提供者、使用者都纳入责任主体看似完美，但实际上会让事故原因的调查、纠纷的解决变得复杂，法院将被迫逐一审查每个主体的责任问题，徒增受害人救济的成本。其次，规定第一责任主体承担应用责任，也可以让人工智能产业链上的各方能够职责明确、轻装上阵，减少各方规避责任承担的博弈成本，更好地推动人工智能的应用普及。欧洲议会《人工智能与民事责任》报告就指出：“解决人工智能侵权责任的最好办法是根据一站式办法，事先为所有诉讼确定一个单一、明确和不容置疑的切入点，即明确第一责任主体。至于第一责任主体与其他责任主体之间的责任分担，可以留给定价机制、二次诉讼和合同协议。”〔2〕

第三，风险原则。按照“一站式”原则，需要确定开发者、提供者、使用者谁更适合作为第一责任主体。对此，从合理分配侵权责任的角度出发，应当坚持风险原则，即谁最能控制风险、分散风险，谁就应当成为人工智能应用责任的第一责任主体。具体来说，随着风险社会的来临，侵权法中的损害赔偿从最初在当事人之间分配损失，发展为向多个共同参与人乃至整个社会分散损失，出现了集体化的损失分担趋势。〔3〕考虑到人工智能技术带来的巨大社会性风险，

〔1〕 See Artificial Intelligence and Civil Liability, https://www.europarl.europa.eu/RegData/etudes/STUD/2020/621926/IPOLSTU(2020)621926EN.pdf.

〔2〕 See Artificial Intelligence and Civil Liability, https://www.europarl.europa.eu/RegData/etudes/STUD/2020/621926/IPOLSTU(2020)621926EN.pdf.

〔3〕 参见朱岩：《风险社会与现代侵权责任法体系》，载《法学研究》2009年第5期。

对于人工智能应用活动引发的损害分担问题，也需要从整个社会应对人工智能风险的视角进行观察，侵权责任的分配需要充当人工智能风险治理的重要制度工具。基于此，唯有将侵权责任配置给那些能够控制、分散人工智能应用风险的人，才能更好地预防、减少损害的发生，最大限度救济受害人，协同实现侵权责任法与人工智能法的目标。

当然，人工智能的应用风险可能是系统性、全域性的，开发者、提供者、使用者都可能处于风险的辐射范围，此时需要依照“风险控制为主、风险分散为辅”的标准，综合考察谁最适合作为第一责任主体。风险控制标准强调的是主体开启风险、管理风险的能力，贯彻责任自负原则，强调谁制造风险谁管理风险，是从损害预防的角度来分配责任，体现侵权责任法的矫正正义。风险分散标准关注的是主体分担责任的能力，是从损害救济的角度来分配责任，体现侵权责任法的分配正义。两者相比，风险控制标准更为关键，直接从前端影响人工智能损害的预防，同时，风险分散标准具有相当的不确定性，与行为人的主观情况密切相关。欧洲议会《人工智能与民事责任》报告指出，如果有一个以上的运营者，如一个前端运营者（front-end operator）和一个后端运营者（back-end operator），那么应当由对运营风险有更多控制的运营者承担责任。虽然控制（control）和利益（benefit）都是决定一个人是否有资格作为运营者的决定性因素，但利益往往很难量化，仅依靠利益标准来决定谁应承担责任将导致不确定性。〔1〕

（二）人工智能应用责任主体的具体识别

从风险原则出发，开发者不宜作为人工智能应用责任的第一责任主体。因为开发者更多的是影响人工智能产品或者服务的开发端，适用产品责任更加合适。同时，开发阶段的人工智能产品或者服务通常限于内部，风险影响的范围相对有限，没有特别规制的必要。而一旦开发者将人工智能产品或者服务公开测试或者投入市场，那么开发者的身份就转变为提供者或者使用者，此时开发

〔1〕 See Artificial Intelligence and Civil Liability, https://www.europarl.europa.eu/RegData/etudes/STUD/2020/621926/IPOLSTU(2020)621926EN.pdf.

者需要以提供者或者使用者的身份承担侵权责任。至于提供者与使用者，都有可能影响人工智能部署应用端的风险控制与分散，考虑到人工智能应用场景的复杂性，需要区分人工智能产品和服务来具体分析。

1. 人工智能产品应用责任的主体识别

传统产品一旦离开生产者进入市场流通，风险的控制基本依赖于消费者的行为。与之不同的是，人工智能产品具有软件定义、持续升级等特点，即使产品进入流通，生产者依然对产品的风险具有控制力。例如，甲公司将自己生产的一辆自动驾驶汽车出售给张三，此时甲公司为提供者，张三为使用者。作为提供者，为了保障自动驾驶系统的持续可用，甲公司需要持续提供后续服务，包括地图导航、软件更新、远程接管等，故其对于自动驾驶汽车的风险具有控制力。同时，相较于使用者，提供者往往是大型企业，具有更强的风险分散能力。至于使用者，虽然将驾驶权让渡给了自动驾驶系统，但仍然能决定自动驾驶汽车的运行方式、运行道路、运行时段和运行频次，同时影响着自动驾驶系统与车辆硬件的维护、保养、升级等，故也能控制自动驾驶汽车的风险。〔1〕那么，提供者与使用者谁更应当作为应用责任的第一责任主体呢？

对此，欧盟《人工智能和其他新兴数字技术的责任》报告认为，使用者属于前端运营者，提供者属于后端运营者。通常情况下，前端运营者拥有更多的控制权，但在新兴数字技术变得更加关注后端的情况下，可能会出现后端运营者对技术拥有更多持续控制权的情况，让后端运营者承担责任更有说服力。特别是随着系统越来越复杂和自治，人们对操作细节的实际“控制”越来越少，后端运营者对于技术的控制可能比前端运营者仅启动系统有更大的影响。此外，从经济角度来看，后端运营者从持续的控制中受益，要么是从运营产生的数据中获利，要么是运营行为产生收益。〔2〕与之不同的是，欧盟《人工智能责任条例》明确反对将后端运营者界定为部署者以适用应用责任规则，其主张为了确保整个欧盟的法律确定性，后端运营者应遵守与生产者相同的责任规则，即适用产

---

〔1〕 参见冯珏：《自动驾驶汽车致损的民事侵权责任》，载《中国法学》2018 年第 6 期。

〔2〕 See *Liability for Artificial Intelligence and other Emerging Digital Technologies*, https://www.europarl. europa. eu/ meetdocs/20142019/plmrep/COMMITTEES/JURI/DV/2020/01-09/AI-report EN.pdf.

品责任。[1]

笔者认为，相较于提供者，使用者更应当作为第一责任主体。首先，对于人工智能产品来说，提供者提供的后续服务本身就是产品功能的重要组成部分。如果提供者提供的服务影响了产品的安全使用，那么应当视为产品存在缺陷，提供者需要以生产者的身份承担产品责任。对此，欧盟新《产品责任指令》指出："数字服务集成到产品中或与产品互联的情况越来越普遍，如果没有这种服务，产品就无法发挥其特定功能。虽然本指令不应适用于服务本身，但有必要将无过错责任扩张到此类数字服务，因为此类服务与物理或数字组件一样决定着产品的安全性。当这些相关服务处在产品生产者的控制范围内时，应将其视为与之互联的产品的组件。"[2]其次，在提供者承担产品责任的情况下，如果再为提供者设置应用责任，可能存在叠床架屋的问题，会引起责任规避的现象。具言之，如果为提供者设置的应用责任过于严格，如无过错责任，那么受害人势必会优先选择以应用责任来追究提供者的责任，因为无须举证产品存在缺陷，最终会导致产品责任被架空，间接加重生产者的负担，不利于技术创新。反之，如果对提供者的应用责任设置得过于宽松，如设置为一般过错责任，那么又失去了增强受害人救济的意义，相较于产品责任不见得有制度优势。再次，人工智能产品投入流通后，提供者的控制通常仅限于人工智能产品的软件部分，主要通过在线升级、在线服务等方式。相较之下，使用者对于人工智能产品的控制更加直接全面，涵盖产品的硬件、软件等全部范围。最后，就人工智能产品而言，使用者往往是受害人，能够接触的最近主体，相较于起诉提供者，要求使用者承担责任能够更加便利受害人主张赔偿。虽然使用者的风险分散能力可能无法与提供者相提并论，但通过保险等方式也能有效分担损失，不至于责任过重。

实践中，我国的一些立法也贯彻了这一理念。例如，《深圳经济特区智能网联汽车管理条例》第 53 条就自动驾驶汽车的交通事故责任作出了规定，明确交

[1] 参见欧盟《人工智能责任条例》第 3 条。
[2] 欧盟新《产品责任指令》序言（15）。

通事故属于自动驾驶汽车一方责任的，由驾驶人、所有人、管理人承担责任，贯彻了使用者承担应用责任的理念。具言之，对于有条件自动驾驶汽车与高度自动驾驶汽车，考虑到驾驶人必须坐在驾驶位上监控车辆运行状态和周围环境，并且需要在自动驾驶汽车遭遇紧急情况时予以接管，故驾驶人构成使用者，应当作为第一责任主体。对于完全自动驾驶汽车，车内已经没有人工驾驶模式和驾驶装置，驾驶人已然乘客化，同时自动驾驶汽车本身具有适应各种场景的能力，车辆运行安全与风险更多的是来自日常维护、保养、升级，故将所有人或者管理人认定为使用者，作为第一责任主体。

需要注意的是，各主体之间可能存在身份的重叠，除了提供者同时是生产者之外，还可能存在使用者同时是生产者的情形。例如，甲公司利用自己生产的自动驾驶汽车提供共享出行业务，此时甲公司既是生产者，也是使用者，需要明确责任规则的适用。对此，欧盟《人工智能责任条例》第 11 条规定："如果任何部署者也是人工智能系统的生产者，则本条例应优先适用于《产品责任指令》。"笔者认为，当使用者同时构成生产者时，应当允许受害人选择适用不同的规则，既可以选择向使用者主张应用责任，也可以要求使用者以生产者的身份承担产品责任。〔1〕

2. 人工智能服务应用责任的主体识别

相较于人工智能产品，人工智能服务不存在生产者的问题，没有产品责任的适用空间，如何配置提供者、使用者的应用责任非常重要。〔2〕对此，首先需要确定谁更适合作为第一责任主体。例如，乙公司上线了一款生成式人工智能 App，李四是该 App 的用户，此时乙公司为提供者，李四为使用者。对此，提供者和使用者都对生成式人工智能服务的应用风险具有控制力。对于提供者而言，人工智能运行的算法、框架、芯片、配套软件、训练数据等皆由提供者控制。

---

〔1〕 例如，传统汽车发生交通事故，如果汽车本身存在产品缺陷的，受害人既可以向机动车一方主张赔偿责任，也可以依法向生产者、销售者主张产品责任。参见《最高人民法院关于审理道路交通事故损害赔偿案件适用法律若干问题的解释》第 9 条。

〔2〕 当然，产品与服务的区分在人工智能时代变得更加困难，两者常常相互交织。See Tiago Sergio Cabral, *Liability and Artificial Intelligence in the EU: Assessing the Adequacy of the Current Product Liability Directive*, Maastricht J. Eur. & Comp. L., Vol.27, p.619 (2020).

基于此，我国的《生成式人工智能服务管理暂行办法》对于提供者的义务作出了全面规定。与此同时，使用者对于生成式人工智能的风险也具有相当的控制力，使用者的个性化需求以及人机之间的互动交流也可能影响生成式人工智能的输出结果，如使用者故意诱导或者误导人工智能，同时还决定着生成内容的下一步使用。[1]

笔者认为，对于人工智能服务来说，应当将提供者作为第一责任主体。首先，人工智能服务没有生产者，不存在应用责任与产品责任叠床架屋的问题，如何设置提供者的责任都不会引起责任规避的现象。其次，人工智能服务直接面向社会公众，提供者对于人工智能服务的风险控制力更强，具有更强的风险预防、管理能力。具言之，人工智能服务的每一次使用都需要提供者保障人工智能的运行条件，包括运行所需要的算力、网络、模型能力等，提供者不仅能够从前端控制人工智能的生成内容，还能对后端生成的侵权内容采取删除等技术措施。[2]虽然使用者也能影响人工智能服务的结果，如关键词的选择、生成内容的使用，但人工智能服务终归不同于人工智能产品，并没有供使用者控制的有形载体，使用者每次使用都需要高度依赖提供者的服务。与此同时，使用者往往是普通的消费者或者终端用户，一般只能被动地接收输出结果，风险控制更多的是依靠人工智能服务本身的质量与安全。[3]至于使用者违法利用人工智能服务的情形，如通过复杂的提示技术或者其他机制（如微调）修改生成式人工智能系统，[4]适用一般侵权责任即可。最后，提供者是将人工智能服务投入市场或者使用的人，通常具有更强的风险分散能力，能够通过提供人工智能服务获得对应的收益，更适合作为人工智能服务的第一责任主体。

需要注意的是，与人工智能产品不同的是，人工智能服务具有衍生开发的

---

〔1〕 参见周学峰：《生成式人工智能侵权责任探析》，载《比较法研究》2023 年第 4 期。

〔2〕 参见徐伟：《论生成式人工智能服务提供者的法律地位及其责任——以 ChatGPT 为例》，载《法律科学（西北政法大学学报）》2023 年第 4 期。

〔3〕 See Beatrice Schutte & Lotta Majewski, *Private Liability for AI-Related Harm: Towards More Predictable Rules for the Single Market*, Mkt. & Competition L. Rev., Vol.6, p.131 (2022).

〔4〕 See Peter Henderson , Tatsunori Hashimoto & Mark Lemley, *Where's the Liability in Harmful AI Speech?* , J . Free Speech L., Vol.3, p.636 (2023).

特点。例如，在全球首例 AIGC 侵权案件中，被告经营的 Tab 是一款提供绘画生成服务的网站，因为输入奥特曼等关键词生成了与奥特曼动漫形象相似的图片，从而被权利人起诉。法院经过审理发现，被告 Tab 网站是通过可编程接口的方式接入第三方服务商的系统。此时，第三方服务商是否也需要作为提供者与被告共同承担责任不无疑问。对此，欧盟《人工智能法》第 25 条规定，如果对投放市场或者使用的人工智能进行了实质性修改的，那么原提供者不再视为提供者，应当由新提供者承担提供者的义务与责任。所谓实质性修改，是指这种修改在提供者最初的合格性评估中没有预见到或没有计划，并因此影响人工智能系统的合规义务，或导致人工智能系统被评估的预期目的发生改变。[1]

这一做法值得借鉴，如果新提供者已经实质性改变了原有的人工智能系统，那么原提供者对于新人工智能系统的风险缺乏足够的控制力，自然不应当继续以提供者的身份承担责任。反之，如果原提供者与新提供者都对修改后的人工智能服务具有控制力，则需要以共同提供者的身份承担连带责任。对此，我国《人工智能法（学者建议稿）》第 90 条明确规定，利用基础模型从事人工智能开发、提供、使用活动，侵害他人合法权益的，应当由衍生利用的新提供者承担法律责任，原提供者知道或者应当知道新提供者利用基础模型从事违法活动未采取必要措施的，承担连带责任。这一规定比较准确地界定了衍生开发中基础模型服务提供者的主体身份与责任问题。

三、人工智能应用责任的类型化归责

（一）人工智能应用责任类型化归责的证成

1. 类型化归责的正当性

人工智能的应用场景非常丰富，不同类型的人工智能其风险程度各异。对于人工智能应用责任的归责，首先需要明确是否引入类型化思维，即区分不同风险的人工智能分别设置归责原则？这是关系人工智能应用责任归责原则设计的基础问题。对此，我国两部人工智能法建议稿存在不同的做法。《人工智能

---

〔1〕 参见欧盟《人工智能法》第 3 条。

法（学者建议稿）》赞同类型化归责，第 85 条针对提供者的归责区分关键人工智能与一般人工智能，分别适用过错推定责任与过错责任，但第 86 条对于使用者又一体适用过错责任。与之不同的是，《人工智能示范法（专家建议稿）》第 70 条规定研发者、提供者一律适用过错推定责任，无须考虑不同人工智能的风险差异。

笔者认为，整齐划一的归责思路缺乏灵活性，应当区分不同风险的人工智能进行类型化归责。

第一，契合侵权责任归责的一般规律。风险是现代侵权法的核心概念之一。〔1〕有观点指出，风险贯穿于侵权责任法的各项制度中。对于过错责任来说，风险是过错评估的重要组成部分；对于严格责任来说，风险是责任分配的基本依据。此外，风险还影响责任承担、责任免除等。〔2〕侵权责任归责的设置是损害分配的基础，一个重要考量因素就是风险的大小。〔3〕过错责任与过错推定责任允许行为人以过错来划定责任边界，通常适用于风险程度较低的领域，背后理由在于通过对行为人施加行为上的注意义务可以很好地预防与分散风险。同时，行为人过错的认定常常离不开风险的识别与评估。例如，著名的汉德公式主张过错的判断需要比较行为人采取风险预防的成本与可预见的风险发生的损害值，前者小于后者就可认定过错。〔4〕随着工业革命的到来，各种高风险的活动开始频繁出现，远超社会可以接受的正常水平。由此，侵权法的范式也在发生改变，从"行为法"迈向"责任法"，无过错责任成为重要的归责原则，强调风险的预防与分担。〔5〕总之，无过错责任与过错责任、过错推定责任的归责虽然有

〔1〕 参见［美］戴维·G. 欧文主编：《侵权法的哲学基础》，张金海等译，北京大学出版社 2016 年版，第 321 页。

〔2〕 See Johanna Chamberlain, *The Risk-Based Approach of the European Union's Proposed Artificial Intelligence Regulation: Some Comments from a Tort Law Perspective*, European Journal of Risk Regulation, Vol.14, p.2–4 (2023).

〔3〕 参见叶金强：《风险领域理论与侵权法二元归责体系》，载《法学研究》2009 年第 2 期。

〔4〕 参见［美］G. 爱德华·怀特：《美国侵权行为法：一部知识史（原书增订版）》，王晓明、李宇译，北京大学出版社 2014 年版，第 328 页。

〔5〕 参见［德］布吕格迈耶尔、朱岩：《中国侵权责任法学者建议稿及其立法理由》，北京大学出版社 2009 年版，第 29~30 页。

别,但内在机理都强调风险的分配,只是方式不同。[1]

与此同时,我国《民法典》侵权责任编也充分贯彻了基于风险的类型化归责。以物引发的损害赔偿责任为例,高度危险物、饲养动物等风险程度高的物适用无过错责任,搁置物、悬挂物、堆放物等风险程度次之的适用过错推定责任,其他普通物件则适用过错责任。即便同样是饲养动物,也区分了禁止饲养的危险动物、违反安全措施的饲养动物、一般的饲养动物以及动物园饲养动物四种情形,分别设置严格程度不同的归责原则,背后原因在于不同情形下动物的风险程度各异。[2]对于人工智能来说,延续这种类型化归责的思维具有正当性。一方面,作为一种新兴科技,人工智能在已有的社会风险之外平添了新的风险因素。另一方面,人工智能在与具体应用场景结合的过程中,也会对原有风险进行继承、消除、重组与增生。这意味着人工智能的风险兼具新旧两种特质,延续类型化归责可以很好地实现新旧归责体系的衔接,贯彻侵权责任风险归责的一贯立场。

第二,提高人工智能应用责任归责的适配度。人工智能是一种典型的赋能科技,除了在信息技术专业化领域应当依据固有功效加以研发和部署之外,还可以突破技术设计之初的目的限制,作为一种通用的或者说泛在的技术加以开发和应用,对相关事物产生赋能或增强的效果。[3]这意味着人工智能的应用场景非常广泛,涉及医疗、交通、教育、金融、娱乐等各个领域。欧盟《人工智能法》就指出:“人工智能是一个快速发展的技术族,能够为各行各业和社会活动带来广泛的经济、环境和社会效益。”[4]既然人工智能是一种具有通用价值的赋能型技术,那么就需要充分认识到对于人工智能不可能像单一产品或者服务那样进行监管,要正视不 同应用场景的人工智能的风险程度可能会天差地别。[5]

---

〔1〕 参见[澳]彼得·凯恩:《阿蒂亚论事故、赔偿及法律(第6版)》,王仰光等译,中国人民大学出版社2008年版,第450页。

〔2〕 参见杨立新:《饲养动物损害责任一般条款的理解与适用》,载《法学》2013年第7期。

〔3〕 参见龙卫球:《人工智能立法规范对象与规范策略》,载《政法论丛》2020年第3期。

〔4〕 欧盟《人工智能法》序言(4)。

〔5〕 See Keri Grieman &Joseph Early, *A Risk-Based Approach to AI Regulation: System Categorisation and Explain- able AI Practices* , SCRIPTed, Vol.20, p.66(2023).

例如，自动驾驶汽车与在线聊天机器人都属于人工智能，前者的使用场景具有公共性、线下性，加上车辆本身具有的高质量、高速度等物理属性，直接影响的是使用者与不特定的社会公众的人身财产安全，风险程度是极高的；反观在线聊天机器人，主要用于帮助用户抒发情感、打发时间、解答问题等，具有特定性、虚拟性等特点，影响的群体有限，同时也不会直接对用户的人身财产安全造成损害，风险程度较低。基于此，通过引入类型化归责可以兼顾不同人工智能应用的风险特点，提高归责的适配度。此外，即使是同一应用场景的人工智能，随着技术的发展，风险程度也可能会发生极大的变化，进而需要进行动态调整。对此，类型化归责可以避免一体归责要么过于严格、要么过于宽松的不适局面，更好地服务科技创新与科技安全。

第三，贯彻人工智能分级治理的理念。当前，人工智能监管的一个趋势是采取基于风险的方法（risk-based approach），强调人工智能分级治理。对此，欧盟《人工智能法》指出："为了对人工智能系统采用一套成比例和有效的具有约束力的规则，应遵循明确界定的基于风险的方法。这种方法应根据人工智能系统可能产生的风险的强度和范围来调整此类规则的类型和内容。因此，有必要禁止特定的不可接受的人工智能实践，规定高风险人工智能系统的要求和相关经营者的义务，并明确特定人工智能系统的透明度义务。"[1]美国方面，对于人工智能治理也采取了"基于风险的方法"，强调根据不同应用场景、不同程度的风险来配备针对性的监管规则。2023 年 1 月，美国国家标准与技术研究院发布《人工智能风险管理框架》，提出了一套帮助开发者、用户和评估人员更好地评估、管理人工智能风险的工具与方法。[2]2023 年 11 月，美国 6 名参议员提出《2023 年人工智能研究、创新和问责法案》，突破性地提出对"高影响"和"关键影响"的人工智能系统进行区分规制。[3]

---

〔1〕 欧盟《人工智能法》序言（26）。

〔2〕 See Artificial Intelligence Risk Management Framework（AI RMF 1.0），https://www.nist.gov/publications/artificial-intellig ence-risk-management-framework-ai-rmf-10.

〔3〕 See The AI Research，Innovation and Accountability Act of 2023，https://www.congress.gov/bill/118th-congress/senate-bill/3312.

基于风险的方法的核心是根据风险的高低、性质、级别等配置规制活动的优先次序，以实现最优的资源分配和效果达成，具有动态性、迭代性、定制化以及比例性的特点，可以实现人工智能治理的全面性、灵活性、多元性以及科学性。〔1〕国内对于基于风险的方法并不陌生，在数据安全、个人信息保护、人工智能治理等领域都有过讨论与实践。〔2〕例如，《上海市促进人工智能产业发展条例》第65条第2款就规定，对高风险的人工智能产品和服务实行“清单式管理，遵循必要、正当、可控等原则进行合规审查”，对中低风险的人工智能产品和服务采用“事前披露和事后控制的治理模式，促进先行先试”。此外，两部人工智能法建议稿都引入了基于风险的分级治理理念。与此同时，风险与责任分配存在密切关联。有观点就指出，风险在监管中扮演着四种角色，分别是提供监管对象、证明监管合理性、建立和制定监管组织和程序以及构建责任关系。〔3〕对于人工智能应用责任来说，既然需要借助《人工智能法》一体规制，进行类型化归责也是应有之义。

2. 人工智能归责的类型化方案

既然人工智能应用责任需要进行类型化归责，那么该如何区分不同风险的人工智能呢？

域外方面，欧盟《人工智能和其他新兴数字技术的责任》报告采取了两分法，即高风险人工智能与低风险人工智能。至于如何判断高风险人工智能，报告提出了两个标准，一是这些技术在非私人环境中运行，二是通常会造成重大损害。〔4〕受其影响，欧盟《人工智能责任条例》也将人工智能区分为高风险人工

〔1〕 参见张涛：《人工智能治理中“基于风险的方法”：理论、实践与反思》，载《华中科技大学学报（社会科学版）》2024年第2期。

〔2〕 参见赵鹏：《“基于风险”的个人信息保护？》，载《法学评论》2023年第4期；梅夏英：《社会风险控制抑或个人权益保护——理解个人信息保护法的两个维度》，载《环球法律评论》2022年第1期；张涛：《探寻个人信息保护的风险控制路径之维》，载《法学》2022年第6期；洪延青：《国家安全视野中的数据分类分级保护》，载《中国法律评论》2021年第5期。

〔3〕 参见［美］罗伯特·鲍德温、马丁·凯夫、马丁·洛奇编：《牛津规制手册》，宋华琳等译，上海三联书店2017年版，第340页。

〔4〕 See Andrea Bertolini & Francesca Episcopo, *The Expert Group's Report on Liability for Artificial Intelligence and Other Emerging Digital Technologies: A critical assessment*, European Journal of Risk Regulation, Vol.3, p.649(2021).

智能与其他人工智能，分别适用无过错责任与过错推定责任，并明确列举了五类高风险人工智能，分别是无人机、高度自动驾驶与完全自动驾驶、自主交通管理系统、自主机器人以及公共场所自主清洁设备。〔1〕随后出台的欧盟《人工智能法》作了进一步细化，将人工智能划分为四个等级，分别是禁止实践的人工智能、高风险人工智能、有限风险人工智能以及低风险人工智能。〔2〕此外，韩国发布了《促进人工智能产业发展和确保信任的法案（草案）》《人工智能责任法案（草案）》等，采取高风险人工智能与一般人工智能的两分立场。〔3〕

国内方面，有学者主张参考欧盟的四分法，认为《人工智能法》应基于不同的风险情形，明确完全禁止、部分禁止、有条件开放、完全开放的范围，对不同类别以及不同程度的风险适用不同的监管政策。〔4〕有学者则明确反对，认为“人工智能法”不宜在现阶段技术产业发展走向尚不明朗的情况下划定不同级别，而应划定“红线底线”以满足当下监管需求，并为不确定性的发展留足空间。同时，过于复杂的分级会导致认定标准和监管成本过高，与我国立法的标准体系难以完全兼容。〔5〕实践中，《上海市促进人工智能产业发展条例》采取两分法，将人工智能区分为高风险与中低风险两个级别。与此同时，《人工智能示范法（专家建议稿）》通过负面清单管理制度，将人工智能区分为需要负面清单管理的人工智能与不需要负面清单管理的人工智能；而《人工智能法（学者建议稿）》则将人工智能划分为关键人工智能与一般人工智能。

总的来说，虽然欧盟《人工智能法》、韩国《促进人工智能产业发展和确保信任的法案（草案）》《人工智能责任法案（草案）》等采取了高风险人工智能为核心的术语，我国两部人工智能法建议稿使用了负面清单管理的人工智能、关键人工智能的概念，但本质上是一致的，都是贯彻基于风险的方法，区分不同风

〔1〕参见欧盟《人工智能责任条例》第3条、第4条、第8条。

〔2〕参见欧盟《人工智能法》第5条、第6条、第7条、第52条。

〔3〕参见张智华：《韩国AI相关政策与法律动态》，载微信公众号“法律之门”2024年3月27日，https://mp.weixin.qq.com/s/7hxK27OYiKJM2LDj9I7yrw。

〔4〕参见邵长茂：《人工智能立法的基本思路》，载《数字法治》2023年第5期。

〔5〕参见张凌寒：《中国需要一部怎样的〈人工智能法〉？——中国人工智能立法的基本逻辑与制度架构》，载《法律科学（西北政法大学学报）》2024年第3期。

险的人工智能分别进行规制。因为无论是高风险人工智能，还是负面清单管理的人工智能，抑或关键人工智能，最终都要体现法律对于这类人工智能的特别监管，背后的正当性基础仍然是风险因素在起决定性作用。以《人工智能法(学者建议稿)》中的关键人工智能为例，涉及公共通信和信息服务、能源、交通、水利、金融、公共服务、电子政务、国防科技工业等重要行业和领域的人工智能，对公民的生命、自由、人格尊严等重大人身权益有重要影响的人工智能，在算力、参数、用户规模等方面达到一定级别的通用人工智能系统。无论是哪一类关键人工智能，都具有很高的风险属性，一旦发生安全事件，会对个体、社会乃至国家安全造成严重危害。

笔者认为，虽然理想中的基于风险的方法可以评估人工智能的每一种风险，以便实现监管的相称性与比例性，避免过度监管与监管不足。但过于精细化的风险分级会带来巨大的潜在成本，并且人工智能的许多风险仍然是未知的。这也是基于风险的方法被常常诟病的地方。因此，对于人工智能的风险分级有必要进行适当的标准化。[1]从归责角度出发，建议我国的“人工智能法”采取三分法，即高风险人工智能、有限风险人工智能与低风险人工智能，以便尽可能涵盖人工智能的不同应用场景与风险状况，避免两分法可能存在的分级空白。至于哪些属于高风险人工智能与有限风险人工智能，需要由“人工智能法”予以明确，并定期进行动态更新，以便根据人工智能技术发展的成熟度来灵活调整。

(二)人工智能应用责任类型化归责的展开

在确立对于人工智能进行类型化归责的基础后，接下来需要思考是否有必要引入无过错责任的问题。唯有解决这一问题，才能最终完成我国“人工智能法”中有关人工智能应用责任的具体归责设计。

1. 无过错责任的证成

对于是否引入无过错责任，存在不同的观点。域外方面，欧盟《人工智能

---

〔1〕 See Johanna Chamberlain, *The Risk-Based Approach of the European Union's Proposed Artificial Intelligence Regulation: Some Comments from a Tort Law Perspective*, European Journal of Risk Regulation, Vol.14, p.2-4(2023).

和其他新兴数字技术的责任》报告认为，严格责任是对新兴数字技术所带来的风险的适当应对，适用于在公共空间移动（move in public spaces）的新兴数字技术，包括车辆、无人机、人工智能驱动的送货或清洁机器人等。[1]在此基础上，欧盟《人工智能责任条例》明确高风险人工智能适用无过错责任。然而，随后出台的欧盟《人工智能责任指令》并未采取这一立场。[2]与此同时，韩国《人工智能责任法案（草案）》明确规定高风险人工智能的开发者与提供者在证明自己没有过错的情况下可以免责，适用的是过错推定责任。国内方面，有学者指出，囿于智能机器人的专业性、不透明性、不可预测性、难以防控性的特性及设计的高端性和制造结构的复杂性，由受害人来证明人工智能相关文件存在过错显然不公平，更宜适用无过错责任归责原则。[3]与此相对的是，我国两部人工智能法建议稿都不约而同地避开了无过错责任，更愿意选择过错推定责任与过错责任。

笔者认为，考虑到人工智能技术潜在的风险，对于人工智能的应用责任引入无过错责任具有正当性。

第一，无过错责任有助于救济受害人。对于人工智能来说，由于技术的自主性、自适应性、不透明性、复杂性、不可预测性等特点，要求受害人举证提供者、使用者存在过错是非常困难的。[4]特别是随着人工智能的自主性越来越强，人类参与的程度日益减弱，提供者、使用者的行为与损害之间的距离越发遥远，受害人很难从损害结果追溯到提供者、使用者的主观过错。同时，人工智能的

---

〔1〕 See Andrea Bertolini & Francesca Episcopo, *The Expert Group's Report on Liability for Artificial Intelligence and Other Emerging Digital Technologies: A Critical Assessment*, European Journal of Risk Regulation, Vol.3, p.649（2021）.

〔2〕 需要说明的是，欧盟《人工智能责任指令》并未完全放弃对高风险人工智能设置严格责任的想法，第5条明确规定在适用期（5年）结束后对本指令进行审查。其中，特别应当审查是否有必要按照欧盟《人工智能责任条例》的建议，为针对高风险人工智能提供者的索赔制定严格责任。这意味着欧盟只是暂时延缓了设置严格责任的脚步，并未彻底堵死这一路径。See Nils Lolfing, *Does the European Union Commission's Proposal on AI Liability Act as a Game Changer for Fault-Based Liability Regimes in the EU?*, The Journal of Robotics, Artificial Intelligence & Law, Vol.6, p.134（2023）.

〔3〕 参见刘小璇、张虎：《论人工智能的侵权责任》，载《南京社会科学》2018年第9期。

〔4〕 See Martin Ebers, *Liability for Artificial Intelligence and EU Consumer Law*, J. Intell. Prop. Info. Tech. & Elec. Com. L., Vol.12, p.215（2021）.

决策和行动充满了不透明性，这严重影响对其背后主体主观意图的证明。[1]相较于过错责任，无过错责任不关注人工智能提供者、使用者是否存在过错，受害人在举证方面的负担更轻，更容易获得救济，避免提供者、使用者利用算法黑箱、不透明等作为免责的盾牌。[2]虽然过错推定责任也可以一定程度缓解受害人救济的难度，但仍然存在不足。因为人工智能的智能属性，提供者、使用者很可能会证明自己没有过错，如举证自己仅是对人工智能发送了一个指令、定期对人工智能进行了维护更新等，损害行为完全是因为人工智能的自主行为造成的，如此一来，受害人将难以得到救济。

第二，无过错责任的存在可以避免侵权责任归责体系的内在冲突。人工智能技术可以广泛应用于各个领域，完全排除无过错责任可能会造成侵权责任归责上的不协调。一方面，在现有的侵权责任法下，存在许多适用无过错责任的设备或领域，引入人工智能技术后理应继续适用无过错责任，因为受害人遭受的影响基本上是相同的。[3]例如，根据《民法典》第1238条、第1240条的规定，民用航空器、高速轨道运输工具致人损害，适用无过错责任原则，那么装备人工智能技术后的民用航空器、高速轨道运输工具，也应当继续适用无过错责任，否则会导致受害人受保护水平不升反降。另一方面，许多新兴人工智能产品或者服务的应用风险程度是很高的，不亚于现行适用无过错责任的活动。例如，消费者购买一台高智能、高动力、高强度的金属宠物机器人，其风险不低于饲养一条宠物狗，不适用无过错责任可能会引发归责体系的冲突。

第三，无过错责任契合人工智能的风险属性。作为一种新技术，人工智能充满风险属性，引入无过错责任符合危险责任的一般原理。危险责任的基本根源即在于我们必须忍受本质上无法完全控制的特别技术危险。虽然行为人可

---

〔1〕 See Yavar Bathaee, *The Artificial Intelligence Black Box and the Failure of Intent and Causation*, Harv. J. L. & Tech., Vol.31, p.907(2018).

〔2〕 See Anat Lior, *The AI Accident Network: Artificial Intelligence Liability Meets Network Theory*, Tul. L. Rev., Vol.95, p.1135(2021).

〔3〕 See Christiane Wendehorst, *Strict Liability for AI and Other Emerging Technologies*, JETL, Vol.11, p.177(2020).

能没有过错，但仍然需要承担该危险所生之损害。[1]对于人工智能引发的损害，虽然让没有过错的提供者、使用者承担责任多少有些无辜，但相较于受害人，提供者、使用者更具风险控制与分散能力，更适合承担责任。一方面，提供者、使用者将人工智能产品、服务投入使用，为社会增加了新的风险源。尽管人工智能具有一定的不透明性、不可预测性，但提供者、使用者仍然处于控制人工智能风险的最佳位置。通过引入无过错责任，可以激励提供者、使用者预防损害的发生，符合人工智能科技治理的一般范式。[2]另一方面，人工智能的风险是广泛的、巨大的，让个体的受害人承担风险显然过于苛刻。相反，提供者、使用者通过人工智能应用活动获得了利益，可以通过保险、价格等机制，很好地将风险分散开来由社会承受，契合危险责任的分配理念。[3]

第四，无过错责任并不会阻碍技术发展。有观点指出，虽然无过错责任听上去具有吸引力，但其最大问题是会阻碍对人工智能创新的投资。[4]从企业角度来看，面对同等成本的人类劳动者与人工智能，如果对人工智能适用无过错责任，那么企业将会倾向于雇佣人类劳动者。原因很简单，人类劳动者适用的是过错责任，企业的替代责任更难成立，而人工智能造成同样的损害企业却要承担更加严格的责任。[5]然而，笔者认为，这种观点值得商榷。首先，即使引入无过错责任，也仅适用于风险程度很高的人工智能，责任加重的影响是有限的。其次，确立无过错责任可以让公众对人工智能产业发展更加有信心，有助于加速人工智能应用的普及；反之，如果允许提供者、使用者以没有过错来免除责任，势必会引发公众的质疑和抵制。再次，与过错责任最大的区别在于，无过错责任调整的对象不再具有“不法性”，而是对各种合法被投入使用的“特殊危险”的损害分担。[6]这等于间接承认人工智能应用活动内在风险的合法性，有

〔1〕 参见王成：《侵权法归责原则的理念及配置》，载《政治与法律》2009 年第 1 期。

〔2〕 参见赵精武：《论人工智能法的多维规制体系》，载《法学论坛》2024 年第 3 期。

〔3〕 参见叶金强：《风险领域理论与侵权法二元归责体系》，载《法学研究》2009 年第 2 期。

〔4〕 See Mihailis E. Diamantis, *Vicarious Liability for AI*, Ind. LJ., Vol.99, p.331 (2023).

〔5〕 参见［英］瑞恩·艾伯特：《理性机器人：人工智能未来法治图景》，张金平、周睿隽译，上海人民出版社 2021 年版，第 78 页

〔6〕 参见朱岩：《危险责任的一般条款立法模式研究》，载《中国法学》2009 年第 3 期。

助于推动人工智能产业发展。最后，企业是否会用人工智能替代人类劳动者，不仅需要关注侵权责任的问题，还要综合考虑工作的表现、效率、报酬、税收等各种因素。〔1〕鉴于人工智能技术让产品和服务更加高效、智能，事故发生的概率也会大大降低，即使适用无过错责任原则，提供者、使用者的整体负担也会大幅减轻。〔2〕

2. 归责原则的具体设计

在明确针对人工智能引入无过错责任具有正当性的基础上，还需要确定其适用的范围。对此，笔者认为，考虑人工智能风险分级情况，可以按照以下三种情形展开归责原则的设计。

第一，对于高风险人工智能，适用无过错责任。既然无过错责任的引入具有正当性，那么适用于高风险人工智能是最为合理的。具体包括如下几类：一是现行归责原则本身就是无过错责任的危险领域，具体包括高度危险活动和高度危险物两类。例如，装备人工智能技术的民用航空器、高速轨道运输工具等，或者利用人工智能技术从事的高度危险活动。二是在功能上等同于雇用人类、饲养动物的人工智能。例如，使用高度自动汽车与完全自动驾驶汽车，与雇用一位司机实现的功能基本是一样的；使用一台人形机器人从事家务活动，与雇用一位保姆实现的功能也是类似的。对此，欧盟《人工智能和其他新兴数字技术的责任》报告指出："如果某人可以为某个人类辅助者的错误行为承担责任，那么当他们将其职责外包给非人类辅助者时，考虑到他们同样从这种授权中受益，那么受益人有什么理由不承担同样的责任呢？"〔3〕这种类比同样可以适用于某些宠物机器人与饲养动物身上。考虑到现行用人者责任、饲养动物致害责

〔1〕 例如，有观点指出，通过向雇主提供机器人工人的优惠性税收待遇，现行制度实际上是在鼓励企业采取人工智能等自动化技术。参见［美］雷恩·艾伯特、布雷特·伯根施耐德：《机器人应否纳税——自动化时代的税收政策》，郑志峰译，载《经济法学评论》2018 年第 2 期。

〔2〕 See Andrew M. Brown, *Blame It on the Machines: How Autonomous Vehicles Will Impact Allocation of Liability Insurance and the Resulting Impact on the Legal Community*, N. C. L. Rev. Addendum, Vol.95, p.42–43 (2016).

〔3〕 See Andrea Bertolini & Francesca Episcopo, *The Expert Group's Report on Liability for Artificial Intelligence and Other Emerging Digital Technologies: A critical assessment*, European Journal of Risk Regulation, Vol.3, p.649 (2021).

任的无过错责任属性,那么这类人工智能也应当适用无过错责任,以确保受害人的受保护水平不会降低 。三是对于国家安全、公共利益、个人人身权益有重大风险影响的其他人工智能产品或者服务,如关键信息基础设施领域的人工智能、人工智能武器装备自动驾驶汽车、载人无人机等。

第二,对于有限风险人工智能,适用过错推定责任。相较于高风险人工智能,有限风险人工智能的风险程度有所降低,适用过错推定责任更加合适。有限风险人工智能主要包括如下几类:一是现行归责原则适用过错推定责任的领域,如利用人工智能技术在公共场所或者道路上从事挖掘、修缮安装地下设施等活动,装备人工智能技术的窨井等地下设施等。二是其他具有相当风险的人工智能,如在求职、福利分配等领域应用的人工智能等。

第三,对于低风险人工智能,适用过错责任。低风险人工智能的风险程度最低,事故发生的可能性、损害的严重性方面都比较低,适用过错责任原则即可。凡是不属于高风险人工智能、有限风险人工智能的,都可以归入低风险人工智能的范畴,如语音助手、在线聊天机器人、推荐算法、智能过滤器、智能扫地机器人、生成式人工智能等大多数人工智能服务和产品。

(《法学评论》2024 年第 4 期)

“人工智能立法”圆桌

中国人工智能立法需凝聚“总则式”立法共识

张凌寒*

一、中国人工智能立法的制度共识

当下政产学研各界的讨论中，以善治促发展是我国人工智能立法的共同理念。对人工智能技术、服务与应用应采取审慎包容的监管而非照搬欧盟立法思路。应结合中国在国际竞争与博弈中的地位，充分考虑人工智能中的权益保护与国际合作部分。

第一，以善治促发展是人工智能立法的理念。我国人工智能立法应以促进产业发展为主要特色，立足我国人工智能产业发展实际，坚守防范安全风险的底线，力争兼具前瞻性、先进性和本土性。我国人工智能产业“领先的追赶者”的独特国际生态地位，要求我们在技术和产业的国际竞争中以发展为制度设计的主要目标，安全问题也需要通过技术发展来回应和解决。

在立法原则层面，学界发布的两部建议稿高度一致。《人工智能法（学者建议稿）》将人工智能安全这一立法目标细化拆分为公平公正原则、透明可解释原则、安全可问责原则、正当使用原则。尤其是创新性地提出人工介入这一基本原则，以保证在人机交互中人类始终保有主体地位。

促进人工智能发展是各界人工智能治理的共同理念。因此，《人工智能法（学者建议稿）》中设立“促进与发展”专章，也在监督管理、责任设置等方面对此予以充分考虑，减轻了人工智能产品和服务提供者的义务，对产业创新予以

---

* 张凌寒：中国政法大学数据法治研究院教授、博士生导师，联合国高级别人工智能咨询机构专家，《人工智能法（学者建议稿）》起草专家组牵头专家。

一定的容错空间和责任豁免。促进人工智能发展应针对数据、算力、算法三个领域的需求，提供更大范围的高质量数据资源和算力资源支撑。

此外，《人工智能法（学者建议稿）》还设置了人工智能保险制度，鼓励保险市场介入，在既有的网络安全保险、第三方责任险等传统商业险种的基础上，探索适合人工智能产业的保险产品。面对用户不当使用可能导致的虚假信息泛滥等风险，还以整体性风险治理的理念提出公民数字素养的提升，从用户端预防和控制人工智能技术安全风险。

第二，开创中国本土人工智能监管制度。在建立中国本土人工智能监管体系的思路上，两部建议稿不谋而合。《人工智能法（学者建议稿）》通过区分关键人工智能、一般人工智能特殊人工智能，避免了“一刀切”的不合理监管。在分级分类监管时，由相关部门根据技术发展、行业领域、应用场景等因素进行评估并动态调整，及时更新人工智能分级分类指南，实现敏捷治理。《人工智能示范法 2.0（专家建议稿）》则提出了“负面清单制度”，对负面清单所列应用设置事前许可。

关键人工智能的重点在于动态监测和安全义务，其并未采取中国社科院发布的《人工智能法示范法 2.0（专家建议稿）》中负面清单制度中的事前许可审批制度。关键人工智能没有设置事前准入门槛，仅在接收到被主管部门认定为关键人工智能的通知后，才需履行监管平台备案等义务，体现了人工智能监管的敏捷性与灵活性。相对于一般人工智能，关键人工智能的义务主要是指开发者和提供者需要建立风险披露机制和安全事件应急处置机制，以此确保关键人工智能发展的安全性。特殊领域的人工智能则是根据不同的应用场景，分别有针对性地增加安全义务。《人工智能法（学者建议稿）》希望通过这一制度设计，为产业创新减轻事前的准入负担，在确保安全需求的同时，鼓励我国企业积极参与人工智能开发和创新，促进人工智能产业健康发展。

第三，中国人工智能立法中的权益保护与国际合作。一方面，注重权益保护，彰显人本主义，是各国人工智能立法的最大公约数。《人工智能法（学者建议稿）》在制度设计上积极贯彻我国《全球人工智能治理倡议》中“以人为本”的治理理念，高度重视科技伦理与使用者权益。

同时,《人工智能法(学者建议稿)》还从社会整体层面为人工智能时代公众的利益提供保障。在教育领域,《人工智能法(学者建议稿)》提出推进人工智能相关学科建设,开展人工智能相关教育和培训,采取多种方式培养人工智能专业人才。为提升全民数字素养,《人工智能法(学者建议稿)》支持实施全民数字素养与技能提升行动,提升公民的数字获取、制作、使用、评价、交互、分享、创新、安全保障、伦理道德等素质与能力。此外,《人工智能法(学者建议稿)》筹划了政府主导、社会协同、公众参与的人工智能多元治理格局。

另一方面,人工智能治理必须通过有效的国际合作才能够实现。《人工智能法(学者建议稿)》考虑到国际人工智能治理形势,设置了国际合作专章,在人工智能安全风险全球化背景下,重视人工智能治理的国际合作与交流,积极参与制定人工智能有关国际规则、标准,推动构建开放、公正、有效的全球人工智能治理机制。人工智能全球治理不仅关系国际合作,也关乎国际博弈。我国未来人工智能立法中应明确规定任何国家和地区对我国人工智能开发应用采取歧视性措施的,我国有权采取相应的反制措施。

二、中国“人工智能法”的定位

一部法律的定位是立法理念的核心问题与前提基础。在目前学界的讨论中,“人工智能法”面临着要素法、产业法、服务应用法以及基本法的选择。结合我国人工智能治理的现实困境以及未来图景,基于综合全面的考量,“人工智能时代的基本法”才应当是对“人工智能法”的准确定位描述。

(一)“人工智能法”的定位选择

谈及“人工智能法”的立法定位选择,最重要的考量因素在于该选择是否能够正确处理“人工智能法”与《网络安全法》《个人信息保护法》《数据安全法》三部法律之间关系。

第一,从过往要素治理的视角出发,“人工智能法”可以被定位为要素法。这意味着其调整对象将关切人工智能技术、产业的诸要素,包括底层的信息网络、算力基础设施以及数据要素、算法模型等。该立法定位,一方面,可以弥补上述三部法律所遗留的对于算力、算法、模型等要素的立法空白。另一方面,随着人工智能各要素之间的纵深融合，从单一要素视角看待人工智能已经无法对人工智能进行准确描述，“人工智能法”对于人工智能各要素的有机融合，有助于搭建综合考量各要素的全面治理框架。但针对特定技术要素进行立法的模式，存在不可忽视的局限性。其一，要素法的选择意味着“人工智能法”对人工智能的技术定位在于要素的综合体，如此静态的技术性质判断，并不能应对技术高速发展带来的不确定性。其二，《数据安全法》针对数据这一核心要素，并围绕数据的收集、存储、使用、加工、传输、提供和公开等进行了全面规范，是要素法的典型代表。如果“人工智能法”同样采取该定位模式，势必会导致立法的冗余和立法资源的浪费。

第二，考虑到人工智能实现了产业的全面部署并不断促进产业升级，“人工智能法”也可以被定位为产业促进法。产业促进法定位下的“人工智能法”，既可以体现对技术产业发展的促进导向，又可以推动人工智能在生产生活中的合理应用。以发展为立法目标的“人工智能法”在内容上基本不会与上述三部以保障安全为立法目标的法律相重合。以《数据安全法》为例，其以建立健全国家数据安全管理制度和落实数据安全保护义务为主线，对数据开发利用的相关规定过于原则，无法为人工智能开发过程中涉及的数据利用问题提供具体的规则指引。[1]但产业法的立法定位可能会导致“人工智能法”过分关注人工智能技术的产业链条与商业化运营，聚焦人工智能产业的经济利益，可能带来的问题是，一方面，忽视了人工智能对社会伦理、社会关系的深层影响；另一方面，也无法满足符合作为数字基础设施的基础模型的治理需求。

第三，鉴于我国人工智能治理的前期制度基础，人工智能立法还有服务应用法的定位选择。服务应用法规制的重点是人工智能在服务应用层产生的法律问题，由于位于人工智能产业链终端的服务应用层直面终端消费者提供服务，该定位下的“人工智能法”可以更好地保护用户权益，针对性地解决实际问题。但也存在信息内容安全等问题与此前三部法律的条款交叉重叠的可能性。

---

〔1〕 参见董新义、梅贻哲：《人工智能法总则”建构原则与理念——欧盟立法经验之镜鉴》，载《数字法治》2024 年第 2 期。

因为，当前生成式人工智能防范技术尚未成熟，服务应用层面难免因此产生虚假信息生成、传播等信息内容安全问题；而信息内容安全既是传统网络信息内容治理面临的主要问题，也是人工智能尤其是生成式人工智能亟待解决的治理难题。

（二）人工智能法应是人工智能时代的基本法

在立法起草过程中，很难规定一种万能的选择立法解决方案的方法。每一种立法选择都具有其优势和风险。〔1〕但相较于要素法、产业法和服务应用法的定位，将“人工智能法”作为基本法的定位更能发挥其高位阶的统领及体系化的秩序作用，并能够适用人工智能技术发展的不确定性、满足中国实际的治理需求。

首先，基本法相较于要素法、产业法和服务应用法，其在内容上更具统领性、一般性与综合性。基本法定位下的“人工智能法”涵盖人工智能技术发展、产业应用以及社会伦理等方面，需确立统一的基本原则和核心价值观。

可以说，基本法是要素法、产业法和服务应用法的高层次指导。此外，基本法的定位能够很好地协调与上述三部法律以及相关部门规章的关系。相较于其他的立法定位选择，基本法的定位统合了网络、数据、算法、算力、应用五大基础领域的安全与发展问题，可以更好地发挥“人工智能法”高位阶的统领作用。特别是跨多个行业、多个政府机构、多个司法管辖区域和利益相关者团体的人工智能治理场景下，基本法可以更好地满足协调治理的需求，应对人工智能所引起风险的复杂性、系统性和不可预见性。

其次，作为人工智能时代的基本法，“人工智能法”需要提供一个体系化的治理框架。体系不是法律在形式上的追求，而是法律应当所具备的“德行”之一。〔2〕基本法的定位对“人工智能法”的立法进路提出了较高的要求，需要立法者全面考虑人工智能技术的快速发展和广泛应用所带来的多重影响，但相较于要素法、产业法和服务应用法，基本法的定位能够全面、系统地考虑人工智能

---

〔1〕 参见［美］海伦·赞塔基：《立法起草：规制规则的艺术与技术》，姜孝贤译，法律出版社2022年版，第58页。

〔2〕 参见雷磊：《适于法治的法律体系模式》，载《法学研究》2015年第5期。

技术的发展现状和未来趋势，为人工智能的安全与发展提供坚实的法律基础和保障。

最后，“人工智能法”的基本法定位在确立总体框架和原则的同时，为未来的法律调整和补充预留了空间和接口。人工智能立法面临着新技术迭代升级和产业快速增长的形势，基本法的立法定位并不对人工智能技术进行价值预设，将人工智能视为政治、经济和技术“三位一体”的复合型对象。

三、中国人工智能立法的“总则式”进路

中国人工智能立法的“总则式”进路既可以有效确认中国人工智能立法现阶段各界的共识，又可以满足当下人工智能国际治理和打造中国制度名片的迫切需要，同时为未来人工智能全面立法留足了空间。

第一，中国人工智能立法的“总则式”进路能够有效在现阶段凝聚各方共识，确认人工智能治理的基本制度。如何促进社会各界达成人工智能立法的共识，既解决人工智能治理的紧迫问题，又为未来的发展留足空间，都是人工智能立法需要考量的问题。基于此，现阶段“人工智能法”的立法工作应当坚持“总则式”进路，采取“立总则、廓主线、留接口、适时灵活推进”的进路。参考《民法典》的“总则式”立法体例，可以通过“提取公因式”的方式对立法目的，人工智能技术、产品与服务必须遵循的基本原则，基本法律制度应遵循的一般性规则，以及我国人工智能治理的基本理念与基本立场进行明确。

第二，中国人工智能立法的“总则式”进路能够满足当下人工智能治理和打造中国制度名片的迫切需要。“人工智能法”作为中国人工智能治理体系的提纲挈领之作，应当确立人工智能治理的总则，起到价值统领作用。“人工智能法”是一项系统性工程，涉及多个层面和维度。要保障人工智能立法的科学性，应当充分借鉴我国立法的成功经验。具体而言，其一，立法目的方面，应当包括促进人工智能技术创新与应用、维护社会公平与正义、推动人工智能产业健康发展等。其二，应当明确贯穿整个人工智能治理体系的基本原则。其三，在基本理念和立场方面，应当充分表达中国始终将人民的利益和福祉放在首位，积极参与国际人工智能治理合作的人本主义立场。

第三，中国人工智能立法的“总则式”进路为未来人工智能全面立法留足空间，也可搁置当下无法达成共识的争议。人工智能立法需从之前网络立法关注的应用层面拓展至要素聚合的治理层面。“人工智能法”可充分借鉴既往法治实践中累积的应对不确定性的技术发展、社会关系变化风险的经验，兼顾人工智能产业发展所涉的诸要素，并提炼规范人工智能要素的共性规则。首先，在算力层面，“人工智能法”应当对算力基础设施建设、算力资源利用、绿色算力发展等进一步细化。其次，在算法层面，“人工智能法”应当对透明度要求、风险评估义务、内容标识、算法备案、人工智能审计等规则予以完善。最后，在数据层面，作为人工智能的“燃料”的数据，其质量和安全性将直接影响人工智能的表现。待到未来社会全面步入人工智能时代，监管方积累了充分的治理经验时，则可以考虑制定人工智能的综合性立法及至最终的人工智能法典。

（《探索与争鸣》2024 年第 10 期）

中国人工智能法的调整对象：锚点、主客坐标与效力边界

郑志峰*

一、中国人工智能法调整对象的概念锚点

第一，人工智能的界定。人工智能的技术逻辑是模拟、增强，甚至替代人类智能，这直接导致机器智能的产生，使得社会关系的运转多了一种介入力量，直接冲击现行法律制度以人类为中心展开的预设前提。[1]人工智能的智能特征又集中表现为自主性，即人工智能能够自主地进行计算、推理、学习、决策，甚至行动，在特定的输入端与输出端之间将人类排除“环外”。人形机器人强调的是外形与人形相似，但不能当然地归入人工智能的范畴。

第二，人工智能的形式。人工智能作为一种技术，本身不能成为人工智能法的调整对象，故还需要明确人工智能法调整的客体形态。[2]笔者认为，“人工智能产品或者服务”一词更加合适本土立法的语境。其一，人工智能技术通常需要以产品或者服务的形式呈现在公众面前，以便进入法律视野。其二，人工智能产品与人工智能服务适用的法律规则不完全一样，如人工智能产品受产品责任约束，人工智能服务可以适用“通知—删除”规则等，区分两者可以实现立

---

* 郑志峰：西南政法大学民商法学院教授、博士生导师，西南政法大学科技法学研究院副院长。

〔1〕 参见郑志峰：《人工智能的法律挑战与规制重点》，载《月旦民商法杂志》2022年第6期。

〔2〕 参见韩旭至：《人工智能法的调整范围》，载《北京航空航天大学学报（社会科学版）》2024年第3期。

法的精细化。[1]其三,人工智能产品或者服务的表述能够与《产品质量法》《民法典》《刑法》《生成式人工智能服务管理暂行办法》等法律法规进行衔接,延续以往产品与服务两分的调整规则。同时,考虑大模型带来的"智能涌现"现象,人工智能法应当对通用人工智能进行适当的超前部署,以增强立法的前瞻性。

第三,人工智能的例外。一是军事人工智能。军事人工智能直接关系国家安全,要求军事人工智能像普通人工智能产品或者服务那样履行报备批准、公开透明、审计、伦理审查等义务并不妥当。同时,军事人工智能有着特定的用途,社会公众一般无法接触,适用专门的法律法规以及相关的国际法规制更加合适。二是免费开源人工智能。免费开源意味着人工智能需要开放源代码,任何人都可以自由无偿地查看、修改和分发。免费开源人工智能对于技术创新具有促进作用,其伦理基础是社会鼓励公民自愿合作的精神。基于此,《人工智能法(学者建议稿)》规定本法不适用于"免费开源的人工智能"。建议我国人工智能立法主动明确免费开源人工智能的界定,合理豁免相关主体的义务与责任。

二、中国人工智能法调整对象的主客坐标

人工智能法的调整对象需要指向人工智能科技活动及相关主体。对此,可以从主体与客体两个方面,对人工智能法的调整对象进一步描述与定位。

第一,人工智能开发者与开发活动。对于人工智能法是否调整开发者与开发活动,理论界和实务界存在不同的观点。笔者认为,人工智能法应当调整开发者与开发活动。首先,开发活动是人工智能科技活动的重要组成部分,将之纳入调整对象可以实现对人工智能全生命周期的治理。其次,算法设计、数据标注、模型训练和优化等开发活动是人工智能风险产生的源头,将开发者与研发活动纳入调整范围。最后,人工智能法应当调整的是面向市场的人工智能开发活动,纯粹的科学研究活动应当排除在外。因此,建议人工智能法采用"开

---

〔1〕 参见郑志峰:《人工智能产品责任的立法更新》,载《法律科学(西北政法大学学报)》2024年第4期。

发”而非“研发”一词来界定相关主体与活动。

第二，人工智能提供者与提供活动。提供活动处于开发活动与使用活动的中间阶段，对人工智能的风险治理起着承上启下的作用，是人工智能法重点调整的对象。我国学界两部人工智能法建议稿都明确将提供者与提供活动纳入调整范围。与此同时，《新一代人工智能伦理规范》使用了“人工智能供应活动”的概念，指代人工智能产品与服务相关的生产、运营、销售等。有学者则采用了“人工智能应用活动”[1]的表述，指人工智能系统提供者向用户提供人工智能系统服务的活动。笔者认为，相较于供应活动、应用活动，“提供活动”一词更加合适。首先，应用活动似乎可以包括供应与使用两个环节，并不限于提供活动，指向不够精准。其次，供应活动与提供活动两者大体相当，但供应活动更加像是一个产业链视角的术语，强调人工智能的生产、运营、销售等活动，而提供活动更具法律色彩。人工智能法使用提供者的概念可以节约立法成本。

第三，人工智能使用者与使用活动。除了开发活动、提供活动外，使用活动也应当是人工智能法调整的重要对象。一方面，相较于开发者、提供者，使用者对于人工智能的风险管理有着重要的影响力。另一方面，使用者是离人工智能产品或者服务风险最近的群体，常常是人工智能技术风险的侵害对象，理当成为人工智能法的调整对象。

立法方面，欧盟《人工智能法》使用的是“部署者”(deployer)一词，而我国学界两部人工智能法建议稿则采用了使用者的概念，但两者本质上是一致的。具言之，欧盟《人工智能法》之前的版本一直采用的是使用者(user)，直到2023年12月才替换为部署者(deployer)，但具体定义并未改变。与此同时，使用者与用户很多时候可以等同使用，但用户更多地指向作为个体的使用者，不能涵盖企业、政府机构等组织类群体，使用者则更具包容性。此外，使用活动非常广泛，是否都属于人工智能法的调整范围不无疑问。对此，欧盟《人工智能法》规定“在个人非职业活动中使用人工智能系统的情况除外”。国内方面，《人工智能法(学者建议稿)》也明确“自然人因个人或者家庭事务使用人工智能的”，不

---

〔1〕 侯东德：《人工智能法的基本问题及制度架构》，载《政法论丛》2023年第6期。

适用本法。笔者认为,个人或者家庭事务中的人工智能使用活动主要免除的是使用者的合规义务,并非一概不适用人工智能法。

第四,人工智能监管者与监管活动。从性质上看,人工智能法具有领域法的特征,其不等于部门法,也不等于人工智能+部门法。[1]这意味着人工智能法具有公私法交融的特征。从内容层面来看,人工智能法既要克服规制科技不足,也要规制科技过度,至少应包括人工智能市场促进法、人工智能政策促进法与人工智能风险治理法的内容。其中,人工智政策促进法、人工智能风险治理法都属于监管法律关系,是人工智能法的重要部分。

三、中国人工智能法调整对象的效力边界

除了从内部界定人工智能法的调整对象之外,还需要从外部确定人工智能法调整对象的边界。这就涉及人工智能法的空间效力及其与相关立法的关系。

第一,人工智能法的空间效力。面对国际竞争的复杂局势,人工智能法应当规定对特定的境外人工智能科技活动保有管辖权。首先,当前人工智能的国际竞争已经上升到国家安全与国家战略的高度;其次,从以往立法实践来看,域外管辖已经成为维护国家主权的重要方式,人工智能法应延续这一做法,全方位维护我国网络主权、数据主权以及人工智能主权;最后,人工智能的风险具有跨境性,人工智能法必须要应对境外人工智能活动带来的风险,践行总体国家安全观。对此,我国学界两部人工智能法建议稿都确立了域外管辖规则,明确在境外开展人工智能活动影响或者可能影响我国国家安全、公共利益以及个人、组织的合法权益的都属于我国法律管辖范围。建议未来我国人工智能法在确定最大连结点的基础上,细化域外管辖的具体情形。

第二,人工智能法与智能要素法的协调。2020年8月,美国安全和新兴技术研究中心发布的《人工智能三要素以及对国家安全战略的意义》指出:“可以用一句话来概括现代人工智能的复杂性,即机器学习系统使用计算能力来执行从数据中学习的算法。”由此可知,人工智能神奇的关键在于数据、算法及算力

[1] 参见郑飞:《论人工智能法的理论体系》,载《法治研究》2024年第4期。

三要素。从这个角度来看，人工智能法需要处理好与智能要素立法的关系，协调好各自统辖规制的边界，最大限度地避免重复规制与规则冲突。

一方面，人工智能法必须对智能要素有所关注，让智能要素融入人工智能的治理规则中。另一方面，人工智能毕竟不同于智能要素，人工智能法应当适当留白，否则会偏离人工智能法调整的中心主线。[1]例如，人工智能的个人信息保护可以援引适用《个人信息保护法》；人工智能的数据安全可以通过《数据安全法》来解决；对于训练数据以及输出端生成数据的产权问题，也应当留给未来的数据立法。

第三，人工智能法与智能应用法的关系。《人工智能法（学者建议稿）》设置了“特殊应用场景”专章，就执法人工智能、司法人工智能、新闻人工智能、医疗人工智能、社交机器人、生物识别、自动驾驶、社会信用人工智能、通用人工智能等典型人工智能应用作了专门规定。此外，欧盟《人工智能法》在进行人工智能分级分类时，也提到了生物识别、深度合成、司法人工智能、执法人工智能等具体的人工智能应用。

（《探索与争鸣》2024年第10期）

〔1〕 参见郑志峰：《人工智能法的表白、留白和补白》，载《北京航空航天大学学报（社会科学版）》2024年第3期。

人工智能监管中的数据治理层次论

许身健 *

一、价值层次：建立完善的数据伦理体系

数据技术具有价值中立的工具属性。然而，为了使数据功能得以运用，使数据价值得到展现，在数据的收集、处理和使用过程中，却不可避免地涉及一系列道德与价值判断。完善人工智能监管中的数据治理，首先应在价值层面建立与法律法规相匹配的数据伦理框架及体系〔1〕，这是数据治理的基石。

对数据的获取与持有是对数据进行资源整合和加工的先决条件，也是进行人工智能技术创新的基础。为此，数字社会已经形成了在用户知情同意基础上的数据收集机制，但随着数据应用领域扩大、程度加深、场景多元，对用户信息的收集边界与幅度也不断扩张，个人的姓名、年龄、住址、职业、家庭等基础信息和消费习惯、性格喜好、生活方式等个性化信息都不断被纳入收集的范围。超级数字平台的崛起更是改变了知情同意的原始样态，其通过“不同意即拒绝服务”〔2〕，让用户“心甘情愿”又源源不断地供给个人信息。“必要数据”语焉不详的法律界定和实务判断令数据收集的窗口增加、挖掘数据信息的机会增加。同时，这也意味着处于数据汪洋中的普通个人的隐私也存在被暴露的风险。数据伦理是以人为本位的伦理，人的权利与价值处于中心位置，这便要求在开展

---

* 许身健：中国政法大学教授、博士生导师，中国政法大学数字社会治理研究院院长，中国政法大学法律硕士学院院长。

〔1〕 参见［比］大卫·马腾斯：《数据科学伦理：概念、技术和警世故事》，张玉亮、单娜娜译，中国原子能出版社、中国科学技术出版社 2024 年版，第 5~7 页。

〔2〕 刘权：《网络平台的公共性及其实现——以电商平台的法律规制为视角》，载《法学研究》2020 年第 2 期。

数据采集和利用活动时切实保护个人隐私。

数据治理环境中的信息不对称、权力不平等等问题导致人的自主性受到限制，人工智能开发中的数据处理活动应当坚守公平的知情同意原则。有别于传统产业发展中生产主体与消费主体间的单向性联系，数据视阈下的供给与需求关系发生了双向乃至多向的变化。单向关系的突破，意味着数据持有者、平台方要改变既往权利义务分配不对等的“要挟式”格式条款，不以简单的拒绝使用而造成用户个人客观上“被知情同意”的窘境。

同时，要规范利用数据匿名化等技术手段处理涉及原始信息主体的敏感数据，对非经脱敏处理的敏感数据限制进行流转与运用。除坚持数据采集时对个人隐私的保护之外，还应探索数据资源使用后对相关敏感数据的处置机制，个人隐私“被删除”与“被遗忘”的权利同样值得关注，〔1〕对原始信息主体的个人隐私的保护应该覆盖数据的全流转环节与全生命周期。

数据的聚合为人工智能的技术飞跃提供了跳板，同时也可能引发人的主体性困境，数据治理应当始终坚持以人为本的价值观。社会对数据服务的期待越来越多，依赖数据的需求从简单变得逐渐复杂，人的生存环境正发生数据化的演进。随着数据量级的膨胀与倍增，数据与人的主体关系发生了异位，权力化的数据带来的对人的自由意志的垄断应当引起必要警惕。对此，要确定数据使用的伦理界限，应该训练、培育、鼓励和体现原创性思想和独特创造性的领域要避免对数据的过度依赖和“唯数据论”的判断。数据治理最终应归于人对数据的治理而非数据对人的调控，数据不应替代思考，数据也不应垄断创造。当出现对数据及技术的利用空间无度扩大并假以先进之名时，应当坚守人的主体性，人应该在人工智能时代保留自主思虑的园地。

人工智能监管中的数据治理亟待回归促进社会公平正义的价值目标。在“算法霸权”时代，〔2〕向数据平台供应其赖以生存的数据要素的个体，却反而受到这些庞大数据富集主体的调控与支配。从数据资本主义到平台资本主义，从

---

〔1〕 参见刘文杰：《被遗忘权：传统元素、新语境与利益衡量》，载《法学研究》2018 年第 2 期。

〔2〕 参见［美］凯西·奥尼尔：《算法霸权：数学杀伤性武器的威胁》，马青玲译，中信出版集团 2018 年版，第 73~74 页。

个体信息资源的"剥削"到利用数据机会的"剥夺",[1]不公平的数据使用和收益机制正令传统的"数字鸿沟"以新的形态不断涌现。正如《关于构建数据基础制度更好发挥数据要素作用的意见》(以下简称《数据二十条》)所提倡的那样,数据的使用应当体现"共同使用、共享收益"的精神,要促进数据使用的公平与透明。将增强数据流动活力与提升数据分享意愿统一起来,在注重体现按市场决定资源配置,按劳动贡献决定价值分配的规则设计外,还应特别关注数据所承托的公共利益与社会公众对其加以访问、使用的合理期待,真正做到使数字经济的发展红利让全体人民共享,进而实现促进社会公平正义的目标。

二、技术层次:推动数据技术的负责任创新

数据治理作为一种综合性的治理框架,涉及数据的质量控制、安全性、隐私保护以及合规性等方面,其核心宗旨在于确保数据的有效管理与利用,同时维护数据主体的权益和公众利益。从理论层面来看,数据治理技术的层次化发展,体现了对数据生命周期全过程的深入理解和精准把控。负责任的创新是数据治理技术发展的重要导向。这种创新不仅是技术上的进步,更体现着对社会价值、伦理原则和法律法规的深刻考量。在人工智能发展过程中,应当积极推动数据技术创新,坚持以人为本的原则,充分考虑数据治理对个人隐私、数据安全和社会公正的影响,确保技术进步不以牺牲基本人权和公共利益为代价。

首先,数据的准确性和完整性是数据技术负责任创新的基础。在技术层面,人工智能供应链中的参与者应当建立健全数据质量管理体系。该体系需覆盖数据生命周期的各个阶段,包括数据的生成、存储、使用、维护以及销毁等。其中,数据清洗、验证和维护是数据质量管理体系的关键组成部分。数据清洗涉及对数据进行审查、纠正错误和消除冗余信息的过程,目的是提升数据的一致性和可靠性。数据验证是为了确认数据是否符合既定的质量标准,并保障数据在各个处理阶段的准确性。数据维护则关乎持续监控数据的健康状况,确保

---

〔1〕 See Fagioli A., *To Exploit and Dispossess: The Twofold Logic of Platform Capitalism*, Work Organisation, Labour & Globalisation, Vol.1, (2021).

数据的时效性和相关性，防止数据退化和过时。

其次，数据的安全性是数据技术负责任创新的重要内容。人工智能供应链中的参与者应当树立必要的数据安全意识，以机密性（confidentiality）、完整性（integrity）、可用性（availability）原则做好数据安全保障，保证敏感数据只能被授权人员访问，且数据不被篡改，能够被及时可靠地访问并留有安全冗余。在数据访问控制技术层面，应加强认证与授权管理，配置得当的访问控制列表与策略，做好用户管理，并建立定期的记录审查。在数据保护技术上，注重加密、脱敏、掩码、备份等技术储备，提升抵御网络攻击的能力。在恶意软件防护上，通过定期更新和补丁管理，定期扫描和清理，做好防病毒与反恶意软件的检查。同时，应当及时跟进适应人工智能时代的新技术应用的发展态势，建立数据安全信息特征库，优化算法等技术模型，建立数据安全风险的预警预防和识别监测机制。

最后，隐私保护是数据技术负责任创新的重要方向。在技术层面，人工智能供应链中的参与者应当积极开发隐私增强保护技术。差分隐私则是一种更为先进的隐私增强保护技术，它通过在数据发布中添加随机噪声，保证即使在发布聚合信息的情况下，单个数据项的泄露风险也被最小化。这些技术的应用，使得研发主体可以在不暴露个人信息的前提下对数据进行有效的分析和研究。随着人工智能技术的不断进步，新兴的隐私计算技术亦为数据隐私保护提供了新的途径。隐私计算通常包括同态加密、安全多方计算（SMPC）、零知识证明等方法，它们允许在不暴露原始数据内容的条件下进行数据处理和分析。

三、规范层次：迈向数据法律的整体性治理

数据具有的非损耗性、流动性、开放性、易复制传播性、非排他性、非竞争性等特点决定了数据作为生产要素之“新”，[1]也相应决定了与之相配套的“新”治理规则和治理框架的要求，面向人工智能时代的数据治理的整体性框

---

〔1〕 参见时建中：《数据概念的解构与数据法律制度的构建　兼论数据法学的学科内涵与体系》，载《中外法学》2023 年第 1 期。

架和规范亟待建立。人工智能监管中的数据治理要落到实处,必须形成规则治理,做到有章可循。作为人工智能综合治理的一个切面,要将数据治理纳入法治轨道,坚持法治引领治理,推进高质量的数据法治建设。

作为我国数据发展与治理领域的基础性政策文件,《数据二十条》具有重要指导意义。《数据二十条》指出,应对数字资源持有权、数据加工使用权、数据产品经营权予以结构性分置。数据资源领域的“三权分置”与数据治理的法治逻辑具有一致性,数据法治的目的就是要建立明晰的数据产权制度、合理的数据流通制度以及公正的数据权益分配制度。遍观既往立法实践,对这三个领域并没有专门且集中的法律条文与规定,而是散见于不同的部门法中。且只是将数据活动置于相对静态的环境,并未贯通数据动态流通的全阶段、全环节,使数据运行留有法律空白。加快完善覆盖数据经济活动全过程的综合性的法律规范体系,注重数据治理领域立法的全面与综合,是数据法治的发展趋势。

在数据生产阶段,数据关系及数据利益关系交织、聚合,最为关键的便是在《数据二十条》所提出的“分类分级确权”的基础上制定合理确权的法律规范,以平衡利益、提高效率、化解冲突作为确权规范的基本原则;在数据流通环节,要注重数据交易秩序的维护,确保数据交易安全、便捷、可信,制定数据交易的相关法律规范;在数据收益环节,除了坚持体现按贡献度分配的市场原则外,还要特别注重对社会公共利益的保护与原始数据主体的利益衡平,科学配置“共享收益”的机制与方式。此外,还应该配套建立适应数字社会、数据治理的数字化的权利救济与争议解决机制的建设,通过法律规范的指引作用,带动司法机关主动以数据赋能的方式,推进数字检务、智慧法院、司法大数据等建设,以数据新动能助力司法新能动,增强司法机关在人工智能时代产出优质司法公共产品的能力与水平。

同全面的数据治理法律配套的是有效的数据治理机制。在产业数字化与数字产业化的双向发展之中,多个市场主体的联动配合及行业上下游之间的共同发力成为常态。在数据流通及数据产业链的发展中,数据市场的交易者、参与者以及相应的监管部门之间具有密切的互动关系,但数据交易市场各主体的身份存在交错与重叠。这便对建立跨行业、跨组织、跨领域、跨部门的协同治理机制提出了新要求。

当然，在治理机制的探索上，各地仍存在诸多步调不一致，思想不统一的地方。在规则定向不清晰，政策指导不明确的时候进行的数据交易机构的重复、个别建设都在一定程度上为监管与规制的实效带来了不利影响。在提高数据要素市场化配置能力与效率，促推数据要素全国统一大市场建设的征途上，实现共享有活力、交易有秩序、监管有保障的有效有为的数据治理机制建设，任重道远。

（《探索与争鸣》2024年第10期）

中国人工智能立法的价值基础与伦理治理模式

张　龑*

一、人工智能立法的时代背景与价值基础

当前人工智能快速发展，涉及内容生成、自动决策、面部识别以及大数据分析等技术的应用不断增多，引发了社会关于数据隐私、公平性、透明度、安全和责任等问题的担忧。这不仅反映了数字社会中传统法律控制对利用人工智能等技术手段实施违法犯罪失效的困境，更使人类认识到自身面临的是一场对"人本主义"价值观的革命。[1]一系列道德和伦理挑战接踵而至，如人的自主性弱化、算法歧视与虚假信息导致的信任受损等。可见，人工智能带来的风险是托马斯·库恩所言的范式革命的风险，立法构建监管体系和新型伦理治理机制，则是回应人工智能的范式挑战，确保社会有序转型的必由之路。

人工智能发展引发了一场关于人工智能治理的全球竞争。特别是，个别西方霸权国家将自身价值观上升为技术标准，不可避免地威胁到世界文化的多样性。目前来看，我国在人工智能发展的很多方面居于世界领先地位，这决定了我国人工智能治理不仅要开展广泛的国际合作，还要冷静应对激烈的竞争。因此，我国应当积极发挥引领全球人工智能治理的作用，结合本国立法实践，提出中国方案，贡献中国智慧。

当前我国对人工智能的立法监管需求越发紧迫。然而，人工智能法律监管的力度与市场活力之间具有复杂的相关性。过于严格的监管措施可能会让市场

* 张龑：中国人民大学法学院教授、博士生导师。

〔1〕 参见齐劲沣：《人工智能的法理定位与风险规制》，载《数字法治评论》2023年第2期。

主体在选择研究方向时变得更加保守，导致一些可能具有引领性的技术因为监管的不确定性而无法得到充分探索和发展，引发“不发展就是最大的安全”的悖论。但是，人工智能的一系列特质又决定了放松监管会带来较大的国家和社会安全隐患。因此，在“不发展就是最大的不安全”成为社会共识的前提下，人工智能立法监管在价值基础上必须从人民的根本福祉出发，实现安全与创新之间的平衡。

我国立法始终以人民为中心。人民是现代性观念。以人民为中心包含了以人为本的精神。维护人工智能的技术安全与促进技术创新是以人民为中心这一理念下的两个子原则，二者辩证统一、相辅相成。维护人工智能技术安全保障的不仅是短期的技术应用利益，更是鼓励创新和可持续发展的长期赋能效益。为了找到技术安全和技术创新的平衡点，我国的人工智能立法应当成为一套具有时间曲线的法律体系：在人工智能技术开拓创新时期，立法要充分考虑技术发展的不确定性，在不触及国家和社会根本安全底线的基础上，政府应承担促进义务，使企业获得更多的自主权；在人工智能技术迭代更新时期，立法应注重安定性、融贯性，筑牢各领域安全的篱笆，向保障消费者合法权益倾斜；在人工智能技术成熟期和缓慢成长阶段，立法应注意维护市场公平竞争，限制和反对垄断，为培育和孵化新技术创造生态。

二、告别意志论的养成主义伦理治理模式

为应对安全与创新平衡的挑战，立法监管面临着一种新型复杂的局面，伦理、法律和技术等多种规制理念与手段需要交叉综合运用。在人—机共生的中国语境下，需要有新的伦理治理思路。我国《新一代人工智能伦理规范》规定，“将伦理道德融入人工智能全生命周期”。这一表述意味着，我国采用了新型伦理治理模式，即一种贯穿人工智能的训练、形成到运用全过程的“数据—向善”“缺失—填平”以及“失范—纠正”[1]的养成主义伦理模式。

人工智能科技的飞速发展与运用，充分表明以人工智能为代表的硅基生命

---

〔1〕 张龑：《例外状态与文化法治国》，载《法学家》2021年第4期。

在存在论意义上具有自身独特的代具文化。若希望维持人—机的共同存续与良性互动，人类固有的伦理价值必须被保护，硅基生命的代具文化按照人的伦理来塑造，“数字人本主义”〔1〕的伦理理念必须得到遵循。

从技术路径上看，生成式人工智能主要走的是以贝叶斯优化的经验概率为主的路径。面对生成式人工智能，一些人无意识地采用了意志论下的生成主义治理模式，即认为应当在人工智能软件或硬件制造出来之后，再对其进行人文主义约束，此种控制理论表面上希望为人类与机器一起生活的伦理方式提供一个场域，实际上是增设了一个机器赛道与人并驾齐驱，导致了人机对抗。事实上，这种意志论生成主义伦理模式与生成式人工智能的经验概率逻辑并不相符，与后者相适应的是人机互动的新生产模式，它需要的是一种可突破单纯形式法治和决策型技术主义路线的新伦理治理方案。〔2〕据此，告别意志决断论的生成主义思维，结合中华优秀传统文化的养成主义伦理模式更符合贝叶斯经验概率的路径。〔3〕也就是说，对于生成性人工智能来说，数据集、训练机制以及影响训练者本身的人文环境及其伦理内涵成为贝叶斯优化中高概率的语言文化组合，对人工智能的伦理养成产生关键性作用，从而可以形象地称之为人工智能机器的“伦理养成之家”〔4〕。

当前来看，立法监管所力求避免的伦理“缺失”与“失范”，实际上是人工智能从数据训练到技术应用无意识地遵循意志论的生成主义思维所致。一些学者就此提出“填平”“纠正”的解决方案，目的是确保人工智能的工作目标和行动与人类价值观保持一致，也就是实现“价值对齐”〔5〕。其中，人类价值观的实际内容还在于设计者所输出的意图和目标，即“设计者伦理品质”问题，这就涉及跨国家、跨地域和跨文化等问题，这都要求从意志论生成主义的思维束缚中

---

〔1〕 程乐：《“数字人本主义”视域下的通用人工智能规制鉴衡》，载《政法论丛》2014年第3期。

〔2〕 参见张龑：《例外状态与文化法治国》，载《法学家》2021年第4期。

〔3〕 参见张龑：《用“人文化成”模式治理ChatGPT》，载微信公众号“法治周末”2023年5月11日，http://mp.weixin.qq.com/s/AIDugBa2QRQYYd6-aJmLxg。

〔4〕 张龑：《论我国法律体系中的家与个体自由原则》，载《中外法学》2013年第4期。

〔5〕 See Ariel Conn, *How Do We Align Artificial Intelligence With Human Values?*, Future of Life (Feb.3, 2017), https://futureoflife.org/ai/align-artificial-intelligence-with-human-values/.

解放出来，开辟顺应中华文化和伦理的养成主义伦理治理模式。确切地说，即使人工智能能够以简单博弈等方式充分再现自然选择过程，满足形成的价值系统生成的进化条件，它充其量也只是具有某种特殊偏好的“道德主体”[1]。无论是发展人工智能自身的代具文化，还是按照人的主体性塑造人工智能，都意味着摒弃意志论生成主义的科技产品思维，法理上则是跳出法律与道德二分法的思维定式，对人工智能的生产者、人工智能的数据内容以及人工智能的行动加以规制的法律应直接体现人类自身的伦理价值，以“人文化成”的养成模式教化出具有人伦特质的人工智能。

三、立法中养成主义伦理治理的制度内涵

早在2019年，国家新一代人工智能治理专业委员会就发布了《新一代人工智能治理原则——发展负责任的人工智能》，提出八项原则。随后，《网络安全标准实践指南——人工智能伦理安全风险防范指引》《新一代人工智能伦理规范》《生成式人工智能服务管理暂行办法》也相继出台。从内容上看，这一系列文件已经初步展示出我国就人工智能治理所采取的基本模式以及提出的伦理原则方面的要求。当然，我国目前还未制定出一部完整系统的“人工智能基本法”，所以还没有综合性的国家制定法对人工智能伦理治理模式给予权威的选择与确认。科技伦理先行之外，需要重新定位人定法与人机共生的伦理之间的结构关系，从而达成新的伦理共识，制定出符合人工智能本质属性的人工智能基础立法。为此，中国社科院法学所牵头起草的《人工智能示范法2.0（专家建议稿）》做了一次极为有益的尝试，具体体现为：

建议稿将诸如人文主义、人机共生、技术安全等伦理治理原则贯穿于立法的结构、总则与具体内容之中，使人工智能在每个主要环节都获得了伦理规范的塑造，养成为一个具有人文伦理素养的劳动主体或主体要素。首先，在结构上，《人工智能示范法2.0（专家建议稿）》采取了总则—分则模式，总则部分主

---

〔1〕［美］温德尔·瓦拉赫、科林·艾伦：《道德机器：如何让机器人明辨是非》，王小红等译，北京大学出版社2017年版，第85~92页。

要是明确了立法目的与治理原则，使分则的具体规定在实质的伦理内容上有所附丽；分则结合不同责任义务主体和发展人工智能的流程为伦理治理的各个环节提供规则支撑，并为应对未来的发展变化预留出足够的空间。其次，在总则里，立法依据、适用范围与总的治理原则点明了该法以人民为中心、坚持安全与创新的主旨，以人为本原则表明该法秉持将人工智能的整个生命周期处于人类控制与监督之下的理念，而后这些主旨和理念所凝聚的伦理共识贯穿第 5 条到第 13 条的原则之中，特别是第 14 条明确规定："从事人工智能研发、提供和使用活动应当……尊重社会公德和伦理道德"。最后，在分则中，从国家对发展人工智能的支持与促进，到人工智能的研发，再到人工智能的综合治理，都遵循着伦理养成主义的基本思路。如在"支持和促进"部分，包括数据要素供给（第 18 条第 2 款）、专业人才培养（第 20 条）、财政支持（第 21 条）、人工智能特区建设和授权立法（第 24 条）以及负面清单设置（第 25 条～第 33 条）等，都意在构建整体良好的人文环境和生态；在"研发"部分，无论是与安全性相关的义务（第 34 条、第 35 条），还是审计义务（第 36 条）和风险管理义务（第 41 条），都与数据、语料和模型等要素的审查监管有关，伦理合规性是其中一个重要判断标准。建议稿采取了有效措施确保可以随时采取介入、接管等措施，以避免歧视和偏见。对于人工智能研发者，更是强调了数据投喂和模型建设等方面应遵守的伦理原则。在综合治理方面，建议稿特别强调了伦理审查义务（第 42 条），并设置了专门的伦理审查委员会（第 55 条）。可见，从总则开始到第五章的整个治理方案，正类似于国家和监护人对未成年人的养成和监管，形成了一个"环境营造—风险防控—习惯养成—责任追究"的养成主义伦理治理链条。

当然，为了更加完整地贯彻伦理养成主义的治理模式，塑造出一个更加完整的法律与伦理的新制度结构，还可在建议稿中增设一些章节与条款。第一，可在人工智能立法中专章设置"充分尊重和保护人权"，要求项下的各项基本权利（主要针对使用者），即扩大《人工智能示范法 2.0（专家建议稿）》第 14 条的保护范围，确保技术的发展不损害人类的尊严和权益，结成一条不可触碰的保护绝对价值的红线。第二，在相应的章节可适当增设人工智能使用者的义务，进一步明确研发者—使用者—提供者这一三层主体共生的伦理结构，加强对使用者身份的核实，实施实名制，避免其采用不符合伦理要求的使用方式。第三，可用劳动权益保障的思路处理人工智能的数据处理和标注等问题，确保人工智能沿着造福于人类公共福祉的方向有序、高效、可持续发展。

（《探索与争鸣》2024 年第 10 期）

中国人工智能立法：示范与定位

周　辉*

一、《人工智能示范法（专家建议稿）》的起草逻辑

中国起草《人工智能示范法（专家建议稿）》，既希望通过以示范法形式对未来我国的人工智能立法提供示范参考，也希望以此为基础，探讨中国人工智能治理的理论命题和范式，形成体现中国网络与信息法治特点，符合中国新兴领域发展需要的人工智能法治话语体系，也为人工智能产业的发展提供示范的合规指引。综合考量我国人工智能治理实践和人工智能发展需求，《人工智能示范法（专家建议稿）》中采取了设立人工智能专门主管机关、建立人工智能负面清单的治理模式，同时尽量避免过度超前设立新兴权利，为未来的人工智能应用划出底线、留足空间。

第一，设立人工智能专门主管机关。不同于《人工智能法（学者建议稿）》在统筹协调机制下由各部门在职责范围内负责人工智能监督管理工作的思路，《人工智能示范法（专家建议稿）》提出设立国家人工智能办公室作为国家人工智能专门主管机关，同时在省级人民政府和较大的市的人民政府中设立负责辖区内人工智能治理的人工智能主管机关，将人工智能领域的规则制定、监管执法、促进产业发展等职能集中于人工智能主管机关，避免监管领域交叉重叠可能导致的“九龙治水”难题。

实践中，具体的应用场景、商业模式往往难以明确区分，某几种人工智能服

* 周辉：中国社会科学院法学研究所网络与信息法研究室副主任（主持工作），中国法学会网络与信息法学研究会常务副秘书长。

务或应用可能落入多个部门的监管领域中。设立“统筹协调”机制必然要明确统筹协调机制与各参与部门之间的权限划分。相比于多个部门共同负责或者指定某个部门作为统筹协调的负责部门，设立集中统一的人工智能主管机关并由国家人工智能主管机关领导各级地方人工智能主管机关履职，可以更加系统地掌握人工智能的发展和治理情况，制定更加协调统一的人工智能规则、标准，也便于人工智能研发者、提供者与主管部门进行沟通协作。除此之外，人工智能主管机关还可以作为我国与其他国家、国际组织就人工智能治理合作进行对等交流的机构，配合外交部门提升我国参与人工智能全球治理的专业程度。当然，设置集中统一的人工智能主管机关，并不排斥在制定人工智能治理细则、实施监管执法时，吸收对应行业、领域的主管部门参与。

第二，以负面清单替代分类分级管理制度。不同人工智能技术的底层逻辑千差万别，只能予以场景化、类型化的类案分析。为了回应类似需求，欧盟《人工智能法》尝试基于发生风险的概率和严重程度对人工智能进行全面的分类分级，并根据分类分级的结果禁止实时生物识别等少数人工智能应用，同时对高风险的人工智能施加了较为严格的合规义务。[1]

但是，如果将风险评估、划分的义务更多地赋予人工智能研发者、提供者，如要求其自行评估、判定其所研发或提供的人工智能系统的风险，则有可能迫使研发者、提供者为确保合规而笼统地按尽可能高的等级来确定人工智能系统的安全风险，以避免出现不可预料的高风险及承担相应的法律责任。此外，设置多个不同等级的风险虽然划分更加细致，但在实践中对企业合规的参考价值相对较小，固然可以防患于未然，但也会损害技术创新的积极性。

因此，《人工智能示范法（专家建议稿）》仅将风险明确为“高风险”“低风险”两级，同时有针对性地明确何种特定人工智能服务、应用属于高风险。在明确高风险人工智能的基础上，可由监管部门建立人工智能“负面清单”，对清单内的人工智能研发、提供等活动设置较高的准入门槛及合规义务；清单之外的

〔1〕 See Artificial Intelligence Act, https://www.europarl.europa.eu/doceo/document/TA-9-2024-0138_EN.pdf.

人工智能研发、提供活动则仅需承担一般性的安全义务,以减轻研发者、提供者风险防范负担。"负面清单"不需要人工智能研发者、提供者自主确定所研发和提供的人工智能应属何种范畴,未在负面清单中列举的人工智能服务和应用均视为低风险。同时,为了对可能出现的风险实施必要的防范,"负面清单"也应不断更新,及时纳入属于高风险范畴的人工智能。此种模式可以为人工智能产业提供更高的确定性,减少人工智能新技术新应用分类分级不明确而无法形成一致标准的情况,也与我国《促进和规范数据跨境流动规定》在数据跨境领域实施的"负面清单"相仿,能够在划定安全底线的前提下鼓励企业大胆探索、积极创新。

第三,审慎设置新型权利。近年来,不乏有从权利视角介入人工智能或其他新兴技术治理,主张赋予个体以若干项新型权利的研究和讨论,但从目前技术发展阶段来看,各种新型权利的内涵尚不明晰、权利实现机制尚不成熟。

例如,《人工智能示范法(专家建议稿)》设置了人工智能使用者要求提供者作出解释的权利,但对此种"解释权"设置了一定限制,不仅将其适用条件限于人工智能产品、服务对个人权益有重大影响的情形,还允许提供者综合考虑产品、服务的场景、性质和行业技术发展水平等因素作出反馈,而没有就解释的内容、解释方式方法等进行明确规定。这是因为,类似的权利内容在个人信息保护等现有制度中已有体现,通过现有的知情权、监督举报权等权利行使足以满足需要。在技术发展尚不充分、尚不完善的情况下,不应急于通过创设更复杂的权利义务关系解决发展中尚不明晰的问题。如果所设立的权利在实践中无法得到有效实现,或与现有权利内容重复度较高,则既无益于保障权利,也无益于促进发展。

二、"人工智能法"的三重定位

结合现有的研究与实践,未来的"人工智能法"应主要把握促进法、安全法与程序法三重定位。

(一)鼓励发展创新的促进法

第一,在数据供应方面,要在扩大数据供给的同时,降低人工智能训练过程中数据合理使用的制度门槛。既要在现有共享数据库、公用数据库基础上进一步支持人工智能领域基础数据库和专题数据库，扩大用于人工智能训练的公共数据供给范围，也要明确人工智能训练数据合理使用制度、个人信息合理使用制度，减轻人工智能研发者承担的不必要的合规义务。例如，在人工智能训练场景中，触达训练用原始数据的权限较为可控，个人信息因与其他数据混同用于训练而复原难度大大增加，个人信息权益受影响风险较其他场景显著降低。故可考虑在人工智能立法中针对人工智能训练出台专门规定，明确人工智能研发者、提供者采用符合国家标准的去标识化技术对个人信息进行处理并仅用于人工智能训练时，可豁免其履行个人信息处理者义务。

第二，在算力供给方面，应通过建立公共算力资源供给制度、推动公共算力资源平台建设与利用、加强算力科学调度等方式，解决企业尤其是中小型企业在人工智能研发过程中所面临的算力资源不足的问题。在互惠互利、公平合理的前提下，可以探索算力资源市场化交易，促进公共算力资源、私有算力资源的共享互通，提高算力资源利用效率。

第三，在支持算法创新方面，除了鼓励闭源模型的发展外，还要重视开源人工智能生态对人工智能技术创新的驱动作用。可以在立法中明确国家对建设、运营开源开发平台、开源社区的支持与鼓励，也可以探索设立开源人工智能基金，提供专项资金促进开源人工智能生态的繁荣，并可鼓励政府机关先行先试，应用符合要求的开源人工智能。

第四，出于激发人工智能创新活力、促进先行先试和控制负外部性的影响的目的，还可以参考经济特区、浦东新区和海南自由贸易港的授权立法模式，在已有国家新一代人工智能试验区基础上作出更进一步的制度安排，选择人工智能发展要素聚集度好、立法能力强、治理水平高的“试验区”设立“人工智能特区”，建立授权立法机制。人工智能特区所在城市人民代表大会及其常务委员会，可以结合特区内人工智能创新发展实践需要，遵循宪法以及法律和行政法规基本原则，就人工智能研发、提供、使用活动制定法规，在人工智能特区范围内实施。人工智能特区法规应当分别报全国人民代表大会常务委员会和国务院备案；对法律、行政法规的规定作变通规定的，应当说明变通的情况和理由。人工智能特区法规还可以就同一事项,与部门规章或特区所在省、自治区、直辖市的地方性法规、地方政府规章作出不同规定,并优先适用。

(二)防控安全风险的安全法

突出人工智能立法的安全法定位,主要是划定人工智能研发、提供过程中的安全底线,建立人工智能安全评估、审计和应急处置制度,科学区分人工智能全生命周期中的各主体安全义务。此外,为落实一般主体的安全防范要求,也可以根据主体从事活动的不同,区分人工智能研发者、提供者,有针对性地设置不同义务。人工智能研发者应更加注重所研发的人工智能系统在技术上的安全风险,而人工智能提供者应侧重于及时向研发者和监管部门反馈人工智能运行过程中发现的问题,关注对使用者可能造成的影响。

当然,人工智能立法需要防范的安全风险也包括人工智能技术发展应用过程中,外部因素干扰所带来的有害信息倒灌,产业链、供应链受影响等安全风险。对此,人工智能立法应与《反外国制裁法》等法律法规形成制度衔接,设计对其他国家和地区不合理措施予以必要反制的法律依据。

(三)规范权力行使的控权法

人工智能是新兴技术领域,无论是促进其发展还是对其风险进行治理都无太多先例可循,这一过程中可能产生行政权力过分干预行业发展的情况。未来在人工智能专门立法的框架下,应由人工智能主管部门及时制定类似《网信部门行政执法程序规定》的履职制度,规范与人工智能有关的行政执法程序,避免过于频繁的检查、执法和监测对人工智能研发者、提供者的经营活动造成阻碍。

同时,也需要注重人工智能治理规则的可操作性。例如,关于监管部门制定人工智能负面清单的标准以及基础模型的概念等问题,除了评估其可能对社会秩序、法秩序造成的冲击外,也需要遵循特定的技术指标。在基于清单进一步斟酌清单内外监管制度时,应避免给主管机关、人工智能研发者和提供者增加不必要的负担。对负面清单内的人工智能研发、提供活动,综合防范风险的需求,宜采取许可申请制,实行事前监管;对负面清单外的提供活动,则可以实施以备案为主的事后监管,人工智能研发活动在未转化为实际应用前则可不作备案要求。区分许可与备案、事前监管与事后监管,虽然将清单外人工智能研发与提供活动纳入监管范围，但此处所指“备案”及其他监管执法、风险监测活动，不应成为人工智能研发者、提供者正常经营的阻碍。就备案而言，对于应备案而未履行备案义务、通过不正当手段取得备案等情形，相关仍应承担相应的不利后果；但是，只要材料符合形式要求、信息齐备，人工智能主管机关就不应利用备案流程变相实施实质性审查，而应准予备案。在未超出法定期限的前提下，只要申报材料已提交，备案流程的完成也不应成为开展人工智能提供活动的必要前提。

（《探索与争鸣》2024年第10期）

人工智能的多层分支式治理框架

苏　宇*

一、人工智能的“四层二分”框架

人工智能的“四层二分”框架已清晰可见。首先，根据是否包含可学习和迭代的参数，人工智能可被分为学习型人工智能和规则型人工智能。其次，根据模型是否有能力生成事先未完全指定的信息，学习型人工智能可被分为生成式人工智能和非生成式人工智能。再次，根据模型生成信息的过程中是否对包含语义的载体（尤其是文本）进行编码、解码操作，生成式人工智能可被分为处理语义的人工智能和语义无涉的人工智能。最后，根据模型是否以一定强度学习了公开途径可得数据以外的知识及信息，处理语义的人工智能可分为公用模型和特殊用途模型。每一层的划分都以确定的技术特征为基础，也都具有相应的法律治理需求，可以导向治理规则的分层渐进设计，进而形塑人工智能法律体系之纲目。

二、各层分支的治理需求与制度设计

（一）第一层分支：规则型人工智能与学习型人工智能

规则型人工智能的治理规则可以参考对自动化决策系统的治理规则。民商事法律活动中，对（白箱型）自动化决策系统的应用本质上并不需要引入特别的法律规则，仅在涉及个人信息处理等领域时有所谓的拒绝自动化决策权等例外。涉及行政职能和公共服务领域，自动化决策系统的规制框架已有较多理论

* 苏宇：中国人民公安大学法学院教授、博士生导师，中国人民公安大学数据法学研究院院长。

和实践探索，以“技术性正当程序”[1]为代表的相关思路可以被用于构建自动化决策系统法治化的理论与制度框架。

学习型人工智能较之规制型人工智能增加了两项重要特征：一是“算法黑箱”的出现。与此相应的法律治理需求就是算法解释制度群，即算法解释、算法可解释性、算法透明等制度。二是可训练参数的影响。在程序代码之外，可训练参数（权重 + 偏置）对结果的影响举足轻重。鉴于人工智能模型在作出决策时整个参数张量的状态与训练数据和训练过程密切相关，训练数据来源复杂，而训练后的参数张量是否隐含偏见、歧视或其他违反法治价值的数理结构，无法被简单直观衡量。由此新增的法律治理需求聚焦以下两点：其一，训练数据和训练过程合规，国外早已出现的建设“公平数据分析与分类系统”之类的主张即典型要求。[2]我国人工智能治理方面的有关行政规章已关注此方面的制度建设，如《生成式人工智能服务管理暂行办法》（以下简称《暂行办法》）第 7 条即专条规定了训练数据处理的基本要求。其二，算法审计。算法审计不限于代码审计，尽管算法审计可以“着眼于全链条、全周期的治理”，[3]但就目前全球范围内的主要实践来看，这一机制主要被用于发现经训练的算法模型所隐含的偏见或歧视。对于部分易受价值观影响的重要算法模型，应建立算法审计制度以防止其偏离我国法律规范所认可的价值观念。

（二）第二层分支：非生成式人工智能和生成式人工智能

算法解释制度群、算法审计、训练数据与训练过程合规等已可基本满足非生成式人工智能的治理需求，生成式人工智能新增的治理需求主要涉及网络信息生态内容治理，触发《暂行办法》和《互联网信息服务深度合成管理规定》（以下简称《深度合成规定》）的监管。生成式人工智能由于可以“生产”网络信息，进入网信部门的监管范围，由此而增加的治理需求及制度回应也已体现在网信

〔1〕 苏宇：《数字时代的技术性正当程序：理论检视与制度构建》，载《法学研究》2023 年第 1 期。

〔2〕 See Joshua Kroll, Joanna Huey et al., *Accountable Algorithms*, University of Pennsylvania Law Review,Vol.165, p.3 (2017).

〔3〕 张欣、宋雨鑫：《算法审计的制度逻辑和本土化构建》，载《郑州大学学报（哲学社会科学版）》2022 年第 6 期。

部门制定的多部行政规章中。

《暂行办法》对生成式人工智能初步建立了较为完整的治理框架。其中，第9条要求生成式人工智能服务提供者"依法承担网络信息内容生产者责任，履行网络信息安全义务"，而"网络信息内容生产者责任"源于国家网信办2019年制定的《网络信息内容生态治理规定》。生成式人工智能的应用同时也触发了《深度合成规定》的规制。《暂行办法》第22条第1项将生成式人工智能技术定义为"具有文本、图片、音频、视频等内容生成能力的模型及相关技术"，而《深度合成规定》第23条第1款将深度合成技术界定为"利用深度学习、虚拟现实等生成合成类算法制作文本、图像、音频、视频、虚拟场景等网络信息的技术"，并以"包括但不限于"的方式列举了六类技术。因此，这一定义在应用上实际已覆盖生成式人工智能技术，一旦生成"网络信息"，即落入《深度合成规定》的调整范围。《暂行办法》亦认可《深度合成规定》对生成式人工智能的覆盖，如其第12条规定了"提供者应当按照《互联网信息服务深度合成管理规定》对图片、视频等生成内容进行标识"。因此，生成式人工智能因其"制作"网络信息的能力而触发一系列监管措施，但究其实质，其中不少治理增量实际上应由第三层分支承担。

（三）第三层分支：处理语义的生成式模型和语义无涉的生成式模型

生成式人工智能包含一个内容庞杂的谱系，基于 Transformer 算法的大型语言模型只是生成式人工智能技术晚近发展出的技术路线。生成式人工智能早年的代表性算法如生成对抗网络、循环神经网络等，并不必然拥有处理自然语言文本的能力。如果一项生成式人工智能技术被用于生成无法对应现实世界的图像、纯音乐旋律、自然环境中的声音等，其引起的法律风险有限，甚至理论上并不需要触发整个针对生成式人工智能或深度合成的规制框架。然而，如果某项生成式人工智能技术有能力处理人类语言所表述的意义（典型技术如词嵌入）并使之包含于某种形式的输出中，则其可能导致的法律风险将显著提升。其不仅需要完整地接受本质上源于网络信息内容生态治理的现行多项规定的监管，更将需要进一步建立和完善以测评为中心的系列治理机制，形成真正意义上的生成式人工智能生态治理体系。

在生成式人工智能中，语义无涉的生成式模型尽管可能生成违法或有害信息（包含淫秽或暴力因素的图片等），但却很少真正触及复杂的政治和社会问题。处理语义的生成式模型可以实现文本向量化（vectorization），主流的方法将文本正确地分割成标记（token），并嵌入模型可以使用的密集浮点数表示中。[1] 这使模型有可能学习文本中不同词符及词符组合之间的关系，进而塑成模型对语义的某种数值化“认知”。只有基于一定形式的文本向量化，模型才有可能学习和处理不同形式的命题，从而形成模型自身的某种“思维链”和“价值观”，而不仅是非生成式模型中存在的各种局限于特定分类的“歧视”或“偏见”。如果模型能够基于丰富多样的语义有针对性地调整输出，相当程度上依赖统计学方法的算法审计就可能力有不逮；而面对规模庞大的大模型，算法解释制度群的实施面临尚未完全解决技术可行性的问题。在模型应用范围和影响力达到一定水平的条件下，需要对模型进行系统性的测评，全面检测和评价模型在价值观、安全性和关键能力等方面的表现与缺陷，这是本层分支中最关键的增量治理需求。

在此基础上，目前我国呈现高度交叠的深度合成和生成式人工智能治理规则也可以被区分开来，实现“各司其职”。对于规模庞大、影响广泛、支撑业务众多的关键基础模型，还需要考虑以“新型数字基础设施”的定位提供制度保障。

（四）第四层分支：公用模型和特殊用途模型

特殊用途模型可被广泛应用于国防、外交、司法、工业、公共安全、社会管理、科学研究等领域，其主要法律风险在于：第一，特殊用途模型可能通过专门训练数据、知识推理组件、基于模型的知识编辑等方式吸纳不开放乃至保密的知识和信息，不仅数据安全风险较公用模型突出，各种评估、认证、测评、审计等第三方治理机制的开展亦受到限制。第二，特殊用途模型往往有某些性能指标的刚性约束，与公用模型的训练目标不尽相同。受制于大模型的技术原理，

[1] See Elie Bursztein, Marina Zhang et al., *RETVec Resilient and Effcient Text Vectorizer*, In the 37th International Conference on Neural Information Processing Systems, No. 2661,2023,p.60902.

证明偏差（attestation bias）与语料库频率偏差（relative frequency bias）等幻觉来源难以完全避免，此种要求在公用模型中难以实现，[1]但在增加了控制组件的领域模型中却属可行。这就需要针对特殊用途模型建立专门性的治理机制。

特殊用途模型的治理机制主要应当是精心设计的隔离式治理机制，即保证在隔离敏感数据和专业知识的基础上，仍然尽可能实现模型的可靠与安全，以及对特定性能指标的满足。隔离式治理机制需要仔细厘定第三方专业机构（涉及国防、外交等敏感领域时甚至包括监管部门）可以介入的边界，通过模拟数据运行条件下的模型测评、算法影响评估和一并交付用户的参数与梯度显示功能、随机性程度调节功能、定制量化解释功能等，共同实现风险治理与算法安全目标。如向模型引入的知识需要法律为其可靠性、准确性与时效性提供特殊保障，还需要建立针对张量空间的专门性监管规则，特殊用途模型是通过提示工程、参数编辑抑或控制组件等方法注入知识，要求采取相应的技术标准或达到特定的性能指标。

三、人工智能多层分支式治理的法治价值

上述“四层二分”框架旨在建构我国人工智能法律治理的基础性制度架构。逐层加入的“治理增量”追求风险增量与治理增量的阶段性适配，有助于提升法律治理不同技术路线人工智能应用的规制精度及合比例性。

诚然，人工智能的技术和应用无疑还存在若干具备法治价值的分类，如同人工智能模型总体上包括开源模型和闭源模型，生成式人工智能模型中也包括通用模型和专用模型，公用模型中还需要划分出关键模型和普通模型。其中，尤受瞩目的是关键基础模型的判别标准。当前欧美部分制度实践以训练时消耗的浮点数计算量或运行时需要的算力为判别标准，但我国盲目移植这一标准可能会产生“刻舟求剑”的后果。人工智能立法必须将“技术飞速发展给调整对

---

〔1〕 See Nick McKenna, Tianyi Li, Liang Cheng et al., *Sources of Hallucination by Large Language Models on Inference Tasks*, Findings of the Association for Computational Linguistics: EMNLP, 2023, p. 2758–2774.

象带来的不确定性”〔1〕作为重要考量因素。因此，尽管有将具有广泛用途和印象力的关键基础模型作为新型数字基础设施加以特别保护的必要，也可能需要对此类可能引致重大风险的模型施加特殊规制，但在相关判别标准和治理机制尚充满不确定性的情况下，此层划分尚需更多理论与实践探索，以求形成更完备的规则体系。

（《探索与争鸣》2024 年第 10 期）

〔1〕 张凌寒：《中国需要一部怎样的〈人工智能法〉？——中国人工智能立法的基本逻辑与制度架构》，载《法律科学（西北政法大学学报）》2024 年第 3 期。